Bruno Bock · Klaus Bock

DIE ROTEN HANDELSFLOTTEN

Bruno Bock · Klaus Bock

DIE ROTEN HANDELSFLOTTEN

Die Handelsschiffe der COMECON-Länder

Reprintausgabe

KOEHLERS VERLAGSGESELLSCHAFT MBH · HERFORD

Bildnachweis: Archiv »Schiffahrt international« (11), Blohm + Voss (1), Conti-Press (2), dpa (1), Foto-Schäfer (2), Helsingör Skibsvaerft (1), Herziger (1), Hollming Oy. (1), Liedtke (1), Magnussen (2), Philipp (1), Polish Maritime News (5), Reinecke (1), Schäfer (2), Stocznia Gdanska (1), Wärtsilä Oy. (1), Zimmat (2), G. Zimmermann (1)

Die Deutsche Bibliothek - CIP-Einheitsaufnahme

Die Roten Handelsflotten : Die Handelsschiffe der COMECON-Länder, Bruno Bock ; Klaus Bock. - Herford : Koehler, 1992
ISBN 3-7822-0380-1
NE: Bock, Bruno; Bock, Klaus

ISBN 3 7822 0380 1; Warengruppe Nr. 41

Umschlaggestaltung: Ernst A. Eberhard, Bad Salzuflen
Herstellung: Heinz Kameier
Druck: Hans Kock Buch- und Offsetdruck GmbH, Bielefeld
Bucheinband: Hunke & Schröder, Iserlohn
Printed in Germany

INHALT

Einleitung zur Reprintausgabe

Koehlers Verlagsgesellschaft hat sich entschlossen, das Standardwerk über die Schiffe und Reedereien der einstigen Comecon-Länder, in Ostdeutschland früher Länder des Rates für gegenseitige Wirtschaftshilfe (RGW) genannt, als Reprint zu veröffentlichen. Seit 1977, dem Jahr des Erscheinens der ersten Auflage, ist viel Zeit vergangen. Seitdem ist kein neues Sammelwerk zu diesem Thema erschienen. Auch im Hinblick auf die einschneidenden Veränderungen im Ostblock besteht nach wie vor ein großes Informationsbedürfnis über die Schiffahrt der früheren RGW-Länder. Besonders in den neuen Bundesländern, in denen die erste Auflage seinerzeit nicht zu haben war und nur einem kleinen Kreis von Fachleuten bekannt wurde, wird der vorliegende Band einem Nachholbedürfnis dienen. Darüber hinaus darf erwartet werden, daß sich die maritim interessierten Leser im gesamten deutschsprachigen Raum über dieses Buch freuen werden. Freilich, der kritische Betrachter wird anmerken, daß sich die Deutsche Seereederei Rostock GmbH im Zuge der Privatisierung bereits wesentlich verringert hat. Auch in den anderen Reedereien hat es manche Veränderung gegeben. Man denke nur an den Untergang des sowjetischen Passagierschiffes *Admiral Nachimow* ex. *Berlin* nach einem Zusammenstoß im Schwarzen Meer.

Die ständigen Veränderungen in der GUS wie überhaupt in Osteuropa verlaufen in einem Tempo, dem der Fachchronist kaum zu folgen vermag. Erst zu einem späteren Zeitpunkt wird es möglich sein, ein völlig überarbeitetes Werk vorzulegen, auch unter Berücksichtigung der Schiffahrt in China, Vietnam, Korea und Taiwan.

Das vorliegende Werk erscheint daher zu diesem Zeitpunkt zunächst in unveränderter Form, so, wie es von den Herren Bruno Bock und Klaus Bock zusammengestellt worden ist.

Es gibt einen weiteren gewichtigen Grund für einen Reprint der »Roten Handelsflotten«. Der Verfall des Warenaustausches innerhalb des früheren RGW-Bereiches, der fast gänzlich zum Erliegen gekommene Transport von Hilfsgütern in die dritte Welt und der Rückgang des seewärtigen Außenhandels zwischen den westlichen Industriestaaten und dem früheren Comecon-Bereich, verursacht durch den chronischen Devisenmangel der osteuropäischen Länder, hat dazu geführt, daß die Reedereien Osteuropas verstärkt auf dem freien Seefrachtenmarkt tätig sind und ihre Schiffe zu niedrigen Raten anbieten können. Ob dies als Dumping ausgelegt werden muß, darüber streiten sich die Fachleute seit den 50er Jahren.

Niedrige Löhne mit Reparaturkosten sowie einer großen Gewinnspanne beim Verdienst von frei konvertierbarer Währung sind jedenfalls gute Gründe für die östlichen Schiffahrtsmanager, ihr Heil in der großen weiten Welt zu suchen.

Moral hin, kaufmännische Ethik her, wer daheim derartige Bedingungen vorfindet, der braucht jedenfalls nicht auszuflaggen ... Die Aufmerksamkeit des Lesers ist auch auf die Binnenschiffahrt der GUS zu richten. Ihre riesige Transportkapazität im Bereich der Fluß-Seeschiffahrt bleibt auch in der Gegenwart ein wichtiger Faktor. Das ausgedehnte Binnenwasserstraßennetz der früheren UdSSR ist intakt. Von seinen Dimensionen macht man sich im Westen nur schwer eine Vorstellung. Für die künftige wirtschaftliche Erschließung dieses riesigen Kontinents ist die Binnenflotte ein unverzichtbarer Faktor.

Eher schon lange bekannt im Westen sind die Passagierschiffe der GUS. Sie sind bei den großen Touristik-Unternehmen und Seereise-Anbietern längst eingeführt und haben ihr Publikum gefunden, Wenig bekannt dagegen dürfte der große Bestand an Forschungsschiffen der ehemaligen UdSSR sein.

Die vielen Seitenrisse der Schiffe im Maßstab 1 : 1500 werden besonders für die Freunde der Minischiffsmodelle von Interesse sein.

Es sind also gute Gründe, die zum unveränderten Nachdruck des vorliegenden Werkes geführt haben.

Rostock, im Herbst 1992

Gerd Peters

VORWORT

Als ich vor 20 Jahren »Bock's Weltschiffahrt« herausgab, ein Verzeichnis aller Schiffe der Welthandelsflotte über 1000 BRT, umfaßte das alphabetische Register rund 16300 Namen, der Bilderteil mit maßstäblichen Skizzen der Schiffe etwa 270 Seiten im DIN-A 4-Format. Mit diesen Zeichnungen waren nahezu 80 Prozent der Schiffe über 1000 BRT der damaligen Welthandelsflotte abgebildet. Denn seinerzeit beherrschten Liberty- und Victory-Frachter, Empire-Schiffe und T-2- und T-3-Tanker die Szenerie – mit der Abbildung relativ weniger Typschiffe war ein Großteil der Welthandelsflotte darzustellen.

Die Sammlung von Details über Schiffe in aller Welt und das Anfertigen maßstabsgetreuer Schiffsskizzen (1:1500) ist von mir fortgeführt worden. Obwohl ich mir im klaren war, daß es ein solches geschlossenes Werk über die Welthandelsflotte nicht wieder geben würde. Umfaßten die Flotten aller seefahrttreibenden Länder damals gut 16000 Schiffe, sind es heute schätzungsweise 50000 Schiffe (über 300 BRT). Und nicht länger herrschen einige Standardschiffe vor – die Welthandelsflotte präsentiert sich in einer größeren Typenvielfalt als je zuvor. Ein Skizzenband über die heutige Welthandelsflotte müßte nicht nur viel umfangreicher werden – vom Preis her würde ihn sich kaum jemand leisten können.

Wenn auch die Interessen über die Entwicklung einzelner Schiffahrtsländer und -bereiche weit auseinandergehen (denkbar wären z. B. auch Zusammenstellungen aller Containerschiffe, Ro-Ro-Frachter oder dergleichen), so hat sich doch in der letzten Zeit das Interesse auf die Ostblockflotten konzentriert. Die Handelsflotten der Ostblockländer wachsen zur Zeit fast doppelt so schnell an wie vergleichsweise die gesamte Welthandelstonnage (wäre nicht durch die Rezession die Stornierung nahezu aller großen Tankeraufträge gekommen, sähe das Bild anders aus) – vor allem aber sind es die ganz anderen Voraussetzungen, unter denen sich der Ausbau der Ostblockflotten vollzieht, die insbesondere die großen Linienreedereien der westlichen Welt zu scharfen Protesten veranlaßten und das spezielle Interesse an eben diesen Flotten wachriefen.

Westlicherseits wird, insbesondere der Sowjetunion, weniger den anderen Mitgliedsländern des RGW (**R**at für **G**egenseitige **W**irtschaftshilfe, englische Abkürzung COMECON), vorgehalten, sie betreibe einen Konkurrenzkampf, wie ihn kein Privatreeder führen könne. Die Sowjetunion kontert, ihre Handelsflotte unterläge gleichfalls dem Zwang, Gewinne einzufahren. In diesem Buch wird an Hand von Zitaten und Presseveröffentlichungen eine Vorstellung der beiderseitigen Argumente geliefert. Das Schiffsregister, vor allem aber der Schiffsskizzenteil dieses Buches, sollen zudem einen Eindruck davon vermitteln, mit welchen Schiffen der Block der RGW-Länder operiert.

Es wäre reizvoll gewesen, in einem Buch die Handelsflotten aller Staatshandelsländer zusammenzufassen. Aber es würde sicherlich einen falschen Eindruck vermitteln, den RGW-Ländern Bulgarien, Cuba, CSSR, DDR, Polen, Rumänien, UdSSR und Ungarn (das Mitgliedsland Äußere Mongolei scheidet für die Schiffahrt aus) die Volksrepublik China und Jugoslawien an die Seite zu stellen. Wie es im Grunde unvertretbar ist, westliche Schiffahrtsnationen nur »an sich« zu betrachten und jene große Tonnage außer acht zu lassen, die für Reeder der westlichen Welt unter sogenannten »billigen Flaggen« fährt.

Dies Buch gibt ein umfassendes und zutreffendes Bild der COMECON-Flotten. Die über einen langen Zeitraum gesammelten Einzelheiten und Schiffsserien sind mit internationalen Handbüchern und Registern, auch mit dem Seeschiffsregister der UdSSR, abgestimmt worden.

Bei den inzwischen erreichten Größen der Handelsflotten der RGW-Länder sind die laufenden Veränderungen (An- und Verkäufe, In- sowie Außerdienststellungen, Umbauten u. ä.) zahlreich. Um die gewünschte Aktualität der in diesem Buch enthaltenen Angaben zu erreichen, bedurfte es mehr als nur eines Bearbeiters. Mein Sohn Klaus war in einem Umfang tätig, daß mir die Nennung von zwei Autorennamen angebracht erschien.

Zu den Daten bei den Schiffsskizzen folgende Hinweise: Unter der Zeile, die Baujahr und -werft nennt, stehen in dem linken Ziffernblock untereinander BRT, NRT und Tragfähigkeit (tdw), rechts davon Länge (über alles), Breite und Tiefgang (max.). Fast immer ist zudem die Schiffsgeschwindigkeit (kn) angegeben.
Soweit bekannt, sind Angaben über die Maschinenleistung (PS oder h.p.), die Laderauminhalte, evtl. für Schütt-/Stückgut, in Kubikmeter (cbm) oder Kubikfuß (cft), Kühlräume (R = Reefer), Passagiereinrichtungen (P), die Abmessungen der jeweils größten Luke und das Ladegeschirr gemacht. In Einzelfällen, insbesondere bei Container-, Ro-Ro- und Fährschiffen, finden sich Angaben über die mitzunehmenden Container, Trailer, Autos oder Waggons. Bei absolut feststehenden Liniendiensten (bei Fähren z.B.) sind auch die bedienten Fahrtrouten aufgeführt.
Im Falle von Serienbauten gelten Zeichnung und Daten für das erstgenannte Schiff, die Namen der Schwesterschiffe folgen in alphabetischer Ordnung.
Grundsätzlich sind nur Schiffe ab 1000 BRT aufgeführt, da die kleineren Küstenschiffe, in den RGW-Flotten sowieso nicht sehr zahlreich vertreten, zumeist nur von Bedeutung in eng begrenzten Fahrtgebieten sind. Ausnahmen wurden gemacht, wo es sich entweder um größere Schiffsserien oder Fahrzeuge von besonderem Interesse handelt, etwa Container-Zubringer, Ro-Ro-Schiffe, Forschungs- oder Spezialfahrzeuge. Dementsprechend fanden in dem Namensregister auch die unter 1000 BRT großen Schlepper, von Ausnahmen abgesehen, keine Berücksichtigung – die interessanten Bugsierschleppertypen sind jedoch im Schiffsskizzenteil zu finden.
Auf ein besonderes Problem bei den russischen Schiffen möchte ich hinweisen: Hier war das Schwierigste nicht das Beschaffen von Unterlagen – das war umständlich, aber nicht unmöglich – sondern das »richtige« Übersetzen der kyrillischen in lateinische Schriftzeichen. Zwar gibt das sowjetische Seeschiffsregister gewissermaßen eine »amtliche« Übersetzung, sie stimmt nur nicht immer mit der Schreibweise von Namen überein, wie sie sich an den Bordwänden der Schiffe finden.
Die russischen Schiffahrtsleute machen es sich oft einfach. Wenn sie eines ihrer Schiffe nach dem französischen Pazifisten Henri Barbusse benennen, dessen Namen in Latein aber als *Anri Barbusse* an den Schiffsrumpf malen, steht der westeuropäische Buchautor vor der Frage, ob er so »russisch« wie die Russen bleiben oder der westlichen Schreibweise zuneigen soll. Darf er die Schreibweise »Prezident Piek« übernehmen oder soll er »Präsident Pieck« schreiben, soll er wider besseren Wissens an »Garry Pollitt« festhalten, nur weil die Russen kein »H« sprechen, oder soll er den englischen Kommunistenführer wie im Englischen »Harry« schreiben? Und soll er den berühmten Eisbrechernamen *Ermack* so (wie im Russischen) wiedergeben, oder soll er *Jermack* schreiben, weil das »E« von den Russen als »Je« gesprochen wird?
Ganz davon zu schweigen, daß nach vielen Jahren die Vermessungsmethode für sowjetische Schiffe wohl geändert wurde – plötzlich erscheinen bei altvertrauten Schiffen ganz andere Größenangaben. Was soll der Autor machen, wenn für Schwesterschiffe abweichende Längen- und Breitenmaße angegeben werden? Das ist schon bei einheimischen Werften schwierig zu klären (dort kommt es auch vor) – wenn die Bauwerft in Kherson sitzt, ist es so gut wie unmöglich.
Wo in dem Schiffsregister ein Stern hinter dem Schiffsnamen steht, handelt es sich um Schiffe, die früher einen anderen Namen führten.
Die sehr großen Serien von Schwesterschiffen erlebten im Laufe der Jahre manchmal Veränderungen – aus Dampf- wurden Motorschiffe, im Rahmen von Serienbauten erhielten einige Neubauten Gasturbinenantriebe. Solche Veränderungen konnten bei den Angaben unter den Skizzen kaum berücksichtigt werden. Diese Einzelheiten müssen dem Namensregister entnommen werden. Bei einigen Serienbauten traten Abweichungen beim Ladegeschirr und den Mastformen ein. Wo zwei Schiffsskizzen nebeneinander stehen, verdeutlichen sie die äußeren Unterschiede, ohne daß immer die entsprechende Zuteilung der Schiffsnamen möglich war. Das gilt z.B. auch für im Laufe der Jahre vorgenommene Umbauten, z.B. bei den 4200-BRT-Passagierschiffen, die die Mathias-Thesen-Werft für die UdSSR lieferte.

Grundsätzlich wird bei den Schiffsrissen die Backbordseite gezeigt. Wo aber nur die Steuerbordseite außergewöhnliche Gestaltungsmerkmale aufweist, z. B. die Winkelrampe der Ro-Ro-Schiffe, ist die Steuerbordseite gezeichnet worden.
Bei den Schornsteinmarken sind Raster, Schraffierungen und Schwarz weder nach der Ordnung heraldischer Farbsymbolik noch untereinander als identisch anzusehen.
Bewußt ist auf die Nennung eines Stichtages für die Zusammenstellung der Daten verzichtet worden. Im Interesse einer möglichst umfassenden Information wurden Änderungen und Ergänzungen, sofern möglich, noch während des Drucks vorgenommen.

Kiel, im Oktober 1977 Bruno Bock

BULGARIEN

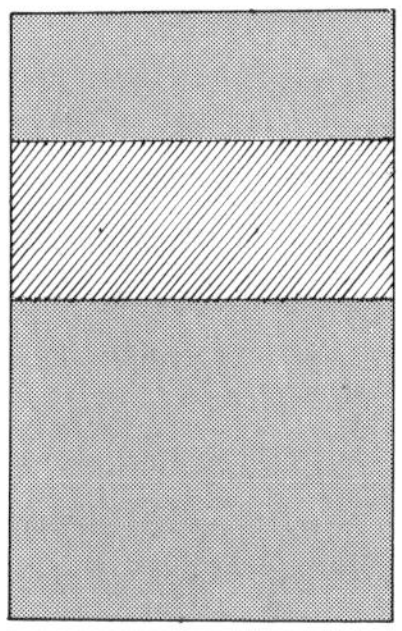

Navigation Maritime Bulgare
Bulgarski Tanker Flot

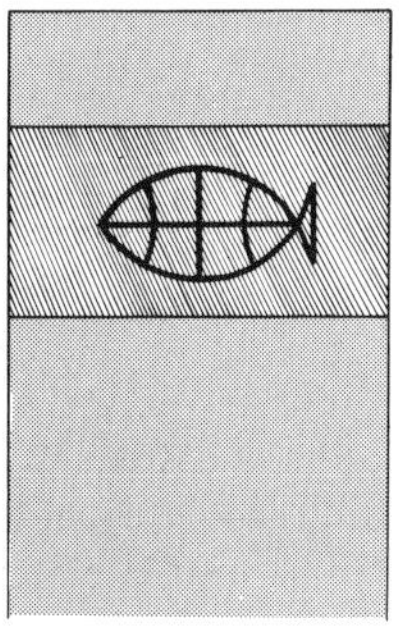

Okeansky Ribolov

Bulgarien hat in den letzten Jahren mehr durch den Schiffbau als durch die eigene Handelsflotte von sich reden gemacht. Obwohl unter den vielen westeuropäischen Schwarzmeer-Touristen gerade die bulgarischen Passagierschiffe *Varna* und *Nessebar* dafür sorgten, daß Schiffe unter der weiß-grün-roten Flagge weiten Kreisen bekannt wurden.
Tatsächlich ist die Geschichte der bulgarischen Handelsschiffahrt älter, als zumeist im Westen angenommen wird. 1894 brachte eine bulgarische Reederei zwei in England gebaute Fracht- und Passagierdampfer in Fahrt. 1939 nennen Handbücher ein gutes halbes Dutzend Schiffe mit weniger als 25000 BRT, die für die Société Commerciale Bulgare de Navigation à Vapeur fahren.
Die Kriegsgeschehnisse im Schwarzen Meer ließen von den alten Schiffsbeständen so gut wie nichts übrig.

So begann die Geschichte der modernen bulgarischen Handelsschiffahrt – die Volksrepublik Bulgarien wurde am 15. September 1946 gebildet – mit der *Rodina,* einem 5300-t-Schiff, 1944 als deutscher Kriegsstandardfrachter bei Burmeister & Wain in Kopenhagen fertiggestellt. Die *Bulgaria* (4191 BRT) war das zweite Schiff, ein englischer Kriegsbau. Aus den bei Kriegsende auf der Werft vorgefundenen Resten bauten J. Boel & Fils, Tamise, Belgien, zwei ursprünglich als »Hansa-A-Standardfrachter« gedachte Schiffe, die *Nikola Vaptzarov* und die *Christo Smirnenski.*

Angelehnt an diesen Schiffstyp begann die Werft G. Dimitrov in Varna ab 1957 mit dem Bau einiger Schiffe, die unter der eigenen Flagge, unter der von Albanien, der CSSR und Nord-Korea in Fahrt kamen. Das erste Schiff dieser Gattung war die 1935 BRT große *Varna,* ein geschlossener Schutzdecker von 1000 PS und 3030 tdw.
Der Aufbau der eigenen Handelsflotte zog sich hin – Bulgarien griff zunächst vorwiegend auf Schiffe aus dem Ausland zurück. Dabei wurden Tanker bevorzugt, innerhalb des RGW schien neben der UdSSR zunächst vor allem Bulgarien den Öltransport über See zu übernehmen. Während Ende der 50er Jahre der weitaus überwiegende Teil der zu diesem Zeitpunkt etwa 60 Schiffe umfassenden Handelsflotte Bulgariens unter 1000 BRT groß war, kamen – besonders durch Tankerankäufe, die 1960 begannen – bald eine Reihe größerer Einheiten in Fahrt.

Mitte der 60er Jahre machte Bulgarien durch den Ankauf von Passagierschiffen von sich reden. Aus Frankreich kam die 1946 gebaute, 6541 BRT große *Ville de Bordeaux* ex schwedisch *Saga,* die den Namen *Nessebar* erhielt (1975 verschrottet), aus England die formschöne, 13581 BRT große, 1951 gebaute *Ocean Monarch,* die in *Varna* umbenannt wurde. Bis dahin hatte die Passagierschiffsflotte Bulgariens nur aus kleineren Küstenfahrgastschiffen bestanden.

Dem Erwerb von Second-hand-Schiffen im Ausland folgte die Bestellung von mehreren Bulkcarriern (Collier) in Japan. Zwischen 1963 und 1968 kamen 17 derartige Schiffe in Fahrt, die sich auf zwei Typen von jeweils 9500 und 14000 tdw verteilen. Jugoslawien lieferte zwei 13270-tdw-Stückgutfrachter, Italien mehrere kleine Tanker.

Der devisenzehrende Ankauf von Tonnage im westlichen Ausland wurde zum Teil über bulgarische Außenhandelsunternehmen abgewickelt. So ist zu erklären, daß vorübergehend einige der Ankäufe zunächst unter anderen Flaggen, zum Beispiel Liechtensteins, fuhren.

Anfang der 50er Jahre hatte der Aufbau einer bulgarischen Schiffbau-Industrie, die es vor dem Zweiten Weltkrieg praktisch nicht gegeben hatte, begonnen. Heute ist das international bekannteste Schiffbauunternehmen die Werft »Georgij Dimitrov« in Varna, die

Frachter bis zu 35000 tdw baut und über ein Trockendock mit einem 500-t-Portalkran für Schiffe bis 100000 tdw verfügt. Numerische Steuerung der Brennschneidemaschinen ist hier seit Jahren üblich.
Die Werft »Iwan Dimitrov« in Russe (Donau) baut seegehende Frachtschiffe bis 5000 tdw, Binnenschiffe und Schwimmkräne. Bemerkenswert ist ein hier gebauter 1600-t-Bohrinsel-Versorger mit Spezial-Ladegeschirr.
Die Werft »Ilja Bojadshew« in Burgas ist mit dem Bau von Spezial- und kleineren Fischereifahrzeugen sowie Kümos beauftragt.
Ein kleiner, aber aufschlußreicher Vergleich: 1960 entstand in Bulgarien der Küstenfrachtertyp *Ropotamo* – 323 BRT, 47 Meter Länge, 300 Tonnen Tragfähigkeit. 15 Jahre später wurden von dem Zentralen Konstruktionsbüro Nipkik in Varna 75000-Tonner projektiert, in größeren Stückzahlen wird der Linienfrachtertyp *Sofia* für eigene und fremde Rechnung gebaut.
Schiffsimporte aus anderen RGW-Ländern halfen die bulgarische Handelsflotte, die 1969 die Eine-Million-Tonnen-Tragfähigkeit-Grenze überschritt, leistungsfähiger zu gestalten.
Auf Grund eines Lizenzvertrages mit der Schweizer Firma Sulzer kann Bulgarien in einer neuen Fabrik in Tolbukhin Motoren mit einer Leistung bis 40000 PS in Lizenz bauen.

1970 gab es organisatorische Veränderungen im Schiffahrtsbetrieb. Während die Fahrgastschiffe der Reederei Balkantourist zugeteilt wurden, kamen die Tanker unter die Regie der Bulet (Bulgarski Tanker Flot), die Betreuung der Trockenfrachter übernahm die Navigation Maritime Bulgare. Die Befrachtung der Schiffe erfolgt über die Bulfracht, der Flotteneinsatz wird zentral von der Bulgarski Targowski Flot geleitet. Bis 1975 sollte die Handelsflotte auf zirka 2,5 Mio. tdw anwachsen, insbesondere durch Tanker, die z.T. aus der Sowjetunion zu liefern waren.

Binnenschiffahrt und Fischerei waren von Anfang an von eigenen Reedereien betreut worden – die Fahrzeuge der Großen Fischerei, auf Grund umfangreicher Lieferungen aus der UdSSR, Polen und der DDR recht zahlreich vorhanden, sind in der Okeansky Ribolov zusammengefaßt. Im Dezember 1976 konnte Bulgarien mit den USA ein Fischereiabkommen unterzeichnen, das bis zum Jahr 1983 die Fänge bulgarischer Trawler in US-Gewässern regelt.

Aufsehen erregte ein unlängst nach Norwegen vergebener Auftrag für zwei bemerkenswert große Eisenbahnfährschiffe. Die Frederikstad M.V. und die Framnaes M.V. werden im Frühjahr 1978 je ein 12000-tdw-Schiff von 184 Meter Länge und 26 Meter Breite liefern. Mit jeweils zwei 17600-PS-Motoren sollen 19 Knoten erreicht werden. In jedem Schiff sind Aufstellgleise für 108 Waggons des 70-t-Typs vorgesehen, ein 170-t-Doppellift besorgt den Transport der Waggons von einem Deck in das andere.

Im Prinzip entsprechen beide Neubauten zwei neuen sowjetrussischen Fähren, die in Jugoslawien bestellt wurden. Die vier Fährschiffe sollen dazu beitragen, die Eisenbahnverbindungen vom Balkan zur Sowjetunion und umgekehrt durch das Donaudelta mit seinen

Die Werft »Georgi Dimitrov« in Varna begann Anfang der 60er Jahre mit dem Bau von 6340-tdw-Motorfrachtern des Typs »Sofia«. Verfügte Bulgarien wenige Jahre vorher noch über keine nennenswerte Schiffbaukapazität, werden heute in Varna Bulkcarrier von 35000 Tonnen Tragfähigkeit »am Fließband« gebaut.

Zu den ersten Schiffen der nach dem Zweiten Weltkrieg aufgebauten bulgarischen Handelsflotte zählt der englische Kriegsbau »Bulgaria«.

vielen Brücken zu entlasten – die Fährlinie führt von Varna nach Iljitshevsk und zurück.
Die bulgarische Hafenumschlagtätigkeit (Hauptumschlaggüter sind u. a. Apatit, Phosphate, Erz, Getreide und Kohlen) konzentriert sich auf die Häfen Varna (Stück- und Massengut) sowie Burgas (Öl und Kohlen). In Burgas ist auch die Fischereiflotte des Landes beheimatet.

Reederei-Adressen:

Navigation Maritime Bulgare
Tchervenoarmeisky Str. 1
Varna

Bulgarski Tanker Flot
Geo. Milev Str. 2
Burgas

Okeansky Ribolov
Ann Maymounkova Str. 8
Burgas

CSSR

Czechoslovak
Ocean Shipping

Zwischen Staunen und Schmunzeln bewegen sich die Gefühle der Betrachter, die ein Schiff mit dem Heimathafen Praha am Heck im Hafen erblicken. Dabei ist es nicht so ungewöhnlich, eine binnenlands, weitab von allen Meeren gelegenen Stadt zum Heimathafen von Frachtern zu machen – die Schweiz tut's schließlich auch. Und auf den Hinweis, daß nie ein Frachter der Tschechoslowakei seinen Heimathafen anlaufen wird, sei gesagt, daß es viele norwegische Handelsschiffe gibt (um nur ein Beispiel zu nennen), die niemals in ihrem Leben ihren Heimathafen sehen werden.
Die CSSR beteiligt sich aus denselben Gründen am internationalen Seeverkehr, die für viele Länder gelten: Jede Schiffsladung auf eigenen Schiffen hilft, Devisen einzusparen bzw. zu verdienen. Wenngleich die Handelsflotte der CSSR, die erst nach dem Zweiten Weltkrieg ins Leben gerufen wurde, sich in sehr bescheidenen Größen hält.
Innerhalb der RGW-Länder steht die CSSR gewissermaßen im »zweiten Glied«, was die Schiffahrtsaktivitäten angeht. Von den Mitgliedsstaaten ist die Äußere Mongolei auf den Meeren überhaupt nicht vertreten, die CSSR und Ungarn betreiben nur Handelsschiffahrt, sämtliche andere RGW-Mitglieder sind darüberhinaus auch noch in der Hochseefischerei tätig. Und noch etwas unterscheidet die CSSR von den Ostblock-»Kollegen«: Man befaßt sich nicht mit der Tankschiffahrt.

Den Anfang der Handelsschiffahrt machten – so ist es in aller Welt üblich – Ankaufschiffe. Das war schon sehr frühzeitig der Fall. Die ersten Nachkriegsfrachter der Reederei Czechofracht waren die *Republika,* ein 6419-BRT-Frachtdampfer, 1920 bei J. L. Thompson & Sons in Sunderland gebaut, dem durch einen Umbau einschließlich breiterem Schornstein ein »modernes« Äußeres verliehen wurde und die aus Frankreich erworbene *Julius Fucik* (Baujahr 1949, 5139 BRT).
Die CSSR hat sich aber nicht sehr lange mit diesen Veteranen befaßt – wie es überhaupt typisch für die Schiffahrtsmanager in Prag ist, daß sie ihre Frachter verhältnismäßig schnell wieder abstießen, wodurch die kleine Flotte des Landes immer einen recht günstigen Altersdurchschnitt aufwies.
Dabei legte man sich von der Schiffsgröße her nicht fest – unter der Flagge der CSSR fuhren 1800-BRT-

Am Anfang der Geschichte der tschechoslowakischen Handelsflotte standen Ankaufschiffe. Die »Julius Fucik«, Baujahr 1949, gehörte dazu. Inzwischen ist an die Stelle der Veteranen längst moderne Tonnage getreten.

Neubauten bulgarischer Werften (MS *Iskra*) ebenso wie 10000-t-Frachter-Neubauten aus der DDR, Finnland und Japan. Heute liegt die Tragfähigkeit der größten CSSR-Frachter bei über 20000 tdw. Für die abzustoßende Tonnage fand sich über viele Jahre ein williger Käufer: Die Volksrepublik China.
Natürlich sind die RGW-Staaten bemüht, Dienstleistungen nach Möglichkeit untereinander abzuwickeln – der CSSR werden sowohl in DDR- wie in polnischen Häfen spezielle Umschlagsanlagen zur Verfügung gestellt. Aber der kürzeste und billigste Weg für den Westhandel führt über die Elbe und Hamburg. So ist die Hansestadt zu einem bedeutenden Umschlagplatz für Transitgüter der CSSR geworden. Ständig sind zahlreiche Binnenschiffe der CSSR im Hamburger Hafen anzutreffen, Hamburg ist um seine »guten Kunden« im osteuropäischen Raum sehr bemüht.
Die CSSR widmet der Binnenschiffahrt entsprechende Aufmerksamkeit. Am Oberlauf der Elbe und an der Donau liegen Binnenschiffswerften, die Typschiffe zwischen 900 und 2870 t Tragfähigkeit bauen, ferner Schubschiffe, Bagger und dergleichen. Die größeren Binnenschiffe – sie tragen 2870 tdw, sind 110 m lang (pp.), 13 m breit, haben 5 m Seitenhöhe, gehen 3,45 m tief und laufen mit zwei 700-PS-Dieselmotoren 20 km/h – die auf der Donau eingesetzt sind, wurden in ihrer Festigkeit so ausgelegt, daß sie Wellenlängen von 110 Metern und -höhen von drei Metern gewachsen sind – sie können also auch auf dem Schwarzen Meer fahren.

Reederei-Adresse:
Czechoslovak Ocean Shipping
International Joint Stock Co.
Pocernicka 169
Praha 10, Strasnice

CUBA

Empresa
Navegacion
Mambisa S. A.

Die Staatsreederei des Landes, die Empresa Navegacion Mambisa S.A., Havana, ist so alt (oder so jung) wie die Revolutionsregierung, die 1959 die Macht und damit auch den größten Teil der damals auf der Zuckerinsel registrierten Hochseefrachter übernahm.

Das war keine sehr umfangreiche Flotte. Denn die USA, Großabnehmer des cubanischen Zuckers und damit auch Hauptlieferant der im Gegenzug importierten Waren, bewältigten in erster Linie die Seetransporte. Den Rest bewerkstelligten jene ausländischen Linienreedereien, die Havana, den Haupthafen des Inselstaates, in ihre Fahrpläne aufgenommen hatten. So bestand die cubanische Handelsflotte damals im wesentlichen aus einigen in Kanada erworbenen Neubauten kleinerer bis mittlerer Größe.

Merkwürdigerweise blieb trotz der Revolutionswirren die cubanische Handelsflotte »im Lande«, die teilweise »neutrale« Namensgebung der vorhandenen Schiffe führte kaum zu Namensänderungen – so sind einige der Schiffe »alte Bekannte« geblieben. Es wechselte allerdings die Schornsteinmarke – am dunkelblauen Schornstein prangt ein brandrotes Segel mit einem goldenen Stern, die Faust mit der Machete steht für das landwirtschaftliche Haupterzeugnis der Insel, das Zuckerrohr. Zwei weiße und drei blaßblaue Streifen verlaufen zur Achterkante des Schornsteins.

Als die Amerikaner ihren Boykott über die Insel verhängten und nach und nach die Seeverbindungen nach westlichen Staaten unterbanden (die europäischen

Der 14000-tdw-Motorfrachter »Bolivar« gehört zu einem Sextett von Neubauten, das bei der Helsingör Skibsvaerft bestellt wurde.

Reedereien weigerten sich teilweise lange, dem Verlangen nachzukommen, Cuba nicht mehr anzulaufen, beugten sich dann aber dem Druck, als Schiffe, die cubanische Häfen bedient hatten, keine USA-Häfen mehr anlaufen durften), wurden Ostblockfrachter zum vertrauten Anblick in den wenigen cubanischen Häfen. Aus der Sowjetunion, Polen und der DDR kamen einige Tanker und Frachter in cubanischen Besitz, daneben erwarb Cuba einige Neubauten, bevorzugt aus skandinavischen Ländern und Spanien, sowie Zweithandschiffe aus westeuropäischen Staaten (auch aus der Bundesrepublik). Erster größerer Tanker des Landes wurde die 19500 Tonnen tragende *Mosoil* aus Norwegen, die jetzt als *5 de Septiembre* fährt. Heute umfaßt die seegehende Handelsflotte des Landes rund 65 Frachter und Tanker. Um die jüngsten Schiffszugänge gab es einigen Wirbel – sechs in Helsingör bestellte Neubauten von jeweils 14000 tdw, zu einem Stückpreis von 80 Mio. dkr und einer Steigerungsrate von 30% kontrahiert und auf Grund der Gleitklausel schließlich mit 106,5 Mio. dkr von der Werft berechnet, erschienen den Cubanern in einer Zeit, da der Rückgang der weltweiten Werftbeschäftigung Schiffe wesentlich billiger sein läßt und die Japaner ein solches Schiff angeblich für 71 Mio. dkr liefern, wohl zu hoch. Was immer die Gründe waren – es gab Querelen, aber schließlich doch eine Einigung. Die ersten Schiffe dieser Serie sind geliefert worden.

Die cubanische Revolutionsregierung war bemüht, auch eine leistungsstarke Fischereiflotte aufzubauen. Fabriktrawler kamen aus Spanien und der DDR, letztere lieferte auch eine Serie von kleineren, 230-t-Fischmehlkuttern. Wie sich der Einsatz der nicht kleinen Fischereiflotte unter den einengenden Beschränkungen der weltweit eingeführten 200-Meilen-Zonen gestalten läßt, wird die Zukunft zeigen müssen. Die *Oceano Antartico* wurde im November 1976 mit zwei Trawlern innerhalb der kanadischen 12-Meilen-Grenze aufgebracht und nach zwei Tagen freigegeben.

Reederei-Adressen:

Empresa Navegacion Mambisa S. A.
Havana

Empresa Navegacion Caribe,
Havana

Flota Cubana de Pesca,
Havana 1

Empresa Consolidada del Petroleo,
Calle 23, No. 171
Vedado, Havana

Empresa Nacional de Cabotaje
Lamparilla 2, 4° piso,
Havana 1

DDR

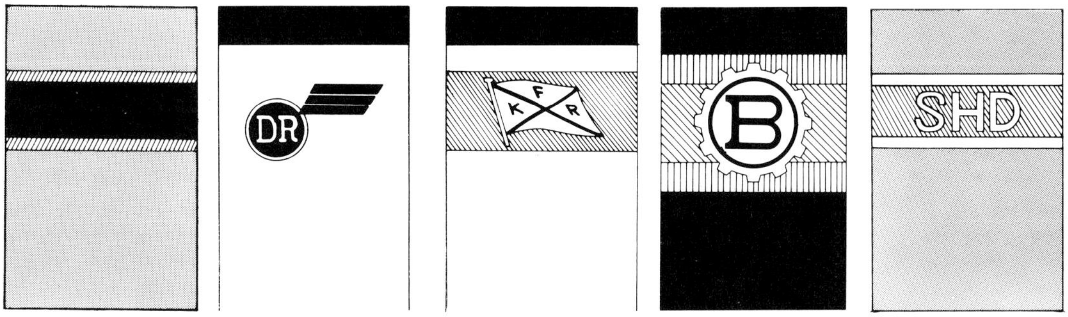

Deutsche Seereederei (DSR) | Deutsche Reichsbahn | Fischkombinat Rostock | Bagger-, Bugsier- und Bergungsreederei | Seehydrographischer Dienst

Die Schiffahrtsgeschichte der DDR ist kurioserweise zwei Jahre älter als der staatseigene Schiffahrtsbetrieb, der VEB Deutsche Seereederei (DSR), Rostock. Denn nachdem Walter Ulbricht auf dem 3. Parteitag der SED 1950 die Schaffung einer Hochseehandelsflotte als bedeutungsvoll für die Weiterentwicklung des Außenhandels bezeichnet hatte, kamen für die damaligen Deutsche Schiffahrts- und Umschlagszentrale (DSU), Stralsund, der 1903 gebaute Dampfer *Vorwärts* (917 BRT) und der Seeleichter *Fortschritt* (750 tdw) sowie die beiden Schlepper *Carl* und *Saßnitz* in Fahrt – der VEB Deutsche Seereederei aber wurde erst am 1. Juli 1952 auf Beschluß des Ministerrates der DDR ins Leben gerufen.
Der Personalbestand der DSR, die sich heute zu den größten Reedereien der Welt rechnen darf, betrug anfangs 21 Seeleute und 15 Beschäftigte in der Verwaltung. (Heute zählt die Seeverkehrswirtschaft der DDR rund 18 000 Beschäftigte).
Dampfer *Vorwärts* trat am 13. Oktober 1952 – der Kontrollratsbeschluß über das Verbot einer deutschen Seeschiffahrt war durch den Alliierten Kontrollrat aufgehoben worden – die erste Reise von Rostock nach Ventspils (Windau) an. Nach 105 Ostseereisen wurde das Schiff der Pionierorganisation der FDJ überlassen. Heute ist es stationäre Lehrstätte der Arbeitsgemeinschaft »Junge Matrosen«.
Als Ende 1954 die Sowjetunion der Deutschen Seereederei aus der für sie bei der Rostocker »Neptun«-Werft entstehenden Serie von 4450-tdw-Frachtdampfern die Schwesterschiffe *Rostock* und *Wismar* überließ und von der Mathias-Thesen-Werft in Wismar der 1350-tdw-Motorschiffsneubau *Stralsund* kam, wurde mit der *Vorwärts* auch der Seeleichter *Fortschritt* außer Dienst gestellt. Die Geschichte der modernen Schiffart der DDR begann.
1955 kamen sechs Neubauten vom Typ *Wolgast* in Fahrt. Diese 500-tdw-Kümos wurden von der Peene-

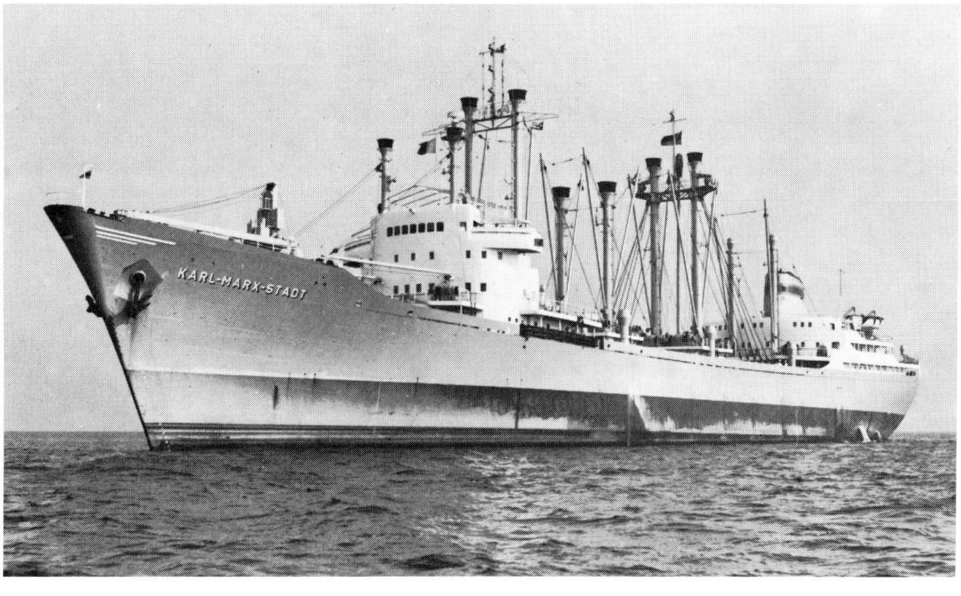

Mit der »Frieden«-Klasse stieg die Deutsche Seerederei Ende der 50er Jahre in die »Große Fahrt« ein. Die 13000-tdw-Frachter sind noch heute, z. T. unter anderen Flaggen, in vielen Häfen der Welt anzutreffen.

Der Schnellfrachtertyp »Karl Marx« (22,6 Knoten, für die Mitnahme von 260 Containern eingerichtet) wurde nur in zwei Exemplaren gebaut. Dann ging die Warnowwerft dazu über, der Deutschen Seereederei die Nachfolgeserie vom Typ »Mühlhausen« zu liefern, die auch für die UdSSR gebaut wird.

Werft, Wolgast, gebaut – zum ersten Mal liefen DSR-Schiffe in die Nordsee und das Mittelmeer. Für die West-Finnlandfahrt wurde ein Gemeinschaftsdienst mit der Finska Angfartygs Oy. gebildet.
1956 begann die VEB Elbewerft, Boizenburg, mit der Lieferung von insgesamt zehn 500-tdw-Motorschiffen des Typs *Kühlungsborn* – diese Bauten entsprechen weitgehend der *Wolgast*-Serie. Ein Liniendienst nach Holland und Belgien wurde eingerichtet. Im selben Jahr wurde festgelegt, die Hochseehandelsflotte weiter auszubauen. 1960 sollten von eigenen Schiffen 14mal soviel Güter wie 1955 befördert werden, die Transportleistungen waren bis dahin um das 33fache zu steigern.
Im März 1957 wurde der 3950-tdw-Dampfer *Thälmann-Pionier* in Dienst gestellt – ein Schiff, dessen Bau durch Geldsammlungen, Schrott-, Buntmetall- und Altpapierverkäufe der Jugendorganisationen »Junge Pioniere« finanziert worden war. Und es kamen die ersten 10000-t-Neubauten in Fahrt – die Mathias-Thesen-Werft in Wismar baute bis 1961 insgesamt zwölf dieser Schiffe vom *Typ IV (Frieden)*. Von denen fährt heute eines unter cubanischer und eines, nach einem Umweg über Polen und die CSSR, unter chinesischer Flagge. Mangels Antriebsmotoren großer Leistung erhielt jedes Schiff vier Dieselmotoren von jeweils 1800 PS, die auf zwei Schrauben wirken. Noch jetzt fahren einige dieser Schiffe für die DSR, nachdem die *Magdeburg* 1964 in der Themse-Mündung gerammt wurde und sank (das geborgene Schiff wurde repariert, verkauft und sank auf der Überführungsfahrt nach Griechenland im Englischen Kanal erneut), während die *Dresden* als schwimmendes Museum in Rostock liegt. Mit diesen Schiffen wurde in die weltweite Fahrt gegangen. Noch herrschte bei der DSR die Trampschiffahrt vor.
Ende 1957 – in diesem Jahr ging die kleine *Stralsund* verloren – besaß die Deutsche Seereederei 21 Schiffe mit zusammen nahezu 47000 Tonnen Tragfähigkeit. 1958 wurde der Liniendienst Rostock–Riga aufgenommen.
Damals zeichnete sich ein wachsender Tonnagebedarf der DDR ab – durch Second-hand-Schiffe sollte die Tragfähigkeit der Handelsflotte rasch erhöht werden. U.a. wurden aus Belgien, das seine Schiffsverbindungen zum Kongo reduzieren mußte, die kombinierten Fracht-/Fahrgastschiffe *Copacabana* und *Mar del Plata* erworben, die als *Heinrich Heine* und *Theodor Körner* in Fahrt kamen, wobei die Passagiereinrichtungen genutzt wurden, seemännischen Nachwuchs zur praktischen Ausbildung mitfahren zu lassen.
Damals erhielt ein im Ausland angekauftes Schiff (9400 tdw) den Namen *Steckenpferd.* Der ging auf einen Aufruf des kosmetischen Betriebes »Steckenpferd« in Radebeul/Dresden zurück, die Planziffern der Exporte zu übertreffen, um aus den Erlösen einen 10000-t-Frachter zu erwerben. Es kamen von rd. 2000 Exportbetrieben 280 Mio. Mark zusammen, für die acht Frachtschiffe mit zusammen 58000 tdw und das vom Freien Deutschen Gewerkschaftsbund (FDGB) übernommene schwedische Fahrgastschiff *Stockholm* erworben wurden – letzteres kam Anfang 1960 unter dem Namen *Völkerfreundschaft* in Fahrt.
Aus der Sowjetunion wurden in den Jahren 1958 bis 1962 fünf 11500-tdw-Motortanker übernommen. Als sich dann die Großtanker mehr und mehr durchsetzten, wurde eines der Schiffe, die *Leuna II* zum Spezialtransporter für Eisenerzkonzentrate *Dessau* umgebaut, drei wurden verkauft, die *Böhlen* sank 1976 in einem Orkan in der Biskaya.

Das Jahr 1959 sollte eine bedeutsame Entwicklung in den Seeverbindungen der DDR mit sich bringen. Am 7. Juli 1959, auf den Tag genau 50 Jahre nach der Errichtung der Fährschiffsverbindung, der sogenannten »Königsroute«, zwischen Saßnitz und Trelleborg, eine der längsten Eisenbahn-Fährverbindungen der Welt, stellte die Deutsche Reichsbahn das Fährschiff *Saßnitz* in Dienst. Die Route Warnemünde–Gedser wurde vorerst noch allein von dem Fährschiff *Danmark* (Baujahr 1922) der Dansk Statsbaner bedient.
Ende 1959 begann die Peene-Werft, Wolgast, mit der Lieferung des Küstenmotorschifftyps *840 (Nordstern)*. Bis 1963 kamen 24 dieser 840 Tonnen tragenden Kümos in Fahrt. Aus dieser Serie wurde 1974 die *Malchin* zum Trockenfrachter für Leimtransporte (Leimtanker) *Bellatrix* umgebaut.

Aus der Sowjet-Union übernahm die DSR fünf 11500-tdw-Standardtanker – drei wurden inzwischen verkauft, die »Böhlen« sank Ende 1976 in der Biskaya, die abgebildete »Leuna II« wurde zum Spezialschiff für den Transport von Eisenerzkonzentraten umgebaut – die im Skizzenteil gebrachte Zeichnung der »Dessau« verdeutlicht die vorgenommenen Veränderungen.

Die DDR-Werften, die 1947 mit der Reparatur und dem Umbau von Schiffen für die UdSSR ihre Arbeit aufgenommen und insgesamt 430000 BRT wieder instandgesetzt hatten – darunter das Passagierschiff *Sovietski Sojus* ex *Hansa* und die Walkocherei *Yuri Dolgoruki* ex *Hamburg* mit je 25000 BRT – und die 1967 die drittgrößte Fischereitonnage der Welt abliefern sollten, waren inzwischen zum Bau neuer Frachtschiffstypen übergegangen. Der VEB Schiffswerft »Neptun«, Rostock, startete mit einem Frachtmotorschiff (Typ-Bezeichnung *Framo*), von 2730 tdw, von dem bis 1965 acht Stück entstanden. Einige dieser Schiffe, die zunächst vorwiegend in der Fahrt DDR–London und ab 1964 auch nach den Humberhäfen beschäftigt waren, wurden später vorübergehend zu Containerschiffen für die Nord-Ostsee-Routen umgebaut, ihr konventionelles Ladegeschirr abgetakelt.
Der VEB Warnowwerft, Warnemünde, brachte mit dem 11160-tdw-Frachter *Lübbenau* den ersten Neubau vom sogenannten *Typ IX* zur Ablieferung. Es wurden bis 1963 sechs dieser Bulkcarrier gebaut, von denen einige Achterschiffsaufbauten erhielten, die um ein Deck niedriger als bei den Schwesterschiffen waren.
Die Mathias-Thesen-Werft in Wismar bekundete damals ihre Bereitschaft, ein Fahrgastschiff zusätzlich zur festgelegten Planleistung zu bauen, sofern die Zulieferindustrie mitziehen und die Öffentlichkeit die benötigten Gelder sammeln würde. Es gab Zustimmung und mehr als 30 Millionen Mark – so entstand 1961 das Urlauberschiff *Fritz Heckert.* Ob sich die Antriebsanlage – das Schiff hatte eine Kombination von Dieselmotoren und Gasturbinen – nicht bewährte, oder was immer es war, 1970 schon wurde die 5200 Tonnen große *Fritz Heckert* als Wohnschiff in Warnemünde verankert.
Die Warnowwerft, die für die UdSSR bereits größere Schiffsserien gebaut hatte, begann 1962 mit der Ablieferung der 10300-tdw-Frachtschiffe vom Typ *X (Edgar André)* für die DSR.
Liniendienste nach Cuba und Mexiko wurden aufgenommen, es folgten Routen nach der Nord- und Südlevante.
Auf dem 1963 stattfindenden VI. Parteitag wurde nahezu eine Verdoppelung der Tonnage der Handelsflotte, die 1962 aus 84 Schiffen mit 437943 tdw bestand, beschlossen – in rascher Folge kamen insgesamt 16 Schiffe des Typs *X* in Fahrt; 1965 und 1967 gingen je einer dieser Neubauten verloren.
1960 war der erste Bauabschnitt des Überseehafens Rostock beendet, mit den neuen Schiffen konnte ein weltweites Liniennetz aufgebaut werden – zunächst entstand die Linie Rostock–Indien/Pakistan/Bangladesh und Sri Lanka.
Von nun an sollten sich die Deutsche Seereederei und der Seehafen Rostock mehr und mehr als die Kristallisationspunkte der Seeverkehrswirtschaft der DDR herausschälen.
Das Jahr 1963 sah die Wiederbeteiligung der Deutschen Reichsbahn an der Trajektverbindung Warnemünde–Gedser, die am 10. Oktober 1903 begonnen worden war. Der Fährschiffsneubau *Warnemünde* kam im Mai 1963 in Fahrt – ein Schiff, das zunächst dazu vorgesehen war, im Sommer diese Route zu bedienen, um im Winter die *Saßnitz* auf der Saßnitz–Trelleborg-Strecke zu entlasten. Dort waren 1962 rund 1,2 Millionen Tonnen Güter als Eisenbahnladungen, einige zehntausend Tonnen Einzelfracht, Pkws, Lkws, Schlaf- und Postwaggons befördert worden – mehr als in jedem anderen voraufgegangenen Jahr seit Einrichtung der Linie.

In der Binnenschiffahrt wurde 1963 der erste Schubverband erprobt.

1965/66 erlaubte die Devisenlage die Anschaffung von Küstenmotorschiffen des *Sellin*-Typs (615 tdw) und zwei des *Barth*-Typs (1090 tdw) aus Holland, während 1966 die beiden Kühlschiffe *Theodor Storm* und *Theodor Fontane* aus Belgien angekauft wurden. Ein Jahr später lieferten holländische Werften die drei Neubauten vom *Eichsfeld*-Typ, während die Rostocker Neptunwerft nach zwei Jahren den Bau von sechs Holz- und Bulkcarriern vom *Hellerau*-Typ abschloß.
Der regelmäßige Dienst nach China und Nord-Korea wurde 1966 aufgenommen.
Als die Deutsche Seereederei 1967 auf ein fünfzehnjähriges Bestehen zurückblicken konnte, fuhren unter ihrer Flagge 153 Frachter mit rd. 938000 tdw sowie

zwei Fahrgastschiffe von zusammen 20500 BRT und das Versorgungsschiff *Bereitschaft* von 267 BRT.
Bis 1970 sollte der durchschnittliche jährliche Tonnagezuwachs der DSR etwa 100000 tdw betragen. Das geschah nun insbesondere durch die neuen Linienfrachter vom »*XD*-Typ« *(Rostock)*. Bis 1970 wurden 16 dieser 10130 Tonnen tragenden Neubauten in Dienst gestellt. Für die Afrikafahrt – seit 1961 wurden West-, seit 1962 Ostafrika und das Rote Meer bedient – kamen 1969 vier und in den beiden folgenden Jahren je ein 6950-tdw-Neubau des »*Afrika*-Typs« hinzu.

Das Netz der Liniendienste erstreckte sich nunmehr auch auf die Ostküste Südamerikas (seit 1968), die Adria, den Mittleren und den Fernen Osten (ab 1969).
In den drei Seehäfen der DDR wurden 1970 etwa 12,8 Millionen Tonnen Güter umgeschlagen (Rostock 10,1/5,9, Wismar 1,8/2,2, Stralsund 0,87/0,85 Mio. t – die Zahlen hinter dem Schrägstrich geben die 1965 umgeschlagenen Gütermengen an).

Auf den DSR-Schiffen hielten in jenen Jahren technische Neuerungen ihren Einzug. Nach ersten Erprobungen auf dem angekauften Kühlschiff *Theodor Storm* im Jahr 1967 kam der wachfreie, automatisierte Maschinenbetrieb mehr und mehr zur Anwendung, die 1969 fertiggestellte *Freyburg* der *XD*-Wechseldeckerserie war der erste DDR-Neubau mit Wulstbug.

Die Tonnagezusammensetzung machte die DSR zu einer vielseitig tätigen Reederei – sie war in sämtlichen Sparten des Verschiffungsgeschäfts tätig, wobei auffallenderweise der Anteil der Kühlschiffstonnage relativ gering war.

Zu den modernsten Kühlschiffen der DSR zählen die in Norwegen entstandenen Schwesterschiffe »Heinrich Heine« und »Theodor Körner«.

Organisatorisch war die DSR bis 1969 in die sechs Flottenbereiche Afrika, Asien/Amerika, Linien Europa, Tramp/Nord-/Ostsee, Spezialschiffahrt sowie Passagierschiffahrt gegliedert. Jedem Flottenbereich stand ein Direktor vor. Sie waren ihrerseits direkt dem Generaldirektor der DSR unterstellt, während sie andererseits Vorgesetzte der zu ihrem Bereich gehörenden Schiffskapitäne waren. Die Flottenbereiche bestanden aus den Branchen Schiffslenkung und Verkehrsökonomie. Die vorher zentralen Direktionsbereiche der DSR, zuständig für die direkte ökonomische Leitung, wurden zu Stabsabteilungen des Generaldirektoriats.
Am 1. Januar 1970 trat ein grundlegender Wandel ein. Der Deutschen Seereederei verblieb die Linienschiffahrt. Alle Zweige der Spezialschiffahrt, Tanker, Bulker, usw. sowie das internationale Chartergeschäft, wurden dem neugebildeten VEB Deutfracht-Internationale Befrachtung und Reederei zugeteilt. Schornsteinmarke: Im blau-rot-blauen Band der stilisierte Rostocker Greif.
Der am gleichen Tage gebildete VEB Bagger-, Bugsier- und Bergungsreederei (BBB) erhielt die Fahrzeuge des bisherigen VEB Lotsen-, Bugsier- und Bergungsdienstes (LBB) und des VEB Deutsche Seebaggerei (DSB). Die entsprechenden Fahrzeuge gehören zur Handelsflotte der DDR.
Damit ergab sich 1970 folgendes Bild: Der Deutschen Seereederei gehörten am 1. Januar 144 Linienfrachter mit 581614 BRT und 760148 tdw, dem VEB Deutfracht 25 Schiffe mit 292584 BRT und 435473 tdw (die Passagierschiffe nicht mitgerechnet).
Diese Zahlen spiegeln die Tatsache wider, daß die DSR eine Universalreederei mit starker Betonung der Linienschiffahrt war – auf sie entfielen rd. 80% der vorhandenen Schiffe. Von 1966 bis 1970 hatten sich die Leistungen der Seeverkehrswirtschaft der DDR mehr als verdoppelt.
1968 war der Containerdienst DDR–Hamburg–Tilbury aufgenommen worden.
Der Fünf-Jahr-Plan 1970–75 ließ seine Ziele deutlich erkennen: Die Tonnage war zu vergrößern, die Transportleistung zu erhöhen. Innerhalb der RGW-Staaten stand ein erhöhter Warenaustausch im Vordergrund, er wurde gleichfalls mit den Entwicklungs- und den »kapitalistischen Industrieländern« angestrebt. Die gesteigerten Transport- und Umschlagsleistungen sollten mit möglichst geringen Kostensteigerungen erzielt, Fremdcharterungen und Fremdhafenumschlag gesenkt werden. Rostock hatte seine Umschlagleistungen beträchtlich zu erhöhen, die Tragfähigkeit der Handelsflotte war bis 1975 auf 1750000 tdw zu steigern.
In diesem Zusammenhang wurde den Liniendiensten weiterhin große Aufmerksamkeit geschenkt. 1971 wurden regelmäßige Abfahrten nach Vietnam, 1975 nach Algerien aufgenommen.
Daneben sind einige Schiffe für Fahrten eingesetzt, die ihrer Regelmäßigkeit wegen fast der Linienschiffahrt zugerechnet werden können – z. B. die Metallfahrt Klaipeda–Rostock und die Apatitfahrt Murmansk–Rostock.
Zu jener Zeit kamen, nachdem man sich zuvor mit Umbauten konventioneller Frachter beholfen hatte, die ersten speziellen Containerschiffe in Fahrt. Die Elbewerft, Boizenburg, brachte 1970 die ersten drei derartigen Neubauten vom Typ *Boltenhagen* zur Ablieferung, 1971 die *Nienhagen* – alles Schiffe mit Stau-

Der Eisbrecher »Stephan Jantzen«, Heimathafen Warnemünde, entstammt einer großen Serie in der UdSSR gebauter Spezialschiffe.

kapazität für 39 Container vom 20-Fuß-Typ und Einrichtungen für einen 24stündigen automatischen Maschinenbetrieb. Die folgenden 16 Küstenmotorschiffe des *Hagenow*-Typs entsprachen weitgehend den Containerschiffen, erhielten aber je zwei Deckskräne und können jeweils 25 Container vom 20-Fuß-Maß und einen 10-t-Behälter aufnehmen. So konnte 1971 ein spezieller Containerdienst DDR-Häfen–Hamburg–Hull eingerichtet werden.

Mit den 1971 und 1972 in Fahrt kommenden Schnellfrachtern *Karl Marx* und *Friedrich Engels,* die in die Fernost-Linienfahrt eingestellt wurden, hielt supermoderne Tonnage auch hier ihren Einzug. Diese beiden vollautomatisierten Frachter blieben bemerkenswerterweise die einzigen ihrer Art. Denn drei weitere moderne Frachter, die die DSR bis 1975 erhalten sollte, gehören zu der *Mercator*-Serie, die bei der Warnowwerft für die Sowjetunion gebaut wird. Ein Indiz, daß innerhalb des RGW-Blocks die Standardisierung der Schiffstypen fortschreitet.

Für Holztransporte brachte die »Neptun«-Werft ab 1971 die drei Neubauten vom Typ *Neuhausen* in Fahrt, die 122 Container des 20-Fuß-Typs stauen können. Die kleine Containerschiffsserie *Boltenhagen* wurde ab 1972 mit dem etwas längeren *Warin*-Typ fortgesetzt, der 56 20-Fuß-Container stauen kann und eine Maschinenanlage für den 24stündigen, wachfreien Betrieb hat.

Am 30. April 1974 wurde das aus Schweden angekaufte Ro-Ro-Schiff *Berwald* als *Inselberg* auf die Fahrt von Rostock nach Helsinki und Kotka geschickt, der bisher mit der Finska Angfartygs Oy betriebene Gemeinschaftsdienst DDR–Finnland wurde auf die Trailerfahrt umgestellt. Die zwei Autodecks der *Inselberg* ermöglichen im Durchschnitt das Aufstellen von etwa 50 Trailern. Anfang 1977 hatte die *Inselberg* eine schwere Kollision mit einem finnischen Frachter, konnte aber von zwei DDR-Schleppern in einen Hafen gebracht werden.

Die Erfahrungen und die Erfolge in der Ro-Ro-Fahrt führten 1975 zum Ankauf der im gleichen Jahr entstandenen schwedischen Güterfähre *Tor Caledonia,* die als *Fichtelberg* in Fahrt kam. Mit drei Decks für 192 Lkw oder 465 Pkw ist sie wesentlich größer als die *Inselberg.*

Die 1974 angelaufene Serie von 21 Neubauten des *Poseidon*-Typs der »Neptun«-Werft (erstes Schiff MS *Rudolf Diesel*) ermöglicht es, den neu aufgenommenen Dienst nach dem Mittleren Osten mit hochmoderner Tonnage auszustatten.

Die DSR unterhielt zu jener Zeit etwa 20 Liniendienste zu Häfen in rund 70 Ländern. Sie betreibt sie allein oder als Gemeinschaftsdienste mit anderen RGW-Ländern, z.B. den Uniafrika-Dienst, den Baltafrika-Dienst, den Cubalco-Dienst, den Baltamerica-Dienst. Auch mit einigen Entwicklungsländern werden gemeinsame Dienste angestrebt.

die »Bansin« gehört gewissermaßen zu der »2. Generation« kleiner Containerschiffe, über die die DSR verfügt. Der ursprüngliche »Boltenhagen«-Typ erhielt eine längere Mittschiffspartie – statt der 39 Container, die die kleineren Schiffe stauen können, lassen sich auf diesen Schiffen 56 Container aufstellen.

Die DSR ist Mitglied in einigen Linienkonferenzen. Diese Entwicklung brachte es mit sich, daß die Häfen ausgebaut, modernisiert oder rationalisiert werden mußten. Der Rostocker Seekanal wurde z.B. vertieft, die Ölpier für die Abfertigung größerer Tanker hergerichtet. Die Aufnahme des Container- und Ro-Ro-Dienstes machte in Rostock den Bau entsprechender Abfertigungsanlagen notwendig. Wismars Hafenanlagen wurden auf einen zeitgemäßen Stand gebracht. In Stralsund wurde die Umschlagsanlage für Salz modernisiert, Voraussetzungen für den Stückgutumschlag wurden geschaffen.
Die Bagger der technischen Flotte bewährten sich auch bei Auslandseinsätzen, z.B. beim Bau des neuen Danziger Nordhafens.
Gravierend aber war eine organisatorische Neuerung, die am 1. Januar 1974 wirksam wurde. Die Direktion Seeverkehr- und Hafenwirtschaft wurde mit allen ihren Unternehmen im VEB Kombinat Seeverkehr und Hafenwirtschaft – Deutfracht/Seereederei – zusammengefaßt. Kern des Kombinats ist die Handelsflotte – der Generaldirektor des Kombinats ist gleichfalls Generaldirektor der DSR, die Fachdirektorate der DSR wirken als solche auch in dem Kombinat. Darin spiegelt sich die Leistungsfunktion der Flotte, die mit 73% des Grundfonds 75% der Produktion und 81% des Plans vollbringt. Die Flottenbereiche gliedern sich in Asien/Amerika, Mittelmeer/Afrika, Spezial-/Küstenschiffahrt – die Bezeichnung DSR blieb erhalten, die Schornsteinmarke ist das rot-blau-rote Band.
Gleichzeitig bildeten die DDR und die VR Polen die Hafenorganisation Interport, Sitz Szczecin, zuständig für die Planung und den Ablauf des Hafenumschlags in beiden Partnerländern.
Am Ende des Planjahrfünfts war festzustellen, daß im Hafenumschlag, der weltweiten Rezession folgend, 1975 (14,4 Mio. t) nicht die Umschlagszahlen von 1974 erreicht wurden (16,3 Mio. t), daß auch bei den in den drei DDR-Seehäfen ankommenden Schiffen ein Rückgang eingetreten war (von 5243 in 1974 auf 5106 in 1975), daß aber die angestrebte Flottenvergrößerung vorfristig erreicht wurde. Es waren nunmehr 200 Handelsschiffe inkl. ein Passagier- und ein Versorgungsschiff mit zusammen 1212440 BRT bzw. 1797495 tdw vorhanden. 45 Prozent von ihnen (90) hatten Anlagen für den automatisierten Betrieb. Eine Reihe älterer Schiffe – der weltweiten wie der Küstenschiffahrt – war ausrangiert worden. Stattdessen wurde, auch unter Ausnutzung des allgemeinen Preisverfalls für Schiffe, moderne Tonnage im Ausland erworben – 1973 aus Norwegen die Minibulker *Garli* und *Grong,* 1974 die Großtanker *Sea Breeze, Sonja* und *Atlantic Marchioness,* 1975 der Erz-Öl-Frachter *Ledarö* sowie aus der Bundesrepublik die beiden Stückgutfrachter *Transatlantic* und *Talana.*
Der Fünf-Jahr-Plan 1976–1980 soll eine Steigerung der bisherigen Transportleistungen auf 135 bis 140 Prozent bringen und mehr eigenen Umschlag auf die DDR-Häfen ziehen. Insbesondere in Rostock sollen die Hafenkapazitäten ausgebaut werden. Die Tragfähigkeit der DSR-Flotte soll, in erster Linie durch eigene Neubauten, auf 2,2 bis 2,3 Millionen Tonnen steigen.

Vor allem im Rahmen des RGW-Blocks wird eine noch engere Zusammenarbeit angestrebt. Im Zuge der Abwicklung eines USA-DDR-Getreidehandelsvertrages wurde für 1977 den DDR-Schiffen das Anlaufen von USA-Häfen erlaubt. Der Bulkcarrier *Görlitz* lief am 21. Januar 1977 als erstes DDR-Schiff einen US-Hafen, nämlich New Orleans, an. Im Schiffbau soll neben den Neubauleistungen besonders im Reparatursektor eine höhere Leistung erreicht (»Neptun«- und Mathias-Thesen-Werft), die Liegezeit der Reparaturschiffe um 25 Prozent verkürzt werden.
In der Binnenschiffahrt wird eine Steigerung der Transportleistung angestrebt.
Leistungssteigerung mehr durch qualitative denn durch quantitative Verbesserung – so könnte, auf einen kurzen Nenner gebracht, das Bemühen der Seeverkehrswirtschaft der DDR für das laufende Planjahrfünft bezeichnet werden.
Dazu zählt auch die Indienststellung des in Holland gebauten Schwergut-Ro-Ro-Schiffes *Brocken* im März 1976. Zwei fahrbare Schienen-Transportwagen, die von Bord bis an Land und umgekehrt rollen können, ermöglichen die Übernahme von Stückgütern bis zu 550 t Gewicht, 55 Meter Länge und 7 Meter Durchmesser.

Von der Warnowwerft kamen 1976 mit den Stückgutfrachtern *Nordhausen* und *Mühlhausen* die ersten von insgesamt vier Neubauten der *Mercator*-Serie, Mitte 1977 folgte die *Sangershausen;* von der »Neptun«-Werft läuft weiterhin die *Poseidon*-Serie. Sieben Frachter vom Typ *Meridian* (13810 tdw), fünf OBO-Carrier von je 23200 tdw, von denen der erste die *Weimar* ist, Holz- und Erzfrachter und zwei 150000-t-Tanker stehen auf dem Beschaffungsprogramm.

Als die DDR-Handelsflotte am 1. Juli 1977 ihr 25jähriges Bestehen feierte, rangierte sie mit ihren 107 Stückgut-, 19 Massengutfrachtern, 10 Tankern, 9 Container-, 4 Ro-Ro- und 41 Küstenmotorschiffen unter den RGW-Flotten, die insgesamt etwa 3400 Handelsschiffe umfassen, auf dem dritten Platz. Von den 11700 Beschäftigten der DSR fahren 8400 zur See.

Die Hochseefischerei

In der Hochseefischerei hat sich die DDR im Laufe der Jahre mehr und mehr den Fangmethoden der Sowjetunion angeglichen. Das heißt, es wurde stärker zum Fischen im Flottenverband übergegangen. Analog dazu ist eine Vereinheitlichung der Fischereifahrzeuge zu erkennen. Das war nicht immer so. Für die ersten Seitentrawler und später auch für die ersten Heckfabrikschiffe der DDR gab es schwerlich vergleichbare Fahrzeuge in der UdSSR-Flotte. Und in wie großer Zahl auch DDR-Werften Fischereifahrzeuge für die Sowjetunion bauten – es waren nicht dieselben Typen, die in der DDR-Fischereiflotte zu finden waren.
Auch bei den ersten großen schwimmenden Fischfabriken ging die DDR eigene Wege. Ende der 50er Jahre erwarb man das Laeisz'sche Kühlschiff *Pegasus,*

um es in Belgien zum Fabrikschiff *Martin Andersen Nexö* mit Heckaufschleppe umbauen zu lassen (das Schiff hat inzwischen ausgedient und steht zum Verschrotten an), die 1967 auf der Mathias-Thesen-Werft in Wismar entstandenen Fischfabriken *Junge Garde* und *Junge Welt* waren Eigenentwicklungen, die auch nicht für andere RGW-Partner nachgebaut wurden. Viel später wurden dann Fischtransporter sowjetischer Fertigung übernommen, neuerdings erhält die Hochsee-Fischereiflotte der DDR, die angesichts der weltweit eingeführten 200-Seemeilen-Grenzen[1]) verstärkt unter dem Druck steht, die z.T. veraltete Fischereiflotte zu ersetzen, Fabriktrawler des *Super-Atlantik*-Typs, wie sie der VEB Volkswerft Stralsund für die UdSSR baut. Wie es heißt, wird die DDR, die das erste derartige Schiff inzwischen unter dem Namen *Ludwig Turek* in Fahrt brachte, insgesamt fünf dieser Hochleistungsschiffe übernehmen.

Mit den neuen Schiffen wird auch zu neuen Fang- und Verarbeitungstechnologien übergegangen. Eine langfristige Intensivierungskonzeption deckt den Zeitraum bis zum Jahr 1980 ab. Dabei kooperieren die etwa 5000 Hochseefischer der DDR auf der Basis von Arbeitsprogrammen, für die die Grundlagen 1975 geschaffen wurden, mit Fischern aus der UdSSR und Polen.

Verstärkt wird die Anwendung der EDV – dafür ist ein System einer wissenschaftlichen Flottenlenkung geschaffen worden, die aus sachlichen und methodischen Gründen in vier Teilbereiche gegliedert wurde:

- Flotteneinsatzplanung,
- kurzfristige strategische Flottenlenkung,
- operative Flottenlenkung,
- Informationssystem Fang.

Die Flotteneinsatzplanung soll die günstigste Einsatzkonzeption der Flotte für einen längeren Zeitraum im voraus bestimmen, in der Regel für ein Jahr. Sie hat bereits die Forderungen der Verarbeitungsindustrie und des Handels zu berücksichtigen, die Aus- und Einlauftermine der Schiffe sind so festzulegen, daß die Hafenkapazitäten optimal genutzt werden. Zugleich wird bestimmt, wieviele Schiffe welcher Schiffsgattung wann und wo und auf wie lange Zeit auf die verschiedenen Fanggebiete anzusetzen sind.

Die kurzfristige strategische Flottenlenkung befaßt sich mit den einzelnen Schiffen, den rasch wechselnden Fanggegebenheiten – der Zeitraum, der von diesen Planungsmaßnahmen abgedeckt wird, liegt etwa bei einem Monat.

Das Geschehen der jeweils nächsten fünf oder zehn Tage wird von der »Operativen Flottenlenkung« erfaßt und bestimmt. Sie ist zuständig für das kurzfristige Dirigieren der Schiffe zu den jeweils günstigsten Fangplätzen. Das dazugehörige Informationssystem ergänzt das vorrangige Steuerungsinstrument im Gesamtkomplex der wissenschaftlichen Flottenlenkung.

Was die Kosten der elektronischen Datenverarbeitung in der Hochseefischerei angeht, nennen DDR-Veröffentlichungen dafür Summen, die dem Gegenwert von 1500 t Fisch, also einer etwa zweitägigen Fangmenge, entsprechen.

Reederei-Adressen

VEB Kombinat Seeverkehr und Hafenwirtschaft
Deutfracht/Seereederei
Überseehafen
25 Rostock

Deutsche Reichsbahn
Fährschiffsverwaltung
2355 Saßnitz

VEB Bagger-, Bugsier- und Bergungsreederei
Überseehafen
25 Rostock

VEB Fischkombinat Rostock
25 Rostock-Marienehe
Fischereihafen

VEB Fischkombinat Saßnitz
Postfach 7 und 12
2355 Saßnitz

Seehydrographischer Dienst der DDR (SHD)
(untersteht dem Ministerium für Nationale Verteidigung,
Kommando Volksmarine)
25 Rostock

[1]) Die neuen EG-Bestimmungen sehen vor, daß nur jeweils fünf DDR-Fahrzeuge gleichzeitig in der Nordsee fischen dürfen. In USA-Gewässern, wo DDR-Fischer bislang mit etwa 1,8% an den Gesamtfängen beteiligt waren, wurde mehr als zwei Dutzend Fangschiffen das Fischen erlaubt – gegen Zahlung von 1 Dollar je BRT, plus 3,5% Gebühren, berechnet auf der Basis der der fremden Nation zugeteilten Fangmenge. Zudem könnte die US-Coast-Guard weitere Gebühren erheben.

POLEN

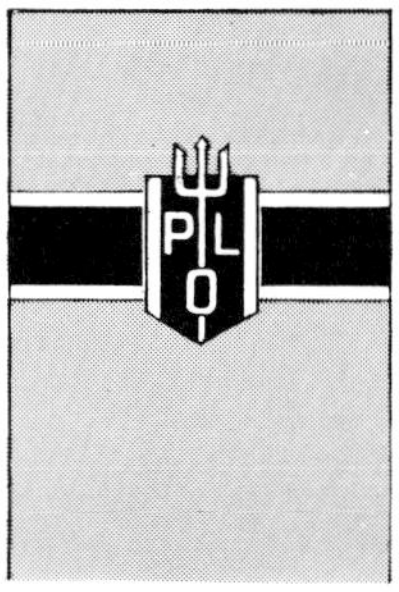

Polskie Linie
Oceaniczne
(POL)

Polska Zegluga
Morska
(PZM)

Polska Zegluga
Baltycka
(PZB)

Chinese-Polish
Joint Stock
Shipping Company

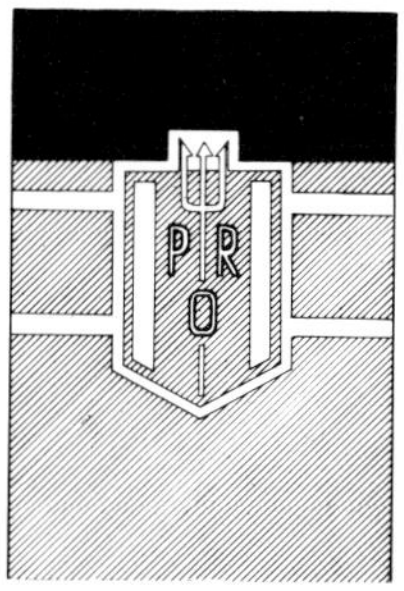

Polskie
Ratownictwo
Okretowe (PRO)

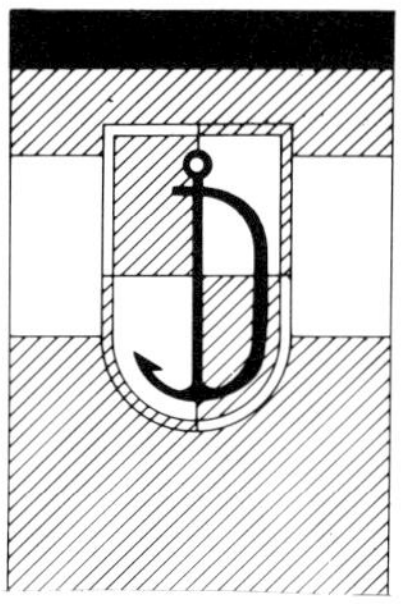

»Dalmor«

»Gryf«

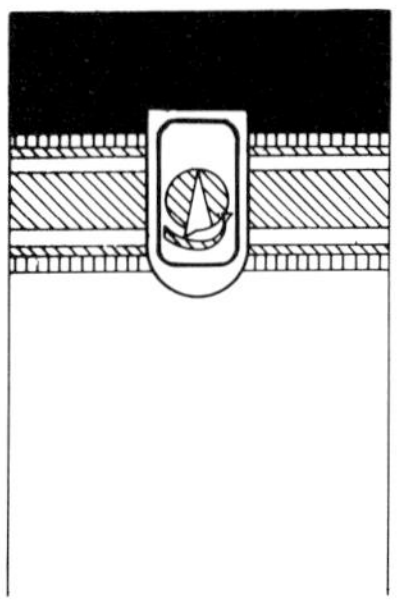

»Odra«

»Transocean«

Morskiego
Instytutu
Rybackiego (MIR)

Die heutige polnische Seeverkehrswirtschaft mit ihren nahezu 150 000 Beschäftigten – 65000 im Schiffbau, 41 000 im Seetransport, 3200 im Außenhandel und 30 000 in der Seefischerei sowie der Fischwirtschaft (1960 lag die Gesamtzahl bei 85 000) – unterscheidet sich viel zu sehr von der der Vorkriegszeit, als daß Vergleiche angebracht wären. Trotzdem kann auf die Geschichte der polnischen Seeschiffahrt rasch eingegangen werden, weil dieselbe sehr kurz ist. Polen hatte bis 1919 keinen Zugang zur Ostsee, erst der damals geschaffene »Polnische Korridor« verschaffte dem Binnenland einen gut 70 Kilometer breiten Küstenstreifen, in dem – zum Teil mit amerikanischem Kapital – aus einem unbedeutenden Fischerdorf gleichen Namens der Hafen Gdynia entstand, der mit dem nahegelegenen Danzig, damals zum Freistaat erklärt und mit Polen durch eine Zollunion verbunden, konkurrieren sollte. Zunächst allerdings wurde Gdynia als das ausgebaut, was es vorher schon gewesen war: Ein Fischereihafen. Doch bald entstanden hier auch Umschlagsanlagen für Güter aller Art.
Mehrere Reedereien wurden gebildet – als die bekanntesten unter ihnen die Zegluga Polska, die Polsko-Brytyjskie Towarzystwo Okretowe (beide bestanden von 1927 bzw. 1928 bis 1950 unter diesen Namen) sowie – als international wohl bekannteste – die Gdynia-Ameryka Linie Zeglugowe, die 1935 an die Stelle einer 1930 gegründeten transatlantischen Reederei trat und den Passagierdienst nach Amerika betrieb.
Ergebnis ehrgeizigen Bemühens, auch eigenen, geeigneten Seefahrernachwuchs heranzubilden, war die Indienststellung des Segelschulschiffes *Lwow* (1293 BRT, Baujahr 1869) im Jahr 1920, das später in der *Dar Pomorza* eine heute noch fahrende Nachfolgerin fand.
Die Zahl der Handelsschiffe hielt sich in Grenzen, bei den Frachtschiffen wurde über eine Größe von 3540 BRT nicht hinausgegangen. Ost- und Nordsee waren die hauptsächlichsten Fahrtgebiete, eine Linienverbindung bestand nach England – *Polbrit* war damals ein Begriff.

Im Vergleich zur frachtfahrenden Handelsflotte war die polnische Passagierschiffsflotte relativ groß – der Auswandererverkehr nach den USA und die sich daraus ergebenden Familienbande zum amerikanischen Kontinent schufen hier günstige Voraussetzungen. *Polonia, Kosciuszko* und *Pulaski,* Zweischornsteindampfer zwischen 7500 und 6400 BRT, konnten bis zu 1200 Fahrgäste (Emigranten) an Bord nehmen.

Die »Batory« überlebte den Krieg und wurde im Polen-Kanada-Dienst eingesetzt.

Mitte der 30er Jahre wurde gegen entsprechende Kohlelieferungen an Italien der Bau der Schwesterschiffe *Pilsudski* und *Batory* mit der Cantieri Riuniti dell'Adriatico in Monfalcone vereinbart, 1935 kam die *Pilsudski* in Fahrt, das 14294 BRT große Schiff bot 775 Fahrgästen Platz. 1939 lieferten Swan, Hunter & Wigham Richardson Ltd., Newcastle, sowie die Nakskov Skibsvaerft, Nakskov, die Schwesterschiffe *Sobieski* und *Chrobry,* beide etwas mehr als 11000 BRT groß mit Platz für 800 bis 1000 Passagiere.
Der Zweite Weltkrieg ließ – und das ist nur auf den ersten Blick überraschend – zahlreiche polnische Handelsschiffe überleben. Es waren eben nur die wenigsten polnischen Schiffe im September 1939 in polnischen Häfen. Die *Dar Pomorza* wurde in Schweden interniert, die *Batory* fuhr in englischen Diensten und kehrte 1945 nach Polen zurück (sie diente am Ende ihrer Laufbahn als schwimmendes Hotel in Gdynia), die *Sobieski* sah gleichfalls Kriegseinsätze unter britischer Regie und wurde nach dem Krieg an die Sowjetunion verkauft *(Gruzija)* und 1975 in La Spezia verschrottet, einige der alten, kleinen Frachtdampfer fuhren bis vor wenigen Jahren, z.T. unter ihren altgewohnten Namen, in Nord- und Ostsee.
Der Ausgang des Zweiten Weltkrieges bescherte Polen eine Küstenstrecke von etwa 425 Kilometer mit einer Reihe größerer Häfen, vor allem die »Drei-Stadt«, wie polnischerseits die rasch zusammenwachsenden Städte Gdynia-Sopot-Gdansk (Gdingen, Zoppot und Danzig) genannt werden, Szczecin (Stettin) mit dem mittlerweile als Fährhafen an Bedeutung gewinnenden Swinoujscie (Swinemünde) und den kleineren Häfen Kolobrzeg (Kolberg), Darlowo (Rügenwalde) sowie Ustka (Stolpmünde).
An die Stelle der einstigen Reedereien traten die staatlichen Schiffahrtsgesellschaften Polska Zegluga Morska (Polish Steam Ship Company), Polskie Linie Oceaniczne (Polish Ocean Lines) und neuerdings die Polska Zegluga Baltycka (Polish Baltic Line), eine Neugründung, die insbesondere für die Fähr- und Küstenschiffahrt zuständig ist und sich um eine bessere Ausnützung der Kapazitäten der kleineren Häfen sowie die Entwicklung des Fremdenverkehrs im Küstenbereich kümmern soll – der PZB unterstehen auch einige bereits fertiggestellte sowie noch im Bau befindliche Hotels.

Während es nicht lohnt, hier auf jene kleinen Schifffahrtsgesellschaften einzugehen, die sich mit dem Schlepp- und Bergungswesen befassen (Eisbrecher und Schlepper unterstehen der Polskie Ratownictwo Okretowe), obwohl die polnischen Berger nach dem Kriege 209 Wracks mit nahezu 200000 t beseitigen mußten, darunter die *Gneisenau,* die die Einfahrt nach Gdynia blockierte, und die aus 30 m Tiefe geborgene *Seeburg* (12800 tdw), die instandgesetzt wurde und noch jahrelang als *Dzierzynski* fuhr, mit der Baggerei und der Ausflugsschiffahrt, müssen die Fischereigesellschaften erwähnt werden. Wurde Polen doch zu einer recht beachtlichen Fischereination. Die großen Basis- und Fabrikschiffe unterstehen der Dalekomorskie Bazy Rybackie, in Gdynia sind die Trawler der Dalmor, in Swinoujscie die der Odra beheimatet, Szczecin ist schließlich Heimathafen der Reederei Gryf.
Bliebe noch Polfracht, Gdynia, die nationale Makler- und Befrachtungsfirma zu erwähnen.

Die polnische Schiffahrtspolitik, schrieb Dr. Zdzislaw Misztal, Professor der Marinehochschule, in der Dezember-Ausgabe 1976 der Polish Maritime News, läßt sich in die Zeitabschnitte 1944–49, 1950–55, 1956–70 und in die Jahre seit 1971 einteilen. Er sagte: Die Kriegsschäden und -verluste im Küsten- und Schiffahrtsbereich waren beträchtlich. Damals ging es in erster Linie darum, ob eine Verstaatlichung erfolgen sollte, wobei die dabei zu erzielenden Resultate abzuwägen waren. Dann war festzustellen, welche Rolle die großen Seehäfen in organischer Verbindung mit der Nationalwirtschaft spielen könnten.

Im ersten Fall konzentrierten sich die Diskussionen auf den Schiffbau und die Häfen, wo es zahlreiche private Unternehmen gab, und auf die Frage, ob der Wiederaufbau mit ausländischem und polnischem Kapital erfolgen sollte. Die Entscheidung fiel am 22. Juni 1946 zugunsten der Verstaatlichung. Dabei ist zu bedenken, daß schon in der Zeit der Zweiten Republik der polnische Staat erhebliche Anteile an Reedereien, Häfen und Hafenfirmen hielt.
Man war sich darüber im klaren, daß die Wiederaufbaupläne mangels entsprechender Erfahrungen recht hypothetisch sein mußten – die Erfordernisse sollten laufend den sich wechselnden Verhältnissen in der Schiffahrt angepaßt werden.
Der Ausbau der Handelsflotte sollte abhängig von der allgemeinen Schiffahrtsentwicklung erfolgen – die wiederaufzubauende Werftindustrie würde den Bau der benötigten Schiffe sichern.

Rekonstruktion und Aufbau einer Werftindustrie waren beschlossene Sache – um zu eigenen Schiffen zu gelangen, und um einen mit der UdSSR geschlossenen Vertrag über die Lieferung zahlreicher Hochseefrachter zu erfüllen. Alle Anstrengungen zielten auf eine Produktionsaufnahme der Werften in Gdynia und Szczecin Anfang der 50er Jahre.
Die Schaffung einer eigenen Fischereiflotte stand unter dem Motto, die heimische Ernährungsbasis zu erweitern.

Die Verwirklichung des Sechs-Jahr-Planes 1950–55 erfolgte unter den Erschwernissen des einsetzenden Kalten Krieges.
Der 8. Parteitag der Vereinigten Polnischen Arbeiterpartei legte 1956 die weiteren Ziele fest. Es traten dann Schwierigkeiten auf, auch weil der Staat meinte, der Schiffbau wäre zu materialaufwendig, seine wirtschaftlichen Ergebnisse blieben zu mager, die Zukunftsaussichten dieser Branche wären zu gering. Das führte zu einem Absinken des technischen Standards der Werften, zu Löhnen, die hinter der Entwicklung im Lande zurückblieben – es kam zu den Aufständen des Jahres 1970.
Der Regierungswechsel hatte das »Maritime economy development programm« für die Jahre 1971–75 im Gefolge – im Ergebnis waren die »currency returns« der Seeschiffahrt, der Häfen und der Hafenunternehmen 1975 dreimal höher als 1970. (Ende der Schilderungen Dr. Misztals.)

Die Entwicklung der polnischen Seehäfen

Es ist aufschlußreich, die Entwicklung der polnischen Seehäfen, deren drei selbständige Hafenverwaltungen, denen sechs Betriebsgruppen für das Hafenwesen angegliedert sind (Baggerei, Bugsier, Hafenbau usw.), das gemeinsame Dach der Seehafenvereinigung haben, an Hand der Umschlagleistungen zu verfolgen. In den Jahren von 1946 bis 1976 wurden 803 Millionen Tonnen Güter umgeschlagen. Die einzelnen Häfen bzw. Hafengruppen hatten daran folgende Anteile: Szczecin/Swinoujscie = 323 Mio. t oder 40,2%, Gdansk = 241 Mio. t oder 30%, Gdynia = 234 Mio. t oder 29,1%, die restlichen kleinen Häfen = 5,3 Mio. t oder 0,7%. Die Hafengruppe Szczecin/Swinoujscie bewältigt den größten Anteil am Umschlag, 1975 waren es 45% des gesamten polnischen Hafenumschlags.
Nach Ladungsarten wurden umgeschlagen: Kohlen und Koks = 359 Mio. t oder 44,7%, Stückgut = 145 Mio. t oder 18,1%, Erz = 90 Mio. t oder 11,2%, Getreide = 55 Mio. t oder 6,8%, Holz = 17 Mio. t oder 2,1%, andere Massengüter = 137 Mio. t oder 17,1%.
1976 wurden 61 Mio. t Trockengüter umgeschlagen, 13% mehr als 1975, doppelt soviel als 1966. 1977 wird mit 62,2 Mio. t gerechnet, 1980 mit 73,5 Mio. t. Der ständige Anstieg des Hafenumschlags ist auf die intensive Entwicklung des Außenhandels zurückzuführen – hierfür wurden insbesondere die Hafenanlagen in Swinoujscie (Kohlen) und der neue Nordhafen in Gdansk (Kohlen, Erz und Öl) ausgebaut.
In Gdansk wurden 1976 über 22,5 Mio. t umgeschlagen, das Doppelte wie 1973, das Vierfache gegenüber 1965. Und das bei nur 17% Steigerung der Beschäftigtenzahlen. Für die kommenden Fährverkehre sind bzw. werden in Gdansk und Swinoujscie besondere Terminals eingerichtet. Gdynia, ein typischer Stückguthafen, verfügt gleichzeitig über die besten Getreideumschlag-Einrichtungen. Für den Ausbau des Container-Terminals liefert Spanien das wichtigste Zubehör. Zwischen 1990 und 2000 soll Gdynia imstande sein, jährlich bis zu 27 Mio. t umzuschlagen.

Der neue Fährschiffsterminal in Gdansk

Daß die Hafengruppe Swinoujscie/Szczecin bemüht ist, ihre führende Position zu wahren, spiegelt sich auch in der vorzeitigen Planerfüllung für 1976 – 19 Tage vor Jahresende waren die »Soll-Zahlen« bereits erreicht. In Szczecin ist gleichfalls die Errichtung eines großen Container-Terminals geplant.
Dabei müssen die Häfen als staatliche Unternehmen zugleich ökonomische Unternehmen sein. Das Geld, das sie ausgeben, haben sie selbst zu verdienen. Bankkredite sind nach den Worten von Generaldirektor Teplicki von der Seehafen-Zentralverwaltung normal zu verzinsen, bei zur Zeit jährlichen Einnahmen von 11 Milliarden Zloty und den großen Investitionsvorhaben muß sorgfältig geplant werden, wie weit mit Bankkrediten gearbeitet werden kann.
In der polnischen Hafenwirtschaft gibt es 25 000 Beschäftigte.

Ehrgeizige Pläne: Gdansk soll später einmal auf eine Jahreskapazität von 80 Mio. t gebracht werden, schon jetzt zeichnen sich im neuen Nordhafen Lagermöglichkeiten für eine Million Tonnen Kohle ab. Die im freien Wasser und in erstaunlich kurzer Zeit errichteten Umschlagsanlagen sind von den größten Schiffen benutzbar, die die Ostsee befahren können. Durch das beim Hafenbau anfallende Baggergut wurden 60 ha Neuland aufgeschüttet, ideale Lagerplätze abgebend. So ist es z.B. möglich, 100 000 t Kohlen in zwei Tagen umzuschlagen. Spezielle Umschlagsanlagen wurden für Düngemittel und Schwefel gebaut.

Die polnische Schiffbau-Industrie

Polens Werftindustrie ist in Produktions- und Reparaturbetriebe aufgeteilt. An ihrer Spitze stehen zwei unabhängige Gremien, die Industrievereinigung Schiffbau und die Vereinigung Reparaturwerften mit Sitz in Gdansk. Für beide ist das Ministerium für Schwer- und Landmaschinen zuständig, das Ende März 1976 aus dem Ministerium für Schwerindustrie hervorging. In der Gestaltung der Produktionsprogramme wirkt der Minister für Außenhandel und Seewirtschaft koordinierend mit.
Die Industrievereinigung Schiffbau verfügt über sechs Produktionswerften, 18 Betriebe für die Herstellung von Schiffsausrüstungen, drei wissenschaftliche Forschungszentren und über das Außenhandelsunternehmen Centromor.
Das Produktionsprogramm umfaßt den Schiffbau und die Schiffsausrüstung. In diesem Bereich gab es 1975 rund 50 000 Beschäftigte.
Der Vereinigung Reparaturwerften unterstehen acht Werften, drei Firmen für Schiffsausrüstungen, ein Projektierungs- und Konstruktionsbüro sowie das Außenhandelsunternehmen Navimor. Es werden Schwimmdocks, Schlepper, Lotsenboote und dgl. gebaut, die Beschäftigtenzahl liegt bei über 15 000.
Die Exportinteressen werden von den jeweiligen vereinigungseigenen Außenhandelsunternehmen wahrgenommen, die den Vereinigungen unterstehen, aber selbständig sind.
Die Produktionswerften zählen zu den wachstumsstärksten und exportintensivsten Industriezweigen Polens. 1975 wurden erstmals mehr als eine Million Tonnen Tragfähigkeit fertiggestellt, der Wert der Schiffe lag 1975 um 17% über dem Ergebnis des Vorjahres, die Gesamttonnage um 50%.
In dem 1975 abgelaufenen Fünf-Jahr-Plan wurden mehr als 400 Schiffe mit über 3,7 Mio. tdw abgeliefert – 63% mehr als im Planjahrfünft 1966/70. Größtes bisher in Polen gebautes Schiff ist ein 117 000-t-OBO-Carrier für norwegische Eigner. 1980 soll Polens Anteil am Weltschiffbau bei knapp vier Prozent liegen.

Bei den Werften handelt es sich um folgende Unternehmen:
Stocznia Gdanska im. Lenina, Gdansk
(in den Tabellen Stocznia Gdanska genannt)
Stocznia Gdynska im. Komuny Paryskiej, Gdynia
(in den Tabellen Stocznia Gdynia genannt)
Stocznia Szczecinska im. A. Warskiego, Szczecin
(in den Tabellen Stocznia Szczecinska genannt)
Stocznia Polnocna, Gdansk
Stocznia Ustka, Ustka

Bei der Stocznia Gdanska handelt es sich um die frühere Schichau-Werft, die durch Kriegseinwirkungen dem Erdboden nahezu gleichgemacht worden war. Hier entstand Polens erstes See-Frachtschiff, der kohlegefeuerte Kohlenfrachter *Soldek*, der heute noch in Fahrt ist und in der sogenannten »Kohlebrücke« nach Dänemark fährt. Der *Soldek*-Typ ist in der Folge in größeren Stückzahlen für polnische und russische Rechnung gebaut worden, gegenwärtiges Spitzenprodukt der Werft sind die Vollcontainerfrachter des *Caribia Express*-Typs, der für namhafte westeuropäische Linienreedereien gebaut wird. Ferner baut die Werft hochwertige Fischfabrikschiffe, auch das im Auftrag der UNO entstandene Fischereiforschungsschiff *Professor Siedlecki* entstand hier. Die Stocznia Gdynska ist zwar die älteste polnische Werft, aber erst in den 60er Jahren wurden ihr größere Investitionsmittel zur Verfügung gestellt. Heute entstehen hier die größten polnischen Neubauten, Flüssiggastanker, kombinierte Auto- und Erztransporter sowie Fischerei-Spezialfahrzeuge. Ein 900-t-Portalkran, 1976 von der finnischen Firma Kone geliefert, ermöglicht den Zusammenbau großer Sektionen. Mit 105,5 m Gesamthöhe über dem Erdboden bestimmt dieser Kran die Silhouette der Hafenstadt. Die Werft ist jetzt Polens größter Lieferant von Bulkcarriern.

Die Stocznia Szczecinska hat sich auf den Bau von Hochseefrachtern mittlerer Tonnage spezialisiert, d. h. Frachter von etwa 35 000 tdw, Chemiekalientanker, Semi-Containerschiffe, Fähr- und Forschungsschiffe.

Polens Werften liefern inzwischen hochwertige Spezialschiffe für anspruchsvolle westeuropäische Linienreedereien. Das Bild zeigt das bei Stocznia Gdanska entstandene Vollcontainerschiff »Caribia Express« der Hapag-Lloyd AG. Für die Hamburg/Bremer Reederei, sowie für englische und holländische Eigner werden insgesamt sieben dieser 37500 BRT großen Schiffe gebaut, ausgerüstet mit Cegielski/Sulzer-Dieselmotoren von 29000 PS.

Die Stocznia Polnocna ist insbesondere im Bau von Fischereifahrzeugen höchsten Gebrauchswertes engagiert.
Die Stocznia Ustka ist überwiegend mit dem Bau von kleineren Booten speziellen Zuschnitts beschäftigt.
1972 bauten polnische Werften über 100 000 tdw mehr als 1971. Das Endergebnis von 1975 (1,011 Mio. tdw) war etwa das Doppelte des Jahresergebnisses von 1970. 73 Schiffe mit zusammen fast 780 000 tdw wurden 1976 abgeliefert, 76 mit nahezu 750 000 tdw liefen vom Stapel, Eigner in zwölf Ländern übernahmen 52 Schiffe mit 716 450 tdw – der Löwenanteil ging an die UdSSR. Für 1977 ist die Fertigstellung von 83 Neubauten mit über 826 000 tdw vorgesehen, das sind 8,7 Prozent mehr als im Jahr 1976. Der Verkaufswert der neuen Schiffe wird um zehn Prozent steigen, der Exportanteil der Ablieferungen wird über 70 Prozent ausmachen. Diese Steigerung des Exportanteils dürfte sich in den kommenden Jahren noch fortsetzen.

Die polnische Seeschiffahrt

Am Anfang der Nachkriegsgeschichte der polnischen Seeschiffahrt steht ein simpler, kohlegefeuerter Frachter von 2600 tdw: Die schon an anderer Stelle erwähnte *Soldek*. Dieser Collier machte Ende 1976 für die Polska Zegluga Morska seine 1277te Reise über die Ostsee, eines der Schwesterschiffe, die *Brygada Makowskiego* hat seit der Indienststellung im Jahr 1950 drei Millionen Tonnen Kohlen von polnischen Häfen abgefahren. Leistungen, die niemand diesen Schiffen zugetraut hätte, als sie unter schwersten Bedingungen als die ersten Nachkriegsneubauten polnischer Werften entstanden.
Polen hat sich mit dem Wiederaufbau seiner Handelsflotte anfangs schwer getan, später wuchs sie in einem Maß und in einem Tempo über die von früher gewohnten Größenmaßstäbe hinaus, daß der unbefangene Betrachter nur staunen konnte.
Serien von Schiffen trugen dazu bei, den Tonnagezuwachs zu beschleunigen. Doch am Anfang stand – neben anspruchslosen Neubauten – der Ankauf von Alttonnage. Es ergab sich ein buntzusammengewürfeltes Bild von Schiffen (der ganz große Kauf von Liberty-Schiffen kam allerdings erst Ende der 50er, Anfang der 60er Jahre, als im Zuge einer »Anticharteraktion« aus Mitteln des Außenhandels über 20 Secondhand-Schiffe mit rund 250 000 tdw angekauft wurden, die noch einige Jahre lang mit guten Ergebnissen eingesetzt werden konnten). Die einstige *Annam,* Motorschiff aus dem Jahr 1913 (!), die als *Romuald Traugutt* in Fahrt kam und später an die VR China verkauft wurde, war – als eines der ersten Motorschiffe der Welt wahrhaftig ein »Pionier« – auch darunter.
Da mit dem Großteil dieser Schiffe Linienfahrt betrieben wurde, war das polnische Engagement in der Trampschiffahrt über Jahre recht gering, eine merkliche Wende trat erst in den 70er Jahren ein.
Daneben lief der Serienbau von Frachtern an. Zunächst kohle-, dann ölgefeuerte Schiffe einfacher Konstruktion, danach die langen Serien von 10 000-tdw-Motorschiffen für die Amerika-, Fernost- sowie Austral- und dann die Serien kleinerer Frachter für die Afrikafahrt. Im Laufe der Jahre sind Serienbauten auch aus anderen Ländern übernommen worden – aus Dänemark, Spanien und schließlich, ab 1974, aus der Bundesrepublik. Damals begann die Schlichting-Werft in Lübeck-Travemünde mit dem Bau von sieben 14 000-t-Bulkcarriern, die Howaldtswerke -Deutsche Werft AG lieferte die 140 000-t-Tanker *Kasprowy Wierch, Giewont* und *Rysy.* Aus Japan kamen drei ähnlich große Tanker und die Panmax-Frachter *Belchatow* und *Turoszow,* von der schwedischen Lödöse-Werft Spezialtanker für den Transport von flüssigen Schwefelstoffen, die bei Temperaturen von 140°C befördert werden, mit englischen Werften wurde Anfang 1977 über den Bau von 22 Schiffen verhandelt – 10 Bulker mit je 4400 tdw, je sechs mit 16 000 bzw. 35 000 tdw, von einer britisch-polnischen Gesellschaft mit Sitz Szczecin zu betreiben und vòn der Polish Steamship Co. auf Bareboat-Charter zu befrachten.
In die Ro-Ro-Fahrt war die Polish Ocean Lines 1973 mit der *Starogard Gdanski* eingestiegen. Das war eines von ursprünglich zwei Schiffen eines deutsch-spanischen Gemeinschaftsdienstes, der parallel zum Landverkehr zwischen beiden Ländern lief und sich nicht recht durchzusetzen vermochte. Heute ist das 95-Container-Schiff auf der Route Gdynia–Tilbury eingesetzt.

Mit dem Dampfer »Soldek« begann die Geschichte des modernen polnischen Schiffbaues. Die letzten dieser Oldtimer fahren noch – in der sogenannten »coal-bridge« Polen-Dänemark. Wobei im polnischen Abgangshafen immer genug Kohlen für die Rundreise gebunkert werden müssen. Ansonsten gibt es keine Bunkerkohlen mehr in den Ostseehäfen . . .

Im deutschen Küstenbereich erfolgte die Unterscheidung der beiden großen polnischen Reedereien bislang zumeist nach sehr einfachen Kriterien: Es gab die »schwarzen« und die »gelben Polen«. Die schwarzen waren die Frachter der Polish Steamship Company mit ihren schwarzen Schornsteinen – in dieser Gesellschaft sind seit der Reorganisation der polnischen Seeschiffahrt mit Wirkung vom 1. Januar 1970 alle Tramp- und Massengutschiffe sowie die Tanker zusammengefaßt. Bis Anfang 1977 stieg die Tonnage von damals 771 000 tdw auf 119 Schiffe mit 3,2 Mio. tdw. Die Schiffe verteilen sich auf die Ocean Tramping Division, European Tramping Division und die Tanker and Services Division. Zur Zeit erfolgt verstärkt der Ersatz älterer Tonnage durch Neubauten, Ende 1980 soll die Tonnage der PZM auf etwa 4,1 Mio. tdw angewachsen sein.
Die »gelben« sind die Schiffe der Polish Ocean Lines, in der sämtliche Linienfrachter zusammengefaßt sind – am 1. Januar 1977 waren es 177 Schiffe mit 1,07 Mio. tdw. Ein Jahr vorher waren es 191 Schiffe mit 1,19 Mio. tdw – dank modernerer Tonnage und gestraffter Organisation wurde aber mehr Ladung befördert: 5,31 Mio. t statt 5,09 Mio. t.
Die Mehrzahl ihrer kleineren Küstenschiffe gaben beide Reedereien 1976 an die neugegründete Polska Zegluga Baltycka ab, die den Fährschiffsverkehr und die Küstenschiffahrt betreiben und die Entwicklung der kleineren polnischen Häfen sowie des Tourismus im Küstenbereich vorantreiben soll und deren Schiffe mit den blauen Schornsteinen folgerichtig als die »blauen Polen« bezeichnet werden dürften. Da die Übernahme von Schiffen der PZM und der POL noch nicht abgeschlossen ist, gibt die Schiffstabelle dieses Buches die Flottenzusammensetzung der Reedereien nicht ganz vollständig wider.
Die Polish Ocean Lines, die 37 Liniendienste nach allen Kontinenten unterhält und in verschiedenen Gemeinschaftsdiensten mit anderen Partnern des RGW fährt (Baltamerica, Uniafrica, Baltafrica, Polarctic, Unilevant), und Gemeinschaftsdienste mit Partnern aus anderen Ländern vorbereitet (es gibt z.B. schon den gemeinsamen Gdynia-Göteborg-Dienst mit dem schwedischen Broström Tender Service), war bislang allein für die Passagierschiffahrt zuständig gewesen. 1969 wurde von der Holland-Amerika Linie die *Maasdam* übernommen, die als *Stefan Batory* die aus der Vorkriegszeit stammende *Batory* auf der Nordatlantikroute ablöste. Die Polen brachten es fertig, das neue Schiff, das Fahrgäste aus Polen, Westeuropa, England und rückkehrend aus den USA und Kanda befördert, im Durchschnitt viele Jahre zu rund 85 Prozent auszulasten. Auch dann noch, als die polnische Fluggesellschaft LOT sich stärker im Transatlantik-Fluggeschäft engagierte. Was Wunder, daß man sich in Polen Gedanken macht, die langsam in die Jahre kommende *Stefan Batory* durch ein modernes Schiff zu ersetzen?
1967 richtete Polen (damals war es noch die PZM) eine Fährschiffsverbindung zwischen Swinoujscie und dem schwedischen Hafen Ystad ein – diese Route wird heute zweimal täglich befahren. Hierfür wurde zunächst die *Gryf* eingesetzt, die 1962 in Hamburg entstandene *Hansa Express*. 1973 wurde die Fährverbindung Gdansk–Helsinki eröffnet, ihr folgte im nächsten Jahr ein saisonaler Fährdienst zwischen Gdansk und Stockholm, bedient von dem schwedischen Charterschiff *Thjelvar*. Im gleichen Jahr wurde die kombinierte Eisenbahn-/Autofähre *Mikolaj Kopernik* zwischen Swinoujscie und Ystad in Fahrt gebracht – das Schiff bietet 36 Waggons und 22 Autos Platz. 1977 folgte das Schwesterschiff *Jan Heweliusz* für dieselbe Route.
Der Fährverkehr über polnische Häfen – von 1946–1953 bestanden schon einmal Verbindungen von Gdynia und später von Swinoujscie nach Trelleborg – hat sich rasch entwickelt. Von Juni 1967 bis Ende März 1974 wurden 556 000 Passagiere und 501 000 t Fracht befördert, seit 1973 entwickelten sich die verschiedenen Fährschiffsrouten wie folgt:

Jahr	Passagiere	Autos	Waggons	Fracht in Tonnen
Swinoujście – Ystad				
1973	105,045	23,315	11,151	–
1974	119,100	30,107	13,303	–
1975	115,810	39,978	14,762	–
1976	165,000	41,250	15,000	–
Gdańsk – Helsinki				
1973	12,305	1,571	535	11,324
1974	26,027	2,776	1,652	34,214
1975	32,183	4,176	2,042	41,910
1976	42,000	5,400	2,400	50,000
Gdańsk – Stockholm				
(1974 Gdańsk – Nynashamn)				
1974	9,078	1,526	–	–
1975	15,541	2,266	–	–
1976	24,000	3,500	–	–

Unter den Fahrgästen dominieren skandinavische Reisende, die Deviseneinnahmen dieser Fährschiffe sind dementsprechend hoch – das führte, nachdem die POL insgesamt vier Fährschiffe angekauft hatte und zwei im Ausland bauen ließ, zu einem bemerkenswerten Schiffbau-Auftrag für die Stocznia Szczecinska: Sie hat sieben Fährschiffe von jeweils 6200 BRT und 1800 tdw zu bauen, die 1000 Fahrgästen, davon 458 in Kabinen, und 276 Kraftwagen bzw. 26 Waggons und 9 Autos, Platz bieten sollen. Während es anfangs hieß, die Schiffe würden alle für polnische Fährrouten in Fahrt kommen (1980 hätte Polen dann zwölf Fährschiffe in Fahrt gehabt), verlautete inzwischen, daß die Sowjetunion die letzten fünf der Neubauten übernehmen wird. Eine bemerkenswerte Entwicklung seit dem Jahr 1947, da Polen das als Kriegsbeute der UdSSR zugeteilte *(Turgenjev)* aus dem Jahr 1903 stammende Reichsbahn-Fährschiff *Mecklenburg* übernahm, das noch bis 1958 als *Kolejarz*, zuletzt aber nicht mehr als Fährschiff, Dienst tat.

Die Tankschiffahrt hat in Polen immer ein wenig im Schatten der Linienfahrt gestanden. Und es scheint fast symptomatisch, daß die Tanker nun nicht mehr

Die ungewöhnliche Schornsteinform der »Kolejarz« konnte, zusammen mit der modernen, gerundeten Brükkenfront nicht darüber hinwegtäuschen, daß es sich um einen uralten Veteranen handelte – um das Reichsbahnfährschiff »Mecklenburg« nämlich. Über die UdSSR kam das Schiff, Baujahr 1903, nach dem Zweiten Weltkrieg nach Polen. Inzwischen ist es längst verschrottet.

von der Linienreederei POL, sondern von der Polish Steamship Company bereedert werden. Polens Importbedarf an persischem Rohöl wird für 1977 mit rd. drei Millionen Tonnen angegeben, aus dem karibischen Raum werden etwa 1,3 Millionen Tonnen Petroleumprodukte erwartet.

Wie bei den Trockenfrachtern kamen auch bei den Tankern die ersten Schiffe als bereits angejahrte Veteranen aus dem Ausland. Entsprechend kurz war teilweise die Dauer ihrer Fahrt unter polnischer Flagge – zwei polnische Tanker kamen nie in polnischen Besitz: Mitten im »Kalten Krieg« stoppte die englische Regierung die Lieferung von zwei in England erbauten 11500-tdw-Tankern an Polen, die Schiffe kamen vielmehr als Royal Navy-Oiler *Surf Patrol* und *Surf Pioneer* in Fahrt. Als später die polnischen Werften zum Bau von Tankern übergingen – die Zahl der in Polen erbauten Tankschiffe ist nicht groß – waren sie z.T. für die Sowjetunion bestimmt. Aus Schweden bezog Polen mehrere Schwefeltanker, aus eigener Produktion werden 15000-tdw-Chemikalientanker kommen.

Die moderne Entwicklung führte dazu, daß auch Polen, das nach 1945 zunächst über universell verwendbare, konventionelle Frachter verfügte, mehr und mehr zu Spezialschiffen überging. Aber obwohl polnische Werften inzwischen ihr Vermögen bewiesen, technisch komplizierte Schiffe zu bauen, und obwohl Vollcontainerschiffe für westeuropäische Reeder und Ro-Ro-Frachter für die Sowjetunion gebaut wurden und werden, ist Polen für eigene Rechnung bislang nicht über den Bau von Semi-Containerschiffen hinausgegangen. Hier zielen allerdings künftige Projekte auf größere und leistungsfähigere Schiffe als sie bisher für die Polish Ocean Lines gebaut werden. Die POL trifft entsprechende Vorbereitungen – 1976 stieg die Zahl der reedereieigenen Container um 24,8%. Es wurde besonderes Gewicht auf die Anschaffung von Spezialcontainern gelegt. 1975 verdoppelte sich das Aufkommen an Containerladung.

1975 bewältigte die polnische Handelsflotte 51,5% des seewärtigen Außenhandels, 1980 sollen nahezu 60% erreicht sein.

Polens Seefischerei

Mit großer Sorge muß in Polen die Entwicklung auf dem Gebiet der weltweiten Fischerei verfolgt werden.

Im Nachgang zu der Sowjetunion, die sich in Polen nicht nur zahlreiche Heckfabriktrawler, sondern ganze Flotten von schwimmenden Fischfabriken bauen ließ, hat auch Polen den Ausbau seiner Hochseefischereiflotte forciert, mit 288000 BRT nahm Polen 1975 unter den Fischereiländern den 6. Platz ein. Allein während der letzten fünf Jahre wuchs die Tonnage der Fischereiflotte um 50%, die Fangmengen stiegen in der gleichen Zeit um 61%. Längst ist dem sowjetischen Beispiel des Flottenfanges gefolgt worden, es gibt auch unter polnischer Flagge kostenaufwendige Fischerei-Fabrik-Spezialschiffe. Hier wird die Zukunft zeigen müssen, ob mit diesen Schiffstypen die Unabhängigkeit von Landbasen gewonnen wurde, um in den noch »freien« Weiten der Weltmeere zu fischen, oder ob hier erhebliche Fehlinvestitionen vorliegen. Tatsache ist, daß Polen – wie alle Ostblockländer, die UdSSR ausgenommen – keine nennenswerten Fischgründe besitzt, die zum Tausch angeboten werden können, um auch in anderen 200-Meilen-Zonen zu fischen. Polen holt vielmehr 72% seiner Fänge aus Seegebieten außerhalb der Ostsee. 4,4% der in der jetzigen USA-200-Meilen-Grenze gefangenen Fische wurden von polnischen Trawlern gefangen. So scheint man auch geneigt zu sein, das Ziel von 1 Mio. t Fänge im Jahr 1980 bereits um rund 10% zu reduzieren. Hierunter könnte auch die landgebundene Fischwirtschaft Polens erheblich leiden, von den Problemen auf dem Ernährungssektor (die Polen waren allerdings nie leidenschaftliche Fischesser) ganz zu schweigen.

Schwedische Interessenten zogen sich aus einem geplanten polnisch-schwedischen Fischereiprojekt schon vor geraumer Zeit zurück – das in der Zeit gemeinsamen Pläneschmiedens entstandene Fischfabrikschiff *Rybak Morski* ist nun von den Polen als eines der modernsten Fischereischulschiffe der Welt in Fahrt gebracht worden.

Bliebe abschließend noch zu erwähnen, daß die Polen sich mit Erfolg auf den Gebieten der Seebergung und des Schleppens über große Entfernungen eingesetzt haben – sie brachten auch, trotz finanzieller Engpässe, schon frühzeitig eigene Eisbrecher in Fahrt.

Eine Besonderheit des polnischen Schiffahrtsbetriebes ist Chipolbrok (Chinese-Polish Shipbrokers Co. Ltd.), ein chinesisch-polnisches Gemeinschaftsunternehmen, das die Zeit der politischen Spannungen zwischen der VR China und der UdSSR bislang unbeschadet überstand, nur sein Name wurde unlängst in Chinese-Polish Joint Stock Shipping Company abgeändert; die Seebeckwerft der AG »Weser« lieferte einige Neubauten für dieses Unternehmen, die zum Teil unter polnischer, zum Teil unter chinesischer Flagge fahren. Die Schornsteinmarke – erst seit kurzem führen die CP-Schiffe eine eigene – besteht aus einem roten Band mit gelbem C-P am gelben Schornstein.

Reederei-Adressen:

Polskie Linie Oceaniczne (Polish Ocean Lines = POL)
10 Lutego 24
81–364 Gdynia

Polska Zegluga Morska (Polish Steamship Co. = PZM)
Malopolska 44
70–515 Szczecin

Polska Zegluga Baltycka (Polish Baltic Shipping Co.)
ul. Graniczna 6/7
78–100 Kolobrzeg

Chinese-Polish Joint Stock Shipping Company
c/o. Polskie Linie Oceaniczne
10 Lutego 24
81–364 Gdynia

Polskie Ratownictwo Okretowe (Polish Ship Salvage Co.)
ul. Zwiazku Walki Mlodych 10
81–340 Gdynia

»Dalmor«
ul. Zwiazku Walki Mlodych 10
81–340 Gdynia

»Gryf«
ul. Batorego 4
70–207 Szczecin

»Odra«
72–600 Swinoujscie

Deep Sea Services & Fishhandling Company »Transocean«
ul. Odrowaza 1
70–952 Szczecin

Morskiego Instytutu Rybackiego
(Sea Fishery Institute)
Al. Zjednoczenia 3
81–364 Gdynia

Ein schwedisch-polnisches Gemeinschaftsprojekt für die Hochseefischerei zerschlug sich, als die weltweite Diskussion um die Einführung einer 200-Meilen-Fischereigrenze die zu erwartenden Schwierigkeiten auf diesem Gebiet erahnen ließ. Der Bau des vorgesehenen Fabriktrawlers aber wurde von den Polen nicht gestoppt, das Schiff kam als »Ausbildungstrawler« unter polnischer Flagge in Fahrt. Sein Name: »Rybak Morski«.

Im Bau von Fischereifahrzeugen nimmt Polens Schiffbau-Industrie heute eine weltweit anerkannte Spitzenstellung ein. Zu den modernsten Fischfabrikschiffen der Welt zählt die »Tucana«. Offiziell entstanden diese Schiffe als Typ B-22, die spätere, mit 3600 statt 2500-PS-Motoren versehene Version dieser Trawler führt die Typbezeichnung B-419.

RUMÄNIEN

NR

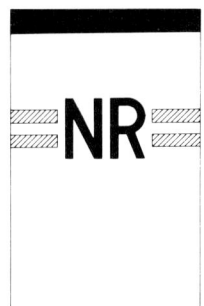

Navrom

Rumänien, das bis zum Ausbruch des Zweiten Weltkrieges knapp 20 Handelsschiffe von mehr als jeweils 1000 BRT besaß, darunter die beiden Passagierschiffsneubauten *Basarabia* und *Transilvania* – erstere fährt heute als *Ukraine* unter sowjetischer Flagge – mußte seine Handelsflotte völlig neu aufbauen.
Dabei hat die eigene Werftindustrie, die Frachter bis zu 15 000 tdw baut, mitgeholfen.

Die größte Werft des Landes befindet sich in Galatz, sie baut Erzfrachter bis zu 12 500 tdw. In Braila und Giurgiu befinden sich weitere Schiffbaubetriebe, die Schiffe kleinerer Größen bauen.

Über die auf verschiedenen Werften entstehenden Schiffsgrößen gibt die umseitige Liste Aufschluß:

Rumänien hat sich eine überraschend große Fischereiflotte geschaffen. Die Schiffe dazu stammen aus Japan, der DDR, Polen und der UdSSR. Die »Delta Dunarii« gehört zu einer Serie von zehn aus Polen stammenden Heckfabrikschiffen.

Typ		Erz-frachter	Wechsel-decker	Wechsel-decker	Wechsel-decker
Deadweight	t	12500	4418 / 3183	4500 / 3200	1990 / 1520
Länge über alles	m	151,50	100,60	105,60	86,00
Länge zw. d. Loten	m	140,75	90,92	92,65	78,00
Breite	m	19,70	13,90	14,80	12,40
Seitenhöhe	m	10,70	8,10	8,50	7,05
Tiefgang	m	7,93	6,58 / 5,50	6,80 / 5,65	5,10 / 4,50
Antriebsleistung	PS	7200	2500	3000	2250
Geschwindigkeit	kn	14,2	12,7 / 13,3	14	14,3
Laderauminhalt	m^3	8536	6264 / 5860	6310 / 5785	–
Ballastkapazität	m^3	10460	570	–	–
Ladegeschirr			10 x 3,5 t	6 x 3,5 t	8 x 3 t

Größere Neubauten erwarb Rumänien zudem aus England (zwei 15340-Tonner), aus der Sowjetunion und aus Japan. Es entspricht der rumänischen Wirtschaftsstruktur, daß sich darunter diverse Tanker befinden. Die jüngsten Neubauten, zwei 11700-tdw-Stückgutfrachter, kamen 1976 aus Polen.

Reederei-Adressen:

Navrom
Bulevardul Dinicu Golescu 38
Bukarest

Pescuit Oceanic
Ministerul Industriei Alimentare
(Intreprinderea de Pescuit Oceanic)
Cala Victoriei 63/69
Bukarest

Rumäniens junge Schiffbauindustrie scheut sich nicht, auch schwierige Projekte anzupacken. So baute die Santierul Naval, Galati, für die Zim Israel Navigation Co. Ltd., Haifa, zwei 3857 BRT große Ro-Ro-Güterfähren vom Typ »Iris«. Die Schiffe sind 111,5 Meter über alles lang, 20,5 Meter breit und verfügen über eine Maschinenleistung von 2 x 7000 PS. Jedes Schiff kann 150 Trailer vom 20-Fuß-Typ oder 40 vom 75-Fuß-Typ plus 150 Personenwagen aufnehmen. Um die Schiffe auch für die saisonalen Frischfruchttransporte einsetzen zu können, wurde auf die ausreichende Belüftung der Stellflächen großer Wert gelegt.

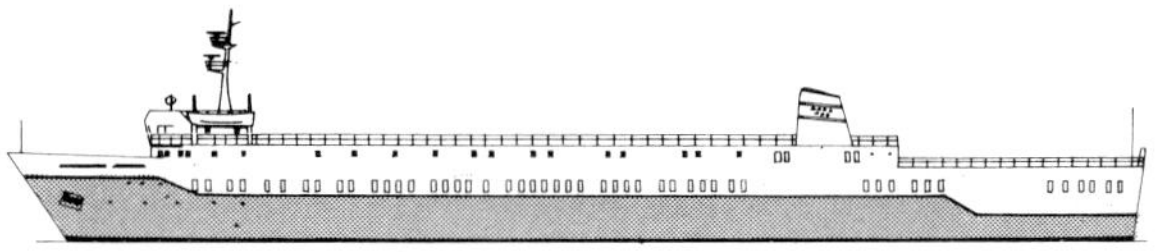

Die heute vorhandenen, modernen Frachtschiffe Rumäniens unterscheiden sich erheblich von jenen Schiffen, mit denen in den ersten Nachkriegsjahren der Balkanstaat zur See fuhr. Die aus der Sowjet-Union stammende »Friedrich Engels« gehörte damals dazu. Es lohnte wohl nicht, dem Veteranen die aus dem Kriege stammenden Geschützstellungen noch abzubauen . . .

UNGARN

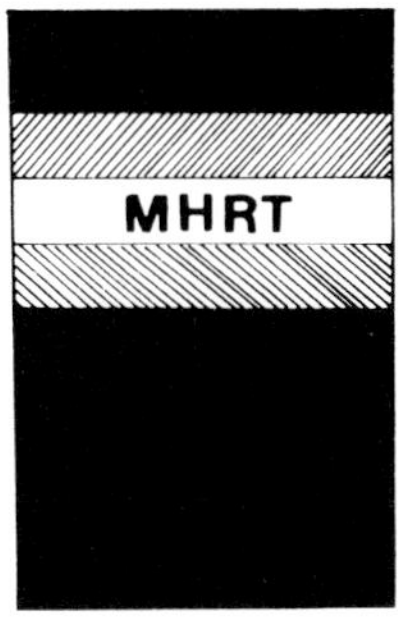

Mahrat

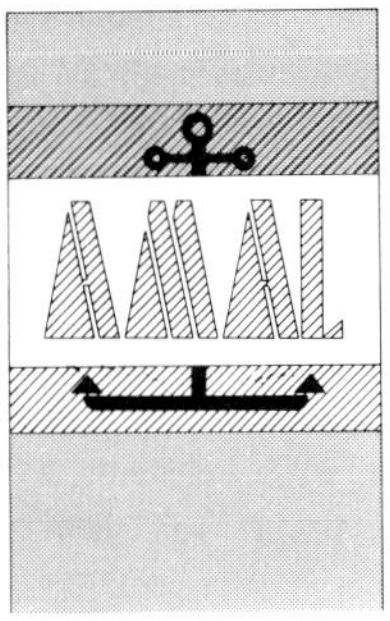

A. M. A. L.
Navigation Co. Ltd.

Ungarns Beziehungen zur Seeschiffahrt sind – im weitesten Sinne – sehr alt. Sie stammen aus der Zeit der k.u.k.-Monarchie. Auf dem Plattensee und an der Donau gab es schon Ende des 18. Jahrhunderts eine recht bemerkenswerte Schiffbauindustrie – als die *Caroline* 1818 als erstes ungarisches Dampfschiff die Donau durchfurchte, waren nur wenige Jahre vergangen, seitdem Fulton das erste Dampfschiff der Welt auf die Reise schickte. Die Obudaer Werft, die Vorläuferin der heutigen Ungarischen Schiff- und Kranbauwerke, wurde 1835 gegründet.

Als Ungarn nach dem Zweiten Weltkrieg daranging, eine eigene Handelsflotte aufzubauen, waren die Anfänge bescheiden. Immerhin konnte man sehr bald auf eine Werftindustrie zurückgreifen, die Schiffe am Fließband lieferte.

Von 1945 bis 1971 entstanden 106 Seefrachter von 1100 tdw, 16 Seefrachter von 1600 tdw, 10 Seefrachter von 1500 tdw, drei 499-BRT-Seeschiffe, 72 Seefrachter von 1200 tdw, 11 Fluß-/Seefrachter von 1300 tdw und 6 seegehende Handelsschiffe von 1900 tdw. Die Schiffe gingen zum größten Teil an die UdSSR, einige bildeten den Grundstock der ungarischen Handelsflotte, aber auch altrenommierte Seefahrernationen wie Norwegen und Schweden bezogen derartige Schiffe aus Ungarn. Und auch die Reederei Otto A. Müller, Hamburg, ließ sich sieben 1920-tdw-Bulkcarrier von der Werft Angyalföld bauen.

Fünf ungarische Werften, seit 1962 in den Ungarischen Schiff- und Kranbauwerken zusammengefaßt, beschäftigen über 10 000 Menschen.

Die Schiffsgrößen der auf ungarischen Werften gebauten Schiffe unterliegen einer natürlichen Begrenzung: Sie müssen über 1650 Kilometer die Donau hinunter zum Schwarzen Meer gebracht werden.

Sollten westliche Presseberichte zutreffend sein, hat die Angyalföld-Werft inzwischen den Schiffbau zugunsten der Fertigung von Schwimm- und Hafenportal- sowie Containerkränen, die hier seit langem in großen Stückzahlen gefertigt wurden, aufgegeben. Um sich in den Überseeverkehr einzuschalten, gab die ungarische Schiffahrtsgesellschaft Mahrat in Bulgarien mehrere 5000-Tonner in Auftrag, aus Polen kommen zwei 11 700- und drei 3700-t-Frachter, die Ausbildung ungarischer Seeleute erfolgte unter anderem auf Schiffen der CSSR. 1964 verfügte Ungarn über eine Flotte von zehn seegehenden Frachtschiffen.

Ungarn baute Liniendienste nach Mittel-, Vorder-, Südasien und nach Südamerika auf. Die dafür erforderliche Tonnage wurde z. T. auf dem Second-hand-Markt erworben, deutsche und skandinavische Schiffe wechselten unter die ungarische Flagge.

Die Binnenschiffahrt wurde in jenen Jahren intensiviert – 1964 fuhren 3,5 Millionen Fahrgäste mit Binnenfahrgastschiffen unter ungarischer Flagge. Hydrofoil-Boote sowjetrussischen Ursprungs werden für Fahrten zwischen Budapest und Wien eingesetzt.

Eine Besonderheit Ungarns ist die A.M.A.L. Navigation Co. Ltd., 1975 gemeinsam von der Hungarian Shipping Co. Ltd., Budapest, und der Eurabia Shipping Agency Ltd., Beirut, gegründet. Die Buchstaben A.M.A.L. stehen als Abkürzung für Arab-Magyar-Associated Lines. Hauptzweck dieser Gemeinschaftsgründung soll der Transport von Gütern zwischen Ungarn und den arabischen Ländern sein, obwohl die Schiffe der Reederei in allen Weltmeeren anzutreffen sind. Die Beiruter Gesellschaft hat, wohl auf Grund der labilen Verhältnisse im eigenen Land, ein Athener Büro eröffnet. Die Schiffe, die an ihren mit dem Wort »Amal« beginnenden Namen zu erkennen sind, haben Budapest als Heimathafen.

Reederei-Adressen:

Mahrat (Hungarian Shipping Co.)
P. O. Box 98
Csepel 1
Budapesht

A. M. A. L. Navigation Co. Ltd. (Arab-Magyar Associated Lines)
c/o. Eurabia Shipping Co.
97 Sygrou Avenue
Athen (Griechenland)

UdSSR

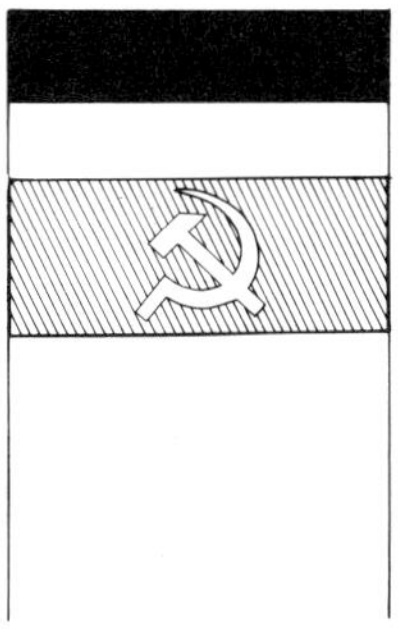

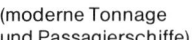

(moderne Tonnage und Passagierschiffe)

(ältere Tramp- und Massengutschiffe)

(Fischereifahrzeuge)

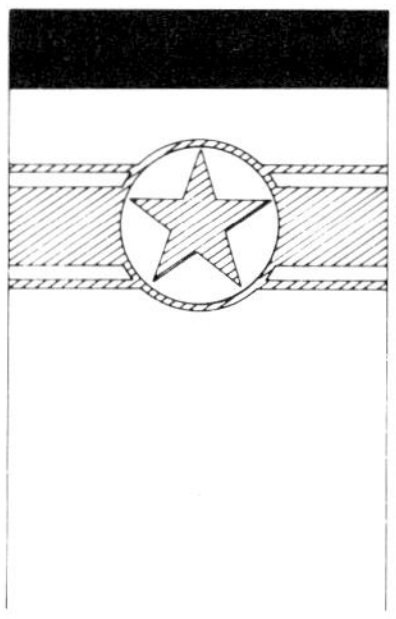

(Forschungsschiffe-Akademie der Wissenschaften)

Wie selbstverständlich wird in den westlichen Ländern von der Sowjetunion als von einem Binnenland gesprochen. Dabei sind die Küsten der UdSSR rund 47000 Kilometer lang, das sind rund zwei Drittel der gesamten Staatsgrenze. Selbst wenn die vom Eis umklammerten Gebiete Sibiriens ausgenommen werden, bleibt die Tatsache, daß die Sowjetunion Anrainerstaat des Pazifiks, des Japanischen Meeres, des Atlantiks, des Nördlichen Eismeeres, der Ostsee und des Schwarzen Meeres ist. Das Kanalsystem des Landes macht es, in Verbindung mit den großen Strömen, möglich, von der Ostsee bis zum persischen Hafen Bender Schah im Kaspischen Meer zu fahren. Der bedeutende sibirische Holzverschiffungshafen Igarka liegt 900 Kilometer landeinwärts, 14000-Tonner können Krasnojarsk, den am Jenissei gelegenen Mittelpunkt des zentralasiatischen Industriereviers, 2600 Kilometer vom Nördlichen Eismeer entfernt, erreichen. Atomeisbrecher mit bis zu 75000 und konventionell angetriebene Eisbrecher mit bis zu 36000 PS verlängern die Navigationsperiode in der Arktis von früher vier auf jetzt acht Monate pro Jahr von April bis Dezember.

Verständlich, daß die Sowjetunion, die etwa ein Sechstel des bewohnten Festlandes der Erde einnimmt, sich selbst keineswegs nur als eine Landmacht sieht, daß sowjetische Schiffahrtszeitschriften häufig Berichte und Bilder bringen, die widerspiegeln, daß Russen auch in längst vergangenen Epochen bereits zur See fuhren.

Tatsächlich sind die Bezüge der Russen zur Seefahrt alt. Rurik, der Warägerfürst, zog mit seinen Leuten vom Wikingerstamm Rus die Wolga hinab – ihnen, den »Russen«, war der Umgang mit Booten und Segeln von Kindesbeinen an vertraut. Peter der Große, der sich mit Schiffahrt und Schiffbau befaßte, ließ 1694

Der sowjetische Tanker »Sovetskaja Neft« (8228 BRT) machte 1932 Schlagzeilen: Damals wurden 400 Fahrgästen von dem brennenden französischen Passagierschiff »Georges Philippes« geborgen.

in Arkhangelsk die *St. Pauli,* das erste russische Schiff, bauen. 1728 beauftragte der Zar den dänischen Seefahrer Vitus Bering, einen Seeweg zwischen Sibirien und Alaska zu finden. Der Schwede Nobel ließ den ersten Tanker der Welt auf dem Baikalsee fahren. Der zaristische Admiral Makharov sah als einer der ersten, welche Bedeutung Eisbrecher im Kampf gegen das sibirische Eis haben mußten. Russische Seeoffiziere erkannten früher als manche ihrer Kollegen in anderen Ländern, welche Möglichkeiten sich dem neuentwickelten U-Boot auftaten. Sowjetische Forscher nutzten die Eisdrift, um weite Gebiete des Nördlichen Eismeeres zu erkunden. Es waren sowjetische Seeleute, die sich mit dem Eisbrecher *Krassin* zu den Überlebenden der unglückseligen »Nobile«-Expedition durchboxten. 1932 rettete der sowjetrussische Tanker *Sovetskaya Neft* 400 Passagiere von dem in Brand geratenen französischen Passagierschiff *Georges Philippes.* 1959 waren die Russen die ersten, die ein atomgetriebenes Handelsschiff, den Eisbrecher *Lenin,* in Fahrt brachten. Heute befördern sowjetische Passagierschiffe mehr als 50 Millionen Menschen pro Jahr, die sowjetische Fischereiflotte ist die größte der Welt, im Bau zukunftsweisender Tragflächenboote stehen die sowjetischen Schiffbauer mit an führender Stelle. Das Bild vom russischen Bären, der für viele ein »Landtier« ist, trügt. Bären lieben das Wasser ...

Dabei ist die Geschichte der sowjetischen Handelsflotte noch keine 60 Jahre alt. Am 26. Januar 1918 unterzeichnete Lenin das Dekret des Rates der Volkskommissare über die Verstaatlichung der russischen Handelsflotte.

Was sich damals als solche bezeichnen ließ, war bescheiden genug: 974 Seeschiffe. Und ihre Zahl sollte noch erheblich dezimiert werden ...

Das zaristische Rußland hatte eine Seehandelstonnage von knapp einer Million Bruttoregistertonnen besessen – das entsprach einem Anteil an der Welthandelsflotte von 2,1 Prozent. Damit konnten etwa sieben Prozent der Ausfuhr und etwa 15 Prozent der Wareneinfuhr bewältigt werden. Rund 100 Millionen Rubel mußte das Riesenreich pro Jahr aufwenden, um ausländische Tonnage zu chartern. Um die Hafenwirtschaft stand es schlecht – nur wenige Häfen hatten mehr als sieben Meter Wassertiefe aufzuweisen, Lagerhäuser gab es kaum, fast der gesamte Güterumschlag mußte von Hand erfolgen.

Beim Ausbruch der Revolution versuchten zahlreiche russische Reeder, ihre Schiffe ins Ausland zu bringen. Am 24. November 1917 untersagte der Rat der Volkskommissare den Verkauf, das Ausflaggen und die Vercharterung russischer Handelsschiffe an das Ausland.

Das wurde keineswegs von allen befolgt. Während der Revolutionswirren und der Zeit der Intervention westlicher Mächte und der Japaner wurde der Schiffsbestand weiter dezimiert.

Als am 19. Februar 1920 die letzten Weißgardisten und Interventionstruppen Arkhangelsk räumten, ergab sich folgende Bilanz: In Arkhangelsk selbst, wo damals der größte Teil der Handelsflotte gezählt wurde, waren noch 19 Dampfschiffe vorhanden, unter ihnen *Georgij Sedov, A. Sibirjakov, Malygin* und *Russanow,* die später durch ihre Eisfahrten weltbekannt werden sollten. Im Schwarzen Meer wurden acht verbliebene Segel- und Motorsegelschiffe sowie ein Motorboot gezählt, 204 Schiffe mit zusammen 206 000 BRT waren mit den Interventionstruppen davongedampft. Im Kaspischen Meer wurde überhaupt kein unbeschädigtes Schiff vorgefunden. Die verbliebene Ostseeflotte brachte es immerhin auf 16 Schiffe mit zusammen etwa 50 000 BRT, darunter der Eisbrecher *Ermack,* der vor Helsinki eine ganze Flotte sowjetischer Hilfsschiffe aus dem Eis holte, bevor die weißgardistische Infanterie zum Sturm ansetzen konnte. Aus fernöstlichen Gewässern meldeten sich die Eisbrecher *Dobrynja Nikititsch* und *Kosak Pojarkow* sowie der Schlepper *Askold* – mehr war dort nicht vorhanden.

Nach sowjetischen Quellen gingen im Bürgerkrieg und durch die Interventions-Streitkräfte 386 Schiffe mit zusammen 560 000 BRT verloren – das entsprach etwa der Hälfte der einstigen russischen Handelsflotte, oder der summierten Tonnage der damaligen Handelsflotten von Dänemark und Griechenland.

Für die junge Sowjetmacht war das eine katastrophale Situation. Um das Land aufzubauen, war der Import von Maschinen und hochwertigen Ausrüstungen notwendig. Um sie bezahlen zu können, waren große Mengen an Holz, Getreide und Erdöl auszuführen – auf diese drei Güterarten entfielen damals etwa 80 Prozent des gesamten sowjetischen Exports. Mangels eigener Tonnage mußten dringend benötigte Devisen für das Chartern ausländischer Tonnage verwendet werden. Im März 1922 beschloß der 10. Parteitag der KPdSU den Aufbau einer eigenen Schiffbau-Industrie. Aber es dauerte bis 1927, ehe die ersten eigenen Neubauten in Fahrt kamen – kleinere, eisverstärkte Holzfrachter von 3360 Tonnen Tragfähigkeit. Von 1928 bis 1930 folgte eine Reihe mittelgroßer Schwarzmeerfrachter. Auf neu entstandenen Werften liefen Tanker von 8000 und 11 000 tdw vom Stapel. Anfang der 30er Jahre wurde zum Bau von Trockenfrachtern von etwa 7500 tdw übergegangen – bis 1932 lieferten sowjetische Werften

Für die sowjetische Handelsflotte war zwischen den beiden Weltkriegen ein Frachter wie die »Budjennij« typisch: Knapp 2500 BRT groß, 1923 gebaut, mit den hochgestellten Winschen für Holzladungen besonders geeignet.

66 Schiffe mit zusammen 187000 tdw. Der erste Fünf-Jahr-Plan umfaßte den Zeitabschnitt von 1928/29 bis 1932/33.
Die Zeit der Weltwirtschaftskrise hatte die Sowjetunion in die Lage versetzt, billig Tonnage im Ausland zu erwerben. Allein 1932 waren es 22 Schiffe mit nahezu 90000 BRT. Daneben konnten günstig Schiffbau-Aufträge in anderen Ländern plaziert werden. Insgesamt wurden damals rund 100000 BRT von ausländischen Werften geliefert.
Angaben über die steigenden Schiffbauleistungen sowjetischer Werften in dieser Zeit sind unter dem Blickwinkel des Ausgangspunktes zu sehen. Von 1929 bis 1937 vervierfachte sich die Zahl der neugebauten Schiffe gegenüber den neun Jahren vor dem Ersten Weltkrieg. 1938 lieferten sowjetische Werften fünfmal so viele Schiffe wie in jedem der vorangegangenen Jahre – darunter befanden sich nun bereits höherwertige Neubauten wie Eismeerfrachter und Eisbrecher von 10000 PS. 1939 war die Schiffbau-Industrie der Sowjetunion imstande, innerhalb eines Jahres so viele Schiffe zu bauen wie im alten Rußland während eines Vorkriegsjahrzehnts.
Dabei war die Handelsflotte immer noch nicht imstande, den ihr gestellten Anforderungen zu entsprechen. Rund 90 Prozent des sowjetischen Außenhandels wurden in den 30er Jahren über See abgewickelt, die eigene Tonnage beförderte davon nur einen geringen Teil.
Der Zweite Weltkrieg forderte von der sowjetischen Handelsschiffahrt einen hohen Tribut. Dem Dampfer *Gaisma*, der am Nachmittag des 22. Juni 1941 als erstes sowjetisches Schiff in der Ostsee torpediert wurde und sank, sollten viele Schiffe folgen. Insgesamt gingen 1400 sowjetische Handelsschiffe während des Krieges verloren oder wurden schwer beschädigt. Es sanken 363 Frachter mit zusammen 697000 tdw, 245 Schlepper, Leichter und Hafenfahrzeuge, mehr als die Hälfte der vorhandenen Bagger, Getreideheber und dergleichen. In den Binnenwasserstraßen des Landes lagen bei Kriegsende rund 4300 Wracks.
24 Seehäfen waren während des Krieges in feindlicher Hand gewesen – sie waren praktisch völlig unbrauchbar. Insgesamt waren von den Schiffsliegeplätzen des gesamten Landes 67 Prozent zerstört, von den Lagerhäusern 79, von den Umschlagseinrichtungen 78 Prozent. Die Eisenbahnanlagen und Straßenbrücken im Hinterland der Häfen waren Ruinen. Flüsse und Kanäle waren wegen der im Kriege unterbliebenen Baggerarbeiten weitgehend versandet.
Die Werften in Odessa, Riga, Novorossijsk, Tuapse und in anderen Häfen waren dem Erdboden gleichgemacht, andere waren schwer beschädigt.
Es fehlte an Nachwuchs für die Bord- und Hafenberufe. Fachschulen für die Spezialistenausbildung waren praktisch nicht mehr vorhanden.
Als die Alliierten darangingen, die erbeuteten Reste der deutschen Handelsflotte aufzuteilen, entfielen auf die UdSSR 154 Schiffe mit zusammen 345000 tdw und 9200 Passagierplätzen sowie 19 Schlepper.
Diese Schiffe boten in ihrer Zusammensetzung ein buntes Bild, ein rationeller Einsatz war vorerst nicht zu erwarten. Kaum zwei Schiffe gehörten zum gleichen Typ, viele waren überaltert, die Ersatzteilbeschaffung war überaus schwierig. Dabei war der Zustand nach harten Kriegsjahren zumeist miserabel.
Unter diesen Umständen waren einige 3000-t-Serienfrachter aus dem deutschen »Hansa»-Kriegsbau-Serienprogramm, trotz aller kriegsbedingten Qualitätsmängel, wohl besonders wertvoll – hier ließen sich wenigstens Ersatzteile untereinander austauschen. Die Schiffe blieben denn auch – z.T. umgebaut und modernisiert – verhältnismäßig lange unter sowjetischer Flagge in Fahrt.
Im Zuge des einsetzenden »Kalten Krieges« drängten die Amerikaner auf Rückgabe der im Kriege an die Sowjetunion ausgeliehenen Schiffe. (Im Zuge des »Lend-Lease-Abkommens« waren der UdSSR 0,5 Mio. BRT überlassen worden). Die Sowjetunion versuchte ihrerseits, das möglichst lange hinauszuschieben. So hieß es von einem geliehenen US-Eisbrecher zum Beispiel lange, er sei im Eis eingefroren ...

Am 1. Januar 1946 stand der Sowjetunion eine Handelsflotte von 573 Schiffen mit zusammen 1939000 Tonnen Tragfähigkeit zur Verfügung. Sie ist mit ihren Reedereien geographisch aufgeteilt, der größte Tonnageraum ist traditionell im Schwarzen Meer beheimatet, während nach der Zahl der Schiffe die Ostsee und der Ferne Osten annähernd gleichziehen, weil hier sehr viele kleinere Schiffe registriert sind. Im Kaspischen Meer herrschen Tanker und Spezial-Baumwoll-Transporter vor, während das Nordmeer (natürlich) die Basis der Polarschiffe und eisverstärkten Frachter ist.

Als nach dem Krieg der 4. Fünf-Jahr-Plan aufgestellt wurde, fand die Handelsschiffahrt in ihm besondere Berücksichtigung. Die Finanzaufwendungen für den Seetransport beliefen sich in den Jahren 1946 bis 1950 auf 2,7 Milliarden Rubel, 2,7mal mehr als im 3. Fünf-Jahr-Plan. Diese Summe setzte die sowjetische Schiffahrtsverwaltung in die Lage, Schiffsraum mit etwa 600000 Tonnen Tragfähigkeit zu erwerben.
Damals begann in der Sowjetunion, aber auch in den angrenzenden Ländern, der Auf- und Ausbau von Werften, die in der Folgezeit dazu beitragen sollten, das rasche Wachsen der sowjetischen Handelsflotte, später aber auch der RGW-Länder, zu bewerkstelligen.
War die Handelsflotte der UdSSR zu Beginn des Jahres 1946 etwa 1,3 Millionen BRT groß, hatte sie 1960 zirka 3,4 Millionen BRT erreicht. 1966 waren es 10,3 Millionen BRT, 1970 rund 15 Millionen BRT, am 1. 7. 1976 umfaßte die Handelsflotte der Sowjetunion 19,3 Millionen BRT. 1980 dürfte sie nach den bekanntgewordenen Planzielen 22 bis 23 Millionen Bruttoregistertonnen groß sein.[1])
Dabei kam und kommt den Werften und der Schiffbauindustrie der europäischen RGW-Staaten eine besondere Bedeutung zu. Fachleute im Westen schätzten zu Beginn der 60er Jahre, daß die Sowjetunion selbst etwa 40 Prozent ihrer Schiffsneubauten erstellen würde, etwa 35 Prozent könnten von der DDR, Polen,

[1]) einschließlich Fischereiflotte, die 1976 rd. 4,5 Mio BRT umfaßte, Spezialschiffe (Eisbrecher) usw.

Ungarn, Rumänien und Bulgarien geliefert werden. Das restliche Viertel des Tonnagebedarfs müßte im Westen, wozu in dem Falle Finnland und Jugoslawien gerechnet werden, geordert werden. Obwohl die Schiffbau-Industrie der Ostblockländer seitdem ausgebaut und modernisiert wurde, scheint sich die genannte Relation nicht sonderlich verändert zu haben. Denn die hochentwickelten Neubauten, die heute auch im Ostblock entstehen, benötigen mehr Zeit und intensivere Arbeit in den Konstruktionsbüros und auf den Helligen.
Finnland und Jugoslawien wickeln zwar zur Zeit umfangreiche Schiffbau-Programme für die Sowjetunion ab, aber ansonsten treten die Russen als Auftraggeber außerhalb des RGW-Blocks kaum in Erscheinung, obwohl wir doch gerade einen »Käufermarkt« erleben, in dem die Auftraggeber den Werften die Bestimmungen der Bauverträge weitgehend vorschreiben können. Es sieht tatsächlich so aus, als könne der östliche Schiffbau-»Binnenmarkt« 75 Prozent des benötigten Schiffsraumes selbst erstellen.
Wie sehr die Bauaufträge aus der UdSSR den Ausbau der Werftindustrie in verschiedenen Ländern begünstigte, läßt sich an wenigen Beispielen aufzeigen: Finnland, das nach dem Zweiten Weltkrieg umfangreiche Reparationsleistungen in Form von Schiffsneubauten zu vollbringen hatte, begann mit hölzernen Frachtseglern (einige von den rund hundert gelieferten Schiffen dieser Art fahren als Forschungs- und Trainingsschiffe noch heute). Bald darauf wurde zu kohlegefeuerten Schleppern von etwa 600 PS und großen Seeleichtern von 3000 t übergegangen (einige erhielten einen Eigenantrieb, die meisten endeten inzwischen als Lagerschiffe in sowjetischen Häfen). Schließlich folgten 3000-tdw-Frachtdampfer, denen sich bis in unsere Tage hochwertige Spezialschiffe (Eisbrecher, Kabelleger, Forschungsschiffe), Stückgut-, Ro-Ro-Frachter und Passagierschiffe anschlossen. Eine finnische Werft ist auch mit dem Bau der beiden ersten großen Seabee-LASH-Carrier beauftragt, für die die Russen die Konstruktionsunterlagen von der amerikanischen Lykes Line erwarben. Aus einem Kriegsgegner, der die Finnen zwang, eine Werftindustrie aufzubauen, um die Reparationsforderungen erfüllen zu können, wurde ein nicht wegzudenkender, langjährig planender und damit langfristig auch die Beschäftigung sichernder Kunde.

In Finnland als Reparationsleistung gebaute Dampfschlepper und 3000-t-Leichter halfen nach dem Zweiten Weltkrieg, die Seetransporte der UdSSR zu bewältigen.

Jugoslawien, politisch stets auf seine Unabhängigkeit pochend, wäre als Schiffbauland ohne sowjetische Aufträge kaum vorstellbar. Nach langen Serien von Stückgutfrachtern und Tankern (von Letztgenannten wird zur Zeit eine größere Serie gebaut) wurde die Werft in Uljanik jetzt mit dem Bau von zwei Groß-Eisenbahnfähren beauftragt, deren komplexe Fertigung den Jugoslawen die Chance bietet, weltweit die Meisterung auch komplizierter Schiffbau-Aufgaben zu beweisen.
Mit der polnischen Werftindustrie verhält es sich ähnlich. Polen, das 1949 mit der *Soldek* seinen ersten eigenen Schiffsneubau fertigstellte, hat sich vom Lieferanten simpler Frachtdampfer zum Erbauer hochwertiger Spezialschiffe gemausert – namhafte französische, norwegische, englische und deutsche Reedereien lassen u. a. Containerschiffe und Flüssiggastanker in der Volksrepublik Polen bauen. In der Lieferung von Fischfabrikschiffen nimmt Polen inzwischen eine führende Stellung in der Welt ein.
In der DDR, die damals als solche noch gar nicht existierte, begann der Schiffbau an sehr genau zu fixierenden Daten: Mit dem Befehl der sowjetischen Militäradministration vom 10. Juni 1948 zum Aufbau einer neuen Werft in Stralsund konnte von der Reparatur zum Bau von Fischkuttern übergegangen werden. Heute liefert die Volkswerft Stralsund mit dem »Super-Atlantiktrawler« ein Weltspitzenprodukt.
Eine Übersicht über die Schiffstypen, die von der Volkswerft Stralsund während verschiedener Zeiträume gebaut wurden, mag beispielhaft für die Entwicklung zahlreicher Schiffbaubetriebe im Bereich der RGW-Länder stehen:

Baujahr	Type	BRT	Lüa m	Anzahl
1947–57	Kutter	40	15,4	ca. 210
1947–52	Holzkutter	48	17,6	48
1947–52	Seiner	180	26,0	ca. 425
1949–58	Logger	260	38,5	ca. 870
1951–54	Kühlschiffe	253	38,5	111
1953–56	Gefrierschiffe	665	57,6	46
1954–57	Kühllogger	257	38,5	61
1957–60	Trawler Typ *Okean*	507	50,8	171
1959–62	Gefrierschiff Typ *Bratsk*	2295	82,4	10
1962–66	Fang- und Gefrierschiff *Tropik*	2435	79,8 79,8	86
1966–75	Fang- und Gefrierschiff *Atlantik*	2657	82,2	ca. 170

Für den Frachtschiffbau setzte gleichfalls ein Befehl der Sowjetischen Militär-Administration einen klaren Termin: Am 18. Dezember 1946 gab es grünes Licht für den Wiederaufbau der Schiffswerft »Neptun« in Rostock. Hier vollzog sich verhältnismäßig rasch der Übergang vom Bau von Fischereifahrzeugen zu ersten Frachtern. Ab 1953 kam die kohlegefeuerte *Kolomna*-Serie mit insgesamt 14 Schiffen zur Ablieferung. Damals waren flüssige Brennstoffe in der Sowjetunion knapp, daher diese Antriebsart, wobei die Zuführung der Kohle vollmechanisiert war. Die Folgeserien *Andishan* (46 Schiffe) und *Powenez* (37 Schiffe) erhielten Dieselmotoren – die zweite Serie Maschinen mit höheren Leistungen. Und es war ein Schiff dieser Klasse, die *Nowoworonesh* (Baujahr 1963, 3725 BRT), das am 29. Juli 1967 von Hamburg aus die Fahrt durch das Nördliche Eismeer und die Beringstraße nach Yokohama machte. Damals war der Suezkanal gesperrt, der Nördliche Seeweg bedeutet gegenüber der Suezroute eine Verkürzung des Weges von 11500 auf 7300 Seemeilen – dafür ist er wesentlich schwieriger zu befahren. 1967 lief der Bau dieser eisverstärkten Frachter aus, seitdem ist die Neptunwerft zur Konstruktion neuer Stückgutfrachter-Typen übergegangen.

Die Warnowwerft, Warnemünde, begann 1958 mit dem Bau von Serienfrachtern für die Sowjetunion. Von 1958 bis 1959 wurden neun Kohle-Erz-Frachter vom 7185-tdw-Typ *Ugleuralsk* geliefert, von 1960 bis 1963 folgten 17 Kohle-Erz-Frachter des auf 9765 tdw vergrößerten *Dshankoi*-Typs, ab 1963 ging die Warnowwerft zum Bau von Stückgutfrachtern-Typen über, die heute gewissermaßen »vom Fließband« geliefert werden.

Die Mathias-Thesen-Werft in Wismar baute kleine Fischereifahrzeuge vom *Kaspi*-Typ, zwei Dutzend Fahrgastschiffe von jeweils 4222 BRT und die fünf rund 20000 BRT großen, weltweit bekannten Passagierschiffe der *Ivan Franko*-Klasse. Daneben entstanden in Wismar die Ankerhebeschiffe des *KIL*-Typs, Forschungsschiffe und neuerdings hochwertige Gefrierfischtransporter des *Polar*-Typs mit 8200 tdw und 13000 Kubikmeter Kühlraum.

Daneben wickelten Binnenschiffswerften ein umfangreiches Neubauprogramm ab. Die Elbe-Werft in Boizenburg lieferte zahlreiche große Passagierschiffe für das Binnenwasserstraßennetz der UdSSR; im Schlepperbau tat sich die Schiffswerft »Edgar André«, Magdeburg, hervor.

Daß in Budapest weit über hundert seegehende Frachtschiffe von 1100 bis 1750 tdw entstanden, ist den Aufträgen aus der Sowjetunion ebenso zuzuschreiben, wie der Bau von 4000-t-Tankern in Bulgarien, dessen Werften inzwischen zum Bau von 100000-Tonnern übergegangen sind. Von dem Schiffbau in Braila und Galati (Rumänien) ganz zu schweigen.

Selbst der Schiffbau in der Volksrepublik China basiert auf sowjetischen Aufträgen – rund 60 Motorschlepper von jeweils 485 BRT stammen von Werften in Shanghai. Und der von den Chinesen seinerzeit stolz der Weltöffentlichkeit präsentierte 13000-t-Motorfrachter *Großer Sprung* ist ein genauer Nachbau des in der Sowjetunion entwickelten Typs *Leninsky Komsomol*

Daß die Russen sich seinerzeit bereit erklärten, den ersten auf einer neuerbauten ägyptischen Werft in Alexandria entstandenen 10000-t-Frachter zu übernehmen, sei am Rande vermerkt.

Die Sowjetunion hat sich mit der Förderung des Schiffbaues in anderen Ländern nicht nur die Möglichkeit geschaffen, die eigene Handels- und Fischereiflotte devisensparend aufzubauen, sie hat in diesen Ländern auch zur Industrialisierung beigetragen.

Während eines Besuches auf der Schiffswerft »Neptun« in Rostock führte mich Anfang der 60er Jahre in strömendem Regen ein Meister unter den auf der Helling liegenden Rumpf eines Neubaues, ließ mich an der Außenhaut des Hecks emporblicken (so daß der Regen ins Gesicht troff) und fragte stolz: »Strakt das nicht wunderbar?!« Um dann hinzuzufügen: »Und das haben frühere Melker und Landarbeiter geschafft . . .«

Und bei einem Besuch auf einer polnischen Werft gestand ein Ingenieur lächelnd, der erste Neubau sei seinerzeit »verkehrtherum« auf Stapel gelegt worden, weil niemand wußte, daß Schiffe mit dem Heck voran von der Helling gleiten. Diese »Story« habe ich in keiner polnischen Veröffentlichung bestätigt gefunden – selbst wenn sie erfunden war, macht sie doch deutlich, von welchem Wissensstand aus der polnische Schiffbau zu beginnen hatte.

Heute finden sich Neubauten der Ostblockländer unter vielen Flaggen der Welt.

Doch diese Schilderung eilt den Verhältnissen weit voraus, wie sie in den 50er Jahren herrschten.

Der Wiederaufbau der sowjetischen Seehäfen war 1950 weitgehend abgeschlossen. Die Zahl der Hafenkräne war weitaus größer als in den Vorkriegsjahren, im Fernen Osten wurde der neue Hafen von Vanino angelegt, der Bau des Hafens Nakhodka hatte begonnen.

Die sowjetischen Häfen steigerten ihre Umschlagleistungen während des Fünf-Jahr-Planes um 84 Prozent. Der Direktumschlag Schiff/Waggon wurde forciert.

Im Schwarzen Meer und in den Ostseehäfen waren alle Reparaturwerften wieder instandgesetzt worden – die der Handelsschiffahrt zur Verfügung stehenden Reparaturwerften hatten 1950 die doppelte Kapazität des Jahres 1940. Der Wert der durchschnittlichen Jahresleistung eines russischen Werftarbeiters lag 1950 bei 30700 Rubel (1940 = 16400 Rubel).

Hatte die Handelsflotte 1940 im Binnen- und Außenhandel eine Transportleistung von 12,8 Milliarden Tonnenmeilen vollbracht, wurden 1950 insgesamt 21,4 Milliarden Tonnenmeilen bewältigt. Das war ein Leistungsanstieg, wie ihn kein anderer Transportträger der Sowjetunion (und hier hat die Eisenbahn ein besonders hohes Leistungsvermögen) aufweisen konnte. Die 33,7 Millionen Tonnen, die sowjetische See- und Binnenschiffe im Jahr 1950 beförderten, waren um zwei Drittel mehr als im Jahr 1946.

Nachdem die Kriegsmisere unter größten Anstrengungen überwunden worden war, kam es den staatlichen Planungsstellen darauf an, die Handelsflotte und die Hafeneinrichtungen zu modernisieren.

Der 5. Fünf-Jahr-Plan strebte an, die Zahl der seegehenden Handelsschiffe von 1951 bis 1955 um das 2,9fache anzuheben, die der Fischereifahrzeuge um das 1,6fache.

Die Fischereiflotte, in einem gesonderten Kapitel behandelt, fand von nun an besondere Aufmerksamkeit – die Sowjetunion hat sich seit 1951 zur führenden Fischereination der Welt entwickelt.

In den Jahren 1951 bis 1955 stieg die durchschnittliche

Geschwindigkeit sowjetischer Schiffe bei Trockenfrachtern auf Tagesetmale von 214 Meilen, bei Tankern auf 252 Meilen – das waren 14 bzw. 16 Prozent mehr als in den Vorkriegsjahren.
Als Ende 1955 die Bilanz des 5. Fünf-Jahr-Planes gezogen wurde, ergab sich: Über See war der Güterumschlag um 74 Prozent gewachsen, er machte nunmehr das 2,9fache des Jahres 1940 aus, die Planzahlen im Seegüterverkehr waren um nahezu zehn Prozent überschritten worden. Am Gesamtverkehrsaufkommen der UdSSR war der Seetransport im Jahre 1955 mit 5,9 Prozent beteiligt.
In den Häfen war gleichfalls eine erhebliche Leistungssteigerung zu verzeichnen. Nakhodka, der größte Hafen der sowjetischen Fernostregion, war fertiggestellt worden, im Schwarzen Meer konnte der Passagierterminal von Sotchi in Betrieb genommen werden, die ersten Bauabschnitte in den neuen Häfen von Vanino und Petropavlovsk-Kamchatka[2]) waren vollendet, Zufahrten zu vielen Häfen verbessert worden. Das binnenländische Kanalsystem war weitgehend wieder intakt.
Die Handelsflotte bot in ihrer Zusammensetzung allerdings noch das bunt zusammengewürfelte Bild, das sich aus Altbeständen, Kriegsbeute, einigen Second-hand-Schiffen und ersten Neubauten ergab. Eine qualitative Verbesserung der Flotte wurde angestrebt, die Zahl der Schiffe mit eingeschränkter Klasse sollte reduziert werden. Da es an Neubaukapazitäten fehlte, sah man häufig altvertraute sowjetische Schiffe mit verbesserten Antriebsanlagen und modernisierten Aufbauten – der Unterbringung an Bord scheint immer viel Aufmerksamkeit geschenkt worden zu sein.
Bis zum Jahr 1958 erreichte die sowjetische Handelsflotte einen Bestand von etwa 3,3 Millionen BRT. Das war, verglichen mit den Ausgangspositionen von 1913 oder 1945, ein bemerkenswertes Ergebnis – blieb aber unter dem weltweit zu beobachtenden Trend rasch wachsender Handelsflotten.
Die Erklärung dafür ist einfach. Die Industrieproduktion der UdSSR wuchs in den 50er Jahren rasch an. Da aber die erforderlichen Rohstoffressourcen zumeist auf eigenem Boden lagen, konnten die meisten Güterbewegungen durch die Eisenbahn erfolgen. Auch der Block der RGW-Staaten ist weitgehend durch Landverkehrswege untereinander verbunden. Auf Grund der Koordinierung der Wirtschaftspläne, der Spezialisierung und Kooperation der Produktion wurde mehr als die Hälfte des Ex- und Imports der UdSSR innerhalb des RGW-Blocks abgewickelt.
Während dieses Jahrzehnts sollte nun aber ein Wandel eintreten. Die politische Entwicklung in China, Korea und Vietnam löste einen größeren Bedarf an Seeschiffstonnage aus, das Unabhängigwerden bisheriger Kolonialstaaten bot der Sowjetunion die Chance, den überseeischen Handel zu erweitern, auch mit den »kapitalistischen Staaten« wurde der Handel im Zuge der Politik der friedlichen Koexistenz intensiviert.
Mit der Tatsache konfrontiert, daß unter diesen Umständen der sowjetische Überseehandel 1958 nur zu 13,5 Prozent mit eigener Tonnage bewältigt werden konnte und daß der 1959 aufgestellte Sieben-Jahr-Plan bis 1965 einen sich um das Zweifache steigernden Seegüterumschlag vorsah, wurde zugleich beschlossen, die Handelsschiffstonnage zu verdoppeln, die Geschwindigkeit der neu zu bauenden Schiffe zu erhöhen. Die Häfen sollten einkommend eine Gütermenge bewältigen, die 60 bis 70 Prozent größer als bisher sein würde. Die Schiffe sollten es pro Jahr auf durchschnittlich 311 Seetage bringen, verglichen mit 278 Seetagen im Jahre 1959.
Um es vorwegzunehmen: Die Planziele wurden mehr als erreicht. Die Werftkapazität war gesteigert worden – den Beschäftigten im Schiffbau bescheinigte eine sowjetische Veröffentlichung damals »a business-like approach to the fleet«. Dieses »geschäftsmäßige Denken« – bei Schiffbauern wie Schiffsbesatzungen – wird durch ein ausgewogenes Prämiensystem besonders gefördert. Die durchschnittliche Einsatzzeit der Schiffe stieg um zwölf Prozent – die Arbeitsproduktivität bei Trockenfrachtern von 1959 bis 1965 um 35 Prozent, bei den Tankern um 26 Prozent. Dadurch stieg die insgesamt beförderte Gütermenge um 45 bis 46 Prozent.
Die Einführung von Kunststoffen im Schiffbau ergab in den fünf Jahren pro Tonne Schiffsraum eine Einsparung an Reparaturkosten um ein Drittel.
Seit 1961 entwickelte sich die Seeschiffahrt zum wichtigsten Verkehrsträger der Sowjetunion; ihre Transportleistungen weisen unter den Verkehrsträgern dieses Staates die größten Steigerungsraten auf: Wurden 1960 knapp 45 Millionen Tonnen Ladung mit sowjetischen Schiffen befördert, waren es 1965 fast 92 Millionen Tonnen (1967 bereits 141,4 Millionen Tonnen). In jener Fünf-Jahr-Plan-Periode konnte die sowjetische Eisenbahn, die allerdings nicht über eine entsprechende bauliche Zuwachsrate verfügte, ihre Transportleistung nur von 49,5 Millionen auf 62 Millionen Tonnen steigern. Binnenschiffahrt und Straßenverkehr spielten mit 6 Millionen bzw. 0,2 Millionen Tonnen eine vergleichsweise bescheidene Rolle. Dagegen brachten es Pipelines von 1960 bis 1965 auf eine Steigerung von 1 auf 13,7 Millionen Tonnen.
Die Bruttotonnage wuchs von 1959 bis 1965 um das 2,5fache. Lag der Anteil der UdSSR an der Welthandelsflotte 1960 bei zwei Prozent, stieg er bis 1967 auf 6,5 Prozent. Besaß die Sowjetunion 1959 eine seegehende Handelsflotte von etwa 250 Schiffen mit zusammen 1,4 Millionen Tonnen Tragfähigkeit, waren es 1965 rund 1200 Frachter mit insgesamt 8,5 Millionen Tonnen Tragfähigkeit. Auf ihre altersmäßige Zusammensetzung wirft allerdings eine andere Zahl ein bezeichnendes Licht: Während dieser Fünf-Jahr-Plan-Periode wurden 128 kohlegefeuerte Dampfer auf Ölfeuerung umgestellt.
1959 rangierte die sowjetische Handelsflotte auf dem zwölften Platz der Rangliste der seefahrenden Nationen, 1965 auf dem sechsten. Letztere Tatsache ist für sich allein nicht sehr aussagekräftig. Denn unter den sogenannten »Billig-Flaggen« lassen viele Reeder der

[2]) In den Schiffslisten steht aus Platzgründen immer nur Petropavlovsk-K.

westlichen Welt einen Teil ihrer Schiffe laufen – so sind die Handelsflotten zahlreicher westlicher Länder, insbesondere der USA, tatsächlich weitaus größer als sie sich darstellen, zieht man nur die unter der eigenen Landesflagge fahrenden Frachter in Betracht. Trotzdem ist der Aufstieg der UdSSR unter die führenden Schiffahrtsnationen auch aus einer solchen »Rangliste« der Schiffahrtsländer erkennbar.
Viel bedeutsamer war aber der wirtschaftliche Wandel, den die Handelsflotte der UdSSR erfuhr. Solange sie im wesentlichen aus überalterten Schiffen bestand, d. h. praktisch vom Beginn des Sowjetstaates bis in die ersten 60er Jahre, war nicht nur der Warentransport der UdSSR über See verhältnismäßig gering, der technische Zustand der Schiffe ließ sie für hochwertiges Stückgut kaum geeignet sein. So bestand die »Planerfüllung« lange Zeit darin, billiges Massengut über weite Strecken zu transportieren. Das erbrachte auf dem Papier gut aussehende Zahlen von geleisteten Meilentonnen, für teure Ex- und Importgüter aber war ausländische Tonnage gegen oft hohe Gebühren zu chartern.
In diesen sieben Plan-Jahren nun war es gelungen, die Primärkosten der Schiffahrt um 36 Prozent zu senken. »Nach umfangreichen Investitionen«, heißt es in einer sowjetischen Veröffentlichung, »wuchs die Handelsflotte erstmals in die Gewinnzone«. Und weiter hieß es, die Sowjetunion sei nunmehr von ausländischer Tonnage unabhängig.
In westeuropäischen und amerikanischen Publikationen wurden erstmals Stimmen laut, die vor der »Expansion« der sowjetischen Handelsflotte warnten. Der Tonnagezuwachs der UdSSR läßt auf eine erhebliche Schiffbau-Kapazität schließen. Tatsächlich wird in sowjetischen Presseveröffentlichungen behauptet, das Land läge mit seinem Schiffbauvolumen auf dem fünften Platz in der Weltrangliste, Länder wie England, Frankreich, Norwegen, Dänemark und einige andere, die USA eingeschlossen, hinter sich lassend.
Andere Publikationen billigen der Sowjetunion nur eine geringe Schiffbaukapazität zu, in dem »Ostsee-Jahrbuch 1976« der Industrie- und Handelskammer zu Lübeck heißt es, die UdSSR habe 1975 nur mit einem Anteil von 1,2 Prozent am Weltschiffbau (1975 = 34,2 Millionen BRT) partizipiert, während 1972 schon einmal zwei Prozent erreicht worden wären.
Nun sind solche Zahlen nicht besonders aussagekräftig. So stellen Supertanker nach allgemeiner Ansicht keine besondere schiffbauliche Leistung dar. Hochwertige Schiffe aber, Fähren, Spezialfrachter, Kühlschiffe, Eisbrecher oder Fischfabrikschiffe, wirken sich tonnagemäßig in den Statistiken nicht sonderlich aus, stellen aber konstruktiv, baumäßig und nach ihrem Ausrüstungsstandard hohe Schiffbauleistungen dar. Die Sowjetunion hatte bis zu diesem Zeitpunkt noch keinen Tanker von über 150000 tdw gebaut, wohl aber 1959 mit dem Eisbrecher *Lenin* das erste kernenergiegetriebene Handelsschiff der Welt in Fahrt gebracht, von den Entwicklungen auf dem Sektor der Fischereifahrzeuge, die an anderer Stelle beschrieben sind, ganz zu schweigen. Schiffbauliches Können spiegelt sich nicht unbedingt in den Ziffern der abgelieferten Tonnage.
Die Planer der neuen sowjetischen Handelsflotte waren sich darüber im klaren, daß zur Erreichung eines raschen Tonnagezuwachses der Serienbau unumgänglich war. Zwar gelangten schon seit Beginn der 50er Jahre große Stückzahlen bestimmter Serienschiffe zur Ablieferung an die Handelsflotte der UdSSR, z. B. die bereits erwähnten Frachtertypen der Schiffswerft »Neptun«, Rostock, oder der Budapester Werft »Georghiu Dej«, aber jetzt wurde eine Typenbereinigung und Konzentration auf wenige Standardbauten angestrebt.
Wenn von Standardschiffen die Rede ist, kommen die Gedanken wie von selbst auf den *Liberty*-Frachter des Zweiten Weltkrieges, von dem im Laufe der Jahre rund 2800 Einheiten gebaut wurden. Solche Stückzahlen waren natürlich nur unter den Bedingungen des Krieges zu erzielen, vor allem wurde mit dem *Liberty* keine konstruktive Weiterentwicklung angestrebt. In unseren Tagen führt die technische Fortentwicklung automatisch nach einigen Jahren, wenn nicht zum Auslaufen, so doch zu einer derartigen Veränderung einer Serienschiffskonstruktion, daß große Stückzahlen die Ausnahme bleiben. So bewegen sich denn auch die Ablieferungszahlen der vor einigen Jahren von verschiedenen Werften in Angriff genommenen *Liberty*-Ersatzbauten zwischen 60 und 150 Schiffen. Was unter den gegebenen Umständen als Erfolg zu sehen ist. (Ein von russischen Werften vorgelegter *Liberty*-Ersatz-Entwurf kam – auch für die eigene Flotte – nicht zur Verwirklichung). Diese Zahlen muß man sich vor Augen halten, wenn die sowjetischen Serienbauten betrachtet werden. Der Bildteil gibt darüber Aufschluß – einige der wichtigsten Schiffstypen sollen hier genannt werden:

- *Leninskij Komsomol* – ein 13500-t-Turbinenfrachtschiff für Stück- und Massengut mit Maschinenraumautomatik. Geschwindigkeit 18 Knoten. Auf sowjeschen Werften erbaut. Rund 25 Stück.
- *Poltava* – ein 11300-t-Motorfrachter für Stück- und Massengut. Geschwindigkeit 17 Knoten. Durch den Einbau von Doppelluken sogen. »offene Schiffe«, daher kein zeitraubender Unterstau von Ladung. Auf sowjetischen Werften erbaut. Vielfach exportiert. Urteil deutscher Reeder: »Gute Schiffe«. Rund 30 Stück.
- *Slavjansk* – ein 12700-t-Motorfrachter für Stück- und Massengut. Weiterentwicklung des *Poltava*-Typs. Geschwindigkeit 17,7 Knoten. Das Ladegeschirr besteht, wie auf sowjetischen Schiffen häufig anzutreffen, aus Deckskränen. Dadurch ist es möglich, eine größere Fläche des Laderaumes bei minimaler manueller Arbeit zu überstreichen. Rund 32 Stück.
- *Amguema* – ein 9000-t-Frachter mit Eisbrechereigenschaften für die arktische Fahrt. Geschwindigkeit 15 Knoten. Rund 12 Stück.
- *Sofia* – ein Turbinentanker von 49000 tdw. Geschwindigkeit 17,3 Knoten. Auf sowjetischen Werften gebaut. Zirka 20 Stück.
- *Krasnograd* – ein 11000-t-Motor-Frachtschiff. Ge-

baut in Finnland. Geschwindigkeit 17 Knoten. Mehrere Serien, insgesamt etwa 40 Stück.
- *Murom* – polnisches Gegenstück zu der finnischen *Krasnograd*-Serie. 11000 tdw, 17 Knoten. Gleichfalls in mehreren Serien mit geringen Abweichungen gebaut. Die Gesamtstückzahl dieses Typs liegt bei 50 Schiffen.
- *Vyborg* – ein 10500-t-Motorfrachtertyp der Warnowwerft, Warnemünde. 16,5 Knoten. Entspricht in großen Zügen gleichfalls dem *Krasnograd*-Typ. Bau in mehrfach weiterentwickelten Serien. Gesamtstückzahl: 45.
- *Pula* – ein 12000-t-Mehrzweckfrachter aus Jugoslawien. Auch dem *Krasnograd*-Typ zuzurechnen. Geschwindigkeit 18,6 Knoten. Rund 30 Stück.
- *Abagurles* – ein 6200-t-Holzfrachter von polnischen Werften. Geschwindigkeit 14,5 bis 16 Knoten. Fast 90 Stück.

Die Welthandelsflotte wuchs von 1963 bis 1966 um mehr als 28 Prozent, die Handelsflotte der UdSSR dank des forcierten Serienbaues im gleichen Zeitraum um 42 Prozent. Damit lag die Sowjetunion, gemessen nach der Tonnagezunahme, in der Welt an dritter Stelle.

Zuständig ist ...

Wer ist zuständig für die Planung und den Einsatz der sowjetischen Handelsflotte, die insgesamt dem Ministerium für Handelsschiffahrt in Moskau untersteht? Wie vollzieht sich ihr Auf- und Ausbau? Im Prinzip, so möchte man meinen, verlaufen die Entscheidungsprozesse in den 16 Hochsee-Reedereien der Sowjetunion wie in anderen schiffahrttreibenden Ländern.

Tatsächlich aber liegen die Entscheidungen bei dem Institut für komplexe Transportprobleme, das direkt dem Staatlichen Planungs-Komitee untersteht. Hier wird festgelegt, welche Schiffe in welchen Stückzahlen benötigt werden, um die Transportaufgaben zu bewältigen. Die technischen Details der Schiffe werden dann in dem Zentralen Forschungsbüro der Handelsschiffahrt und dem Staatlichen Institut für Forschung und Entwicklung des Seetransports ausgearbeitet und in Verhandlungen mit den für den Bau in Frage kommenden Werften festgelegt. Die Kontrolle des technischen Niveaus der für das Ministerium der Seeflotte ausgearbeiteten Projekte für Schiffe, Schiffsmaschinen und Schiffsausrüstung obliegt dem Leningrader Zentralen Projektierungs- und Konstruktionsbüro (LZPKB), das auch aktiv bei entsprechenden Vorarbeiten innerhalb des RGW mitwirkt.

Üblicherweise wird dann zunächst ein Prototyp gebaut, der umfassenden Tests unterworfen und gegebenenfalls mehrfach abgeändert wird, bevor der Serienbau beginnt. Im Sprachgebrauch der RGW-Länder werden diese jeweils ersten Bauten als »Null-Schiffe« bezeichnet. Die Erfahrung lehrt, daß bei sehr großen Schiffsserien, deren Bau sich über lange Zeiträume erstreckt, laufend die inzwischen in der Praxis gewonnenen Erfahrungen verarbeitet werden. Das kann, wie der Skizzenteil dieses Buches aufzeigt, sich auch auf das äußere Erscheinungsbild der Schiffe erstrecken.

Die technische Überwachung der Projektierung, des Baues und des Betriebes der seegehenden Schiffe der UdSSR obliegt dem »Register der UdSSR«, eine Institution, die auf eine mehr als 250 Jahre alte Tradition zurückblickt. Das Register der UdSSR, insofern »Lloyd's Register«, dem Bureau Veritas oder dem Germanischen Lloyd nicht unähnlich, klassifiziert die Handelsschiffe und legt in enger Zusammenarbeit mit Praktikern und Wissenschaftlern die dabei erhobenen Forderungen und geltenden Vorschriften fest; es führt das Schiffsregister, ein Buch, das übrigens auch im Westen bezogen werden kann.[3]

M. I. Kalinin hatte am 20. Juni 1923 das Dekret über die Neubildung des Registers unterschrieben, das durch eine Verordnung des Rates der Volkskommissare am 18. November 1924 die Bezeichnung »Register der UdSSR« erhielt. Heute beaufsichtigt das Register der UdSSR etwa 18500 Schiffe. Pro Jahr ist im In- und Ausland der Bau von 1400 bis 1500 seegehenden Schiffen mit einer Tonnage von weit über zwei Millionen BRT zu beaufsichtigen, unter der Kontrolle der Mitarbeiter des Registers werden pro Jahr weit über sechs Millionen BRT repariert und grundüberholt. Jährlich sind gut 90000 Schiffsbesichtigungen erforderlich, mehr als 350000 Schiffspapiere zu erstellen. Hunderten von Projekten für Schiffe und tausenden für Werkstoffe und Maschinen, einschließlich der Normblätter für den Schiffbau, ist zuzustimmen. Unter den etwa 250 Mitgliedern des technisch-wissenschaftlichen Rates des Registers der UdSSR befinden sich rund zwei Dutzend Doktoren und mehr als doppelt so viele Kandidaten der technischen Wissenschaften.

Nach eigenen Angaben nimmt das Register der UdSSR unter den vergleichbaren Klassifikationsgesellschaften der Welt nach der Zahl der beaufsichtigten Schiffe den zweiten, nach der Bruttoregistertonnage den fünften Platz ein.

Die Kooperation mit den Mitgliedsstaaten des Rates für gegenseitige Wirtschaftshilfe wird über die Sektion Schiffbau der Ständigen Kommission Maschinenbau abgewickelt. Diese Organisation hat in den vergangenen Jahren auch auf dem Gebiet des Schiffbaus eine Reihe von internationalen Vereinbarungen und Empfehlungen erarbeitet, die ihren Höhepunkt in der Spezialisierung des Baues von Seefracht- und Fischereifahrzeugen in den RGW-Ländern fand. Die in der Sektion Schiffbau ausgearbeiteten Empfehlungen zur Typisierung der zahlreichen Schiffsausrüstungen unterstützen die gegenseitigen Lieferungen von Schiffbauerzeugnissen wesentlich und fördern die Austauschbarkeit von Aggregaten und erleichtern damit die Reparatur der Schiffe in den RGW-Ländern.

Die Koordinierung der Hauptforschungskomplexe der

---

[3]) Das sowjetische Seeschiffsregister nennt keine Schiffswerften, sondern nur das Ursprungsland aller Schiffe. Zwar lassen sich nach den Daten sehr oft die Bauwerften sowjetischer Schiffe »erraten«, aus Zuverlässigkeitsgründen ist darauf in dem alphabetischen Namensverzeichnis verzichtet worden. Hier sind Werften nur genannt, wenn sie eindeutig feststehen.

Mitgliedsländer hilft Forschungskapazitäten einzusparen und Parallelentwicklungen zu vermeiden, Unterschiede im Entwicklungsstand der Mitgliedsländer werden dadurch schneller überwunden.
Ein anderes Gremium, das sich mit dem Fragenkreis der Seeschiffahrt befaßt, ist die »Ständige Arbeitsgruppe Schiffahrt« innerhalb der »Ständigen Kommission für Transportwesen« des RGW. Von besonderer Bedeutung für die Zusammenarbeit der RGW-Länder auf dem Gebiet der Hochseeschiffahrt sind die jährlichen Beratungen der beteiligten Organisationen, auf denen die freie Tonnage aufgeteilt, die Konjunktur des Frachtenmarktes erörtert, koordinierte Aktionen auf dem Gebiet der Charterung und der Linien ausgearbeitet sowie Fragen der Tarifpolitik besprochen werden.
Bemerkenswert ist das »Büro für Koordinierung und Befrachtung« in Moskau, das u.a. auch die Bildung von Gemeinschaftsdiensten der RGW-Staaten anregte. Die Tramptonnage wird von dem im Rahmen des RGW errichteten Seefrachtenbüro bearbeitet. Indem das Büro so die Tätigkeit der an der Koordinierung unmittelbar beteiligten Stellen überwacht, prüft es gleichzeitig auch die Wirksamkeit des Gesamtsystems und bereitet so Verbesserungsvorschläge für die weitere Kooperation vor. Ferner stellt das Büro monatliche Frachtenmarktanalysen und Marktvorschauen zusammen, die im »Informationsbulletin« veröffentlicht werden. Zudem werden vierteljährliche Prognosen an die Mitglieder versandt. Das Büro führt weiter analytische Arbeiten auf dem Gebiet der Konjunktur- und Marktforschung durch. Monatlich erscheinende Seefrachtenindizes für den RGW-Bereich finden ein weites Anwendungsgebiet, sie werden als Arbeitsgrundlage auf dem Gebiet der Befrachtung sowohl in den RGW- als auch in anderen Schiffahrtsländern verwendet.
Ein im Rahmen des RGW geschaffenes Spezialbüro fördert die Zusammenarbeit der Frachtorganisationen und Reedereien, insbesondere hinsichtlich der gegenseitigen Aushilfe mit Tonnage. So gelang es z.B. 1967 mit gegenseitig zur Verfügung gestellter Tonnage etwa 36 Prozent mehr Fracht als 1966 zu befördern. Außerdem obliegt dem Büro die Charterung ausländischer Schiffe sowie die Herausgabe von Informationsmaterial.
Eine große Bedeutung kommt für die RGW-Reedereien der Tätigkeit des Büros im Bereich der Vereinheitlichung und Normung der Seefrachtverträge zu.
Die Transportorganisationen der RGW-Donau-Anrainerstaaten befassen sich mit den speziellen Problemen dieses Schiffahrtszweiges, besondere Aufmerksamkeit wird dabei der rationellen Ausnutzung der Flotte jedes Landes geschenkt. Auf der Donau, die als Schiffahrtsstraße noch interessanter wird, wenn Anfang der 80er Jahre die Kanalverbindung zum Rhein hergestellt ist, soll in naher Zukunft die 50-Millionen-Tonnen-Grenze erreicht werden.
Zur Zeit wird besondere Aufmerksamkeit der technischen Verbesserung im Zentralapparat der sowjetischen Handelsschiffahrt gewidmet. Das gilt vor allem für das elektronische Rechenzentrum des Ministeriums der Handelsflotte. Es stützt sich mit der Hauptzentrale in Moskau auf die Rechenzentren der verschiedenen sowjetischen Reedereien und ermöglicht jederzeit einen Überblick über die Schiffsstandorte, die Überwachung der Transportabläufe und die Planung und Regelung der Arbeit in der Flotte und in den Häfen. Monatlich werden über diese Anlage bis zu 500 Verschiffungsanforderungen aus dem Außenhandel bearbeitet. Neben der Verwaltung dient die Anlage auch Zwecken der maritimen Forschung.
Die weltweite Vercharterung sowjetischer Schiffe, aber auch das Chartern ausländischer Tonnage, wird durch die Unionsvereinigung Sovfracht koordiniert.

Das russische »time lag«

Trotz zahlreicher Fortschritte auf vielen Gebieten war das Zurückbleiben der sowjetischen Handelsflotte hinter der Entwicklung der modernen Schiffahrt unverkennbar. 1966 brachten die Amerikaner ihr erstes Containerschiff in Fahrt, 1969 kam der LASH-Carrier, etwa gleichzeitig das kombinierte Container-/Ro-Ro-Schiff. In der Tankschiffahrt vollzog sich weltweit der Übergang vom Supertanker zum VLCC und schließlich zum ULCC (Very Large Cargo Carrier bzw. Ultra Large Cargo Carrier), der *Panmax*-Frachter, das Schiff, dessen Maximalmaße gerade noch das Passieren des Panamakanals erlauben, setzte sich durch. Als sich Ende 1976 die Nachrichten häuften, daß es in der Welthandelsflotte mittlerweile nicht nur zu viele Mammuttanker, sondern auch zu viele Bulk-Carrier gäbe, da verfügte die Sowjetunion erst über ein gutes halbes Dutzend Ore-Bulk-Oil-Carrier der 100000-tdw-Größe und über drei (!) 150000-t-Tanker.
Das sowjetische »time lag« gegenüber der Entwicklung moderner Frachtschiffe in der westlichen Schiffahrt wurde zu jenem Zeitpunkt rasch größer. Verständlich. Denn nie wäre die Verladerschaft der westlichen Welt den pionierhaften Neuentwicklungen in der Verschiffungs- und Umschlagstechnik gefolgt, wären sie vom Ostblock gekommen. So aber wurde weltweit eine Entwicklung akzeptiert, von der die Russen zunächst abwarten mußten, in welche Richtung sie verlaufen würde, d.h. welche Schiffstypen sich als die besten erweisen und durchsetzen würden. Da kündigte das September-Plenum des ZK der KPdSU im Jahre 1966 tiefgreifende Beschlüsse über die Vervollkommnung der Verwaltung, Planung und Reorganisation der Produktion an. Partei- und Regierungsbeschlüsse folgten – auch auf den Gebieten der Schiffahrt und des Schiffbaues zeichneten sich entsprechende Veränderungen ab.
Die Direktive des XXIII. Parteitages der KPdSU sah für den Zeitraum von 1966 bis 1970 eine Zunahme der gesamten Tonnage um etwa das Eineinhalbfache auf 13 Millionen Tonnen vor. Die Gewinne aus der Schiffahrt, 1965 zehnmal höher als 1958, sollten um das 2,3fache steigen, der Seegüterumschlag um das 1,8fache, Trockenfrachtertransporte um 17, die der Tanker um 15 Prozent. Von ganz neuen Schiffstypen war noch nicht die Rede, wohl aber von acht Millionen

Tonnen Gütern, die jährlich in Containern oder als »Paketladungen« verschifft werden sollten. Insgesamt wurde über die fünf Jahre eine Kostenersparnis bei den Trockenfrachtern um 17, bei den Tankern um 20 Prozent angestrebt. Die Zahl der Schiffe der Fischereiflotte, die mit modernsten Anlagen ausgestattet werden sollten, war sogar um das Zweieinhalbfache zu erhöhen. Über 1700 neue seegehende Schiffe wurden in diesem Planjahrfünft gebaut, darunter 500 Frachtschiffe mit einer Gesamttragfähigkeit von 4,5 Millionen Tonnen. Am 1. Januar 1971 war der Flottenbestand der UdSSR wie folgt:

Schiffstyp	Dampfer		Motorschiffe		Gesamt	
	Anzahl der Schiffe	BRT	Anzahl der Schiffe	BRT	Anzahl der Schiffe	BRT
Fahrgast- und Kombischiffe	11	79859	192	405743	203	485602
Trockenfrachtschiffe	230	1142869	1589	6001704	1819	7144573
Tankschiffe	37	960506	388	2428146	425	3388652
Dienst- und Hilfsschiffe	213	107018	485	226503	698	33521
Fangschiffe	194	287485	2694	2975766	2888	3263251
Technische Schiffe	62	75892	267	211857	329	287749
Sonstige Schiffe	8	34456	242	277603	250	312059
	755	2688085	5857	12527322	6612	15215407

Quelle: »Morskoj Flot« 4/1971

Sowjetische Handelsschiffe waren an den Auslandstransporten der Welt mit 4,2 Prozent beteiligt – das waren 15,7 Millionen Tonnen (1962 waren es 1,9 Mio t, 1965 8,6 Mio t gewesen). Die Gesamtmenge der von sowjetischen Schiffen beförderten Güter lag bei über 150 Millionen Tonnen pro Jahr. Im sowjetischen Überseehandel transportierte die eigene Flotte etwa die Hälfte der anfallenden Güter, nachdem zwischen 1950 und 1955 rund 88 Prozent der Ex- und Importe in gecharterter Tonnage befördert worden waren. Die Schiffe vollbrachten eine Jahresleistung von 24000 Millionen Meilentonnen, sie legten Reisestrecken von über 40 Millionen Meilen pro Jahr zurück. In diesem Planjahrfünft hatte sich die Sowjetunion auch auf die Linienschiffahrt eingestellt – im Vergleich zu 1966 gab es eine Steigerung in der Güterbeförderung durch Linienschiffe auf 157,8 Prozent (im grenzüberschreitenden Verkehr auf 188,7 Prozent).

In der Güterbeförderung wurde der 8. Fünf-Jahr-Plan am 28. November 1970, im grenzüberschreitenden Verkehr am 17. November 1970 erfüllt. Am 7. November 1970 war das Plansoll des Hafenumschlags erreicht – insgesamt lag das Planergebnis ungefähr um 18 Millionen Tonnen über dem vorgesehenen Hafenumschlag.

Die mittlere Einsatzdauer der Trockenfrachter überschritt 1970 mit 331 Tagen das angepeilte Ziel von 330 Arbeitstagen, bei den Tankern stieg die Zahl der jährlichen Einsatztage von 311 im Jahr 1965 auf 322 im Jahr 1970.

Am Ende des 8. Fünf-Jahr-Planes waren mehr als 80 Prozent der Schiffe jünger als zehn Jahre, der Anteil der Motor- und Turbinenschiffe hatte den der mit Kolbendampfmaschinen betriebenen Schiffe auf unter zehn Prozent gedrückt. Über 70 Prozent der Schiffe liefen mehr als 13 Knoten, die durchschnittliche Tragfähigkeit der Schiffe war innerhalb der letzten 15 Jahre um mehr als das Doppelte gestiegen. Schiffbaumäßig hatten sowjetische Werften ihre Leistungsfähigkeit bewiesen: Mit dem Eisbrecher *Lenin* stellte die UdSSR 1959 das erste atomgetriebene Handelsschiff der Welt in Dienst, ein Fischerei-Spezialschiff wie die *Vostok* ist einzigartig in der Welt, das Problem des Transports geschmolzenen Erzes per Seeschiff wurde mit dem Typ *Azovstal* gelöst. Diese Spezialschiffe transportieren ihre Ladung (1500°C) von den Hüttenwerken in Azovstal über den Krimhafen Kamysh-Burun zu den großen Stahlwerken bei Kherson in der Ukraine. Ab 1970 wuchs die sowjetische Handelsflotte jährlich um ungefähr eine Million Tonnen Tragfähigkeit.

Ab 1966 waren die Frachter vom *Nowgorod*-Typ mit automatisierter Maschinenanlage in Fahrt gekommen, ein Mann überwachte im Maschinenraum den Betrieb der Anlage, die von der Brücke aus gesteuert wird. 1969 kam in Kherson die *Svetlogorsk* in Fahrt, ein Schiff, auf dem nicht nur die Maschinenanlage, sondern auch die Schiffsführungsprozesse automatisiert sind. Eine bordeigene Rechenanlage hilft, die wirtschaftlichste Fahrweise zu erzielen, das Schiff auf dem vorgegebenen Kurs zu steuern und andere Navigationsaufgaben zu lösen. Schon kurzfristig sollte eine Reduzierung der Besatzungen um 25 bis 30 Prozent erreicht werden, für später wurde eine weitere Verringerung angestrebt. Die Khersoner Werft begann mit der Lieferung von 16000-t-Gasturbinenschiffen des Typs *Parishkaja Kommuna.*

In der Hochseeschiffahrt konnte die Arbeitsproduktivität bei einem Zuwachs des Arbeitslohnes von 27,2 Prozent um 41,2 Prozent gesteigert werden.

Die Investitionen für Landanlagen stiegen von 1966 bis 1970 im Vergleich zu dem voraufgegangenen Fünf-Jahr-Plan um 25 Prozent. 13,2 Kilometer Kaifläche (19 Prozent) sowie 246300 Quadratmeter gedeckte Lagerflächen entstanden (25 Prozent).

Über 80 Prozent der Umschlagsarbeiten in den ca. 60 sowjetischen Überseehäfen (daneben sind etwa 100 »Hafenplätze« vorhanden) waren nunmehr vollmechanisiert, der Containerverkehr begann, sich durchzusetzen. Trotzdem muß die Handelsflotte, die in Auslandshäfen pro Jahr durchschnittlich 1,6 Prozent der Liegezeiten als Wartetage hinnehmen muß, in den eigenen Häfen Zeitverluste von 28 Prozent hinnehmen (6,34 Tage).

Der Hafen Iljitshevsk, mit dessen Bau 1958 etwa 14 Meilen von Odessa begonnen worden war, erreichte 1965 bereits beinahe den Umschlag von Odessa. Die Häfen Vladivostok, Nakhodka und Vanino wurden ausgebaut. Neue Häfen entstanden in Nagajevo, Petropavlovsk-Kamchatka und Sotchi. Weitere Schwerpunkte des Hafenausbaues waren Leningrad, Arkhangelsk, Murmansk, Odessa, Novorossijsk,

Shdanov, Nikolaev und Reni. Spezielle Ölumschlagsanlagen entstanden in Klaipeda, Ventspils und Sheskharis, unweit von Novorossijsk (Sheskharis kann Tanker bis zu 100 000 tdw aufnehmen und gleichzeitig acht Schiffe abfertigen).
Nach dem Gesamtumschlag der Häfen rangierte die Sowjetunion hinter den USA, Japan und England auf dem vierten Platz in der Welt.
Die geplante Fährverbindung Vanino–Sakhalin war realisiert worden.

Schiffahrtslinien, ursprünglich nur im Raum zwischen Nord- und Ostsee und später zum Mittelmeer existierend, erfuhren in diesen Jahren eine rasche Erweiterung. 1964 war die »Große Seen-Linie« nach Kanada eingerichtet worden, die im Winter von eisbrechenden Arktis-Frachtern bedient wird; 1965 folgte eine Südamerika-Linie, 1967 eine Linie nach Japan–Indien, 1968 nach Australien. Gemeinsam mit Polen wurde ebenfalls 1968 die Baltamerika-Linie eingerichtet, zu der sich ein Jahr später die Deutsche Seereederei, Rostock, als Partner gesellte. Im Fernen Osten wurde der Entwicklung der Küstenschiffahrt besondere Aufmerksamkeit geschenkt – generell finden sich verhältnismäßig wenig Küstenschiffe, d.h. Handelsschiffe unter 1000 BRT, in der sowjetischen Handelsflotte.
Mit dem Ausbau von Urlaubszentren im Bereich des Schwarzen und des Azowschen Meeres wuchsen die Beförderungsleistungen sowjetischer Passagierschiffe – insgesamt fuhren in diesem Planjahrfünft 167 Millionen Fahrgäste auf sowjetischen Schiffen.

Elegante Passagierschiffsneubauten wie die aus Finnland stammende »Gruzija« befriedigen auch die Ansprüche verwöhnter Seetouristen.

Passagier- und Fährschiffahrt

167 Millionen Passagiere in den Jahren 1966 bis 1970, 33 Millionen pro Jahr – die Zahlen klingen beinahe unglaublich, sind aber längst überholt: In den letzten fünf Jahren fuhren 250 Millionen Fahrgäste mit sowjetischen Passagierschiffen, 50 Millionen pro Jahr! Nach der DDR-Nachrichtenagentur ADN belegt die Sowjetunion unter den Ländern mit Fahrgastschiffen den dritten Platz in der Welt.
16 internationale Fahrgastlinien werden zur Zeit nach anderen Ostblockländern unterhalten, 30 zu Staaten der westlichen Welt. Von den Kreuzfahrten in fremder Charter ganz abgesehen. Über vier Millionen ausländische Touristen kamen 1976 in die UdSSR, jeder zehnte von ihnen kam mit dem Schiff. Bis 1980 wird mit sechs Millionen Reisenden gerechnet, die die Sowjetunion besuchen.
Die Zahlen verblüffen auf den ersten Blick, werden bei genauerer Betrachtung aber verständlich. Die Sowjetunion hat einen erheblichen »Binnenbedarf« an Fahrgastschiffen, zudem wurde die Marktlücke erkannt, die das freiwillige Ausscheiden westlicher Reedereien aus dem Passagierschiffsgeschäft hinterlassen hatte. So bieten die Russen z.B. als einzige noch regelmäßige Nordatlantikfahrten, in Bremerhaven, dem »deutschen Bahnhof zum Meer«, stellen sowjetische Schiffe Jahr für Jahr den Hauptanteil der hier festmachenden Passagierschiffe.
Wo westliches Personal vielfach zu teuer geworden ist, um aufwendige Fahrgastschiffe weiter in Fahrt zu halten, gibt die Möglichkeit, harte Devisen zu verdienen, den Russen die Chance, ihre Passagierschiffe einzusetzen. Reisefachleute bescheinigen dem russischen Personal einen ausgezeichneten Service und erteilen den russischen Bordküchen hohes Lob. Und eine Donaureise auf russischen Fluß-Fahrgastschiffen wird von allen gerühmt, die je daran teilnahmen.
Aber es sind nicht die Touristen westlicher Länder, die das Hauptkontingent der Fahrgäste auf sowjetischen Schiffen stellen. Der größte Teil der russischen Fahrgastflotte ist nämlich im Fernen Osten eingesetzt. Die wirtschaftliche Erschließung der Kamchatka-Halb-

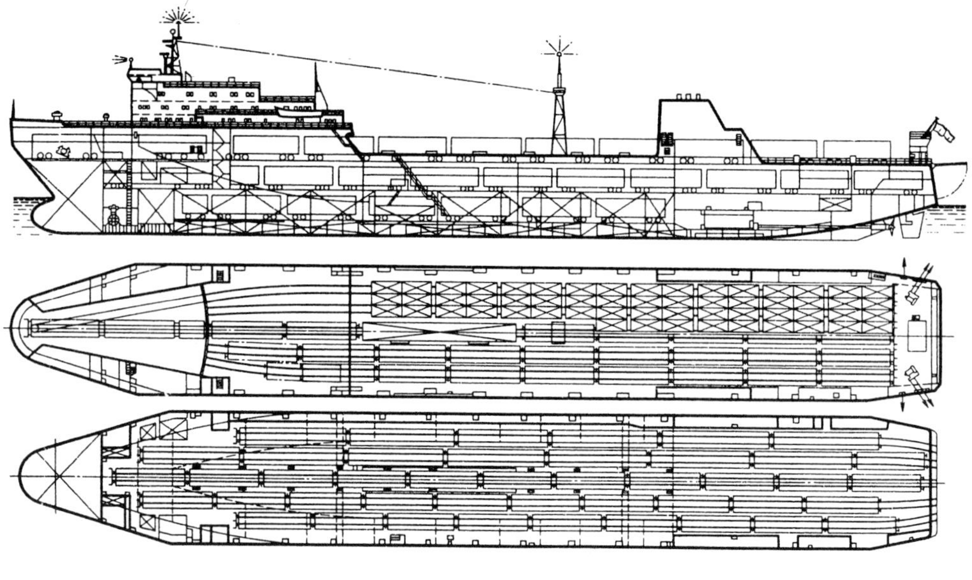

Zwei russische und zwei bulgarische Eisenbahnfährschiffe sollen ab 1978 zwischen Iljitshevsk und Varna eingesetzt werden. Der Decksplan zeigt, wie die 108 Waggons vom 70-t-Typ im Schiff aufgestellt werden.

insel, die auf dem Landweg kaum und dann nur unter großem Zeitaufwand zu erreichen ist, die Bedeutung der Kurilen-Inseln und der Siedlerstrom zwischen dem Raum Vladivostok und der Insel Sakhalin macht den Einsatz zahlreicher Fahrgastschiffe verständlich. Welcher Passagierverkehr hier zu bewältigen ist, wird aus der Tatsache ersichtlich, daß die *Sovietski Sojus* (ex *Hansa* – 23009 BRT), eines der größten Fahrgastschiffe der sowjetischen Handelsflotte, in dieser Region eingesetzt ist. Ebenso bezeichnend für den Umfang des Verkehrsaufkommens in diesem Fahrtgebiet ist der seit 1973 erfolgte Bau von fünf Eisenbahnfährschiffen, die alle die Bezeichnung *Sakhalin* führen und zwischen Vanino-Materiki und Kholmsk verkehren. Sie können jeweils 26 Waggons aufnehmen und bieten Platz für 72 Fahrgäste.

Ein Großteil der sowjetischen Fahrgastschiffe ist naturgemäß im witterungsbegünstigten Schwarzen Meer stationiert, darunter auch die fünf modernen Kreuzfahrten-Liner vom *Belorussia*-Typ, die die finnische Werft Wärtsilä seit 1975 baute (angeblich wollen die Russen zwei weitere Schiffe dieses Typs bauen lassen). Je nach Einsatzzweck können an Bord 500 oder 1024 Fahrgäste Platz finden. Bug-, Heck- und Seitenpforten erlauben ein schnelles Ein- und Ausladen von maximal 255 Personenautos. Die Schiffe weisen höchsten Komfort auf.

Bemerkenswert ist das Projekt einer russisch-bulgarischen Eisenbahn-Fährverbindung zwischen Iljitshevsk und Varna, wodurch Engpässe in den bestehenden Eisenbahnverbindungen von der Sowjetunion zum Balkan überwunden werden sollen. Während die UdSSR die beiden für diese Route vorgesehenen Neubauten bei der jugoslawischen Werft Uljanik in Auftrag gab, bestellte Bulgarien zwei ähnliche Neubauten bei den norwegischen Werften Framnes M.V. und Fredriksstad M.V. Die 18,6-Knoten-Schiffe sollen 1978 in Fahrt kommen. Sie können jeweils 108 Waggons vom 70-t-Typ an Bord nehmen, sind aber offensichtlich nur als Güterfähren konzipiert, denn jedes Schiff erhält lediglich für zwölf Passagiere Einrichtungen.

Anders verhält es sich mit den im Kaspischen Meer eingesetzten Fährschiffen vom Typ *Sovietski Aserbaidshan.* Sie können auf jeweils vier Gleisen 30 Waggons von 12 Meter Länge aufstellen und verfügen über komfortable Einrichtungen für 300 Passagiere. Laufen die ersten Bauten dieser Serie mit dieselelektrischen Anlagen von 4080 PS 16 Knoten, erhielten spätere Neubauten Antriebsanlagen mit 5800 PS für 18 Knoten. Diese Fährschiffe verkürzen den Weg von Transkaukasien in das mittlere Asien und zurück von bisher vielen Tagen Reisedauer auf 14 bis 15 Stunden Fahrtzeit.

Den Fährschiffsdiensten in den fernöstlichen und südlichen Gewässern werden solche in der Ostsee folgen. Polen hat einen Fährschiffstyp entwickelt, von dem die Warskiego-Werft in Sczcecin sieben Einheiten baut – die beiden ersten, die 1977 und Mai 1978 in Fahrt kommen, für polnische Rechnung, die fünf anderen für die UdSSR. Auf jedem Schiff finden 1000 Passagiere, 275 Personenwagen und 26 Lastwagen Platz.

Ursprünglich hieß es, die Route Tallinn–Helsinki, bislang von dem konventionellen Fahrgastschiff *Tallinn* »bedient«, würde ab 1977 mit dem ersten der fünf russischen Fährschiffe befahren werden. Mindestens zwei weitere Schiffe sollten 1978 in Fahrt kommen und zwischen Leningrad–Tallinn–Stockholm verkehren. Mindestens einer der Neubauten war für das Schwarze Meer vorgesehen. Neuerdings verlautet, die aus Polen zu erwartenden Fährschiffsneubauten würden alle in fernöstlichen Gewässern eingesetzt werden, sowjetische Einkäufer suchen stattdessen aus dem Überangebot skandinavischer Fähren geeignete Schiffe für die sofortige Aufnahme von Ostsee-Routen aus.

Die Fernost-Fähren, ursprünglich als Schwesterschiffe der polnischen Neubauten konzipiert (s. dort), werden, ihrer längeren Fahrtstrecke entsprechend, anders ausgelegt. Sie erhalten für die 15–18 Tage dauernden Rundreisen Einrichtungen für 432 Passagiere (208 in Zwei-, 224 in Vierbettkabinen) sowie Autodecks für 150 Pkw und 26 Trailer. Die 125 m langen

und 21 m breiten Neubauten erhalten Heck- und Seitenpforten.
Wenn – wie auch in allen anderen Schiffahrtsbereichen – die UdSSR mit zahlreichen modernen Schiffen in das Passagier- und Fährschiffsgeschäft einsteigt, so darf nicht übersehen werden, daß diese Sparte immer betrieben worden ist.
Als russische Werften 1927 ihre ersten Neubauten ablieferten, waren darunter die drei 4727 BRT großen Motorfahrgastschiffe *Abkhazija, Adjaristan* und *Armenija,* zwei weitere, sehr ähnliche Schiffe – *Gruzija* und *Krim* – waren gegen knappe Devisen bei der Fried.-Krupp-Germaniawerft in Kiel bestellt worden. 1937 lieferte die Werft in Helsingör die 4125 BRT große *Svanetia.* Aus Holland kamen 1939 die formschönen, 7745 BRT großen Schwesterschiffe *Josif Stalin* und *Viacheslav Molotov* (ersteres fiel dem Krieg zum Opfer, das zweite Schiff fuhr nach dem Krieg als *Baltika* auf der Leningrad-London-Route und brachte Chruschtschow zu einem Staatsbesuch in die USA).
1941 meldete die deutsche Zeitschrift »Schiffbau«, in der Sowjetunion sollten die beiden 19 000-BRT-Passagierschiffe *Proletarij* und *Trud* gebaut werden – ein Projekt, das durch die Kriegsereignisse zum Erliegen kam.
Immerhin, die Sowjetunion hatte frühzeitig Interesse an der Passagierschiffahrt bekundet. Als die der Vernichtung im Kriege entronnenen deutschen Fahrgastschiffe auf die Siegermächte verteilt wurden, erhielt die UdSSR eine ganze Reihe dieser Schiffe.
Einige von ihnen fahren noch, zum Beispiel die bereits erwähnte *Sovietski Sojus* oder die *Marienburg,* die heute *Abkhazija* heißt, andere sind inzwischen ausgemustert, darunter auch die *Petr Velikii,* die 1939 bei Blohm & Voss ursprünglich als *Dogu* für die Türkei entstand, während des Krieges vom Deutschen Reich übernommen und nach 1945 zunächst Polen zugeteilt wurde. Mit Polen tauschte die UdSSR auch einige andere Schiffe, so z.B. die *Sobieski* (Baujahr 1939), die bis zur Verschrottung im Jahr 1975 als *Gruzija* unter Hammer und Sichel fuhr. Die *Hamburg,* das Schwesterschiff der *Hansa,* wurde nach der Bergung in der Ostsee nicht wieder als Passagierschiff hergerichtet, sondern zur Walkocherei *Jurij Dolgorukij* umgebaut (inzwischen stillgelegt, wenn nicht schon verschrottet).
Mitte der 50er Jahre überraschte die Sowjetunion die Touristikwelt mit der Nachricht, daß sie bei der Mathias-Thesen-Werft in Wismar 18 (!) Fahrgastschiffe von 4720 BRT bestellt habe, wenig später folgte ein Auftrag über drei 20 000-BRT-Neubauten vom *Ivan Franko*-Typ, der bald darauf auf fünf derartige Schiffe erweitert wurde. Aus beiden Serien wurden inzwischen verschiedene Schiffe umgebaut, d.h. die Passagierkapazität wurde erweitert.
Sowjetische Werften bauten in jenen Jahren die 3200 BRT großen Schiffe des *Kirgizia*-Typs in Serie.
Als 1973 die Deutsche Atlantik-Linie in finanzielle Schwierigkeiten geriet, erwarb die New Yorker Robin International Corp., die später mehrfach als Vermittler bei russischen Schiffbauaufträgen und -käufen in Erscheinung trat, die 1969 fertiggestellte, knapp 25 000 BRT große *Hamburg,* die Anfang 1974 als *Maksim Gorkij* von der Schwarzmeer-Reederei, Odessa, übernommen wurde und seitdem zu Kreuzfahrten eingesetzt wird.
Ebenfalls 1973 kaufte die Nikreis Maritime Corp., Panama, die beiden fast 22 000 BRT großen Cunard-Liner *Carmania* und *Franconia,* die ein Jahr später als *Leonid Sobinov* und *Fjedor Shalyapin* unter sowjetischem Emblem auf Kreuzfahrten im Pazifik auftauchten.
1976 machte ein weiterer Passagierschiffskauf der Schwarzmeer-Reederei von sich reden: Das dänische Fahrgastschiff *Copenhagen,* 1969 von der Nordline A/S bei Vickers in Barrow bestellt, aber wegen Finanzierungsschwierigkeiten nur schleppend (und dann durch die Werft Swan Hunter) weitergebaut, wurde schließlich von den Russen »zum halben Preis«, wie Werftchef Sir Leonard Redshaw erklärte, übernommen. Als *Odessa* kam das Schiff in Fahrt.
Eine Besonderheit der küstennahen Passagierschiffahrt der Sowjetunion ist der Einsatz zahlreicher Tragflächenboote. In keinem anderen Land der Welt gibt es eine auch nur annähernd so große Flotte an »Hydrofoils«. Ihre Konstruktion begann 1943, inzwischen erwiesen sich die Boote vom Typ *Kometa* (116 Passagiere) und *Raketa* (64 Passagiere) sowie andere als ausgesprochene Export-»Schlager«.
So sind zwei *Kometa*-Boote seit dem Sommer 1977 von der International Hydrofoil Services, London, zwischen der englischen Metropole und Ostende eingesetzt.
Auch im Bau von Hovercrafts sind die Russen aktiv – das jüngste Produkt der Schiffswerft in Sormowo ist das Luftkissenfahrzeug vom Typ *Sormowitsch.*
Dem 9. Fünf-Jahr-Plan (1971–1975) wurden nachstehende Aufgaben vorangestellt:

- Weitere Vertiefung der wirtschaftlichen Beziehungen zu den sozialistischen Ländern und Ausnutzung der Vorteile, die aus der internationalen, sozialistischen Arbeitsteilung erwachsen,
- Erweiterung der wirtschaftlichen Zusammenarbeit mit den Entwicklungsländern,
- Erweiterung des Handels mit den entwickelten kapitalistischen Industrieländern, die sich bereit erklären, die wirtschaftlichen Beziehungen mit der UdSSR auszubauen.

Für die Seeschiffahrt hieß es: »Im neuen Planjahrfünft wird die Seeschiffahrt ihre Tätigkeit sowohl auf dem Gebiet der internationalen Schiffahrt als auch bei der Deckung des Bedarfs der Volkswirtschaft an Inlandtransporten, insbesondere im Norden und Fernen Osten, erweitern.
Die Transportflotte wird eine große Anzahl neuer Schiffe erhalten. Viele Seehäfen, insbesondere im Fernen Osten, sollen erweitert und mit modernen Mechanisierungsmitteln ausgestattet werden.«
Konkret wurde gesagt: Die Handelsflotte sollte von 1971 bis 1975 um etwa fünf Millionen Tonnen Tragfähigkeit ergänzt werden, die Kailänge der Häfen war um 13 Prozent, der Bestand an gedeckten Lagerflächen

um 28 Prozent, Anlegestellen an tiefem Wasser um 37 Prozent zu erweitern.
Der Frachtumlauf sollte insgesamt um 35 Prozent steigen, die Umschlagarbeiten in den Häfen um 18 Prozent, der Reingewinn aus dem grenzüberschreitenden Verkehr um 28, der Gesamtgewinn aus allen Tätigkeitsbereichen um 29 Prozent.
64,9 Prozent der Erhöhung des Frachtumlaufs und 42 Prozent der Erhöhung der Hafenumschlagsarbeiten sollten durch eine Steigerung der Arbeitsproduktivität erreicht werden.
Im Fernen Osten wurde bei der Wrangelbucht der neue Tiefwasserhafen Wostotschny mit leistungsfähigen Umschlagsanlagen für Holz, Kohle und Container projektiert. 120000-Tonner sollen den Hafen anlaufen können. In Shdanov wird eine automatisierte Kohlenumschlagsanlage installiert, nach Tallinn erhält auch Odessa eine automatisierte Anlage für den Zuckerumschlag.
In zahlreichen Häfen werden neue Kais angelegt, der Hafen von Belgorod-Dnestrowski am Dnestr, in der Nähe Odessas, einer der ältesten Häfen des einstigen Rußlands, entsteht völlig neu, um Odessa und Iljitshevsk bei der Anladung von Gütern aus dem Donau- und Mittelmeerraum zu entlasten.
Gleich zu Beginn der Fünf-Jahr-Plan-Periode werden die neuen Container-Terminals in Leningrad, Nakhodka und in Häfen des Schwarzen Meeres ausgebaut.
Um die Gewinnpläne der einzelnen Jahre zu erfüllen, werden eine Senkung der Selbstkosten bei der Güterbeförderung, der Güterumschlagzeiten und ein ökonomischer Material- und Geldeinsatz gefordert.
Nachdem im voraufgegangenen Fünf-Jahr-Plan der Containerdienst zwischen Petropavlovsk-Kamchatka und Vladivostok aufgenommen worden war, eröffnete am 30. März 1971 der für die Containerfahrt umgerüstete Paketholzfrachter *Kavalerovo* am 30. März die Verbindung Vladivostok–Osaka. Damals bestand die erste Ladung aus acht Containern, die aus Osaka kamen. Am 1. Juli 1971 wurde mit einem umgebauten Bulker, der 99 Container vom 20-Fuß-Typ faßte, die Containerlinie Leningrad–Tilbury eingerichtet. Inzwischen stehen auf den beiden Routen Spezial-Containerschiffe mit Zellengerüsten für 300 bzw. 400 Container zur Verfügung. Der Hafen Nakhodka erhielt als erster sowjetischer Hafen einen Container-Terminal, Leningrad verfügt mittlerweile gleichfalls über eine derartige Anlage.
Beide Schiffslinien stellen die Fortsetzung der Trans-Sibirischen Container Line (TSKL) dar (der Buchstabe »K« steht für »Konteiner«). Containerzüge, die mit jeweils rund 100 TEU's beladen sind, fahren in 12 bis 14 Tagen von der Westgrenze der UdSSR bis an die Pazifikküste bzw. den umgekehrten Weg. Zur Zeit ist man bemüht, die Güterzüge auf das Expreßzugverfahren umzustellen, was eine Zugreisedauer von nur sieben bis zehn Tagen bedeuten würde.
1976 rollten über die TSKL fast 80000 Container des 20-Fuß-Typs – etwa 20000 mehr als ein Jahr zuvor. Davon fuhren 58000 gen Westen, 22000 gen Osten. Die Bundesrepublik war mit 19 Prozent Anteil das größte Empfängerland, gefolgt vom United Kingdom (13,7%), der Schweiz (7,3%), Polen (7%), Finnland (6,1%) und dem Iran (6%).
1972 wurde die Nakhodka-Hongkong-Linie eröffnet, 1975 die Route Nakhodka–Manila.
Westeuropäische Reeder gehen davon aus, daß 15% der Containertransporte von Japan nach Westeuropa über die TSKL laufen.
Für den Zeitraum 1971 bis 1975 wurde den Reedereien die Zurverfügungstellung weiterer Containerlieferungen angekündigt. Forciert wurde die Stückgutverladung auf Paletten und die Verschiffung von Holz in Paketen.
Das Entscheidende im Schiffahrtprogramm dieses 9. Fünf-Jahr-Planes aber waren die neuen Schiffstypen. Es dominierte nicht mehr das konventionelle Frachtschiff – das Bauprogramm betonte Spezialfrachter. In den Direktiven des XXIV. Parteitages der KPdSU heißt es: »Die Transportflotte ist durch hochwirtschaftliche Universal- und Spezialfahrzeuge mit komplexer Automatisierung der Steuerung der Schiffsmechanismen und sonstigen Systeme aufzufüllen, darunter mit Schiffen für die Beförderung von Schwerlastbehältern, Ausrüstungen und leicht verderblichen Frachten«.
Tanker sollen bis in Größenordnungen von 150000 tdw wachsen, bei den Bulkcarriern sollen verstärkt 23000- und 50000-Tonner zur Ablieferung gelangen. (Angesichts eines der durch die weltweite Rezession verfallenden Frachtenmarktes konnte die Sowjetunion günstig einige Großfrachter und -tanker kaufen). Lift on-/lift off-Containerschiffe für 40, 200, 300 und 700 Container des 20-Fuß-Typs, sowie Roll on-/roll off-Schiffe von 5000 bis 52000 tdw, Schwerguttransporter und Kühlschiffe durften die Reedereien erwarten. Bei den jüngsten Großcontainerfrachtern soll es allerdings mit den Antriebsanlagen und der Stabilität einige Probleme geben.
Gab es erst 1970 den ersten Container-Dienst im RGW-Bereich, existierten 1974 schon 16 Linien mit 17 Schiffen, die 5,5 Prozent Anteil der Gesamttonnage stellten. Seitdem kamen laufend neue Containerschiffe mit Ro-Ro- und Lo-Lo-Einrichtungen in Fahrt. 1976 konnten sowjetische Containerfrachter im Nordatlantik wöchentlich 1150 Container vom 20-Fuß-Typ befördern – der Verkehr war in drei Linien eingeteilt, von denen zwei den Kran- und eine den Ro-Ro-Umschlag anwenden. Für letztere fahren die in Polen gebauten *Skulptor*-Schiffe, zur Zeit verstärkt durch die *Magnitogorsk,* von der es ursprünglich hieß, sie sollte mit der Schwester *Komsomolsk* im Fernen Osten auf Routen von der UdSSR nach Japan und den USA eingesetzt werden.
Die eine Nordatlantik-Route führt über Rotterdam–Bremerhaven und Tilbury nach New York, Baltimore und Savannah, die andere von Antwerpen und Hamburg nach New York, Philadelphia und Baltimore. Hier sind die Containerschiffe vom Typ *Warnemünde* anzutreffen. Die Ro-Ro-Route bedient Rotterdam, Bremerhaven, Hamburg, Tilbury, Philadelphia, Baltimore und Savannah. Für diese Linien ist die Baltatlantic Lines, Leningrad, zuständig, die als einzige Reederei eine direkte Verbindung London (Tilbury)–USA bietet.

Wie verlautet, plant die Arctic Line sechs eisverstärkte Semi-Containerschiffe von jeweils 7400 tdw in Fahrt zu bringen. Die 14,5-Knoten-Schiffe sollen ab Murmansk und über skandinavische sowie kontinentale Häfen zu den Großen Seen laufen.
Im Pazifik läßt die sowjetische Far East Shipping Co. (FESCO) von Nakhodka über Japan (Tokio und Kobe) monatlich sechs Containerschiffe nach Seattle abgehen. Eingesetzt sind zur Zeit drei Containerschiffe des *Merkur*-Typs *(Khudozhnik Saryan)*, die in Warnemünde gebaut wurden, und die die einzige Direktverbindung Seattle–Japan darstellen. Die anderen drei Schiffe in diesem Dienst gehören zum sogenannten *Merkator*-Typ *(Warnemünde)*, der 368 Container aufnehmen kann. Sie laufen von Nakhodka über Hongkong nach Seattle, Vancouver und Portland. Oakland und Long Beach werden gleichfalls bedient.
Verstärkt wurden die sowjetischen Container-Linien Australien–US-Westküste via Japan. Monatlich zwei Containerschiffe gehen von Kobe nach Brisbane, Melbourne, Sydney und Townsville.
Zwei Containerfrachter bedienen die Route Japan–Manila–US-Westküste, hier sollen zwei weitere Feeder-Schiffe folgen.
Drei Containerschiffe pro Monat verbinden die US-Westküste via Hongkong mit Singapore und Bangkok. Eine Container-Feeder-Line USA–Manila–Singapore–Bangkok wurde mit zwei Container-Feederschiffen verknüpft, die 14tägig Manila mit Tokio verbinden.
Im Mai 1977 wurde ein Vollcontainer-Dienst von Vancouver, British Columbia, Oakland sowie Long Beach nach den australischen Häfen Melbourne, Sydney und Brisbane eingerichtet.
Daneben läuft ein Breakbulk-Service, der seit dem Januar 1974 mit zwei in Jugoslawien entstandenen *Pula*-Frachtern Longview, Vancouver, Tacoma und kleinere Häfen an der Nordwestküste mit Bangkok, Singapore, Port Keelung und Penang verbindet, wobei die Philippinen bedient werden.
Ferner gibt es einen Nordwestküste-Japan-Philippinen-Breakbulk-Service, der 1968 ab British Columbia begann und 1970 auf die Nordwestküste der USA ausgedehnt wurde. Hier werden Vancouver, Longview, Tacoma sowie Port Angeles angelaufen. Die Schiffe gehen dann über Japan zu den Philippinen.
Die Black Sea Shipping Co. (BLASCO) startete zur Jahreswende 1976/77 mit einem Breakbulk-Service, der US-Golf- und Atlantikhäfen mit verschiedenen Plätzen im Roten Meer und im Persischen Golf verbindet. Während anfangs konventionelle Frachter eingesetzt wurden, ist jetzt von Ro-Ro-Frachtern die Rede, die die US-Häfen Houston und New Orleans mit den arabischen Häfen Jeddah und Dammam verbinden sollen.
Andere Linien, z.T. schon seit Jahren bestehend, verbinden Europa mit Westafrika (der »United West Africa Service« wird gemeinsam mit Polen und der DDR angeboten, die Linie ist Konferenzmitglied), mit der DDR, Polen und Bulgarien zusammen wird die Fahrt Skandinavien/Nordkontinent–Mittelmeer betrieben, es gibt eine Linie nach Ostafrika sowie von europäischen Mittelmeerhäfen drei Routen nach US-Golf- und US-Ostküstenhäfen sowie den Großen Seen.
Die »Odessa Ocean Line« bietet Verbindungen von Europa nach dem Fernen Osten.
Seit etwa neun Jahren ist die UdSSR Konferenzmitglied in der Europa–Australienfahrt, das ist sie gleichfalls in der Fahrt Europa–Ostküste Südamerika, es gibt z.Z. keine sowjetrussischen Linien zur Westküste Südamerikas.
Sowjetische Schiffsverbindungen werden von Japan nach Südostasien, nach Indien/Pakistan und nach Australien angeboten.
Inzwischen hat (1976) der 10. Fünf-Jahr-Plan begonnen. Das neunte Plan-Jahrfünft hatte für die sowjetische Schiffahrt wiederum einen beträchtlichen Tonnagezuwachs gebracht. 130 Trockenfrachter, rund 30 Holzfrachter, überwiegend für die Paketfahrt, 27 Tanker, darunter zwei 150 000-tdw-Neubauten, und die ersten Bulker-Neubauten von über 100 000 tdw (Typ *Marshall Budjennij*) kamen in Fahrt. Aus Japan wurden drei große Spezialfrachter für Holzabfälle geliefert. Die Arktische Flotte erhielt die ersten neuartigen Eismeerfrachter. Eine norwegische Werft lieferte die *Cura*, das erste Offshore-Versorgungsschiff der Sowjetunion.
Bemerkenswert ist auch die Entwicklung der sowjetischen Reeferflotte: 1963 besaß die Sowjetunion erst zwölf Kühlschiffe mit zusammen zwei Millionen Kubikfuß Kühlraum. 1970 waren es 33 Schiffe mit 7,3 Millionen Kubikfuß, die 158 Kühlschiffe der Fischereiflotte nicht mitgerechnet. Seitdem zählt die UdSSR zu den bedeutenden Bestellern von Kühlschiffen, die überwiegend auf polnischen Werften entstehen.
Es soll hier nicht untersucht werden, welche militärischen Gründe beim Auf- und Ausbau einer Handelsflotte eine Rolle spielen – einfach, weil das auf alle schiffahrtstreibenden Länder zuträfe, sich also bei gegenseitiger Aufrechnung wieder aufhebt.
Tatsächlich mußte die Sowjetunion bei der 1962 durch die USA verhängten Blockade Kubas erkennen, welche Bedeutung einer leistungsfähigen, seegehenden Tonnage zukommt (wohl zur Überraschung vieler schafften die Ostblockschiffe damals die Versorgung Kubas).
Aber schon lange vorher hatte Tschiangkaischek »Seemacht« demonstriert und den nach Rot-China bestimmten UdSSR-Tanker *Tuapse* (Baujahr 1952 – 13 250 tdw) auf offener See gekapert und vereinnahmt (der gleichfalls beschlagnahmte deutsche Frachter *Mai Rickmers* wurde damals nach einiger Zeit zurückgegeben). Hier war der Sowjetunion gezeigt worden, wie abhängig sie von ungehinderten Seeverbindungswegen war.
Die Beschlagnahme von zwei für Polen bestimmte Tankerneubauten durch die britische Regierung bei Ausbruch des »Kalten Krieges« Anfang der 50er Jahre war ein »Lernfaktor« für die Abhängigkeit von ausländischen Werften, das zur gleichen Zeit ausgesprochene Lieferverbot von Radargeräten für Ostblock-Handelsschiffe demonstrierte weitere Abhängigkeit von westlichem Wohlwollen.
Am 1. Juli 1976, am Ende des 9. Fünf-Jahr-Planes also, setzt sich die sowjetische Handelsflotte wie folgt zu-

sammen (die letzte Spalte zeigt die Zunahme in den einzelnen Bereichen gegenüber dem 1. Januar 1976):

Anzahl	Schiffstyp	BRT	Zunahme (BRT)
194	Passagierschiffe	610 471	15 379
2 187	Trockenfrachter	9 222 793	312 556
440	Tanker	3 756 317	227 179
771	Hilfs- u. Spezialschiffe	408 121	21 804
2 906	Fischereifahrzeuge	4 494 264	102 323
387	Techn. Fahrzeuge	323 532	18 868
322	Sonstige	494 527	898
7 207		19 310 025	699 007

Westeuropäische Linienreeder, seit einigen Jahren über die Zuwachsraten der sowjetischen Handelsflotte besorgt, gingen angesichts dieser Tonnagezunahme nun zu heftigen Angriffen gegen die Schifffahrtspolitik der UdSSR über.
Schon 1968 hatte A. Saveljev, Vorsitzender der »Sovfrakht«, in der Zeitschrift »Vodnij Transport« erklärt: »In der letzten Zeit sind in der westlichen Presse einige Erklärungen, darunter eine solche des Niederländischen Reederverbandes, erschienen, welche die Schiffahrtskreise der Ostblockländer des Ratendumpings bezichtigen. Diese Beschuldigungen sind absolut unbegründet. Es ist bekannt, daß sich die kaufmännische Tätigkeit der RGW-Schiffahrt auf dem Prinzip der wirtschaftlichen Rechnungsführung gründet. Diese Arbeitsweise sieht nicht nur die Deckung der Selbstkosten durch die eingefahrene Frachtensumme, sondern auch eine Gewinnerzielung vor.
Die Reedereien der RGW-Länder befrachten ihre Tramptonnage nach Raten, die sich aus der jeweiligen Marktlage zum Zeitpunkt des Abschlusses im betroffenen Bereich ergeben. Im Bereich der Linienfahrt bedienen sie sich der bestehenden Konferenzraten, sofern sie Konferenzmitglieder oder sogenannte ›loyale Outsider‹ sind. Im Fall der Verweigerung einer Konferenzmitgliedschaft wird die Tonnage auf der Grundlage des freien Wettbewerbs eingesetzt.«
Die Planer in der Sowjetunion sind es gewohnt, Entwicklungen langfristig zu sehen. Zwischenzeitlich auftretende Störungen, wenn sie nicht gerade die Grundlagen aller Berechnungen umwerfen, sind für sie kein Anlaß, ihre eigenen Pläne aufzugeben. So scheint die weltweite Rezession für sie kein Grund zu sein, an der Weiterentwicklung des Welthandels und damit des Weltgütertransportes über See zu zweifeln. Viktor Bakajew, Minister der Hochseeflotte der UdSSR, führte 1969 aus: »Die Hochseelinien sind die billigsten und rentabelsten Beförderungswege für Frachten. Sie haben eine nahezu unbegrenzte Durchlaßfähigkeit. Vom Güterumschlag der Welt entfallen auf den Hochseetransport ungefähr 60 Prozent. Das Volumen der Hochseetransporte in der Welt nimmt rasch zu: 1968 näherte es sich bereits zwei Milliarden Tonnen. Diese enorme Leistung wird von etwa 46000 Schiffen mit insgesamt mehr als 190 Millionen Registertonnen bewältigt. Unter Berücksichtigung der Bevölkerungszunahme, des Wachstums der Weltproduktion von Industrie und Landwirtschaft sowie der Ausweitung des Handels zwischen den Ländern ist zu erwarten, daß sich das Volumen der internationalen Hochseetransporte im Jahr 1980 auf etwa 3 bis 3,5 Milliarden Tonnen belaufen wird.«
Es gibt, wie gesagt, keine Anzeichen, daß die Sowjetunion ihre langfristigen Planungen wegen mehr oder minder kurzfristiger Störungen im Weltwirtschaftsgefüge ändert – die UdSSR, die 1946 an 23. Stelle der Weltrangliste der seefahrttreibenden Länder und 1960 an 11. Stelle lag (mit 3,8 Millionen BRT besaß sie damals drei Prozent Anteil an der Welthandelsflotte), schob sich bis heute mit 19,3 Millionen BRT (gut sechs Prozent Anteil an der Welthandelsflotte) auf den 6. Platz vor. Bis 1980 sollen jährlich Schiffe mit einer Tragfähigkeit von etwa einer Million Tonnen Tragfähigkeit, insgesamt 4,6 Mio. tdw, hinzukommen. Darunter befinden sich als technisch bemerkenswerteste Fahrzeuge

Zwei Ro-Ro-Containerschiffe vom Typ »Skulptor Konenkov« lieferte Polen bereits an die UdSSR, drei weitere Schiffe dieses Typs sollen folgen. Sie werden auf der Nordatlantik-Route eingesetzt.

36000-tdw-Lash-Carrier mit jeweils 26 Leichtern, die zwischen 1978 und 1979 von der finnischen Valmet-Werft geliefert werden sollen. Die finnische Hollming Oy. erhielt den Auftrag zum Bau von drei 5500-tdw-Schwergutschiffen mit Heckrampen, die eine Last von 700 Tonnen aufnehmen können. Die Ladeluken werden für Decksladungen von mehr als acht Meter Höhe ausgelegt. Die Schiffe können sich selbst um 2,5 Meter absenken, um Spezialbargen einzuschwimmen. Sobald die Ladung gelöscht ist, heben sich die Schiffe mit Hilfe eines eigenen Pumpensystems wieder bis auf den Normaltiefgang aus dem Wasser. Der Laderaum hat klare Abmessungen von 90x13,6 Meter – hier findet sperrige Ladung ohne Schwierigkeiten Platz.

Aus Polen werden drei weitere Ro-Ro-Containerschiffe des *Skulptor*-Typs erwartet, außerdem u.a. für 1978/79 drei OBO-Carrier von je 116000 tdw.

In Nikolaev entsteht zur Zeit der Prototyp eines Ro-Ro-Containerschiffes von 35000 t Tragfähigkeit. Das Schiff erhält eine Antriebsleistung von 2x25000 PS. In seinen vier Decks können bis zu 2000 Kraftwagen oder mehr als 1000 Container vom 20-Fuß-Typ gestaut werden.

An kleineren Schiffen sollen aus Finnland zwölf Frachter von je 2600 tdw und zehn von 1850 tdw kommen.

Die DDR ist hinreichend mit russischen Aufträgen eingedeckt – außerhalb des RGW-Blocks hat die Sowjetunion Aufträge geringeren Umfangs plaziert – hier zeigen sich insbesondere jene Werften enttäuscht, die angesichts der weltweit nachlassenden Ordertätigkeit auf Aufträge aus der UdSSR gehofft hatten.

Frankreich hat 1977 zwei Fahrgastschiffe zu liefern – eines für den Donau-/Schwarzmeer-Einsatz, eines für die Verwendung im Nordmeer; die Kopenhagener Werft Burmeister & Wain zwei ihrer neuentwickelten flexiblen Mehrzweckfrachter vom Typ *Hamlet-Multiflex* (12800 tdw, mit Winkelrampe und Containereinrichtung), die Breda-Werft in Mestre bei Venedig von Mitte 1978 bis Mitte 1979 drei Flüssiggastanker von jeweils 75000 Kubikmeter.

Am Rande sei erwähnt, daß in Finnland eine halbtauchende Bohrinsel in Auftrag gegeben wurde. Da die Sowjetunion in vielen Bereichen über eine leistungsfähige Zulieferindustrie für den Schiffbau verfügt, erfolgen die Neubauten vielfach unter Hinzunahme sowjetischer Ausrüstung.

Das Bremer Institut für Seeverkehrswirtschaft nannte für den Ausbau der UdSSR-Handelsflotte in der »Statistik der Schiffahrt« folgende Daten:

Insgesamt soll die Trockenladungs-Transportkapazität von 9,636 Mio. tdw (Ende 1975) während des laufenden Fünf-Jahr-Planes bis 1980 auf 10,712 Mio. tdw ausgebaut werden, ein Zuwachs von 1,076 Mio. tdw oder 11,2 Prozent. Während der Tonnageumfang der konventionellen Stückgutfrachter im Laufe dieses Fünfjahres-Abschnittes von 6,484 Mio. tdw (67,3 Prozent der gesamten Trockengütertonnage) auf 6,219 Mio. tdw (58,1 Prozent) reduziert werden soll, wird sich der Anteil der modernen Spezialschiffe mehr als verdoppeln. So soll die Containertonnage von zur Zeit 0,068 Mio. tdw (0,8 Prozent) auf 0,198 Mio. tdw (1,8 Prozent) erweitert werden, die Frachtschiffstonnage für rollende Ladung von 0,089 Mio. tdw (1,0 Prozent) auf 0,289 Mio. tdw (2,7 Prozent). An Lash-Carriern, über welche die sowjetische Handelsflotte bislang nicht verfügt, soll eine Tonnage von 0,078 Mio. tdw (Anteil an der Trockentonnage 1980: 0,7 Prozent) in Fahrt kommen.

Erheblich erweitert wird auch die Tonnage der Massengutschiffe: von 0,974 Mio. tdw (10,1 Prozent) um 0,643 Mio. tdw auf 1,617 Mio. tdw, womit ihr Anteil an der Gesamttonnage dann 15,1 Prozent betragen wird. Die schon heute beachtliche Tonnage an Holztransportern von 1,832 Mio. tdw (19 Prozent) soll im Laufe des Fünf-Jahr-Planes auf 2,075 Mio. tdw (19,4 Prozent) ausgebaut werden.

Aus der Gliederung nach Größenklassen ergibt sich, daß die Tonnage der Schiffe über 50000 tdw bei dem Flottenausbau am meisten profitieren wird. Von gegenwärtig 0,510 Mio. tdw (9,3 Prozent) soll sie, ausschließlich durch Trockenfrachter, auf 2,319 Mio. tdw (30,0 Prozent) gebracht werden.

Der Tonnagezuwachs der traditionellen Schiffahrts- und Industrieländer ist prozentual derzeit erheblich geringer – eine Tatsache, die die Russen in Verhandlungen nicht sehr beeindrucken kann, da sich hier die Anpassung an den völlig zusammengebrochenen Tankermarkt, die Befürchtung um ein Zuviel an Bulker-Tonnage und auch der erreichte Sättigungsgrad der konventionellen Stückgutfahrt spiegelt.

Nach den von der amerikanischen Lykes Lines erworbenen Plänen gab die UdSSR in Finnland zwei Lash-Carrier in Auftrag. Sowjetische Fachzeitschriften sprechen von der Verschiffungsmethode »Dunaj-More« (Donau-Meer), was bedeutet, daß diese Leichter-Mutterschiffe den Donau-Raum mit dem Mississippi-Delta verbinden sollen. 26 Leichter von je 1070 Tonnen Tragfähigkeit können in die Carrier eingeschwommen und mit Hilfe der im Heck eingebauten Liftanlage für die Ozeanüberquerung an ihren Standort im Schiff gebracht werden.

Die Sowjetunion setzt ihre Tonnage über 16 Seereedereien ein. Sie sind regional zusammengefaßt – der Süden mit sieben, der Nord-Westen mit sechs und der Ferne Osten mit drei Reedereien. Parallel dazu bestehen fünf Frachtdirektionen, die für Europa, Nahost und Afrika, Südostasien, Fernost sowie Amerika zuständig sind. Die Schiffsbewegungen in See und in den Häfen, die Hafenanlagen, Reparaturen, Lagerhaltung, Ausrüstung, Besetzung, Charterfragen und die Statistik werden von den einzelnen Regionaldirektionen gesteuert und kontrolliert.
Es werden zur Zeit, z.T. mit den RGW-Partnern, z.T. mit Reedereien der Dritten Welt, rund 140 Liniendienste geboten (1970 waren es erst 93).
Die Ausweitung der Tätigkeit der sowjetischen seegehenden Handelsflotte führte seit 1967, beginnend mit Frankreich, zum Abschluß mehrerer zweiseitiger zwischenstaatlicher Schiffahrtsabkommen. Dabei war für die westlichen Staaten der 1976 zwischen den USA und der UdSSR für die Dauer von sechs Jahren abgeschlossene Schiffahrtsvertrag, der ein im Dezember 1975 ausgelaufenes Dreijahresabkommen fortsetzt, inhaltlich wohl die größte Überraschung. In dieser Absprache wird u.a. der Transport von etwa 20 Mio. t Getreide geregelt, die die Sowjetunion in den USA erwarb und die wenigstens zu einem Drittel in US-Schiffen transportiert werden sollen, was Beschäftigung für etwa drei Dutzend aufgelegte amerikanische Tanker bedeutete. Dabei gelang es den Amerikanern, von den Russen die Zustimmung zu einer Getreiderate von mindestens 16 Dollar per Tonne zu erhalten, während diese ursprünglich von der marktkonformen Rate von 9 Dollar per Tonne ausgegangen waren.
Im gleichen Jahr wurde die russische Baltatlantic Line Mitglied der Nordatlantik-Konferenz – davon blieben die Verschiffungen, die in dem vorerwähnten amerikanisch-russischen Schiffahrtsabkommen festgelegt waren, ausgenommen.
Schweden erreichte Ende 1976 gleichfalls eine bemerkenswerte Konzession der Russen. Bei schwedisch-russischen Schiffahrtsverhandlungen wurde vereinbart, daß schwedische Schiffe einen größeren Anteil als bisher der in der Fahrt UdSSR–Schweden anfallenden Fracht befördern können (bis dahin wurden unter schwedischer Flagge nur etwa fünf Prozent der Ladungen abgefahren, unter sowjetischer mehr als 80 Prozent).
Diese jüngsten Entwicklungen haben an der Kritik der sowjetischen Schiffahrtspolitik durch Sprecher großer westeuropäischer Linienreedereien nichts geändert. Karl-Heinz Sager (Hapag-Lloyd), Präsident der Vereinigung der europäischen Reederverbände; F. B. Bolton, Präsident des General Council of British Shipping; Direktor Kristian von Sydow vom Vorstand der schwedischen Broström-Gruppe und W. R. Russel, Ende 1975 ausgeschiedener Vorsitzender der CENSA (Council of European and Japanese National Shipowners Association) waren es, die neben vielen anderen, scharf Stellung bezogen und, falls in kommerziellen Verhandlungen keine Einigung erzielt werden könnte, die Unterstützung staatlicher Stellen gegen die Schiffahrtspolitik der UdSSR verlangten.

In einem Bericht in der Zeitschrift »Vodnij Transport« nahm der Minister der Handelsschiffahrt der UdSSR, T.B. Grushenko, zu den Vorwürfen Stellung. Der Tenor seines Kommentars: Die Beziehungen der Sowjetunion haben sich zu zahlreichen Staaten in Schiffahrtsfragen positiv entwickelt, die Geschäftsbeziehungen sich vertieft. Die gegenseitige Anerkennung und die Respektierung wechselseitiger Interessensphären hat einen beständigen Charakter angenommen.
Wertmäßig hat der Außenhandelsumsatz der UdSSR 1974 die Grenze von 40 Milliarden Rubel überschritten. Davon bewältigte die sowjetische Tonnage etwas mehr als die Hälfte der im Außenhandel über See anfallenden Gütermenge.
Daraus sei ersichtlich, daß die sowjetische Handelsflotte weit davon entfernt ist, den gesamten Seegüterverkehr des Landes allein zu bewältigen – ein Ziel, das auch nicht verfolgt würde.
Grushenko verwahrte sich gegen den Vorwurf, zwischen dem Außenhandelsvolumen der UdSSR und seiner Handelsschiffstonnage gäbe es ein krasses Mißverhältnis.
Es hatte z.B. Kristian von Sydow vom schwedischen Broström-Konzern ausgeführt, daß der Ostblockanteil an der Linienschiffstonnage der Welt 12,2 Prozent betrage, der COMECON-Anteil an den Trockenfrachtladungen aber von 8,1 Prozent im Jahr 1965 auf 6,8 Prozent im Jahr 1973 zurückgegangen sei.
Dieser Vorwurf trifft nach Minister Grushenko aber vielmehr auf die industriell entwickelten kapitalistischen Staaten einzeln und im ganzen zu. Er verwies auf die dominierende Stellung einer Tonnage im internationalen Seegüterverkehr, die nur einer kleinen Zahl von Staaten gehört. Die Handelsschiffstonnage der kapitalistischen Industrienationen übersteige die Bedürfnisse des eigenen wie des internationalen Verkehrs, erklärte er. Und es seien die Reeder dieser kapitalistischen Staaten, die ihre Schiffe in der Beförderung fremder Güter einsetzen, um so zu millionenfachen Devisenbeträgen zu kommen.
Minister Grushenko verwies auf das Jahr 1974, als 85 Prozent des Weltauftragsbestandes von eben diesen kapitalistischen Reedern bestellt worden waren, allein die Aufträge für Containerschiffe stiegen in diesem Jahr um etwa zehn Prozent. Dagegen habe sich das Neubauvolumen der sozialistischen Länder in den letzten drei bis vier Jahren nicht erhöht, anteilig sei es sogar um drei Prozent zurückgegangen.
Zu dem Vorwurf, westliche Reedereien erhalten keine sowjetische Ladung – Kristian von Sydow hatte ausgeführt, die Sowjetunion kontrolliere ihren Ein- und Ausfuhrhandel 100prozentig – die UdSSR kaufe auf f.o.b.-Basis ein und verkaufe auf c.i.f.-Basis – und lasse alle sowjetische Ladung durch ein eigenes Buchungszentren laufen, nannte Grushenko einige Zahlen. Mit mehreren Entwicklungsländern hätte die UdSSR ein Verschiffungsabkommen auf der Basis 50:50 getroffen.
1974 hätten 16 000 Schiffe aus 52 Ländern Häfen der UdSSR angelaufen. Täglich haben 40 Schiffe in den sowjetischen Häfen geladen oder gelöscht – sie be-

förderten mehr als 43 Prozent aller Außenhandelsgüter der UdSSR, im Export der Stück- und Massengüter sogar über die Hälfte.
Im Außenhandel mit der Bundesrepublik Deutschland, so schrieb er, wären 40 Prozent der Güter auf ausländischen Schiffen befördert worden, im Handel mit Frankreich 47 Prozent, im Handel mit dem U.K. 52 Prozent, im Handel mit Kanada über 60 Prozent, im Handel mit den USA gar 80 Prozent. Und er verwies auf die Tatsache, daß die USA, die westeuropäischen Länder und Japan zu jenem Zeitpunkt 71 Prozent des Weltbestandes an Stückgutschiffen, 98 Prozent an Containertonnage und die vorhandene Lash-Tonnage hundertprozentig ihr Eigentum nannten. Demgegenüber hätten die RGW-Flotten nur zwölf Prozent der Stückgutladungen und nur 0,8 Prozent der Containerladungen transportieren können.
Der Minister betonte den kurzen Zeitraum, seitdem die sowjetischen Schiffahrtsgesellschaften sich überhaupt erst in die weltweite Linienfahrt einschalteten – die dabei von ihnen abgefahrenen Ladungen basierten grundsätzlich auf dem nationalen Außenhandelsvolumen. Die Anteile sowjetischer Schiffe an der Ladungsbeförderung ausländischer Befrachter hielten sowohl nach der Menge wie nach den erzielten Frachtaufkommen keinerlei Vergleich mit den Ergebnissen ausländischer Flotten im allgemeinen und den Gesamteinnahmen der Linienreedereien der kapitalistischen Staaten im besonderen aus.
Zu dem vielfach erhobenen Vorwurf, die Seeleute der sowjetischen Handelsschiffahrt würden bedeutend niedriger entlohnt, die Schiffe brauchten keine Abschreibungen zu verdienen, würden vom Staat versichert und erhielten billiges sowjetisches Bunkeröl, erklärte Grushenko, daß bei der Berücksichtigung der im Westen nicht üblichen, in der Sowjetunion aber gezahlten Sozialleistungen aus staatlichen Fonds sich eine unter dem Strich nicht niedrigere Bezahlung der Seeleute ergäbe.
Der Minister betonte bestimmte Vorzüge der sowjetischen Schiffahrtsgesellschaften, die wegen der Stabilität der sozialistischen Gesellschaft jene Krisenerscheinungen nicht kennen, die Bestandteil der kapitalistischen Welt seien. Das ermöglicht nach seinen Worten den planvollen Aufbau einer wettbewerbsfähigen Handelsflotte. Sie ist, so wird sowjetischerseits argumentiert, die jüngste der Welt, etwa drei Viertel der Bruttotonnage sind weniger als zehn Jahre alt (in der Welthandelsflotte liegt der Anteil derartiger Schiffe bei etwa 60 Prozent), der überwiegende Teil der sowjetischen Handelsschiffe läuft zwischen 14 und 19 Knoten.
Die Teilnahme der sowjetischen Schiffahrtsunternehmen und der Reedereien anderer sozialistischer Länder am internationalen Güteraustausch über See störe die Beförderungssysteme nicht, sagte Grushenko, sie trage vielmehr zu einer Stabilisierung bei. Die Zusammenarbeit aller sei der einzig richtige Weg.
Karl-Heinz Sager, stellvertretender Sprecher der Hapag-Lloyd AG, erklärte im Dezember 1975 auf einer Konferenz der CENSA, es wäre eine Verdrehung der Tatsachen, wenn russischerseits behauptet würde, 50 Prozent des sowjetischen Seehandels würde von Schiffen unter Flaggen westlicher Länder befördert. Zwar sei es richtig, daß von westlichen Reedereien beträchtliche Getreidemengen in die Sowjetunion gefahren würden, in der Linienfahrt aber würden 95,5 Prozent der Ladungen von der UdSSR-Flotte transportiert.
Zeigte sich hier, daß beide Seiten – auch bei der Nennung konkreter Zahlen – aneinander vorbeireden können, so macht ein anderes Beispiel deutlich, wie schwierig es offensichtlich ist, überhaupt erst zu zutreffenden Zahlen zu gelangen.
Während Karl-Heinz Sager nämlich bei der gleichen Gelegenheit feststellte, die RGW-Reedereien unterbieten die Konferenzraten »gegenwärtig« (d.h. Ende 1975 – d. Verf.) um 10 bis 30 Prozent und »gelegentlich um 50 Prozent«, nannte Kapt. z. S. Wiese, Referent im Bundesministerium für Verteidigung, der seinen Sitz im Bundesverkehrsministerium in Hamburg hat, in einer Veröffentlichung in der Zeitschrift »Marineforum« ein Raten-»Dumping« des Ostblocks von 15 bis 60 Prozent.
Nun ist der Begriff »Dumping« juristisch enger gefaßt, als er in Pauschalerklärungen zumeist verwendet wird. Und in konkreten Verhandlungen dürfte der Nachweis schwierig sein, von bestimmten Preisquotierungen als von »Dumping-Preisen« zu sprechen.
In einer vom Verband Deutscher Reeder in Auftrag gegebenen Untersuchung über »Die Wirtschaftspolitik der sozialistischen Staaten – Maritimer Wettbewerb im Spannungsfeld der Wirtschaftsordnungen« kommt Dr. Hans Böhme vom Institut für Weltwirtschaft an der Universität Kiel (1976) denn auch zu dem Schluß, »die abgeleitete Ratenbildung läßt keinen generellen Rückschluß darauf zu, daß die Unterbietung der Konferenzraten ein ›Dumping‹ im theoretisch definierbaren Sinn darstellt.«
Und er stellt weiter fest: »Aussagefähige Ertragskostenvergleiche zwischen den Reedereien der RGW-Länder und den Schiffahrtsunternehmen in marktwirtschaftlichen Ländern sind im Hinblick auf diesen komplizierten, nach wirtschaftspolitischen Zweckmäßigkeitsaspekten gesteuerten Verrechnungsmechanismus grundsätzlich nicht möglich.«
An anderer Stelle seiner Untersuchung schreibt Böhme: »Dabei müßte wegen der Nichtvergleichbarkeit der Grundlagen der Wirtschaftsrechnung eine ökonomische Begründung im eigentlichen Sinn z.B. mit Hilfe von Kostenvergleichen weitgehend ausscheiden.«
Im Juli 1976 kam es zu einem Gespräch zwischen westeuropäischer Linienreedereien und sowjetischen Schiffahrtsvertretern. Vom Westen wurde vorgeschlagen, die sowjetischen Reedereien möchten um Mitgliedschaft in den Konferenzen nachsuchen. Sie könnten im Tausch gegen niedrigere Frachtanteile höhere Raten als bisher von ihnen quotiert erwarten. Sie müßten aber auch anerkennen, daß es auf einigen Routen keinen Bedarf für zusätzliche Tonnage gäbe.

Die sowjetischen Reedereivertreter erklärten, sie hätten im Prinzip nichts gegen Konferenzmitgliedschaften, müßten sich aber das Recht vorbehalten, niedri-

gere Raten zu berechnen, wo sie mit unzureichender Tonnage operieren.
Weitere Verhandlungen wurden in Aussicht gestellt. Dabei vertraten die Russen mit Nachdruck den Standpunkt, solche Gespräche wären auf kommerzieller Ebene zu führen. Die Drohung der westlichen Reedereien, bei Nichteinigung die jeweiligen Regierungen einzuschalten, beantwortete die Sowjetunion inzwischen mit dem Hinweis, dann wäre das Problem vor die entsprechenden UNO-Gremien zu bringen (wo die Sowjetunion nicht allein den Vorstellungen westlicher Linienreedereien gegenüberstände, sondern zweifellos hoffen darf, gegebenenfalls Schützenhilfe von zahlreichen »newcomers« der internationalen Schiffahrtszene zu erhalten).
Die Reeder der westlichen Länder finden für ihre Argumentation in ihren Heimatstaaten nicht nur Unterstützung. Die Industrie ist naturgemäß Nutznießer niedriger Frachten – im Ex- wie im Import. Und für die Hafenverwaltungen sind einlaufende und Ladung umschlagende Schiffe geldbringende Kunden. Denn gleichgültig, wieviel Ladung in einem Hafen umgeschlagen wird – je mehr Schiffe kommen, um sich an dem Ladungskuchen zu beteiligen, desto mehr verdienen Hafenverwaltungen, Agenturen, Schiffsausrüster und Reparaturwerften. Rund 300 RGW-Schiffe laufen monatlich die Häfen der Bundesrepublik – vorzugsweise Hamburg und Bremen – an. Was Wunder, daß die Häfen Hamburg und Bremen sich scharf dagegen aussprachen, etwa – wie vorgeschlagen – die Häfen für Ostblock- oder auch nur sowjetische Schiffe zu sperren. In Hamburg zum Beispiel wurde im Oktober 1976 der neue »Ro-Lo«-Terminal 82/83 mit dem ausdrücklichen Bemerken in Betrieb genommen, er sei maßgeschneidert für die entsprechenden Spezialschiffe der Baltic Shipping Company, Leningrad. Und es war der sowjetische Generalkonsul Koptelzev eingeladen worden, um die Anlage offiziell ihrer Bestimmung zu übergeben. Die Länder-Verkehrsminister der Bundesrepublik Deutschland sprachen sich denn auch im Juni 1977 gegen dirigistische Maßnahmen gegen UdSSR-Frachter aus. Ihr Argument: die Auseinandersetzung mit der sowjetischen Seeschiffahrt müße im größeren gesamtwirtschaftlichen Rahmen gesehen werden.

Das von der Sowjetunion vielfach verwendete Argument, ihre Schiffahrt unterläge normalen Geschäftsbedingungen, wurde u. a. von Arthur Novacek, Chairman der MORAM (Morflot America Shipping Inc.) aufgegriffen. Der US-Marineoffizier des Koreakrieges, später Präsident des Containerization Instituts of America und Vizepräsident der Seatrain Lines, sagte im Februar 1977 auf einem Treffen des World Trade Club in Seattle: »Falls ich nicht wüßte, daß die sowjetische Verwaltung der für den Pazifikdienst zuständigen Fesco-Lines in Vladivostok säße, ich würde sagen, ihr Gewinnstreben ist ebenso gut ausgeprägt wie das ihrer Kollegen in der westlichen kapitalistischen Gesellschaft.«
Andererseits bringen amerikanische Firmen ihre Bedenken zum Ausdruck, die UdSSR versichere ihre Schiffsladungen völlig selbständig und lasse ausländischen Versicherern keine Chance.
Der Verband Deutscher Reeder brachte jedenfalls Ende April 1977 seine Sorge über die sowjetrussischen Schiffahrtsaktivitäten zum Ausdruck. Für den Herbst 1977 werden kärende Gespräche zwischen Bundesverkehrsminister Gscheidle und sowjetischen Schiffahrtsdienststellen erwartet.

Zu den bemerkenswerten Neubau-Aufträgen der UdSSR zählen die drei bei der finnischen Hollming Oy bestellten 5500-tdw-Ro-Flow-Schwergutfrachter. Zwei 350-t-Portalkräne sind über das Achterschiff verfahrbar, sie können großdimensionierte Fabrikausrüstungen bis zu 700 t Gewicht bewegen. Die Heckrampe erlaubt auch da An- und Vonbordrollen schwerer, sperriger Güter. Zur Aufnahme schwimmender Ladungen lassen sich die Neubauten vom Typ »Stakhanov Kotov« soweit absenken, daß das Hauptdeck 2,6 Meter unter der Wasseroberfläche liegt. Schwere Lasten werden dann eingeschwommen, danach wird der Frachter gelenzt. Die Hauptdaten der Schiffe: 139,5/121 m Länge, 20,2 m Breite, Seitenhöhe bis Ober-Hauptdeck 12,6/6,4 m, Tiefgang 6,2 m. Die Räume fassen 10000 kbm Stückgut, mit zwei 3200-PS-Maschinen laufen die Frachter 14,3 Knoten.

Die Binnenschiffahrt

Ein anderer Zweig der Schiffahrt, den die Sowjetunion wie selbstverständlich als ihr eigen betrachtet, den westeuropäische Reeder aber zum Teil neidvoll beobachten, ist der See-Binnenverkehr, um genau zu sein: Die direkten Schiffslinien vom United Kingdom, dem Kontinent und Skandinavien via Wolga und Kaspische See bis zum Iran. Insbesondere, seitdem die ölproduzierenden Länder zu Großeinkäufern westlicher Industrieprodukte wurden, entwickeln sich die sowjetischen »Wolgaschiffer« zu Schiffahrtsunternehmen, die immer größere Ladungsmengen aus Westeuropa über die Ostsee und das Binnenwasserstraßennetz der UdSSR nach dem Norden des Irans und Teheran verschiffen. Westeuropäische Reedereien sind von der Benutzung des sowjetischen Fluß- und Kanalsystems ausgeschlossen.

Das Binnenwasserstraßennetz der UdSSR ist das größte der Welt. Von 2,5 Millionen Kilometer Flüsse und Kanäle sind theoretisch etwa 500000 Kilometer schiffbar, wenn auch erst rund 115000 Kilometer befahren werden.

Auf den weiteren Ausbau des Binnenwasserstraßennetzes richtet die UdSSR besondere Aufmerksamkeit. Durch die Vollendung mehrerer Stauanlagen soll die Wolga auf ihrer gesamten Länge eine Fahrwassertiefe von 4 Meter erhalten, der Dnepr unterhalb Kiews eine solche von 3,65 Meter. Auch der Don soll auf eine gleichmäßige Wassertiefe gebracht werden. Zahlreiche sibirische Flüsse werden vertieft und verbreitert. Dabei gilt das besondere Augenmerk den kleinen Flüssen und Nebenflüssen, die es auf eine schiffbare Gesamtlänge von 55000 Kilometer bringen. Sie stellen in Sibirien oft die einzigen, vor allem aber die billigsten Transportwege dar, die deshalb vielfach auch für den Personenverkehr genutzt werden.

Im Winter ist ein Großteil der Flüsse vereist. Im Mittel beträgt die Navigationsperiode auf den Flüssen der UdSSR 180 bis 190 Tage im Jahr, dabei schwankt sie je nach geographischen und klimatischen Gegebenheiten zwischen 140 bis 300 Tagen und mehr. Auf den für eisverstärkte Seeschiffe bedeutenden Flüssen Sibiriens und des Fernen Ostens (Indigirka, Jenissei, Kolyma, Lena und Ob) macht die schiffbare Zeit höchstens sechs Monate aus, auf den weiter südlich gelegenen Flüssen Amu-Darja, Kuban und Kura dagegen neun bis zehn Monate. So verteilen sich die Binnenschiffahrtsaktivitäten ungleichmäßig auf die Monate und Quartale eines Jahres.

Holz- und Öltransporte dominieren. Dabei nimmt, analog zu der Entwicklung in den skandinavischen Ländern, die Flößerei ständig ab. Die Flöße auf der Wolga bestehen aus acht Sektionen von 280 Meter Länge und 30 Meter Breite, die in zwei Viererreihen zusammengefaßt sind. Da jede Sektion ein Volumen von rd. 5000 m³ hat, besteht jedes Floß aus 40000 m³ Holz. Ein 800-PS-Schlepper zieht ein derartiges Floß mit zirka 6 km/h. Dagegen trägt ein 1000-PS-Schiff 3800 m³ und läuft 17 km/h. Zeitgewinne, trockenes Holz und frühzeitiges »Paketieren« stellen die Vorteile dieser Transportart dar. Es läuft etwa ein Drittel aller binnenländischen Holztransporte über das Fluß- und Kanalnetz.

Tankschiffe bewältigen etwa ein Fünftel aller binnenländischen Öl- und Ölprodukte-Transporte. Dabei scheinen die Tanker auf der Wolga z.T. »verkehrtherum« zu fahren: Denn von der aus den Feldern um Khasan und Kuibyshev kommenden Erdölleitung »Freundschaft« wird Öl jetzt wolgaabwärts nach Baku transportiert. Dort sinkt die Ölförderung, aber die Verarbeitungskapazitäten sind dort vorhanden.

Die während der Fahrt auf die Tankböden absinkenden schweren Bestandteile beläßt man für die Rückreise als Ballast in den Behältern. Erst nach mehreren Fahrten erfolgt die Tankreinigung – eine arbeit- und zeitsparende Methode.

Der sowjetischen Binnenschiffsflotte wird erhebliche Aufmerksamkeit gewidmet. Der Serienbau wird großgeschrieben. Schon zu Beginn der 60er Jahre entfielen etwa 80 Prozent der Selbstfahrer und 90 Prozent der Schleppflotte auf Serienbauten. Ende 1960 waren rund 69,3 Prozent der Selbstfahrer mit Dieselantrieb ausgerüstet. Im Verlauf des Sieben-Jahr-Planes sollte die Tragfähigkeit der Selbstfahrerflotte etwa um das Dreifache erhöht werden. Im Vordergrund stand der Bau von 2000 bis 5000 Tonnen tragenden Schiffen. Bei dem Neubau von nicht selbstfahrenden Einheiten wurde der Schubschiffahrt der Vorzug gegeben. Die PS-Leistung der damals gebauten Schubschiffe lag zwischen 800 und 1350 PS. Kleinere Schubschiffe entstanden für den Lokalverkehr sowie für die Fahrt auf kleinen und engen Flüssen. Allein für die kleinen Wasserstraßen wurden während des 9. Fünf-Jahr-Planes (1971–1975) 930 Schiffe, darunter 70 Motorgüterschiffe, 498 Schubleichter und 375 Schubboote gebaut.

Für die Passagierschiffahrt auf den Flüssen kommen Tragflächenboote des *Sputnik-*, *Raketa-* und *Meteor*-Typs in großen Stückzahlen zum Einsatz. Sie bringen es auf Fahrgastkapazitäten von bis zu 300 Personen und Geschwindigkeiten zwischen 70 und 80 km/h.

Mit Erfolg wurden seit 1961 von der Schiffswerft in Gorki auch Katamaran-Schiffe für das sowjetische Binnenwasserstraßennetz entwickelt. Der Typ *KT 619* vermag 600 t Container an Deck zu stauen, mit zwei Dieselmotoren von je 540 PS erreicht das Schiff eine Geschwindigkeit von 24,5 km/h. Auf Grund günstiger Betriebsergebnisse wurde daraus der Frachtkatamaran *Gebrüder Ignatow* entwickelt, der auf der Wolga Verwendung findet, 1000 Tonnen trägt und mit 900 PS 27,5 km/h läuft. Die Hauptdaten dieses Fahrzeugtyps lauten: Länge über alles 97,05 m, Breite über alles 26,03 m, Seitenhöhe 4,40 m, Breite eines Rumpfes 6,02 m, Tiefgang (beladen) 2,96 m. Für die Decksladung stehen 1000 Quadratmeter Fläche zur Verfügung.

Katamaran-Schub- und Schleppboote finden sich gleichfalls auf den sowjetischen Binnenwasserstraßen – ihre gegenüber Einrumpfschiffen höheren Schlepp- bzw. Schubleistungen werden in etwa

allerdings durch die höheren Baukosten wieder aufgehoben.
Für die Passagierschiffahrt, für die die breite Decksfläche eines Katamarans reizvoll ist, wurden Doppelrumpfschiffe mit Platz für 340 und 1000 Fahrgäste gebaut.
Die relativ breiten Katamaran-Fahrzeuge lassen sich auf westeuropäischen Flüssen und Kanälen naturgemäß kaum einsetzen – ein Blick auf die großen, manchmal sturmgepeitschten Stauseen in der Sowjetunion (wo das vergrößerte Stabilitätsmoment der Katamarane erst richtig zum Tragen kommt) und die Breite der Ströme, bei denen von dem einen Ufer aus oft das andere nicht zu erkennen ist, machen das verständlich. Trotzdem darf nicht verkannt werden, daß auch die breitesten Flüsse der UdSSR sehr oft nur verhältnismäßig schmale Fahrwasserrinnen besitzen.
Durch die zahlreichen Dammbauten und Stauseen ist die Strömung in der 3594 Kilometer langen Wolga z.B. gering – stromauf- und stromabwärts vermögen die Flußschiffe vielfach gleiche Geschwindigkeiten zu fahren.
In dem 1976 angelaufenen 10. Fünf-Jahr-Plan wird die Sowjetunion für die Binnenschiffahrt bis 1980 Investitionen in Höhe von 2,5 Milliarden Rubel (1 Rubel = 3,25 DM) tätigen. Daraus soll die Binnenschiffsflotte vor allem große Motorgüterschiffe, Tankschiffe und Schubeinheiten erhalten.
Besonders ausgeprägt ist das Interesse an Schubverbänden mit 18000 bis 24000 Tonnen Tragfähigkeit, angestrebt werden aber auch Schubverbände mit 36000 Tonnen Tragfähigkeit, für die Schubboote mit 3000 PS Leistung vorgesehen sind. Für die östlichen Stromgebiete wird Schubeinheiten mit 12000 bis 18000 Tonnen Tragfähigkeit der Vorzug gegeben – das entspricht etwa den Schubeinheiten, wie sie heute auch auf dem Rhein angetroffen werden.
Für Wasserstraßen mit engen Kurvenradien sind Gelenkverbände geplant. Daneben wird die Entwicklung von Spezialfrachtern, z.B. für Zementtransporte (die Stadt Wolsk, zwischen dem Saratower und dem Wolgograder Stausee an der Wolga gelegen, ist eines der bedeutendsten Zentren der sowjetischen Zementindustrie) und für Ro-Ro-Ladungen angestrebt.
Die sowjetische Binnenflotte vollbrachte folgende Leistungssteigerungen: Von 15,9 Milliarden Tonnenkilometern im Jahr 1928 auf 36,1 Milliarden tkm im Jahr 1939, dann wiederum von 18,8 Milliarden tkm im Jahr 1945 über 99,6 Milliarden tkm im Jahr 1960 und 174 Milliarden tkm im Jahr 1970 auf 221,7 Milliarden tkm im Jahr 1975. Die beförderte Gütermenge betrug 1970 knapp 376 Millionen Tonnen, 1975 wurden 475,7 Millionen Tonnen befördert.
Die Verringerung der Transportweiten von 870 Kilometern im Jahr 1928 auf 466 km im Jahr 1975 zeigt, wie stark der Vorortgüterverkehr auf den Binnenwasserstraßen angestiegen ist.
Das sowjetische Binnenwasserstraßennetz ist für westeuropäische Reedereien vielfach unerreichbar und aus den geschilderten Gründen weitgehend uninteressant. Trotzdem wird die Entwicklung der sowjetischen Binnenschiffahrt mit Interesse und vielerorts mit Besorgnis verfolgt. Wenn Mitte der 80er Jahre, wie von vielen Seiten angestrebt, der Rhein-Main-Donau-Kanal fertiggestellt ist, steht den sowjetischen Binnenschiffen theoretisch der Weg vom Binnenwasserstraßennetz der UdSSR über das Schwarze Meer und die Donau bis zu den Rheinmündungshäfen offen, ohne daß westeuropäischen Binnenschiffen der Weg über das sowjetische Fluß- und Kanalnetz freigegeben ist. Die rechtlichen Gründe der sowjetischen Juristen: Der Rhein-Main-Donau-Kanal verbinde zwei »internationale Meere« miteinander – die Nordsee mit dem Schwarzen Meer. Dagegen handele es sich, so die sowjetischen Juristen, bei dem sowjetischen Kanalsystem um ein binnenländisches Kanalnetz.
Für die westeuropäischen Seereedereien sind allerdings der legendäre »Volgo-Balt-Kanal« und der »Weißmeer-Ostsee-Kanal« noch interessanter, weil ihre Öffnung für westeuropäische Reedereien eine Beteiligung an jenen Ladungen bedeuten würde, die heute allein den in Mengen in Westeuropa auftauchenden See-Flußfrachtern der Typen *Baltijskij, Volgo-Balt, Volgo-Don, Ladoga* usw. vorbehalten sind.
1964 wurde jene Binnenwasserstraße wieder in Betrieb genommen, die einst als »Mariinskaya Sistema« bekannt war. Sie verbindet Leningrad mit der oberen Wolga und stellt die Voraussetzung für die Schiffahrt von der Ostsee bis zum Kaspischen Meer dar. Der Name der Reederei, die diesen Dienst betreibt, lautet denn auch »Caspian Volgo-Balt Line«. Der Kanal heißt offiziell »W.-I.-Lenin-Volgo Balt-Kanal«.
Bis zur Freigabe des neuen Kanalbettes machte es die »Große Wolga-Kaskade«, ein System von Staudämmen und Kraftwerkanlagen, unmöglich, die Wasserstraße in ihrer gesamten Länge mit dem Schiff zu befahren. Umladungen in Eisenbahnwaggons waren unumgänglich. Zudem war das uralte Schleusensystem bestenfalls von 700-t-Leichtern zu befahren – 26 Schleusen mit ihren aus Holz gefertigten Schleusentoren machten die Verschiffung unrentabel.
Heute ist der »Volgo-Balt« 360 Kilometer lang, in ihm liegen sieben moderne Schleusen, fünf Dämme, drei Drehbrücken und fünf Stauseen.
Die garantierte Wassertiefe von 3,65 Meter am Tage der Eröffnung wurde bis 1969 auf vier Meter gebracht, die Fahrwasserbreite von ursprünglich 40 bis 1970 auf 80 Meter, Zweischiffigkeit auf der gesamten Länge gewährleistend. Bis 1974 wurde eine Kanalbreite von 150 Meter erreicht. Statt der 2000-t-Schiffe, die den Kanal in den ersten Jahren nach seiner Eröffnung passieren konnten, sind es heute 5000-t-Frachter. Zugleich erfolgten technische Verbesserungen im Verkehrsablauf. Die Pannenzahl sank von 808 Fällen im Jahr 1964 auf 76 im Jahr 1973. Mit verschiedenen technischen Hilfsmitteln wird angestrebt, der Vereisung des Fahrwassers wie der Schleusen Herr zu werden. Dazu gehört auch die Ausstattung der den Kanal passierenden Schiffe mit einem speziellen »Eispflug«, der an das Vorschiff montiert wird und das Eis aus der Fahrrinne auf das massive Eis an der Eiskante wirft.
Derzeit wird der 227 Kilometer lange »Belomorsk-Balt-Kanal«, der das Weiße Meer mit der Ostsee verbindet,

Sowjetische Tragflächenboote – im Bild der Typ »Kometa« – sind heute in der ganzen Welt anzutreffen.

grundüberholt. Diese Wasserstraße war eines der wichtigsten Bauvorhaben des ersten sowjetischen Fünf-Jahr-Planes (1929–1932). Innerhalb von zwei Jahren wurde der Kanal gebaut – da Zement und Metall zu jener Zeit knapp waren, entstand er unter größtmöglicher Verwendung von Holz, das der Zeit Tribut leisten mußte. Jetzt werden die hölzernen Schleusenkammern mit Stahlbeton verkleidet, Schleusentore und -verschlüsse werden ausgewechselt.
Eine andere für Fluß-See-Schiffe wichtige Wasserstraße ist der »Moskva-Kanal« (128 Kilometer lang). Er wurde 1937 in Betrieb genommen und macht Moskau zu einer »Seestadt«, die aus fünf Meeren anzusteuern ist. In ihm liegen elf Schleusen.
In den Nachkriegsjahren wurden Arbeiten zur Rekonstruktion des Wolga-Schiffahrtsweges eingeleitet, es entstand der schon zu Zeiten Peter I. geplante, 101 Kilometer lange Wolga-Don-Kanal. Er verbindet die Wolga mit dem Zimljansker Stausee, der vom Don gebildet wird, und damit das Kaspische, das Asowsche und das Schwarze Meer mit der Ostsee.
An allen diesen Wasserstraßen liegen kleinere und größere Häfen Die zahlreichen Passagier-»Bahnhöfe« sind mit Wartesälen, Läden und Kiosken versehen.
Der technischen Ausstattung der Hafenanlagen wird große Aufmerksamkeit gewidmet. Schon 1965 sollen etwa 80 Prozent aller Umschlagsarbeiten mechanisiert gewesen sein.

Meeresforschung

Die Sowjetunion hat der Erforschung der Meere von Anfang an erhebliche Bedeutung zuerkannt. Ihre Bemühungen um wissenschaftliche Erkenntnisse konzentrierten sich zunächst überwiegend auf den Bereich des Nördlichen Eismeeres – verständlich, hier galt es, die Voraussetzungen für die verkehrsmäßige Erschließung Sibiriens zu schaffen. Später war es insbesondere die Fischereiforschung, der eine Fülle von Aufgaben zufiel, ging es doch nun darum, den rationellen Einsatz der größten Fischereiflotte der Welt zunächst vorzubereiten und später zu gewährleisten.
Der Wunsch, mehr Erkenntnisse über die Rohstoffresourcen im Meer zu gewinnen, für die Raumfahrt Kontroll- und Steuermechanismen weltweit einsetzen zu können, zu zuverlässigeren Wetterprognosen zu gelangen, und schließlich auch der Wunsch der

Der Antennenwald der »Musson« verrät jedem Außenstehenden: Hier handelt es sich um ein Forschungsschiff. Die Sowjet-Union unterhält heute wohl die größte Flotte derartiger Spezialfahrzeuge.

Militärs, die Weiten der Meere taktisch und strategisch zu nutzen, hat in vielen Ländern zum vermehrten Bau von Forschungsschiffen geführt – die USA und die UdSSR führen auf diesem Gebiet aber mit weitem Abstand. Von der Typenvielfalt und der Größe der Schiffe her ist es wohl nicht falsch, die Flotte der Forschungsschiffe der UdSSR als die größte der Welt zu bezeichnen. Wobei, wie selbstverständlich, auch einem sowjetischen Forschungsschiff das Attribut zusteht, das größte der Welt zu sein: *Akademik Sergej Korolew* (17114 BRT).

Es fällt auf, daß viele Forschungsschiffe der UdSSR aus Umbauten oder Abwandlungen von Handels- oder Fischfabrikschiffen entstanden (ganz im Gegensatz zur Bundesrepublik etwa, wo es sich bei großen wie bei kleinen Forschungsschiffen um spezielle Entwürfe handelt). Das entspricht der Neigung der Russen, Fahrzeuge universell zu nutzen. Es erscheint aber auch sinnvoll angesichts der Tatsache, daß über die Lebensdauer eines Forschungsschiffes die Forschungsaufgaben sich völlig wandeln können – eine zu starke Spezialisierung schon deshalb nicht wünschenswert ist, weil nach relativ kurzer Lebensdauer das Schiff für ganz andersartige Aufgaben als ursprünglich vorgesehen zu verwenden sein muß.

So beschränken sich die heutigen Forschungsaufgaben nicht mehr auf die Ozeane »an sich«, sie haben vielmehr Erkenntnisse über die Grenzschicht zwischen Land und Wasser, über Vorgänge auf und unter dem Meeresboden, in der Atmosphäre und Stratosphäre über den Meeren, sowie im Weltraum zu liefern. Forschungsschiffe verfolgen heute den Lauf von Satelliten, sie messen Radiowellen, sie sind die weit vorgeschobenen Beobachtungsposten stationärer, landfester Forschungsinstitute.

Weil für die einzelnen Aufgaben die Ausrüstung der Schiffe wechseln kann, weil im Aussehen verschiedenartige Meßgeräte und Radarschirme ein-, Krangeschirre aus- und Hubschrauber-Landedecks aufgebaut werden können, ist bei den in diesem Buch wiedergegebenen Zeichnungen darauf verzichtet worden, die installierten Geräte in aller Deutlichkeit wiederzugeben. Hier kommt es auf die Schiffe, nicht auf die wechselnden Bordanlagen an. Schon die riesigen »Kugeln« der *Kosmonaut Vladimir Komarov* können irreführen. Sie sind keine stabilen Gebilde, sondern aufklappbare Schutzhüllen für die empfindlichen Radarantennen.

Unter den Forschungsschiffen der UdSSR, die alle der Akademie der Wissenschaften der UdSSR unterstehen, nehmen die passagierschiffähnlichen Typen *Akademik Kurchatov* und *Abkhazija* eine gewisse Sonderstellung ein: Sie entstanden in größeren Serien, ähnlich wie der in Polen gebaute Typ *Musson.*

In den Zeichnungen nicht aufgeführt, weil es geradezu paradox wäre, ist das Forschungs-U-Boot *Severjanka,* ein ehemaliges Flotten-U-Boot, das getaucht den Geheimnissen der Fischwanderung auf die Spur kommen soll; wozu gläserne Beobachtungsfenster in den Rumpf eingesetzt sind.

Bemerkenswert ist das MS *Izumrud,* aus einer sowjetischen Passagierschiffserie stammend, das der Materialerprobung dient, während der auch an anderer Stelle erwähnte hölzerne Dreimastgaffelschoner *Zarja,* zu finnischen Reparationsleistungen gehörend (333 BRT), zu einem amagnetischen Forschungsschiff hergerichtet wurde.

Zu den »großen« Forschungsschiffen kommt eine Vielzahl kleiner und kleinster Fahrzeuge, Forschungs-U-Boote, teilweise antriebslos, ausgelegt für verschiedene Drücke. Vier derartige Boote der Sowjetunion sollen bis zu 11000 Meter Tiefe vordringen können.

Aus einem Heckfabriktrawler entstand das Forschungs-U-Boots-Mutterschiff »Odyssej«. Die seitlich verfahrbaren Außenhaut-Partien des Mutterschiffes geben einen großen Laderaum frei. Ein seitlich ausfahrbarer Kran vermag das U-Boot auszusetzen und aufzunehmen.

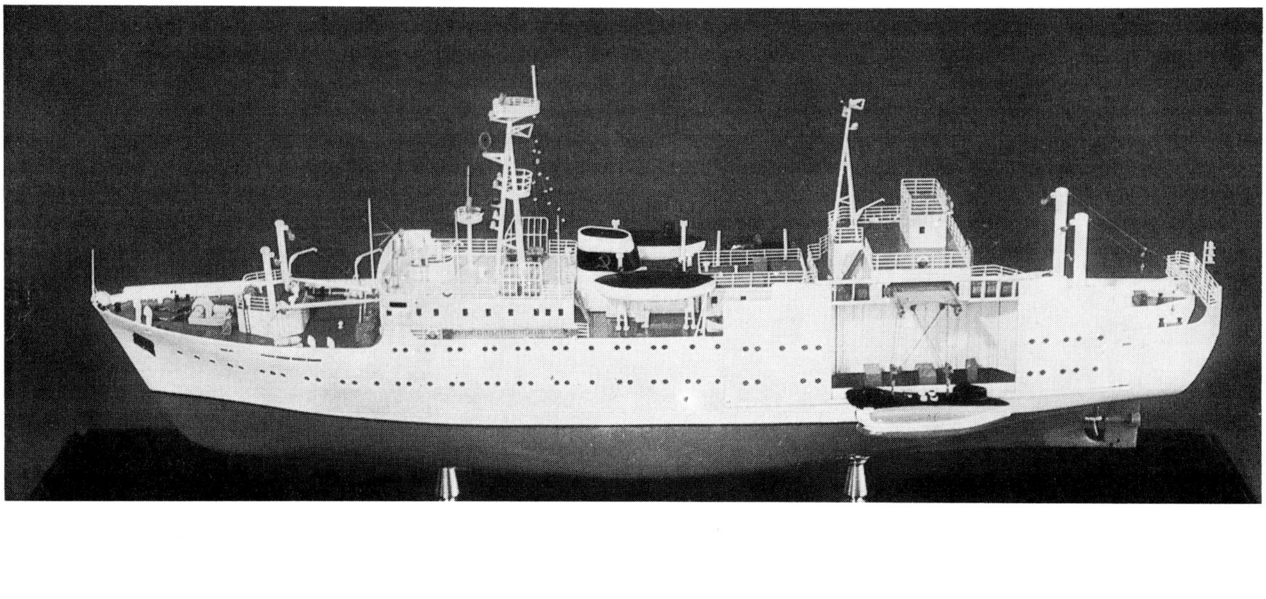

Ende der 30er Jahre baute die Sowjet-Union eine Reihe kohlegefeuerter 10000-PS-Eisbrecher, die erst nach Politikern (z. B. »Josif Stalin«) und später nach um die Eismeerfahrt verdienten Männern benannt wurden. Als der dänische Schiffsmakler Poul Christensen (Nakskov) die »Admiral Makarov« zum Abbruch erwarb, machte er sich den Spaß, den nicht mehr mit eigener Kraft fahrenden Schrott-Aspiranten in »Poul« umzubenennen.

Der Kampf mit dem Eis

Im März des Jahres 1977 gelang es dem sowjetischen Atomeisbrecher *Arktika,* der über eine Maschinenleistung von 75000 PS verfügt, erstmalig in der Geschichte der arktischen Schiffahrt, so früh im Jahr Frachtern einen Weg von Murmansk bis zur Jama-Halbinsel durch die Eisbarrieren der Kara-See zu bahnen. Über 1500 Seemeilen weit hielt der Eisbrecher eine Geschwindigkeit von 13 Knoten durch – drei bis vier Meter dickes Packeis überwindend. Ein alter Traum der Russen wird wahr.

Im 18. und 19. Jahrhundert hatten Expeditionen bereits versucht, Seewege nördlich Sibiriens von Murmansk über Kap Tscheljuskin, durch die Laptew-See und die Beringstraße nach Kamtschatka und Wladiwostok zu finden. Lenin hat, kaum daß der Sowjetstaat ein halbes Jahr alt war, am 2. Juli 1918 eine Verordnung des Rates der Volkskommissare unterschrieben, wonach zur Ausrüstung einer »Expedition zur Erforschung des Nördlichen Eismeeres« eine Million Rubel (in Gold) bewilligt wurde.

Die Revolutionswirren haben den Start dieser Expedition vereitelt – aber schon 1920 brachte ein Konvoi sowjetischer Schiffe Rohstoffe und Getreide aus Sibirien nach Murmansk – als »Erste Karische« ist diese Reise in die sowjetische Schiffahrtsgeschichte eingegangen.

Seit 1921 wurden an den Mündungen sibirischer Flüsse Hafenplätze angelegt, 1932 wurde die »Hauptverwaltung des Nördlichen Seeweges« gegründet, im selben Jahr gelang es dem Eisbrecher *Sibirjakow* zum ersten Mal den Nördlichen Seeweg in einer Schiffahrtsperiode zu durchfahren.

Die Probleme, mit denen die arktische Schiffahrt zu tun hat, sind folgende: Über die Nordküste des europäischen Teils der Sowjetunion ziehen die eiskalten, oft stürmischen Winde aus dem Norden; Südwinde, die im Sommer heiß und trocken, im Winter aber sehr kalt sind; vom Nordatlantik her kommen feucht-milde, häufig böenartige Winde. Sie alle haben Sturn, hohen Seegang, Kälte, Eis und Nebel im Gefolge.

Während Murmansk für die Schiffahrt ganzjährig offengehalten werden kann, breitet sich in der östlichen Barents-See sechs Monate lang Polareis aus. Schon im Oktober beginnt die Neueisbildung, im März/April findet sie ihren Höhepunkt. Im Küstenbereich östlich der Jugor-Straße steigt die Temperatur praktisch nie über zehn Grad Celsius an. Zwar reißt unter solchen Umständen im Sommer die Eisdecke auf, die Winde aber schieben das Eis in bestimmten Meeresgebieten zusammen und zwingen selbst während der Sommermonate zum Einsatz von Eisbrechern in stets wechselnden Gebieten.

Im nördlichen Sibirien liegt ein Kältepol mit einem Januar-Mittel von unter −50°C – er bewirkt von der Mündung der Chatanga bis zu der der Kolyma noch im Januar Durchschnittstemperaturen von unter −35°C, weiter nach Osten »steigt« das Januar-Mittel auf −20°C. Unter diesen Umständen treten Treib- und Festeis in den nördlichen Seegebieten von Dezember bis Mai, in der Gegend der Kurilen von Januar bis April auf, Wladiwostok ist nur mit Eisbrecherhilfe ganzjährig offenzuhalten.

Mit welchen Schwierigkeiten die Seeleute der Arktisflotte zu tun haben, machte ein Vortrag von Kapitän Kirill Tchoubakow, Verwaltungschef der Morflot, deutlich, den er im Winter 1974 in Göteborg hielt. Er führte

u. a. aus: Die Schiffahrtsaison dauert in den sibirischen Gewässern üblicherweise 120 Tage – von Anfang Juli bis Ende Oktober. In den ersten Julitagen beginnen die Eisbrecher gewöhnlich, den Mündungsbereich des Jenissei aufzubrechen – in dieser Zeit gerät auch das Eis in den relativ flachen Gebieten um Novaja Semlja in Bewegung.
Ende Oktober ist es dann wieder so kalt, daß die Schiffahrt zum Erliegen kommt, selbst, wenn ihr die stärksten Eisbrecher zur Verfügung stehen. Einzelreisen von Schiffen sind während des Winters selbst unter Assistenz nur eines Eisbrechers unmöglich – bestenfalls ein Konvoi von Eisbrechern ist imstande, mit der Dicke des Eises fertig zu werden.
Kapitän Tchoubakow beschrieb die Reise der beiden Konvois von je drei Frachtern, die Murmansk unter Begleitung von drei der stärksten sowjetischen Eisbrecher am 7. Januar 1973 verließen.
Sie trafen sehr bald auf massives Eis, die Temperaturen lagen schnell um minus 50° Celsius. Die Schiffe waren zeitweise heftigen Eispressungen in dem sich vorwärtsschiebenden Eis ausgesetzt. Junges Wintereis ist außergewöhnlich stark und sehr gefährlich. Hinzu kommen polare Stürme, die den Eisdruck noch verstärken.
Um die Situation zu schildern, zitierte Kapitän Tchoubakow aus dem Logbuch des 5000-t-Frachters *Palanga,* der mit einer vollen Erzladung 6,8 Meter tief abgeladen war: »0220 Moskauer Zeit. Dickes Eis. Schwerer Eisdruck. Unmöglich, ohne Eisbrecherhilfe Fahrt voraus zu machen. 0320 Trosse des Eisbrechers *Murmansk* fest. 0410 Rumpf wird erschüttert, Eisdruck wird schwerer. Schiff muß schwere Stöße hinnehmen. Abgesprengte Eisblöcke fallen an Deck. Maschine arbeitet abwechselnd voraus und zurück. 0500 Eisbrecher holt Trosse ein und beginnt, das Eis um unser Schiff aufzubrechen. 0550 Sehr schwerer Eisdruck. Eis türmt sich hoch neben dem Schiff auf, Eisbrocken fallen von dort auf das Schiff. Gesamte Besatzung bemüht, das sich überall an Aufbauten, Masten und Ladebäumen bildende Eis abzuschlagen. Die feste Eisschicht, die das gesamte Schiff überzieht, ist zur Zeit 400 mm dick. 1050 Arbeit im Maschinenraum wegen der vom Eis entwickelten Geräusche unmöglich. 2102 Atomeisbrecher *Lenin* erscheint. 2135 Eisbrecher *Murmansk* sitzt im Eis fest, *Lenin* beginnt das Eis um die *Murmansk* herum aufzubrechen, beide Schiffe kommen uns dann zur Hilfe.«
Um das Gesagte noch zu unterstreichen, wies Kapitän Tchoubakow darauf hin, daß bei Temperaturen um minus 50 bis 55 Grad Stahl und andere Materialien so empfindlich werden, daß z. B. ein Spanner bricht, wenn er an Deck fällt.
Der Polarschnee dringt überall durch die Ventilatoren in das Schiff ein. Es gibt keinen Raum, der dagegen abzudichten ist. Südliche Winde bringen schwere Kälte mit sich, der Nordwest bringt höhere Temperaturen, aber auch Schneefälle, die zu den schwersten der Welt zählen. Es kann über sieben bis zehn Tage hintereinander ununterbrochen schneien, dabei herrschen zumeist Windstärken um 7.
Unter diesen Umständen besteht nach den Worten des sowjetischen Fachmannes kaum eine Chance, die arktische Schiffahrtssaison nennenswert zu verlängern. Die Risiken für Besatzungen und Schiffe sind einfach zu groß. Davon abgesehen, läßt sich eine solche Winterfahrt auch kaum rentabel gestalten, von wenigen Ausnahmen vielleicht abgesehen.
Doch selbst unter normalen Umständen ist die Herbstnavigation zu sibirischen Flußhäfen mühsam. Das einjährige Treibeis, das in dieser Zeit in dieser Gegend überreichlich ist, wird insbesondere während der langen, dunklen Polarnächte den Schiffen gefährlich. Mit dem Glas ist das Eis nicht auszumachen, auf dem Radarschirm zeichnet es sich kaum ab und es kann im Kollisionsfall böse Folgen geben. Hier hilft nur eine ausgedehnte Luftaufklärung.
Von Diskussionsrednern gefragt, warum nur relativ kleine Frachter im Nördlichen Eismeer verkehren, gab Kapitän Tchoubakow zur Antwort, einige der zu passierenden Schiffahrtswege sind verhältnismäßig flach und erlauben Schiffen mit mehr als acht Meter Tiefgang keine Passage. Das schränkt die Größe der Eismeerfrachter in sibirischen Gewässern auf etwa 14 000 tdw ein.
Dieser feindlichen Natur steht die Tatsache gegenüber, daß Sibirien unendlich reich an Natur- und Bodenschätzen ist. So wird verständlich, daß die Sowjetunion bemüht ist, die Verkehrserschließung Sibiriens zu verbessern. Zahlreiche Eismeer-Expeditionen, Driften von zahlenmäßig starken Gruppen von Wissenschaftlern auf Eisschollen, Erkundungsflüge weit nach Norden schufen die Grundlagen. Auf dem 18. Parteitag der KPdSU im Jahre 1939 wurde beschlossen, bis zum Ende des 3. Fünf-Jahr-Planes den Nördlichen Seeweg in eine normal funktionierende Schiffahrtstraße zu verwandeln, die während der Sommermonate eine sichere Verbindung mit dem Fernen Osten gewährleistet. Der Krieg unterbrach die Bemühungen, zugleich aber forcierte er die Benutzung der sibirischen Schiffahrts-Umschlagplätze – Sibirien war zur Waffenschmiede der Sowjetunion geworden.
Nach dem Kriege wurden die Anstrengungen verstärkt fortgesetzt. Die Polarstationen und radiometeorologischen Zentren erhielten neue, technisch vervollkommnete Geräte, automatische Anlagen wurden üblich, die ihre Meßergebnisse laufend per Funk übermitteln.
Erhebliche Finanzmittel wurden für den Bau neuer Eisbrecher und Polarfrachter investiert.
Der Unterschied dieser beiden Schiffsgattungen geht bereits aus ihren Namen hervor: Der Eisbrecher – Admiral Makarov, der »Vater« der russischen Eisbrecherflotte, sagte vor der Jahrhundertwende einmal: »Die Eisbrecher sind unsere Faust im Kampf gegen das Eis« – ist ein Spezialschiff, das praktisch keine Ladung aufzunehmen vermag, dafür jede einzelne PS seiner Antriebsleistung für den Kampf gegen das Eis einsetzen kann. Früher war man sich nicht ganz klar darüber, wie das am besten geschehen könnte. Der Eisbrecher *Fedor Litke,* 1909 gebaut, hatte noch einen richtigen Clippersteven mit Bugspriet und versuchte, wie ein scharfes Messer das Eis aufzuschneiden. Eine Methode, die längst aufgegeben ist,

obwohl das Schiff noch bei Ausbruch des Zweiten Weltkrieges seinen Dienst versah.
Weitaus erfolgreicher ist die Methode, Eisbrechern einen Löffelbug und ihren Rümpfen die Form eines Eies zu geben.
Mit dem Bug schiebt sich der Eisbrecher auf das Eis, das dann unter seinem Gewicht zerbricht. Die Eiform des sehr breiten Rumpfes verhindert Eispressungen, denen früher die Schiffe mit senkrechten Seitenwänden erlagen, weil das Eis sich nun unter den Eisbrecher schieben und ihn förmlich emporheben kann (wofür Eisbrecher im freien Wasser miserable Seeschiffe sind). Die Breite der Eisbrecher schafft eine ausreichend weite Fahrwasserrinne für die folgenden, oft größeren Frachtschiffe.
Ermack und *Krassin,* weltberühmt gewordene Veteranen, 1898 und 1917 in England entstanden, waren typische Vertreter dieser neuen Art Eisbrecher – sie sind die berühmtesten Vorgänger der heute anzutreffenden, aber inzwischen viel leistungsstärkeren arktischen Eisbrecher.
Der Polarfrachter ist ein Frachtschiff, das eigens für die Verwendung in arktischen Meeresbereichen konstruiert wurde. Das heißt, er hat nicht nur die üblichen Eisverstärkungen, bei ihm sind auch die Aufbauten so gestaltet, daß die Besatzung nach Möglichkeit das freie Deck nicht betreten muß, die Ventilationsanlagen sind weitgehend »schneedicht« gehalten, Auftauvorrichtungen lassen sich im Falle gefährlicher Vereisung an Deck einsetzen.
Eines der ersten speziellen Polarschiffe war der 1937 in Leningrad gebaute Frachter *Dejnev,* 3578 BRT groß. Nach dem Zweiten Weltkrieg ließ die Sowjetunion drei je 8000 BRT große Polarfrachter in Holland bauen *(Enissei, Lena* und *Ob)* – nach dem Muster dieser Schiffe entstand auf sowjetischen Werften mittlerweile eine ganze Flotte derartiger Polarfrachter, die im Winter von Westeuropa aus einen Liniendienst nach Kanada versehen. Einzelne Schiffe fanden für sowjetische Antarktis-Expeditionen Verwendung.
Die ersten russischen Eisbrecher kamen von englischen Werften, in den 30er Jahren bauten sowjetische Werften mehr als ein halbes Dutzend kohlegefeuerter 10 000-PS-Eisbrecher, die inzwischen alle verschrottet wurden. Denn nunmehr entstanden neue, leistungsstärkere, mit weitaus größeren Aktionsradien versehene Eisbrechertypen. Sie stammen in erster Linie von finnischen Werften.
Die Sowjetunion setzte 1958 neue Maßstäbe im Eisbrecherbau: Sie brachte den Atomeisbrecher *Lenin* in Fahrt, der in der Lage ist, bis zu zwei Meter dickes Polareis im direkten Anlauf zu brechen. Ihm folgte 1974 der 75 000 PS entwickelnde Atomeisbrecher *Artika,* dem sich drei Jahre später das Schwesterschiff *Sibir* zugesellte. Während die großen diesel-elektrischen Eisbrecher bis zu 50 Tage lang in See bleiben können, ist der Atomeisbrecher *Lenin* 400 Tage lang von jeder landseitigen Versorgung unabhängig. Auf allen großen Eisbrechern helfen bordeigene Hubschrauber beim Erkennen der Eisverhältnisse. Technische Pannen, so sagen sowjetische Quellen, hat es auf diesen Kernenergieschiffen nie gegeben. Dänische Kontrollfahrzeuge, die den in Leningrad gebauten Schiffen während der Passage durch westliche Ostseegewässer folgten, konnten keinerlei Luftverschmutzung feststellen. Eine Serie kleinerer, 5400 PS starker Eisbrecher entstand auf sowjetischen Werften gewissermaßen »am Fließband«. Eines der Schiffe fährt als *Stephan Jantzen* unter der Flagge der DDR. Die Schiffe sind für Ostsee-Eisverhältnisse ausgelegt, aber auch in anderen Küstengewässern der UdSSR anzutreffen. Die *Afanasy Nikitin* aus dieser Serie wird nunmehr zu einem »Eisbrecher-Labor« umgebaut.
Der Verlängerung der Schiffahrtsperiode in den arktischen Gewässern – 1962 konnten die Schiffsverbindungen statt der bisher üblichen zweieinhalb schon fast fünf Monate im Jahr offengehalten werden – entspricht der verstärkte Bau von eismeergeeigneten Frachtern. So wurde die Nordmeer-Handelsflotte zwischen 1959 und 1965 um 50 Prozent vergrößert, von 1966 bis 1970 um weitere 60 Prozent. Die in Japan gebauten Tanker des *Lisichansk*-Typs (35 000 tdw) sind speziell für arktische Verwendung ausgelegt, aus Finnland stammt die Serie der Polartanker vom Typ *Samotlor.* Daß die meisten sowjetischen Frachterneubauten über die höchste Eisklasse verfügen, erscheint unter diesen Umständen geradezu selbstverständlich.

Die größten und mit 22 000 PS auch stärksten zur Zeit im Bau befindlichen Eisbrecher mit konventionellem Antrieb sind die von der Sowjet-Union bei der Wärtsilä Oy., Helsinki, bestellten Schwesterschiffe »Kapitan Nikolaev« und »Kapitan Sorokin«. Die beiden Neubauten gelten bei ihrer Maschinenstärke als ausgesprochen »flachgehende Schiffe«. Mit nur 8,5 Meter Tiefgang (vergleichbare andere Eisbrecher haben 10,5 Meter Tiefgang) können sie in landnahen sibirischen Küstengewässern operieren.

Schon das äußere Bild verrät, welche komplexe Technik auf den modernen sowjetischen Fischfabrikschiffen anzutreffen ist. Die »Natalia Kovshova« entstand mit zwei weiteren Schwesterschiffen in Frankreich.

Die Hochseefischerei der UdSSR

Die Sowjetunion verfügt über die größte Fischereiflotte der Welt. Aber sie hat nicht nur quantitativ gesehen die Spitzenposition inne, ihre Fangschiffe sind technisch von hohem, wenn nicht höchstem Standard. Und die Fangmethoden, längst auf den Einsatz im Flottenverband ausgerichtet, sind optimal (ob es die Ergebnisse auch sind, hängt von vielen und sehr verschiedenartigen Voraussetzungen ab).
Während die UdSSR, wie an anderer Stelle dieses Buches ausgeführt, bei den Frachtschiffen dem Vorgehen westlicher Schiffahrtsländer immer in einigem Abstand folgen muß, einfach weil sich in diesem Teil der Welt die Märkte ohne sonderlichen Einfluß sozialistischer Länder entwickeln, konnte die Sowjetunion auf dem Gebiet der weltweiten Fischerei eigenen Vorstellungen nachgehen. Mit nur relativ geringem Devisenaufwand wertvolle Eiweißstoffe aus den Weltmeeren zu holen, war der Sowjetunion gewaltige Investitionsmittel wert. Wissenschaftlich und technisch wurde die Aufgabe angepackt – die fischereibiologischen Erkenntnisse der UdSSR müssen enorm sein, die Methode des wissenschaftlich fundierten, rechnergesteuerten Einsatzes ganzer Flotten von Erkundungs-, Fang-, Verarbeitungs- und Versorgungsschiffen wurde perfektioniert.

Das lange in der Weltfischerei führende Japan wurde vom ersten Platz verdrängt, die Sowjetunion ist auf diesem Gebiet heute die Nummer eins in der Welt.
Der Weg war lang. Die Sowjetunion, die schon in den 20er Jahren zahlreiche Fischereifahrzeuge aus westeuropäischen Ländern erhielt, darunter auch von deutschen Werften, ließ sich ab 1955 bei den Kieler Howaldtswerken 24 der neu aufgekommenen Heckfabriktrawler des *Pushkin*-Typs bauen. Sie stimmen in ihren Abmessungen fast auf den Zentimeter genau mit dem ersten Neubau dieser Art, der englischen *Fairtry* überein, die 1953 in Fahrt gekommen war. Die Heckaufschleppe, heutzutage in der Fischerei nicht mehr wegzudenken, ist im Grunde nur ein Nebenprodukt der technischen Überlegung, die modernen Großtrawler mit eigenen Fischverarbeitungsanlagen zu versehen. Durch die mangelnde Haltbarkeit der gefangenen Fische bedingt, mußten die alten Fischdampfer 16 Tage nach ihrem ersten Fang die Fische anlanden – egal, wie voll oder leer die Fischbunker waren. Dieser Nachteil sollte durch eigene Fischverarbeitungs- und Gefrieranlagen aufgehoben werden. Erste Versuche, die in verschiedenen Ländern nach dem Ersten Weltkrieg angestellt wurden, führten nicht zu technisch und wirtschaftlich befriedigenden Ergebnissen. Erst das Versuchsschiff *Fairfree,* dem die *Fairtry* folgte, zeigte Lösungsmöglichkeiten auf. Da der Aufbau eines speziellen »Verarbeitungsdecks« es praktisch unmöglich macht, das Trawlnetz wie bislang über die Schiffsseite an Deck zu hieven, wies die Heckaufschleppe, die von Walkochereien bereits bekannt war, den Ausweg. Sie führte zur Schaffung des Vollfroster-Heckfabriktrawlers, der nunmehr viel länger als ein herkömmliches Fischereifahrzeug in See bleiben kann. Die Sowjetunion, deren chemische Industrie nach dem Zweiten Weltkrieg bei weitem nicht so entwickelt war wie die der westlichen Welt, die u.a. also einen nicht zu deckenden Bedarf an Kunstdünger hatte, setzte auf die unerschöpflich erscheinenden Fischbestände in den Weltmeeren, sowohl für die menschliche Ernährung wie für die Tierfuttergewinnung. In den ersten Nachkriegsjahren noch der größte Salzfischimporteur der Welt, wurden jetzt große Finanzmittel bereitgestellt, um die Fische selbst zu fangen. Man setzte sich sehr ehrgeizige Ziele und läßt in den Anstrengungen nicht nach: Der jährliche Pro-Kopf-Verbrauch an Fischen soll innerhalb von fünf Jahren von zuletzt 17 auf 20 bis 22 Kilogramm gesteigert werden; der Aufbau der Futtermittelindustrie verlangt gebieterisch mehr als die 1974 gelieferten 500000 t Fischmehl. Trotz der weltweit zu erwartenden Ausdehnung der nationalen Fischereigrenzen soll die sowjetische Speisefischerzeugung »in Kürze« um 30 bis 32% erhöht werden. Neben der Ausweitung von Fischfarmen soll auch die Entwicklung verbesserter Geräte, die Anwendung neuer Technologien, der Einsatz modernerer Schiffe und die Ausdehnung des Fanges auf weit über 1000 Meter Tiefe dazu beitragen.

Entwicklung der sowjetischen Fischereiflotte

Um derartigen Ansprüchen gerecht werden zu können, ließ und läßt die Sowjetunion große Serien von Fischereifahrzeugen bauen. Die Tabelle vermittelt davon einen Eindruck.

Fischereifahrzeuge der UdSSR

Typ	Zahl	Bauwerft	Bau-jahre	Lüa. m	Br. m	Tfg. m	PS	kn	BRT	tdw[1]
Heckfabriktrawler										
Gogol	24	Kieler Howaldtswerke	ab 1955	85,5	13,4	5,2	2400	12	2557	1230
Mayakovskij	ca. 240	div. UdSSR-Werften	ab 1958	84,7	14,0	5,5	2000	12	3170	1260
B-15	ca. 20	Stocznia Gdanska, Gdansk	ab 1961	84,7	13,8	5,4	2400	12,5		1300
Tropik	86	Volkswerft, Stralsund	ab 1961	79,8	13,2	4,9	1660	11,7	2435	850
B-26	ca. 55	Stocznia Gdanska, Gdansk	ab 1963	83,0	13,8	5,4	2000	12,5		1250
Atlantik (I, II, III)	ca. 200	Stralsund u. Wismar	ab 1966	82,2	13,6	5,0	2630	13	2657	1150
Skryplev	25	Burmeister & Wain, Kopenhagen	ab 1962	102,7	16,0	5,5	3520	14	4700	2570
Rembrandt	12	»De Schelde«, Vlissingen	ab 1965	105,5	16,5	5,5	3000	14	4700	2600
Super-Atlantik	Bau läuft	Volkswerft, Stralsund	ab 1973	102,0	15,2	5,2	4000	15		2016
Meridian	Bau läuft	Chernomorski-Werft, Nikolajev	ab 1975	103,1	16,0	5,8	6000	16	4000	1980
Horizont	Bau läuft	Okean-Werft, Nikolajev	ab 1975	112,8	17,3	6,5	7000	15	5500	3145
Sewer	Bau läuft	UdSSR-Werften	ab 1968	71,0	13,1	4,8	?	13,3	2025	?
Frischfischfänger										
Kaspi	ca. 20	Mathias-Thesen-Werft, Wismar	ab 1967	65,7	11,1	3,7	825	10,5	1110	1670
Barentsjeo More	Bau läuft	Baltische Werft, Klaipeda	ab 1973	59,0	13,0	4,9	2000	12,5	1503	600
Zubringertrawler										
Rybak	?	Peenewerft, Wolgast	ab 1968	54,1[2]	10,6	4,7	1750	13,5	991	

[1])tdw = Tragfähigkeit; [2])Länge zwischen den Loten

Die Fischereiflotte der UdSSR überschritt nach Angaben aus der Sowjetunion bereits 1968 zum ersten Mal die 6-Millionen-Tonnen-Grenze[2]. Am 1. Januar 1971 waren nach sowjetischen Quellen 194 dampf- und 2694 motorgetriebene »Fangfahrzeuge« vorhanden. Nach Lloyd's Register of Shipping besaß die UdSSR 1975 schon 3833 Fischereifahrzeuge mit 3 Mio. BRT und (1976) 547 Fabrikschiffe mit noch einmal rd. 3 Mio. BRT (was erheblich mehr ist, als die UdSSR selbst angibt (4,4 Mio. BRT), wobei davon ausgegangen werden kann, daß ausländische Stellen über den Abgang an veralteter Tonnage – wenn überhaupt – immer erst verspätet Informationen erhalten. Die Altschiffe lösen naturgemäß einen ständigen, großen Ersatzbedarf aus. Denn die auf allen Gebieten der sowjetischen Wirtschaft zu beobachtenden gesteigerten Bemühungen um höhere Effektivität sind auch in vielen Bereichen der Fischerei spürbar.

So ist der Automatisierungsgrad auf den sowjetischen Fischfabrikschiffen sehr hoch; in Neubaubeschreibungen kommen immer wieder Passagen vor, die die gegenüber Vorbauten erhöhten Leistungsparameter betonen. Es wird z.B. darauf hingewiesen, daß der relativ kleine Heckfänger-Typ *Barentsjeo-More* mit 59 Meter Länge über alles ein Fangdeck von 27 Metern besitzt, während die wesentlich größere, aber ältere *Mayakovskij*-Klasse bei 84,7 Meter Länge über alles nur ein Fangdeck von 19 Meter Länge aufweist. Bei dem hochmodernen *Horizont*-Typ wird auf die tägliche Verarbeitungskapazität von maximal 90 t und die Kühlraumkapazität von 2000 t hingewiesen, während der ältere *Altai*-Typ täglich nur 50 t verarbeitet und insgesamt 1500 t lagern kann. Und von den neuen *Meridian*-Trawlern, die die Schiffe des *Mayakovskij*-Typs ablösen sollen, heißt es, daß die Verarbeitungskapazität der Neubauten mit 60 t/Tag Gefrierfisch doppelt so hoch wie auf den Vorgängern sei, während die Tiefkühlkapazität der Neubauten bei 1500 t liege, bei den alten Schiffen aber nur bei 900 t.

Es wird ferner auf den hohen Grad der Mechanisierung und Automatisierung der Neubauten hingewiesen, wodurch die Mannschaften um 15 bis 20% reduziert werden können. Durch verbesserte Lagerkapazitäten für Vorräte, Frischwasser und Treibstoff ließ sich die maximale Seeausdauer der *Mayakovskij*-Schiffe von maximal 80 auf 170 Tage beim Typ *Meridian* erhöhen. Beim Trawldeck wurde nunmehr eine Länge von 43 Meter erreicht, beträchtlich mehr als die 19 Meter der älteren Schiffe.

In diesem Zusammenhang weisen sowjetische Fachzeitschriften auch auf andere technische Verbesserungen hin – das neue Dubl-Trawlsystem sieht den wechselweisen Einsatz von zwei Schleppnetzen vor, so daß beim Einholen und Wiederaussetzen der Netze keine Zeit mehr verlorengeht. Die Russen haben – nach eigenen Angaben mit Erfolg – einen katamaranförmigen Trawlertyp entwickelt; tatsächlich ist auch nach dem Bau der *Eksperiment 1* der Bau einer vergrößerten *Eksperiment 2* bekanntgeworden. Sowjetischerseits wird auf die Vorteile der extrem breiten Arbeitsdecks derartiger Schiffe hingewiesen. Meldungen über den Serienbau von katamaranartigen Fahr-

zeugen für Fischerei und Küstenschiffahrt auf einer Ostseewerft sind jedoch in sich so widersprüchlich, daß hierüber im Westen noch keine Klarheit gewonnen werden konnte.
Die Russen sind, neben den Japanern, führend im antarktischen Krillfang und setzen ein mit Beobachtungsfenstern versehenes, ehemaliges Flotten-U-Boot ein, um den Geheimnissen der Fischwanderungen auf die Spur zu kommen. Sie testen derzeit mit den Amerikanern gemeinsam die Möglichkeit, Fischschwärme in den Weiten der Meere durch Satelliten aufzuspüren.
Sie können sich bei einem solchen Kapitalaufwand sicher nicht den Betrieb abgewirtschafteter, veralteter Fischereifahrzeuge leisten. Da aber ihr Talent bekannt ist, Standardschiffe für die verschiedenartigsten Zwecke herzurichten, finden ausgediente Trawler noch vielfältige Verwendungszwecke.
Da gibt es ehemalige Trawler, die als »Fischfinder« in den Weiten der Weltmeere operieren, über umfangreiche Funkanlagen verfügen, um ganze Trawlerflotten herbeirufen zu können, und die eben wegen ihres Antennen-»Waldes« beim Anlaufen von Häfen in der westlichen Welt häufig als »spy-ships« bezeichnet werden. Die drei mit empfindlichster Elektronik ausgestatteten sowjetischen Fischerei-Forschungsschiffe *Akademik Knipovich, Alexandr Ivanovich Voeykov* und *Yu M. Shokalsky,* entstammen der *Mayakovskij*-Serie, ebenso das Tiefsee-Forschungs-U-Boot-Mutterschiff *Odyssej.* Schließlich gibt es ein namentlich bekanntes Dutzend Ortungsschiffe vom Typ *Zakarpatje,* die oft in der Nähe westlicher Flottenverbände anzutreffen sind und die gleichfalls einmal zu den *Mayakovskij*-Trawlern gehörten. Die Volkswerft Stralsund stellte aus der Serie der von ihr gebauten *Atlantik*-Trawler sieben als Forschungsschiffe fertig. Und das sowjetische Forschungsschiff *Moskovsky Universitet,* 1970 gebaut und mit 922 BRT vermessen, weist gleichfalls unverkennbare Trawlerlinien auf.

Fischen im Flottenverband

Die Sowjetunion ist das erste Land, das zur »Flotten-Fischerei« überging. Und sie ist bis heute auch das Land geblieben, das diese spezielle Form des geballten Einsatzes von Fischereifahrzeugen in einem so großen Umfang betreibt. Die Erklärung dafür liegt auf der Hand.
Die Flottenfischerei setzt nicht nur das Vorhandensein einer riesigen Zahl von Fahrzeugen voraus, sie bedingt auch einen derartigen Kapitaleinsatz, wie er in der herkömmlichen Unternehmensstruktur westlicher Fischerei-Unternehmen nahezu undenkbar ist. Zum Vergleich: Die Bundesrepublik als eines der in der Fernfischerei führenden Länder verfügt zur Zeit überhaupt nur über 32 Vollfroster, d. h. Fabriktrawler, die ihre gesamten Fänge auf See verarbeiten und tiefgefrieren. Hinzu kommen 39 Frischfischfänger; das sind Schiffe, die ihre Fänge auf Eis lagern, also 16 Tage nach dem ersten Hol (Fang) den Löschhafen erreicht haben müssen.
Wenn andererseits die sicher nicht als »reich« geltenden RWG-Länder Bulgarien, Cuba, DDR, Polen und Rumänien dem Beispiel der UdSSR folgten, so liegt das wohl eher daran, daß man a) dem Prinzip folgen und b) sich auf Kooperation innerhalb der RGW-Fangflotten stützen kann.
Die Sowjetunion ging Ende der 50er Jahre in großem Umfang dazu über, Fischereifahrzeuge gemeinsam mit »Fabrikschiffen« einzusetzen, die nicht nur die Fänge von kleineren Trawlern übernahmen und sie verarbeiteten, sondern die zugleich als schwimmende Versorgungsbasen, Betreuungsschiffe, schwimmende Kliniken u. dgl. für die mit ihnen zusammenarbeitenden Fangfahrzeuge dienen. (Schon vor dem 2. Weltkrieg war im Pazifik das Cannery-ship *Alma-Ata* eingesetzt, ein umgebauter Frachter, der aber nicht mit modernen Fabrikschiffen vergleichbar ist).
Während die ersten dieser Schiffe importiert wurden,

Polen lieferte der Sowjet-Union im Verlauf mehrerer Jahre eine Fülle technisch immer weiter entwickelter Fischfabriken. Die »Professor Baranov« gehört zu dem Typ »B-69«. Die Laderäume dieser Schiffe können auf -25° C heruntergekühlt werden.

werden die zur Zeit größten und wohl auch vielseitigsten und leistungsfähigsten Schiffe dieser Gattung in der Sowjetunion selbst gebaut. Um die Vielfalt und die Zahl dieser Schiffe übersichtlich darzustellen, werden in nachstehender Tabelle die unter Sowjetflagge fahrenden schwimmenden Fischfabriken aufgeführt.

Fabrikschiffe der UdSSR

Typ	Zahl	Bauwerft	Baujahre	Lüa. m	Br. m	Tfg. m	PS	kn	BRT	tdw[1]
Fabrikschiffe										
Lamut	4	Hitachi Zosen, Mukaishima	ab 1959	101,8[2]	15,8		3360	12,5	4950	4150
Natalia Kovshova	3	At. & Chant. de Nantes	ab 1965	128,8	19,0	7,0	7560	14	8425	4500
B-62	12	Stocznia Gdanska, Gdansk	ab 1958	155,1	20,0	8,2	5000	13	11540	9300
B-64/I	14	Stocznia Gdanska, Gdansk	ab 1964	165,5	21,3	8,1	6250	14	13638	10000
B-69	35	Stocznia Gdanska, Gdansk	ab 1966	164,0	21,3	8,1	7200	15,3	13600	10000
Rybazkaja Slava	8	Kieler Howaldtswerke, Kiel	ab 1965	166,5	24,0	7,3	5000	14	16390	10000
Spassk	8	Mitsubishi H. I., Yokohama	ab 1965	160,0[2]	24,0	6,7	5500	14	18000	10000
Pyatidesyatiletije SSR	5	Admiralteiskij-W., Leningrad	ab 1971	197,3	26,4	7,8	9000	14,5	29000	
Vladivostok	2	Kieler Howaldtswerke, Kiel	ab 1962	181,9	23,8	8,9	6250	14	17149	11500
Vostok	1	Admiralteiskij-W., Leningrad	1971	224,5	28,0	10	26000	19		
Thunfisch-Fabrikschiffe										
Leninsky Luch	5	Hitachi Zosen, Mukaishima	ab 1964	115,0	14,7	5,6	3450	14	5272	3005
Krabben-Fabrikschiffe										
Andrej Sacharow	15	Admiralteiskij-W., Leningrad	ab 1960	162,2	20,0	7,0	3800	12,7	12675	15300
Walkochereien										
Sovetskaja Rossija	2	Nosenko-Werft, Nikolajev	ab 1960	217,8	27,8	10,6	15000	16	32025	26700
Walfangboote/Walschlepper										
Bystrij	85	Nosenko-Werft, Nikolajev	ab 1956	63,6	9,5	4,4	3600	17	844	333
Uragan	?	Nosenko-Werft, Nikolajev	?	61,2	?	?	?	?		

[1]tdw = Tragfähigkeit; [2]Länge zwischen den Loten

Diese gewaltigen Flotten schwimmender Verarbeitungsanlagen arbeiten mit ganzen »Geschwadern« von Fangschiffen zusammen. Die Schiffe sind überwiegend in allen Seegebieten verwendbar, in Polargebieten ebenso wie in äquatorialen Gewässern. Die wachsende Ausstattung mit allen Arten von Verarbeitungsanlagen ermöglicht auf diesen Fabrikschiffen die immer vollständigere Verwertung der Fänge. Die jüngsten Fischmehl-Fabrikschiffe vom Typ *Pyatidesyatiletije SSR* zum Beispiel können täglich bis zu 750 t Fisch verarbeiten, die sich zu etwa 80% in Fischmehl verwandeln, während aus dem Rest Öle, Vitamin A, Leberpastete und Kaviar produziert werden.

Der an Bord benötigte Frischwasserbedarf wird durch eigene Anlagen gedeckt; zwei Entsalzungsanlagen liefern täglich 240 t Wasser. Die Besatzungsstärke – bei diesen Angaben wird kein Unterschied zwischen seemännischem Personal und Fabrik-»Arbeitern« gemacht – beträgt 486 Personen, sowohl Männer wie Frauen. Bei aller angestrebten Emanzipation hat sich aber nach vorliegenden Berichten aus dem Zusammenleben und -arbeiten beider Geschlechter unter Streßbedingungen wohl doch eine Fülle von Problemen ergeben. Häufig ist jedenfalls zu hören, dieses Zusammensein von Männern und Frauen auf einem Fabrikschiff »funktioniere« am besten unter Ehepaaren, die gemeinsam auf dem Schiff fahren.

Die Übergabe der Fänge an die Fabrikschiffe erfolgt auf verschiedene Weise. Teilweise werden die Fischladungen auf hoher See mit dem Ladegeschirr der Fabrikschiffe übernommen, wobei großdimensionierte Fender das Nebeneinanderliegen der Schiffe ermöglichen; zum Teil lassen die Fangboote gefüllte Netze einfach treiben, die dann von den Fabrikschiffen aufgenommen werden. Dabei werden, falls notwendig, die treibenden Netze mit kleinen Sendern oder Radarreflektoren versehen.

Die Fabrikschiffe können z.T. sehr lange auf Station bleiben, da die Russen ganze Flotten von Fischtransportern einsetzen, die ununterbrochen unterwegs sind, um die verarbeiteten Fänge abzuholen, wobei auf den Ausreisen Ausrüstung, Bunkeröl und neue Besatzungen mitgebracht werden. Teilweise werden auch Flugzeuge eingesetzt, um die Besatzungen wenigstens in die Nähe der Fischereiflotten zu bringen. Mit Hospitälern, Bibliotheken, Kinos und Konzerträumen bieten die großen Fabrikschiffe den Besatzungen der mit ihnen operierenden Fischereiflotten Erholungs- und Entspannungsmöglichkeiten.

Eine Zeitlang wurde davon ausgegangen, daß die Fangboote dank der wechselnden Besatzungen ununterbrochen auf See im Einsatz bleiben könnten, eine Theorie, die durch die Wirklichkeit widerlegt zu sein scheint. Es zeigte sich, daß doch allzuleicht die fälligen Pflege- und Wartungsarbeiten den »Nachfolgern« überlassen blieben, die diese »Pflichten« ihrer Vorgänger auch nicht übernahmen. Die Folge: Schiffe fielen aus und häufig waren lange Überholungszeiten in Werften notwendig. Dieses System ist wieder aufgegeben worden, obwohl zur sowjetischen Fischereiflotte eine große Zahl von Reparaturschiffen gehört. Auch die ständig in großer Zahl in See befindlichen Hochseeschlepper und Bergungsschiffe bieten vielfältige Möglichkeiten, Reparatur- und Wartungsarbeiten an Schiffen vorzunehmen, die deswegen nicht erst einen Hafen anlaufen müssen. Tanker sorgen für den Treibstoffnachschub.

Die Übersicht über die sowjetische Fischereiflotte wäre unvollständig, würden nicht auch die Walfangflotten erwähnt. Neben Japan ist die UdSSR heute die einzige Nation, die noch schwimmende Walkochereien einsetzt (Norwegen, Kanada, Argentinien, Chile, Südafrika u.a. unterhalten landseitige Verarbeitungsfabriken). Nachdem die nach dem Zweiten Weltkrieg aus deutschem Besitz übernommenen Walkochereien *Slava* ex *Wikinger* und *Jurij Dolgorukij* ex Passagierschiff *Hamburg* außer Dienst gestellt wurden und die uralte *Aleut* längst verschrottet ist, verfügt die UdSSR noch über die beiden etwa 15 Jahre alten Walkochereien *Sovetskaja Ukraina* und *Sovetskaja Rossija* – Schiffe, die pro Saison bis zu 4000 Wale verarbeiten können. Sie arbeiten mit Flotten dieselelektrischer Fangboote vom Typ *Bystrij* und sogenannten »Wal-Schleppern« zusammen. 1975, so wird geschätzt, setzte die Sowjetunion in der Antarktis und im Nordpazifik über 80 Schiffe und insgesamt 4280 Mann ein, um die ihr zugestandene Walquote auszuschöpfen. Die beiden in Kiel gebauten Fischfabrikschiffe *Vladivostok* und *Dalnij Vostok* lassen sich saisonal zwar auch zu Walkochereien herrichten, angesichts schrumpfender Walfangquoten dürfte das aber immer seltener geschehen. Vielleicht endet der Walfang für Russen und Japaner in absehbarer Zeit einfach damit, daß die bisher eingesetzten Schiffe »aufgebraucht« sind.

Von Heimathäfen unabhängig

Die vorstehende Schilderung hat deutlich gemacht, daß die Sowjetunion über eine Fischereiflotte verfügt, die rund 2000 hochseegängige Schiffe umfaßt. (Die UdSSR spricht selbst von fast 3000 Schiffen, zählt dabei aber die Fahrzeuge ab 100 BRT). Sie operieren weltweit und unabhängig von Landbasen. Ihr Einsatz erfolgt nichtsdestoweniger zentralgesteuert. Die aus allen Meeren eintreffenden Berichte von Forschungsschiffen, Aufklärungsflugzeugen und Satelliten sowie von den Fischereifahrzeugen selbst ermöglichen es, ganze Fischereiflotten sehr schnell hierhin und dorthin zu dirigieren. Dabei ist nicht erkennbar, daß diese Einsätze von den Heimathäfen abhängig wären. Das wäre auch angesichts der Unabhängigkeit solcher Fischereiflotten paradox.

Zwar ist Murmansk nach wie vor der größte Fischereihafen der Welt. Kaliningrad (Königsberg) ist zu einer einer bedeutenden Basis für die Fischereiflotten ausgebaut worden. In Tätigkeitsberichten wird auch nach wie vor vom »Nordbassin«, vom Ochotskischen Meer, vom Fernen Osten, von afrikanischen Gewässern, der Antarktis und dem Nordpazifik gesprochen. Aber die seegehenden Fischereifahrzeuge der UdSSR kennen keine geographischen Begrenzungen; sie sind überall und für alle Fischarten verwendbar. Sie tauchen – zum Leidwesen ihrer internationalen Konkurrenten – gleich Möwenschwärmen überall auf, wo sich lohnende Beute zeigt.

Dabei haben die Kommandozentralen u.a. folgende Aufgaben zu bedenken und zu bewältigen:
- Die operative Planung der Schiffseinsätze,
- die Zusammenstellung der Flottenverbände,
- die operative Führung von Schiffen und Besatzungen,
- die logistische Führung der Verbände,
- den weltweiten Fernmeldeverkehr,
- die gleichmäßige Auslastung der Verarbeitungsanlagen,
- das Verlangen des Marktes,
- die Instandhaltung der Schiffe und Fabrikanlagen,
- die gesamte Infrastruktur und
- die Wettervorhersagen und ozeanographischen Meldungen.

Unter den harten Bedingungen der weltweiten Fischerei ist die Fluktuation der an Bord eingesetzten Arbeitskräfte sehr groß; es wird von bis zu 60% Kündigungen nach Beendigung einer mehrmonatigen Fangreise gesprochen. Das gilt für die Fischereiarbeiter. Das seemännische Personal, insbesondere das in den Führungspositionen, wechselt natürlich in weit geringerem Maße. Es ist kennzeichnend für die Ausbildung des seemännischen Personals der Fischereiflotte, daß das Segelschulschiff *Kruzenshtern ex Padua* der Hamburger Reederei F. Laeisz (Baujahr 1926, 3064 BRT) dem Fischereiministerium untersteht.

Wie sich die Einführung der 200-Meilen-Wirtschaftszonen durch zahlreiche Länder (ohne daß die Internationale Seerechtskonvention darüber schon bindende Beschlüsse faßte) auf die Hochseefischerei der UdSSR und ihrer RGW-Partner auswirkt, bleibt abzuwarten. Vielfach wird es sicherlich in Verhandlungen und im Tausch gegen andere Leistungen, z.B. die Ergebnisse aus der Fischforschung, möglich sein, Fangrechte zu erhalten. Das »billige« Durchharken der Weltmeere ist auf jeden Fall vorbei. Wie hart das die RGW-Staaten trifft, wird deutlich, wenn der prozentuale Anteil der Fischfänge bedacht wird, der »fremden Gewässern« entnommen wird: Polen 72%, DDR 70%, Rumänien 63%, UdSSR 54%.

Die Sowjetunion fing nach Angaben der FAO 1973 über 8,6 Mio. t Fische, 1974 über 9,2 Mio. t, 1975 über 9,9 Mio. t und 1976 laut eigenen Statistiken 10,3 Mio. t.

Reederei-Adressen:

Sevzapflot
1/4, ul. Zhdanova,
Moscow, 103759, USSR.
Cable: Sevzapflot Moscow.
Telex: 7197.

Yuzhflot
1/4, ul. Zhdanova,
Moscow, 103759 USSR.
Cable: Yuzhflot Moscow.
Telex: 7500, 7599.

Dalflot
1/4 ul. Zhdanova,
Moscow, 103759, USSR.
Cable: Dalflot Moscow.
Telex: 7668, 7669.

V/O »Sovfracht«
32/34, Smolenskaya-Sennaya,
Moscow, 121200, USSR.
Cable: Sovfracht Moscow.
Telex: 7168, 7169, 7170, 7171, 7172, 7541, 7542.

V/O »Sovinflot«
1/4, ul. Zhdanova,
Moscow, 103759, USSR.
Cable: Sovinflot Moscow.
Telex: 7217, 7636.

Morpasflot
1/4, ul. Zhdanova,
Moscow, 103759, USSR.
Cable: Morpasflot Moscow.
Telex: 7/134.

Northern Shipping Company
1, ul. Engelsa,
Arkhangelsk, 163061, USSR.
Arkhangelsk.
Telex: 124.

Murmansk Shipping Company
15, ul. Kominterna,
Murmansk, 183636, USSR.
Cable: Morflot Murmansk.
Telex: 102.

Baltic Shipping Company
5, Mezhevoy Kanal,
Leningrad, 198035, USSR.
Cable: Morflot Leningrad.
Telex: 501, 502, 503.

Latvian Shipping Company
2, Boulvar Padomju,
Riga, USSR.
Cable: Morflot Riga.
Telex: 1119, 1170.

Esthonian Shipping Company
3/5 Boulvar Estonia,
Tallinn, USSR.
Cable: Morflot, Tallinn
Telex: 173123

Torgmortrans
Glavtorgmortrans.
3/8, ul.Kuibysheva.
Moscow, 103012, USSR

Lithuanian Shipping Company
3, ul. Malunininku,
Klaipeda, 235813, USSR.
Cable: Morflot Klaipeda.
Telex: 187.

Soviet Danube Shipping Company
2, pr. Suvorova,
Izmail, 272630, USSR.
Cable: Morflot Izmail.
Telex: 130, 169

Black Sea Shipping Company
1, ul. Lastochkina,
Odessa, 270026, USSR.
Cable: Morflot Odessa.
Telex: 143.

Novorossijsk Shipping Company
1, ul. Svobody,
Novorossijsk, 353900, USSR.
Cable: Morflot Novorossijsk.
Telex: 8216.

Georgian Shipping Company
60, ul. Gogebashvili.
Batumi, USSR.
Cable: Morflot Batumi.
Telex: 952.

Azov Shipping Company
89, pr. Lunina,
Zhdanov, 341010, USSR.
Cable: Morflot Zhdanov.
Telex: 254.

Caspian Shipping Company
5, ul. Djaparidze, Baku, USSR.
Cable: Morflot Baku.
Telex: 102.

Far-Eastern Shipping Company
15, ul. 25 Oktiabria,
Vladivostok, 690019, USSR.
Cable: Morflot Vladivostok.
Telex: 213135.

Primorsk Shipping Company
6, ul. Pogranichnaya,
Nakhodka, 692900, USSR.
Cable: Nefteflot Nakhodka.
Telex: PSC 213432.

Sakhalin Shipping Company
16, ul. Pobedy,
Kholmsk, Sakhalinskaya obl., USSR.
Cable: Morflot Kholmsk.

Kamtchatka Shipping Company
26, ul. Radiosviazi,
Petropavlovsk-Kamtchatsky, USSR.
Cable: Morflot
Petropavlovsk-Kamtchatsky.

Middle Asia Shipping Company
8, ul. Flotilskaya,
Tchardjohu, 746100, USSR.
Cable: Morflot Tchardjohu.

RGW-LÄNDER

Die Nachwuchsausbildung

Das rasche Wachsen der Handelsflotten aller RGW-Länder, am meisten aber der forcierte Ausbau der sowjetischen Handelsflotte, warf Probleme hinsichtlich der Ausbildung eines qualifizierten und zahlenmäßig ausreichenden Nachwuchses auf.
So überrascht nicht, oft sehr junge Schiffsführer anzutreffen – in der cubanischen Handelsflotte gab es vor Jahren einen damals erst 26 Jahre alten Kapitän eines 10000-Tonnen-Frachters, zwei Drittel der Kapitäne der Handelsflotte der UdSSR sind derzeit jünger als 35 Jahre. Unter den Steuerleuten, Ingenieuren und Funkern der UdSSR-Schiffe finden sich viele in verantwortlichen Positionen, die noch nicht das 30. Lebensjahr erreicht haben.
Um den erforderlichen Nachwuchs heranzubilden und ihn mit der Handhabung technisierter und automatisierter Anlagen vertraut zu machen, hat zunächst die Sowjetunion den Typ des »frachtfahrenden Schulschiffes« entwickelt – das sind Schiffe, die in der normalen Frachtfahrt eingesetzt sind, aber Einrichtungen für die Nachwuchsausbildung aufweisen. Daraus entstanden ab 1970 Spezialfahrzeuge vom Typ *Professor Shchyogolev* (ca. 6000 BRT), die eine Tragfähigkeit von rund 5600 t besitzen und Platz für über 170 Eleven besitzen. Wichtige Einrichtungen – Maschinenleitstände, Radargeräte usw. – sind doppelt vorhanden und können von den Schülern während der Fahrten parallel, aber ohne Auswirkungen zu den tatsächlich benutzten Geräten, bedient werden. Nachdem die Sowjetunion ein Dutzend dieser Neubauten übernommen hatte (daneben gibt es ältere, aber nicht so modern ausgestattete »Schulschiffe«), entstanden in Polen, wo diese Schiffe gebaut werden, für die Polish Ocean Lines und die Polish Steamship Company je ein derartiges Fahrzeug, Bulgarien und Rumänien erhielten je einen derartigen Neubau. Die DDR hat seit Jahren Nachwuchsausbildung auf großen Kombifrachtern betrieben. Für die Fischereiflotten der RGW-Staaten gibt es ähnliche »Schul-Trawler«, zumeist Abwandlungen aus den großen Trawlerserien.

Die Stocznia Szczecinska entwickelte für die UdSSR den Typ eines frachtfahrenden Schulschiffes. 176 Nachwuchskräfte lassen sich an Bord unterbringen. Sie können während des praktischen Einsatzes der Schiffe an Simultangeräten viele Arbeitsabläufe verfolgen und lernen die Handhabung modernen Ladegeschirrs kennen. Nach der Sowjet-Union, die bislang neun derartige Schiffe übernahm, ließen sich Polen zwei, Bulgarien und Rumänien je ein derartiges Schiff bauen. Die polnische Typenbezeichnung lautet B–88.

Darüber hinaus gibt es in den Ostblockstaaten eine Reihe von Segelschulschiffen:

Name	Land	Art	Baujahre	BRT[1])/Segelfläche
Dunay[1]) ex *Cristoforo Colombo*	UdSSR	Vollschiff	1928	*3515*/1900 m^2
Kruzenshtern ex *Padua*	UdSSR	Viermastbark	1926	3545/3656 m^2
Sedov [1]) ex *Kommodore Johnsen*	UdSSR	Viermastbark	1921	ca. 3500/?
Towaristsch ex *Gorch Fock*	UdSSR	Bark	1933	1392/1800 m^2
Alpha	UdSSR	Barkentine	1948	322/?
Horisont	UdSSR	Barkentine	1948	322/?
Kapella	UdSSR	Barkentine	1948	322/?
Kodor	UdSSR	Dreimastschoner	1951	338/?
Meridian	UdSSR	Barkentine	1948	322/?
Sekstant	UdSSR	Barkentine	1948	322/?
Tropik	UdSSR	Barkentine	1948	322/?
Zarja[2])	UdSSR	3MGaffelschoner	1951	333/?
Veselitz[1])	Bulgarien	2MGaffelschoner		*240*/?
Wilhelm Pieck	DDR	Schonerbrigantine	1951	*290*/500
Dar Pomorza ex *Colbert*	Polen	3MVollschiff	1910	1561/1900 m^2
Henryk Rutkowski	Polen	Ketsch	1944	70/ 234 m^2
Iskra	Polen	3MGaffelschoner	1917	*500*/ 680 m^2
Janek Krasicki	Polen	Schoner	1945	70/ 360 m^2
Mariusz Zaruski	Polen	Ketsch	1939	71/ 310 m^2
Zawisza Czarny	Polen	2MGaffelschoner	1952	197/ 550 m^2
Zew Morza	Polen	2MGaffelschoner	1945	70/ 360 m^2
Mircea	Rumänien	Bark	1938	1312/1748 m^2

[1]) zweifelhaft, ob noch im aktiven Dienst; [2]) amagnetisches, ozeanographisches Forschungsschiff; kursiv gesetzt = tons deplacement.

So bunt wie ihre alters- und typmäßige Zusammensetzung ist, so bunt ist ihre Herkunft. Die großen Segelschulschiffe der Sowjetunion sind alle Kriegsbeute, bei den 1948 und 1951 gebauten UdSSR-Seglern handelt es sich um die Überreste finnischer Reparationsleistungen – finnische Werften sollen nach dem Zweiten Weltkrieg knapp hundert kleine, hölzerne Frachtsegler für die UdSSR gebaut haben.

Polens *Dar Pomorza* war einst die deutsche *Prinzeß Eitel Friedrich,* über Frankreich gelangte das Schiff 1929 in polnischen Besitz, während des Zweiten Weltkrieges war es in Stockholm interniert; bei den anderen polnischen Segelschulschiffen handelt es sich um umgebaute und vergrößerte ehemalige Fischereifahrzeuge.

Veselitz (Bulgarien) und *Mircea* (Rumänien) sind Ausbildungsschiffe der Kriegsmarinen beider Länder, wie *Dunav* und *Sedov* der Roten Flotte zugeteilt sind. Dabei scheint die *Dunav* (Donau) seit Jahren nicht mehr in See gesichtet worden zu sein, die *Sedov* soll als stationäres Schulschiff in Leningrad liegen (der Autor konnte sie dort 1976 allerdings nicht entdecken). Die *Wilhelm Pieck* fährt für die GST, die »Gesellschaft für Sport und Technik«, und kann, auch wenn zahlreiche der jetzigen Handelsschiffsoffiziere auf diesem Schiff ihre erste Bekanntschaft mit der See machten, kaum als ein »Segelschulschiff« der Handelsflotte angesprochen werden.

Mit Ausnahme Polens, wo wohl jeder Handelsschiffsoffizier über die Planken der *Dar Pomorza* gegangen ist, reichen die Plätze auf den Segelschulschiffen der RGW-Staaten auch keineswegs aus, um dem gesamten Nachwuchs Segelschiffserfahrung zu vermitteln – dies um so weniger, wenn – wie im Falle der UdSSR – die *Kruzenshtern* dem Fischereiministerium untersteht. Bleibt nur die von den Windjammer-Regatten bekannte *Towaristsch,* die aber pro Jahr nur bis zu 370 Schüler aufzunehmen vermag.

Auf diesem Schiff, das in Kherson stationiert ist und seinen Liegeplatz in einem Seitenarm des Dnepr hat, werden 16- und 17jährige in dreimonatigen Lehrgängen mit den Grundbegriffen der Seefahrt vertraut gemacht – die Ausbildung schließt üblicherweise mit der Ernennung zum Leichtmatrosen ab.

Mehr und mehr aber treten an die Stelle der Segelschiffsfahrten die Lehrgänge auf den bereits erwähnten modernen Schulschiffen, die neben der Arbeit mit Ladungspapieren auch Kenntnisse in der Handhabung aller Arten Ladegeschirr und einen Eindruck von modernsten Maschinenanlagen sowie Automatisationseinrichtungen vermitteln. Womit die *Towaristsch,* wie in sowjetischen Veröffentlichungen zu lesen ist, aber noch lange nicht ausgedient hat.

In allen Ostblockländern gibt es eine Vielzahl von landseitigen Ausbildungsstätten für den seemännischen Nachwuchs. Das reicht von der auch in der Bundes-

Das polnische Segelschulschiff »Dar Pomorza« unterwegs.

republik aus »alten Tagen« bestens bekannten Seefahrtsschule in Wustrow über die polnischen Seefahrtsschulen in Gdynia und Szczecin, die Universitätsstatus besitzen, bis zu den Schulen für die Binnenschiffahrt in der UdSSR, die allerdings nicht dem sowjetischen Seefahrtsministerium unterstehen.
In der Sowjetunion gibt es etwa 20 speziell eingerichtete Hoch- und Mittelschulen für den Seefahrernachwuchs. Ihnen sind häufig »Filialen« angeschlossen; dazu kommt das in der Sowjetunion stark ausgeprägte System des Fern- und Abendstudiums. So können rund 30000 junge Leute gleichzeitig ausgebildet werden. Über ein Dutzend sowjetischer Seefahrtschulen befassen sich mit der Ausbildung von Deck- und Maschinenpersonal sowie Funkern.
Es gibt kaum eine sowjetische Hafenstadt, die nicht über entsprechende Aus- und Fortbildungsmöglichkeiten verfügt. Um eine Größenvorstellung von solchen Einrichtungen zu vermitteln, sei erwähnt, daß an der Leningrader Höheren Seeingenieurschule mehr als zwei Dutzend Professoren oder Doktoren und mehr als 100 technische Kandidaten rund 2000 Absolventen unterrichten. An den schon erwähnten Hoch- oder Mittelschulen erteilen insgesamt gut 2000 Professoren, Doktoren, Assistenten und Lehrer Unterricht. Ein Drittel des Lehrkörpers besitzt akademische Examen. Häufig sind den Schulen auch Schulschiffe zugeteilt. Wissen sollte man, daß im Westen geläufige Begriffe im Osten oft eine andere Bedeutung haben. Dort werden nautische Offiziere auch an Ingenieurschulen ausgebildet; das russische Wort »Maskinist« hat eine ganz andere Bedeutung als das deutsche Wort »Ingenieur«. In der UdSSR wird auch das Hafen- und Reedereipersonal an Ingenieurschulen ausgebildet. Und einige Begriffe aus der sowjetischen Schiffahrtswelt klingen uns völlig fremd. Der »Ingenieurs-Kapitän« zum Beispiel, oder der »Maschinenbau-Ingenieur«, der wie selbstverständlich zur See fährt. Von Ingenieuren der Funktechnik ganz zu schweigen.

Sowjetischen Veröffentlichungen ist zu entnehmen, daß ein Großteil der sowjetischen Schiffsbesatzungen eine mittlere Spezialausbildung durchlaufen hat oder über die allgemeine mittlere Reife verfügt.
Diesem relativ hohen Ausbildungsstand entsprechen die sozialen Einrichtungen an Bord. Saunen, Schwimmbäder und Hobby-Räume sind selbstverständlich, häufig gibt es umfangreiche Bibliotheken, Fotolabors und – der Autor staunte, als er es sah – ein Piano auf einem Fischdampfer!

Der einstige Flying P-Liner »Padua« wurde nach dem Zweiten Weltkrieg von der Sowjet-Union übernommen. Heute dient er als »Kruzenshtern« der seemännischen Ausbildung künftiger Hochseefischer.

Das umfassende Ausbildungsprogramm hat die Ostblockflotten in die Lage versetzt, ihre Schiffe optimal zu besetzen. Als eine führende Tageszeitung der Bundesrepublik um die Jahreswende 1976/77 schrieb, sowjetische Frachter laufen, wo immer es geht, die Häfen der Bundesrepublik ohne Lotsenhilfe an, um für den »Ernstfall« genügend entsprechend erfahrenes Personal zur Verfügung zu haben, erklärte ein Fachmann des Bundesverkehrsministeriums mir auf Anfrage, die russischen Frachter pflegten dort, wo die Wahl eines Lotsen den Schiffsführungen freigestellt ist, keine Lotsen zu nehmen, weil sowjetische Schiffe a) mindestens nach Vorschrift besetzt sind (aus Ausbildungsgründen oft sogar überbesetzt) und nie mit Ausnahmegenehmigungen fahren, und weil sie b) keine Rudergänger aus fremden Ländern auf der Brücke stehen haben, die die simpelsten Befehle mißverstehen können.

Das rumänische Segelschulschiff »Mircea«, 1938 von Blohm & Voss, Hamburg, gebaut, untersteht der rumänischen Kiegsmarine.

SKIZZENTEIL

In dem nachstehenden Skizzenteil (Maßstab 1 : 1500) sind unter den Zeichnungen folgende Angaben zu den abgebildeten Schiffen aufgeführt:

Antriebsart (z. B. ms)	**Schiffsname**	Baujahr, Bauwerft
BRT	Länge über alles	Geschwindigkeit (kn)
NRT	Breite auf Spanten	Maschinenleistung (PS)
tdw	Tiefgang	Laderauminhalt (cft/cbm)
Abmessungen der größten Luke		Kühlräume (R)
Umfang und Tragfähigkeit des		Passagierkapazität (P)
Ladegeschirrs (Bäume u. Kräne)		Einsatzgebiet

Dabei sind folgende Abkürzungen verwendet worden: ms = Motorschiff, ts = Turbinenschiff, ss = Dampfschiff, des = Dieselelektroschiff, ns = Nuklearschiff, SS = Segelschiff, mt = Motortanker, tt = Turbinenmt = Motortanker, tt = Turbinentanker, st = Dampftanker, det = Dieselelektrotanker, gts = Gasturbinenschiff, mf = Motorfischereifahrzeug, sf = Dampffischereifahrzeug, def = Dieselelektrofischereifahrzeug.

Die Maschinenleistung ist unter allen Ländern mit der Bezeichnung hp (horse power) versehen, bei der DDR mit PS. Je nach den vorhandenen Angaben kann die Maschinenleistung auch in ihp/PSi (indizierte PS) oder shp/WPS (Wellen-PS) aufgeführt sein.

Die Laderauminhalte sind in Kubikmeter (kbm) oder Kubikfuß (cft) genannt. Kühlraumkapazitäten sind durch ein R (Refrigerated) gekennzeichnet. Wo zwei Zahlen stehen (z. B. 220 000/198 000 cft) handelt es sich um das Fassungsvermögen von Schütt- und Stückgut. Bale steht für Stück-, grain für Schüttgut.

Ex-Namen geben einen Hinweis auf den zuletzt geführten Namen des Schiffes, mehrfache Namenswechsel konnten nicht berücksichtigt werden.

Die Abmessungen der jeweils größten Ladeluke sind in Meter (m) oder in Fuß und Zoll (' und ") angegeben.

Alle unter den Schiffszeichnungen stehenden Angaben beziehen sich auf das erstgenannte Schiff. Für die Schwesterschiffe können mehr oder minder große Abweichungen gelten.

Bei einigen in COMECON-Ländern gebauten Schiffsserien sind Typbezeichnungen üblich – sie sind dann über den Schiffsskizzen aufgeführt, z. B. Typ B 88.

1

ms **Mercury** 1957 »Edgar André«, Magdeburg
132 29 10 kn
6,6
tug 2,4

2

ms **Ariel** Varna Port Authority
Umbriel Burgas Port Authority
1968 Leningradskij Petrozavod, Leningrad
226 29,3 11 kn
8,5 1200 hp
tug 3,1

3

des **Jupiter** Varna Port Authority
1964 Peene-Werft, Wolgast
505 44,7 12,8 kn
130 10,7 2 x 550 hp
tug 3,9 15,9 t Trossenzug

4

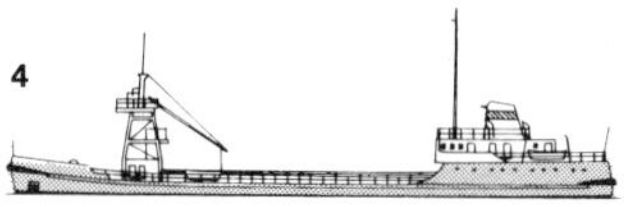

In Bulgarien gebaute Versorgungstanker
59,9 8,4 kn
10,5 2 x 305 hp
1610 4,5

Okeansky Ribolov

5

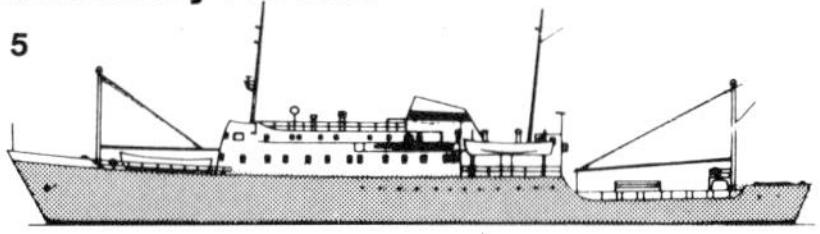

mf **Pelikan** 1966 Volkswerft, Stralsund
Albatros 2435 79,8 11,7 kn
Burevestnik 1070 13,2 1650 hp
Fenix 850 4,9 Universal trawler
Tchaika

6

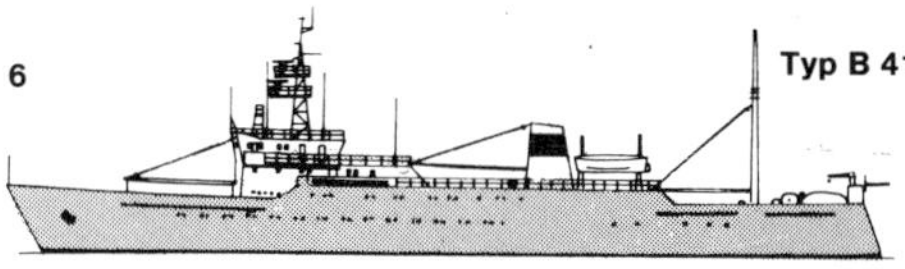

Typ B 418

mf **Aurelia** **Aktinja** **Fizalia** **Rotalia**
Afala **Alfeus** **Kaprela** **Sagita**
Agita **Argonaut** **Ofelia**
1974 Stocznia Gdynia, Gdynia
2468 89 14,5 kn
1034 15 2700 hp
1685 5,2 2100 cbm R Fabriktrawler

7

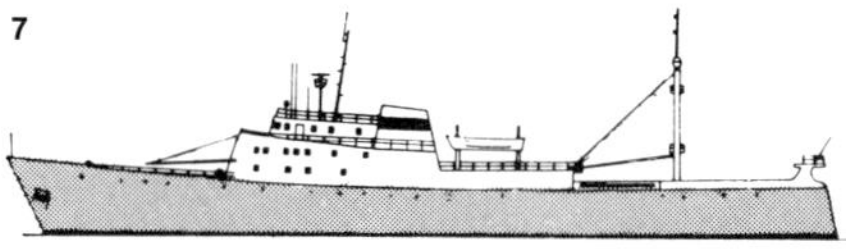

mf **Limoza** **Flamingo** **Lorna** **Pingvin**
Alka **Glarus** **Melanita** **Ralida**
Bekas **Kondor** **Olusha** **Zikoniya**
1969 Volkswerft, Stralsund
2657 82,2 13 kn
1115 13,6 2630 hp
1149 5 Fabriktrawler

8

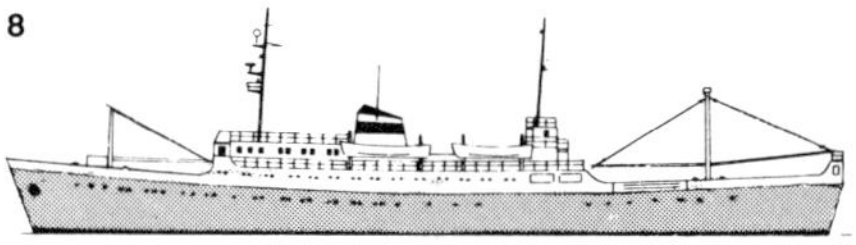

mf **Baklan** 1967 Nosenko-Werft, Nikolaev
Fregata 3012 84,7 14 kn
1143 14 2000 hp
1536 5,7 Fabriktrawler

9

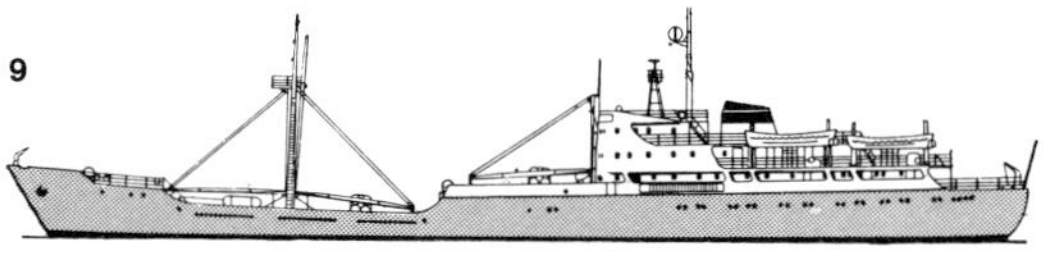

des **Khan Omurtag** 1967 Nikolaev
3288 99,4 13,5 kn
1301 14 4000 hp
2560 5,6 3300 cbm R.
Fischtransporter

10

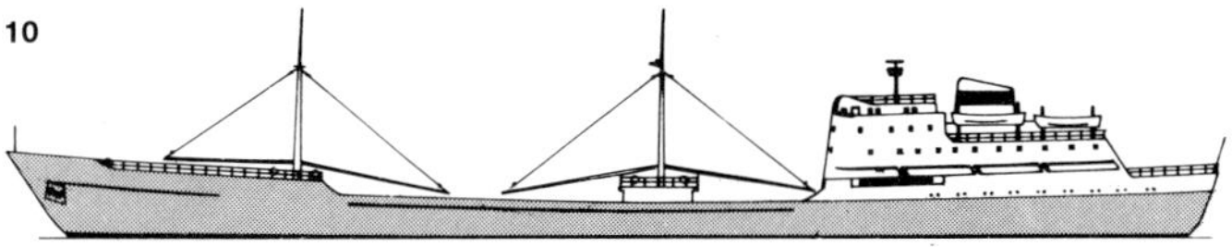

des **Albena** 1970 »61 Kommunar«, Nikolaev
Kiten 5942 130 16,5 kn
Lazuren Briag 2844 16,8 7200 hp
Slanchev Briag 5170 7,2 7300 cbm R.
Zlatni Piasatzi Fischtransporter

Bulet/Navigation Maritime Bulgare

11

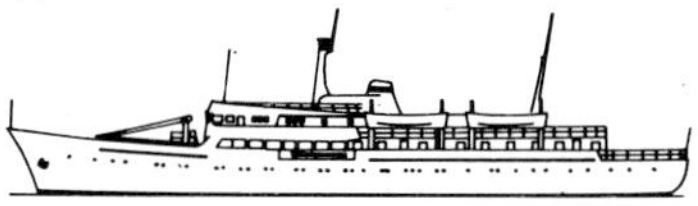

ms **Dimitar Blagoev** 1969 »G. Dimitrov«, Varna
Georgi Kirkov 1129 68 14 kn
311 10,1 1200 hp
5,5 94 P.

12

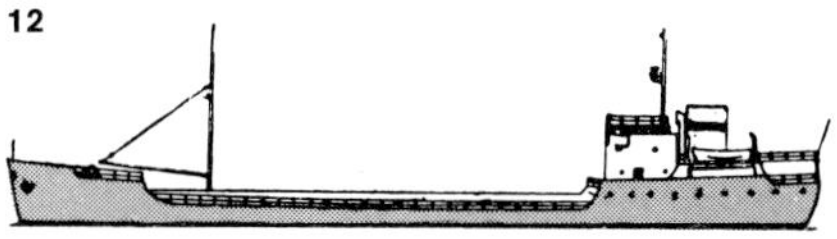

mt **Komsoletz** 1948 Ekensberg Varv, Stockholm
ex *Ingegerd Reuter* 1474 80,2 9,5 kn
820 10,8
2100 4,5 95810 cft

BULGARIEN

13

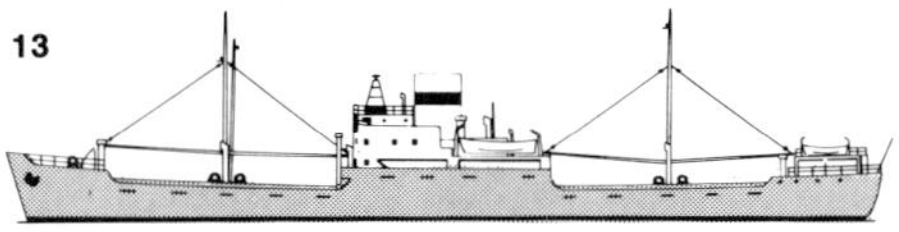

ms **Panagurishte** 1951 Svendborg Skibsvaerft, Svendborg
ex *Arcturus* 1565 87,1 12,5 kn
794 12,4
2591 5,5

14

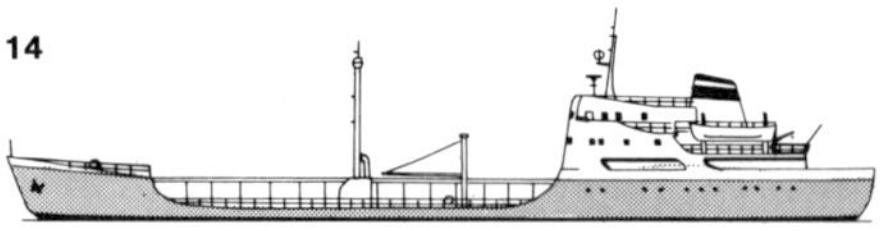

mt **Chaya** 1968 Kertsh
Vacha 1763 83,6 13,8 kn
599 12
1651 4,6

15

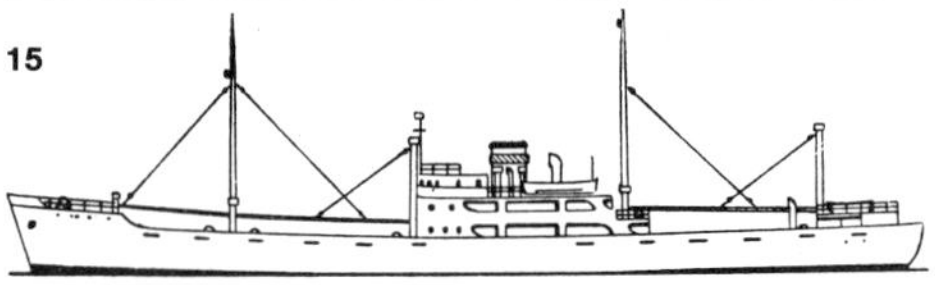

ms **Christo Smirnenski** 1946 J. Boel & Fils, Tamise
1662 91,8 11 kn
828 13,5 1700 bhp
3205 5,6 181579/167258 cft
10–5 t, 1–10 t, 1–30 t 12 P.

16

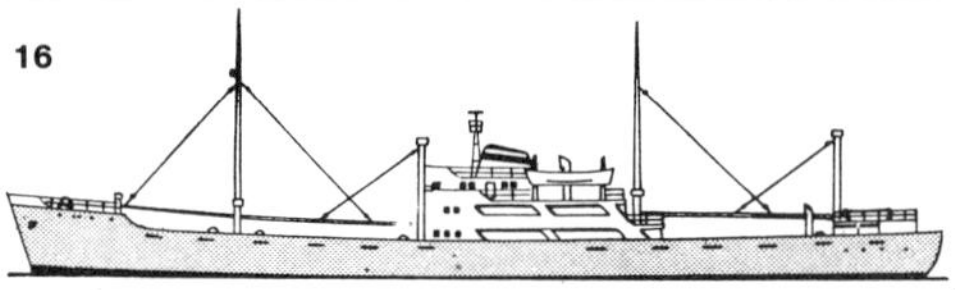

ms **Burgas** 1958 G. Dimitrov, Varna
1935 92,4 13 kn
892 13,8 1000 hp
3061 4,7

17

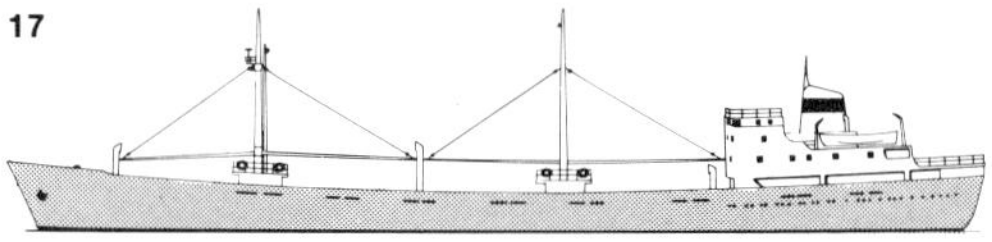

ms **Karlovo** 1954 Trondhjems M. V., Trondhjem
ex *Kongsbru* 1966 96,1 13 kn
1056 13,8 2150 ihp
3465 5,5 225300/215130 cft
6–3 t, 2–5 t, 1–15 t

18

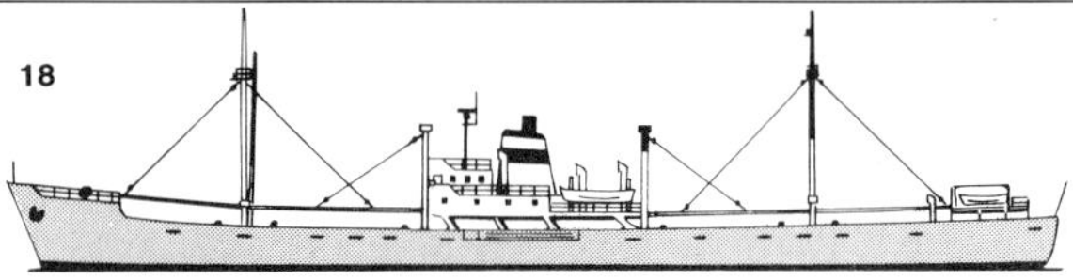

sso **Rodina** 1945 Burmeister & Wain, København
ex *Alstertor* 2950 109,6 10,5 kn
1455 15,5
5365 6,1

19

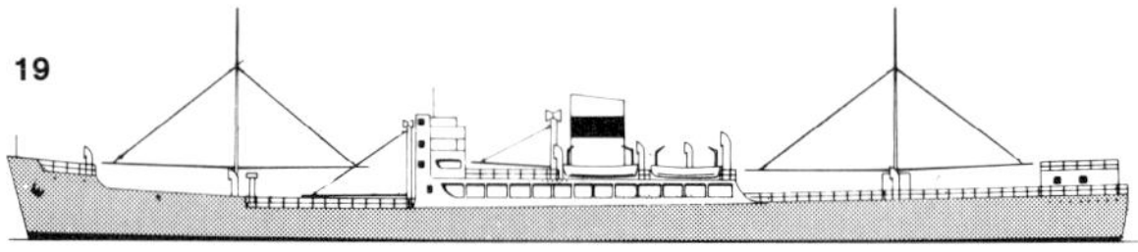

ts **Silistra** 1947 J. L. Thompson & Sons, Sunderland
ex *City of Leeds* 3578 113,7 12,5 kn
1332 15,5
4156 6,9

20

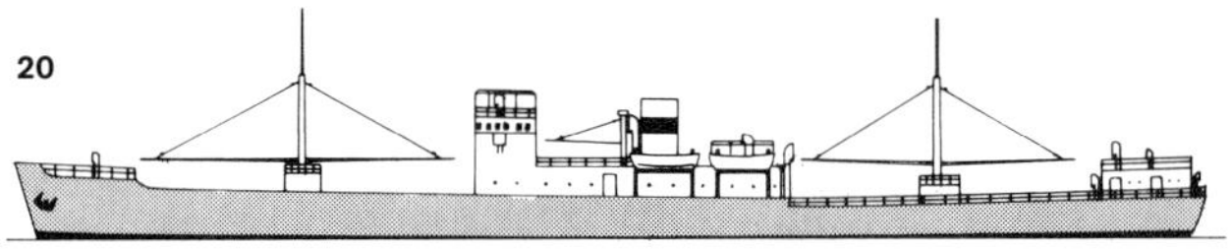

ss **Bulgaria** 1945 Pickersgill & Sons Ltd., Sunderland
4191 122,2 11 kn
2262 16,4
7235 7

21

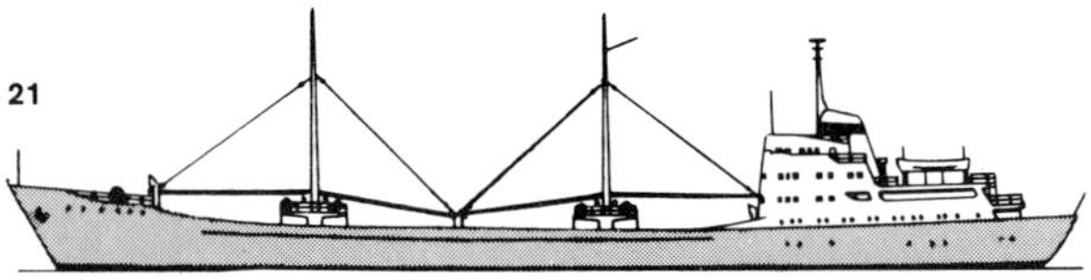

ms **Sofia** 1963 Georgi Dimitrov, Varna
Preslav 4400 114,2 14 kn
Veliko Tirnovo 2474 15,0 3120 bhp
6340 7,6
8–5 t, 1–30 t

22

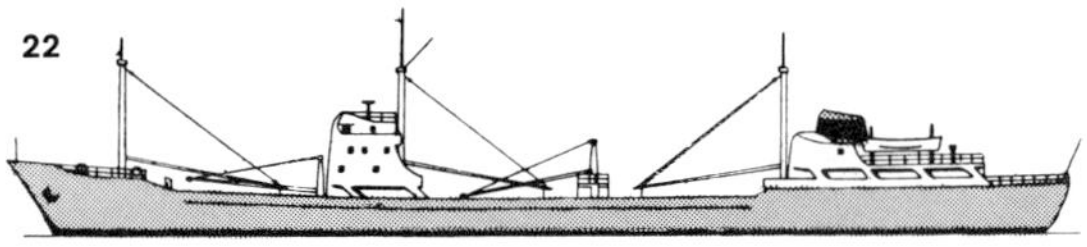

ms **Pliska** 1959 Norköpings Varv, Norrköping
Russe 4504 106,4 13,5 kn
Plovdiv 2565 15,5 3000 hp
ex *Fidelio* 6450 7,5
Falstaff
Faust

23

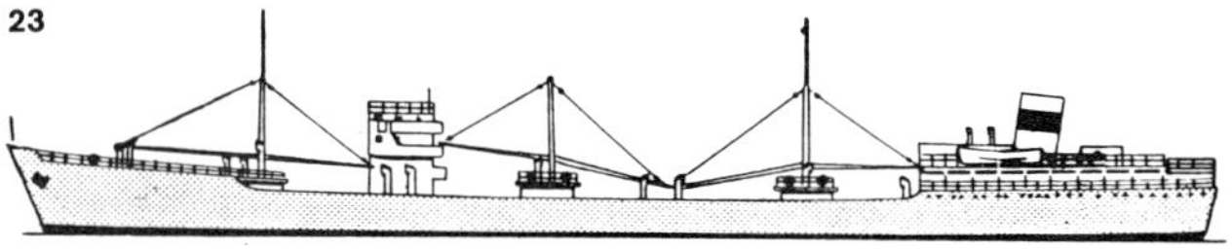

ms **Dobri Voinikov** 1949 Hall, Russell & Co., Aberdeen
ex *Nordpol* 4728 124 12,5 kn
2655 18,3
7935 7,3

24

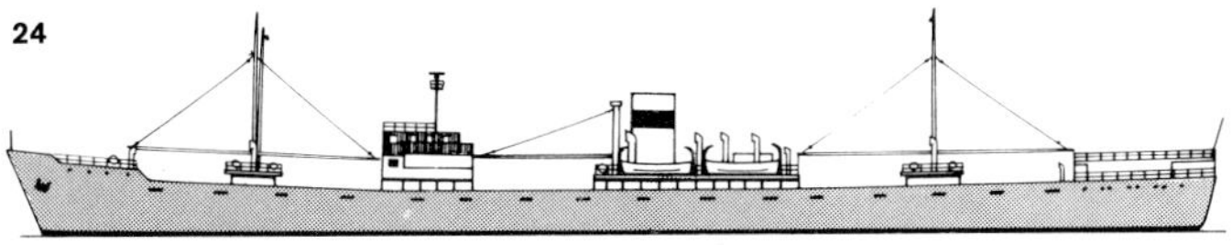

ms **Tzanko Tzerkovski** 1939 Kockums M. V., Malmö
ex *Lidvard* 4825 130,6 12 kn
2806 17
9450 8

25

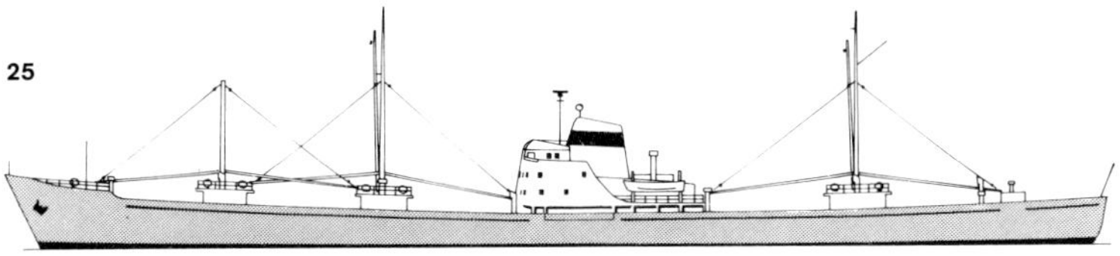

ms **Vasil Aprilov** 1955 Nordseewerke, Emden
ex *Millerntor* 5498 144,2 13,5 kn
3138 17,6
10000 7,6

26

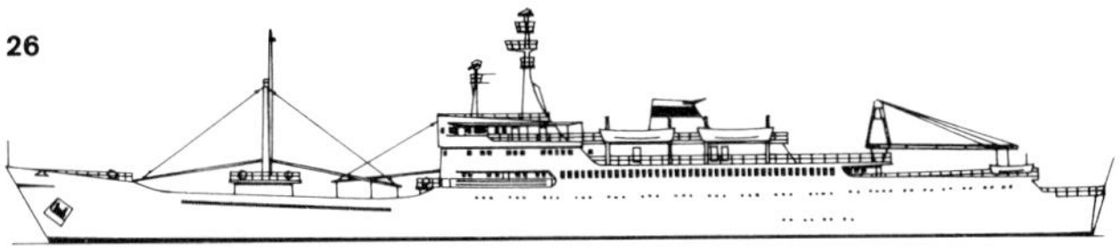

ms **Nikola Vaptzarov** 1976 Stocznia Szczecinska, Szczecin
5975 122,2 16 kn
2340 17 5500 hp
5655 7,4 Schulschiff
180 Eleven

27

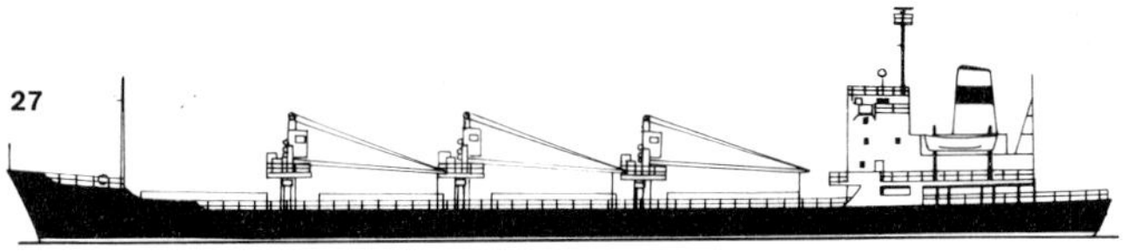

ms **Stara Planina** **Hemus** **Osogovo** **Strandja**
Sredna Gora **Lyulin** **Pirin**
Belasitza **Ograjden** **Plana**
1964 Nippon Kokan K.K., Shimizu
6106 126 13,5 kn
3661 17,7 2850 hp
9425 7,6

28

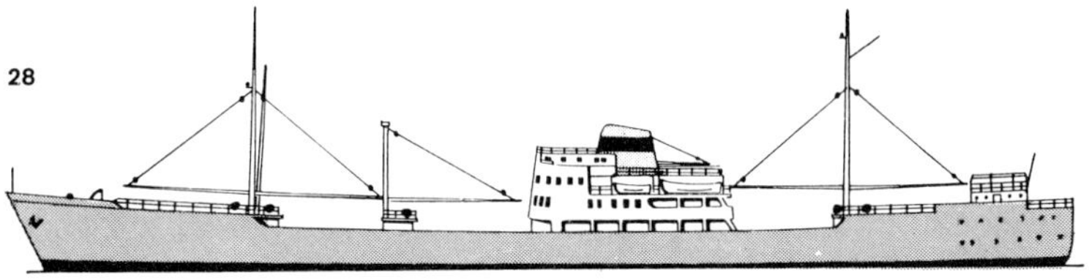

ms **Vasil Drumev** 1952 Flensburger Schiffbau-Ges., Flensburg
ex *Alferatz* 6205 144,5 13,5 kn
ex *Allobrogia* 3299 18,5 4200 hp
9720 7,7

29

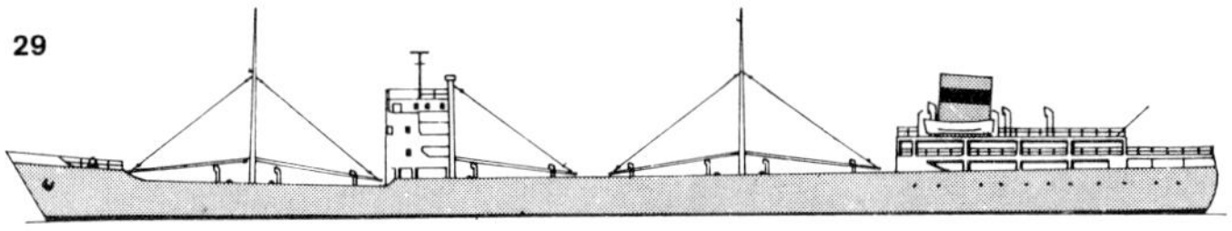

ts **Rodopi** 1953 J. Readhead & Sons Ltd, South Shields
ex *Rushwood* 6208 132,4 12 kn
3344 17 3300 bhp
7986 7,2

30

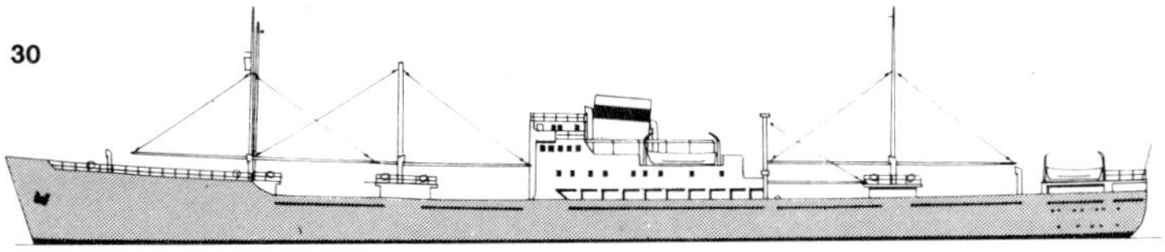

ms **Peter Beron** 1949 J.L. Thompson & Sons Ltd., Sunderland
ex *Brandanger* 7392 139,3 15 kn
4309 18,1 12 P.
9424 8,4 482000/443000 cft

BULGARIEN

31

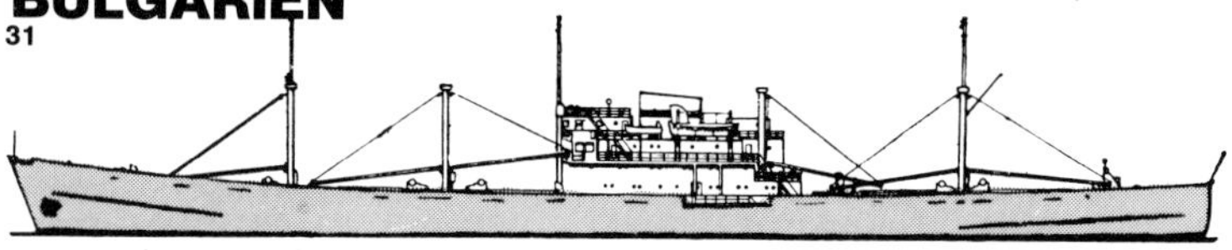

ms	**Luben Karavelov**	1955 Caledon Shipb. & Eng. Co., Dundee		
ex	*Woolwich*	7669	141,8	15 kn
		4145	17,8	5000 ihp
		10000	8,2	

32

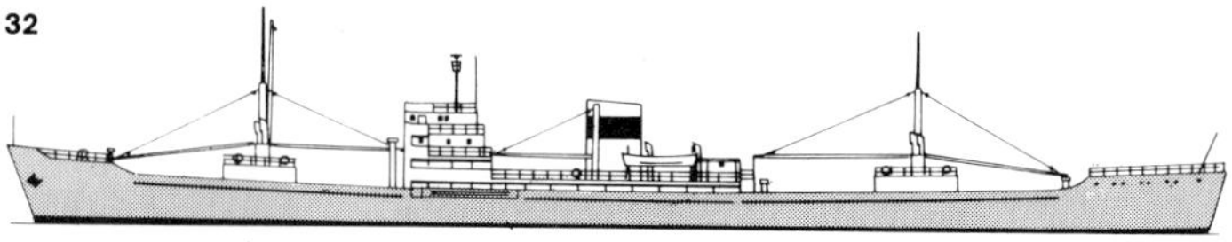

ms	**Philip Totu**	1957 J. Crown+Sons Ltd., Sunderland		
ex	*Stancrown*	7962	128,3	13,5 kn
		4559	18,2	4400 bhp
		11700	8,8	610780/552810 cft
			40' x 20'	
			6–5 t, 4–10 t, 1–20 t	

33

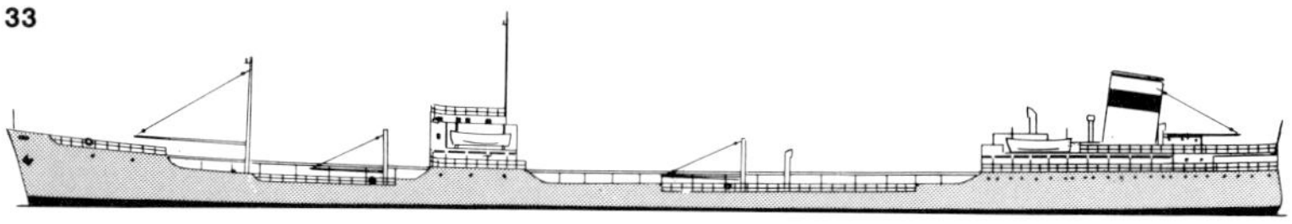

mt	**Arda**	1950 Harland & Wolff Ltd., Belfast		
ex	*Kurdistan*	8322	148,6	12 kn
		4820	18,1	
		12280	8,4	

34

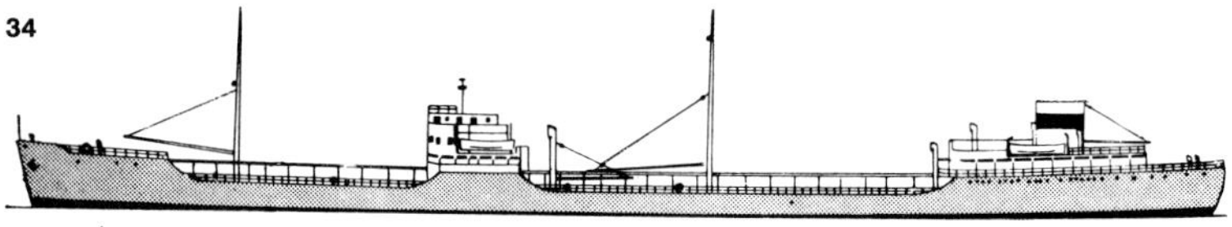

mt	**Anton Ivanov**	1945 Götaverken, Göteborg		
ex	*Margit Reuter*	8503	147,4	13 kn
		4965	18,1	
		12965	8,5	

35

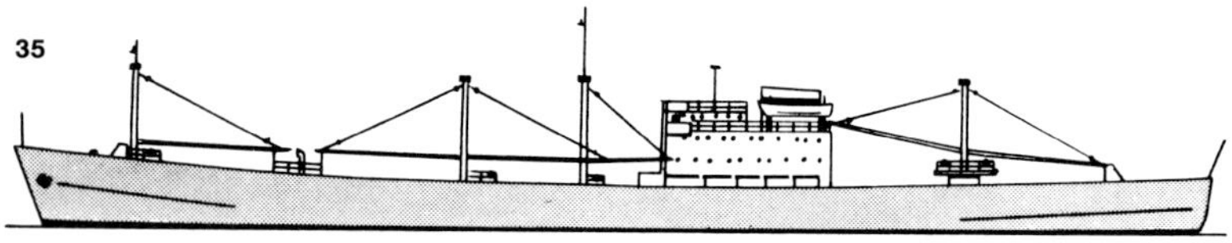

ms	**Georgi Sava Rakovsky**			
ex	*Willesden*	1961 Barclay, Curle + Co. Ltd., Glasgow		
		8556	141,8	15 kn
		4649	19,3	5500 bhp
		11200	8,9	

36

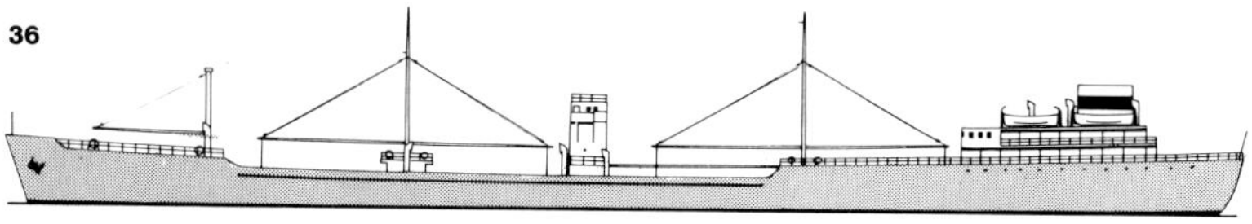

ms	**Bogdan**	1946 Götaverken, Göteborg		
ex	*Raunala*	8769	149	12 kn
		3597	18,1	
		12100	8,5	Bulk carrier

37

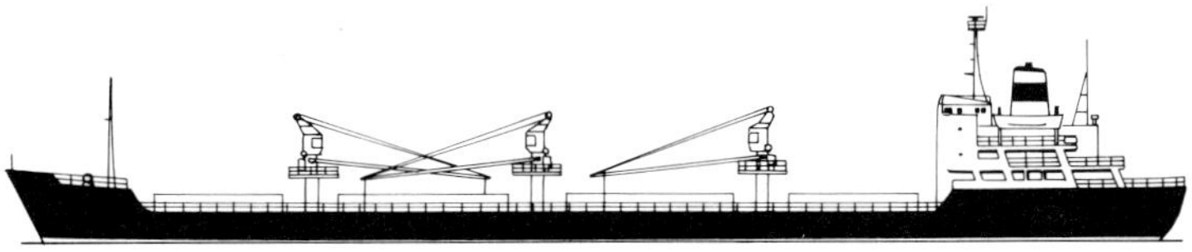

ms	**Buzludja**	**Oborishte**	1968 Setoda Zosen, Setoda		
	Ludogoretz	**Ruen**	9068	139,8	15 kn
	Murgash	**Vejen**	4103	19,5	7200 hp
	Musala		13686	9,3	

38

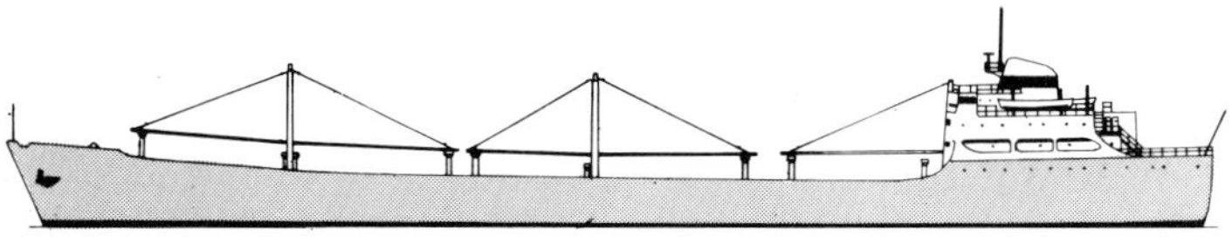

ms	**Panaiot Hitov**	1956 Chant. de l'Atlantique, St. Nazaire		
ex	*Sapphire*	9192	138,5	13 kn
		5719	18,6	
		12790	8,9	

39

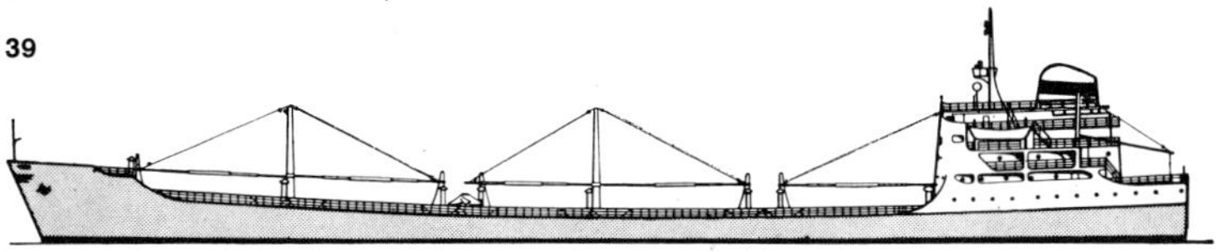

ms	**Georgi Benkovski**	1960 Forg. & Chant. de la Medit., La Seyne		
	Batschko Kiro	9486	140,7	13,8 kn
ex	*La Estancia*	5957	18,6	5800 bhp
	La Siera	13818	9,3	

40

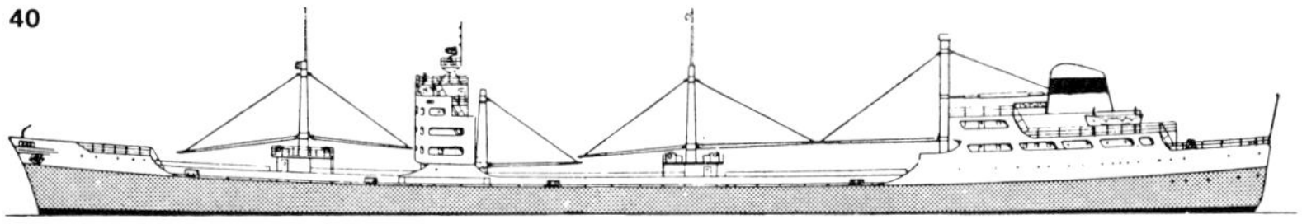

ms	**Perseng**	1957 Forg. + Chant. de la Medit., La Seyne		
ex	*Arthur Stove*	9999	149,4	13 kn
		5189	19,5	5600 hp
		14649	9,1	17000 cbm
			10,2 x 8,3 m	
			10–5 t, 2–10 t	

41

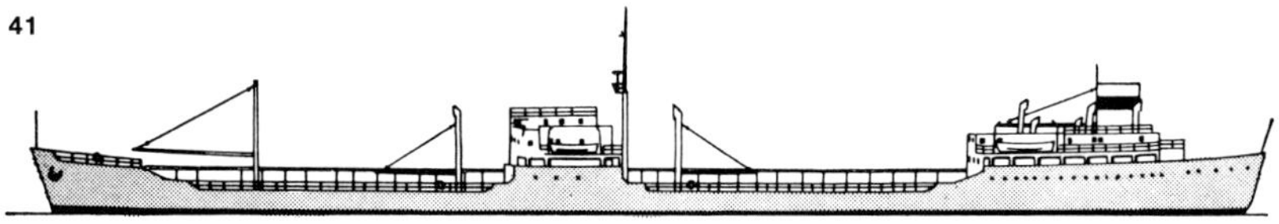

mt	**Maritza**	1949 J.L. Thompson & Sons Ltd., Sunderland		
ex	*Björn Stange*	10098	153,4	12,5 kn
		5821	20,5	
		15730	8,8	
			7–5 t	

42

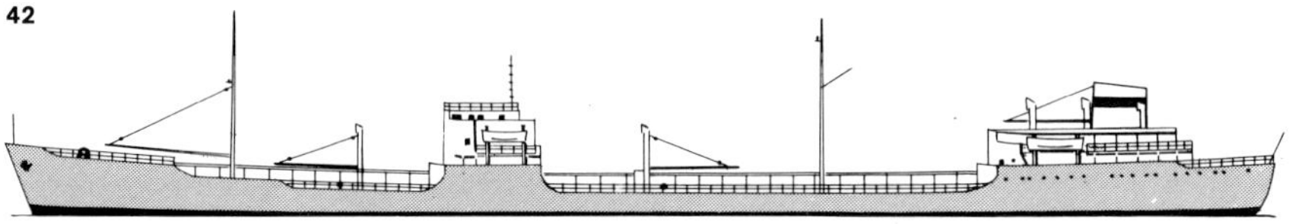

mt	**Chumerna**	1955 Kockums M. V., Malmö		
ex	*Nyköpinghus*	10548	162,5	14,5 kn
		6081	19,3	6300 shp
		15820	9,2	769900 cft

43

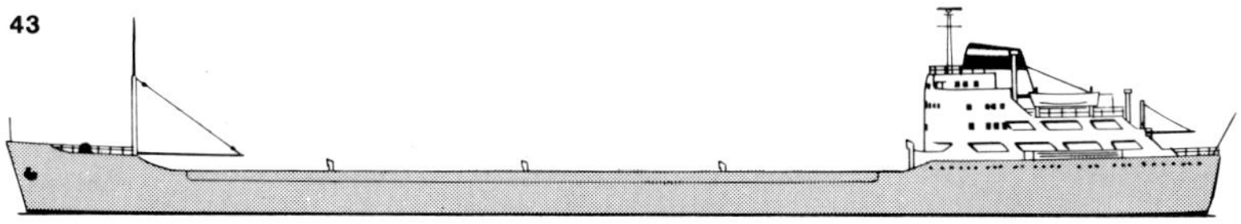

ms	**Midshur**	1957 J. Boel & Fils, Tamise		
	Vola	10788	149,4	14,5 kn
ex	*Alphard*	4759	19,5	6200 ihp
	Alta	15515	8,4	602000 cft grain
				ore carrier

BULGARIEN

44

mt **Veleka** 1975 Baltic Shipb. & Eng. Works, Leningrad
11000 162,3 16,5 kn
6000 21,4 9000 hp
15240 8,5 21000 cbm

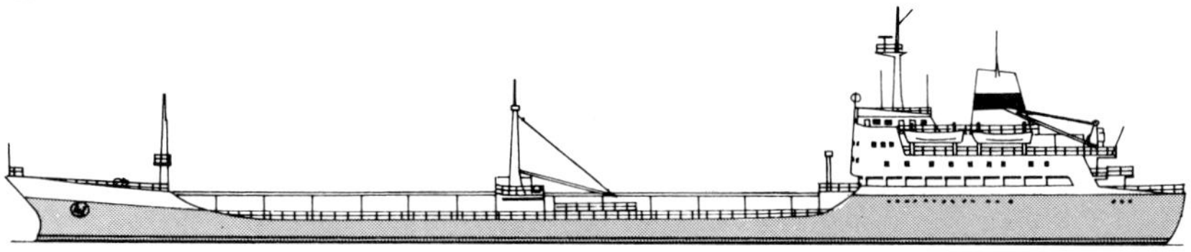

mt **Erma** 1954 Eriksbergs M. V., Göteborg
ex *Hoegh Spear* 11749 170,5 14,5 kn
6879 21,3 8500 ihp
18390 9,3 870000 cft

45

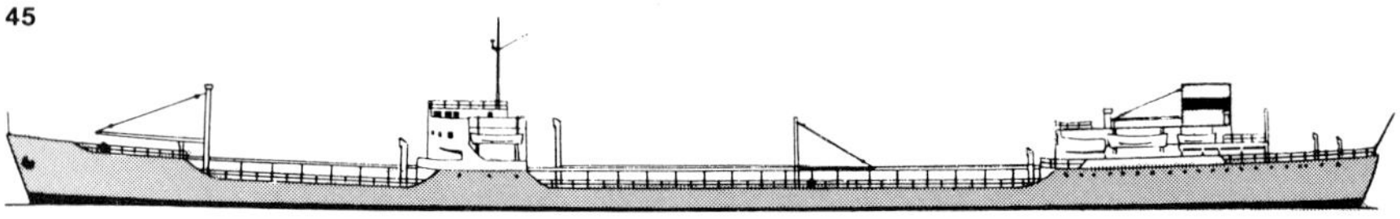

ms **Kapitan Petko Voivoda** 1974 Kherson-Werft, Kherson
Christo Botev 11750 162,3 18 kn
Ivan Zagubanski 5949 22,2 9000 hp
+ 4 13500 9,2

46

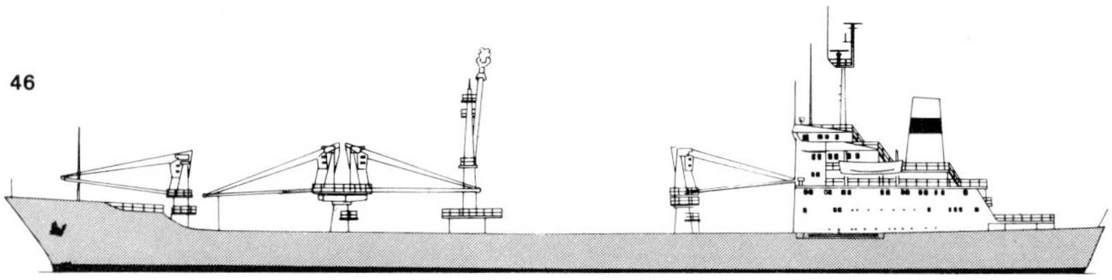

ts **Varna** 1951 Vickers-Armstrongs Ltd., Newcastle
ex *Ocean Monarch* 13581 157,3 18 kn
7041 22
4905 7,3 450 P.
Black Sea/Mediterranean

47

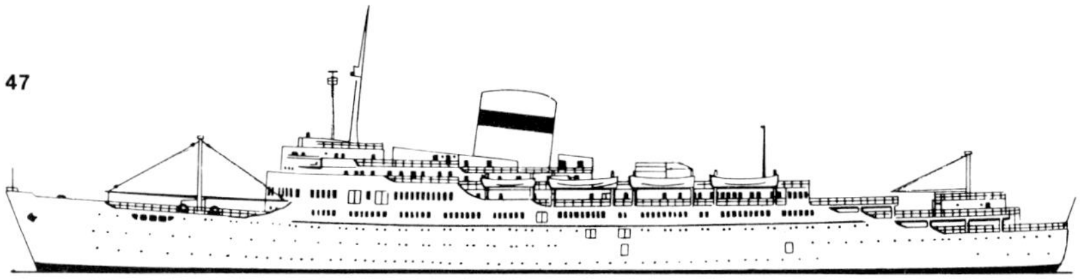

mt **Dunav** 1961 Sir James Laing + Sons, Sunderland
ex *Montana* 13628 170,6 14,5 kn
8084 22 10800 hp
20790 9,5

48

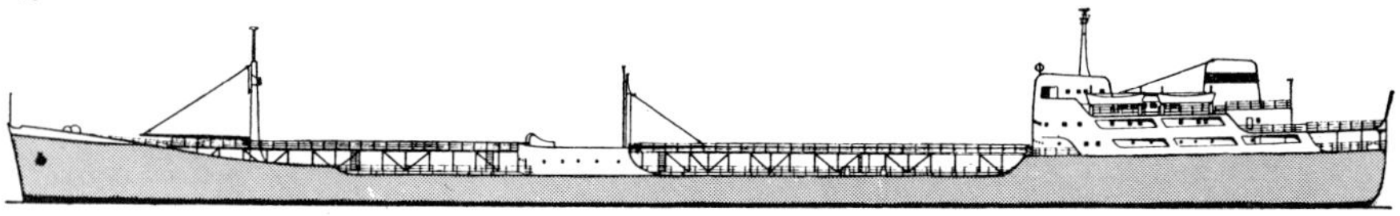

ms **Vikhren** Gheorgi Dimitrov, Varna
General Vladimir Saimov 15939 185,2 15,3 kn
Balkan 8839 22,8 11200 hp
Belmeken 23500 9,8

49

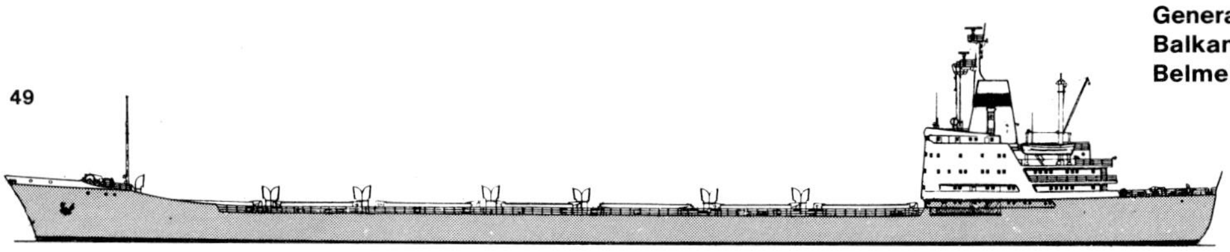

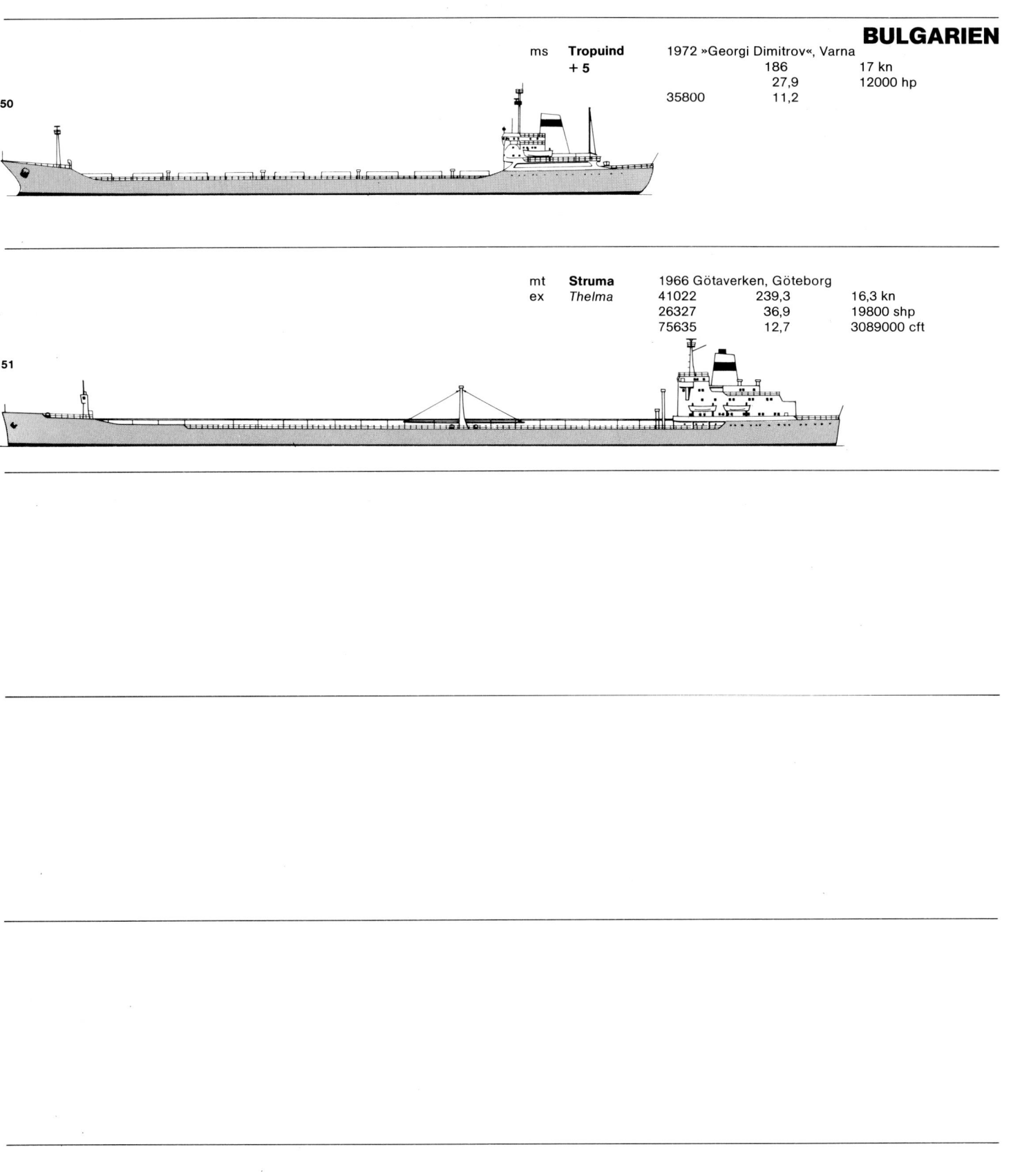

ms	**Tropuind**	1972 »Georgi Dimitrov«, Varna		
	+ 5		186	17 kn
			27,9	12000 hp
		35800	11,2	

50

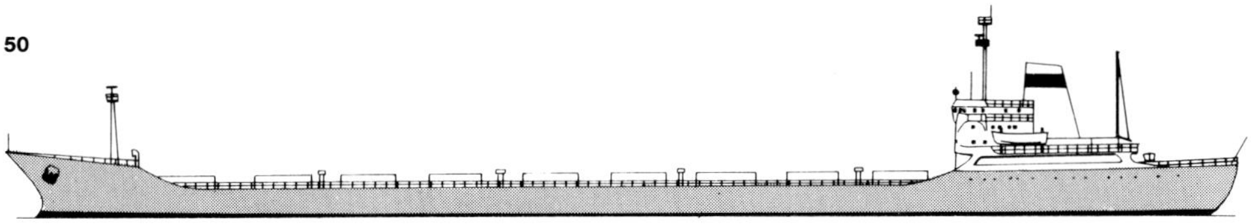

mt	**Struma**	1966 Götaverken, Göteborg		
ex	*Thelma*	41022	239,3	16,3 kn
		26327	36,9	19800 shp
		75635	12,7	3089000 cft

51

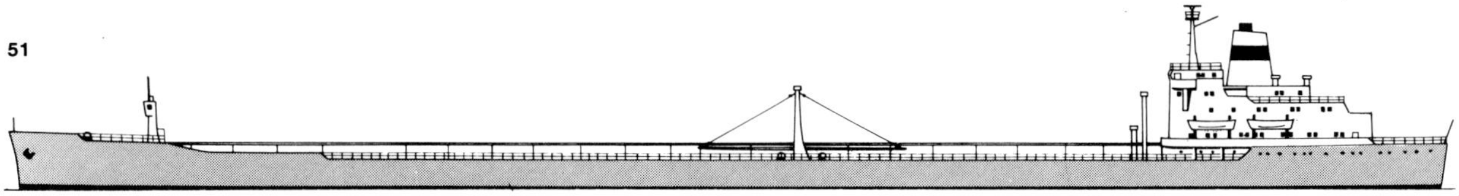

60

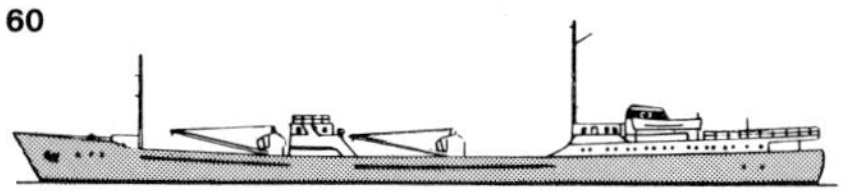

ms **Bojnice**
Lednice

1966 Angyalfold, Budapest
1403 81,5 11,5 kn
645 11,4 1600 hp
1300 3,1 2400 cbm
Donau–Schwarzes Meer

61

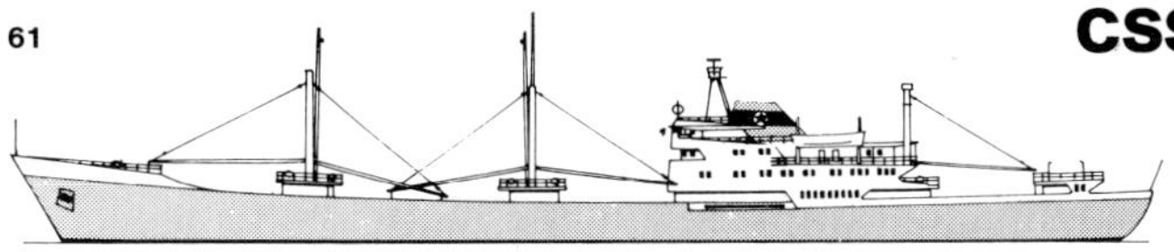

ms **Blanik**
Krivan
Radhost
Sitno

1968 Stocznia Szczecinska, Szczecin
5517 124,1 15,5 kn
3037 17 4900 bhp
5993 6,9 12 P
15,54x9 m 9610/8851 cbm
8–2,5 t, 2–5 t, 3–10 t, 1–30 t

62

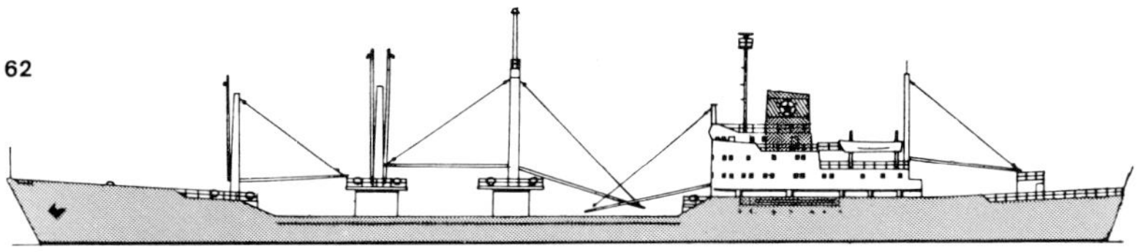

ms **Mir**

1973 Warnowwerft, Warnemünde
9651 151,7 18 kn
5250 20,4 11200 hp
13870 9,3 18728/17194 cbm
1–70 t

63

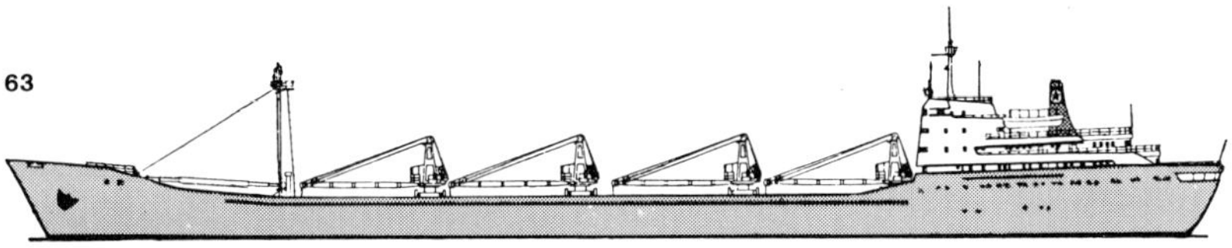

ms **Brno**

1964 Stocznia Szczecinska, Szczecin
10842 156,6 15 kn
5997 20,4 6500 bhp
14070 8,4 744640/684940 cft
42'9 x 21'
4–5 t-cranes, 1–30 t, 2–3/5 t

64

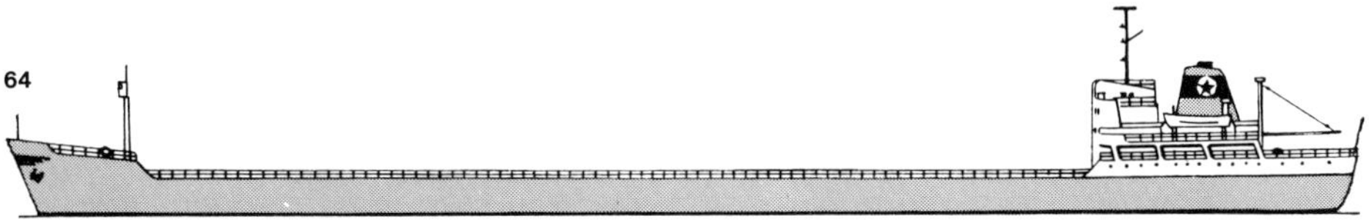

ms **Kosice**

1963 Hitachi Zosen, Innoshima
16760 181,2 17,7 kn
12554 24,8 11600 hp
27090 9,9 13770 cbm

65

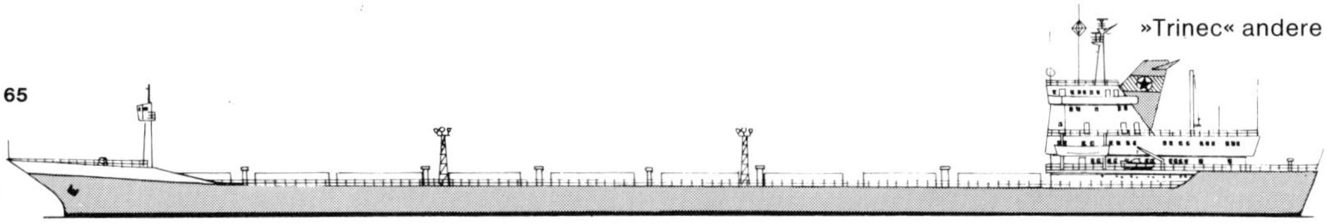

ms **Bratislava**
Praha
Trinec

1974 Stocznia Szczecinska, Szczecin
20589 198,8 15,5 kn
12717 24,5
31881 10,6
»Trinec« andere Schornsteinform – s. Nr. 288 (Polen)

66

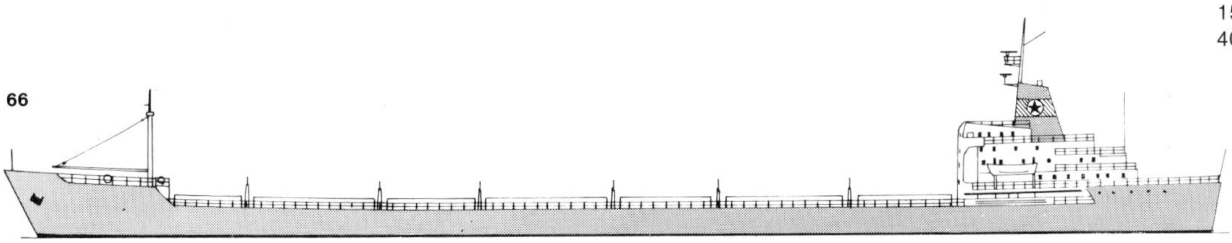

ms **Vitkovice**

1966 Barclay, Curle + Co. Ltd., Glasgow
24326 209,9 27 kn
15320 27,5 17600 hp
40835 11,6

Flota Cubana de Pesca

70

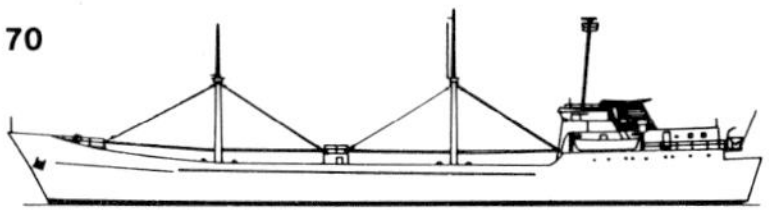

ms		1976 Nystads Varv, Nystad		
	+ 1	1160	73,6	15 kn
			10,5	
		1560	4,7	70960 cft bales
				Reefer

71

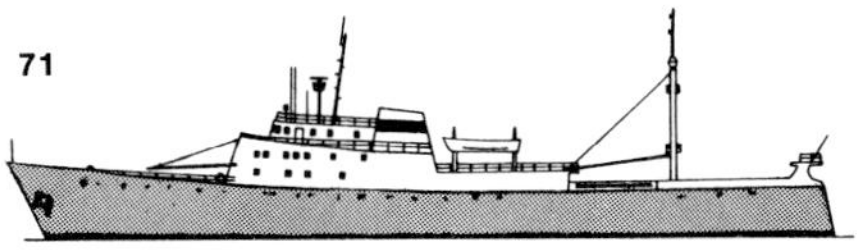

mf	**Playa Colorada**	1969 Volkswerft, Stralsund		
	Playa de Varadero	2657	82,2	13,6 kn
	Playa Duaba	1139	16,3	2630 hp
	Playa Giron	1149	5	Fabriktrawler
	Playa Larga			

71a

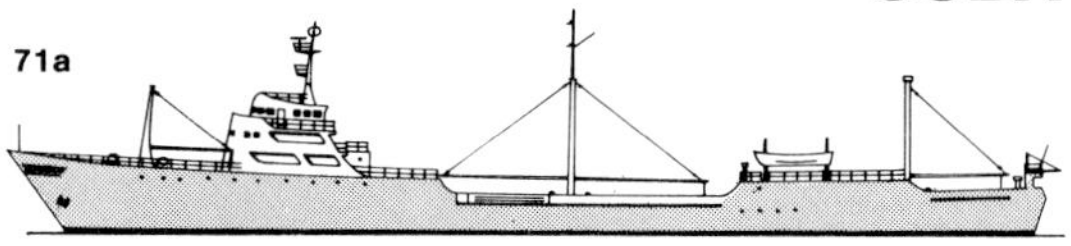

mf	**Mar Caribe**	1969 Ast. Construcciones, Vigo		
	Mar del Plata	2396	106,0	15,5 kn
	Mar Oceano	1235	14,5	
		3449	5,5	Fabriktrawler

72

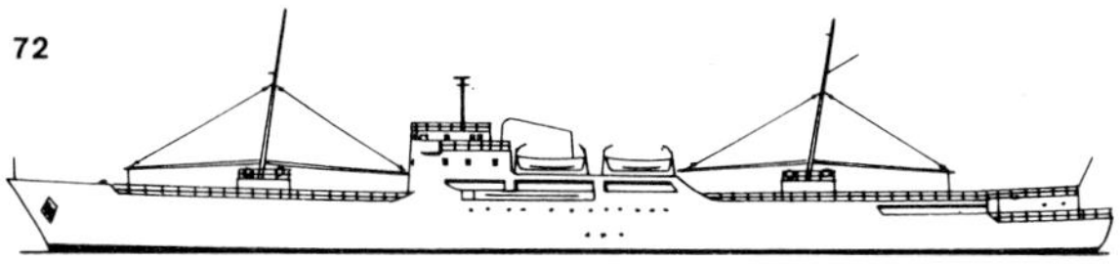

ms	**Oceano Antartico**	1949 Helsingörs Skibs- og Maskinb., Helsingör		
ex	*Coolady*	2678	110,7	16 kn
		1292	14,9	3400 hp
		3383	6,3	

Empresa Nacional de Cabotaje

73

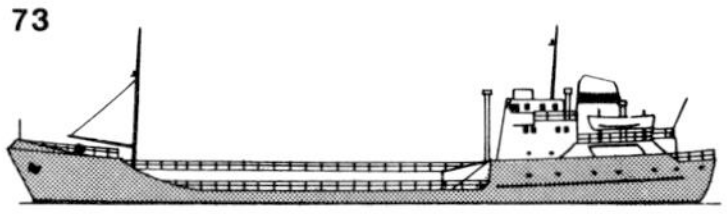

mt	**Hermanas Giralt**	1956 J. G. Hitzler, Lauenburg		
ex	*Borkum*	1262	77,4	11 kn
		667	10,4	1250 hp
		1750	4,5	2080 cbm

Mambisa

74

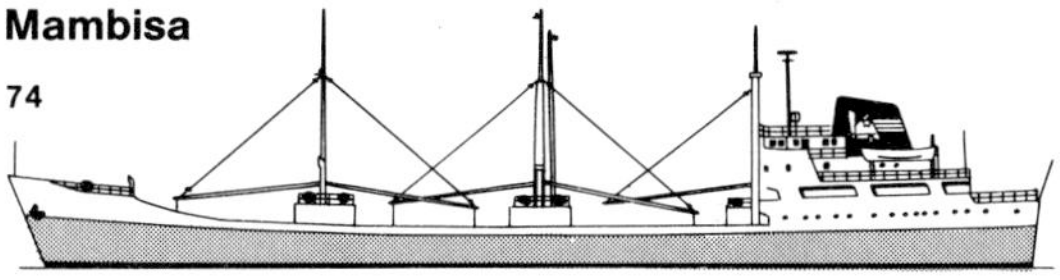

ms	**Pinar del Rio**	1958 Atlantic Shipb. Co. Ltd., Newport		
	Habana	3099	101,9	15 kn
	Las Villas	1690	13,8	3320 shp
	Matanzas	4093	6,3	Bulk sugar carrier
		10–5 t, 1–25 t		

75

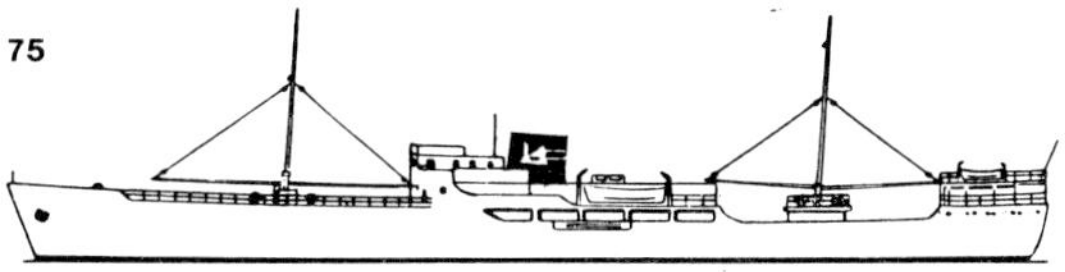

ms	**Luis Arcos Bergnes**	1950 Kaldnes M. V., Tönsberg		
ex	*Frubel Clementina*	3265	103,7	16,5 kn
		1770	14,4	3650 hp
		3140	6,3	161000 cft R.

76

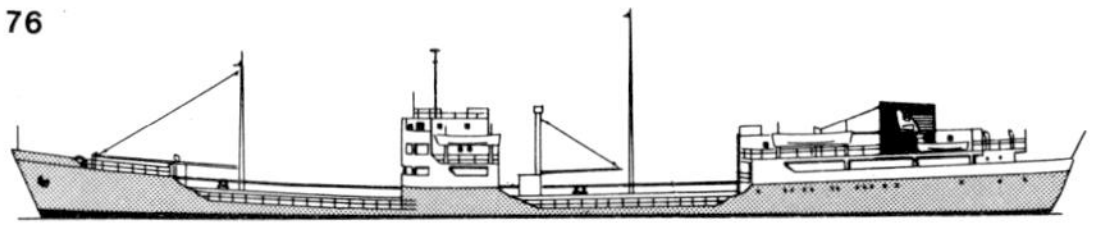

mt	**Cuba**	1961 Rauma-Repola OY., Rauma		
ex	*Artsyz*	3359	105,1	13,5 kn
		1550	14,8	
		4511	6,2	

77

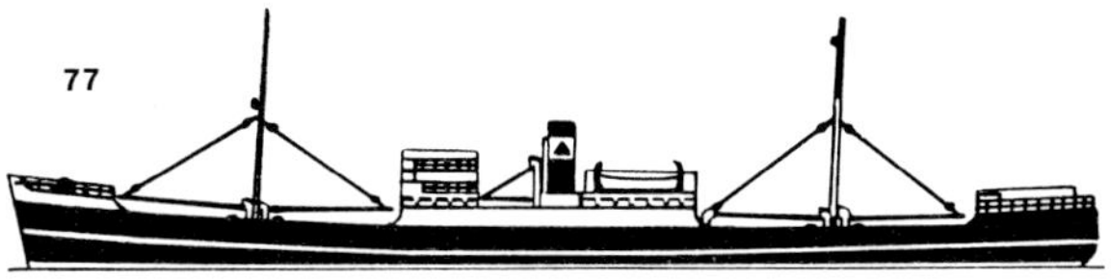

ss	**Rio Jibacoa**	1946 Lithgows Ltd., Glasgow		
ex	*Dundrennan*	3654	112,3	10 kn
		2155	15,1	
		5944	6,6	

78

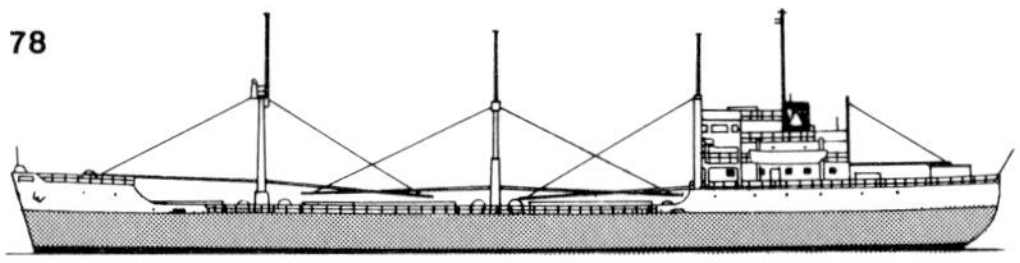

ms	**Bahia de Mariel**	1945 Consolidated Steed Corp., Wilmington		
	Bahia de Matanzas	3805	98,7	10,5 kn
	Bahia de Nipe	2133	15,3	
ex	*. . . Knot*	5786	7,1	

79

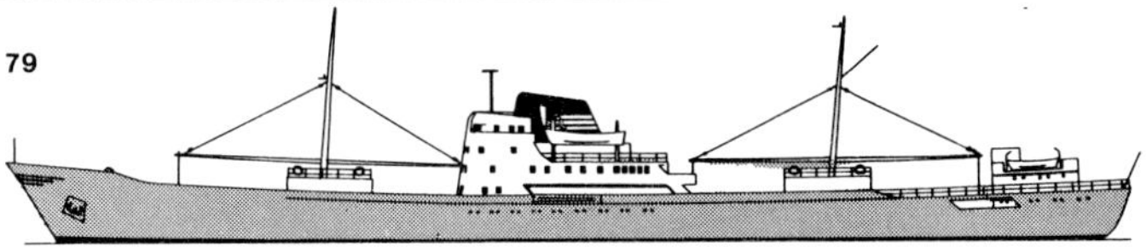

ms	**La Lima**	1959 Helsingör Skibsvaerft, Helsingör		
ex	*Algenib*	4762	132,5	19 kn
		2233	17,3	8200 ihp
		5980	8	240000 cft R.
		10–5 t		

80

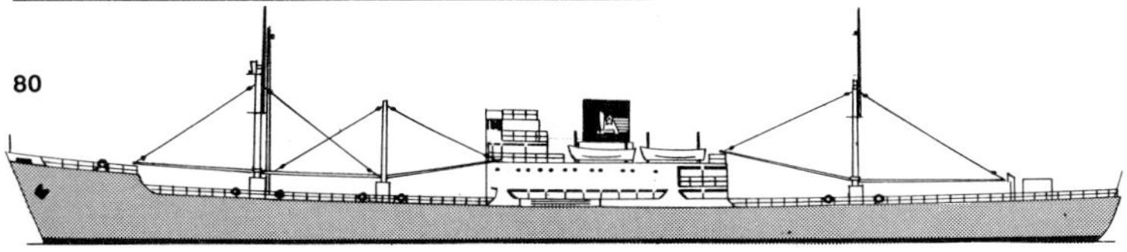

ms	**Conrado Benitez**			
	Manuel Ascunce	1947 Burrard Drydock Co., Vancouver		
ex	*Canadian Constructor*	6746	133,1	15 kn
	Canadian Cruiser	3936	18	
		7450	8,6	16000 cft R

81

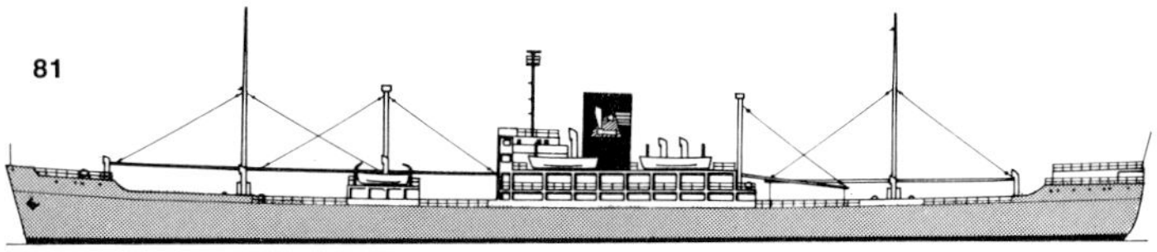

ms	**3o de Noviembre**	1945 Cammell Laird & Co., Birkenhead		
ex	*City of Bristol*	7096	137,5	14 kn
		4012	17,9	
		9398	8,6	

CUBA

82

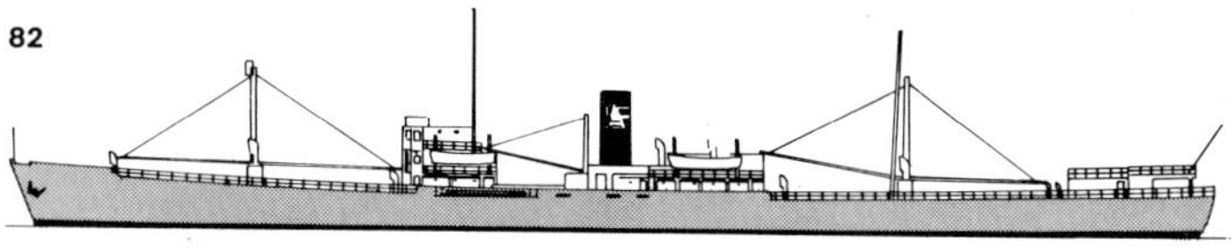

ss **Maximo Gomez** 1944 Burrard Drydock Co, Vancouver
ex *. . . Park* 7204 134,6 10,5 kn
4325 17,4
10948 8,5

83

ms **Vietnam Heroico** 1957 P. Smit jr., Rotterdam
XX Aniversario 7552 131,6 15,5
ex *Prins der Nederlanden* 3955 17,3 4500 hp
Oranje Nassau 4911 6,9 184 P
226500 cft grain
6-6 t, 2-10 t, 2-2 t-cranes ./. 17000 cft R.

84

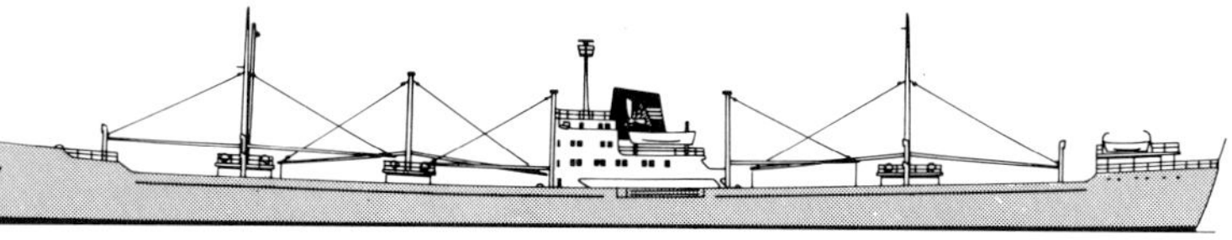

ms **Pepito Tey** 1961 Oskarshamns Varv, Oskarshamn
ex *Marble Islands* 8796 148,4 15 kn
5359 18,8
12701 9,1

85

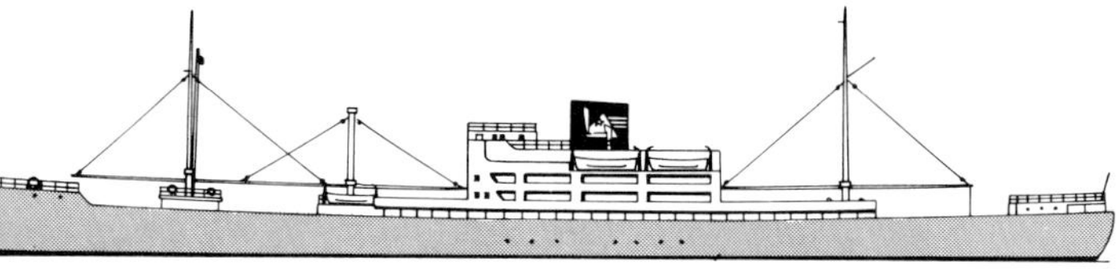

ms **Jose Antonio Echevarria**
ex *Ville de Tamatave* 1949 At. & Chant de la Seine, Le Trait
9060 142,4 17 kn
5174 18,9
10635 8,9

86

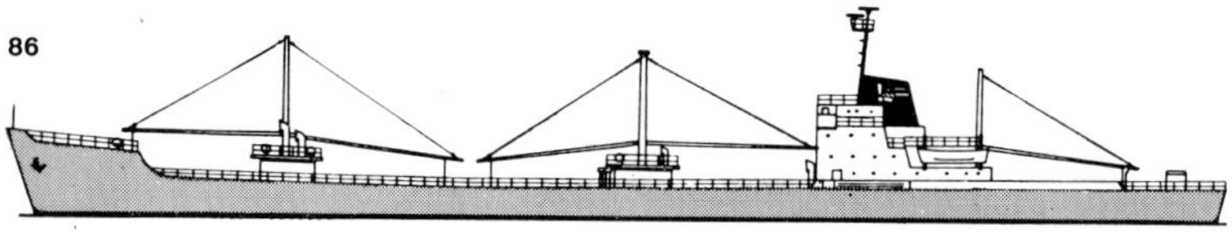

ms **I Congreso del Partido** 1975 Austin & Pickersgill, Sunderl.
Belic 9328 141 14,8 kn
Carlos Manuel de Cespedes 6165 20,5
Ignacio Agramonte 15250 8,9
Maisi

87

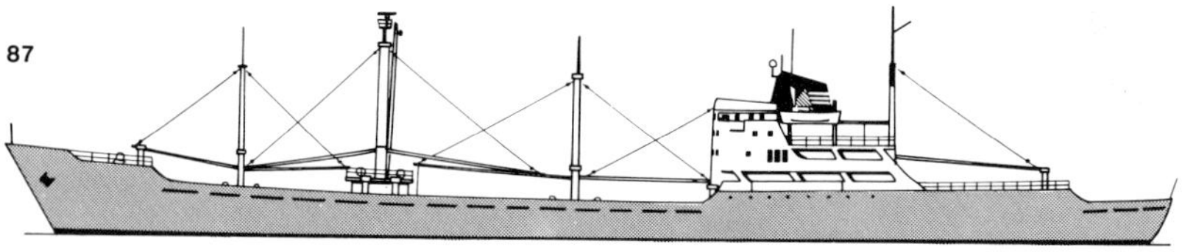

ms **Guisa** 1966 Soc. Española de Constr. Nav., Cádiz
Baire 9390 156,9 16,5 kn
Cerro Pelado 5238 19,7 9600 hp
Imias 13080 9
Jiguani
La Plata
Maffo
13 de Marzo

88

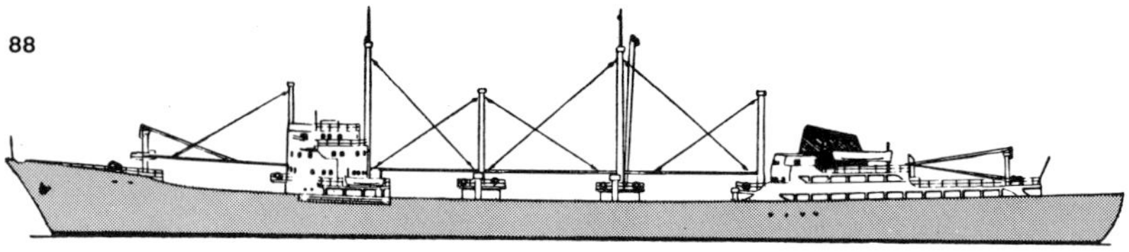

ms **Sierra Maestra** 1961 Warnowwerft, Warnemünde
9641 157,4 16 kn
5765 20 7600 bhp
12690 9,7
12,6 x 6,6 m 19051/16641 cbm
2–3 t-cranes, 10–3/5 t, 4–5/8 t, 1–50 t
420 cbm R

89
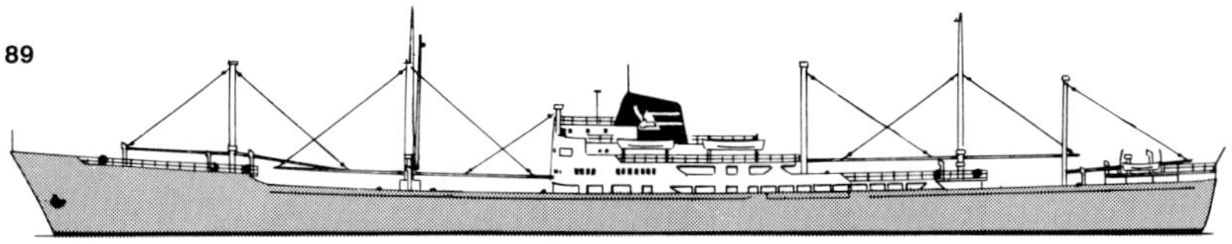

ms **Comandante Camilio Cienfuegos**
Gonzalez Lines 1962 Stocznia Gdanska, Gdansk
9735 153,9 16 kn
5689 19,4 7800 hp
11888 8,3

90
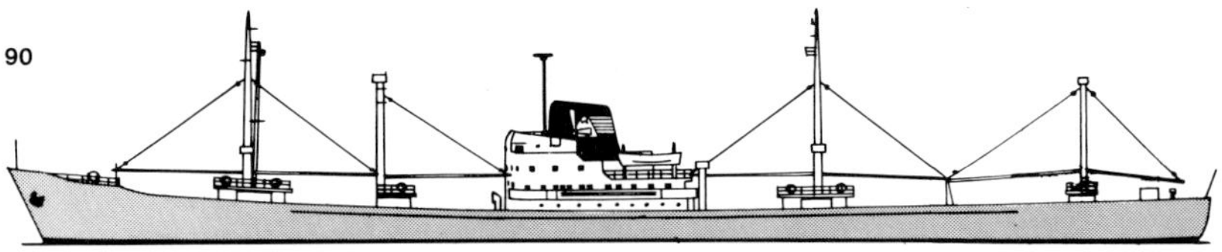

ms **Renato Guitart** 1958 Deutsche Werft, Hamburg
ex *Jade Islands* 10270 157 14 kn
6132 20,2 5340 hp
15130 9 782010/697540 cft
10,66 x 8,5
2–1,5 t, 12–5 t, 1–20 t

91
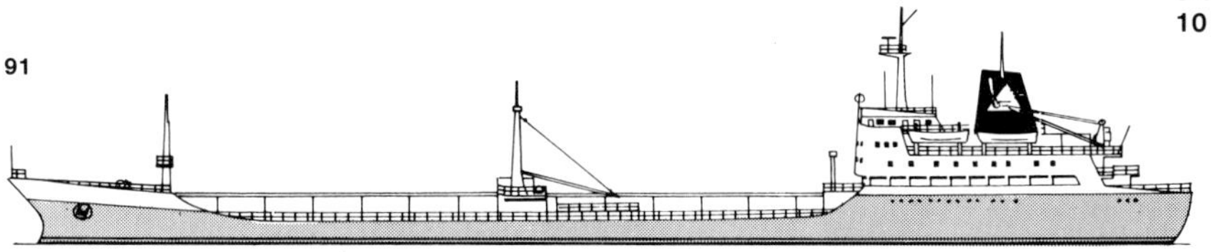

mt **7 de Noviembre** 1970 Baltic Shipb. & Eng. Works, Leningrad
9 de Abril 10813 162,3 16,5 kn
10 de Octubre 5670 21,4
16540 8,5

92
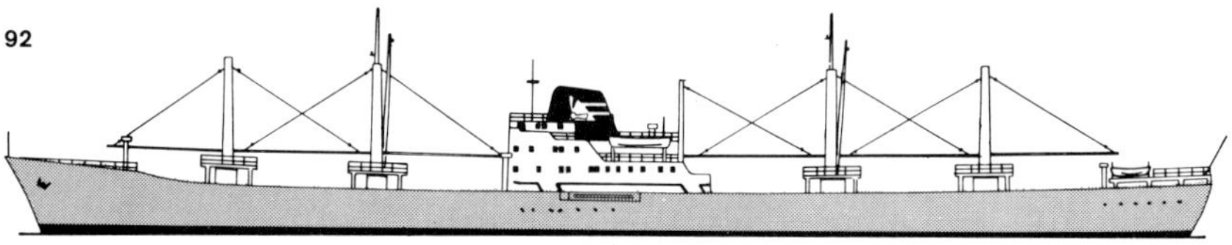

ms **Bahia de Cochinos**
Playa Larga 1969 Uddevallavarret AB. Uddevalla
Victoria de Giron 10972 161,9 18 kn
6158 20,4 11900 shp
15550 9,7 738000 cft
45000 cft R
18–10 t, 1–30 t, 1–60 t

93
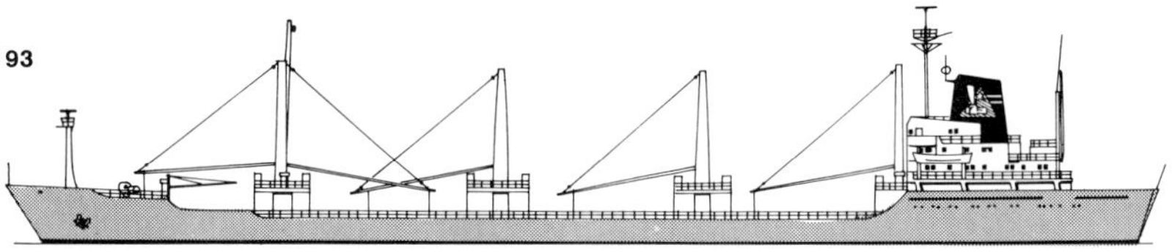

ms **Abel Santamaria** 1971 Flensburger Schiffsbau-Ges., Flensb.
Frank Pias 11072 154,8 18,5 kn
ex *Ursula Jacob* 7818 22,8 12000 hp
Renate Jacob 16780 9,8 905000 cft

94
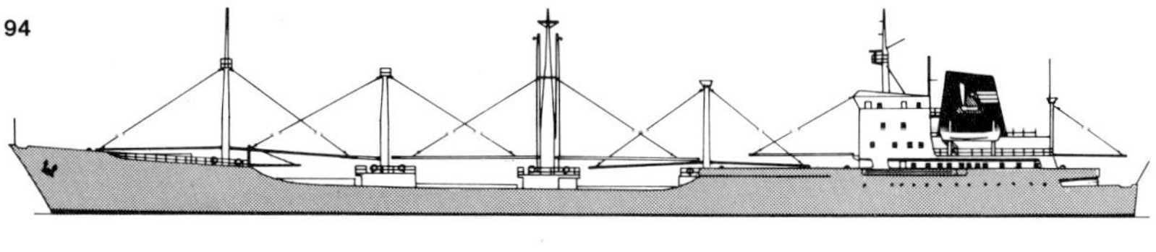

ms **Bolivar** 1977 Helsingör Skibsvaerft, Helsingör
Juarez 154,1 -
San Martin 19,8
+ 3 14000 9,5 720470/680400 cft
41655 cft R
13,77 x 7,85 m
2x1,5 t, 10–5 t, 8–10 t, 1–30 t, 1–75 t

VEB Lotsen-, Bugsier- und Bergungsdienst

100

ms **Bison**
Büffel
Wisent

1973 Leningradskij Petrozavod, Leningrad
184 29,3 11 kn
– 8,5 1200 PS
tug 3

101

ms **Eisvogel**

1955 Mathias-Thesen-Werft, Wismar
379 39,2 12 kn
9,7 1100 PS
3,6
Eisbrecher u. Schlepper

102

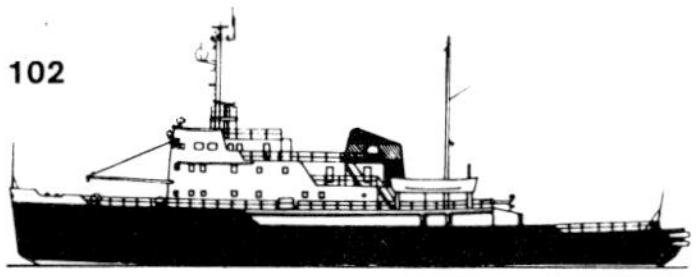

des **Stephan Jantzen**

1967 Admiralteiskij-Werft, Leningrad
2254 67,7 14 kn
50 18,1 5400 PS
1120 5,6

VEB Geophysik

103

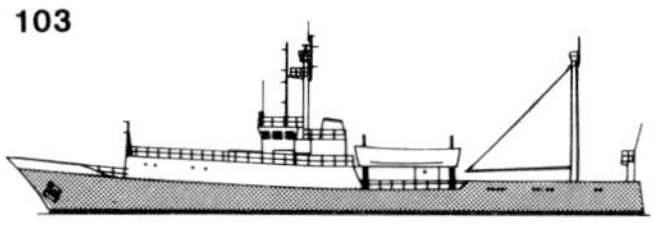

ms **Alexander von Humboldt**
ex *Georgius Agricola*

VEB. Geophysik Leipzig
1967 Peenewerft, Wolgast
1011 62,6 12,5 kn
343 10,7 1400 PS
4,7 Forschungsschiff

Seehydrographischer Dienst

104

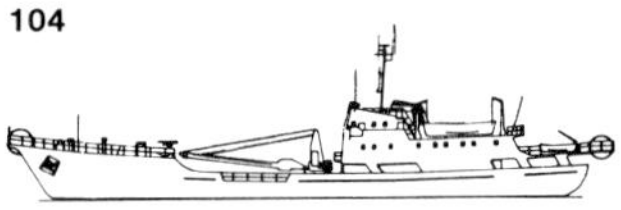

des **Dornbusch**

1965 Peenewerft, Wolgast
750 60,1 13,2 kn
9,8 1100 PS
150 3,4
9 x 3,6 m
1–13 t-crane

105

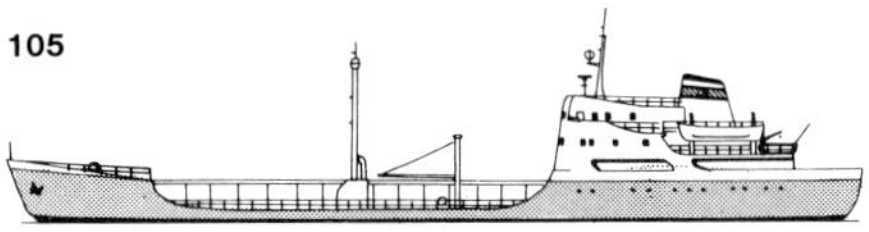

mt **Usedom**

Kertsh
1770 84 13 kn
560 12
1660 4,7

106

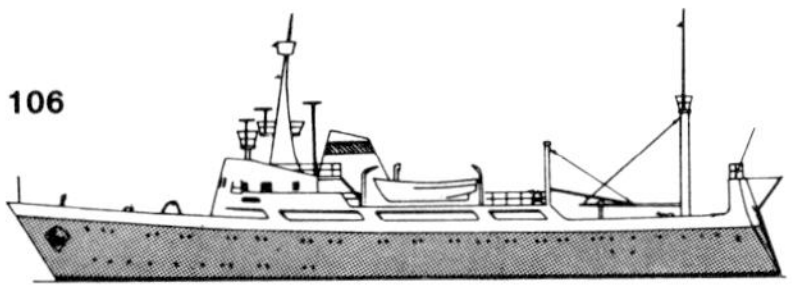

mf **Ernst Haeckel**

Institut für Hochseefischerei
1963 Mathias-Thesen-Werft, Wismar
1616 68 11,5 kn
– 11,8 1420 bhp
– 4,5 Fischereiforschung

VEB Fischkombinat Rostock / VEB Fischkombinat Stralsund

107

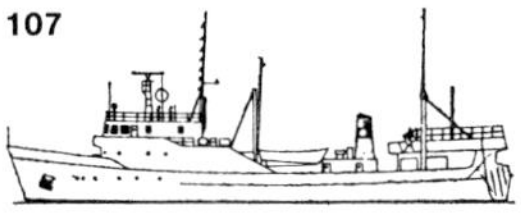

mf **Malangen** **Atlantik** **Barentsee** **Eisbär** **Großer Belt** **Kattegatt** **Lofoten** **Nordmeer** **Nordsee** **Orkney** **Ostsee** **Silver Pit** **Skagerrak** **Sund** **Svinoy**

1966 Elbe-Werft, Boizenburg
644 49 12 kn
256 10 1000 PS
372 3,9 Trawler

108

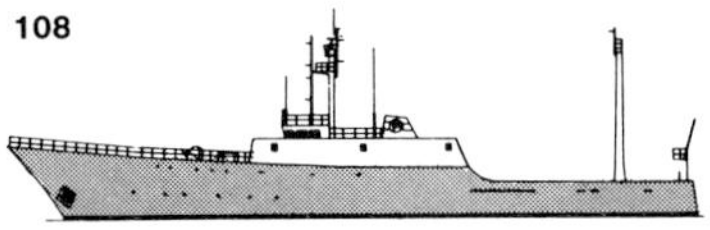

mf **Arthur Becker** **Bruno Tesch** **Carlo Schönhaar** **Erich Steinfurth** **Elvira Eisenschneider** **Eugen Schönhaar** **Grete Walter** **Hanno Günther** **Heinz Priess** **Heinz Kapelle** **Herbert Baum** **Herbert Tschäpe** **Herta Lindner** **Karl Wolf** **Magnus Poser** **Peter Göring** **Peter Müller** **Rudi Arnt** **Rudolf Schwarz** **Walter Barth** **Werner Kube**

1965 Peene-Werft, Wolgast
998 62,6 12,5 kn
321 10,6 1750 PS
537 4,8 Trawler

109

ms **Robert Koch**

1955 Neptunwerft, Rostock
1135 66,1 13,5 kn
320 9,7 2340 PS
535 4,7 Fischereischutz-boot
1–1,5 t, 1–3 t

110

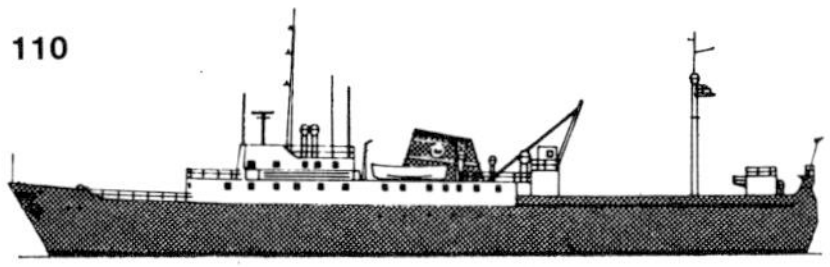

ms **Stubnitz**
Granitz

1964 Volkswerft, Stralsund
2581 79,8 12 kn
1218 13,2 1660 PS
1350 4,9 Fischtransporter

111

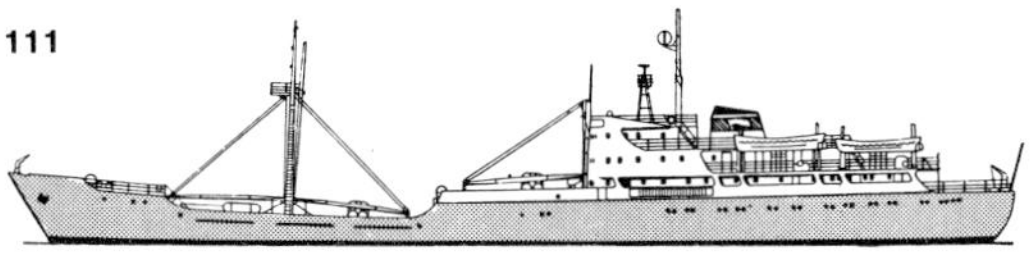

ms **Breitling**

1968 Okean-Werft
2876 99,4 14 kn
1228 14
2500 5,7 Fischtransporter

DDR

112

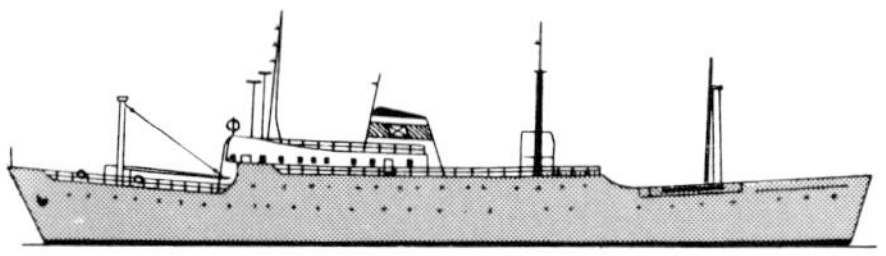

113

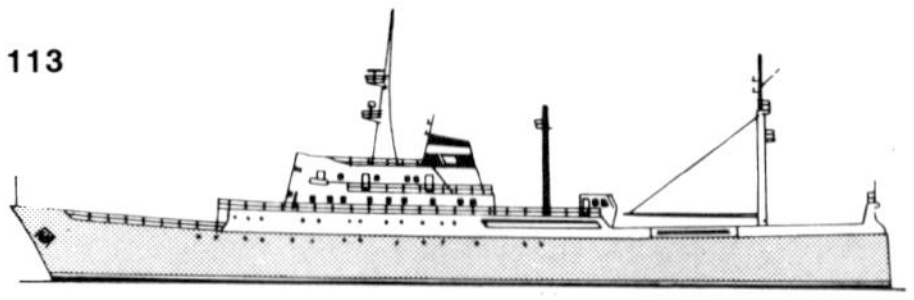

mf **Bertolt Brecht** **Erich Weinert**
Bernhard Kellermann **F.C. Weisskopf**
Friedrich Wolf
Johannis R. Becher
Louis Fürnberg
Peter Kast
Peter Nell
Rudolf Leonhard
Walter Dehmel
1959 Mathias-Thesen-Werft, Wismar
3002 86,9 12 kn
1278 13,5 1840 PS
1420 5,3 Fabriktrawler
1400 cbm

mf **Willi Bredel**
Bodo Uhse
1966 Mathias-Thesen-Werft, Wismar
3169 87,8 14 kn
1478 14,2 3050 PS
1955 5,5 Fabriktrawler
1167 cbm R.

114

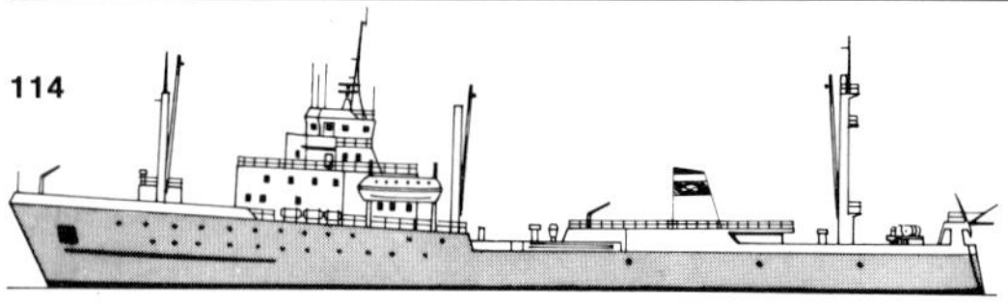

mf **Ludwig Turek**
+ 4
1976 Volkswerft, Stralsund
3981 102 14,6 kn
15,2 3880 PS
5,2 Fabriktrawler

115

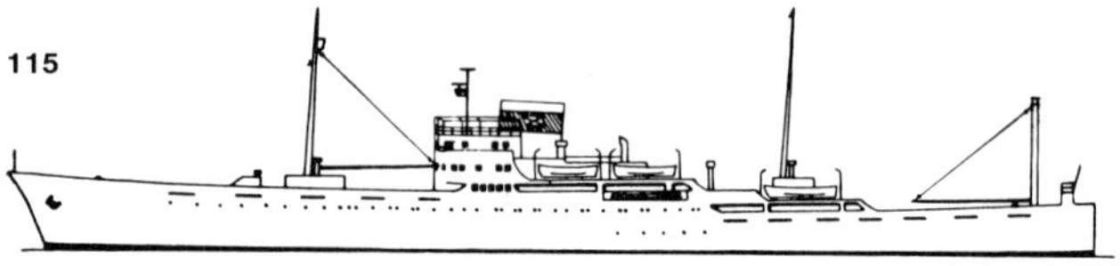

ms **Martin Andersen-Nexö**
ex *Pegasus* 1951 Howaldtswerke AG., Kiel
4827 120,4 155 kn
2038 15,6 4800 PS
3237 6,1 Fischfabrik
1961 bei Mercantile Marine Eng. & Graving Docks, Antwerpen, umgebaut

116

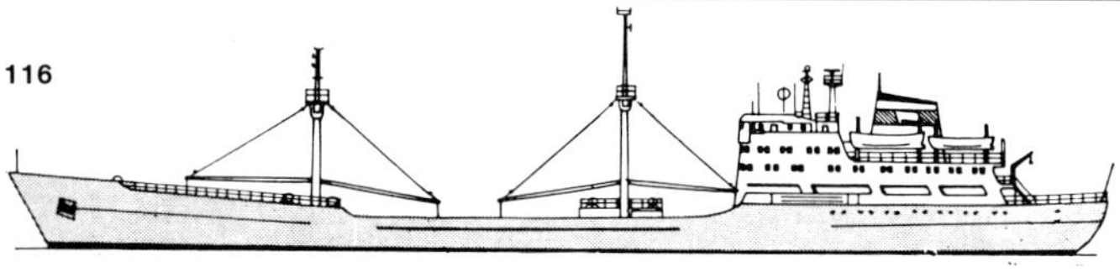

des **Evershagen**
Lütten Klein
1971 »61 Kommunar«, Nikolaev
5229 130 16 kn
2541 16,8 7000 PS
5170 7,2 Fischtransporter
8–3 t 7300 cbm

117

def **Junge Welt**
Junge Garde
1966 Mathias-Thesen-Werft, Wismar
10193 141,4 14 kn
5062 21,2 5000 PS
7711 7,8 Fischfabrik

Deutsche Reichsbahn

118

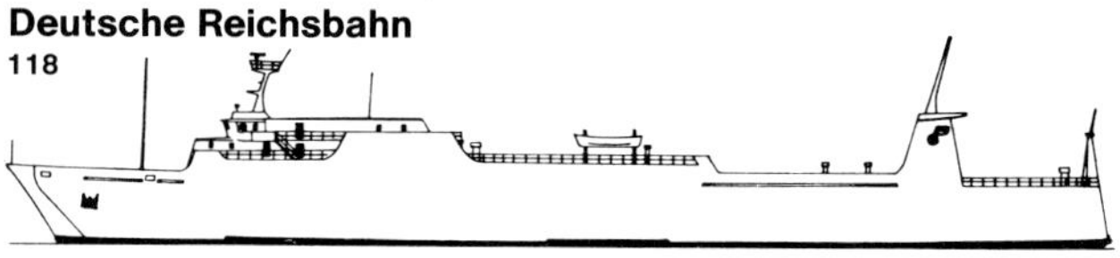

nis **Stubbenkammer** 1971 Trosviks Verksted, Brevik
1999 124,5 17,4 kn
810 16,8 5100 PS
3200 4,9 Sassnitz-Trelleborg
30 Waggons
12 Lkw's
(Brücke bis Achterkante Mittschiffsaufbau verlängert)

119

ms **Warnemünde** 1963 »Neptun«, Rostock
6149 136,4 18 kn
2008 18,8 9600 PS
1564 4,8 32 + 700 P
31 Waggons
150 cars
Warnemünde-Gedser

120

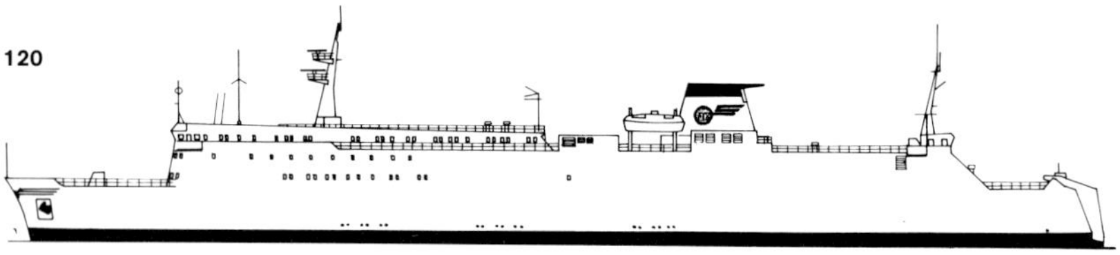

ms **Rostock** 1977 Bergens M.V., Bergen
6111 158,4 20,5 kn
1680 21,6 17500 WPS
3210 5,6 36 P.
49 Waggons
20 trailers
Sassnitz-Trelleborg

121

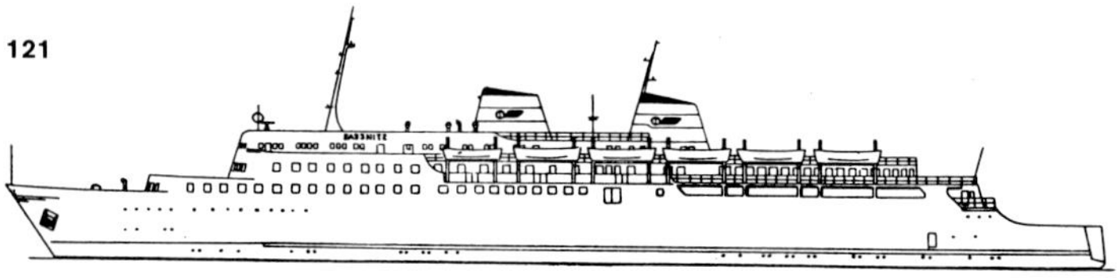

mf **Sassnitz** 1958 »Neptun«, Rostock
6164 137,5 18 kn
2318 18,8 9600 PSe
1843 5,3 888 P.
Sassnitz-Trelleborg

122

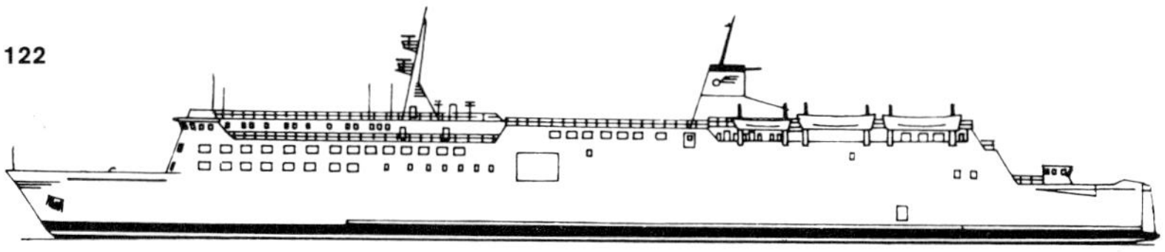

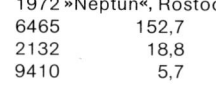

ms **Rügen**
1972 »Neptun«, Rostock
6465 152,7 21 kn
2132 18,8 4 x 5000 PS
9410 5,7 1500 P.
42 Waggons
74 cars
478,50 m Gleislänge
Sassnitz-Trelleborg

Deutsche Seereederei

123

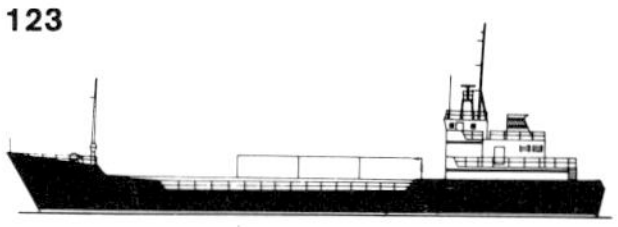

ms **Boltenhagen**
Dierhagen
Nienhagen
Trinwillershagen

1970 Elbe-Werft, Boizenburg
299 57,9 12,5 kn
137 10,2 1160 PS
780 3,7 39 Container
27,2x7,7 m 1607 cbm

Derselbe Typ, aber mit 2 nebeneinander stehenden 3,2-t-Borddrehkränen:
Hagenow **Miltzow**
Marlow **Mirow**
Neubukow
Rakow
Satow
Semlow
Torgelow
Züssow
Zurow

124

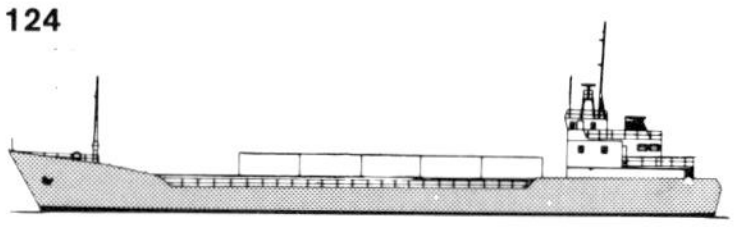

ms **Bansin**
Kröpelin
Rechlin
Warin

1972 Elbe-Werft, Boizenburg
494 71,0 12,0 kn
267 10,4 1160 PS
1111 3,7 2207/1993 cbm
18,6x7,7 m 62 Container

125

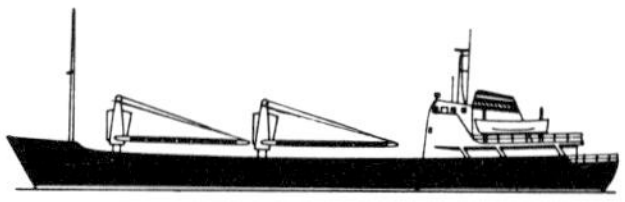

1960 Peene-Werft, Wolgast
617 59,3 10 kn
230 9,8
853 3,7
Malchin 1974 umgebaut zum Leimtanker

ms **Arcturus** **Poel**
Atair **Puttbus**
Bellatrix **Rerik**
Capella **Sirrah**
Deneb **Stavenhagen**
Denebola **Ückermünde**
Gemma **Vilm**
Insel Riems **Vitte**
Malchin **Waren**
Markab **Wega**
Nordstern **Zinnowitz**

126

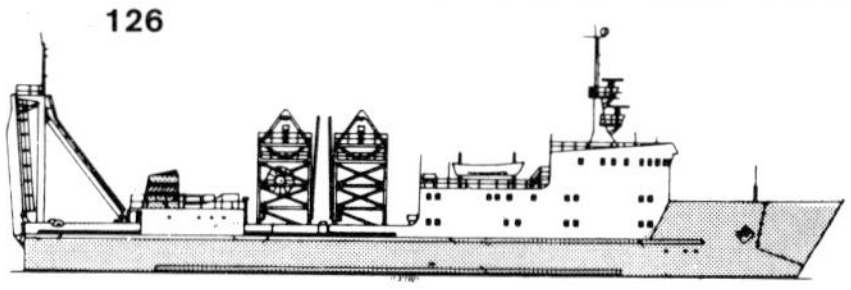

ms **Brocken**
1976 Werf & Maschinefabriek »Holland«, Hardinxveld
1273 81,0 12,2 kn
528 16,4 3400 PS
1375 4
2–130-t-cranes, 550 t Ro-Ro-capacity

127

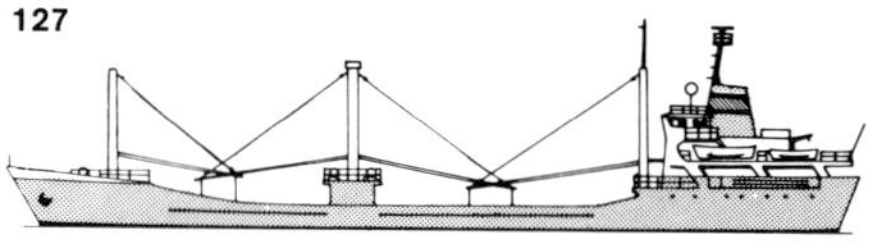

ms **Artern**
Coswig
ex *Grong*
Garli

1973 Stocznia Gdanska, Gdansk
1586 84,1 12,4 kn
13,6 2000 PS
2959 5,3 3559 cbm

128

Typ „Framo"

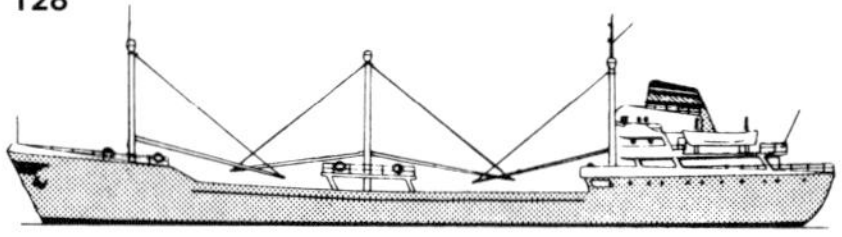

ms **Albatros** **Condor** **Flamingo** **Pinguin**
Bussard **Falke** **Kormoran** **Seeadler**
1961 »Neptun«, Rostock
1742 82,5 11,0 kn
930 12,6 1365 PSe
2733 5,8
20,4 x 8 m, 8–3/5 t

129

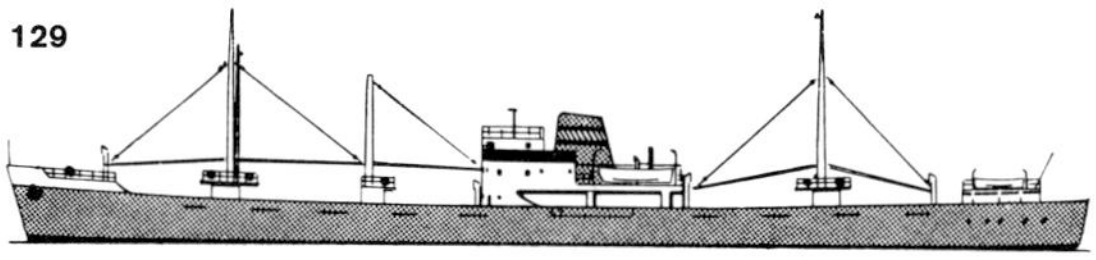

ms **Recknitz**
ex *Lagnö*

1953 Oskarshamns Varv, Oskarshamn
2025 105,5 14,5 kn
984 13,7 3710 PS
3600 5,7 232000/214000 cft
9,52 x 6,70 m, 10–3/5 t, 1–15 t

130

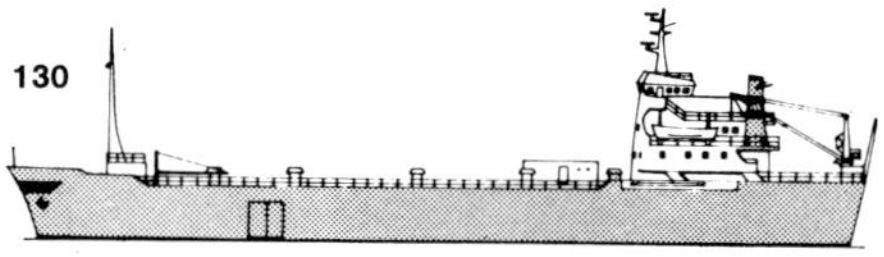

ms **Inselberg**
ex *Bergwald*

1967 Ekensbergs Varf, Stockholm
2274 99,1
1256 15 3000 PS
4540 6,0 Rostock – Helsinki – Kotka
85 20'-Rolltrailer
1–3 t oder 350 Pkw
Rampe 12 x 5,04 m

131

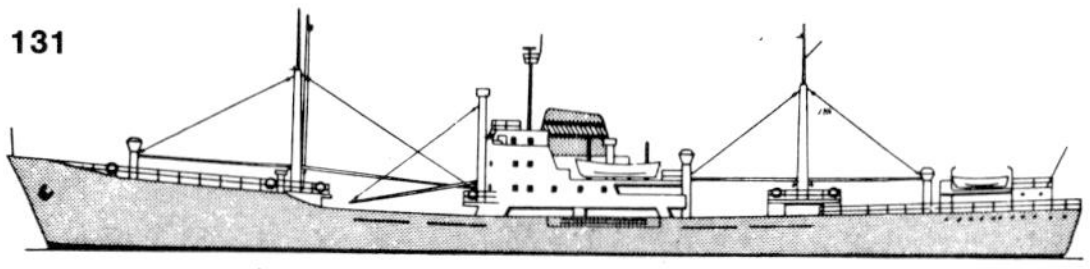

ms **Werra**
ex *Fravizo*

1958 Amsterdamsche Droogdok My., Amsterdam
2284 105,4 15,5 kn
1095 14,6 3600 PS
3627 6,0
13,69 x 6,10 m 243414/222298 cft
6–3 t, 4–6 t, 1–20 t 4 P.

132

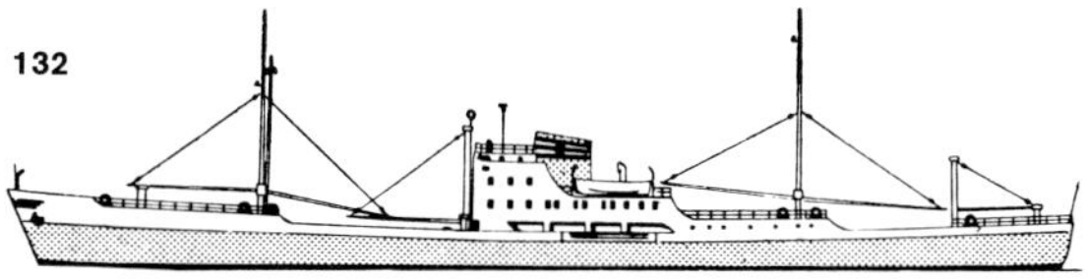

ms **Zschopau**
Tollense
ex *Antonina*
Itajai

1952 Öresundsvarvet, Landskrona
2316 107,5 14 kn
1033 14,4 3700 PS
3750 5,9 4 P
15 x -- m, 8–5 t, 2–10 t, 1–25 t

DDR

133

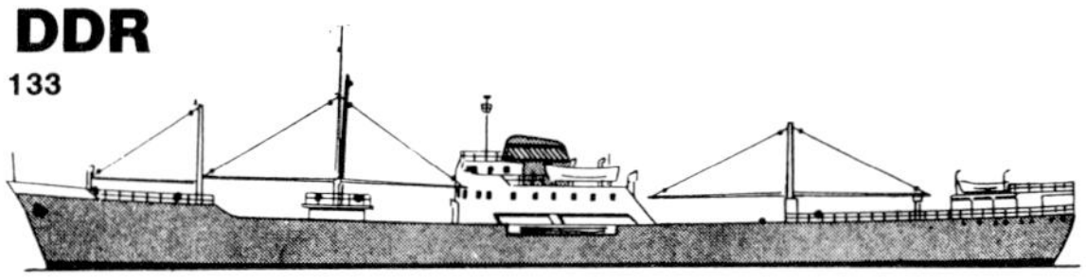

ms	**Elster**	1952 Helsingborgs Varv, Hälsingborg		
ex	*Erik Banck*	2445	110,2	14,5 kn
		1263	14,5	2950 PS
		3900	6	6 P

134

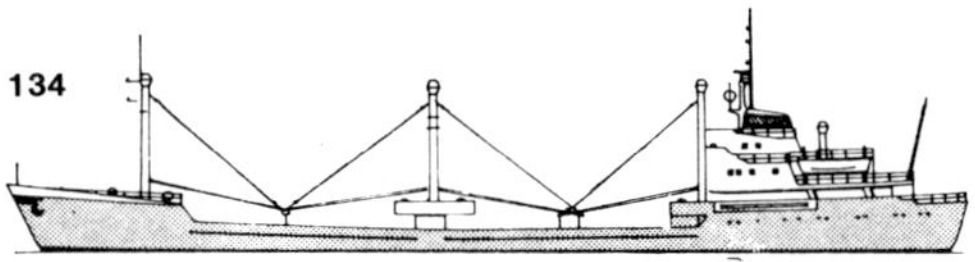

ms	**Hellerau**	1966 »Neptun«, Rostock		
	Eisenberg	2546	92,9	12,8 kn
	Karlshorst	1424	14,2	2300 PS
	Oelsa	3640	5,9	4775 cbm
	Themar	10 x 18,18 m, 8–3/5 t		
	Zeulenroda			

135

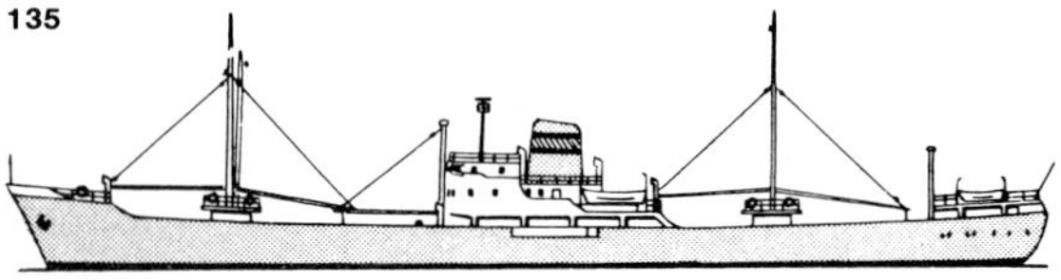

ms	**Spree**	1952 Nordseewerke, Emden		
ex	*Else*	2736	110	12,8 kn
		1355	15,6	2300 PS
		5100	6,4	

136

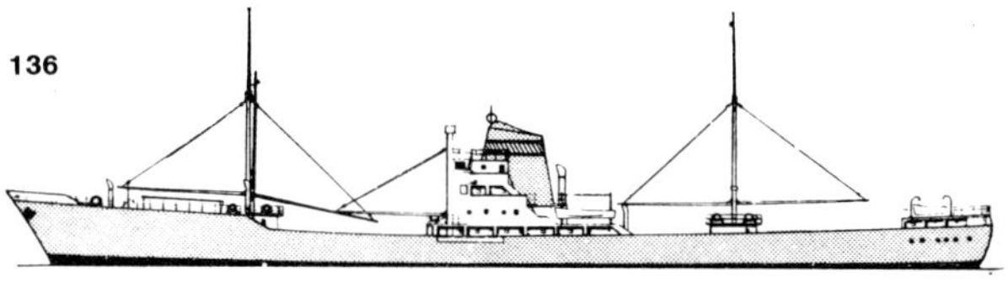

ms	**Darss**	1953 AG. »Weser«, Werk Seebeck, Bremerhaven		
ex	*Algenib*	2806	115,7	14 kn
		1466	15,9	3200 PS
		5185	6,3	8 P.
		17,5 x 5,5 m, 1–3 t, 8–3/5 t, 1–30 t		

137

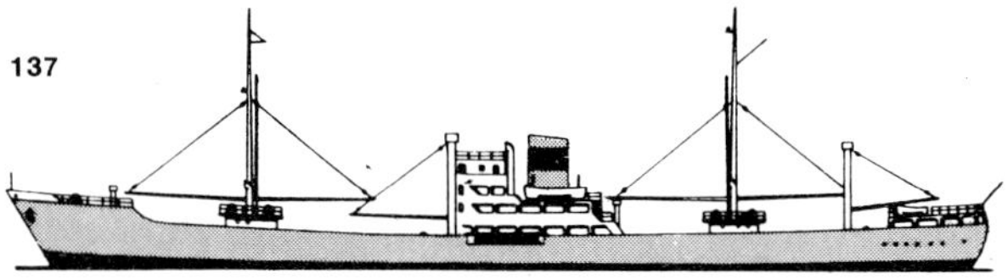

ms	**Elbe**	1953 AG. »Weser«, Werk Seebeck, Bremerhaven		
ex	*Marmara*	2815	116	14 kn
		1398	15,8	3600 PS
		5185	6,3	12 P

138

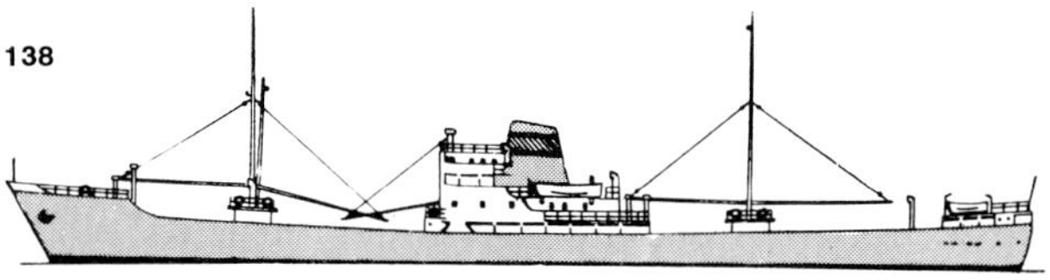

ms	**Warnow**	1953 Rickmers Werft, Bremerhaven		
ex	*Léon Dens*	2822	118,6	14 kn
		1232	15,8	3050 PSe
		4736	6,3	322250/291530 cft
		2–3 t, 4–3/5 t, 4–5 t, 1–30 t		

139

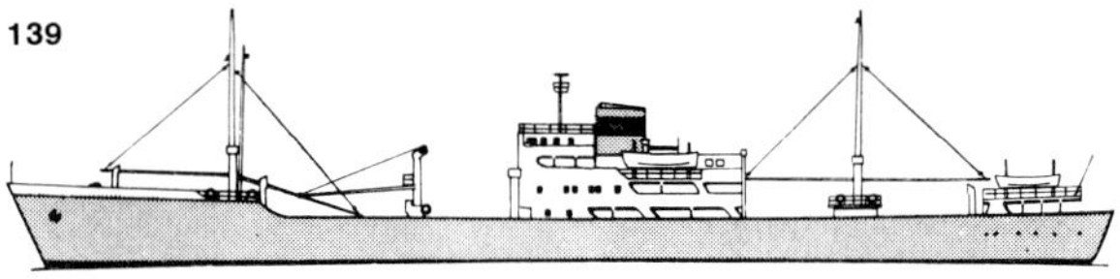

ms	**Weisseritz**	1954 Sarpsborg M.V., Greåker		
ex	*Fernriver*	2923	113,1	14 kn
		1317	14,7	3800 PS
		4380	6,2	12 P
		13,22 x 6,15		288925/264410 cft
		6–5 t, 2–10 t, 1–30 t, 2–5 t-cranes		

140

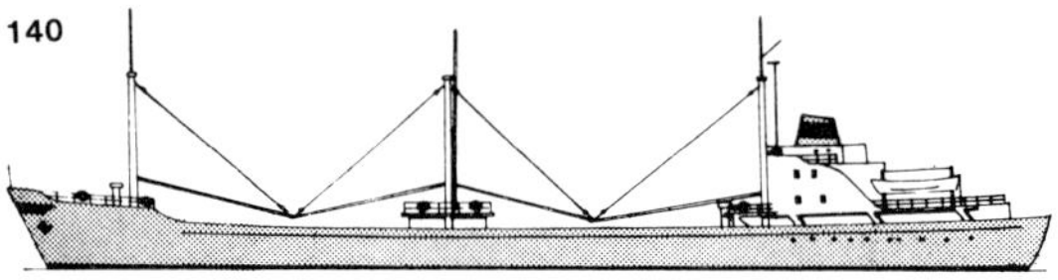

ms	**Oder**	1958 Norrköpings Varv, Norrköping		
ex	*Cecilia Falkland*	3090	102,1	14 kn
		1615	14,4	3000 PSe
		4600	6,6	
		11 x 7,7 m, 8–5 t, 1–25 t		219270/202090 cft

141

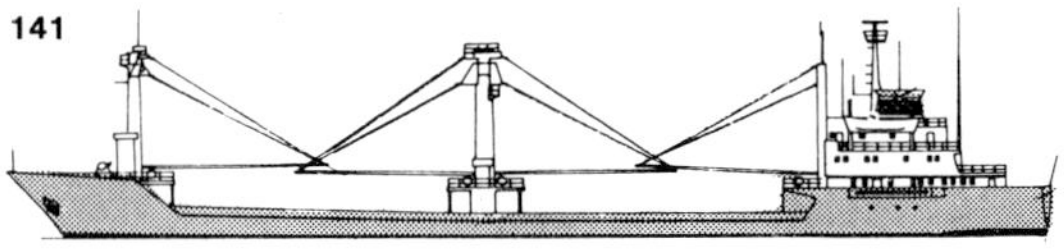

ms	**Neuhausen**	1972 »Neptun«, Rostock		
	Klosterfelde	3091	105,2	14,4 kn
	Radeberg	1904	14,6	3200 PS
		4344	5,8	6233/6080 cbm
		10,6 x 25,96		122 container 20'
		3–10 t, 1–20 t, 1–50 t		

142

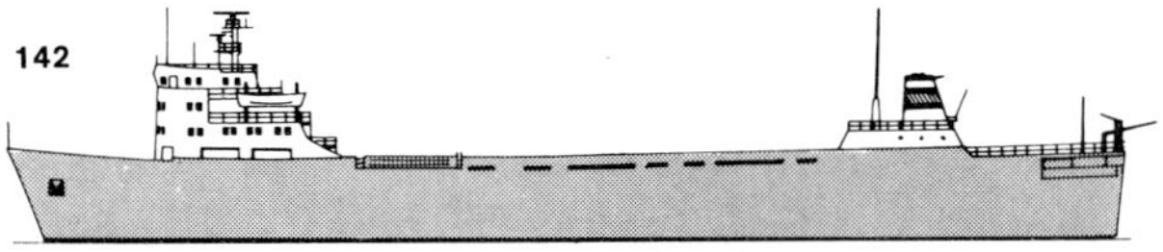

ms	**Aschberg**	1972 Rauma-Repola Oy., Rauma		
ex	*Bore IX*	3166	113,5	16,2 kn
		1131	19,2	2 x 3000 hp
		4600	6,2	400000 cft bale
				220 container 20'
				700 cars
				80 trailers

143

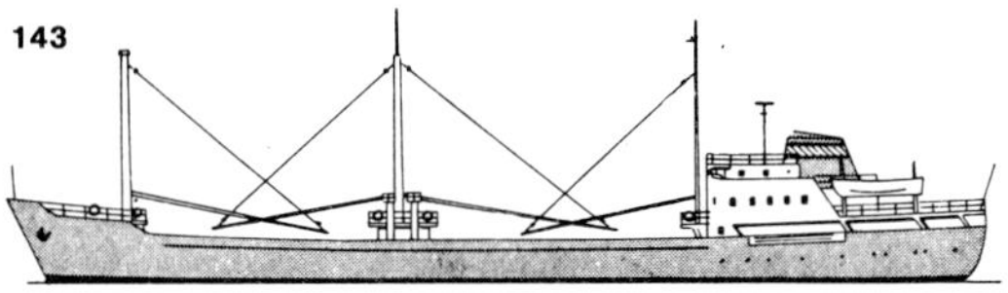

ms	**Saale**	1958 Terneuzen Scheepswerf, Terneuzen		
ex	*Olivia Winther*	3428	100	13 kn
		1815	14,2	2100 PS
		5374	7,2	

144

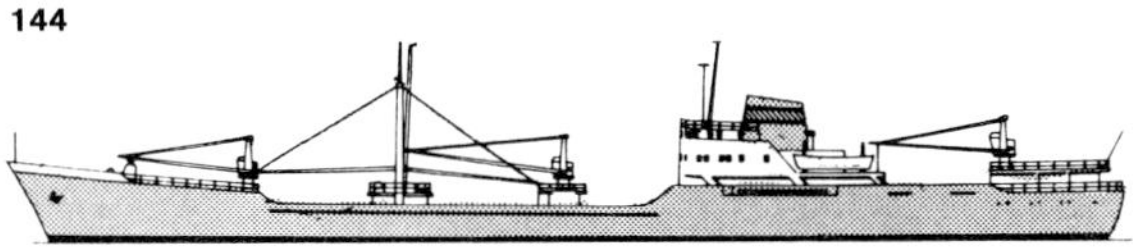

ms	**Schwarza**	1962 Helsingborgs Varv, Hälsingborg		
	Weida	3498	110,2	14,4 kn
ex	*Olau Ege*	2133	14,5	3300 PS
	Olau Drot	5040	7	7016/7738 cbm
		2–3/5 t, 4–5/7,5 t, 1–50 t, 2–3 t-cranes		

145

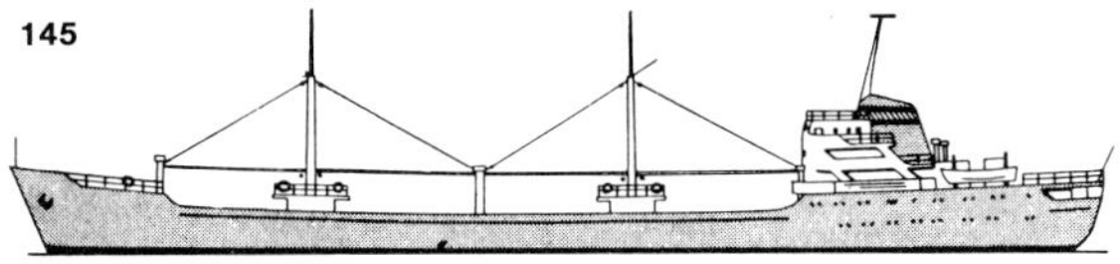

ms	**Havel**	1958 Langesunds M.V., Langesund		
ex	*Ceara*	3708	106,5	15 kn
		2178	14,3	3580 PS
		5400	7	267000/247000 cft

146

Typ 271 („Poseidon")

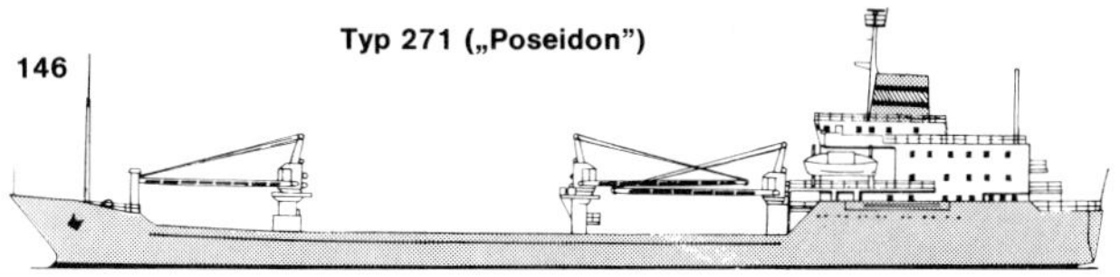

ms	**Rudolf Diesel**	**Liebenwalde**	1975 »Neptun«, Rostock		
	Cunewalde	**Luckenwalde**	5735	120,6	17 kn
	Eichwalde	**Mittenwalde**	2992	17,6	5400 PS
	Fürstenwalde	**Schönewalde**	7350	7,9	148 container 20'
	Geringswalde	+ 8			Europe-Levante
			1–8 t, 2 x 2 Twin-cranes 2 x 8 t		

147

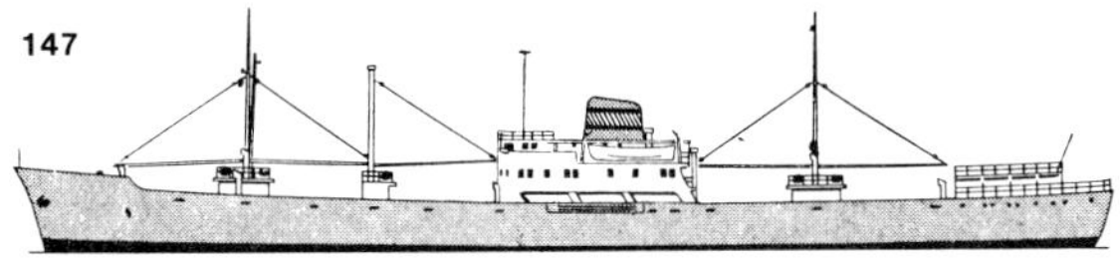

ms	**Unstrut**	1958 Moss Vaerft & Dokk, Moss		
	Bode	3834	108,1	15 kn
	Mulde	2124	14,8	3600 PSi
ex	*Arctic Gull*	5960	7,4	292000 cft
	Arctic Tern	10–5 t, 1–25 t		
	Sunima			

148

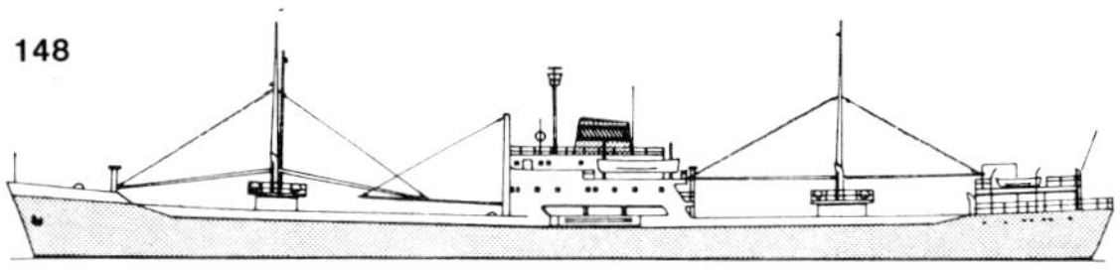

ms	**Rosenort**	1961 Moss Vaerft & Dokk, Moss		
ex	*Nyco*	3847	108,1	15 kn
		2199	14,8	3600 PSi
		5860	7,4	292000 cft

149

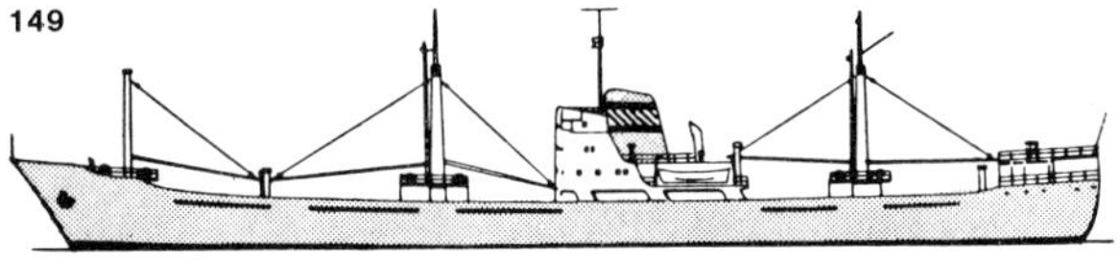

ms	**Rügen**	1958 LMG., Lübeck		
ex	*Marivia*	3993	112,8	14 kn
		2418	14,8	3000 PSe
		5920	7,4	292000/262000 cft
		10–3/5 t, 1–10 t, 1–25 t		

150

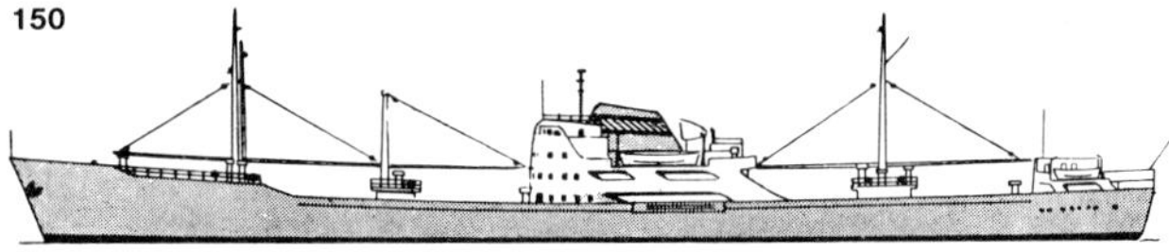

ms	**Uckermark**	1955 Burmeister & Wain, Köbenhavn		
ex	*Lotte Skou*	4060	120,1	15 kn
		2194	16,9	5400 PS
		6625	7,5	

151

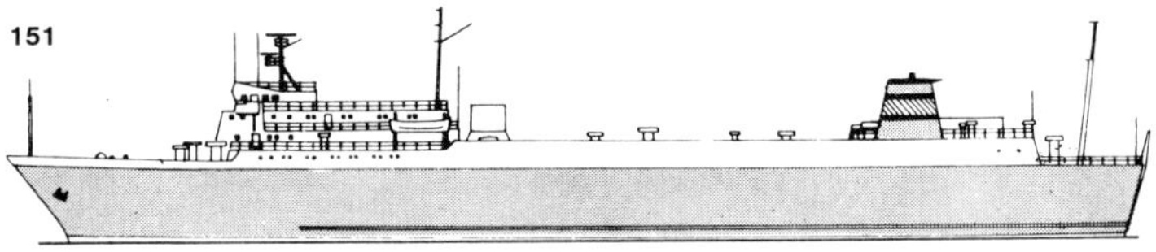

ms	**Fichtelberg**	1975 Kristiansand M.V., Kristiansand		
ex	*Tor Caledonia*	4128	137,6	18,5 kn
		2027	20,6	2 x 6000 PS
		7597	7,2	Ro-Ro-Vessel
				205 Lkw's or 95
				Trailers + 135 cars

152

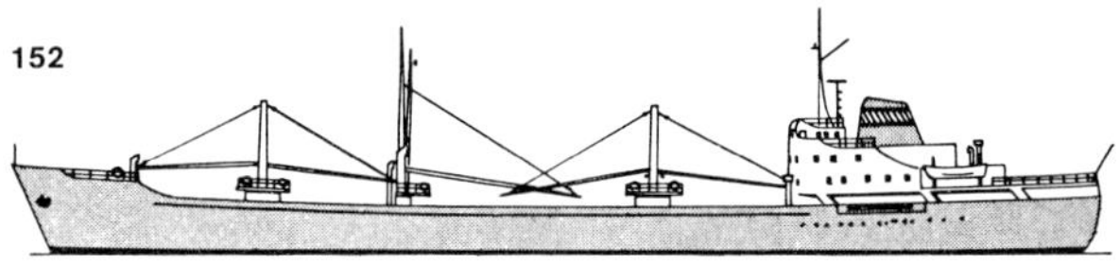

ms	**Rhön**	1960 Ekensbergs Varv, Stockholm		
ex	*Bindal*	4322	114,3	14,5 kn
		2510	15,4	3800 PSe
		6070	7,2	312255/286515 cft
		15,4 x 6,7 m, 10–5 t, 1–25 t		

153

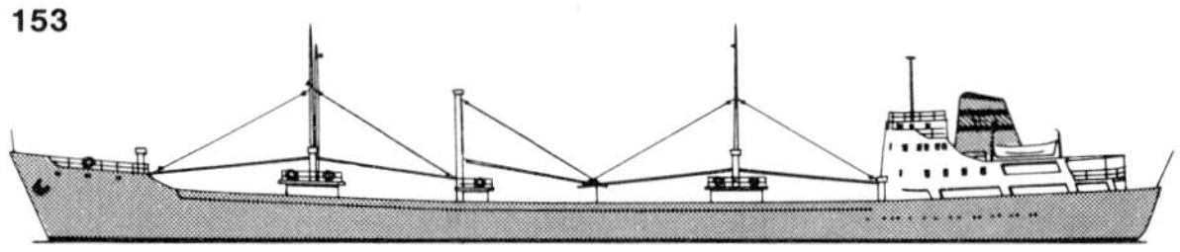

ms	**Orla**	1959 Ekensbergs Varv, Stockholm		
ex	*Artensis*	4333	114,3	14 kn
		2320	15,4	3800 PS
		6071	7,2	7683/8333 cbm
		10–5 t, 1–25 t		

154

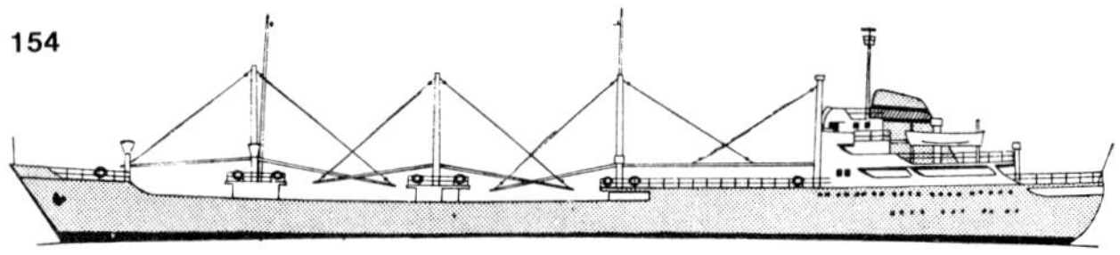

ms	**Altmark**	1959 Langesunds M.V., Langesund		
ex	*Inge Toft*	4632	121,6	15,5 kn
		2607	16,3	4600 PS
		7732	7,7	380000/346000 cft
		9 x 6,50 m, 12–5 t, 2–10 t, 1–30 t		

155

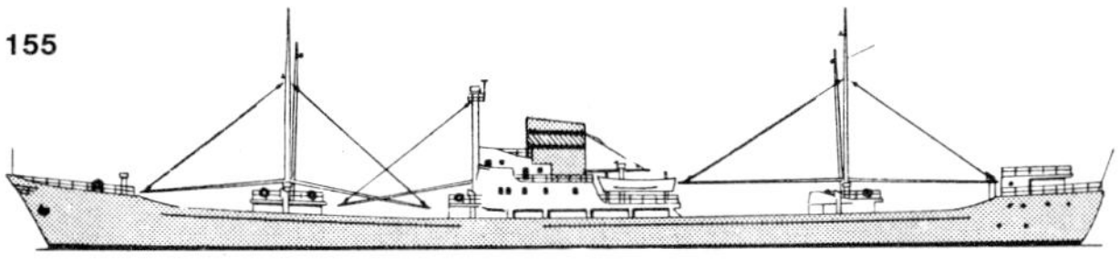

ms	**Hiddensee**	1956 Stülckenwerft, Hamburg		
ex	*Lealott*	4828	117,5	14,8 kn
		2668	16,2	4200 PS
		7314	7,6	6 P
		13,68 x 6,32 m		9947/9173 cbm
		7–5 t, 3–10 t, 1–25 t		

156

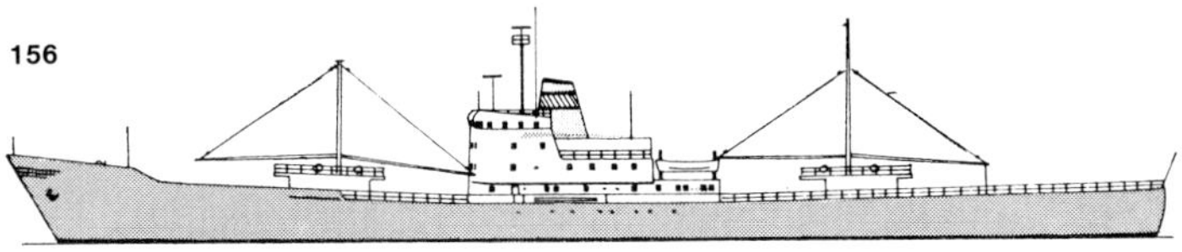

ms	**Theodor Storm**	1966 J. Boel & Fils, Tamise		
	Theodor Fontane	4976	135	21 kn
		2824	17,8	10500 PS
		4800	6,8	303000 cft R
		7,88 x 5,20 m, 8–5 t		12 P

DDR

157

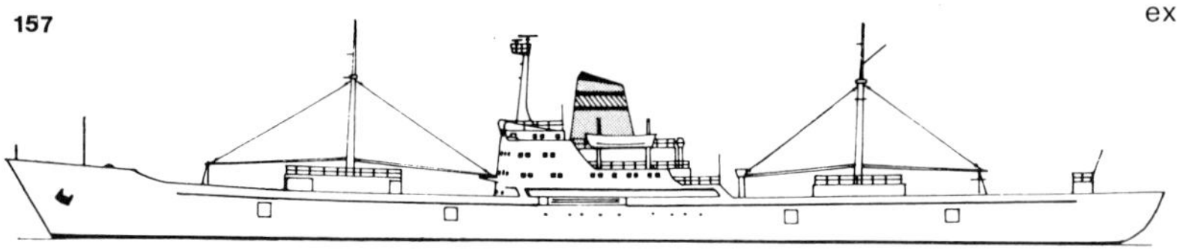

ms	**Ferdinand Freiligrath**	1967 Scott's Shipb. & Eng. Co. Ltd., Greenock		
	Georg Weerth	5587	152,7	22 kn
ex	*Padua*	2857	19,2	12000 PS
	Parma	6500	7,7	336440/318383 cft
		22'1 x 17'6, 3–3/5 t, 4–5 t, 1–10 t		

158

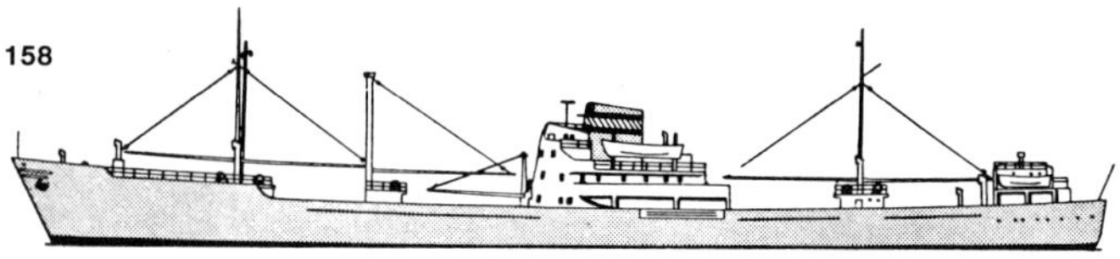

ms	**Lausitz**	1952 Nakskov Skibsvaerft, Nakskov		
ex	*Estrid Torm*	5628	129,2	16 kn
		4014	17,6	5200 PS
		7260	7,7	12 P

159

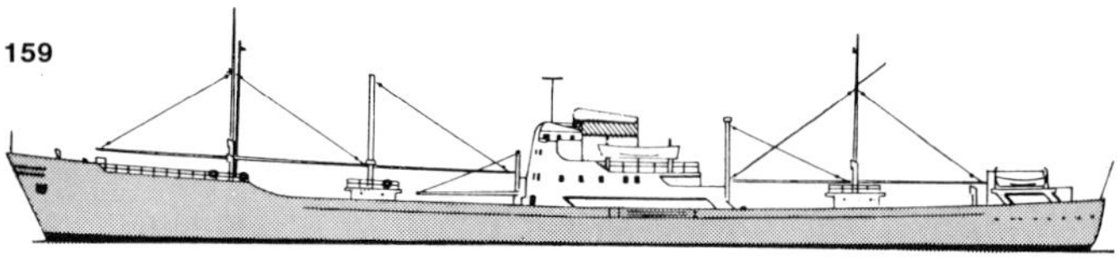

ms	**Vogtland**	1953 Helsingörs Skibsvaerft, Helsingör		
ex	*Freya Torm*	5722	129,2	16 kn
		3317	17,5	5600 PSe
		7625	7,8	447700/402900 cft
		12,16 x 6,10 m, 4–5 t, 8–7 t, 1–30 t, 2–5 t-cranes		

160

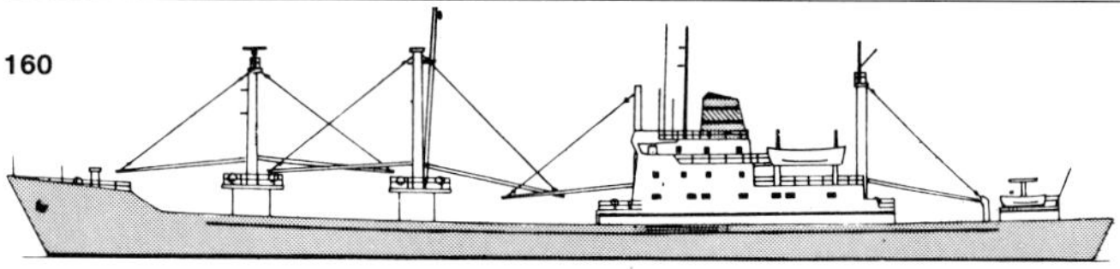

ms	**Wismar**	1968 Mathias-Thesen-Werft, Wismar		
	Fürstenberg	5722	129,5	16,5 kn
	Frederic	3242	17,3	7000 PS
	Juliot Curie	6765	7,6	8 P
	Sonneberg	10 x 18 m		10010/8860 cbm
	Stollberg			290 cbm R.
	Wittenberg	6–5/3 t, 2–10/5 t, 4–14/7,5 t, 1–50 t		

161

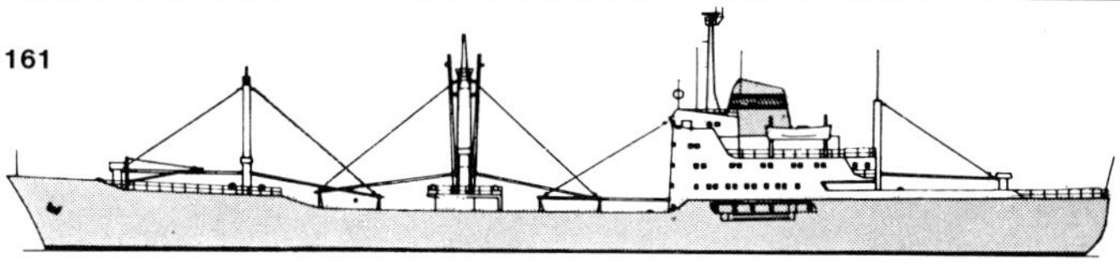

ms	**Franz Stenzer**	1965 Mitsui Zosen KK., Tamano		
ex	*Lloyd Helsinki*	5955	131	17 kn
		4071	17,6	
		8000	7,9	

162

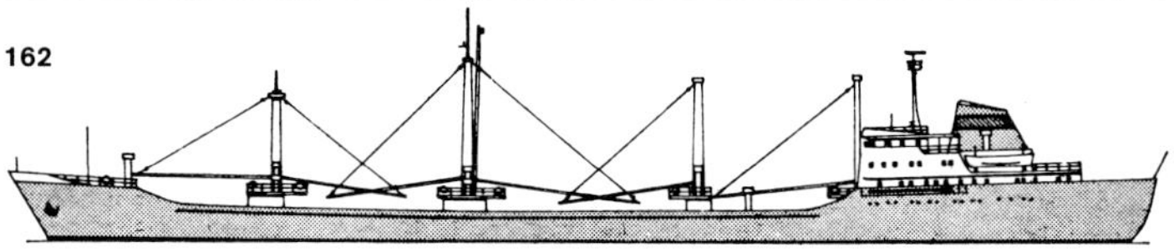

ms	**Eichsfeld**	1967 »De Hoop«, Lobith		
	Flaeming	6110	135,7	17,5 kn
	Prignitz	3428	17,7	8700 PS
		7500	7,6	370000/365000 cft
		14,4 x 9 m		300 cbm R
		10–5/8 t, 2–12,5 t, 1–60 t		8 P

163

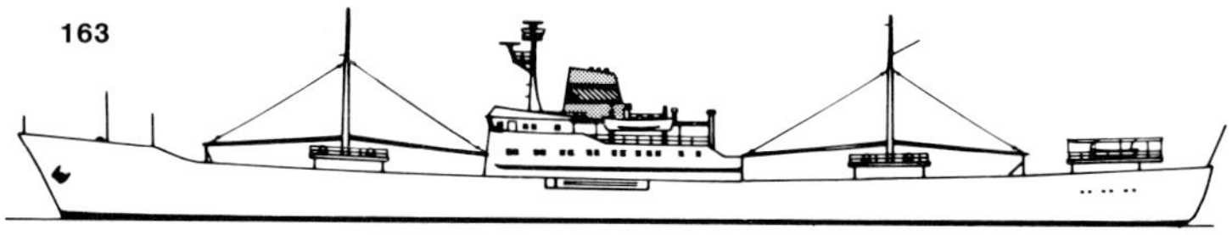

ms	**John Brinckmann**	1964 Öresundsvarvet, Landskrona		
	Fritz Reuter	6313	138,8	19 kn
ex	*Belnippon*		18,9	9700 PS
	Pacific Express	6150	7,9	275810 cft R
		8–5 t		

164

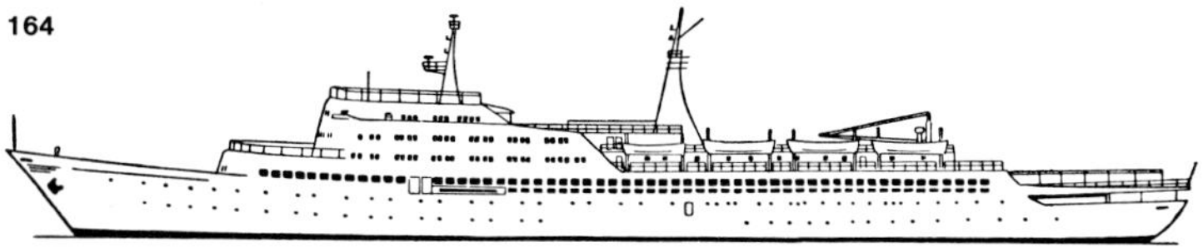

ms	**Fritz Heckert**	Volkswerft Stralsund	
		1961 Mathias-Thesen-Werft, Wismar	
		7363	141,2
		3401	17,6
		1724	5,5
		seit 1970 Wohnschiff	

165

Typ X

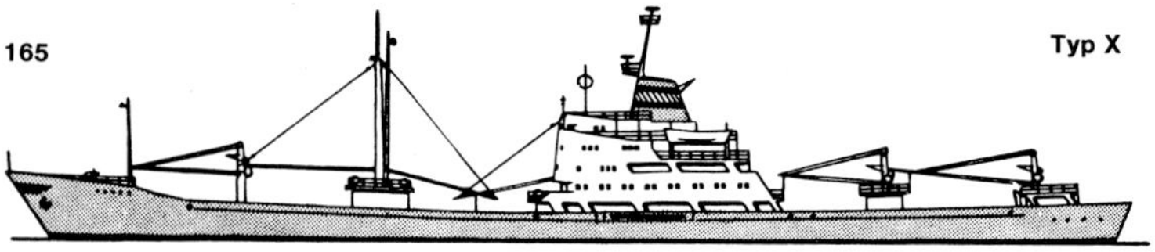

ms	**Edgar André**	1962 Warnowwerft, Warnemünde		
	Ernst Schneller	7707	142	14,5 kn
	Werner Seelenbinder	4151	18,6	5850 PS
	Wilhelm Florin	10300	8,5	
		2–5 t, 4–9 t, 1–25 t, 6–5 t-cranes		

166

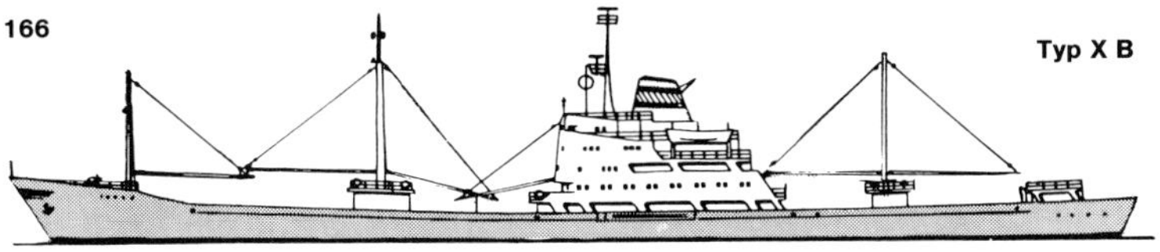

Typ X B

ms	**Albin Köbis**	1965 Warnowwerft, Warnemünde		
	Anton Saefkow	7712	142,1	14,5 kn
	Bernhard Bästlein	4166	19,3	5850 PS
	Georg Schumann	10400	8,6	
	Heinz Kapelle			
	John Schehr			
	Lieselotte Herrmann			
	Mathias Thesen			
	Max Reichpietsch			
	Rudolf Breitscheid			

167

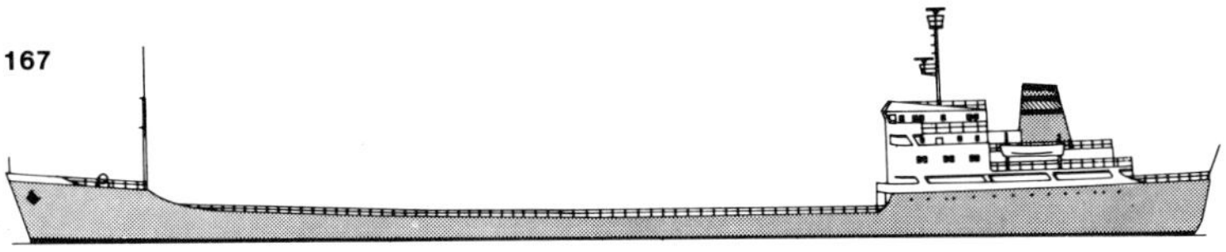

ms	**Dessau**	1958 Admiralteiskij-Werft, Leningrad		
ex	*Leuna II*	7917	143,5	12 kn
		3675	19,2	4000 PS
		11337	8,5	5712 cbm
		12,75 x 8 m		ore transport

167a

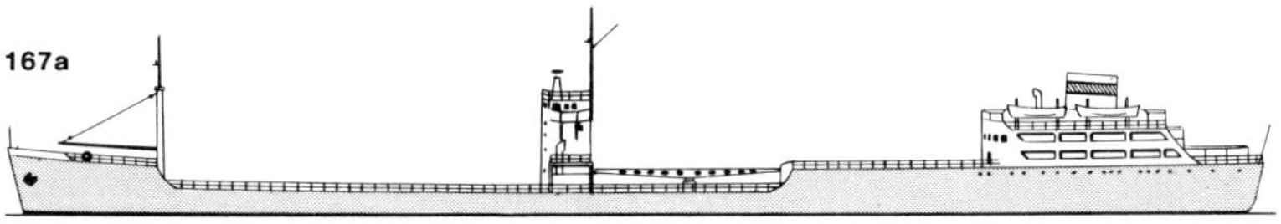

ms	**Maxhütte**	1955 Götaverken, Göteborg		
ex	*Ledarö*	8467	148,9	13 kn
		3352	17,9	6200 PS
		12800	8,8	228500 cft Erz
				427000 cft Öl

168

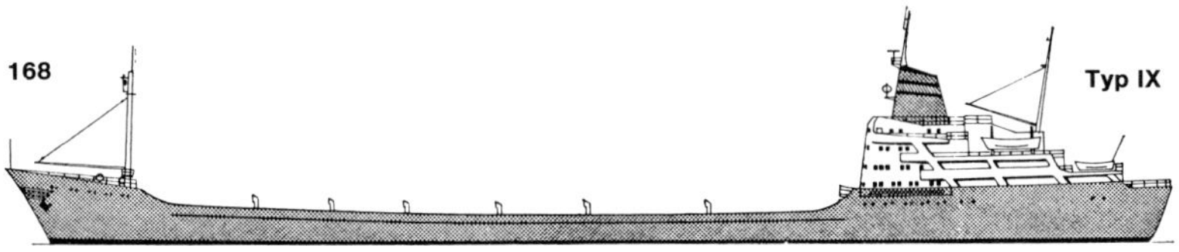

Typ IX

ms	**Espenhain**	1962 Warnowwerft, Warnemünde		
	Senftenberg	8136	151,8	14 kn
	Trattendorf	4466	19,2	5850 PS
	Vockerode	13150	8,3	13874 cbm grain

169

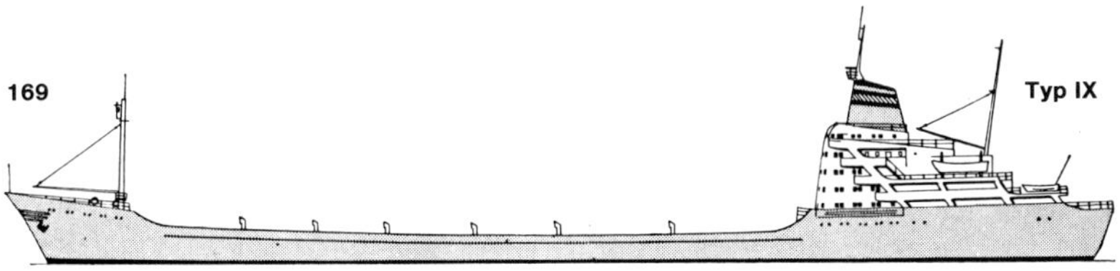

Typ IX

ms	**Lübbenau**	1962 Warnowwerft, Warnemünde		
	Mansfeld	8229	151,8	14 kn
		4457	19,2	5850 PS
		13150	8,3	13874 cbm grain

170

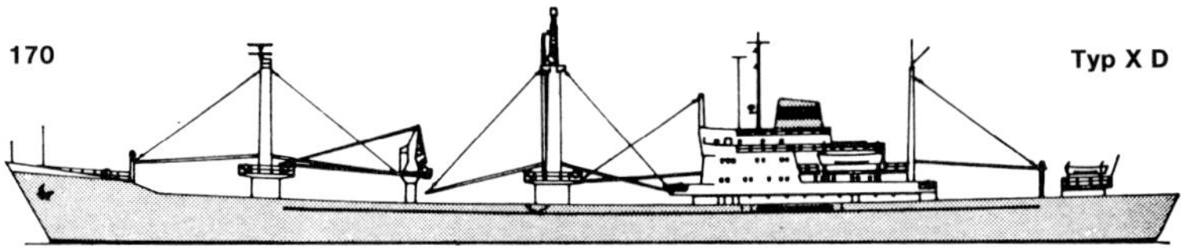

Typ X D

ms	**Rostock**	1967 Warnowwerft, Warnemünde		
	Altenburg	8501	150,2	19 kn
	Bernburg	5048	20,2	5850 PS
	Blankenburg	10400	8,2	14934 cbm
	Boizenburg	11 x 12,16 m		5 P
	Eilenburg	6-3/5 t, 4-5/8 t, 2-8/14 t, 1-80 t, 1-5 t-crane		
	Freyburg			
	Magdeburg			
	Meyenburg			
	Naumburg	**Oranienburg**		**Ronneburg**
	Neubrandenburg	**Quedlinburg**		**Schwarzburg**
	Nienburg			

171

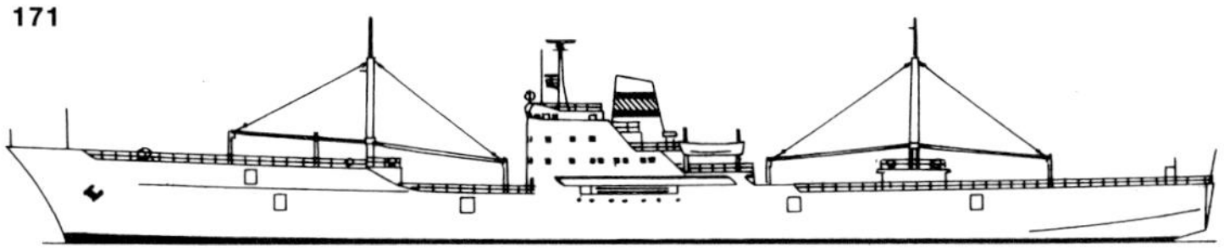

ms	**Heinrich Heine**	1975 Framnaes M.V., Sandefjord		
	Theodor Körner	6641	140,7	22,8 kn
		3612	18	
		9000	6,1	360000 cft Reefer

DDR

172
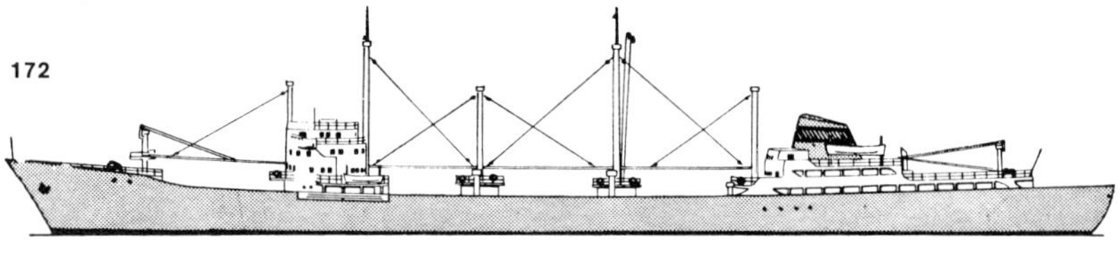

ms **Frieden**
Berlin
Freundschaft
mit längerem Schornst.: **Erfurt**
Gera
Halberstadt
Halle
Karl-Marx-Stadt
Leipzig
Schwerin

1957 Warnowwerft, Warnemünde
9427 157,6 15,5 kn
5614 20 9600 PS
13000 8,4 12 P
12,6 x 6,6 m 19051/16641 cbm
10-3/5 t, 4-5/8 t, 1-50 t 420 cbm R

Dresden liegt als Museumsschiff in Rostock

173
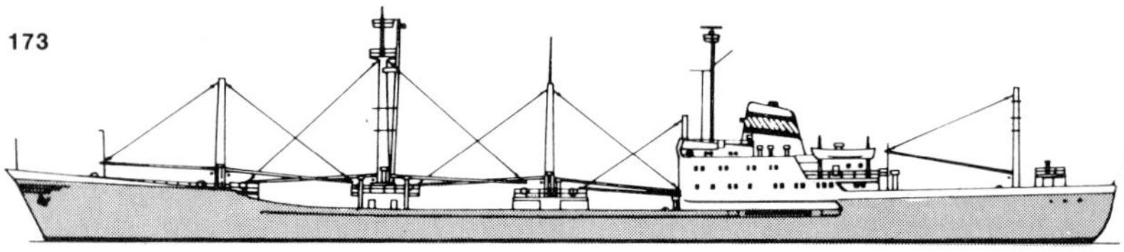

ms **Georg Handke**
ex *Talana*

1965 Deutsche Werft, Hamburg
9662 156,1 18 kn
5738 20,5
13500 12,1

174
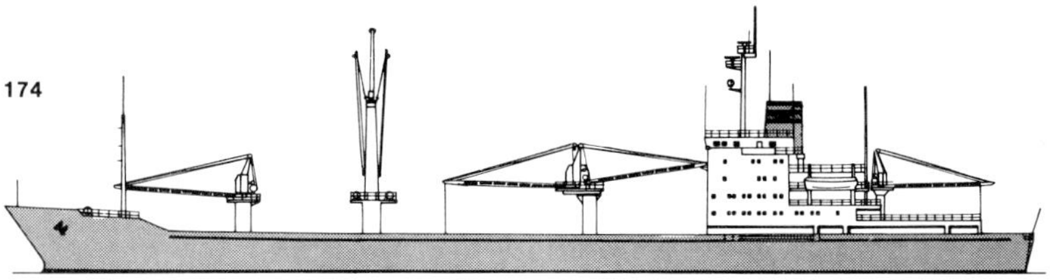

ms **Mühlhausen**
Nordhausen
Sangershausen
Sondershausen

1976 Warnowwerft, Warnemünde
11127 150,4 20 kn
6015 21,8
12350 8,8 17878/17036 cbm
2–3 t, 4–8 t-cranes, 587 cbm R
4–16 t, 1–60 t 368 Container 20'

175
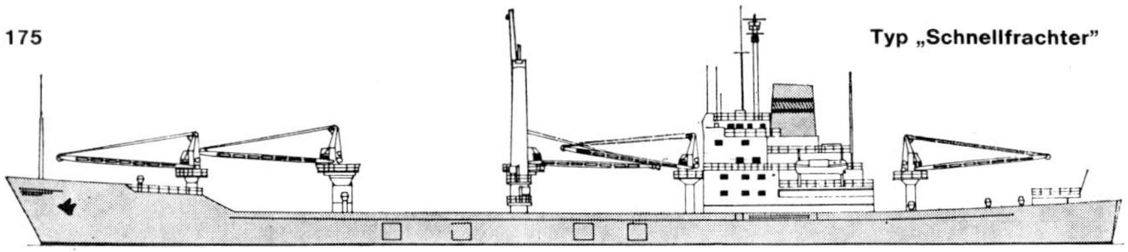

Typ „Schnellfrachter"

ms **Karl Marx**
Friedrich Engels

1971 Warnowwerft, Warnemünde
11023 166,4 22,6 kn
6454 23 20300 PS
13100 9,6 19363/17513 cbm
399 cbm R
260 Container, 18 P.
2 cranes 5 t, 2 twin-cranes 2 x 8 t,
1 crane 8 t, 1–120 t

176
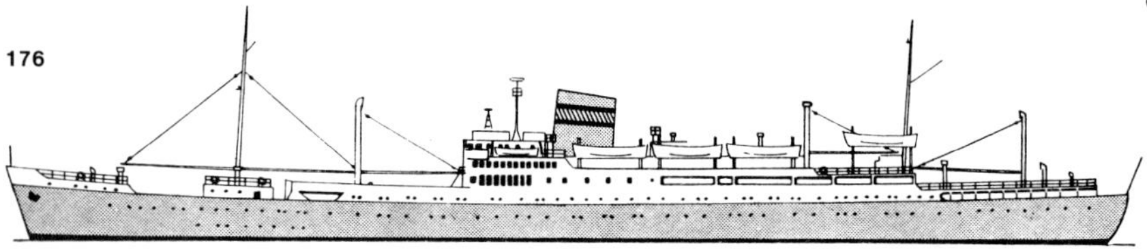

ms **J. G. Fichte**
ex *Claude Bernard*

1950 Atel. & Chant de la Loire, St. Nazaire
11045 163,6 17 kn
4123 19,6 12000 hp
9490 8,5 400 P
Schulschiff

177
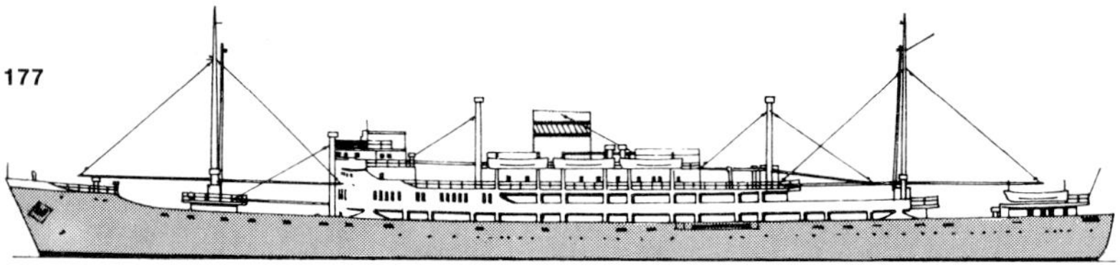

ms **Georg Büchner**
ex *Charlesville*

1951 J. Cockerill, Hoboken
11060 153,6 17 kn
3831 19,6 9250 PS
9274 8,4 248 P
10,76 x 6 m 10244 cft R
2–3 t, 12–5 t, 4–10 t, 1–20 t, 1–40 t
Schulschiff

DDR

178

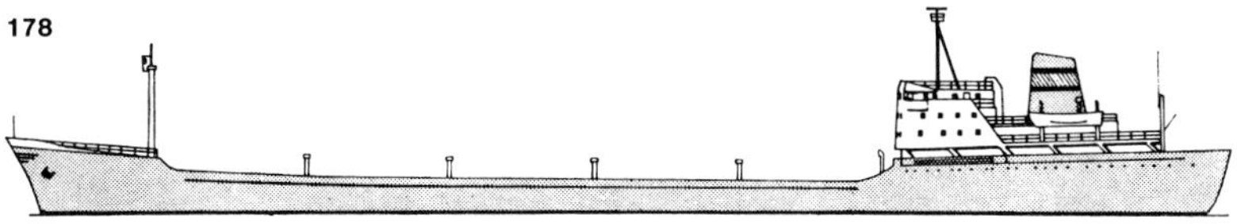

ms	**Calbe**	1958 Jos. Boel & Fils, Tamise		
ex	*Marly*	11722	172,3	14,5 kn
		6809	19,2	5600 PS
		19296	9	656220 cft

179

ms	**Völkerfreunschaft**	1948 Götaverken, Göteborg		
ex	*Stockholm*	12068	159,9	19 kn
		6287	21	12000 PS
		5500	7,6	560 P
		10–5 t		301000 cft

180

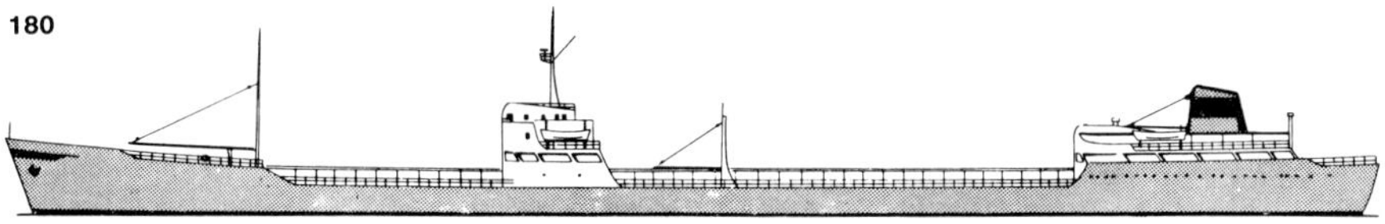

mt	**Merseburg**	1956 Kockums M.V., Malmö		
ex	*Helfrid Billner*	12468	170	14,5 kn
		7716	21,9	9300 PS
		20150	9,4	960110 cft

181

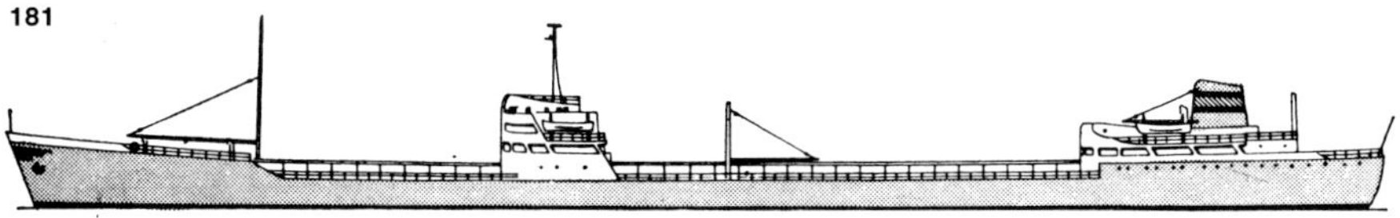

mt	**Bitterfeld**	1958 Kockums M.V., Malmö		
ex	*Southern Clipper*	13069	170	15,3 kn
		7487	21,9	8300 PS
		20335	9,4	960110 cft

182

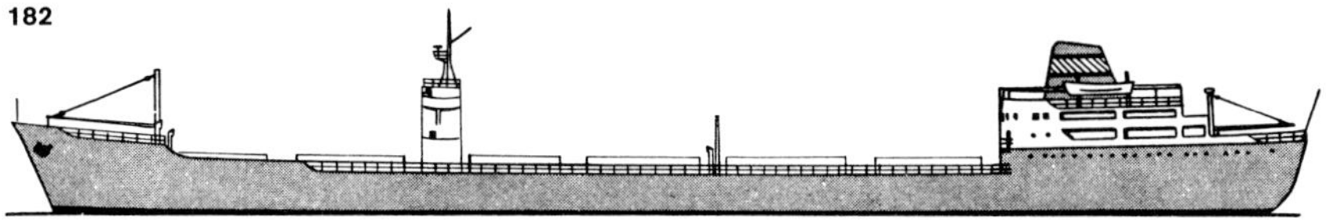

ms	**Riesa**	1956 Kockums M.V., Malmö		
ex	*Cassiopeia*	13408	163,3	14 kn
		6185	21,5	7200 PS
		19980	9,7	776700 cft cargo
		48' x 40'		295620 cft oil

183

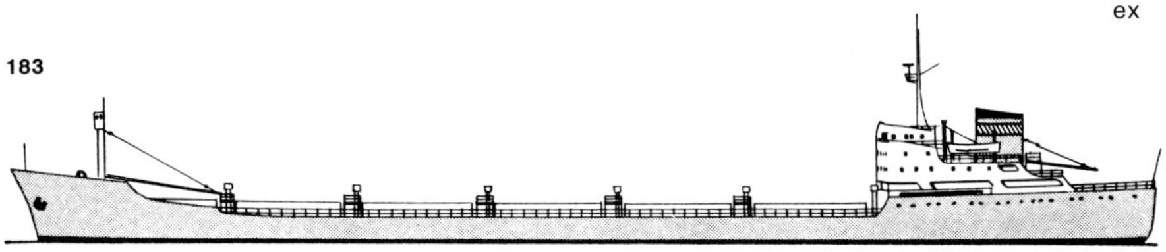

ms	**Thale**	1959 Kieler Howaldtswerke, Kiel		
ex	*H. L. Lorentzen*	14489	171,8	14,2 kn
		8057	22,4	7200 PS
		23543	10,2	1012000 cft grain
		13,6 x 11 m		

DDR

184

ms **Weimar** 1977 Mathias-Thesen-Werft, Wismar
+ 4

	176,5	15,6 kn
	22,9	11200 PS
23400	10,1	30210 cbm

(Entwurfskizze)

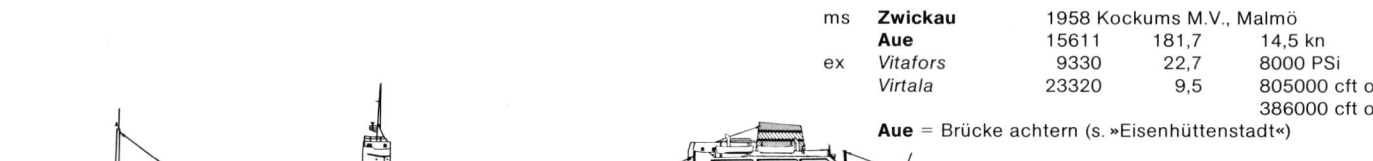

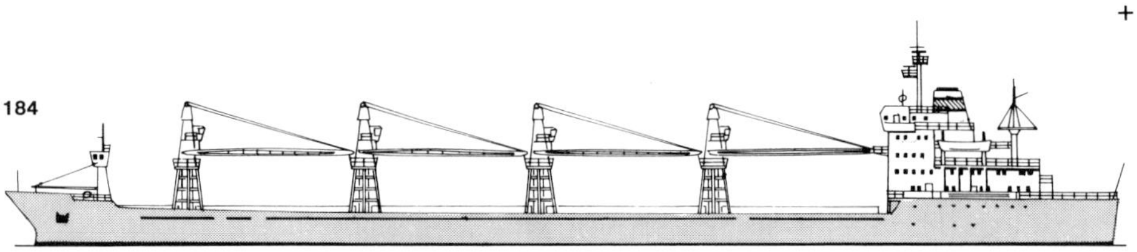

ms **Zwickau** 1958 Kockums M.V., Malmö
Aue
ex *Vitafors*
Virtala

15611	181,7	14,5 kn
9330	22,7	8000 PSi
23320	9,5	805000 cft oil
		386000 cft ore

Aue = Brücke achtern (s. »Eisenhüttenstadt«)

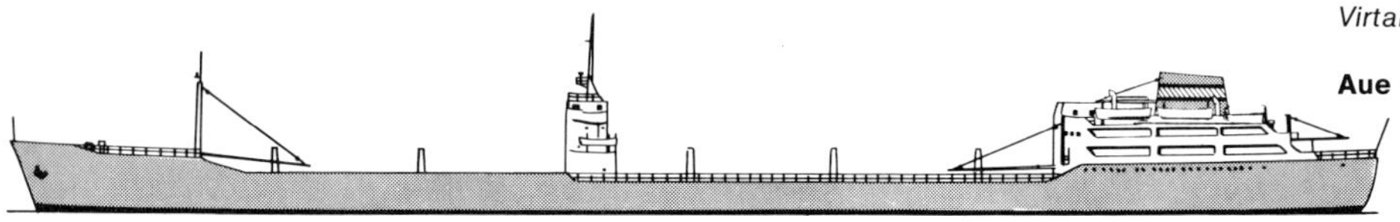

186

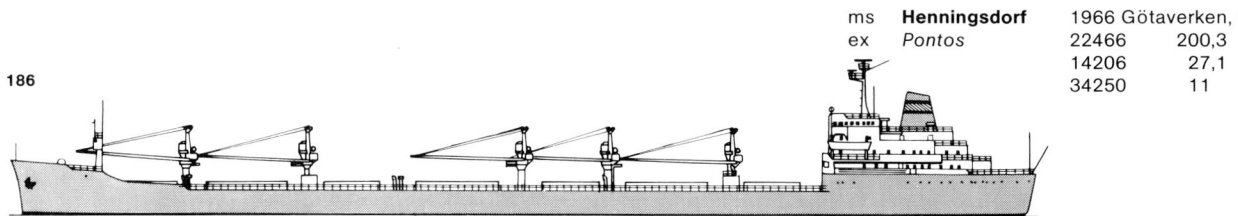

ms **Henningsdorf** 1966 Götaverken, Göteborg
ex *Pontos*

22466	200,3	16 kn
14206	27,1	12050 PS
34250	11	

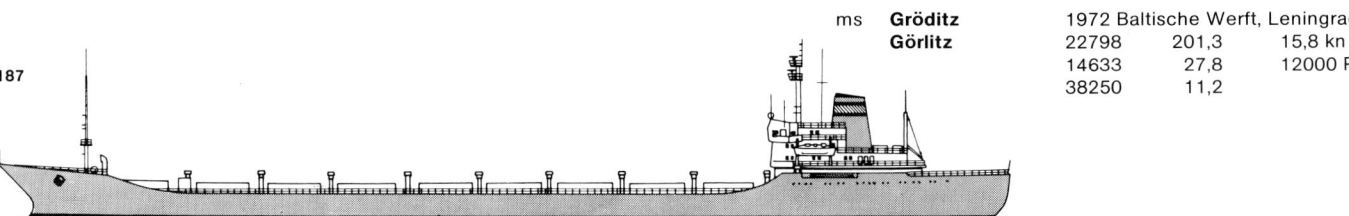

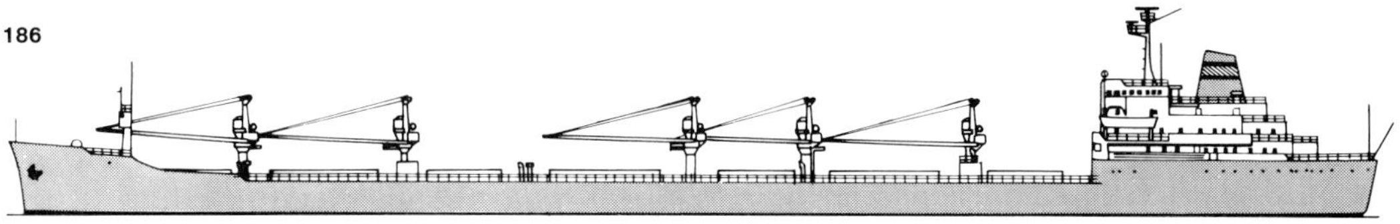

187

ms **Gröditz** 1972 Baltische Werft, Leningrad
Görlitz

22798	201,3	15,8 kn
14633	27,8	12000 PS
38250	11,2	

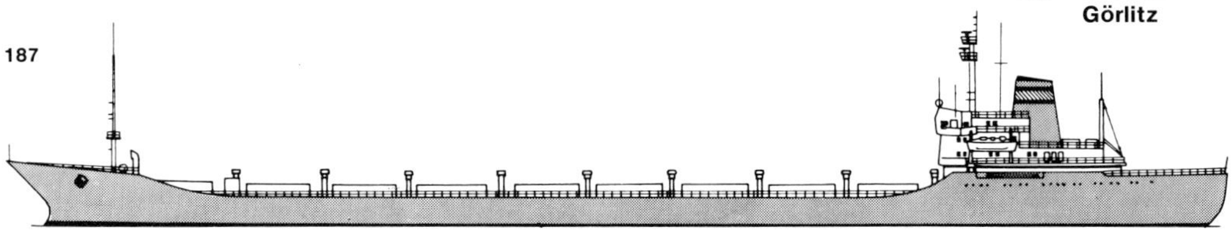

188

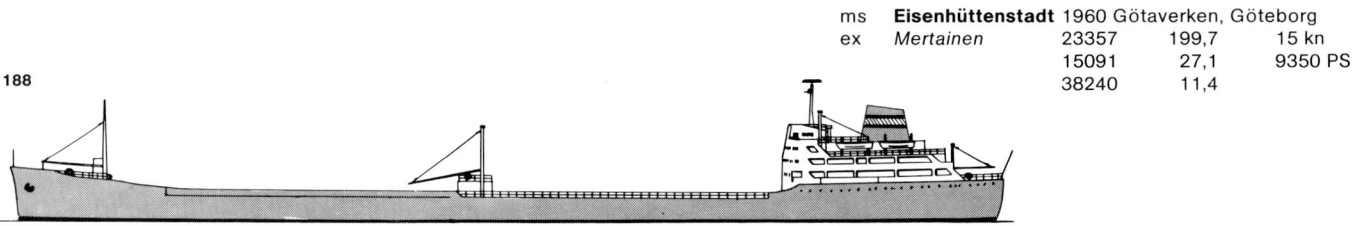

ms **Eisenhüttenstadt** 1960 Götaverken, Göteborg
ex *Mertainen*

23357	199,7	15 kn
15091	27,1	9350 PS
38240	11,4	

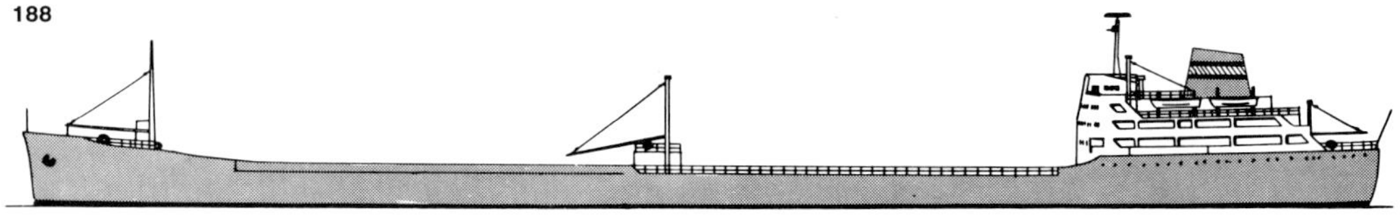

189

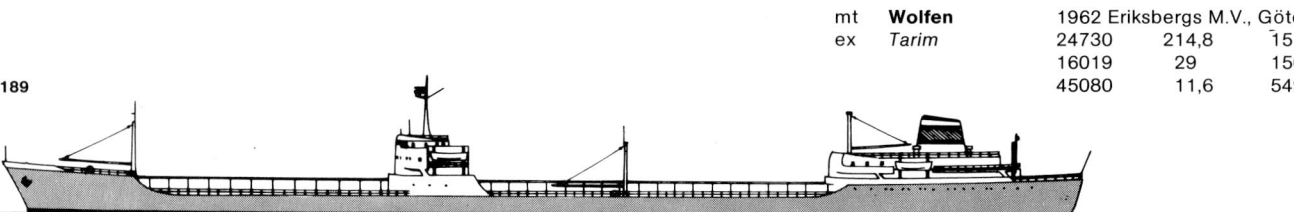

mt **Wolfen** 1962 Eriksbergs M.V., Göteborg
ex *Tarim*

24730	214,8	15 kn
16019	29	15000 PSe
45080	11,6	54967 cbm

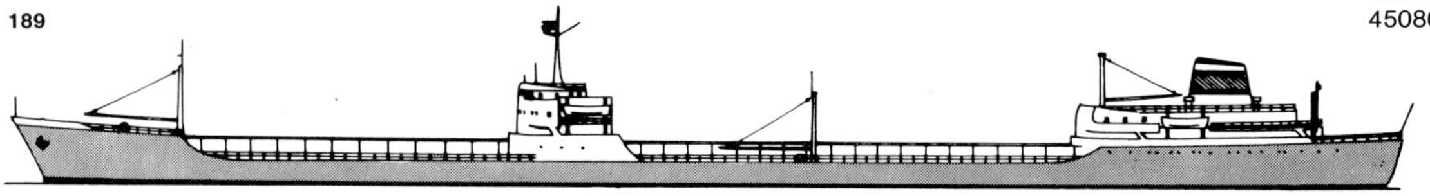

mt	**Schwedt**	1961 Öresundsvarvet, Landskrona		
ex	*Sea Serpent*	24827	213,4	16,5 kn
		15911	29,3	18350 PSe
		45210	10,9	1.937445 cft

190

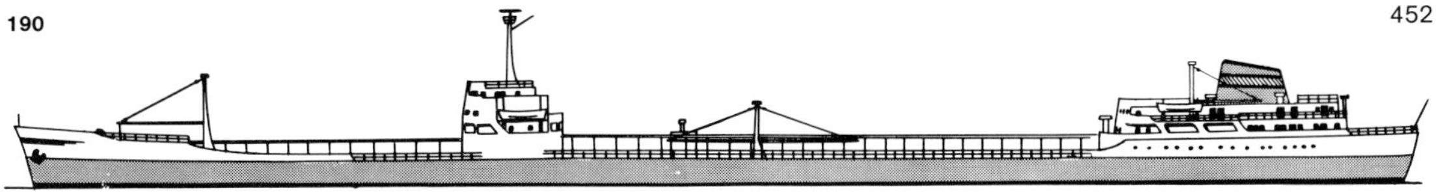

mt	**Zeitz**	1962 Burmeister & Wain, Köbenhavn		
ex	*Daghild*	25533	208,6	16 kn
		15544	29,9	16800 PS
		44350	11,6	

191

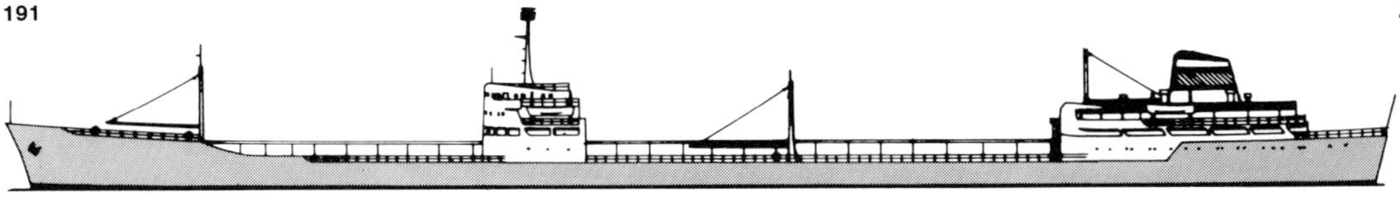

mt	**Grimmen**	1966 Eriksbergs M.V., Göteborg		
ex	*Sea Breeze*	28671	217,8	15,5 kn
		16127	29,6	15000 PS
		51200	12,2	59100 cbm

192

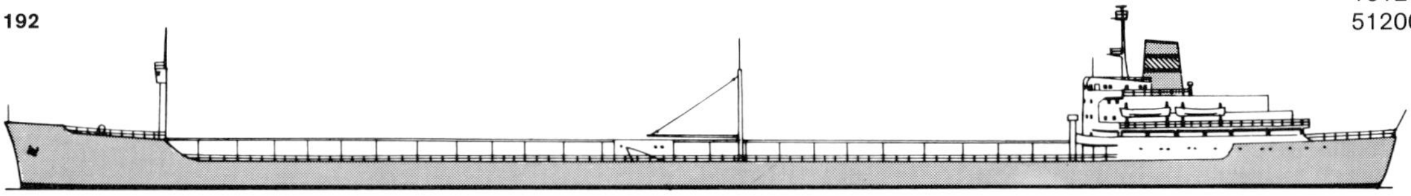

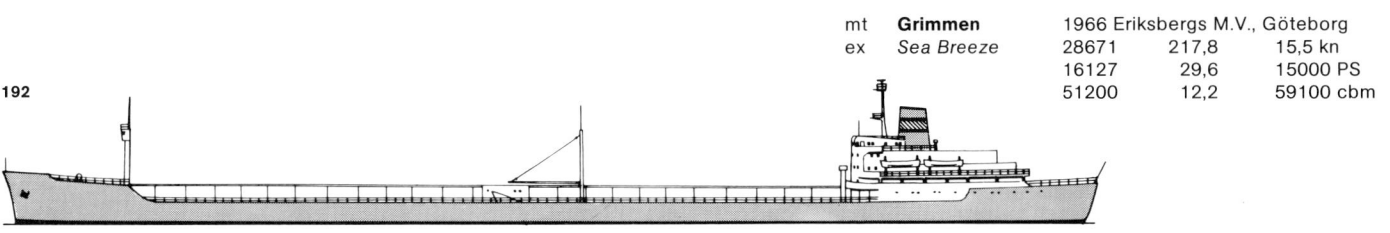

mt	**Schwarzheide**	1964 Kockums M.V., Malmö		
ex	*Sovereign Clipper*	42126	243,9	16 kn
		27365	36,6	22800 PSe
		78500	12,6	3239520 cft

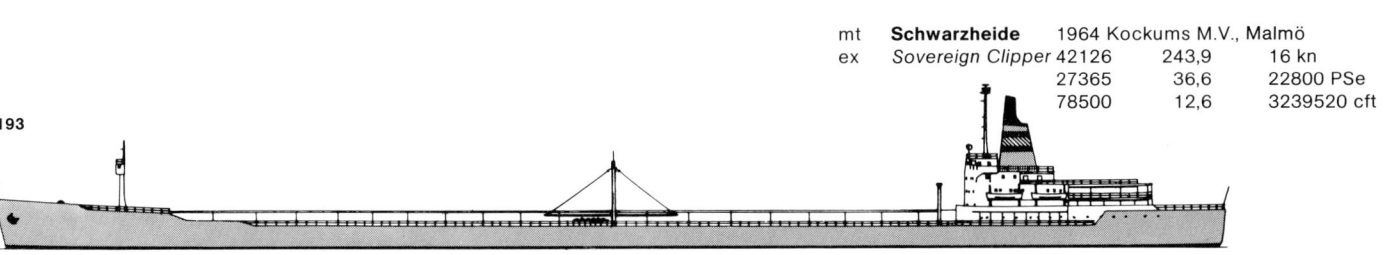

193

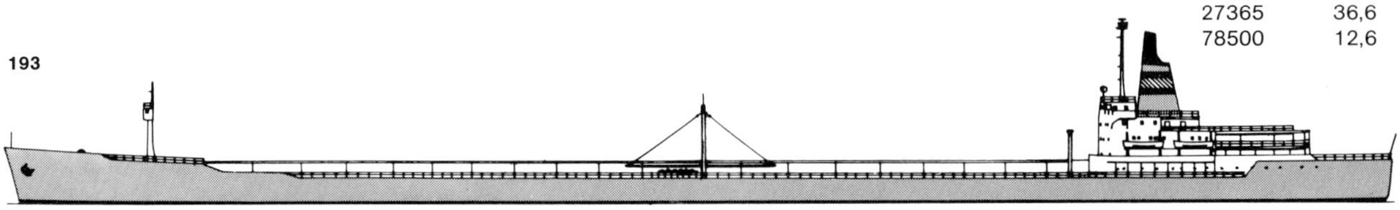

200

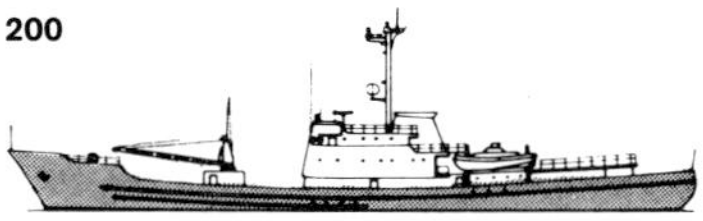

ms **Kopernik** 67 16 kn
10
4 Hydrographic vessel

Zegluga Gdanska

200a

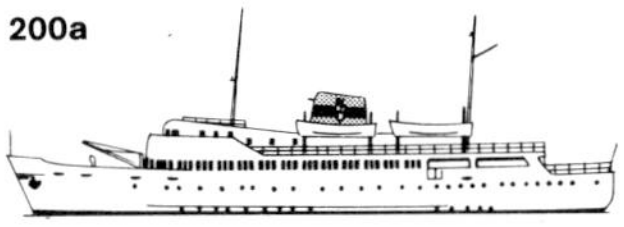

ms **Mazowsze** Zegluga Gdanska
1955 Gheorghiu Dej, Budapest
1013 60,3 14 kn
463 10,6 1600 hp
212 3,3 140 + 360 P

Polish Ship Salvage Co

201

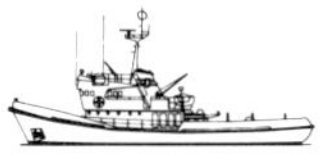

ms **Cyklon** 1975 »Wisla«, Gdansk
Huragan 201 30,3 12 kn
Sztorm II 57 8,1 1200 hp
Tajfun 2,7
Tornado

202

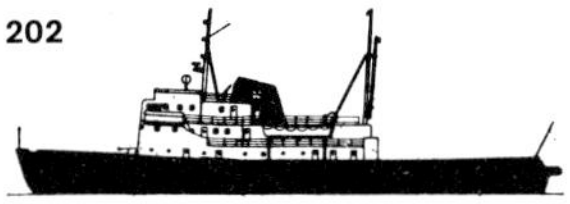

des **Perkun** 1962 P.K. Harris & Co. Ltd., Appledore
1152 56,5 10 kn
272 14 3000 hp
5 Eisbrecher/Schlepper

203

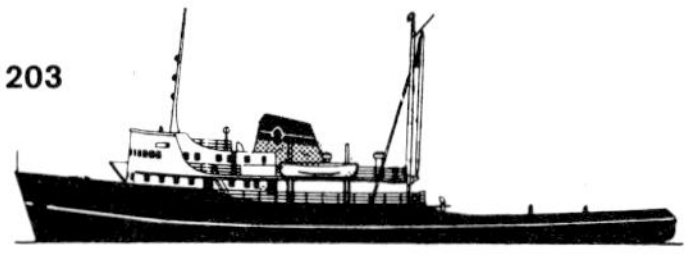

ms **Jantar** 1958 Ch. Hill + Sons Ltd., Bristol
Koral 1226 65,5 15,5 kn
383 11,9 3150 bhp
450 5,5

Transocean

204

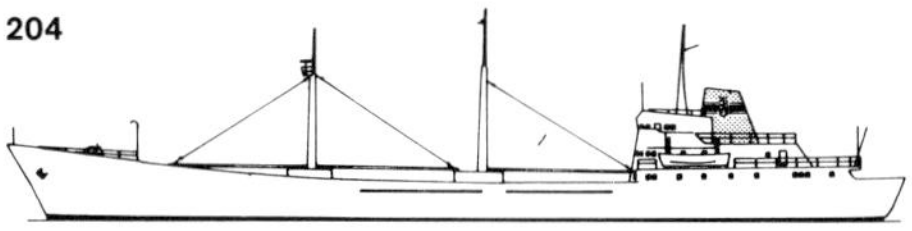

mt **Harmattan** 1967 Schlichtingwerft, Travemünde
ex *Pagensand* 1686 88,7 16 kn
877 12,5 2750 hp
1950 5,2 83000 cft grain
Fischtransport

205

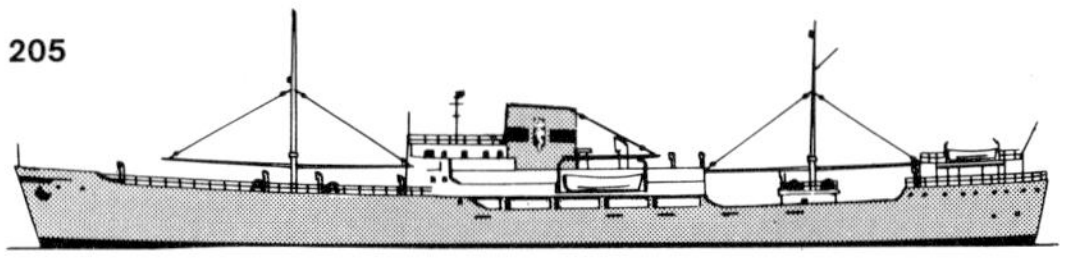

ms **Piast** 1951 Burmeister & Wain, København
3184 102,9 14,5 kn
1716 14,3 4200 hp
2844 6,3 Fischtransport
29'8 x 16', 6–5 t, 2–10 t

206

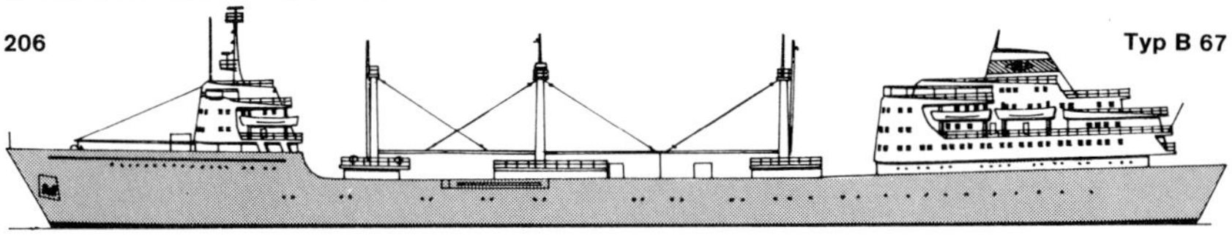

Typ B 67

ms **Gryf Pomorski** 1967 Stocznia Gdanska, Gdansk
Pomorze 13872 164 540 15,5 kn
6444 21,3 70 6550 hp
9645 7,8 25,6 Fischfabrik
16–5/3 t, 2–10/5 t

Dalmor

207

Typ B 15

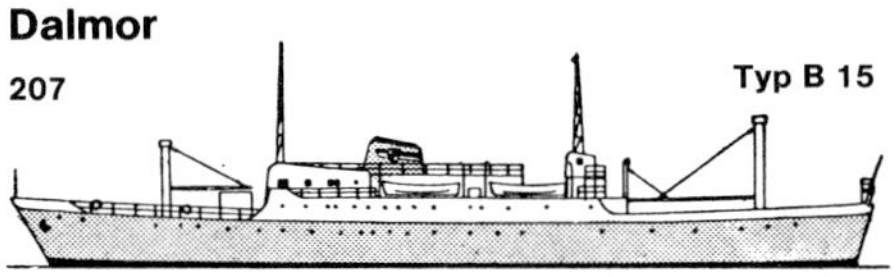

mf **Dalmor** **Antlia** **Aries** **Centaurus** **General Rachimov**
Andromeda **Apus** **Auriga** **Cetus** **Jowisz** **Neptun**
Columba **Crater** **Cygnus** **Feniks** **Jupiter** **Pegaz**
Kastor **Uran**
Merkury **Virgo**
1960 Stocznia Gdanska, Gdansk
2325 85 12,5 kn
954 13,8 2400 bhp
1489 5,4 1700 cbm Fabriktrawler

Typ B 22, später weiterentwickelt zu B 419

208

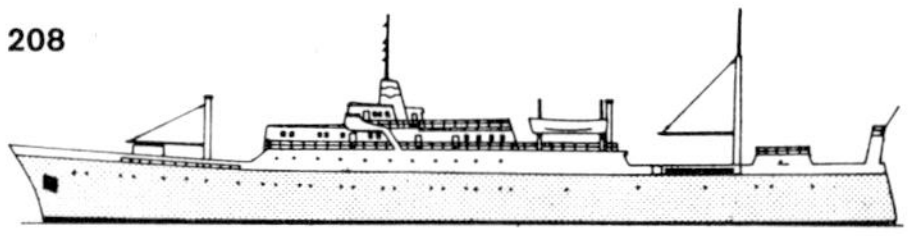

1967 Stocznia Gdanska, Gdansk
2645 88 13,8 kn
1041 14,5 2500 hp
1750 5,3 1553 cbm R.
450 cbm meal
Fabriktrawler 60 cbm oil

mf **Carina**
Lacerta
Lepus
Libra
Lyra
Saturn
Taurus
Tucana

209

Typ B 419

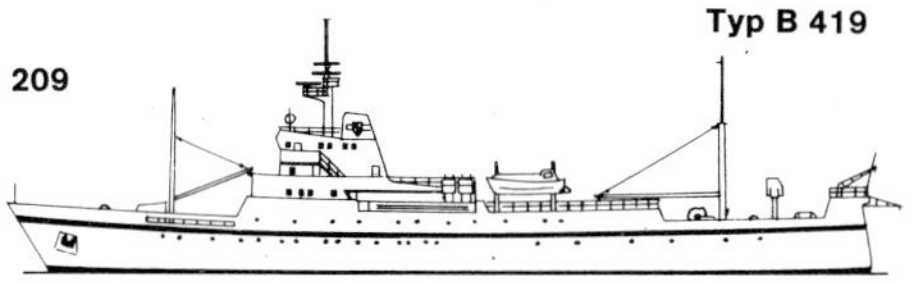

mf **Vega** 1973 Stocznie im. Lenina, Gdansk
Denebola 2656 88,1 15 kn
Gemini 1141 15 3600 hp
Perseus 1563 5,6 Fabriktrawler
Sirius

Gryf

210

Typ B 29

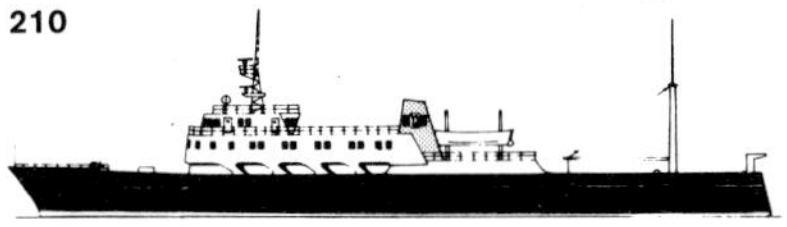

mf **Kabryl** 1972 Stocznia Polnocna, Gdansk
Kulbak 1435 75,5 14,5 kn
Kunatka 581 12,7 2700 hp
Laterna 900 5 1058 cbm
Likosara Fabriktrawler
Likowal
Luytanka

POLEN

211 Typ B 29

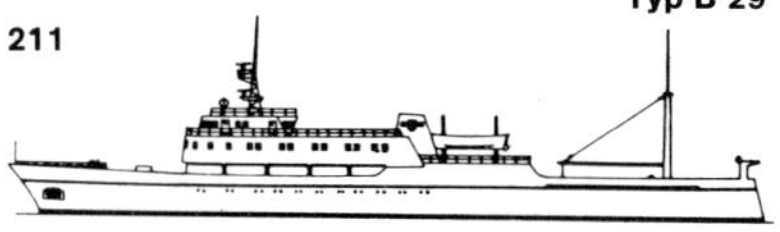

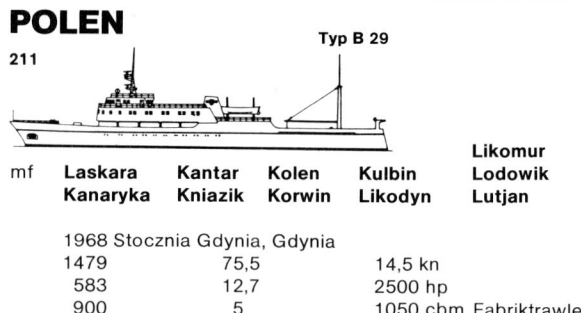

mf **Laskara** **Kantar** **Kolen** **Kulbin** **Likomur**
Kanaryka **Kniazik** **Korwin** **Likodyn** **Lodowik**
Lutjan

1968 Stocznia Gdynia, Gdynia
1479 75,5 14,5 kn
583 12,7 2500 hp
900 5 1050 cbm Fabriktrawler

212 Typ B 418

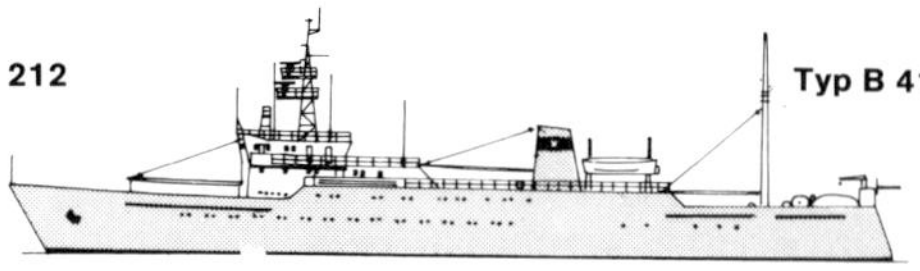

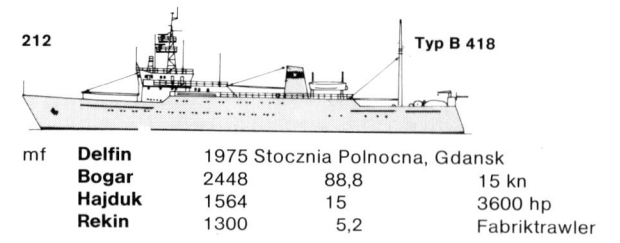

mf **Delfin** 1975 Stocznia Polnocna, Gdansk
Bogar 2448 88,8 15 kn
Hajduk 1564 15 3600 hp
Rekin 1300 5,2 Fabriktrawler

213 Typ B 433

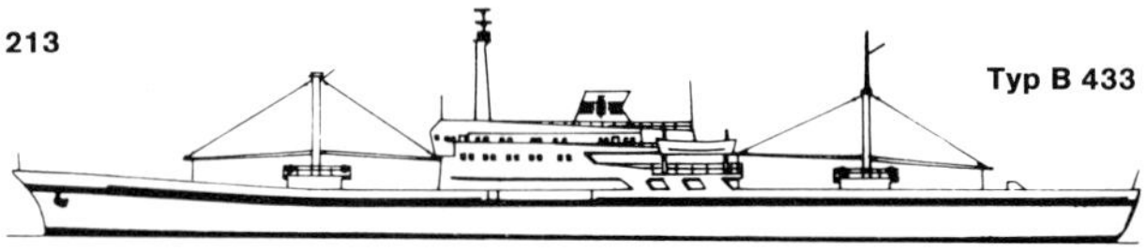

ms **Halniak** 1972 Stocznia Gdanska, Gdansk
Buran 5126 119,5 19 kn
Lewanter 2492 17 8400 hp
4539 6,6 Fischtransporter
8–3/1,5 t

214 Typ B 68

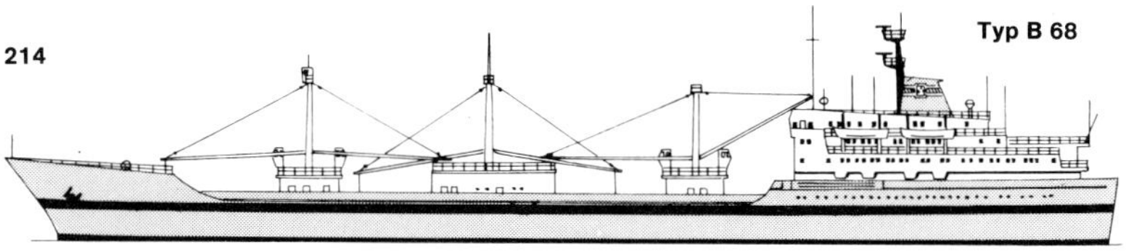

ms **Zulawy** 1975 Stocznia Gdanska, Gdansk
Kaszuby II 8120 151,3 17,8 kn
Wineta 3800 21 9600 hp
8439 12,8 Fischtransporter

Odra

215 Typ B 23

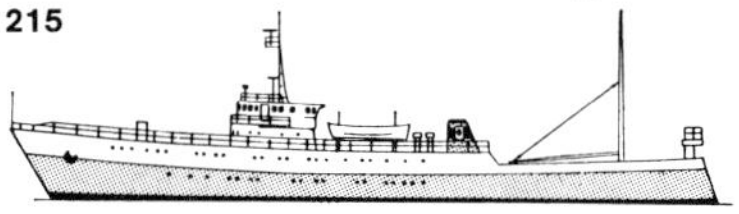

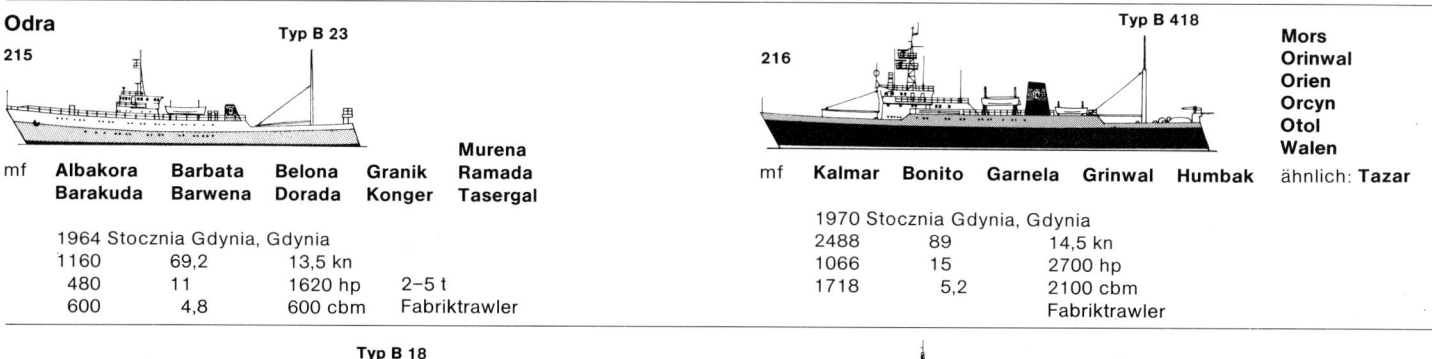

mf **Albakora** **Barbata** **Belona** **Granik** **Murena**
Barakuda **Barwena** **Dorada** **Konger** **Ramada**
Tasergal

1964 Stocznia Gdynia, Gdynia
1160 69,2 13,5 kn
480 11 1620 hp 2–5 t
600 4,8 600 cbm Fabriktrawler

216 Typ B 418

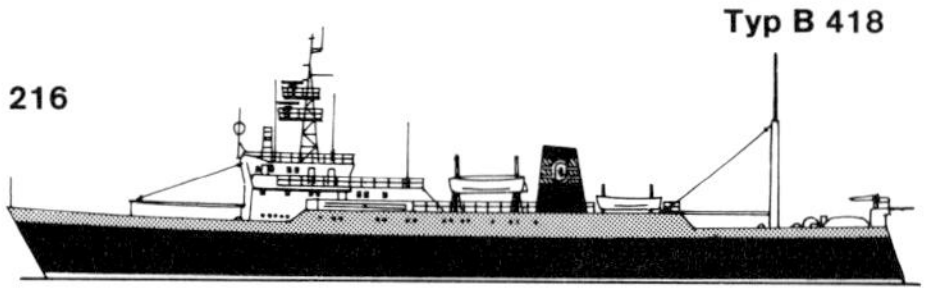

mf **Kalmar** **Bonito** **Garnela** **Grinwal** **Humbak** **Mors** **Orinwal** **Orien** **Orcyn** **Otol** **Walen**
ähnlich: **Tazar**

1970 Stocznia Gdynia, Gdynia
2488 89 14,5 kn
1066 15 2700 hp
1718 5,2 2100 cbm
Fabriktrawler

217 Typ B 18

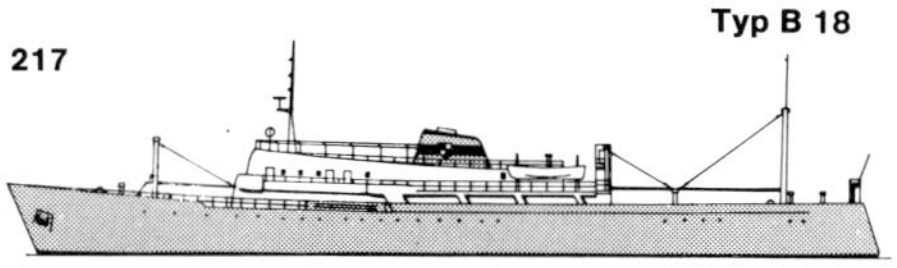

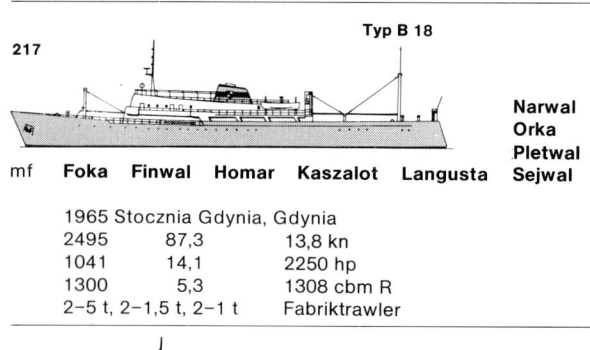

mf **Foka** **Finwal** **Homar** **Kaszalot** **Langusta** **Narwal** **Orka** **Pletwal** **Sejwal**

1965 Stocznia Gdynia, Gdynia
2495 87,3 13,8 kn
1041 14,1 2250 hp
1300 5,3 1308 cbm R
2–5 t, 2–1,5 t, 2–1 t Fabriktrawler

218 Typ B 89

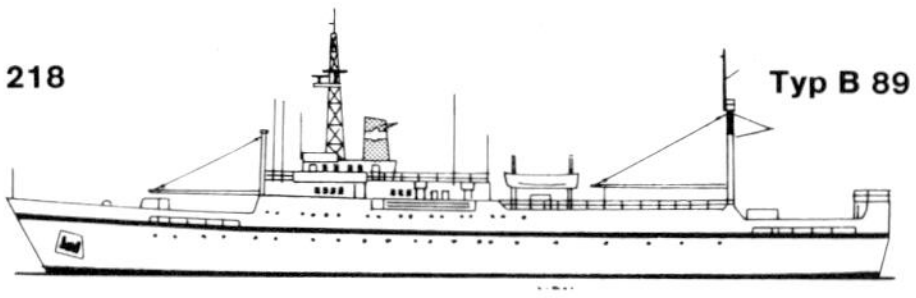

mf **Wlocznik** 1975 Stocznia Gdanska, Gdansk
Indus 2584 88,6 15 kn
Pollux 1096 15 3600 hp
Regulus 1550 5,6 Fabriktrawler

219

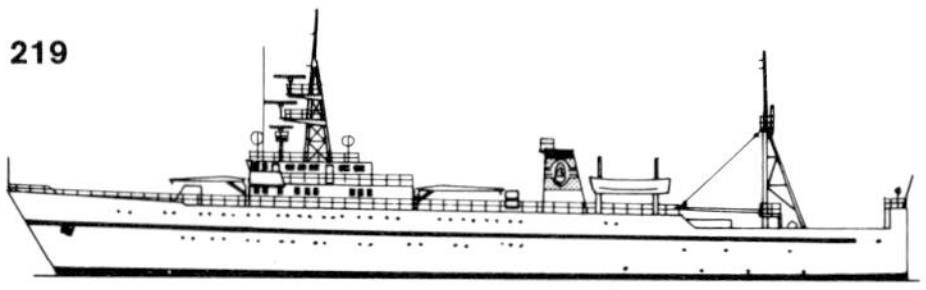

mf **Rybak Morski** 1977 Stocznia Gdynia, Gdynia
Admiral Arciszewski 2599 90,7 15,7 kn
959 15 3600 hp
1400 7 Fischereischulschiff
60 Eleven
(Das zweite Schiff betreut „Gryf" für die Fischereischule in Kolobrzeg (Kolberg)

220

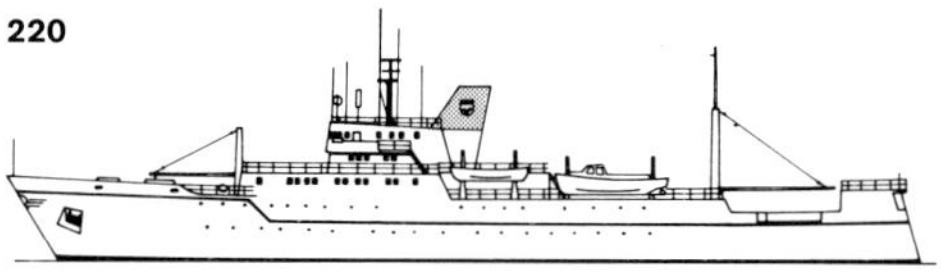

ms **Profesor Siedlecki** Morskiego Instytutu Rybackiego
1972 Stocznia Gdanska, Gdansk
2798 89,4 14 kn
997 15 2 x 1150 hp
1100 5,3 850 kbm
Forschungstrawler

Polish Ocean Lines

POLEN

221

Typ B 57

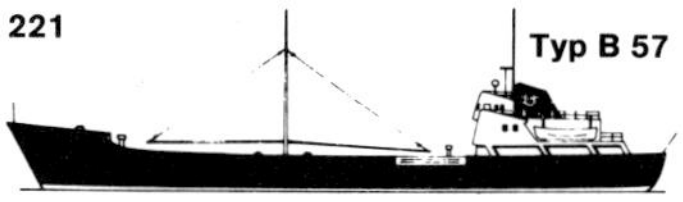

ms **Chochlik** **Skierka**

1960 Stocznia Gdynia, Gdynia

1006	65,8	12 kn
511	9,9	960 hp
1308	4,5	2 P.
		61000 cft bale

Gleicher Typ, aber 499 BRT:
Goplana
Krasnal
Nimfa
Rusalka
Skrzat
Swietlik
Syrenka
Wila
Wodnica
Wrozka

222

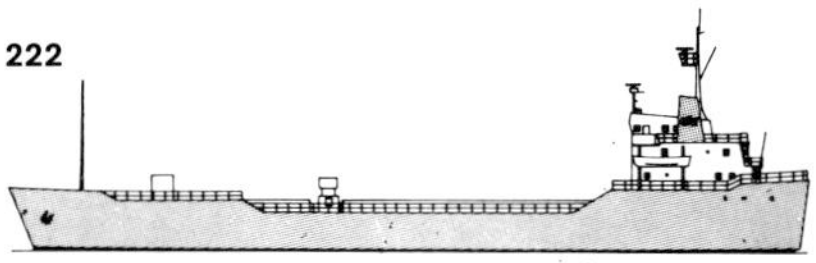

ms **Starogard Gdansk**
ex *Cometa*

1971 Astilleros Constr., Vigo

1066	79,5	14 kn
467	14,3	3150 hp
1851	4,8	Gdynia-Tilbury
		Ro-Ro

223

Typ B 458

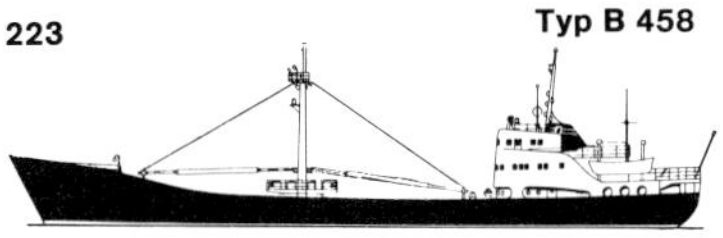

ms **Kapitan Kanski**
Andrzej Borowy
Kapitan M. Stankiewicz
Kapitan Ziolkowski
Marynarz Migala

1963 Stocznia Gdynia, Gdynia

1204	69,1	12 kn
579	11	1350 bhp
1260	4,5	2085 cbm grain
12 x 5,6 m, 4–3 t		

ms **Swinoujscie**
Busko Zdroj
Ciechocinek
Cieplice Zdroj
Duszniki Zdroj
Iwonicz Zdroj
Karpacz
Kudowa Zdroj
Naleczow
Polczyn Zdroj
Rabka Zdroj
Swieradow Zdroj

224

Typ B 452

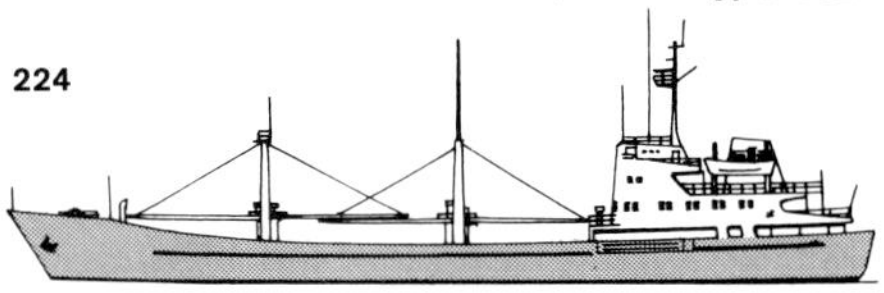

1969 Uzina Mecanica, Turnu Severin

1982	86	14,3 kn
992	12,4	2250 hp
1990	5,1	3275/3070 cbm
14 x 5 m, 5 t		./.373 cbm R
		6 P

225

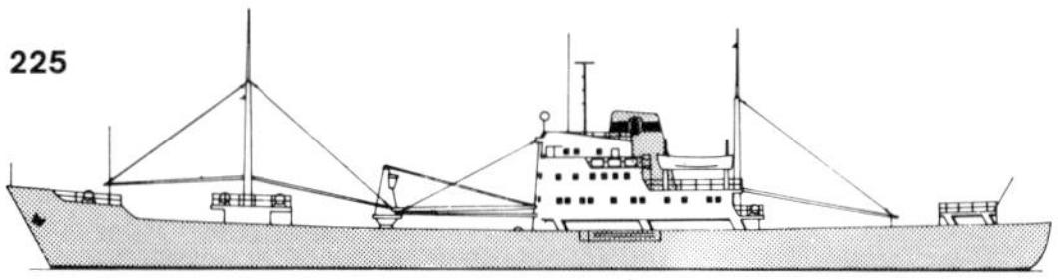

ms **Jaslo**

1967 Aalborg Vaerft, Aalborg

2309	101,4	14 kn
1129	14,7	3000 bhp
3350	6	168470 cft
9,2 x 5,4 m		./.106960 cft R
1–3 t-crane, 4–3 t, 2–5 t, 2–10 t		

226

Typ B 451

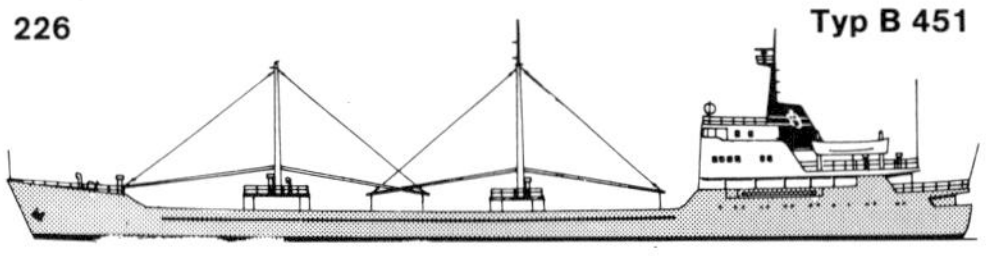

ms **Kolobrzeg** **Jelcz II** **Kutno II** **Plock** **Warna**
Chrzanow **Jelenia Gora** **Oswiecim** **Rybnik** **Zywiec**

1966 G. Dimitrov, Varna

2532	95,8	13 kn
1172	13,8	2250 hp
3420	5,6	175263/150755 cft

227

Typ B 50

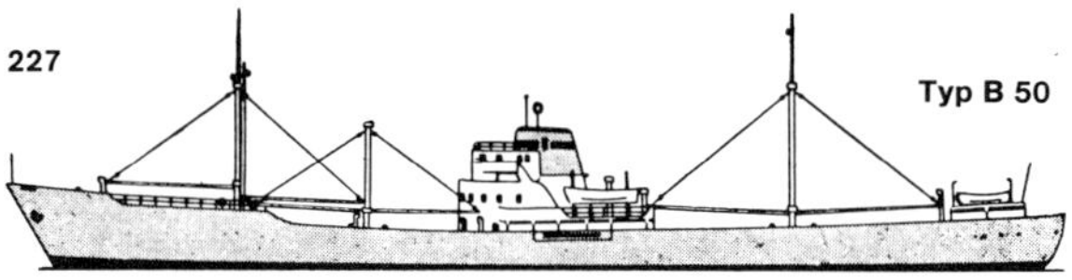

ms **Gdansk**
Kopernik

1954 Stocznia Gdanska, Gdansk

2668	114,1	14 kn
1379	14,7	3800 bhp
3972	6,3	259000/241500 cft
12–3 t, 1–15 t		R

228

Typ B 472

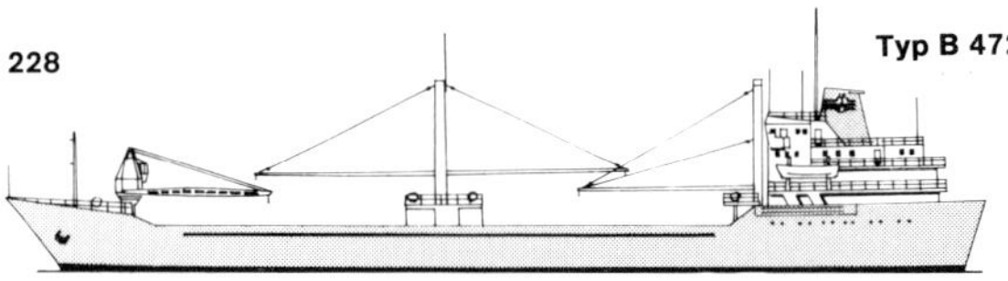

ms **Kwidzyn**
Lebork
Wejherowo

1974 Stocznia Gdanska, Gdansk

2805	106,4	14 kn
1391	16	3900 hp
3360	5,7	
4–8/5 t, 1–25 t, 1–5/3 t-crane		

229

Typ B 49

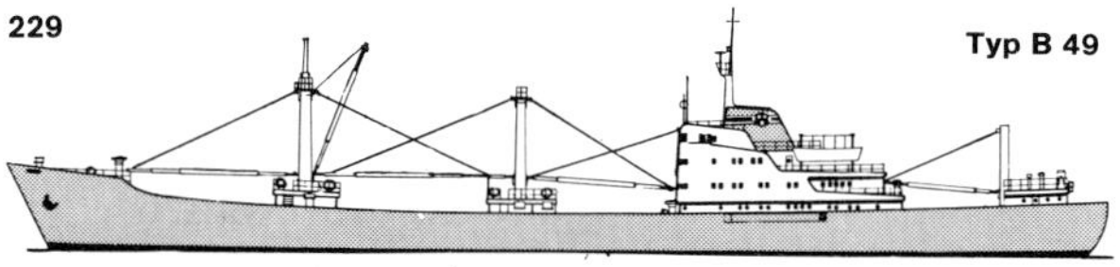

ms **Grudziadz**
Glogow
Gorlice

1963 Stocznia Szczecinska, Szczecin

2872	113,6	15,5 kn
1535	15,5	4600 bhp
4472	6,3	25200 cft R
12–5 t, 1–25 t		281500/260590 cft
		4 P.

230

Typ B 59

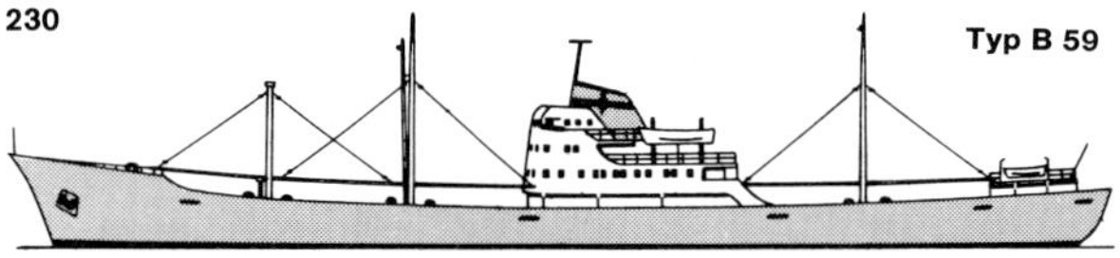

ms **Oliwa**
Ojcow
Olkusz
Orlowo
Orneta

1959 Stocznia Szczecinska, Szczecin

2950	114,2	14,5 kn
1507	14,7	4160 PS
4514	6,4	8 P
12–5 t, 1–15 t		248500/264890 cft

231

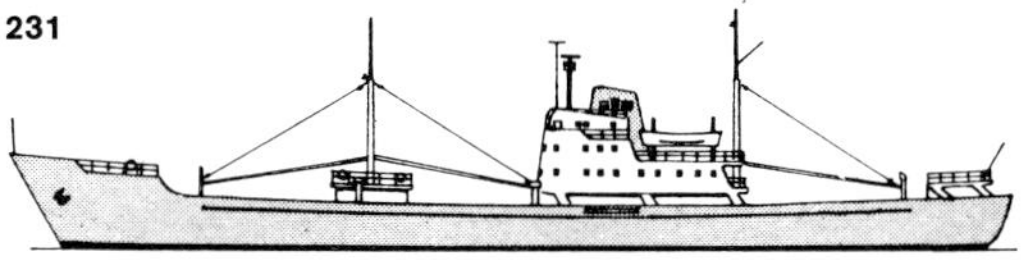

ms **Slupsk**
Sandomierz
Sanok
Sopot

1965 Aalborg Vaerft, Aalborg

2965	99,6	13,5 kn
1547	14	2500 hp
3625	6,3	4 P
		126800 cft
		34700 cft R

232

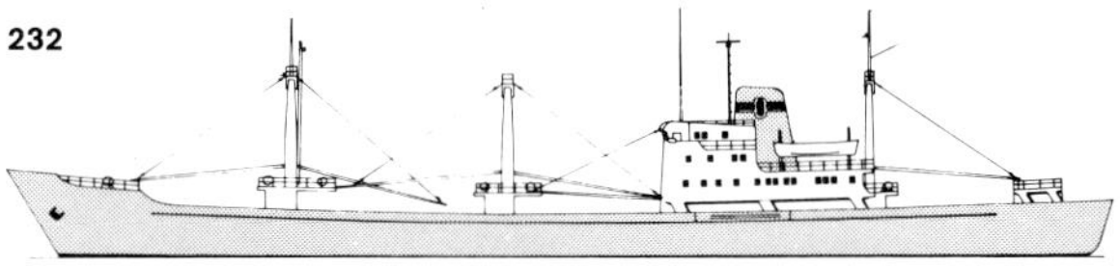

ms **Lechistan II**
Lewant II

1967 Aalborg Vaerft, Aalborg

2968	114,4	15,5 kn
1490	16	5400 hp
4600	6,3	260850 cft
14,3 x 6,4 m		./. 30250 cft R
12–5 t, 1–25 t		4 P

POLEN

233

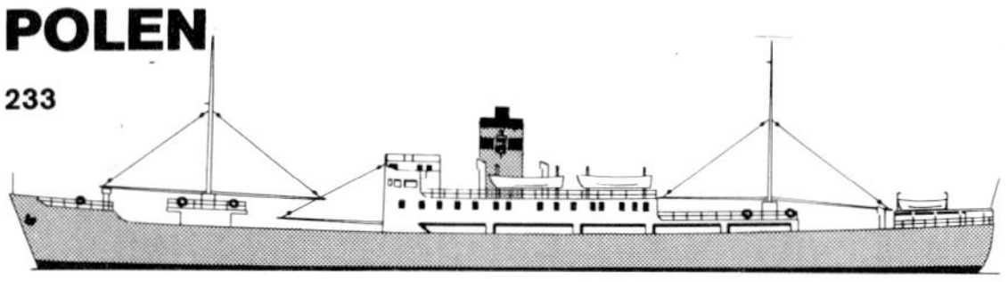

ms **Jaroslaw Dabrowski**

1950 Blyth Dryd. & Shipb. Co., Belfast			
3196	109,2	13 kn	
1308	14,8	3200 hp	
3040	5,7	12 P	

234 **Typ B 511**

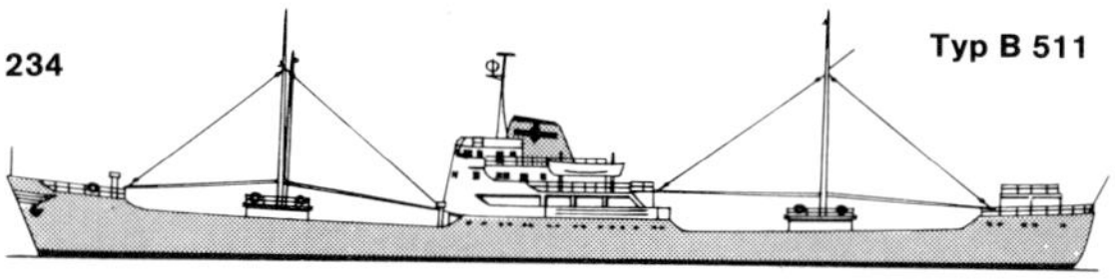

ms **Monte Cassino**

1957 Stocznia Gdanska, Gdansk		
3724	108,3	12,5 kn
1950	14,7	2100 hp
5200	6,6	

---

235 **Typ B 55**

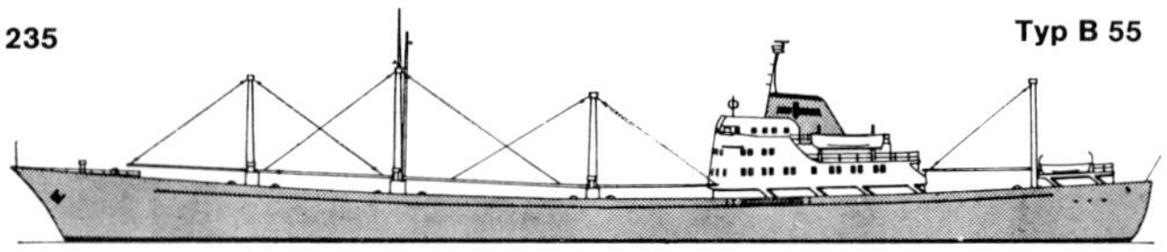

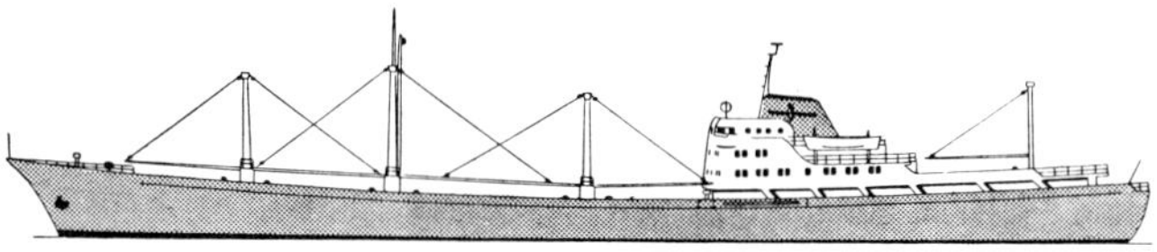

ms **Krynica**, **Brodnica**, **Bydgoszcz**, **Jan Zizka**, **Kruszwica**, **Legnica**, **Olesnica**, **Polanica**, **Swidnica**, **Szczawnica**, **Wislica**

1958 Stocznia Szczecinska, Szczecin		
3442	124,1	15,5 kn
1822	16,5	5000 hp
5348	6,9	12 P.
12–5 t, 1–30 t		347900/322945 cft

236

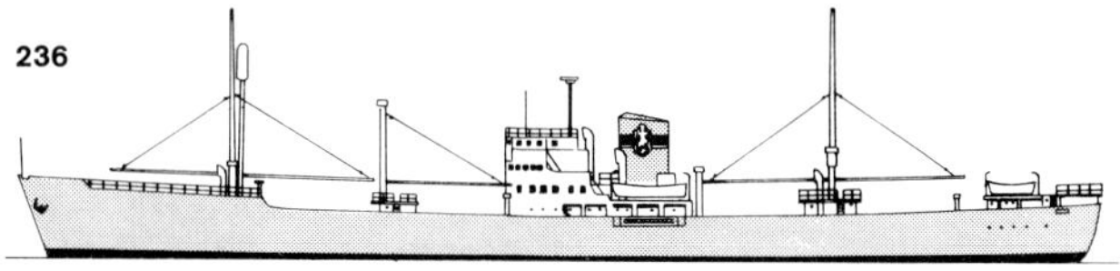

ms **Hugo Kollataj**
ex *Benny Skou*

1945 Burmeister & Wain, København		
3755	117,7	14,5 kn
2145	17	5000 hp
6885	7,4	6 P

237

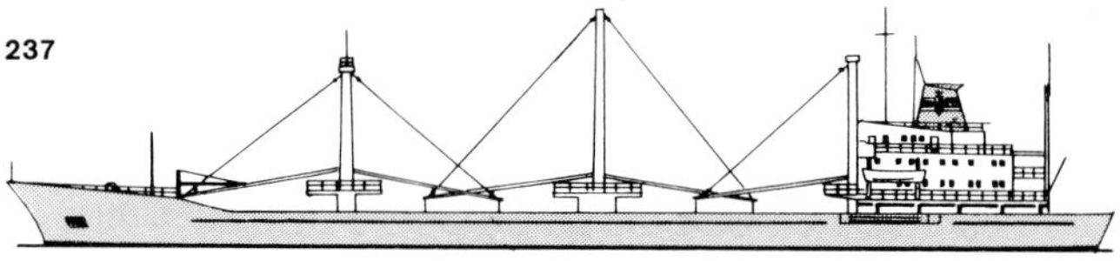

ms **Leonid Teliga**
ex *Scol Eminent*

1969 P. Lindenau, Kiel-Fr'ort		
4960	125,2	16 kn
3598	17,2	4550 hp
7450	8,9	
1–60 t		

238

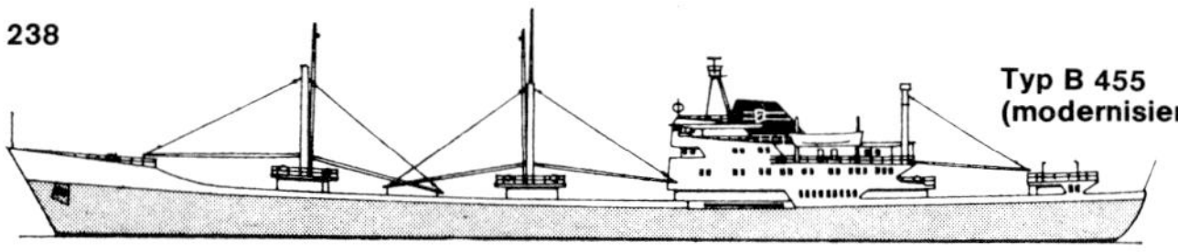

Typ B 455
(modernisierter Typ B 55)

ms **Krakow**, **Czestochowa**, **Gdynia II**, **Lodz**, **Lublin**, **Radom**, **Rzeszow**, **Torun**, **Warszawa**

1965 Stocznia Szczecinska, Szczecin		
5534	124	15,5 kn
3049	17	4900 bhp
5993	6,9	12 P
15,5 x 9 m		9610/8851 cbm
8–2,5 t, 2–5 t, 3–10 t, 1–30 t		330 cbm R

---

239 **Typ B 432**

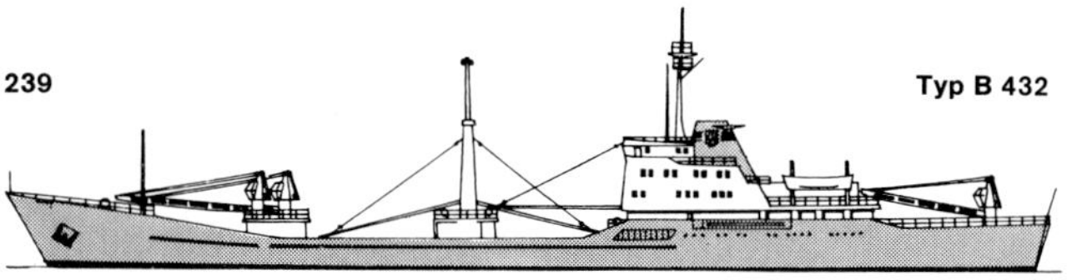

ms **Radzionkow**, **Bochnia**, **Chelm**, **Garwolin**, **Henryk Lemberg**, **Ostroleka**, **Siemiatyce**, **Skoczow**, **Wieliczka**

1973 Stocznia Szczecinska, Szczecin		
5543	123,9	16 kn
2931	17	6100 hp
6380	7,3	

---

240 **Typ B 516**

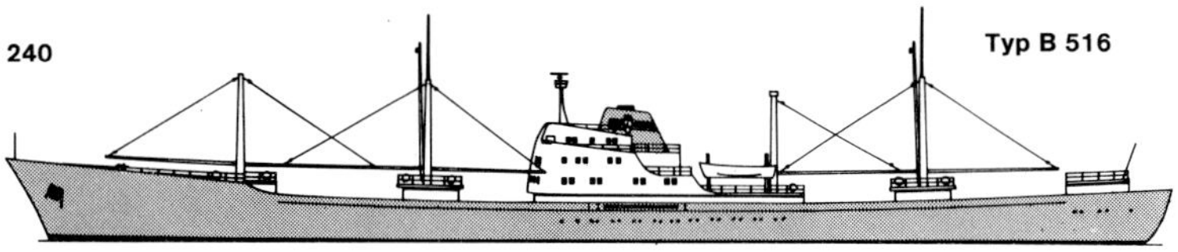

ms **Romer**, **Czacki**, **Henryk Jendza**, **K. I. Galczynski**, **Pawel Szwydkoj**

1964 Stocznia Szczecinska, Szczecin		
5587	145,8	18 kn
3046	18,6	9000 hp
8334	7,6	12 P
		92000 cft R

241

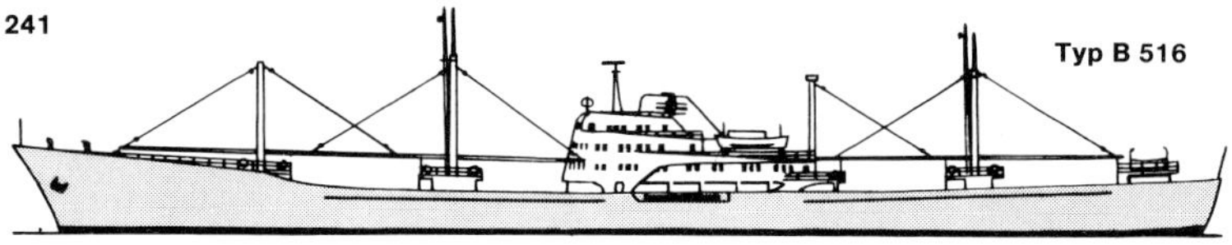

Typ B 516

ms	**Domeyko**	1962 Stocznia Szczecinska, Szczecin		
	Heweliusz	5697	145,9	17 kn
	Sniadecki	3080	18,5	7800 bhp
	Staszic	8600	7,6	12 P
				512000/475000 cft
				95000 cft R

242

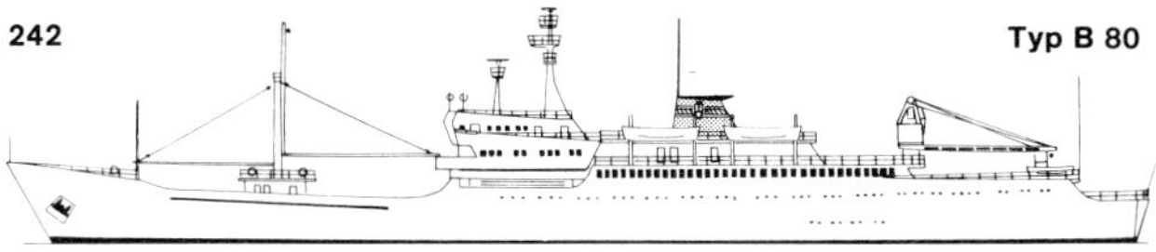

Typ B 80

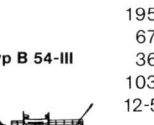

ms	**Antoni Garnuszewski**	(Wyzszej Szkoly Morskiej, Gdynia)		
ˉ	**Kapitan Ledochowski**	1974 Stocznia Szczecinska, Szczecin		
		5975	122,2	16 kn
		2327	17	5500 hp
		5655	7,4	Schulschiff

(Erstes Schiff von POL, zweites von PZM bereedert) 180 Eleven

243

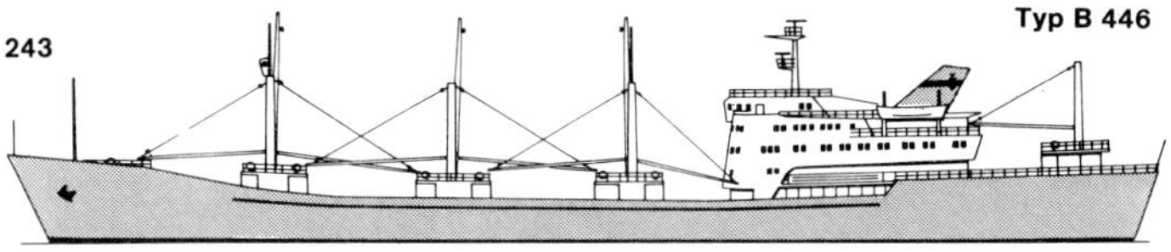

Typ B 446

ms	**Zakopane**	1968 Stocznia Szczecinska, Szczecin		
	Zabrze	6576	135,0	17,2 kn
	Zambrow	3714	17,7	7200 bhp
	Zamosc	7350	7,7	11700/10660 cbm
	Zawichost	12-2,5 t, 2-5 t, 2-15 t, 1-40 t		./. 1450 cbm R, 12 P
	Zawiercie			16 containers 20'

244

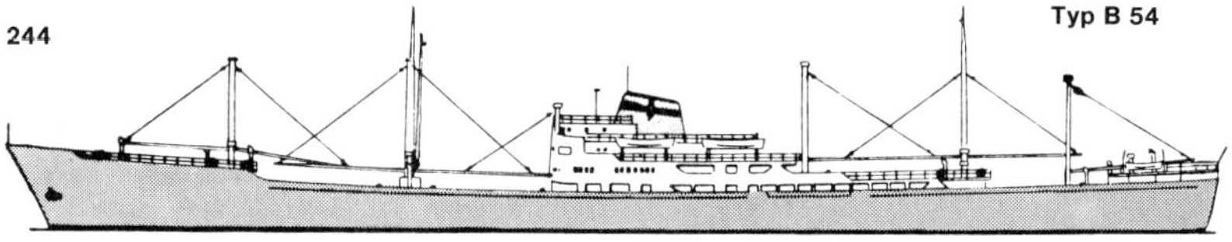

Typ B 54

ms	**Marceli Nowotko**	1956 Stocznia Gdanska, Gdansk		
	Florian Ceynowa	6600	153,9	16 kn
	General Sikorski	3666	19,4	8000 ehp
	Kapitan Kosko	10273	8,3	631600/596819 cft
	Stefan Okrzeja	16-5 t, 1-15 t, 1-25 t, 1-50 t		12 P
	Reÿmont			

245

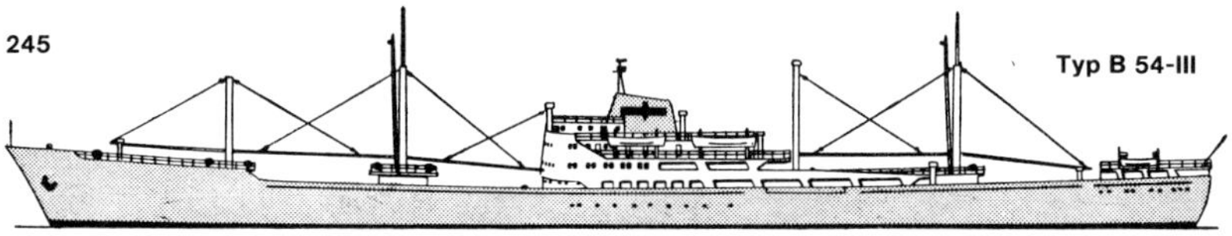

Typ B 54-III

ms **Emilia Plater** **Adolf Warski** **Hanka Sanicka**

1959 Stocznia Gdanska, Gdansk			
6718	153,9	16 kn	
3672	19,4	7800 bhp	
10350	8,3	12 P	
12-5 t, 2-10 t, 1-25 t, 1-50,t		631600/596819 cft	

ähnlich: **Jan Matejko**, **Janek Krasicki**, **Lelewel**, **Ludwik Solski**, **Konopnika**, **Hanoi**, **Pekin**, **Phenian**

246

Typ B 454

ms	**Andrzej Strug**	Stocznia Szczecinska, Szczecin		
	Wladyslaw Broniewski	6919	145,9	17 kn
		3937	18,5	7800 bhp
		10250	7,6	6 P
		1-30 t, 1-50 t		576080 cft
				./. 38120 cft R

247

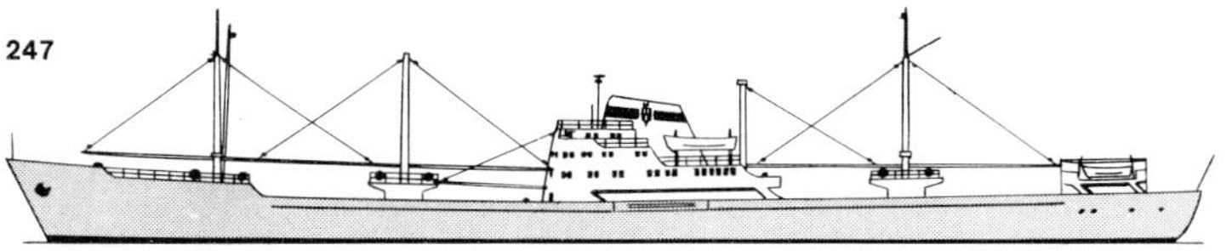

ms	**Sienkiewicz**	1959 Helsingör Skibsvaerft, Helsingör		
	Zeromski	7675	138,7	16,5 kn
		4409	18,1	8300 PS
		10660	8,7	12 P
		16-5 t, 1-15 t, 1-30 t		558350 t grain

POLEN

248

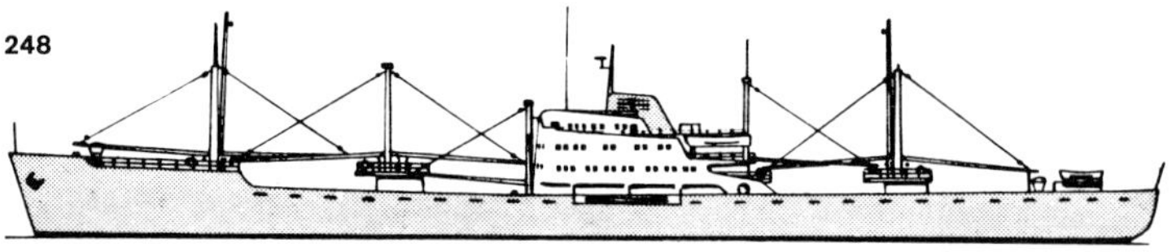

ms **Norwid**

1962 Chantiers Reunis Loire-Normandie, Grand Quevilly

7829	139,6	18,5 kn
4432	19	7200 hp
10794	8,7	12 P

249

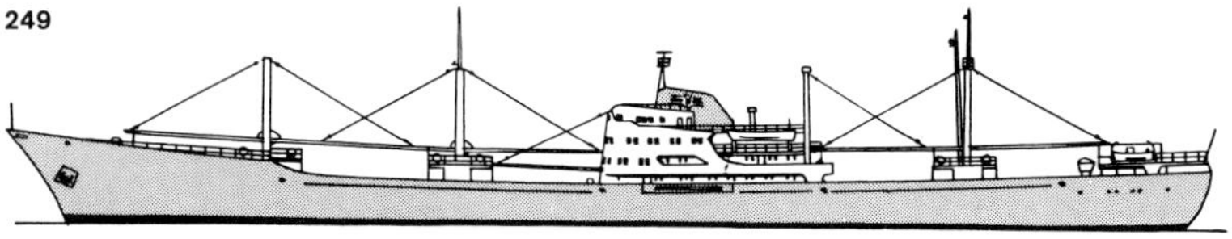

ms **Kochanowski**
Wyspianski

1962 Brodogradiliste »3. Maj«, Rijeka

8231	148,3	15,3 kn
4646	19,1	7800 hp
10750	8,7	12 P

250

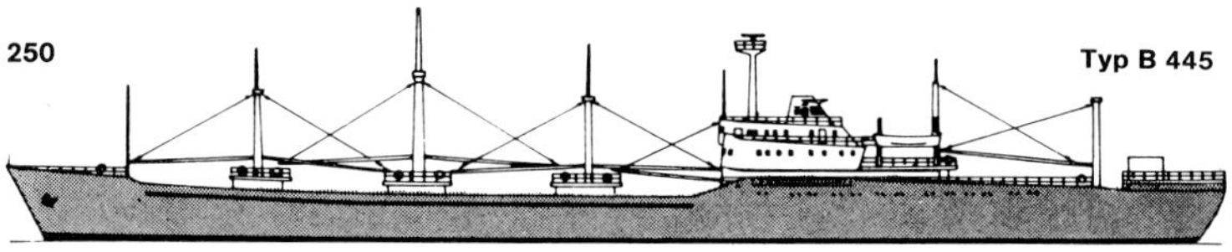

Typ B 445

ms **Mieszko I**
Boleslaw Chrobry
Boleslaw Krzywousty
Boleslaw Smialy
Wladyslaw Jagiello
Wladyslaw Lokietec
Zygmunt August
Zygmunt Stary
Zygmunt III Waza

1967 Stocznia Szczecinska, Szczecin

8408	145,4	17,5 kn
4759	18,8	8000 hp
10180	8,3	15117 cbm
2–3 t, 16–5 t, 1–60 t		./. 1175 cbm
		12 P

251

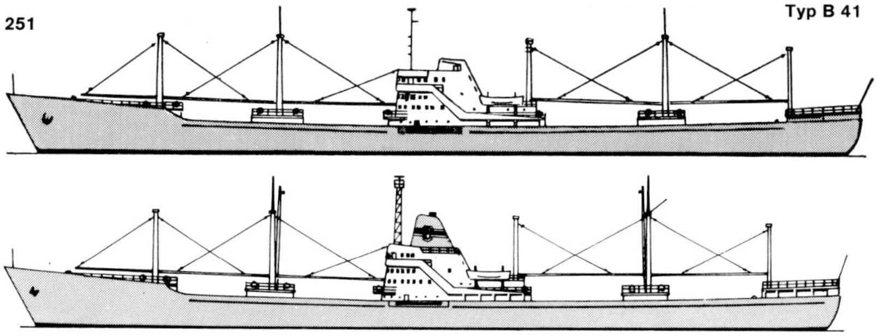

Typ B 41

ms **Lenino**
Aleksander Zawadski
Francesco Nullo
Gwardia Ludowa
Josef Wybicki
Leningrad
Piotr Dunin
Smolny
Stanislaw Dubois
Traugutt

1964 Stocznia Gdynska, Gdynia

8614	152,6	16 kn
4857	19,4	6600 hp
11600	8,8	659242/595214 cft
		Europe-India

10–5 t, 6–10 t, 1–30 t, 1–50 t

252

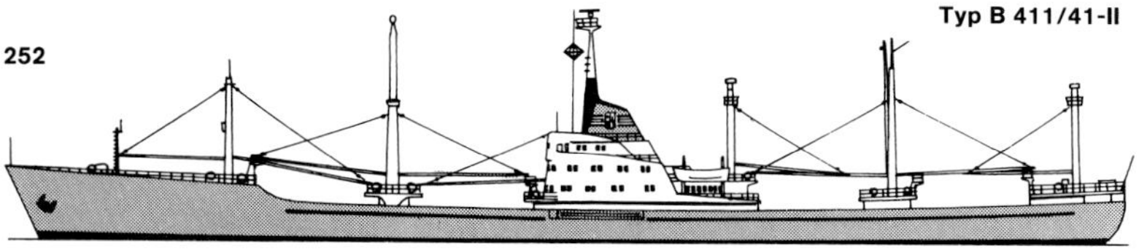

Typ B 411/41-II

ms **Pulkownik Dabek**

1969 Stocznia Gdynia, Gdynia

8731	152,6	18 kn
5167	19,4	7200 hp
12259	7,7	8 P

2–1,5 t, 10–5 t, 6–10 t, 1–30 t, 1–60 t

253

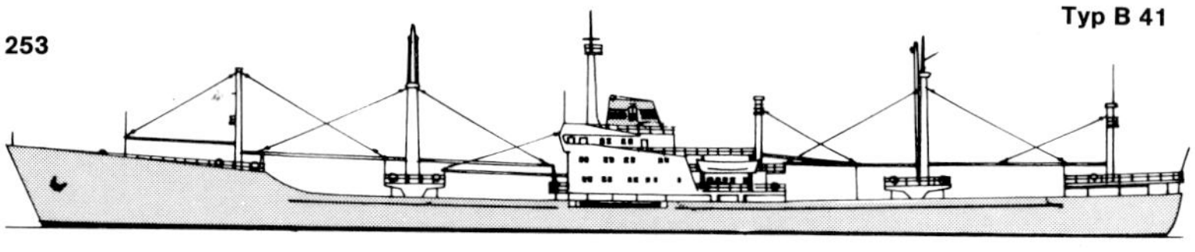

Typ B 41

ms **Major Sucharski**
Marian Buczek

1974 Stocznia Gdynia, Gdynia

8756	153	18 kn
4916	19,4	7200 hp
12120	9	

2–1,5 t, 10–5 t, 6–10 t, 1–30 t, 1–60 t

254

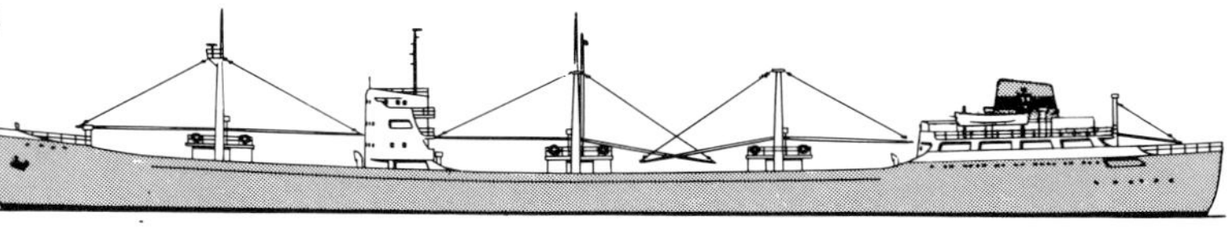

ms **Moniuszko**, **Chopin**, **Nowowiejski**, **Paderewski**, **Szymanowski**, **Wieniawski**, **Zamenhof**

1960 Brodogradiliste, Split
9246 153,1 15 kn
5563 18,8 6000 bhp
12467 8,2 6 P
Europe-Far East

255

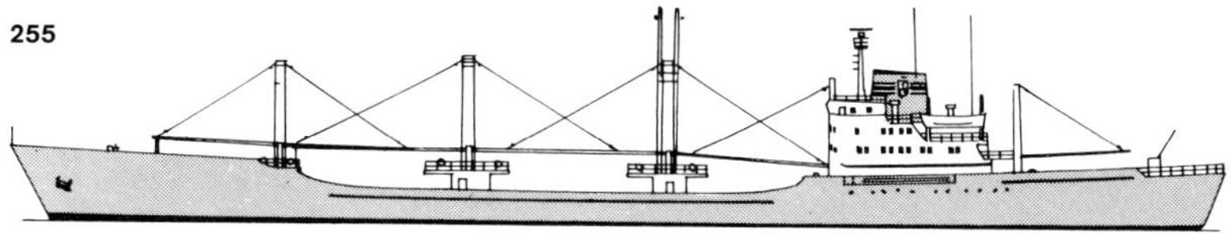

ms **Frycz Modrzewski**, **Mikolaj Rej**
ex *Wiima*, *Wirta*

1968 Rauma Repola, Oy., Rauma
9637 150,6 18 kn
5479 21 10350 hp
14605 9,8 138 Containers
6–7,5 t, 10–5 t, 2–30 t

256

Typ B 442

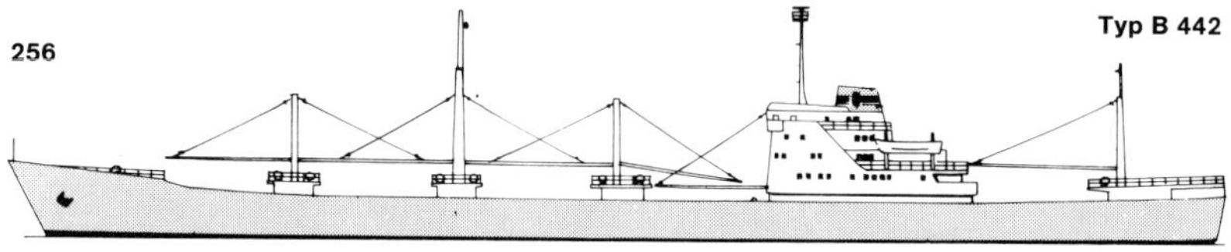

ms **Konin**, **Lucyan Szenwald**, **Swiecie**, **Ursus**, **Wladyslaw Orkan**

1968 Stocznia Gdanska, Gdansk
10063 154,6 17 kn
5598 20,6 9600 hp
12250 9 45000 cft R
Europe-Middle East

257

Typ B 438

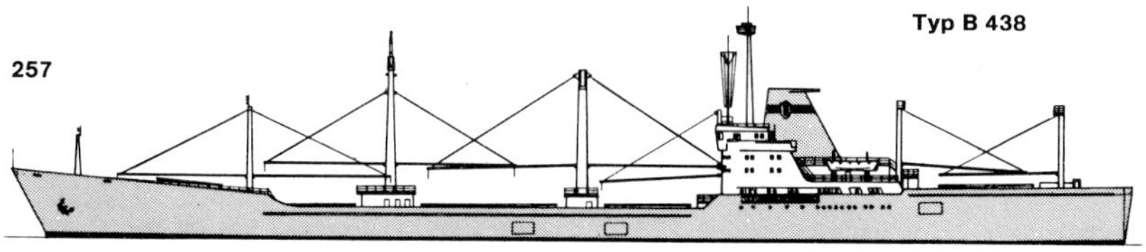

ms **Franciszek Zubrzycki**, **Bronislaw Lachowicz**, **Eugeniusz Kwiatkowski**, **General Stanislaw Poplawski**, **Mieczyslaw Kalinowski**, **Roman Paczinski**, **Tadeusz Ocioszynski**

1973 Stocznia Gdanska, Gdansk
10116 161 21 kn
5640 23 17400 bhp
11689 9,7 21500/20685 cbm
./. 1100 cbm vegetable oil
314 Container 20'
14–5 t, 2–25 t, 1–80 t

258

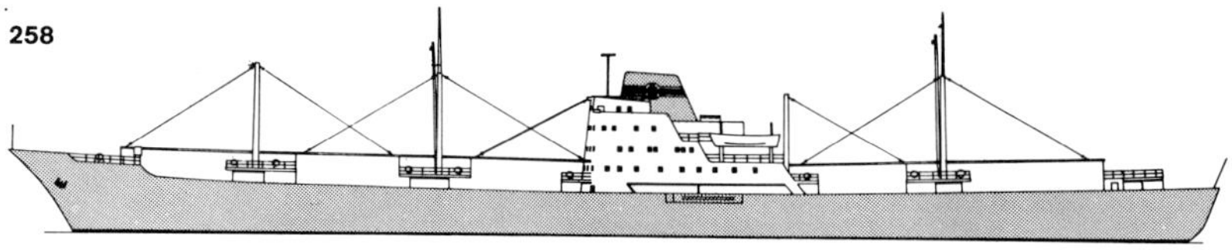

ms **Stefan Czarniecki**, **Grunwald**, **Westerplatte**

1967 Nakskov Skibsvaerft, Nakskov
10208 153,8 16 kn
5700 19,8 8000 hp
12045 8,5 694300/621800 cft
14,72 x 8 m 8 P
10–5 t, 6–10 t, 1–30 t, 1–65 t

259

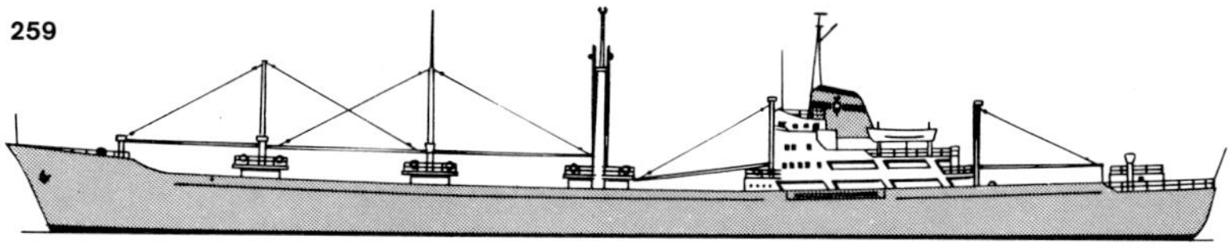

ms **Kraszewski**

1963 Odense Staalskibsvaerft, Odense
10363 153,3 16 kn
6115 20,3 7600 hp
14200 9,2 21765 cbm
12–5 t, 4–10 t, 1–135 t

POLEN

260

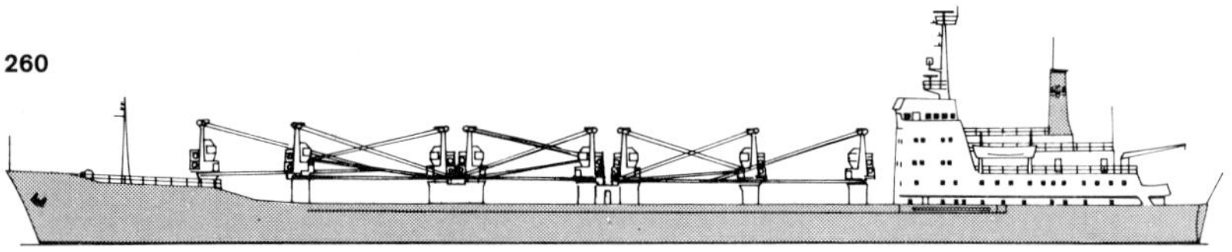

ms **Pulawy**
ex *Waitara*

1966 Eriksberg M.V., Göteborg
10718 156,4 18 kn
5870 21,3 13300 ihp
13412 9,4 672600 cft bale
8–10 t-cranes 60500 cft R

261

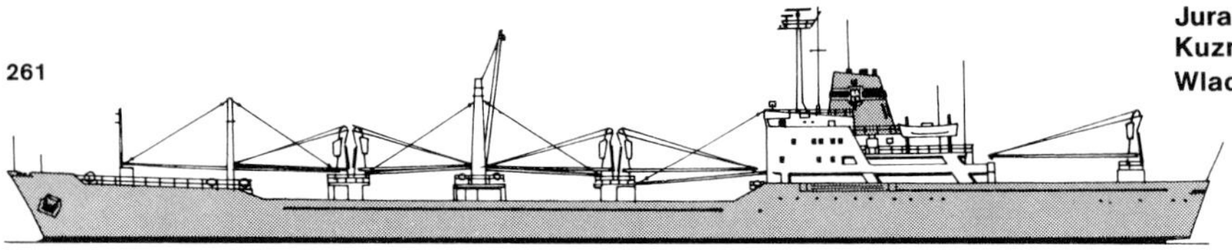

ms **Hel**
Jastarnia-Bor
Jurata
Kuznica
Wladyslawowo

1970 Nakskov Skibsvaerft, Nakskov
10970 166,5 22,5 kn
6408 23,3 20000 hp
14170 9,7 690000 cft
12 P
5–5 t-cranes, 4–2 t, 6–5 t, 1–60 t

262

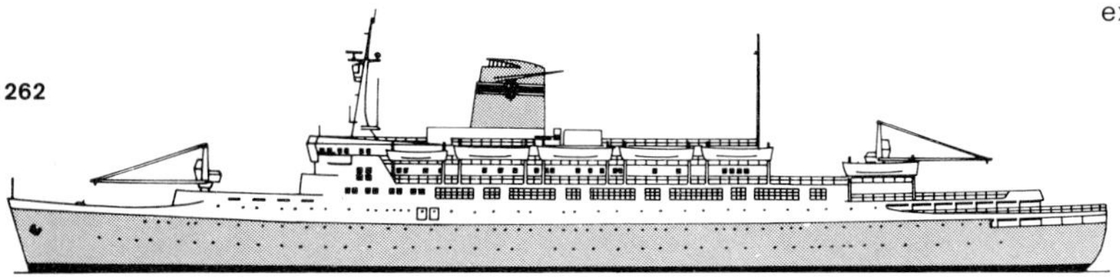

ms **Stefan Batory**
ex *Maasdam*

1952 Wilton-Fijenoord, Schiedam
15044 161,6 16,5 kn
8684 21,1 8500 shp
7057 8,8 845 P
180415 cft
15250 cft R
N-Atlantic

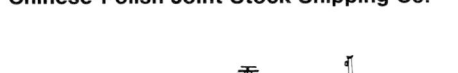

Chinese-Polish Joint Stock Shipping Co.

263

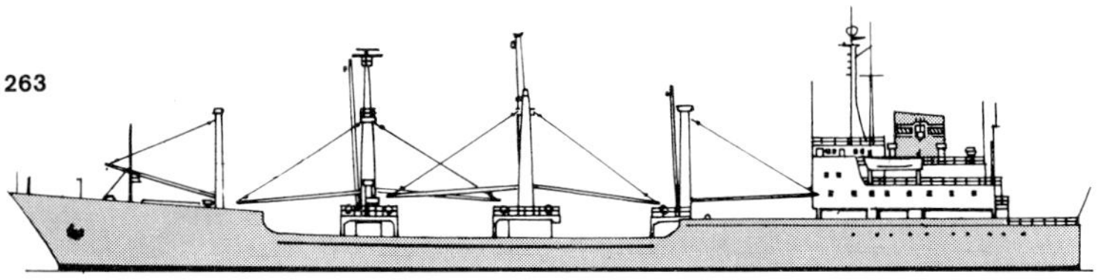

ms **Adam Asnyk**

1974 AG »Weser«, Werk Seebeck, Bremerhaven
9631 144,6 16 kn
6293 21 7800 ehp
15100 8,8
13,15 x 8,5 m 2–3/5 t, 12–5/10 t, 1–25 t, 1–75 t

264

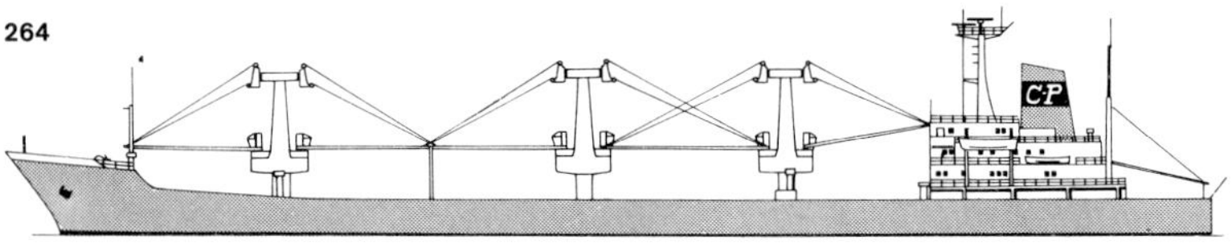

ms **Leopold Staff**

1977 AG »Weser«, Werk Seebeck, Bremerhaven
149,8 16,5 kn
21 8690 ehp
16220 9,3
3 twin-cranes je 2 x 16 t,
1 twin-crane 2 x 20 t

265

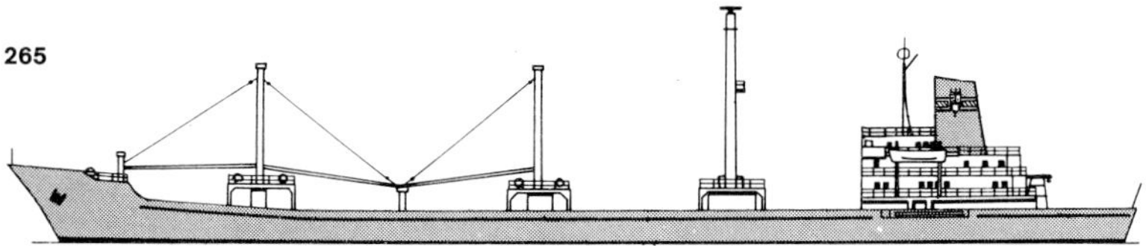

ms **Boleslaw Prus**

1973 AG »Weser«, Werk Seebeck, Bremerhaven
9784 149,8 16,5 kn
21 8690 hp
16300 9,3

Polska Zegluga Morska

266 Typ B 513

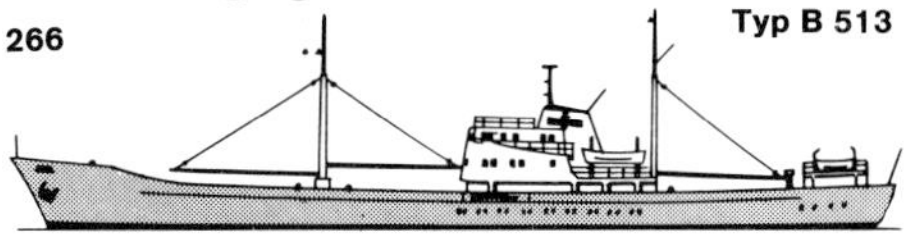

ms	**Koszalin**	1960 Stocznia Gdynia, Gdynia		
	Deblin } **POL**	1273	86,6	14,5 kn
	Modlin }	566	12,4	2250 bhp
	Wolin }	1590	4,6	8 P.
		4-3 t, 2-5 t		27300 cft grain
				97500 cft bale R

267 Typ B 30

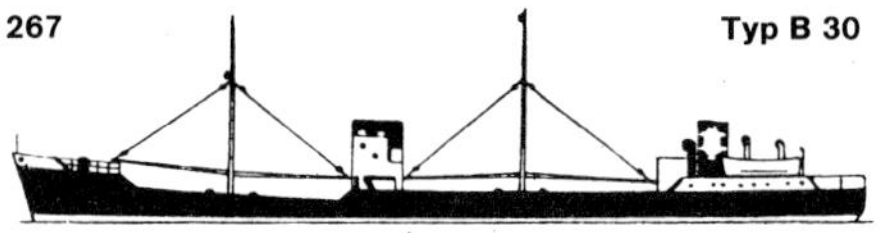

ss	**Soldek**	1949 Stocznia Gdanska, Gdansk		
	Brygada Makowskiego	2046	87	11 kn
	Jednosc Robotnicza	1219	12,3	1300 ihp
	Pstrowski	2540	5,4	Collier
	Wieczorek	8-3 t		129500/123000 cft

268 Typ B 451 A

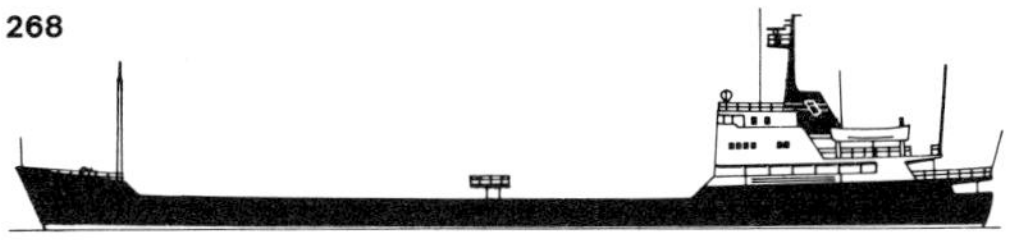

ms	**Piotrkow Trybunalski**	1969 »Georgij Dimitrov«, Varna		
	Ciechanow	2423	95,9	13 kn
	Przemysl	1112	13,7	2250 hp
	Starachowice	3530	5,7	175263 cft
	Suwalki			
	Wadowice			

269 Typ B 32

ss **Bielsko** **Gniezno** **Slawno**
Cieszyn **Katowice**
1957 Stocznia Szczecinska, Szczecin

2555	94,7	11,5 kn
1409	13,5	1700 ihp
3074	5,6	collier
8-5 t		158285/152289 cft

270

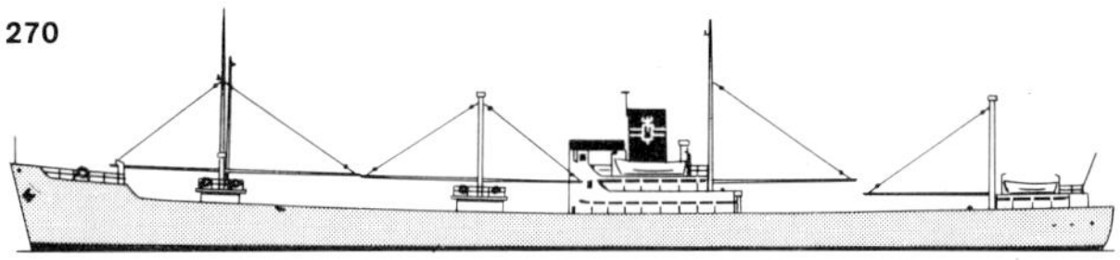

ms	**Grodziec**	1945 Götaverken, Göteborg		
ex	*Cetus*	3379	116,7	12,5 kn
		1770	15,3	
		6040	6,9	

271 Typ B 31

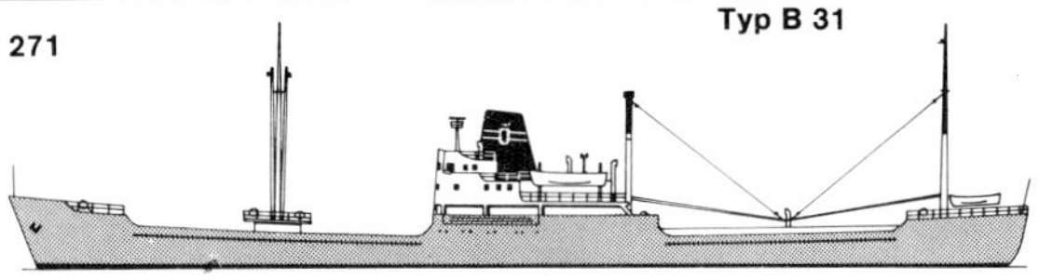

ms	**Zielona Gora**	1961 Stocznia Gdanska, Gdansk		
		3804	108,2	11,5 kn
		1925	14,6	
		4950	6,6	

272 Typ B 522

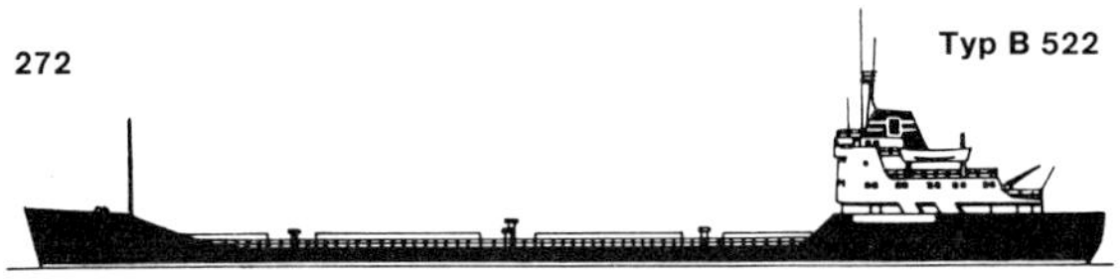

ms	**Tarnow**	1970 Stocznia Gdanska, Gdansk		
	Eugenie Cotton	3812	109,0	14 kn
	Kedzierzyn	1917	15,9	3400 hp
	Nowy Sacz	5735	6,9	7590/7171 cbm

273 Typ B 31

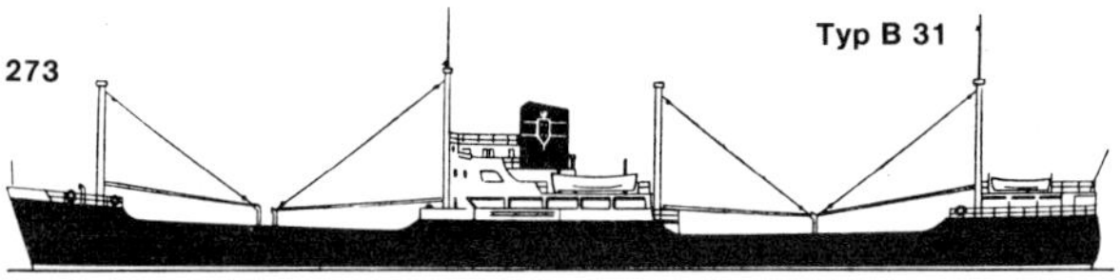

ms	**Szczecin**	1954 Stocznia Gdanska, Gdansk		
		3818	108,3	12,3 kn
		1940	14,6	2300 ihp
		4675	6,6	collier

274

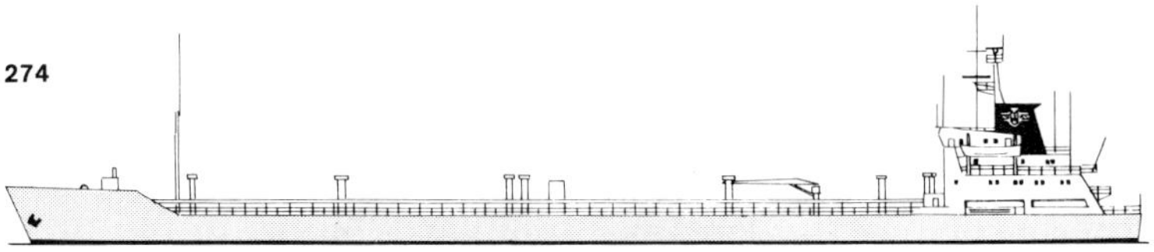

mt	**Tarnobrzeg**	1974 Lödöse Varf, Lödöse		
	Professor K. Bohdanowicz	6967	144	14 kn
	Siarkopol	4952	16	4665 bhp
	Zaglebie Siarkowe	9814	7,6	5607 cbm
				Molten-sulphur carrier

275

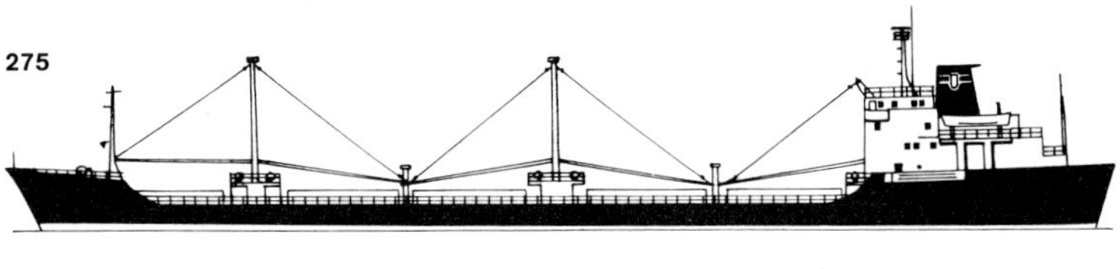

ms	**Kopalnia Moszczenica**	1968 Nakskov Skibsvaerft, Nakskov		
	Gliwice II	8391	141,8	15 kn
	Kopalnia Kleofas	4233	19,2	6550 hp
	Kopalnia Marcel	11780	8,2	16155/15695 cbm
	Kopalnia Sosnica	10-5 t		
	Kopalnia Szczyglowice			
	Kopalnia Wirek			

POLEN

276

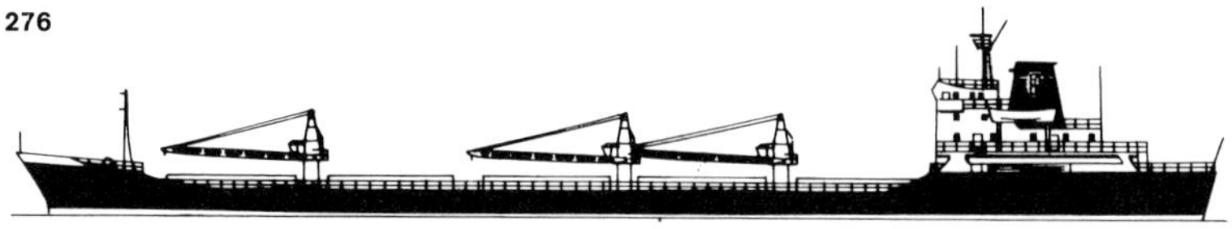

ms **Kopalnia Piaseczno**
Kopalnia Jeziorko

1971 Astilleros Espanoles S.A., Bilbao

9050	146,7	15,5 kn
4184	20,1	8000 hp
13665	8,3	16000 m^3

3–5 t-cranes

277

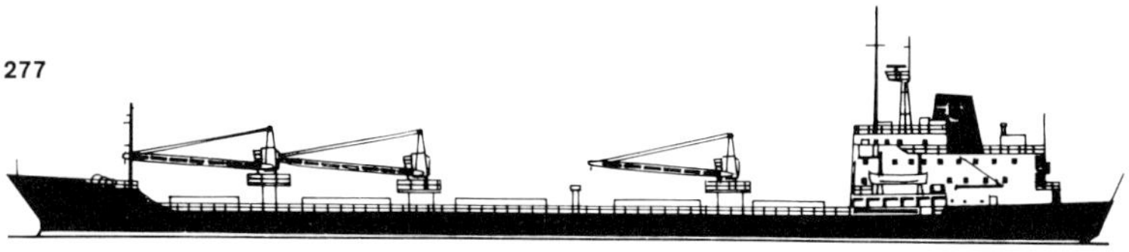

ms **Kopalnia Machow**
Kopalnia Grzybow

1972 Astilleros Espanoles S.A., Sevilla

9206	145	16 kn
4783	20,7	8000 hp
14035	8,3	570000 cft sulphur

278

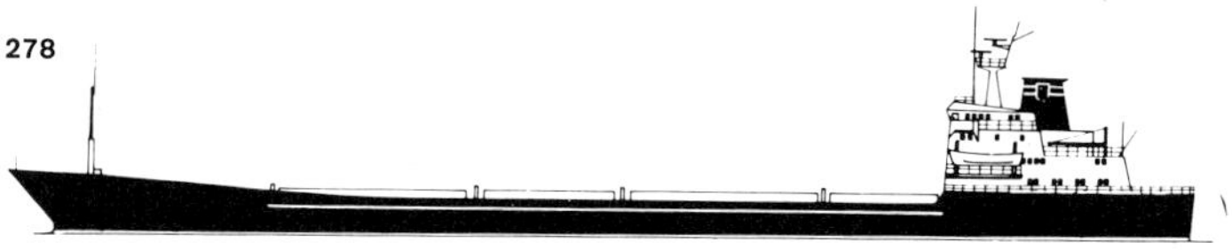

ms **Kopalnia Sosnowiec**
Budowlany
Huta Zgoda
Huta Zygmunt
Kopalnia Walbrzych
Kopalnia Zofiowka
Rolnik

1974 Schlichting-Werft, Travemünde

9268	145,6	15,5 kn
5132	20,7	7400 hp
13800	8,4	18400 cbm

Typ B 512

ms **Kolejarz**
Chemik
Energetyk
Gornik
Hutnik
Metalowiec
Stoczniowiec
Transportowiec
Wlokniarz

1963 Stocznia Szczecinska, Szczecin

10651	156,7	14,5 kn
6223	20,5	6500 bhp
14250	8,4	744640/684940 cft

12,3 x 9 m, 13 x 6,4 m
4–5 t-cranes, 2–3/5 t, 1–30 t
(z. T. ohne Kräne)

280

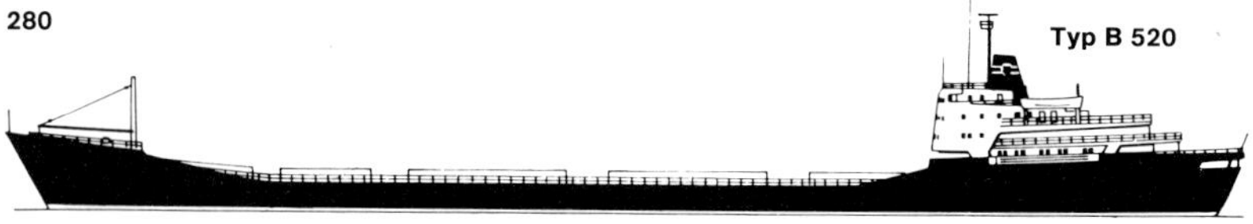

Typ B 520

ms **Zaglebie Dabrowskie**
Bieszczady
Dolny Slask
Gorny Slask
Kujawy
Podhale

1967 Stocznia Szczecinska, Szczecin

11010	156,4	15,5 kn
5919	20,4	7200 bhp
15180	9,5	Bulkcarrier
12 x 20 m		761720 cft grain

281

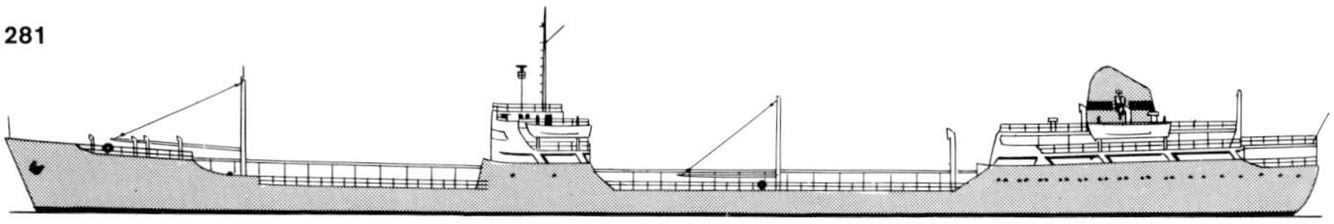

mt **Karpaty**
Beskidy

1960 Brodogradiliste Uljanik, Pula

13796	170,7	15 kn
7759	21,9	8750 bhp
20259	9,4	

282

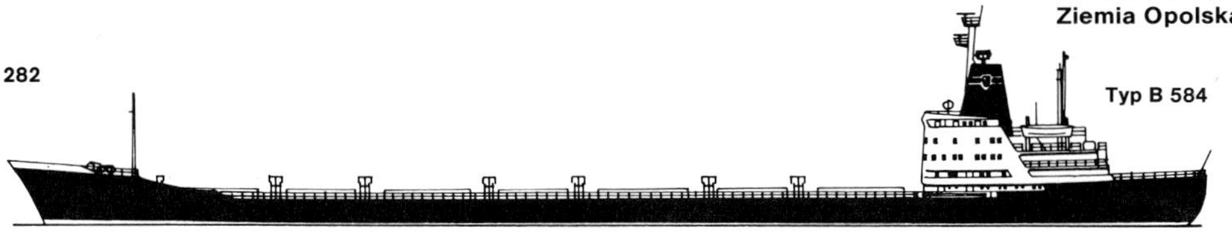

Typ B 584

ms **Ziemia Bialostocka**
Ziemia Olsztynska
Ziemia Opolska

1972 G. Dimitrov, Varna

15643	185,1	16 kn
8501	22,9	11200 hp
23736	9,8	

283

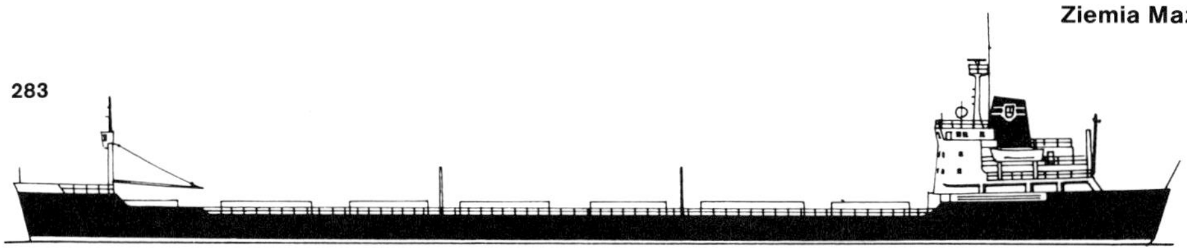

ms **Ziemia Bydgoska**
Ziemia Mazowiecka

1967 Smith's Dock Co. Ltd., Southbank o.T.

15732	179,5	15 kn
9002	22,8	9600 hp
26300	9,9	32171 cbm

284

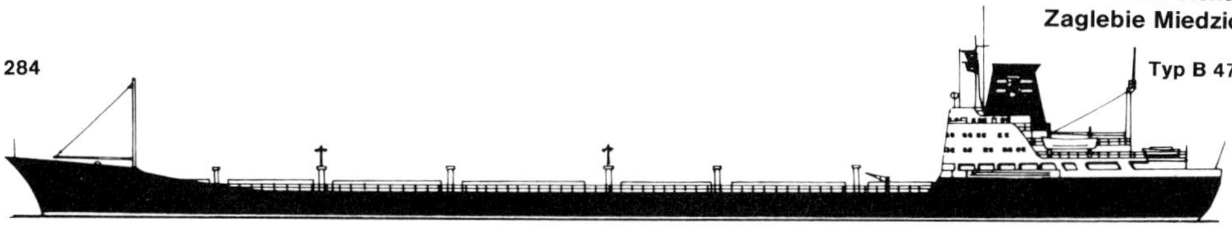

Typ B 470

ms **Ziemia Krakowska**
Ziemia Lubelska
Zaglebie Miedziowe

1971 Stocznia Gdynia, Gdynia

16028	187,2	15,5 kn
8852	22,9	9600 hp
23792	9,5	29760 cbm

285

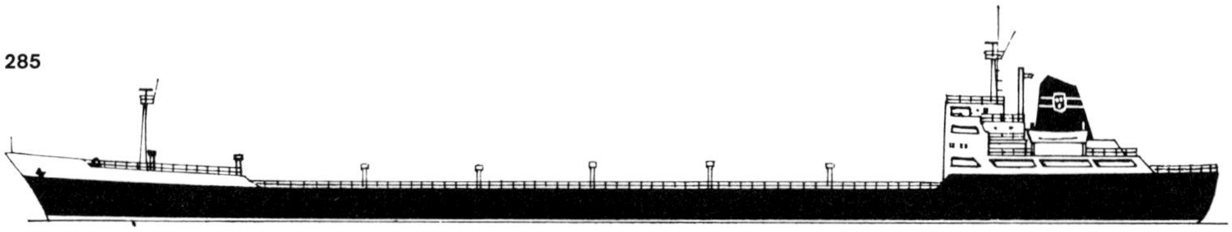

ms **Ziemia Szczecinska**
Ziemia Gdanska
Ziemia Kielecka
Ziemia Koszalinska
Ziemia Lubuska
Ziemia Wielkopolska

1966 Cant. Riuniti Dell' Adriatica, Trieste

16452	190,4	14,8 kn
10930	22,8	11200 hp
23725	9,9	1214802 cft

286

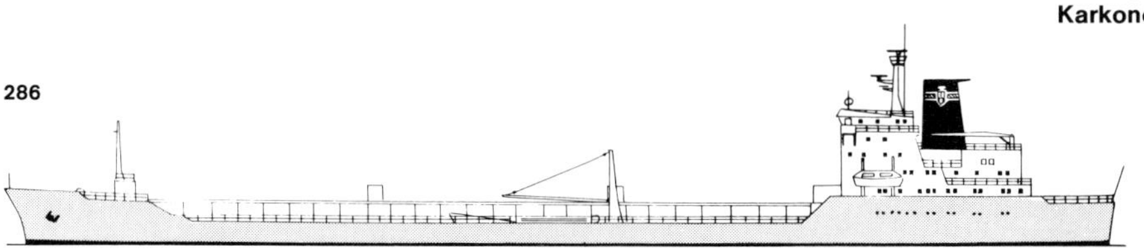

mt **Pieniny II**
Karkonosze

1975 Oskarshamns Varv, Oskarshamn

18249	170,7	15 kn
10411	25,9	12000 hp
31016	14,5	39596 cbm

287

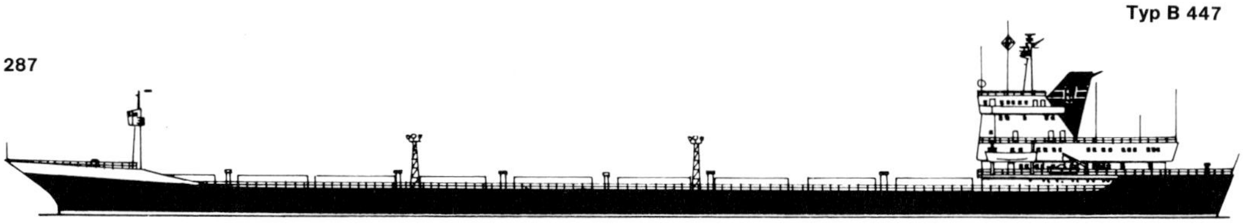

Typ B 447

ms **Powstaniec Slaski**
Czwartacy Al
Obroncy Poczty
Siekierki
Tobruk

1970 Stocznia Szczecinska, Szczecin

19677	202,3	15 kn
11831	24,4	10500 hp
32193	10,7	40998 cbm grain

POLEN

288
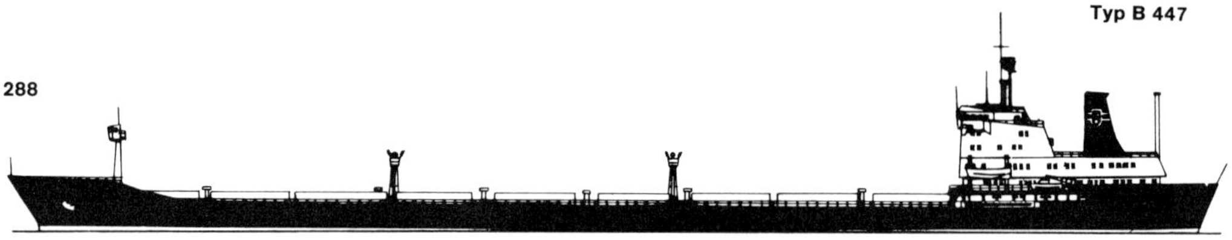
Typ B 447

ms **Narwik II**
Cedynia
Miroslawiec
Powstaniec Wielkopolski
Studzianki
Syn Pulku

1973 Stocznia Szczecinska, Szczecin

20596	198,8	15,5 kn
12739	24,5	12000 hp
31920	10,6	40770 cbm

289
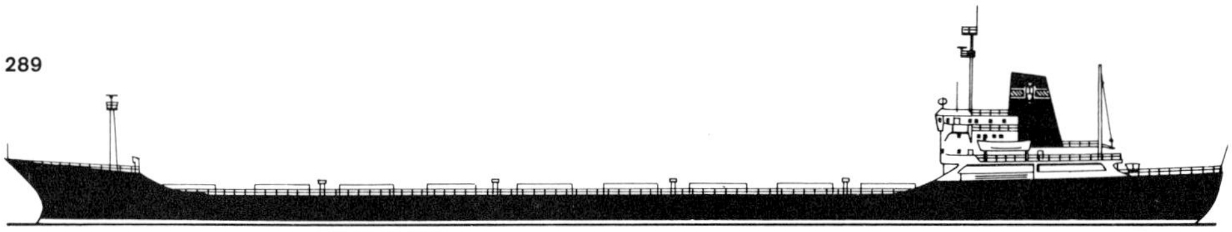

ms **General Madalinski**
General Bem
General Jasinski
General Pradzynski
General Swierczewski

1975 »Georgi Dimitrov«, Varna

23329	186	17 kn
14941	27,9	12000 hp
37845	11,2	

290
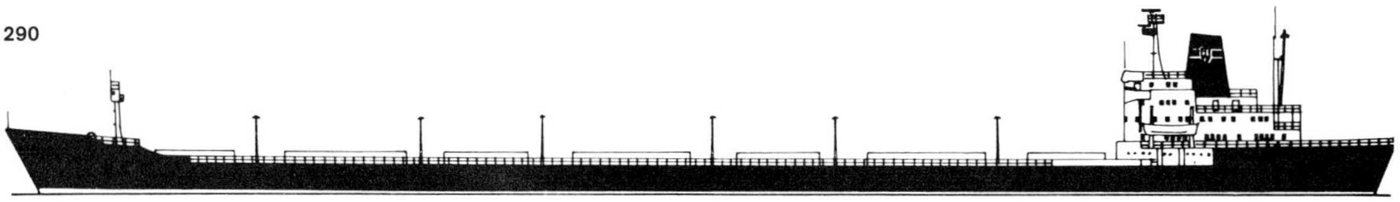

ms **Uniwersytet Jagiellonski**
Uniwersytet Gdanski
Uniwersytet Torunski
Uniwersytet Warszawski
Uniwersytet Wroclawski

1971 Burmeister & Wain, Kobenhavn

30380	218,9	16,1 kn
22196	30,5	15000 hp
51300	12	2200000cft

ms **Manifest Lipcowy**
Typ B 521

1970 Stocznia Gdynia, Gdynia

32758	218,4	15 kn
23727	32,3	15300 hp
55596	12,4	68000 cbm

291
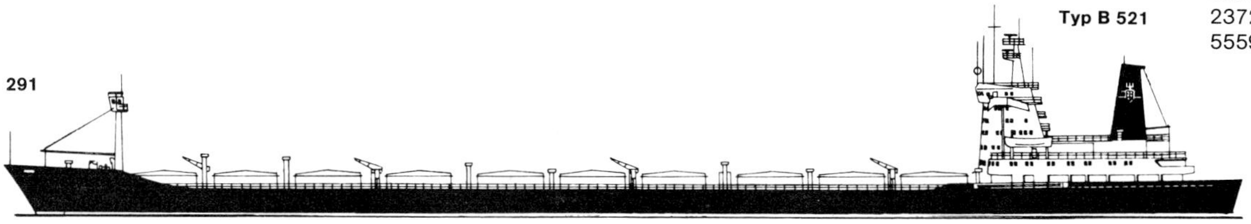

ms **Politechnika Szczecinska**
Politechnika Gdanska
Politechnika Gliwicka
Politechnika Slaska
Typ B 521

1972 Stocznia Gdynia, Gdynia

34052	220	15 kn
23498	32,2	17400 hp
54939	12,4	68000 cbm

292
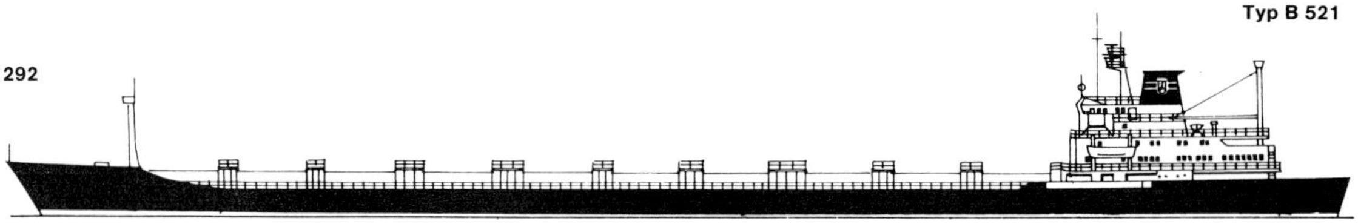

ms **Huta Lenina**
Huta Katowice
ex *Varamis*
Vigan

1976 Mitsubishi H. I., Kobe

36232	224	14,6 kn
24979	31,9	14000 hp
63321		

293
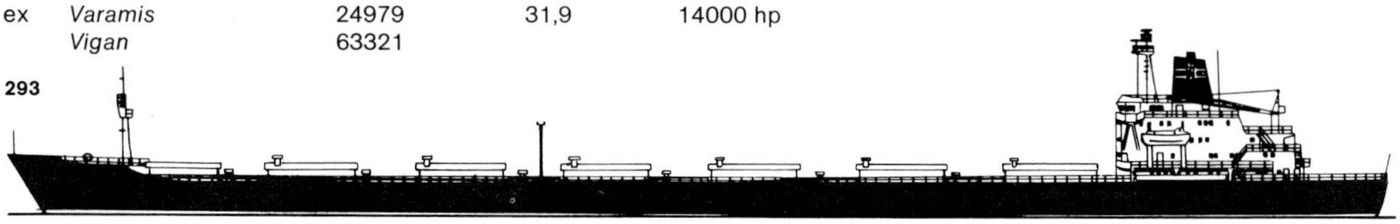

ms	**Belchatow**	1976 Mitsubishi H. I., Kobe		
	Turoszow	39309	232,4	14,5 kn
		25123	32,3	14000 hp
		71277	13,9	

294

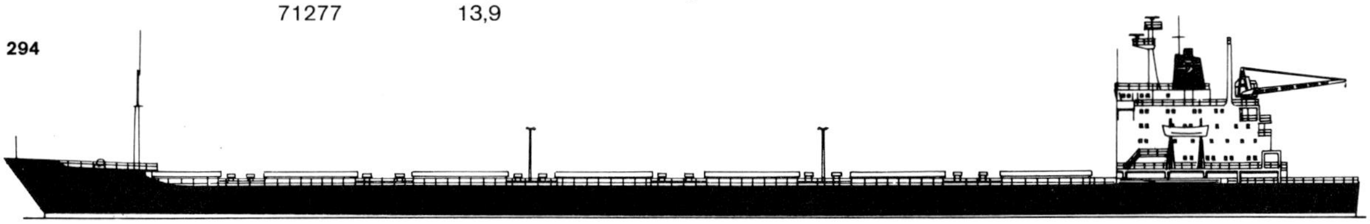

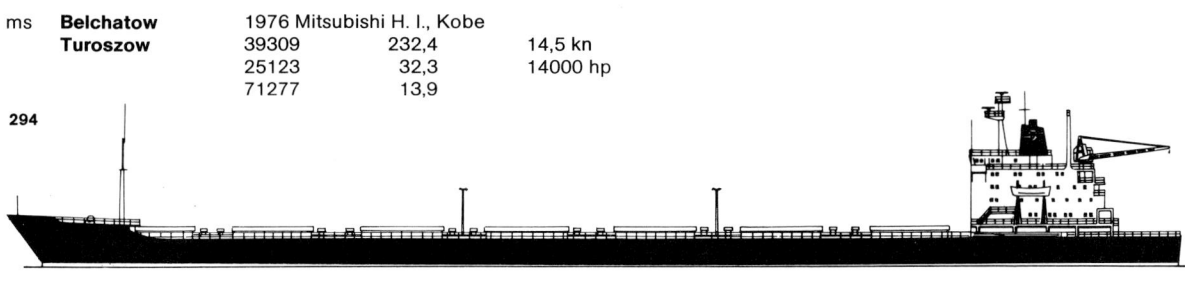

tt	**Kasprowy Wierch**	1974 Howaltswerke-Deutsche Werft AG., Hamburg		
	Giewont II	70671	283,9	15,5 kn
	Rysy II	59060	43,5	24000 shp
		137160	15,7	5675000 cft

295

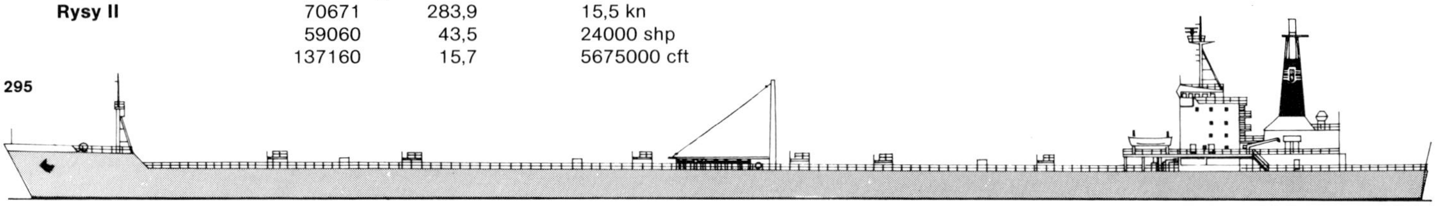

mt	**Zawrat**	1975 Mitsubishi H.I., Yokohama		
	Czantoria	81196	293	15,5 kn
	Sokolnica	57451	48,1	29000 hp
		144892	15,3	173720 cbm

296

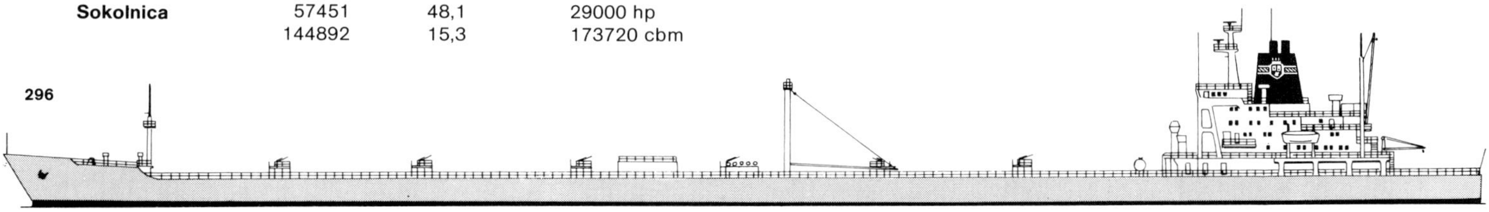

Fährschiffe

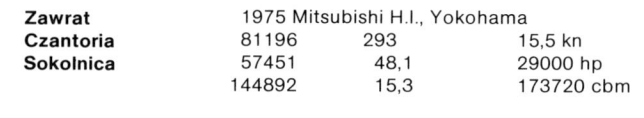

Polska Zegluga Baltycka

297

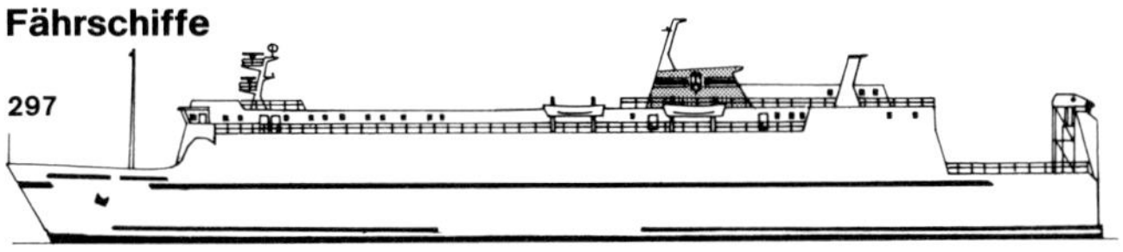

ms	**Mikolaj Kopernik**	1974 Trosvik Verksted AS., Brevik		
	Jan Heweliusz	2898	125,6	17 kn
		1184	17	4 x 1840 hp
		2350	4,5	Swinousje-Ystad
				36 Waggons = 414 m Gleise
				22 Lastzüge

(Diese Eisenbahnfährschiffe werden weiterhin von der POL bereedert)

298

ms	**Skandynawia**	1964 Gebr. Pot. Bolnes			17 kn
ex	*Visby*	2821	88		6400 hp
		1376	16,2		1200 P
		494	4,2		130 cars
					Swinoujscie-Tuborghavn (Kopenhagen)

299

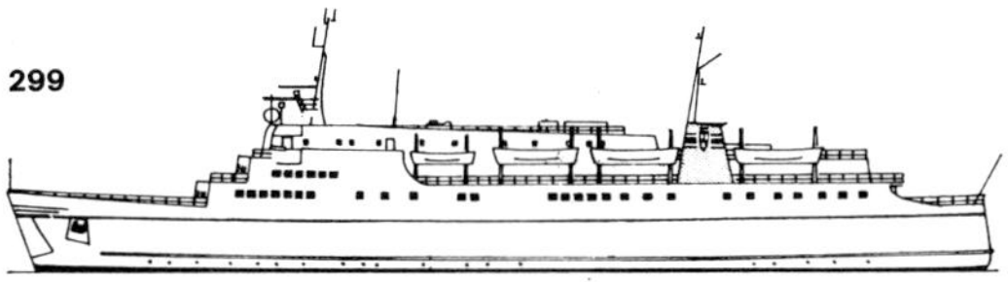

ms	**Gryf**	1962 Hanseatische Werft, Hamburg-Harburg		
ex	*Finndana*	2977	96	18,5 kn
		1084	15,9	2880 hp
		788	4,5	678 P
				125 cars or 18 lorries
				Swinoujscie-Ystad

300

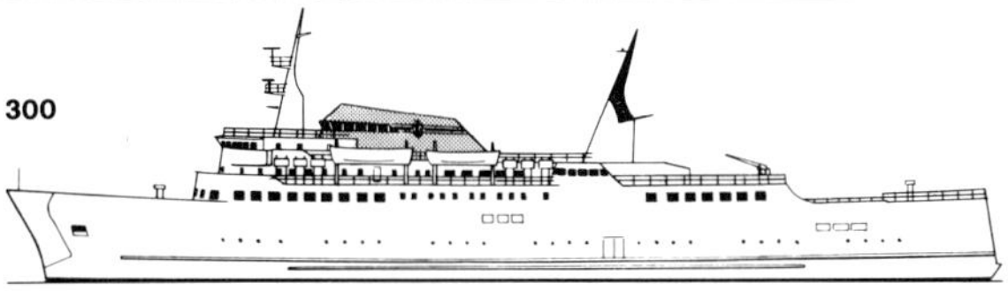

ms	**Wawel**	1965 Werft Nobiskrug, Rendsburg		
ex	*Gustav Vasa*	3801	110,7	19,5 kn
		1482	17,6	8000 hp
		915	4,4	1000 P
				24 lorries or 130 cars
				Swinoujscie-Ystad

301

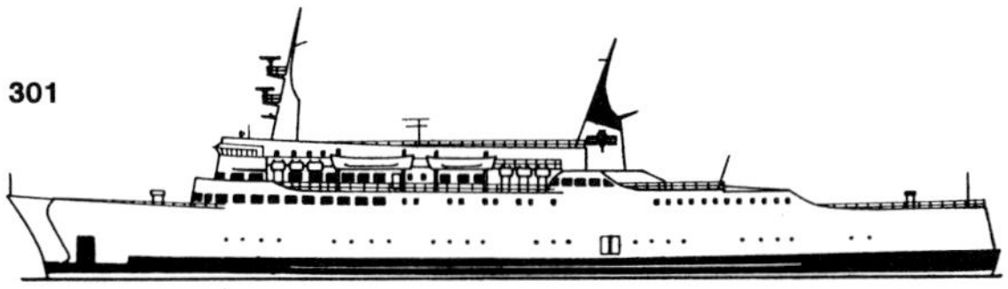

ms	**Wilanow**	1966 Werft Nobiskrug, Rendsburg		
ex	*Kronprins Carl Gustaf*	4020	110,2	19 kn
		1666	17,8	11000 PSe
		890	4,4	Swinoujscie-Ystad

302

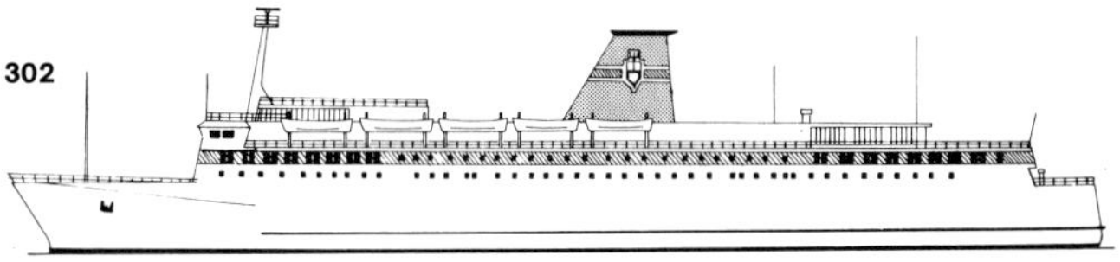

ms	**Pomerania**	1977 Stocznia Szczecinska, Szczecin		
	+ 5	6680	125,5	20 kn
			19,4	275 cars, 26 trucks
			5	1000 P.

(Die ersten beiden Schiffe sollen ab 9/77 bzw. 5/78 auf der Route Swinoujscie – Ystad eingesetzt werden)

Navrom

305

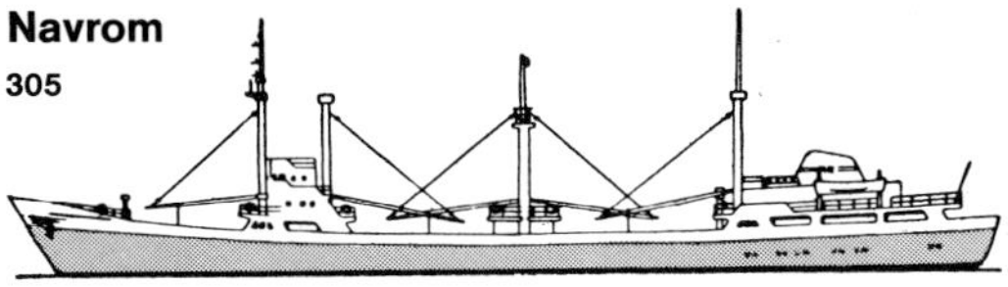

ms **Galati**, **Bacau**, **Baia Mare**, **Braila**, **Brasov**, **Cluj**, **Craiova**, **Deva**, **Iasi**, **Sibiu**, **Suceava**, **Timisoara**, **Tirgoviste**, **Tirgu Mures**, **Vaslui**, **Victoria**

1960 Santierul Naval, Galatz

3090	100,6	12,5 kn
2086	13,9	2500 bhp
4400	6,6	220800/204300 cft

10–3/5 t, 1–20 t

306

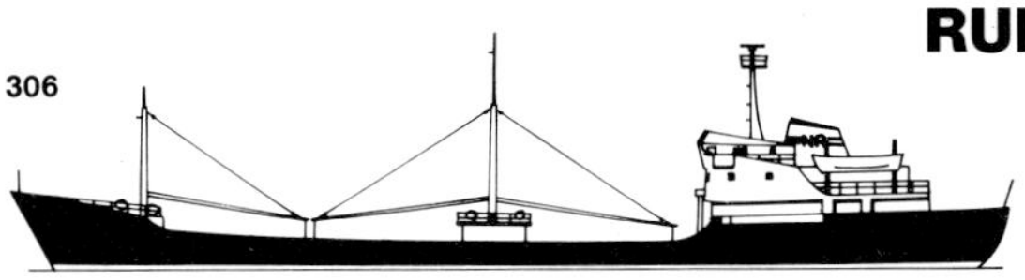

ms **Azuga**, **Brad**, **Calarasi**, **Codlea**, **Plopeni**, **Rimnicu Vilcea**, **Sacele**, **Slatina**, **Slobozia**, **Tirgu Jiu**, **Tirnaveni**

1974 Santierul Naval, Galatz

3532	106,1	13,5 kn
1748	14,8	
4800	7,1	

307

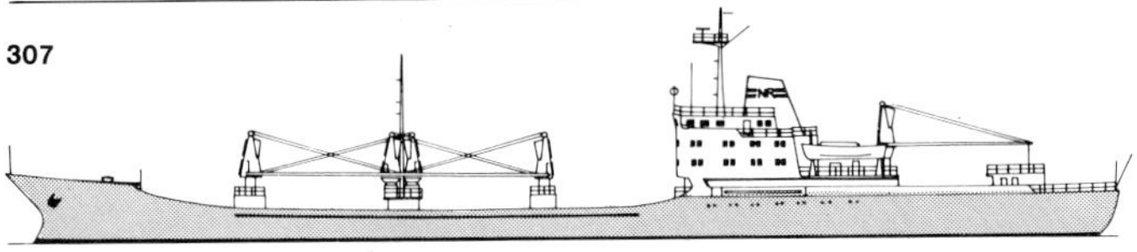

ms **Salaj**, **Nasaud**

1972 A. Shdanov, Leningrad

5923	130	16 kn
2948	17,8	
8230	7,8	

308

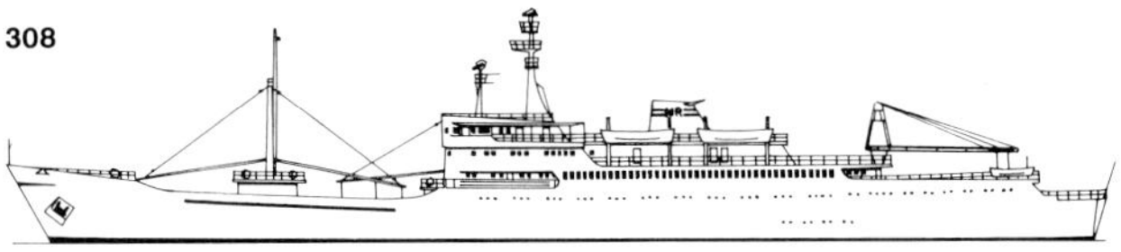

ms **Neptun**

1976 Stocznia Szczecinska, Szczecin

5975	122.2	16 kn
2340	17	5500 hp
5655	7,4	Schulschiff
		180 Eleven

309

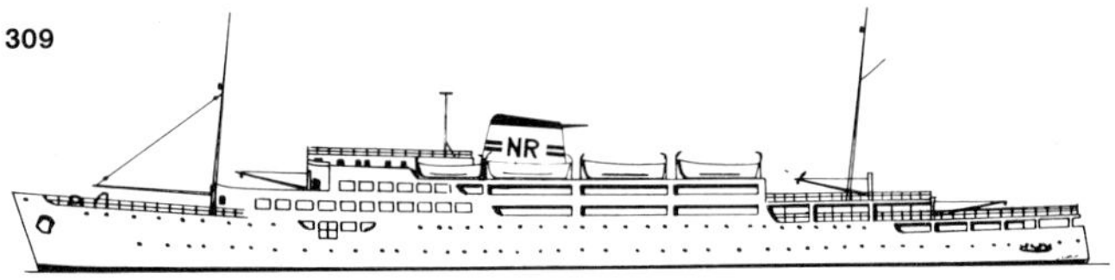

ms **Transilvania**

1938 Burmeister & Wain, København

6672	132	22,5 kn
3918	17,6	14400 ihp
2300	4,8	410 P

310

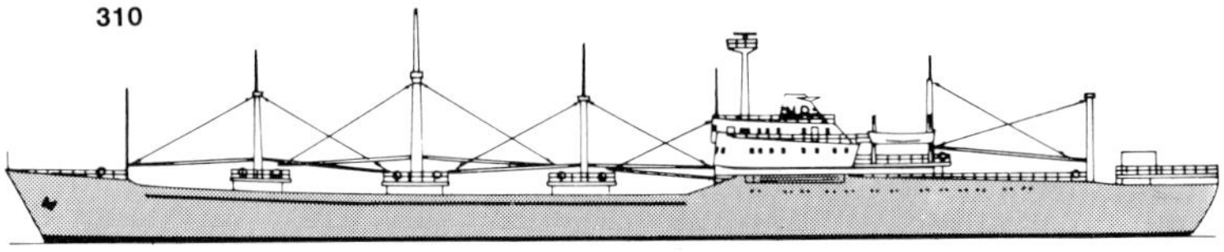

ms **Alba Julia**, **Curtea de Arges**

1976 Stocznia Gdynia, Gdynia

	145,4	17 kn
	18,7	8000 hp
11700	9	54 container

1–1,5 t, 2–3 t, 16–5 t

311

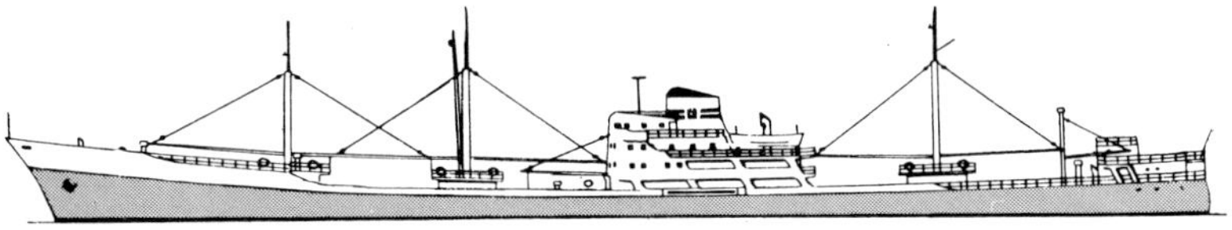

ms **Bucuresti**, **Dobrogea**

1962 Brodogradiliste 3. Maj, Rijeka

9224	152,3	14,5 kn
5257	18,8	5600 hp
12850	8,4	16414 cbm

312

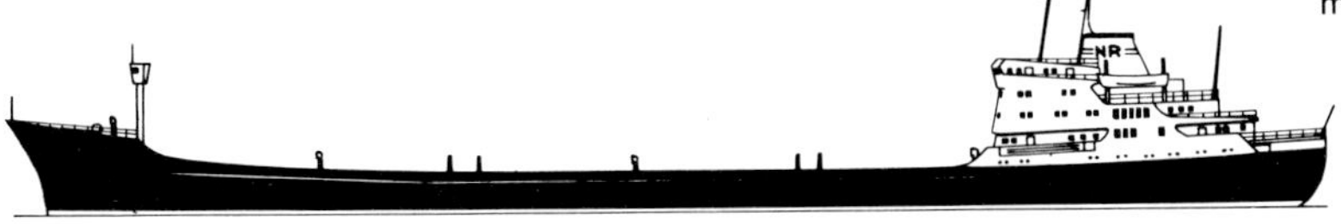

ms **Petrosani**, **Anina**, **Cugir**, **Rovinari**, **Uricani**, **Vulcan**

1968 Santierul Naval, Galatz

9557	151,5	14,5 kn
5672	19,8	7200 hp
12883	7,9	

313

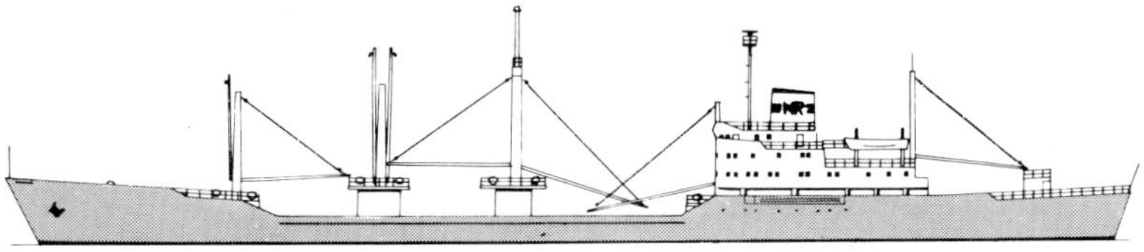

ms **Dragasani**, **Foscani**

1976 Warnowwerft, Warnemünde

	152,8	18 kn
	20,3	11200 hp
14000	9,3	18728/17194 cbm

1–70 t

RUMÄNIEN

mt **Prahova** Uddevallavarvet, Uddevalla
ex *Pace*

12377	170,7	14 kn
7244	21,3	
19019	9,3	

314

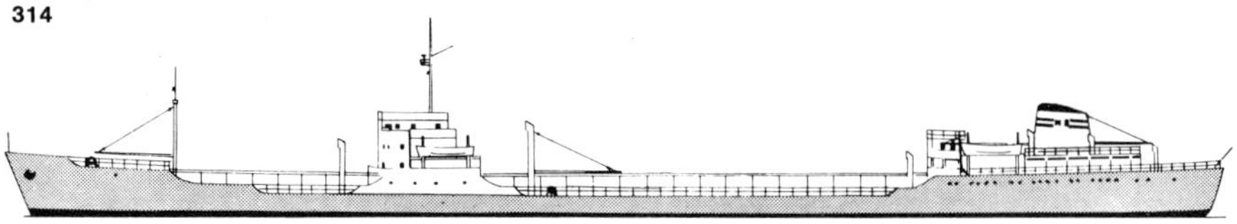

ms **Resita** **Carpati** **Hunedoara** **Maramures**
Bucegi **Dunarea** **Lupeni** **Oltul**

1965 Hitachi Zosen, Innoshima

16634	181,1	16,3 kn
5429	24,9	11500 hp
25818	9,5	Ore carrier

315

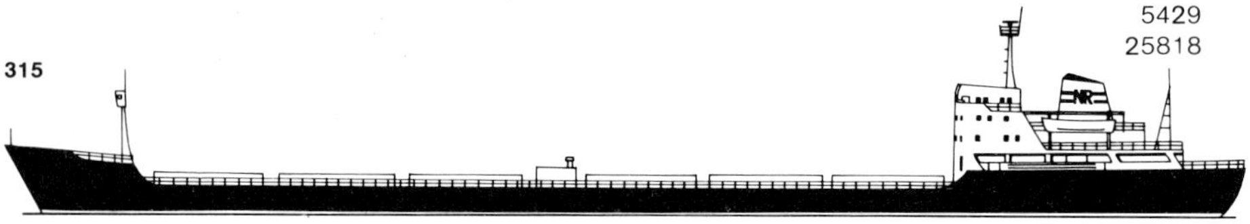

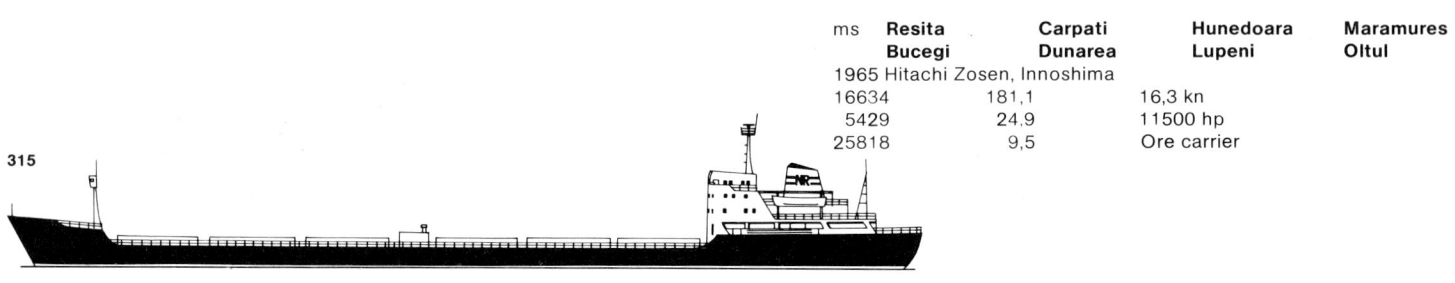

ms **Bumbesti** 1974 Gheorgi Dimitrov, Varna
Livezini

16865	185,2	15,3 kn
8700	22,8	11200 hp
25400	9,8	

316

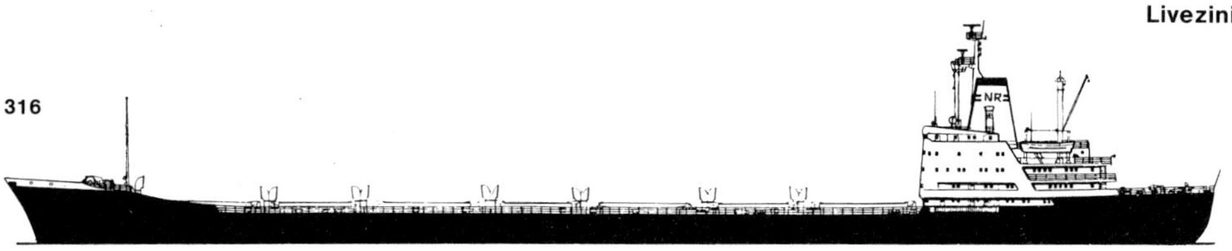

mt **Muntenia** 1974 Ishikawajima-Harima H. I., Aio
Banat
Crisana
Dacia

	242,1	15,8
	40,1	
86117	13,5	

317

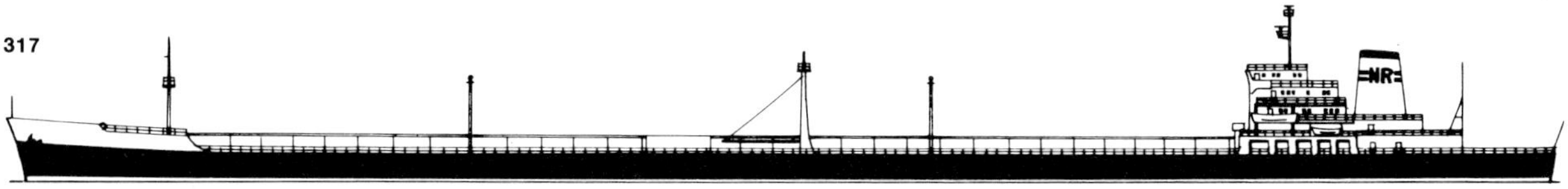

Pescuit Oceanic

318

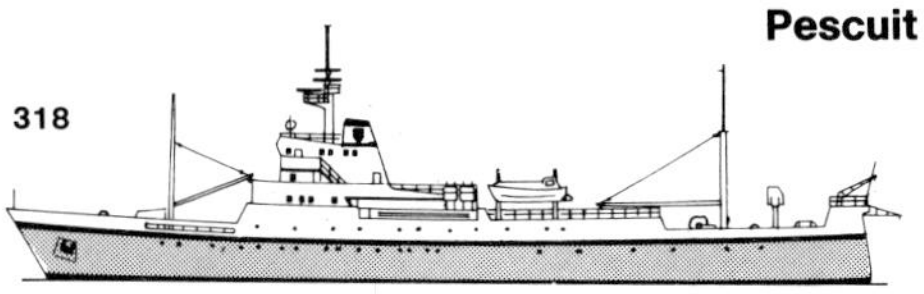

mf **Harghita**
Clabucet
Iezer
Inau
Mindra
Semenic

1974 Stocznia Gdanska, Gdansk

2632	88,1	15,1 kn
1116	15	3600 hp
1617	5,6	Fabriktrawler

319

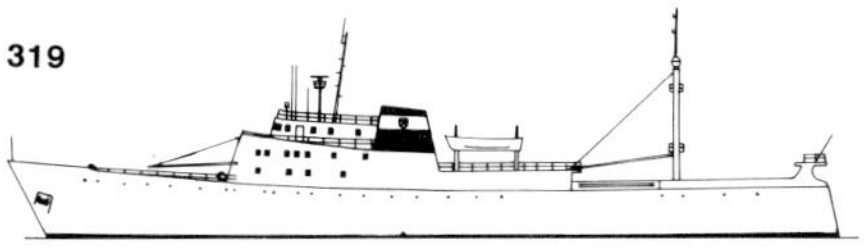

mf **Ialomita** **Milcov** **Neajlov** **Somes**
Jiul **Mures** **Siret** **Trotus**

1971 Volkswerft, Stralsund

2657	82,2	13,5 kn
1139	13,6	
1170	5	

mf **Delta Dunarii**
Caraiman
Ceahlau
Marea Neagra
Moldoveanu
Negoiu
Rarau
Razelm
Retezatul
Sinoe

320

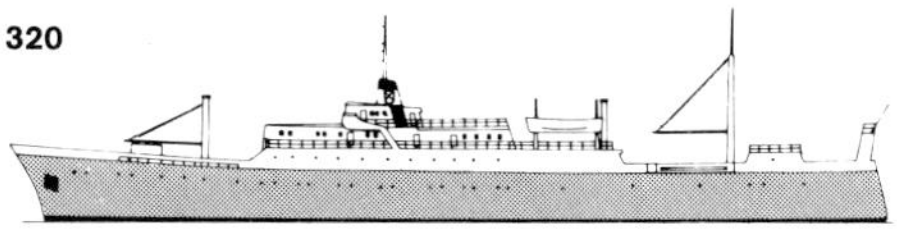

1968 Stocznia Gdanska, Gdansk

2715	88	13,8 kn
1129	14,5	2500 hp
1990	5,3	Fabriktrawler
		1550 cbm R
		450 cbm meal, 60 cbm oil

321

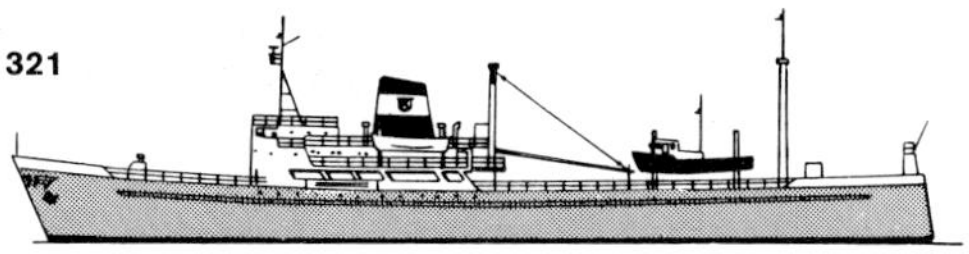

mf **Constanta** 1964 Hitachi Zosen K.K., Sakurajima
Galati

3631	93,1	13,8 kn
2061	15,6	2250 hp
2070	5	1680 cbm R
		Fabriktrawler

322

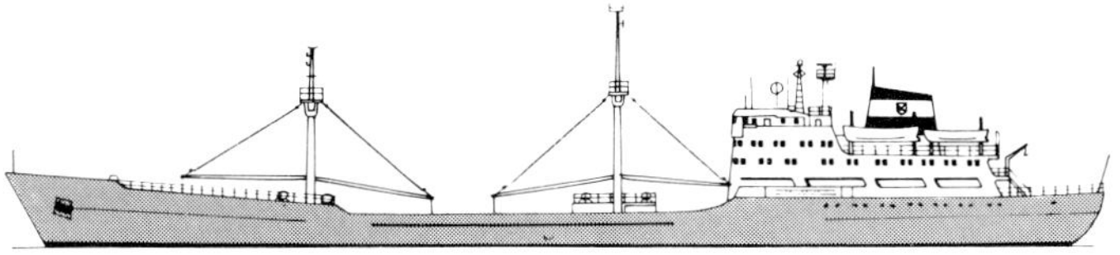

des **Polar I**
Polar II

1972 »61 Kommunar«, Nikolaev

5120	130	16,5 kn
2387	16,8	
5172	7,2	Fischtransport

323

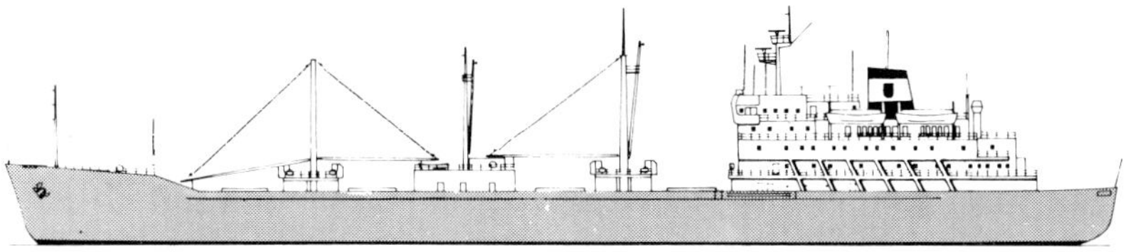

ms **Polar III**
Polar IV

1972 Mathias-Thesen-Werft, Wismar

11899	155	17,5 kn
7158	22,2	9000 hp
9473	7,8	13000 cbm R
		1310 cbm fish meal
		Fischtransport

Mahrat

325

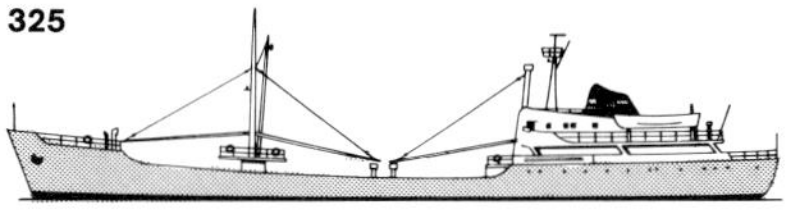

ms	**Debrecen**	1965 Angyalfold, Budapest		
	Herend	1199	74,5	10,8 kn
	Heviz	561	11,3	
	Somogy	1720	4	
	Tata			

326

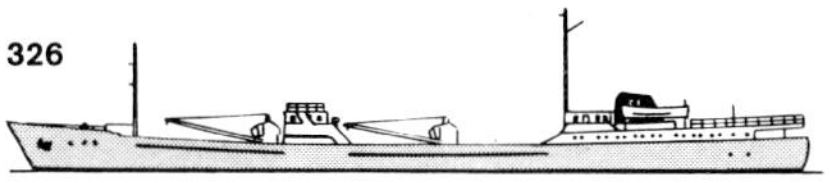

ms	**Ujpest**	1965 Angyalfold, Budapest		
	Cegled	1405	81,5	11 kn
	Szekesfehervar	645	11,4	1600 hp
		1321	3,1	2400 cbm

327

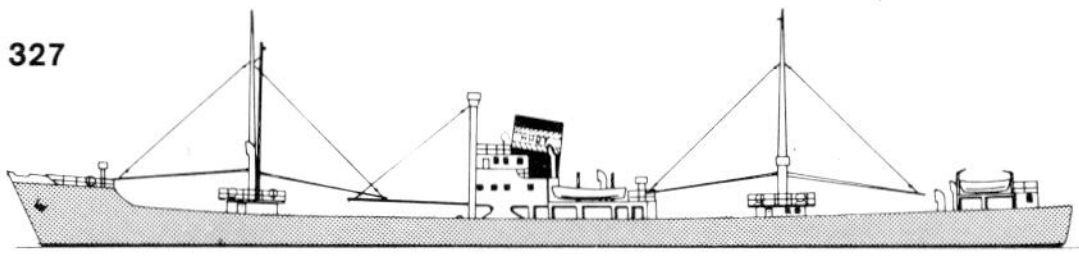

ms	**Duna**	1951 Howaldtswerke, Kiel		
ex	*Elisabeth Bornhofen*	2352	103,8	13,5 kn
		1196	14,3	2300 shp
		4600	6,3	264400/236700 cft
		16,3 x 6,5 m, 8–5 t, 1–20 t		236700 cft bale

328

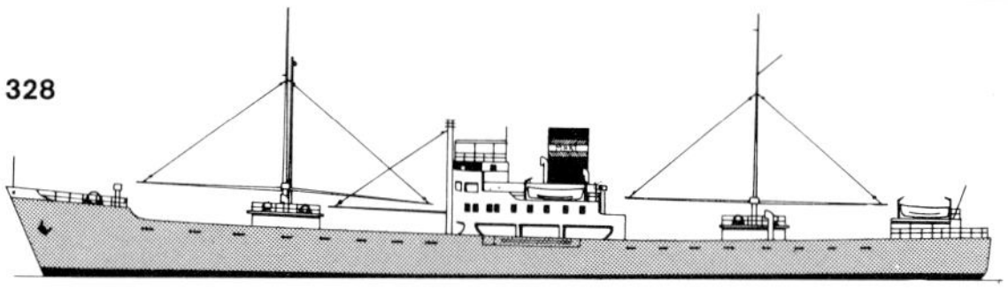

ms	**Tisza**	1952 LMG., Lübeck		
	Raba	2741	110,4	13,5 kn
ex	*Augsburg*	1507	14,8	3600 hp
	Duisburg	4825	6,4	12 P
		14,7 x 6,2 m, 10–3/5 t, 1–50 t		

329

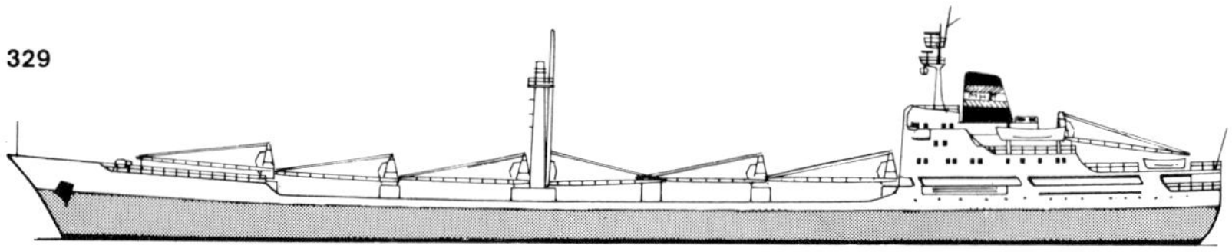

ms	**Ady**	1972 Kherson-Werft, Kherson		
	Petöfi	9859	155,7	17 kn
		4957	20,7	9000 hp
		13635	9,5	

330

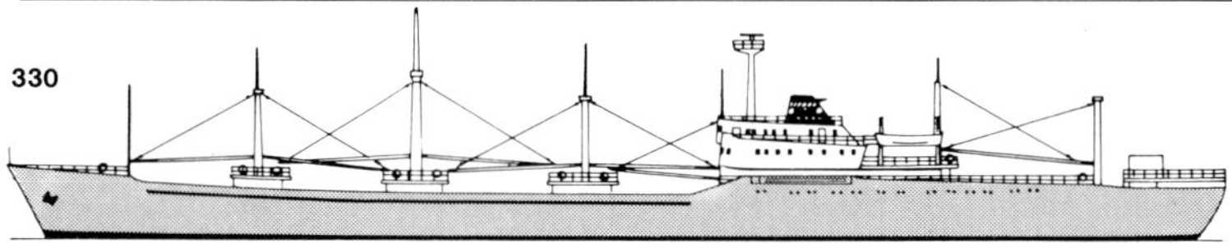

ms	**Csokonai**	1977 Stocznia Szczecinska, Szczecin		
	+ 1		145,4	17 kn
			18,7	8000 hp
		11700	9,0	1366 cbm R.
		12–5/2,5 t, 4–10/4 t, 2–3 t, 1–60 t		

A.M.A.L.

331

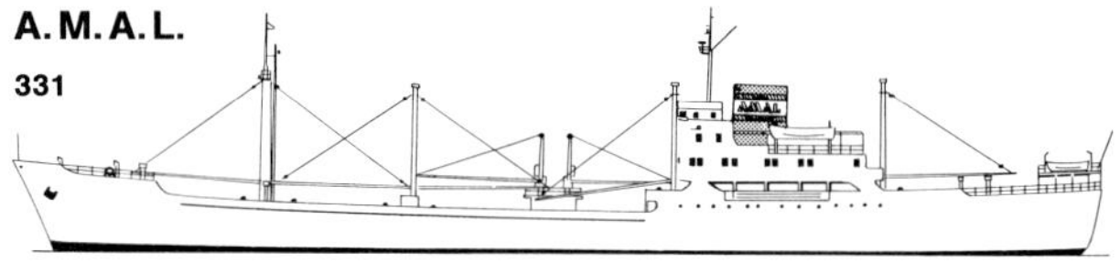

ms	**Amal Express**	1956 AG »Weser«, Bremen		
	Amal Glory	3716	119,7	15 kn
ex	*Timmerland*		16,4	4700 ihp
	Traneland	4587	6,4	8 P
		10,15 x 5,5 m		310000 cft bale
		12- t, 1–25 t, 2–3 t-cranes		30000 cft R

340

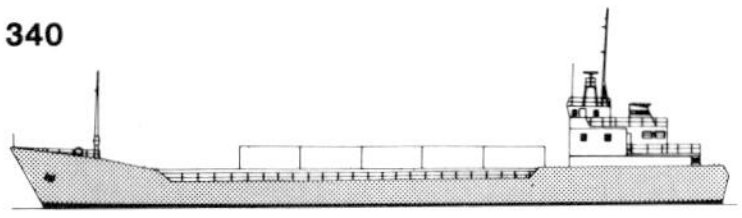

ms **Gleb Sedin** 1972 Elbe-Werft, Boizenburg

495	71,1	11,5 kn
267	10,4	1160 hp
1120	3,7	1104 cbm
	7,7 x 19,5 m	

341

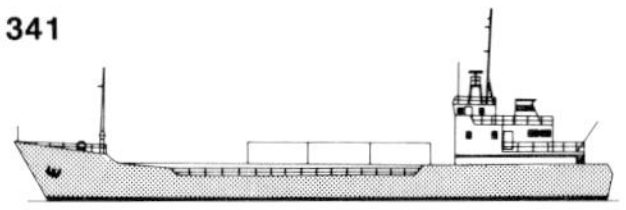

ms **Fricis Gaylis**
ex Nienhagen

1971 Elbe-Werft, Boizenburg

795	57,9	11,8 kn
422	10,2	1160 hp
772	3,7	1532 cbm
	7,7 x 27,2 m	

342

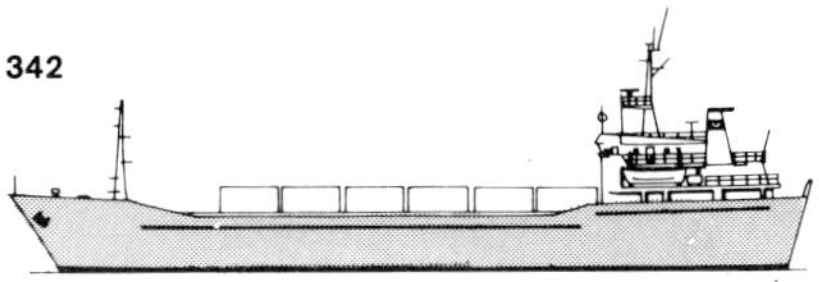

ms **Hainlaid** **Suurlaid** ex *Ymir* *Thunar*
Kessulaid **Viirelaid** *Wotan* *Thiassi*
Manilaid *Donar*

1971 H. Sürken, Papenburg

964	80,2	12,5 kn
567	12,8	2000 hp
1599	4,2	100 Container Ro-Ro

343

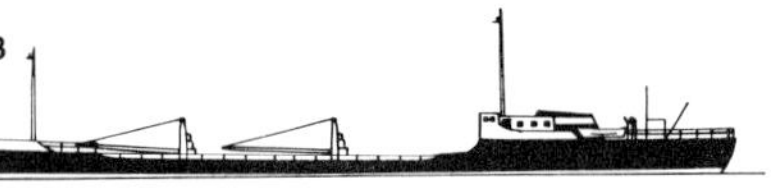

ms **Belomorskoi 2**
Belomorskoi 11
Belomorskoi 13
Belomorskoi 17
Belomorskoi 24
Belomorskoi 25
Belomorskoi 26
Belomorskoi 28

weißer Anstrich:
Refrigerator 501
Refrigerator 502
Refrigerator 503
Refrigerator 504
Refrigerator 505

1960 Rauma-Repola O/Y., Rauma

1088	79,7	10 kn
	11,3	800 hp
1000	2,4	1445 cbm
	7,5 x 11 m	

(es gibt widersprüchliche Meldungen über das Vorhandensein dieser Schiffe)

344

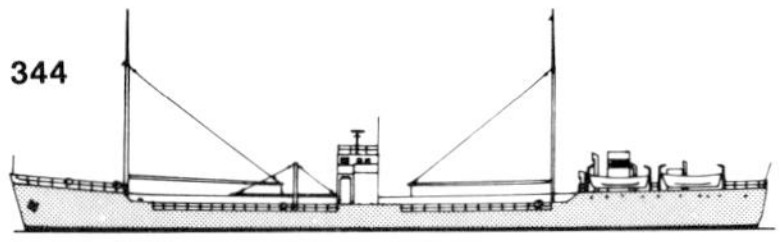

ms **Kolyma**
ex Duisburg

1936 Rheinwerft Walsum, Walsum

1146	73,7	10 kn
509	6	
1083	3,1	

345

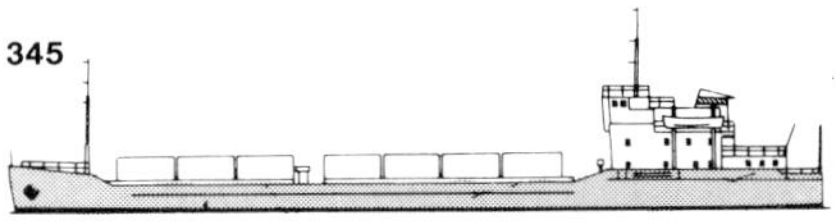

ms

1978 Rauma-Repola, Nystad

	81	13 kn
	12	2 x 870 hp
1850	4	93050 cft
		Fluß-Seeschiffe

346 **Typ CBK**

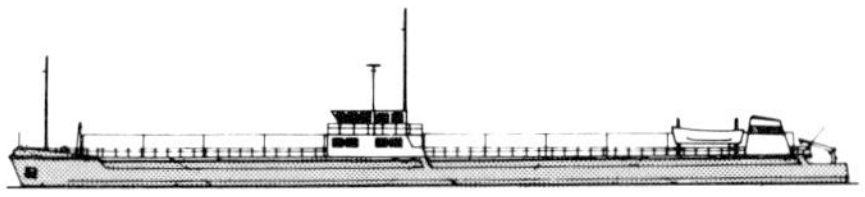

ms **Druzhba SSSR-DDR**
+ weitere

1977 Elbe-Werft, Boizenburg

	82,0	11 kn
	11,6	2 x 600 hp
1636	3,3	70 container
		Fluß-Seeschiffe

347

ms **Balkhash**
Bachtshisarai

1969 Krasnoyarsk-Werft, Krasnojarsk

1161	72,1	11 kn
553	11,3	1000 ihp
1545	4,6	400 stds wood
		1-8t-crane
		7 x 14,4 m

UDSSR

348

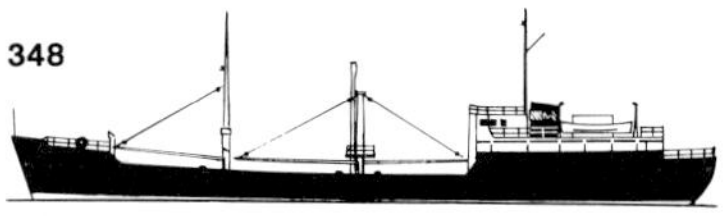

1950 Ganz & Co., Budapest
1194 70,0 9,5 kn
446 10,1 800 hp
1100 3,8

ms	**Ivan Zemnukhov**	**Borodin**	**Juzhno-Sakhalinsk**	**Ob**	**Rybnovsk**	**Tura**
	Abay Kunanbayev	**Gdov**	**Korsakov**	**Okha**	**Sergej Tyulenin**	**Volodya Dubinin**
	Aralsk	**Glinka**	**Kurilsk**	**Olensk**	**Sozh**	
	Bejesk	**Gomel**	**Ljubov Shevtsova**	**Om**	**Telnovsk**	
	Bezhetsk	**Ivan Bogun**	**Lugan**	**Ostrov**	**Thoretsk**	
	Blagovechensk	**Jarensk**	**Nevels**	**Pavlik Morozov**	**Tselinograd**	

348a

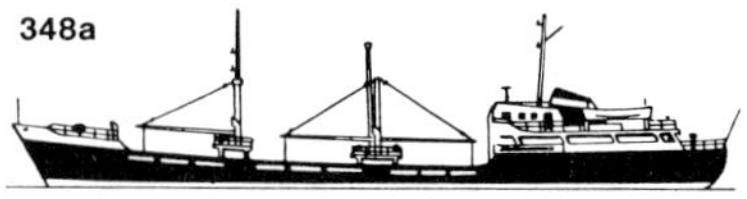

1956 »Georghiu Dej«, Budapest
1203 70,1 9,5 kn
533 10 800 hp
1100 3,8
27' x 13'
6–2,5 t, 1–10 t

ms	**Akop Akopian**	**Berislav**	**Kanin**	**Pesht**	**Shongar**	**Tikhoretsk**
	Akhtuba	**Eduard Wilde**	**Kemeri**	**Rodina**	**Sulev**	**Troitsk**
	Aktjubinsk	**Gauya**	**Kola**	**Roya**	**Takeli**	**Truskavets**
	Aleksandr Obukhov	**Jan Kreuks**	**Kremenets**	**Saarema**	**Telmansk**	**Turinsk**
	Belbeck	**Kagul**	**Nalchek**	**Shemakha**	**Temir**	**Vilsandi**
	Belogorsk	**Kalev**	**Naryn**	**Shollar**	**Ternopol**	**Zayarsk**

349

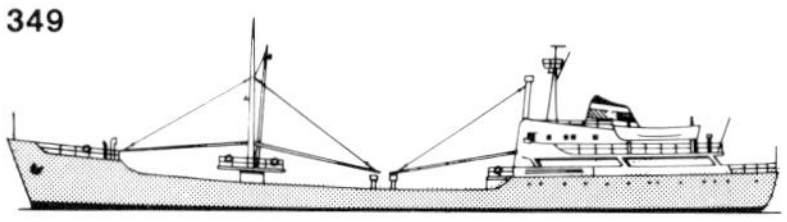

1960 »Georghiu Dej«, Budapest
1309 74,5 10,8 kn
603 11,4
4,0

ms	**Tartu**	**Galich**	**Kekhra**	**Massandra**	**Sergey Kirov**	**Tiraspol**	**Vyandra**
	Ananyev	**Glukhov**	**Kihelkona**	**Nyandoma**	**Severniy Donets**	**Tymlat**	**Yargora**
	Artsyz	**Haapsalu**	**Konosha**	**Osmussaar**	**Shkotovo**	**Ust-Bolsherets**	**Zeya**
	Beltsi	**Higuma**	**Kotovsk**	**Otepya**	**Solombala**	**Ust-Tigil**	
	Berezina	**Kalmius**	**Kuivastu**	**Paldisky**	**Takhuna**	**Viljandi**	
	Elva	**Karl Krushteyn**	**Kunda**	**Piltun**	**Tamsalu**	**Vilkovo**	
	Engure	**Keila**	**Livadija**	**Pinega**	**Taraklija**	**Virtsu**	

350

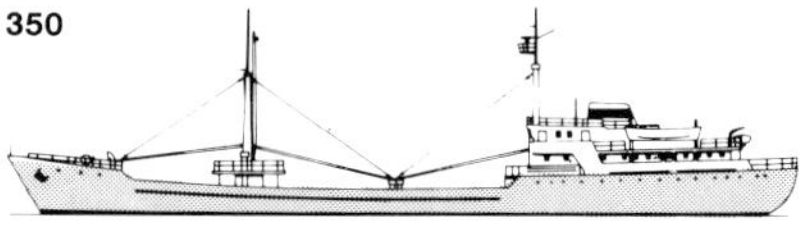

1967 Angyalfold, Budapest
1505 77,9 12,5 kn
684 11,5 1500 hp
1685 4,9 2453 cbm grain/2289 cbm bale
6–3 t, 1–12 t

ms	**Spartak**	**Angyalfold**	**Ivan Bolotnikov**	**Mokhni**	**Rapla**	**Teriberka**
	Aegna	**Araka**	**Kabona**	**Nikolay Baumann**	**Salavat Yulaev**	**Vitim**
	Ambla	**August Kulberg**	**Kondratiy Bulavin**	**Petr Kakhovskij**	**Semyon Roshal**	

351

ms	**Ladoga 1**	**Ladoga 6**
	Ladoga 2	**Ladoga 7**
	Ladoga 3	**Ladoga 9**
	Ladoga 4	
	Ladoga 5	

1972 Laivateollisuus, Abo
1568 81 12 kn
835 12 1740 bhp
1965 4 2605/2564 cbm

352

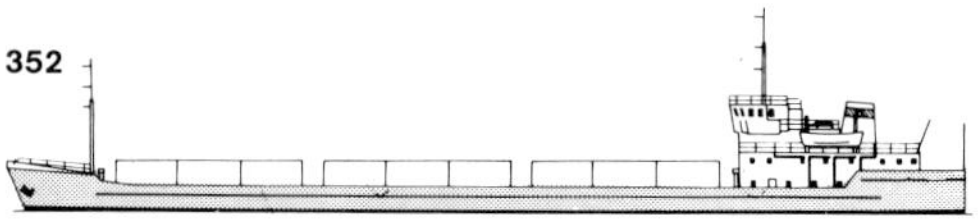

ms
+ 11

1978 Oy Laivateollisuus, Abo
95 11 kn
13 1740 hp
2600 4 3422 cbm

353

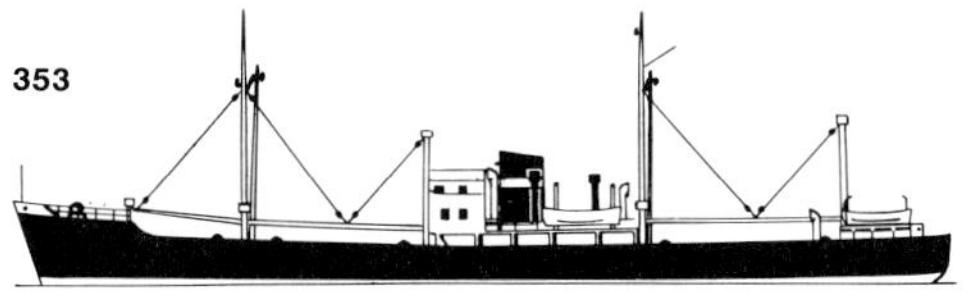

ms			
ms	**Gleb Uspenski** **Ivan Turgenev** **Lev Tolstoi** **Saltikov-Shchedrin**	1951 J. Boel & Fils, Tamise 1712 92 1008 13,5 3000 5,7 45'7 x 17'6	 14 kn 2100 ihp

354

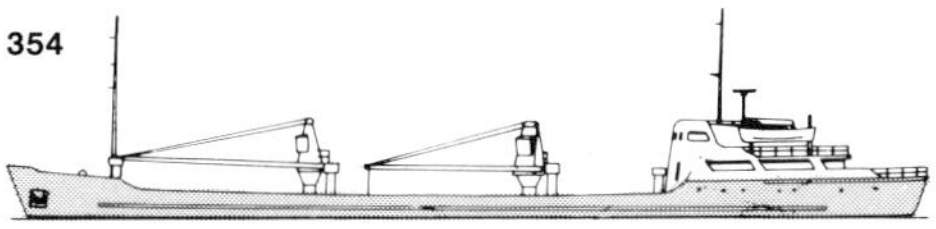

ms					
ms	**Morskoy- 3** **Morskoy- 6** **Morskoy- 8** **Morskoy-11** **Morskoy-12** **Morskoy-15**	**Morskoy-16** **Morskoy-19** **Morskoy-20** **Morskoy-21** **Morskoy-22**	ähnlich (96 m lang, 13 m breit) **Morskoy- 1** **Morskoy- 2** **Morskoy- 4** **Morskoy- 5** **Morskoy- 7** **Morskoy- 9**	 **Morskoy-10** **Morskoy-13** **Morskoy-14** **Morskoy-17** **Morskoy-18**	1966 Reposaaren Konepaja Oy., Björneborg 1774 90,3 11 kn 913 12,4 2 x 1400 hp 1864 3,3

355

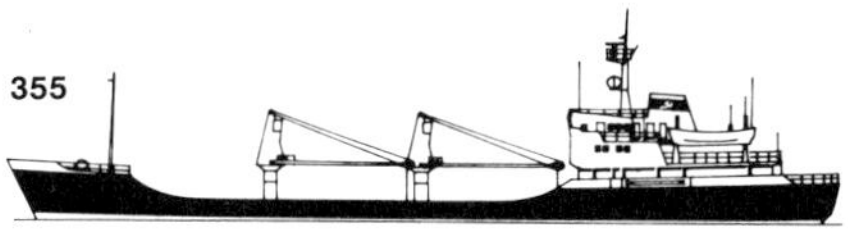

ms				
ms	**Konstantin Shestakov** **Aleksandr Miroshnikov** **Aleksandr Pankratov** **Andrey Ivanov** **Arseniy Moskvin** **Evgenij Nikonov** **Evgenij Onufriev**	**Jakov Kunder** **Jakov Reznichenko** **Konstantin Korshunov** **Konstantin Savelyev** **Leningradskij Opolchenlts** **Leningradskij Partizan** **Narvskaja Zastava**	**Nikolay Emelyanov** **Sovetskij Moryak** **Sovetskij Pogranichnik** **Sovetskij Voin** **Vyborgskaya Storona**	1968 Vyborg-Werft, Vyborg 1813 82 13 kn 785 12,5 2000 hp 2350 5,3 10,7 x 8,0 m 10,7 x 8,0 m 2-8-t-cranes

356

ms			
ms	**Ivan Babushkin** **Jakov Sverdiov** **Nikolai Chernyshevskij** **Nikolay Ostrovsky** **Vasiliy Dokuchayev**	1956 Jos. Boel & Fils, Tamise 1849 101,2 883 14,3 3300 5,7	 13,3 kn 2400 hp

357

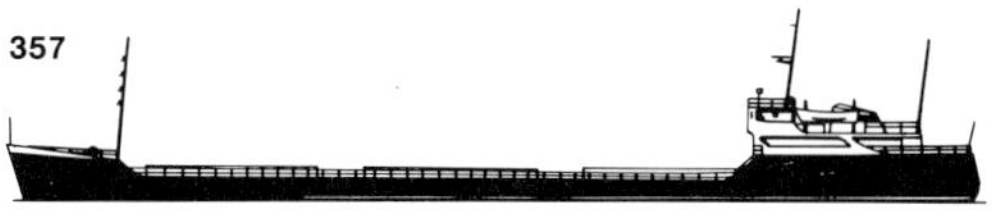

1962 Krasnoye Sormovo, Gorki
1865 96 10 kn
927 13,2 1320 hp
2121 3,3 6578 cbm

ms											
ms	**Baltijskij-1**	**Baltijskij-8**	**Baltijskij-15**	**Baltijskij-22**	**Baltijskij-29**	**Baltijskij-36**	**Baltijskij-43**	**Baltijskij-50**	**Baltijskij-57**	**Baltijskij-64**	**Baltijskij-71**
	Baltijskij-2	**Baltijskij-9**	**Baltijskij-16**	**Baltijskij-23**	**Baltijskij-30**	**Baltijskij-37**	**Baltijskij-44**	**Baltijskij-51**	**Baltijskij-58**	**Baltijskij-65**	**Baltijskij-72**
	Baltijskij-3	**Baltijskij-10**	**Baltijskij-17**	**Baltijskij-24**	**Baltijskij-31**	**Baltijskij-38**	**Baltijskij-45**	**Baltijskij-52**	**Baltijskij-59**	**Baltijskij-66**	**Baltijskij-73**
	Baltijskij-4	**Baltijskij-11**	**Baltijskij-18**	**Baltijskij-25**	**Baltijskij-32**	**Baltijskij-39**	**Baltijskij-46**	**Baltijskij-53**	**Baltijskij-60**	**Baltijskij-67**	**Gorokhovets**
	Baltijskij-5	**Baltijskij-12**	**Baltijskij-19**	**Baltijskij-26**	**Baltijskij-33**	**Baltijskij-40**	**Baltijskij-47**	**Baltijskij-54**	**Baltijskij-61**	**Baltijskij 68**	**Kiliya**
	Baltijskij-6	**Baltijskij-13**	**Baltijskij-20**	**Baltijskij-27**	**Baltijskij-34**	**Baltijskij-41**	**Baltijskij-48**	**Baltijskij-55**	**Baltijskij-62**	**Baltijskij-69**	**Vlas Chubar**
	Baltijskij-7	**Baltijskij-14**	**Baltijskij-21**	**Baltijskij-28**	**Baltijskij-35**	**Baltijskij-42**	**Baltijskij-49**	**Baltijskij-56**	**Baltijskij-63**	**Baltijskij-70**	

358

ms				
ms	**Faisabad** **Faleshty** **Farab** **Fastov** **Fatezh** **Firioza** **Floreshty**	**Frolovo** **Fryanovo** **Fryazino** **Seina**	1959 Crichton-Vulcan AB., Abo 1870 94,2 793 14 3100 5,7 8–5 t, 1–35 t	 13 kn 2400 hp 5401/5505 cbm

UDSSR

359

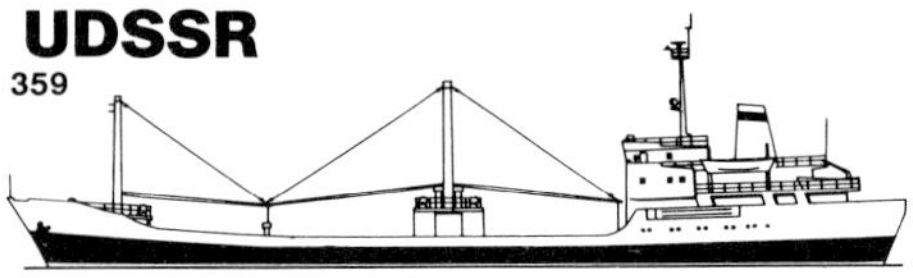

mf	Yuny Partisan	Nyura Kizhevatova	Valya Kurakina	1974 Turnu Severin-Werft, Turnu-Severin		
	Anton Gubaryev	Petya Kovalenko	Vanya Kovalev	2079	88,8	12 kn
	Grisha Podobedov	Petya Shitikov	Vasya Stabrovskiy	918	12,8	2080 hp
	Khendrik Kujvas	Richardas Bukauskas	Yasha Gordiyenko	2180	5	3200 kbm
	Marat Kozlov	Tanja Karpinskaya	+ 8	4–5/10 t, 2–5/10/20 t		58 container
	Nade Ribakovayte	Turgay				

360

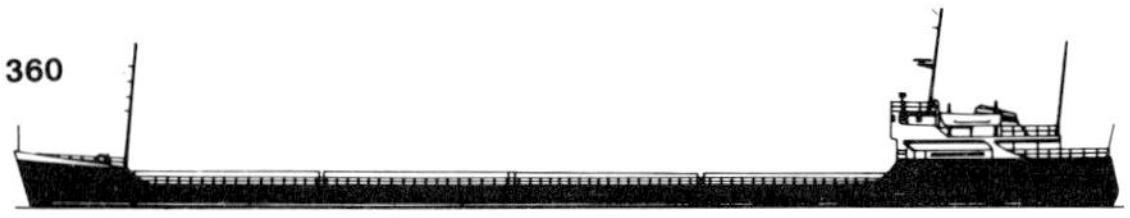

ms	Volgo-Balt 4	Volgo-Balt 17	Volgo-Balt 36	Volgo-Balt 65	1967 »Krasnoye Sormovo«, Gorki		
	Volgo-Balt 6	Volgo-Balt 21	Volgo-Balt 37	Volgo-Balt 114	2178	110,0	10,5 kn
	Volgo-Balt 8	Volgo-Balt 22	Volgo-Balt 38	Volgo-Balt 115	1240	13,0	
	Volgo-Balt 10	Volgo-Balt 32	Volgo-Balt 39	Volgo-Balt 116	2863	3,4	
	Volgo-Balt 11	Volgo-Balt 35	Volgo-Balt 40				

361

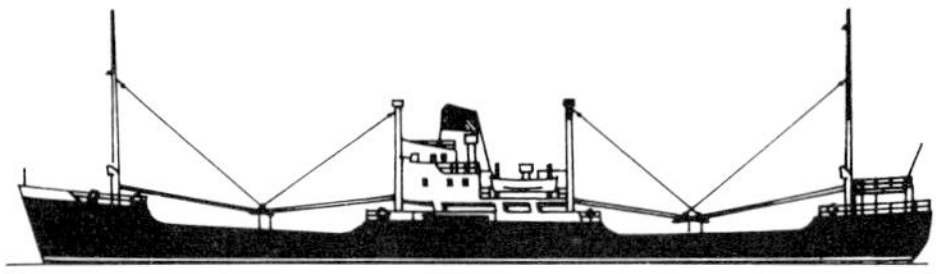

ss	Alchevsk	Donets	Pinsk	Uglich	1954 Crichton-Vulcan, Abo		
	Amderma	Donetsk	Pyatigorsk	Volokolamsk	2233	90,5	10 kn
	Armavir	Imandra	Ryazhsk	Vygosero	1143	13	
	Bobruisk	Jushnij Bug	Severnaya Dvina	Yeniseisk	3345	5,9	
	Brest	Mirgorod	Sivash	Zapadnaja Dvina			
	Dnjestr	Mogilev	Slavyanka				

(Einige der Schiffe wurden gemäß der zweiten Skizze modernisiert).

362

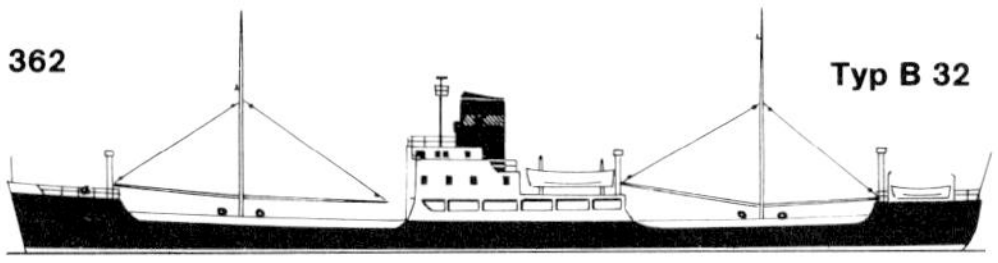

Typ B 32

ss	Proletarsk	Chirigin	Konstantinovka	1955 Stocznia Szczecinska, Szczecin		
	Altaisk	Chkalovsk	Lipetsk	2483	94,7	12,5 kn
	Chapaevsk	Chuguev	Shaktersk	1330	13,5	1700 ihp
	Cherkassy	Chulym	Tom	3200	5,6	Collier
	Chernogorsk	Chusovoy	Ukraina			158285/152/289 cft
	Chervonograd	Ingul	Ural			

363

1975 Krasnoye Sormovo, Gorki
2484 114
1321 13,2
3134 3,4

					Sormovskij-9	Sormovskij-31	Vladimir Zatonskij
					Sormovskij-11	Sormovskij-34	Voznesensk
					Sormovskij-12	Sormovskij-42	9 Maja 1945 Goda
					Sormovskij-13	Sormovskij-109	XVI Syezd VLKSM
					Sormovskij-14	Sormovskij-110	XVII Syezd VLKSM
					Sormovskij-17	Sormovskij-112	XXIV Syezd KPSSR
ms	Aleksandr Prokofyev	Geroj Mekhti	Nikolay Lebedev	Shushenskoye	Sormovskij-18	Sovetskij Sever	50 Let Pionerii
	Aleksandr Tsyurupa	Gorki Leninskije	Nizhegorodskiy Komsomolets	Sormovskij-2	Sormovskij-19	Strana Sovetov	50 Let Sovietskoy
	Aleksandr Vermishev	Grigorij Petrovskij	Petr Bogdanov	Sormovskij-3	Sormovskij-22	Parizhkaya Kommuna	Vlasti
	Anatoliy Vaneyev	Kemine	Petr Lidov	Sormovskij-4	Sormovskij-27	Stanislav Kosior	50 Let SSSR
	Burevestnik Revdyutsil	Leninskaya Smena	Petr Zalomov	Sormovskij-5	Sormovskij-28	Velikiy Pochin	50 Let VLKSM
	D. Manuilskij	Nasimi	Petr Zaporoshjets	Sormovskij-6	Sormovskij-29	Vishnevets	750-Letiye Goroda
	Devyataya Pyatiletka	Nikolay Baumann	Professor	Sormovskij-7	Sormovskij-30	Vishnevogorsk	Gorkogo

364

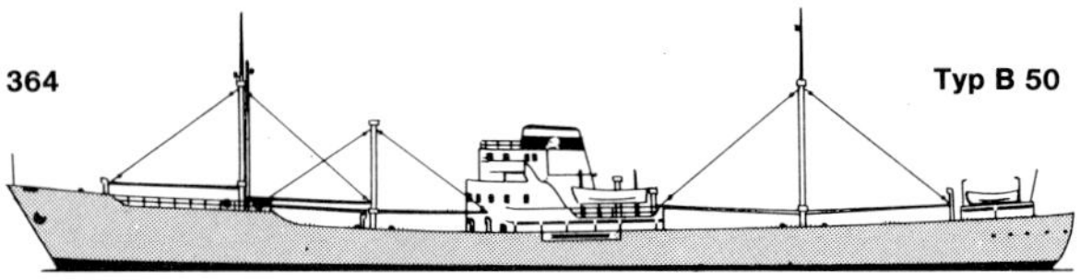

Typ B 50

ms	Taganrog	1953 Stocznia Gdanska, Gdansk			
	Stavropol	2860	114,1	14,3 kn	
		1485	14,7		
		4300	6,3	281300/251950 cft	
		12–3 t, 1–15 t			

365

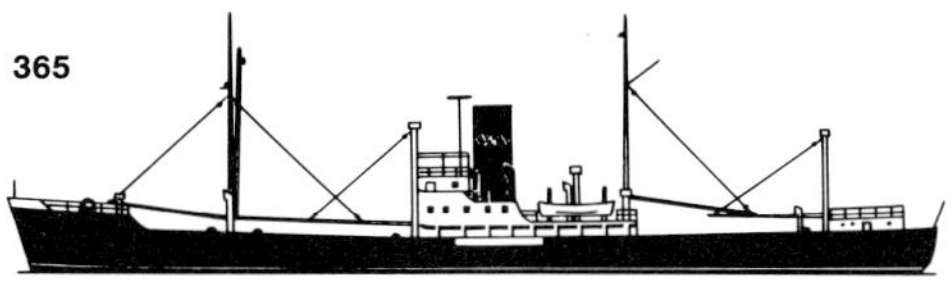

ss	**Sukhodol**	1943 Deutsche Werft, Hamburg		
	Kholmsk	2902	91,9	9,3 kn
ex	*Nevelsk*	1430	13,5	
	Heiligenhafen	2388	5,9	
			45'7" x 17'6"	

366

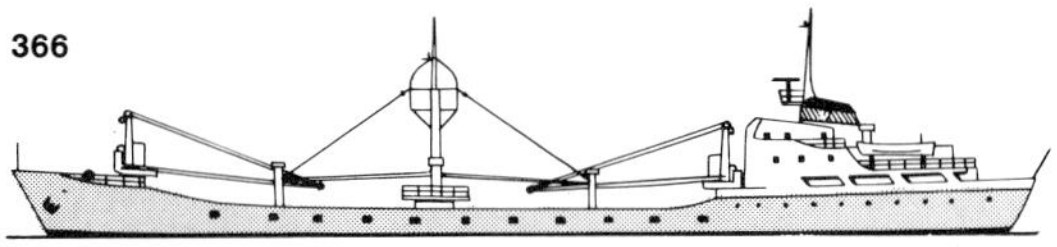

ms	**Irkutskles**	**Irtishles**	1961 Valmet Oy., Abo		
	Igarkales	**Istra**	2730	102,3	13,7 kn
	Ilmenles	**Izhevzkles**	1295	14	2900 hp
	Inkurles	**Izhmales**	3600	5,9	177900/
	Irbitles	**Izhorales**		10,4 x 8 m	167700 cft
	Irshales	**Permijles**	2-3-t cranes, 1–35 t		

367

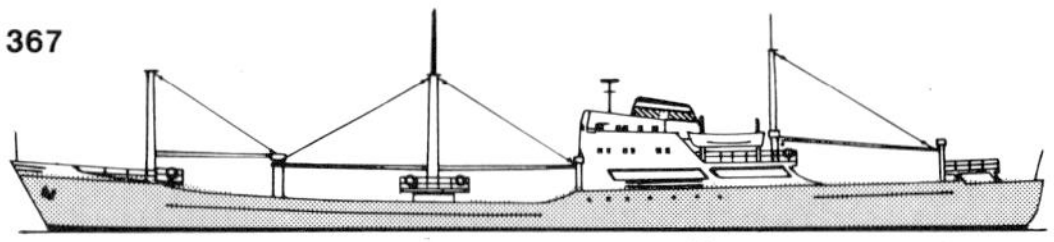

ms	**Zejales**	1964 Nystads Varv, Nystad		
	Hatangales	2921	102,1	13,8 kn
	Kostromales	1345	14,1	2900 hp
	Lenales	3480	6,2	1190 stds.
	Mirnyi		8–5 t, 1–35 t	
	Oljutorka			

368

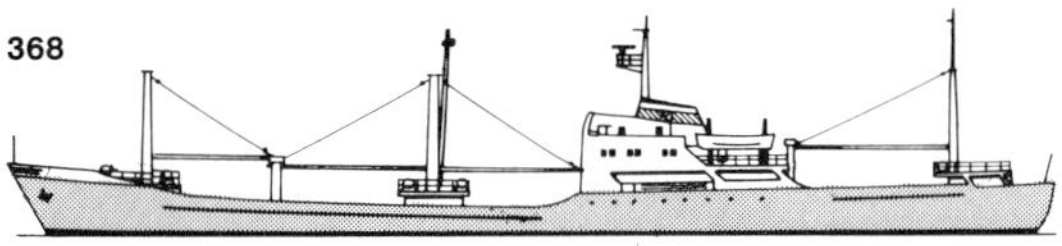

1966 Nystads Varv, Nystad		
2920	102,3	13,5 kn
1337	14	2900 hp
3400	5,9	168060 cft

ms **Vaga**, **Blagovechensk**, **Chazhma**, **Ilyinsk**, **Kajgan**, **Kamchadal**, **Kamchatskiy**, **Komsomolets**, **Khatangales**, **Krasnoyarsk**, **Kretinga**, **Kuntsevo**, **Kupishkis**, **Kuzminki**, **Palana**, **Shushenskoye**, **Tobol**

(Einige der Schiffe haben Rauchabweiser am Schornsteintop)

Diese Schiffe – gleiches Aussehen – stammen von der Valmet Oy., Abo:

Bereznik, **Ilyichyovo**, **Indiga**, **Jose Diaz**, **Kaliningrad**, **Kara**, **Kashino**, **Kikhchik**, **Kingisepp**, **Kolgulev**, **Koporye**, **Kostino**, **Kozyrevsk**, **Ladogales**, **Ligovo**, **Ljuban**, **Nevales**, **Saldus**, **Tampere**, **Turku**, **Yantarnyy**, **Kodino**

Diese Schiffe - gleiches Aussehen - stammen von der Hollming Oy., Rauma:

Gus-Khrustalnyy, **Kapitan Gastello**, **Kapsukas**, **Kedaynyay**, **Kharlov**, **Kimry**, **Krasnoborsk**, **Lomonosovo**, **Pervouralsk**, **Pravda**, **Sofia Perovskaya**, **Tsiglomen**, **Velikiy Ustyug**, **Voronezh**

369

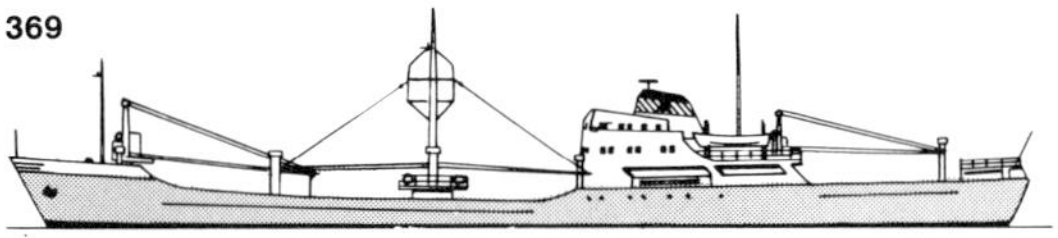

ms **Kirovskles**, **Baikalles**, **Kamchatskles**, **Karellyales**, **Kovdales**, **Dikson**, **Janales**, **Kamales**, **Kolymales**, **Kotlasles**, **Krasnogorskles**, **Kungurles**, **Sheksnales**, **Vologdales**

1962 Nystads Varv, Nystad		
2925	102	13,8 kn
1361	14	2900 hp
3400	6	1190 stds.
2–3 t cranes, 1–5 t, 1–35 t		

370

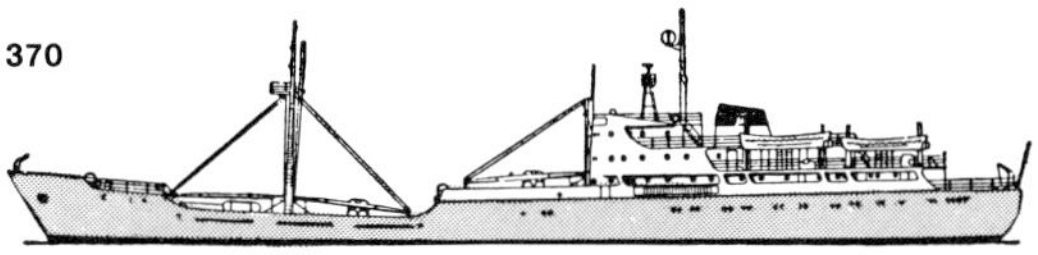

1960 Nosenko-Werft, Nikolaev		
2963	99,4	13,5 kn
1205	14	4000 hp
2545	5,7	3300 cbm R.

ms **Tavrija**, **Albatros**, **Altair**, **Andrey Evdanov**, **August Kork**, **Boevoy**, **Burevestnik**, **Dalnevostochnij**, **Dmitri Chasovitim**, **Don**, **Gutsul**, **Irbit**, **Ishim**, **Iskona**, **Kazis Gedris**, **Kosmonaut**, **Kreutzwald**, **Ledus**, **Mikhail Yanko**, **Molodyozhniy**, **Mongol**, **Namangan**, **Nanayets**, **Nevelskiy**, **Oktyabrsk**, **Parsla**, **Pranas Zibertas**, **Rudniy**, **Salna**, **Sarma**, **Sayany**, **Serebrjansk**, **Sovetskaya Latvia**, **Sovetskaya Rodina**, **Sukhinichi**, **Svetlij**, **Veteran**, **Viktoras Yatsenyavichus**, **Vitalij Bonivur**, **Volzhsk**

371

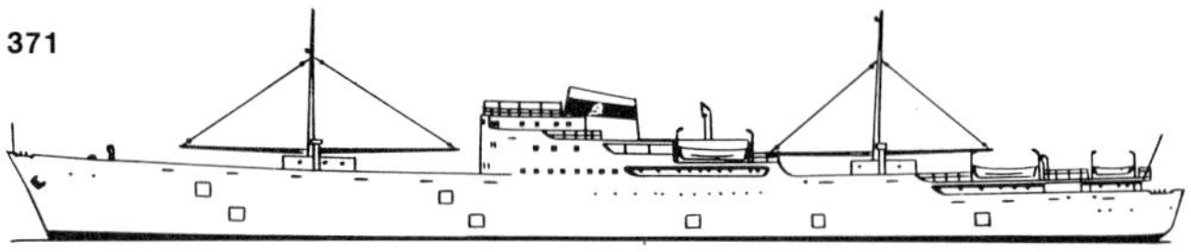

ms	**De Kastri**	1952 Flenderwerke, Lübeck		
	Palana	2989	124,4	16 kn
ex	*Quadrivium*	1386	15,2	4200 hp
	Quartole	3455	6	224500 cft. R.
		7,6 x 4,5 m		

372

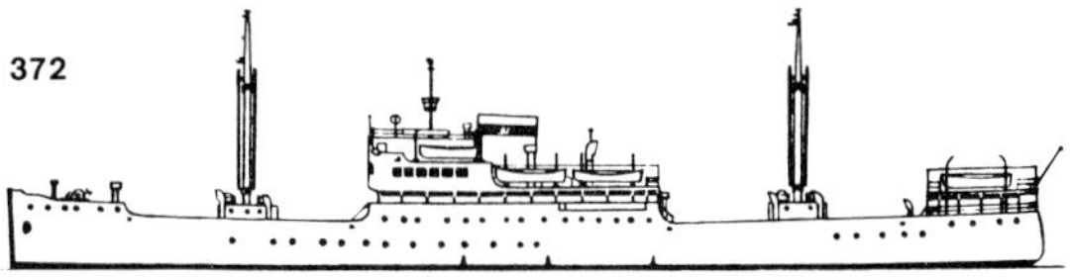

ms	**Kooperatsiya**	1929 Severney Schiffswerft, Leningrad		
		3082	104	11 kn
		1640	14,6	
		2361	5,7	

UDSSR

373

ms **Nemirovich Danchenko** 1957 Jos. Boel & Fils, Tamise
Ivan Moskvin 3106 120,4 12 kn
Leonid Leonidov 1465 16,7 3750 bhp
Stanislavskij 5516 6,7
Vasiliy Kachalov

374

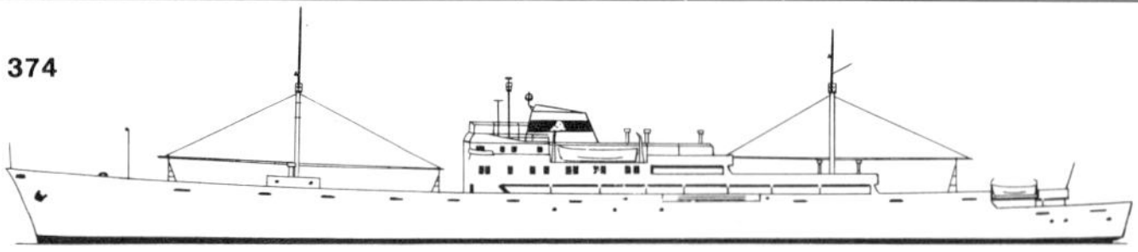

ms **Plaja Khiron** ex *Brunsbüttel* 1955 Kieler Howaldtswerke AG., Kiel
Bora *Brunsholm* 3129 128,5 18 kn
Habana *Brunshausen* 1620 15,8 6200 ihp
Passat *Brunseck* 3400 5,8 12 P.
10,35 x 4,50 m 229000 cft. R.
6–5, 1–10 t

375

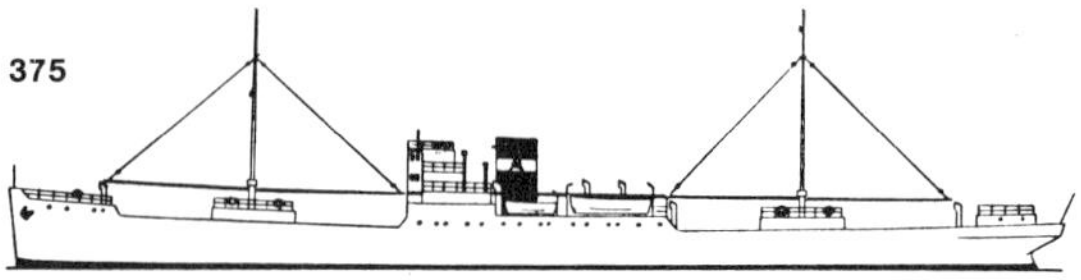

ms **Rion** 1931 »Andre Marti«, Leningrad
3132 100 12 kn
1697 14,8
3995 6,4

376

1959 Neptun-Werft, Rostock
3174 104,2 14 kn
1700 14,4 2500 hp
4300 6,6 5500 cbm
8–5 t, 1–15 t, 1–40 t

ms **Namangan**, **Alishan**, **Andishan**, **Barabinsk**, **Bikin**, **Botsman Zotov**, **Cheliabinsk**, **Dalnerechensk**, **Dalniy**, **Daugava**, **Eisk**, **Emesk**, **Horol**, **Izhma**, **Kapitan Voolens**, **Kholmogory**, **Kovel**, **Kyardia**, **Lazarev**, **Loksa**, **Ludza**, **Mahtra**, **Mga**, **Murmashi**, **Nagaevo**, **Polyarnyy**, **Primorsk**, **Rakvere**, **Razdolnoe**, **Razliv**, **Reni**, **Repino**, **Revda**, **Saransk**, **Shenkursk**, **Sigulda**, **Sinegorsk**, **Sobolewo**, **Syrwe**, **Turukhansk**, **Vanino**, **Yasnomorsk**

377

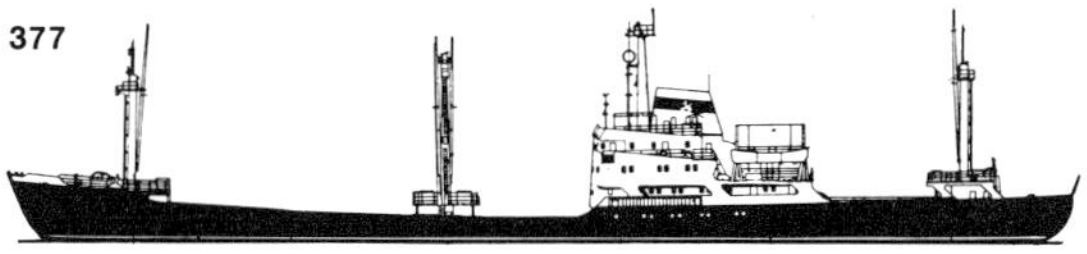

ms **Sibirles**, **Aldan**, **Ayan**, **Jana**, **Kem**, **Kondopoga**, **Korsakov**, **Lakhta**, **Malaya Vishera**, **Maloyaroslavyets**, **Omolon**, **Prokopiy Galushin**, **Selenga**, **Sibirtsyevo**, **Terney**, **Unzha**, **Verkhoyanskles**, **Vyatkales**, **Vzmorye**, **Yakutskles**

1964 Nosenko-Werft, Nosenko
3179 104,5 13,7 kn
1430 14,4 2900 hp
4140 6,4
10,5 x 9,5 m
8–5 t, 1–15 t

378

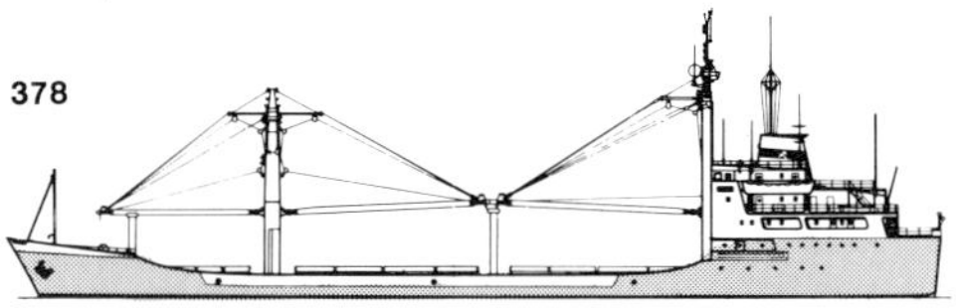

ms **Abram Arkhipov**, **Igor Grabar**, **Ivan Shadr**, **Konstantin Yuon**, **Mikhail Cheremnykh**, **Mitrofan Grekov**, **Nikolay Kasatkin**, **Nikolay Yaroshenko**, **Vasilij Polenov**, **Vera Mukhina**, **Vladimir Favorskij**, **Yekaterina Belashova**

1973 Nystads Varv AB., Nystad
3184 97,3 14 kn
1653 16,3 3500 hp
4480 6,7

379

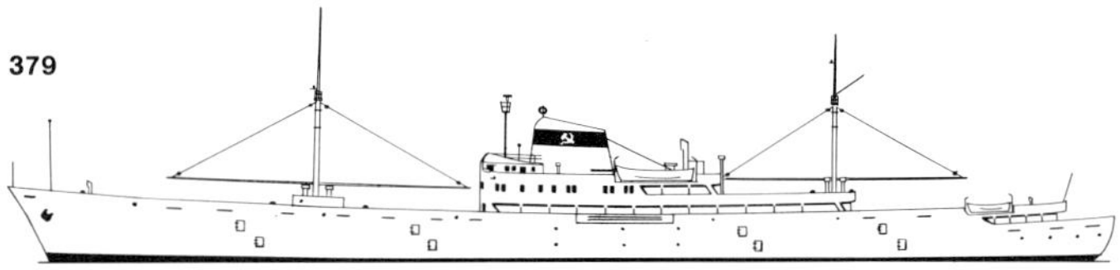

ms **Kuba** 1955 Flenderwerke, Lübeck
ex *Quartett* 3198 131,5 17 kn
1597 16,1 4800 hp
3500 6,1 12 P
240000 cft. R.

380

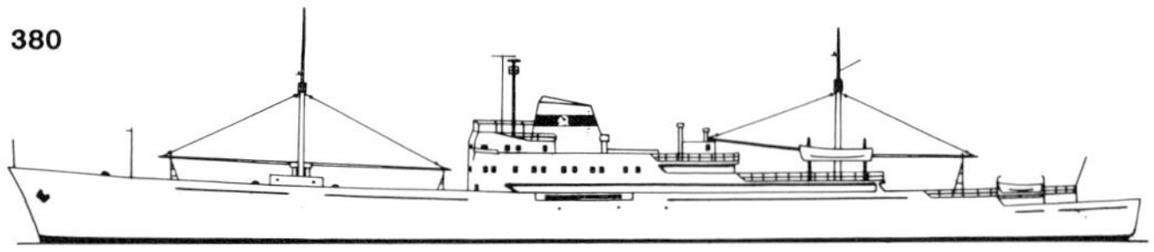

ms **Musson** 1961 Kieler Howaldtswerke AG., Kiel
ex *Brunsdeich* 3227 128,8 18 kn
1680 15,8 6650 hp
4240 6,1 6 P.
7–3/5 t, 1–5/10 t
230000 cft. R.

381

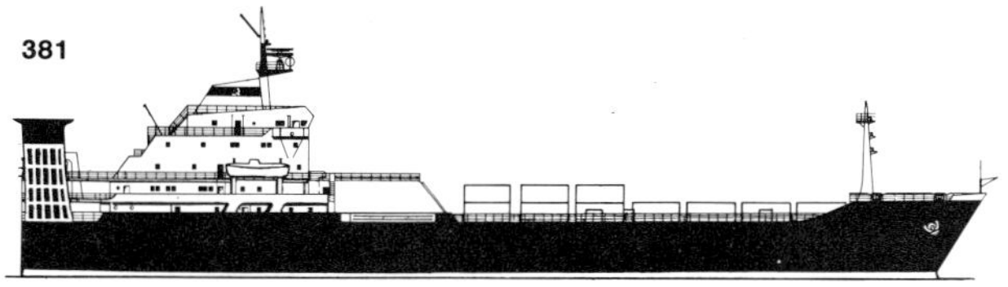

ms	**Akademik Tupolev**	**Akademik Kouprevich**	1974 Constr. Nav. & Ind. de la Mediterranée, La Seyne		
	Akademik Artsimovich	**Akademik Millionshikov**	3244	119	16,8 kn
	Akademik Guber	**Akademik Stechkin**	1267	19,4	9100 hp
			4464	5,8	Ro-Ro
					235 Container 20'
					10200 cbm

382

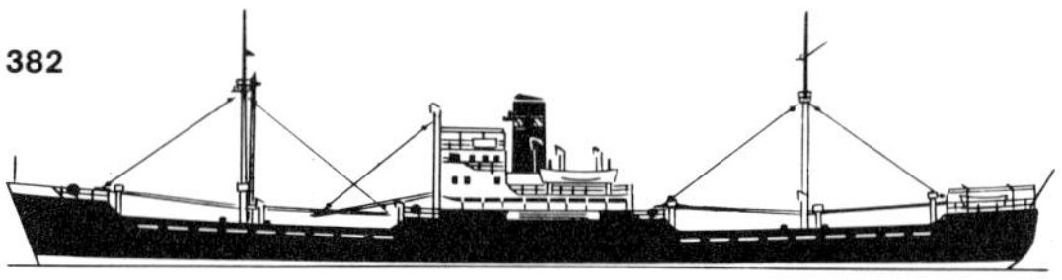

ss	**Kashira**	**Kolomna**	1954 Neptun-Werft, Rostock			
	Angarsk	**Kolpino**	3258	102,9	13 kn	
	Arzamas	**Kotlas**	1522	14,4		
	Balashov	**Nezhin**	4450	6,7		
	Kaluga	**Smela**				
	Kamensk					

Einige Schiffe mit Pfostenpaar an Achterkante Mittschiffsaufbauten, einige mit hochgestellten Winchen, einige mit waagerechtem Schornsteintop.

383

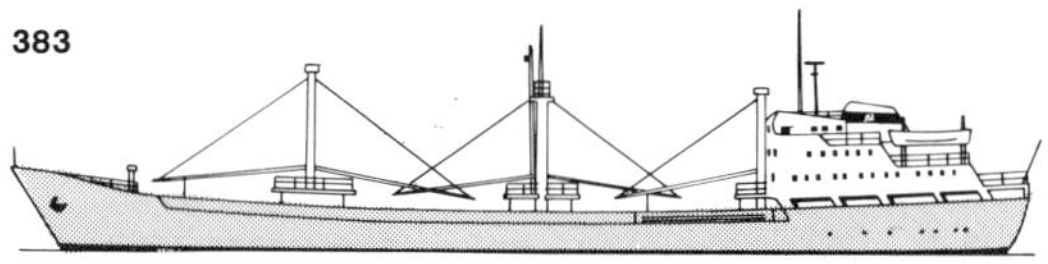

ms	**Novava Kakhovka**	**Novy Donbass**	1963 Santierul Naval, Galati		
	Novorzhev	**Sergey Eyzenshteyn**	3327	100,6	12,6 kn
	Novoshaktinsk	**Sergey Vasiliev**	1552	14	2500 bhp
	Novy Bug	**Vsevolod Pudovkin**	4400	6,6	220800 cft. grain
			10–3/5 t, 1–20 t		204300 cft. bale

384

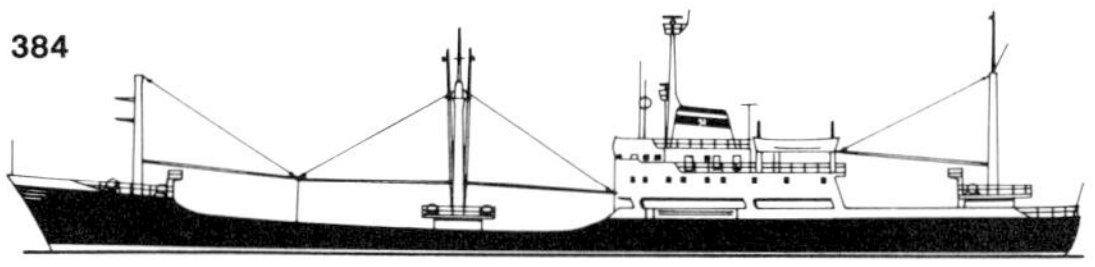

1968 Neptun-Werft, Rostock

3411	105,7	13,8 kn
1631	15,7	3250 hp
4638	6,8	6594 cbm
	10 x 9 m	
	8–5 t, 1–20 t, 1–40 t	

Typ 301
Weiterentwicklung Typ 318

ms	**Pioner**	**Lara Mikheyenko**	**Pionerskaja Pravda**	**Shura Kober**	**Vasja Shiskovskiy**	**Yuta Bondarovskaya**
	Arkadiy Kamanin	**Lyonia Golikow**	**Pionerskaja Zorka**	**Tolya Komar**	**Vasya Korovka**	**Zina Portnewa**
	Borya Tsarikov	**Marat Kazey**	**Sasha Borodulin**	**Tolya Shumov**	**Vitya Chalenko**	
	Galya Komleva	**Nina Kukoverova**	**Sasha Kondratyev**	**Tonya Bondarchuk**	**Vitya Khomenko**	
	Grisha Akopyan	**Nina Sagaydak**	**Sasha Kotov**	**Valeriy Volkov**	**Vitya Sitnitsa**	
	Kolya Myagotim	**Pavlik Larishkin**	**Sasha Kovalyov**	**Valya Kotik**	**Volodya Shcherbatsevich**	

385

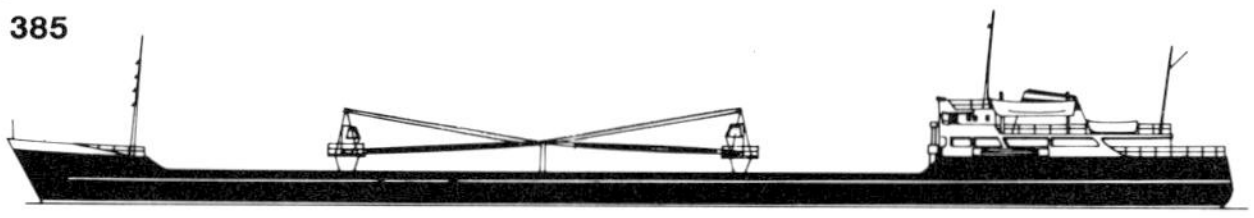

ms	**Saatly**	**Geokchay**	**Kaspij**	**Saljany**	1963		
	Agdam	**Himki**	**Kubatly**	**Sangar**	3479	120	12 kn
	Akstafa	**Horol**	**Murgab**	**Shamkhor**	1884	15	
	Astara	**Inzhenier Belov**	**Navashino**	**Suntar**	4000	4,3	
	Baku	**Jangi Jul**	**Sabirabad**	**Zangelan**	(Einige Schiffe haben keine Kräne)		

386

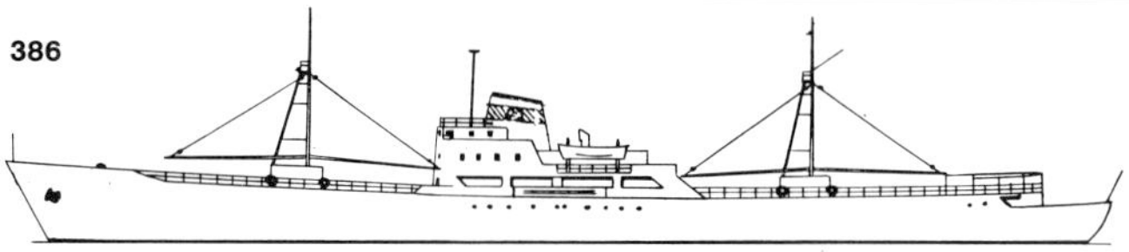

ms	**Inej**	1957 Uddevallavarvet, Uddevalla		
ex	*Trubador*	3442	123,8	18,9 kn
		1195	16,3	6250 hp
		3480	6,4	

387

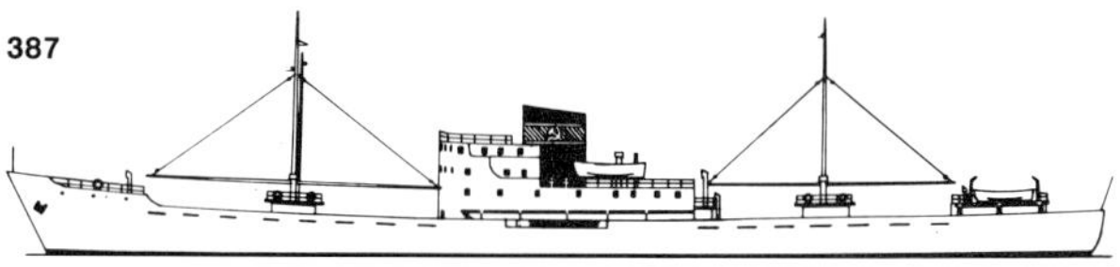

ms	**Svetlogorsk**	1955 Verschure & Co., Amsterdam		
	Baltijsk	3550	114,8	12 kn
	Chernjakhovsk	1727	14	2400 ihp
	Gwardejsk	2540	5,6	177174/165025 cft.
	Zelenogorsk			4500 cbm R.

UDSSR

388

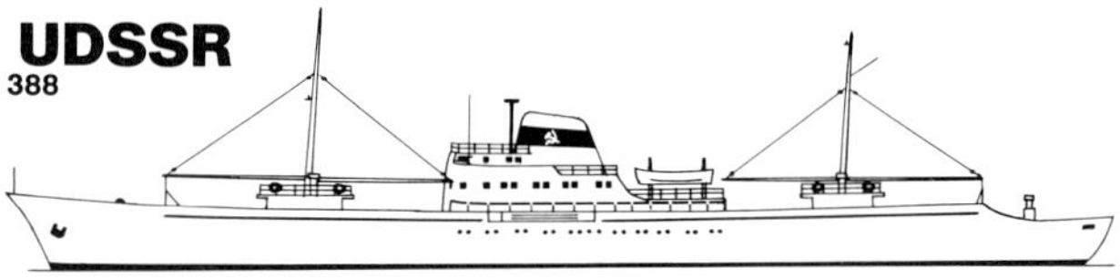

ms **Aragvi** 1960 Kieler Howaldtswerke, Kiel

Aragvi			
Ingur	3560	120,5	18,5 kn
Kura	1775	16,4	7250 hp
	4500	7,1	4 P.
			189300 cft.
	7–3/5 t, 1–10 t		180579 cft. R.

389

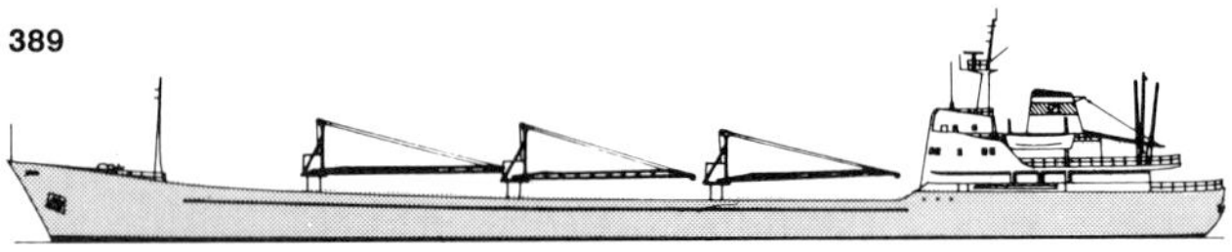

1969 Navashinskij-Werft, Navashino
3587 123,1
1740 15
4150 4,5
3–2,5/5-t-cranes
(z. T. als Bulkcarrier ohne Kräne)

ms
Petr Gutshenko
Aleksandr Pokalchuk
Andrey Kizhevatov
Bulunkan
Buor-Khaya
Dmitri Kantemir
Gorkovskaja Komsomolija
Gornjak
Ivan Strod
Jakub Kolas
Kelme
Khudozhnik Plastov
Kigilyakh
Kishinev
Konstantin Zaslonov
Kozelsk
Muostakh
Nikitovka
Sergey Buryachek
Sergey Gritsevets
Shura Burlachenko
Sovetskaya Yakutıya
Stepan Markjelov
Yanka Kupala
Yenakiyevo

ähnlich:
Afanasy Bogatyriv
Fedor Okhlopkov
Fedor Popov
Isidor Barakhov
Platon Oyunskiy

390

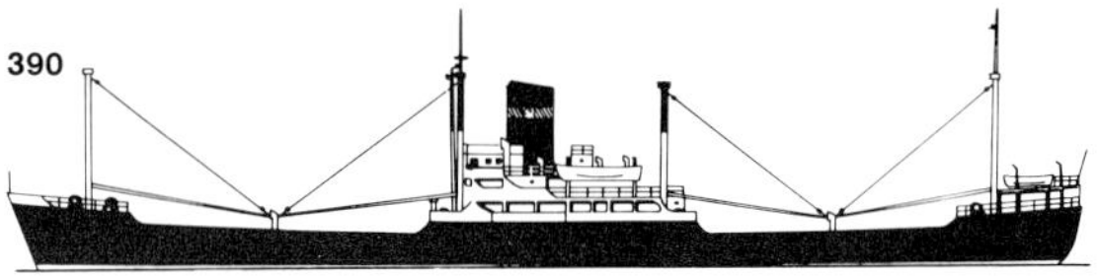

Typ B 31

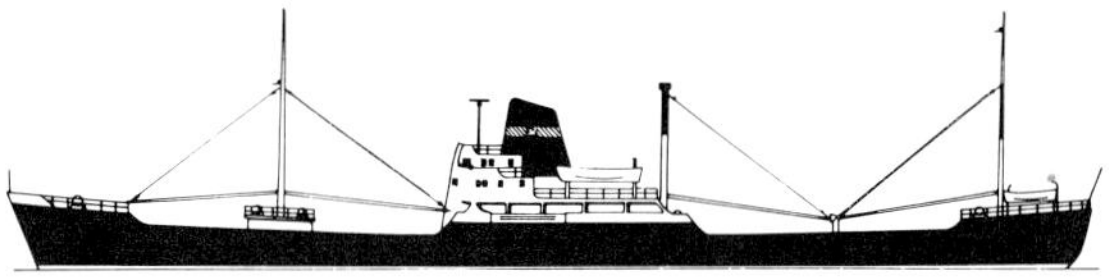

ss
Adam Mitskevitch
Admial Sanychov
Aleksandr Baranov
Aleksandr Popov
Aleksandr Terekhin
Aleksej Chirikov
Anadyr
Arkhangelsk
Astrakhan
Belorussija
Bielsk
Boshnyakovo
Cheremkhovo
Daugava
Debrail
Donbass
Durresi
Elets
Gorodetskij
Ivan Ryabov
Jan Anvelt
Julia Zhemajte
Kadievka
Kapitan Gritsuk*
Kemerovo
Khudozhnik V. Kraynev
Kuzbass
Magadan
Marite Melnikaite
Mekhanik Bondik
Mikhail Lazarev
Morekhod Kuskov
Nikolai Boshniak
Nikolai Przhevaljskiy
Novaya Zemlya
Petropavlovsk Kamchatsky
Petrovsk
Podolsk
Povolje
Primorsk
Priozersk
Privodino
Privoljsk
Pyatras Tsvirka
Salomeya Neris
Saratov
Severnaya Zemlja
Severomorsk
Shakhty
Shkiper Giek
Stepan Krasheninnikov
Ulianovsk
Vasily Golovnin
Velsk
Vitus Bering
Vladimir Arsenyev
Vorkuta
Vyacheslav Shishkov

1956 Stocznia Gdanska, Gdansk

3656	108,3	12,5 kn
1818	14,6	2300 ihp
5000	6,6	212874/197900 cft.
	8–5 t, 1–20 t	

(Die meisten Schiffe haben Dampf-, einige Motorantrieb).

391

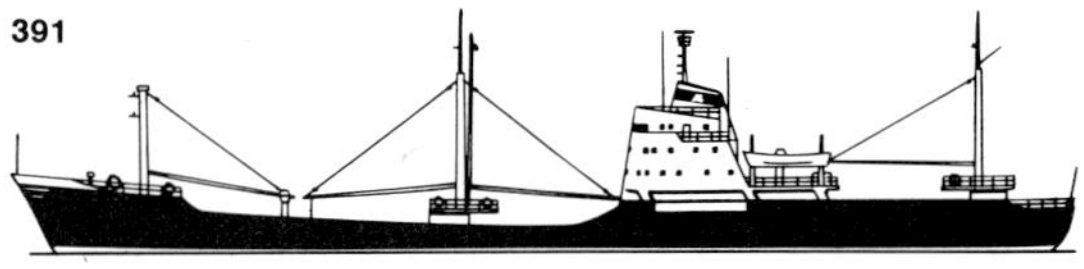

1963 Schiffswerft Neptun, Rostock

3762	105,9	13,5 kn
1819	14,6	3250 hp
4225	6,6	6248/5767 cbm
	4–3 t, 4–5 t, 1–35 t	

ms
Povenetz
Barguzin
Biryusa
Bukhtarma
Dalnegorsk
Gorno-Altaisk
Grumant
Gulbene
Heltermaa
Kamtchatka
Kokhtia
Kovdor
Kypu
Manych
Murman
Never
Nizhneudinsk
Novovoronezh
Olenegorsk
Pajde
Pyarnu
Pereslavl Salesski
Ristna
Segezha
Selemdzha
Severodvinsk
Shilka
Spassk-Dalny
Stepan Khalturin
Svirsk
Syktyvkar
Tavrichanka
Tunguska
Ussuri
Vilyany
Vyru
Zapoljarnij

392

ms **Jana**, **Indigirka**, **Konda**, **Kuloy**, **Neman**, **Tuloma**, **Umanj**

1955 LMG., Lübeck

3782	111,4	13,5 kn
1800	14,5	3800 ihp
3240	6,3	45000 R
	4 x 3 m	
	10–3 t, 1–25 t	

393

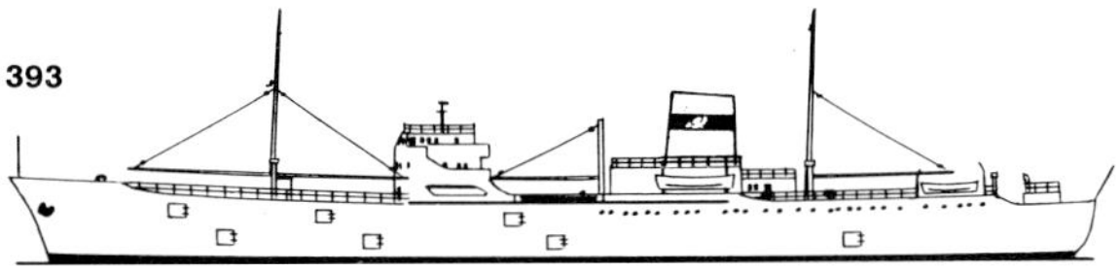

ms **Taulsk**
ex *Amalienburg*

1956 Bremer Vulkan, Bremen-Vegesack

3814	110,4	15 kn
1993	14,9	5000 hp
3675	7,3	184600 cft. R.
	8–3 t	

394

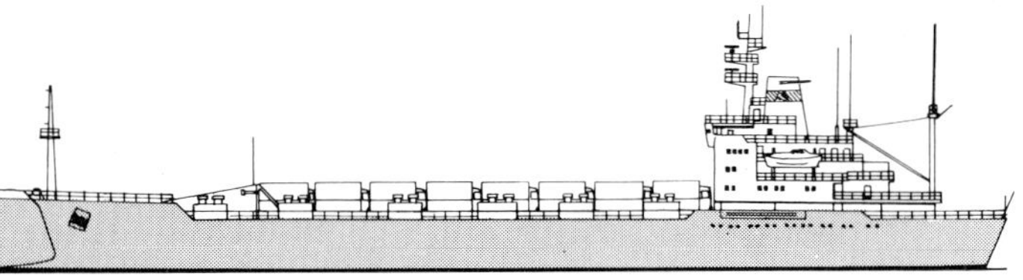

ms	**Ivan Skuridin**	1975 Shdanov, Leningrad		
	Yurij Smirnov	3954	139,6	16,4 kn
		1527	19,2	6100 hp
		6100	6	500 Lkw's „Lada"
				or 242 containers 20'

395

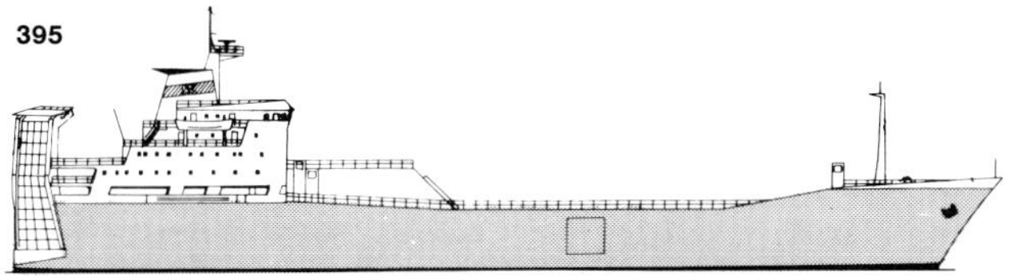

ms	**Inzhenier Bashkirov**	**Inzhenier Sukhorukov**	
	Inzhenier Kreylis	**Mekhanik Fedorov**	
	Inzhenier Machulskiy	**Mekhanik Konovalov**	
	Inzhenier Nechiporenko	**Mekhanik Tarasov**	

(»Inzhenier Nechiporenko« ohne Deckaufbau vor der Brücke)

1975 Hollming Oy., Rauma		
4009	124,2	16,9 kn
1594	19,2	8000 hp
6128	7,3	Ro-Ro
		14000 cbm
		171 containers
		46 trailers
		287 cars

396

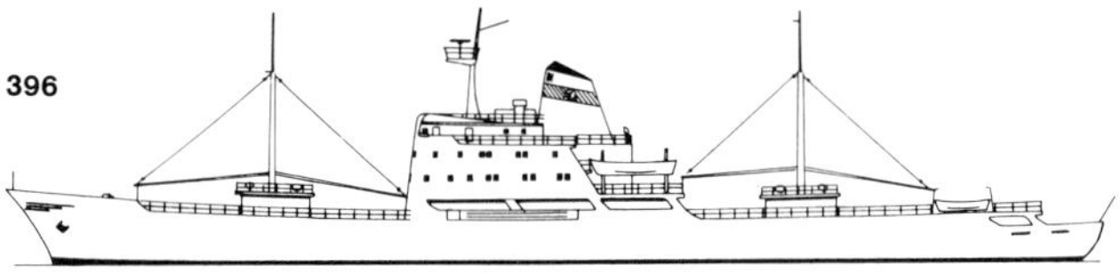

ms	**Parkhomenko**	1968 Cant. Navale Breda, Venezia		
	Chapaev	4059	121,9	19,5 kn
	Kotovskij	1386	17	8400 bhp
	Nikolay Shchors	4562	7,5	5590 cbm R
	Sergey Lazo			
	Sergey Yesenin			

397

ms	**Volnogorsk**	1970 Navashinskij-Werft, Navashino		
	Arshintsevo	4192	123,5	11,3 kn
	Azovstal	1986	15,0	
	Makar Mazay	4300	4,8	Azowsches Meer

398

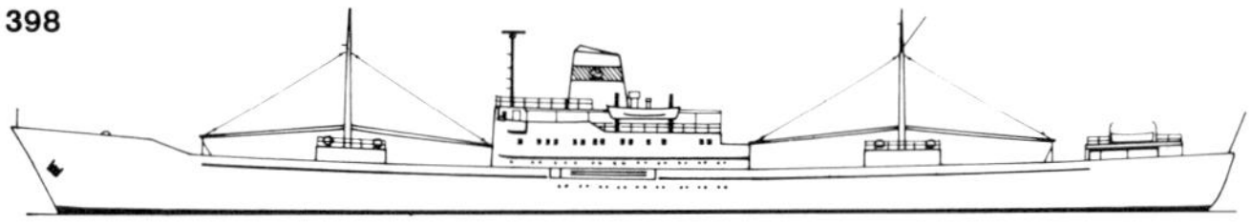

ms	**Shkval**	1963 Öresundsvarvet, Landskrona		
	Bakke Reefer	4195	126,4	17 kn
		2086	17,3	6650 hp
		4755	7,3	210000 cft R.

399

ms	**Gorisont**	1961 Neptun-Werft, Rostock		
	Meridian	4404	105,0	13,7 kn
	Zenit	811	14,4	3250 hp
		3083	6,2	Schulschiff
				154 cadets

2–3 t, 2–5 t, 1–15 t, 1–2-t-crane

400

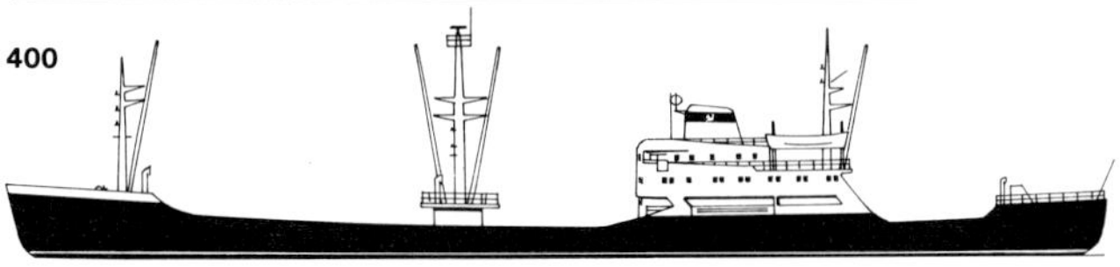

ms	**Chulymles**	**Semyon Kosinov**	**Vostok 5**
	Kargopol	**Taymyr**	**Vostok 6**
	Kildin	**Vasya Alekseev**	**Vytegra**
	Porkhov	**Voskhod**	**Yamal**
	Sangarles	**Vostok 2**	**Zolotitsa**

1964 A. Shdanov, Leningrad		
4482	121,8	14,5 kn
2010	16,4	
5910	7	

UDSSR

401

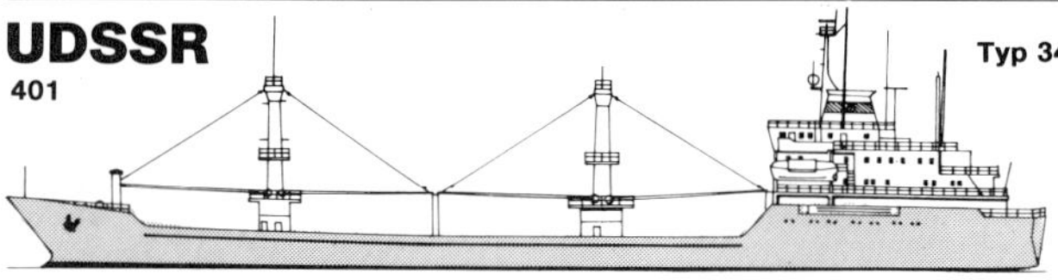

Typ 341

ms	Rostock	Ratno	Rudniy	1973 Neptun-Werft, Rostock		
	Khasan	Rechitsa	Rushany	4497	117,9	16,5 kn
	Mago	Reutov	Ryazan	2264	16,6	5400 hp
	Novocherkassk	Romny	Rybinsk	5764	6,9	7249/6852 cbm
	Radomyshl	Roslavl	Ryshkany		12,45 x 3 m	
	Rakhov	Rubezhnoye	Rzhev		3–20 t, 1–40 t	

402

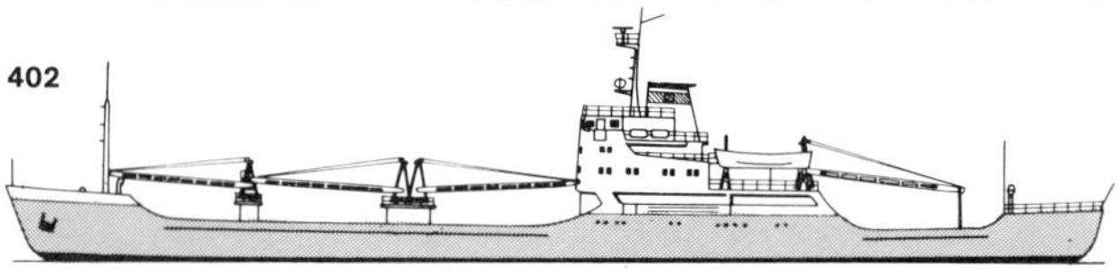

ms	Palanga	Maymaksa	Paramushir	Petrokrepost	Primorye	1969 Vyborg-Werft, Vyborg		
	Bakaritsa	Nazar Gubin	Pargolovo	Petrovskiy	Prokopjevsk	4562	122	14,5 kn
	Isakagorka	Nizhniy Tagil	Paromay	Petrozavodsk	Przhevalsk	2151	16,7	
	Ivan Chernykh	Novaya Ladoga	Pavlovo	Plesetsk	Pulkovo	5865	7,1	
	Komsomolets Sakhalina	Novaya Zemlya	Pechenga	Pomorye	Pushlakhta			
	Krasnaya Gorka	Oka	Perm	Ponoy	Pustozersk			
	Kuloy	Pamir	Pertominsk	Poronaysk	Vaygach			

403

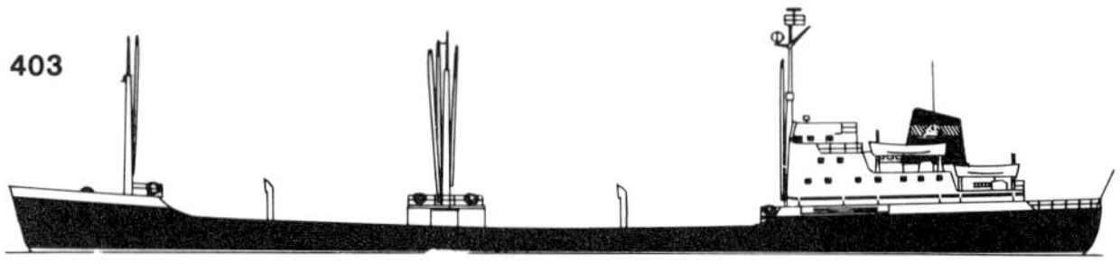

gts	Pavlin Vinogradov	Pechorales	1960 Baltic Shipb. + Eng. Works, Leningrad		
	Johann Mahmastal	Teodor Nette	4624	121,8	14 kn
	Mezenles	Umbales	2212	16,1	4000 bhp
			7000	7	

Einige Schiffe mit waagerechtem Schornstein-Top.

404

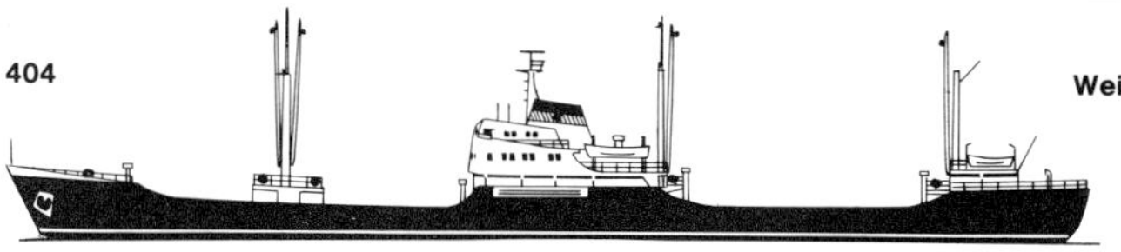

Typ B 514
Weiterentwickelt zu Typ B 45

ms	Abagurles	Bodaybo	Kraskino	Severoles	Zagorsk	1962 Stocznia Gdanska, Gdansk		
	Abakanles	Bogatyrles	Kungur	Shadrinsk		4653	123,9	14,5 kn/16 kn
	Adimiles	Braslavles	Mekhanik Rybachuk	Shatura		2361	16,7	4600 bhp
	Alapajevskles	Bratskles	Mironych	Sungari		6205	7	292000/261500 cft.
	Alatyrles	Brianksles	Naryan Mar	Tayga				1900 std. wood
	Aldanles	Bukhara	Nikolai Mironov	Taygonos			8–5 t, 1–15 t, 1–40 t	
	Altajles	Bureyales	Nordvik	Tayshet			(8–10 t, 1–15 t, 1– 50 t)	
	Amurskles	Chatanga	Orekhovo-Zuevo	Tobolles				
	Anadyrles	Darasun	Pobedino	Tuloma				
	Andomales	Dvinoles	Poronin	Tyumen				
	Angarales	Dzhurma	Primorles	Ulan Ude				
	Angarskles	Elektrostal	Pripyatles	Uralles				
	Arkhangelskles	Grodekovo	Putjatin	Valdayles				
	Argun	Kandalakshales	Raychikhin	Vetlugales				
	Baikonur	Kansk	Rubtsovsk	Vilyuyles				
	Balakhnales	Kapitan Abakumov	Ruza	Volga				
	Barnaul	Kapitan Beloshapkin	Sakhalinles	Volgoles				
	Belomorskles	Khatanga	Salekhard	Vorkuta				
	Belozerskles	Kholmsk	Sayanyles	Voskresensk				
	Berezinales	Komiles	Segezhales	Vychegdales				
	Bobrujskles	Kovda	Selengales	Zabajkalsk				

405

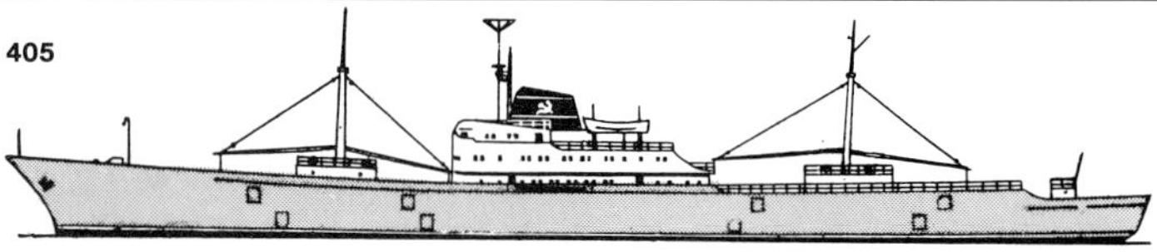

ms	Veter	Shtorm	1964 Rheinstahl Nordseewerke, Emden		
	Bris	Tayfun	4716	135,2	21 kn
	Burja	Tsiklon	2660	16,8	9600 hp
	Dneprovskiy Liman	Uragan	5218	7,1	282000 cft R.
	Dnestrovskiy Liman				

406

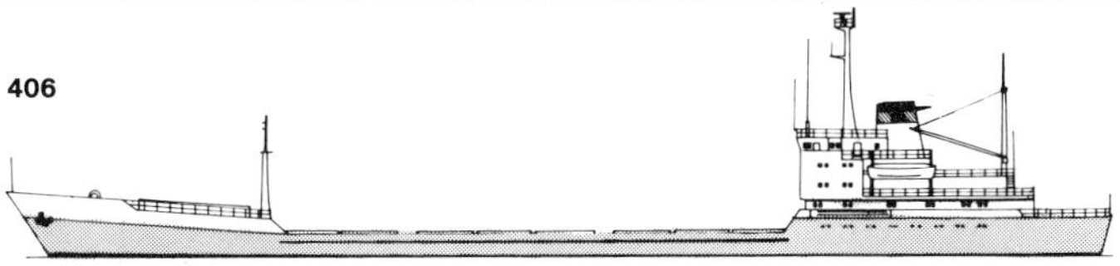

1971 Vyborg-Werft, Vyborg
4787 130,3 15 kn
1966 17,4 5500 hp
6010 6,9 218 Container 20'

ms **Sestroretsk**
Pioner Arkhangelska
Pioner Chukotki
Pioner Kamchatki
Pioner Nakhodky
Pioner Odessy
Pioner Onegi
Pioner Primorya
Pioner Rossii
Pioner Sakhalina
Pioner Severodvinska
Pioner Slavyanki
Pioner Tshukotkij
Pioner Vladivostoka
Pioner Vyborga
Pioner Yuzhno-Sakhalinska

407

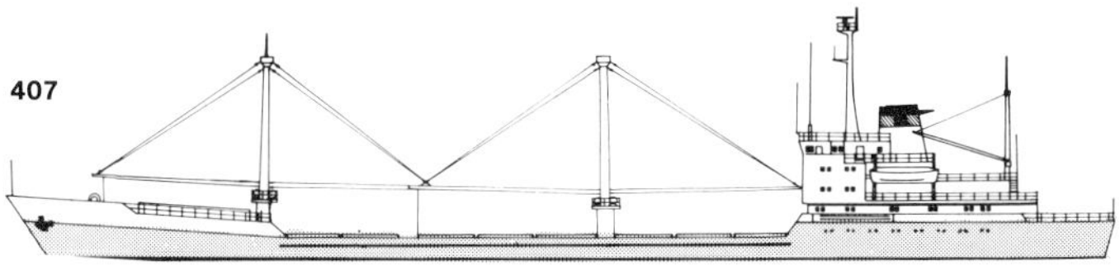

ms **Pioner Kholmska**
Pioner Moskvÿ
ähnl.: **Nikolai Shukov**

1975 Vyborg-Werft, Vyborg
4814 130,3 15,8 kn
2065 17,3 5300 hp
6110 7,3

Typ Nikolai Shukov, 136,8 m Länge ü. a., 219 Container 20'

408

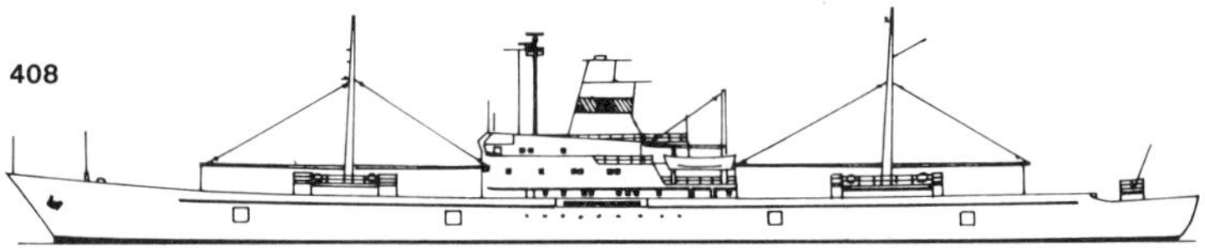

ms **Akhtarskiy Liman**
Eyskiy Liman
ex *Sloman Alstertor*
Sloman Alsterpark

1968 Deutsche Werft, Hamburg
4915 139,1 22 kn
2697 18
6559 7,6

409

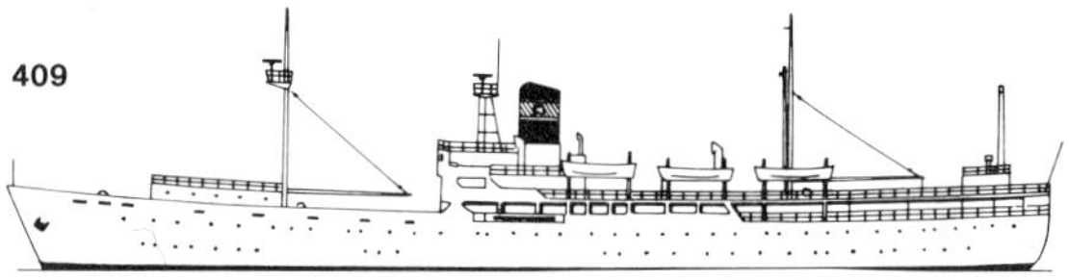

ss **Bataijsk**

1955 Stocznia Gdanska, Gdansk
4933 108,3 12,5 kn
771 14,6
2780 6,6 Schulschiff

410

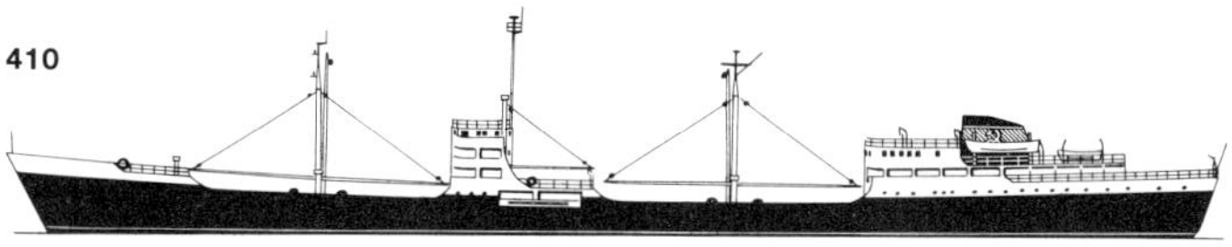

ms **Dneproges**
Angarges
Kurgan
Kuybyshevges
Nikolai Zytsar
Rionges
Tsimlyanskges
Volkhovges

1956 I. I. Nosenko, Nikolaev
5080 130,5 16 kn
2619 16,8 6300 shp
7250 7,6 12 P.

Aktjubinsk
Arsenev
Egersheld
Irkutsk
Kaliningrad
Noginsk
Privoljsk
Titaniya
Tselinograd
Vladivostok
Volochaevsk
Yantarnyy

Reefer vessels
6100 tdw
241000 cft R.

411

Typ B 443

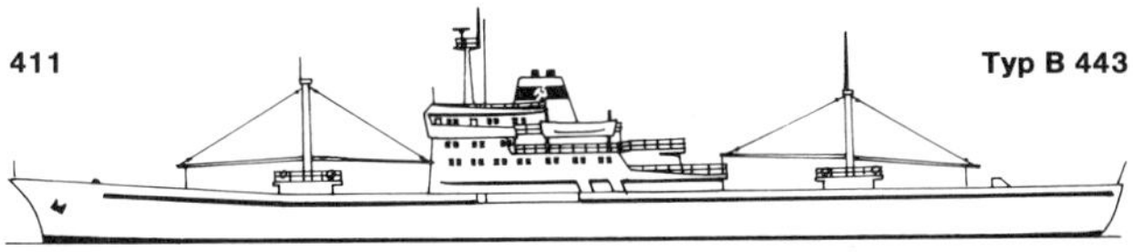

ms **Aleksandra Kollontaj**
Henry Barbusse
Jakov Alksnis
Janis Lentsmanis
Janis Rainis
Karlis Ziedinsk
Klara Zetkin
Larisa Reysner
Marina Raskova
Otomar Oshkaln
Polina Osipenko
Zenta Osola

1970 Stocznia Gdanska, Gdansk
5215 119,6 19 kn
2457 17 8400 hp
4394 5,8 188000 cft

412

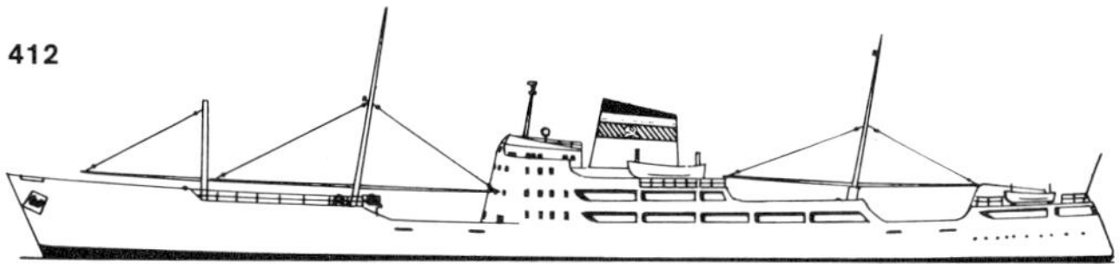

ms **Slava Sevastopolya**
Malakhov Kurgan
Matros Koshka
ex *Darien*
Dolores
Domingo

1954 Aalborg Vaerft AS., Alborg
5233 124,6 16 kn
2560 16,5 8480 ihp
3860 7 225000 cft R.

UDSSR

413

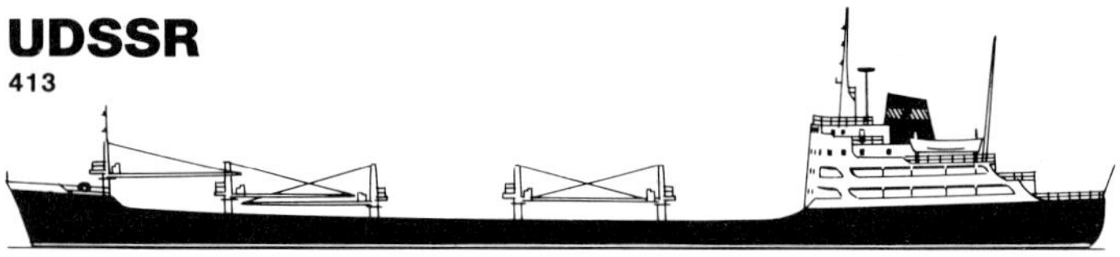

ms **Ugleuralsk** **Urjupinsk** 1958 Warnowwerft, Warnemünde
Urshum **Ustjushna** 5238 133,7 13,8 kn
Usolje **Ustilug** 2536 17 4700 bhp
Urgench **Urizk** 7184 7,4 coal/ore-carrier
10,5 x
5–3-t-cranes

414

ms **Akademik Krilov** 1939 Flensburger Schiffsbauges., Flensburg
ex *Mathias Stinnes* 5337 135,1 13,5 kn
2637 18,3
8000 7,3

415

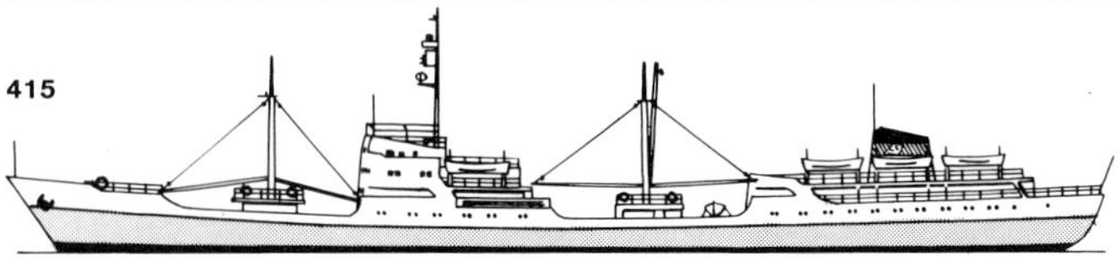

des **Sevastopol** **Jaroslavl** 1959 Baltic Shipb. + Eng. Works, Leningrad
Churkin **Kamenogorsk** 5524 129,1 17 kn
Ivan Stepanov **Simferopol** 2448 16,8 7000 bhp
4140 6,7 R.

416

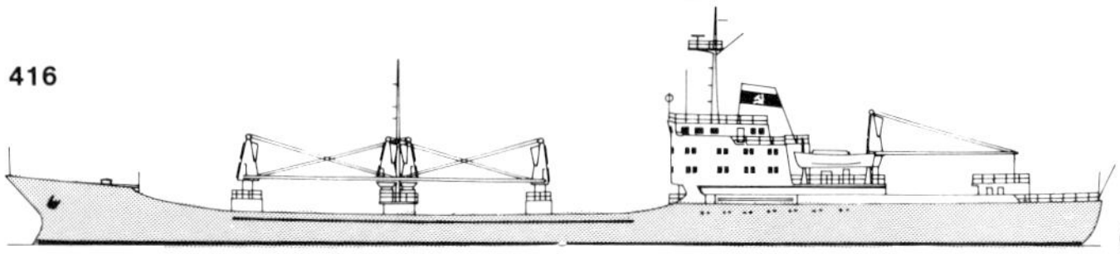

1968 J. Shdanow, Leningrad
5550 130 16,2 kn
2822 17,8 5200 hp
8260 7,8 11155/10120 cbm
5–8/3,2-t-cranes
(Einige Schiffe mit Mast auf mittlerem Windenhaus)

ms **Pyatidesyatiletiye Komsomola**
Bryanskij Mashinostroitel
Donetskiy Khimik
Donetskij Komsomolets
Donetskij Metallurg
Donetskij Shakhter
Kapitan Lyutikov
Komsomolets
Komsomolets Adzharii
Komsomolets Armenii
Komsomolets Artema
Komsomolets Azerbaydzhana
Komsomolets Belorussii
Komsomolej Gruzii
Komsomolets Kazakhstana
Komsomolets Moldavii
Komsomolets Nakhodki
Komsomolets Rossii
Komsomolets Spasska
Komsomolets Turkmenii
Komsomolej Ussuriyska
Komsomolets Vladivostoka
Komsomolskaya Pravda
Krasnoyarskiy Komsomolets
Leninskiye Iskry
Moskovskiy Komsomolets
Odesskiy Komsomolets
Rabochaya Smena
Shdanovskij Komsomolets
Smena
Starij Bolshevik
30-Letiye Pobedy

417

ts **Sergei Botkin** 1956 Chant. de l'Atlantique, St. Nazaire
Ilya Mechnikov 5626 129,7 13 kn
Ivan Pavlov 2953 16,8 4500 hp
Ivan Sechenov 6170 6,9
Nikolay Burdyenko 34,8½' x 23' 9000 cbm bale
Nikolay Pirogov 4–5 t, 4–10 t, 1–40 t, 1–60 t

418

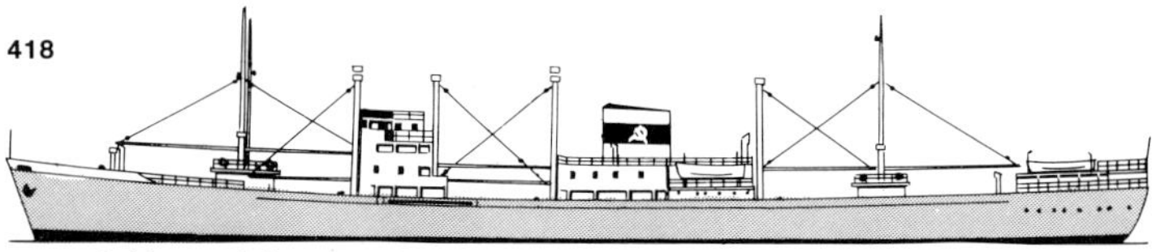

ms **Arkhangelsk** **Atkarsk** **Chernjakovsk** **Kislovodsk** 1953 Crichton-Vulcan AB., Abo
Alapaevsk **Baltijsk** **Dolinsk** **Lgov** 5660 139,4 14,5 kn
Aleksandrovsk **Berdjansk** **Izhevsk** **Michurinsk** 2788 17,7 6390 hp
Almetjevsk **Bratsk** **Kirovsk** **Sretensk** 8235 7,9 16 P.
15259/13751 cbm

419

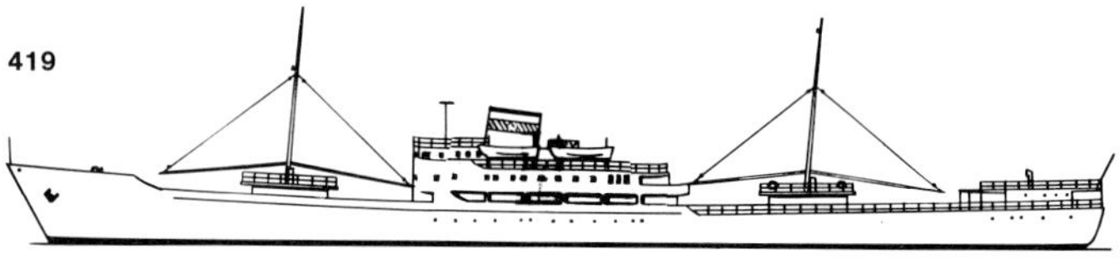

ms **Oliutorka** 1955 Ekensbergs Varv, Stockholm
ex *San Blas* 5885 132,1 18 kn
3271 16,5 8500 ihp
5625 7,6 12 P.
241110 cft R.

420

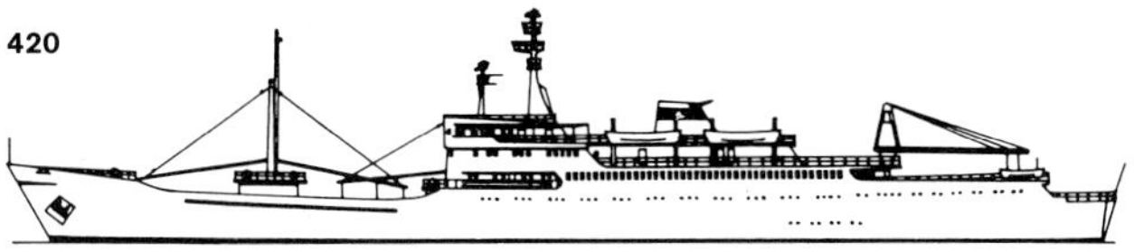

ms **Professor Shchyogolev**, **Professor Anichkov**, **Professor Khlyustin**, **Professor Kudrevich**, **Professor Minyayev**, **Professor Pavlenko**, **Professor Rybaltovskiy**, **Professor Ukhov**, **Professor Yushenko**

1970 Stocznia Szczecinska, Szczecin
6036 122,2 15,3 kn
2053 17 5000 hp
5655 7,4 11546 cbm
Frachtfahrende Schulschiffe mit jeweils 176 Eleven

421

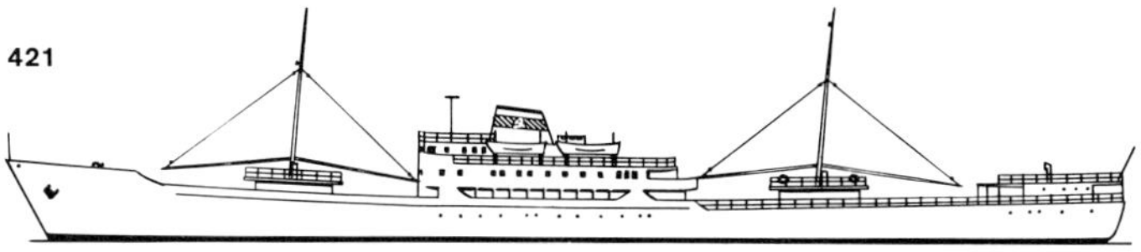

ms **Icha**
ex *Carib*

1953 Götaverken, Göteborg
6085 132 18 kn
3364 16,5 7000 bhp
4600 7 12 P.
8–5 t, 1–20 t 241000 cft R.

422

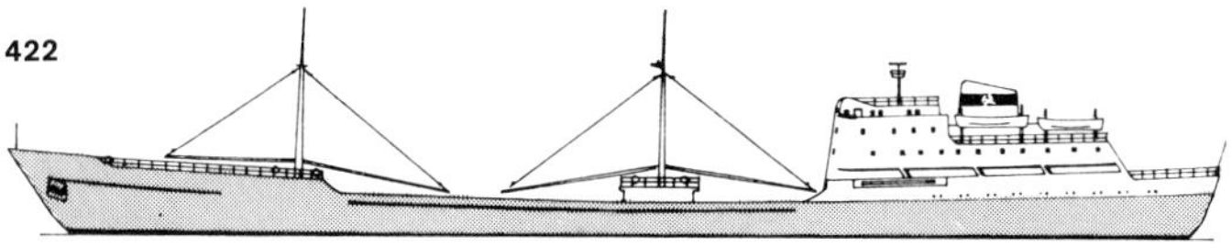

1962 J. S. Nosenko, Nikolaev
6133 130 16,5 kn
2947 16,8 7200 hp
5000 7,2 7300 cbm R.

des **Sibir**, **Aleksandr Ivanov**, **Aleksey Venetsianov**, **Almazny**, **Arkship Kuindzhi**, **Demjan Korotchenko**, **Gorets**, **Granitnij**, **Hans Pogelmann**, **Ilya Repin**, **Ivan Kramskoy**, **Ivan Shishkin**, **Imeni 61 Kommunara**, **Ivan Ayvazovsky**, **Kazis Preykshas**, **Khudozhnik Deyneka**, **Khudozhnik S. Gerasimov**, **Khudozhnik Vrubel**, **Konstantin Olshansky**, **Kosmonaut Gagarin**, **Marshal Malinovskiy**, **Marshal Rokossovskiy**, **Molodaya Gwardija**, **Obukhovskaya Oborona**, **Pioner Murmana**, **Pioner Volkov**, **Polyarnye Zori**, **Polyernyy Krug**, **Sergey Gerasimov**, **Severniy Veter**, **Sibir**, **Ulan-Ude**, **Valentin Serov**, **Valery Verechagin**, **Vasiliy Perov**, **Vasiliy Polenov**, **Vasiliy Surikov**, **Vasiliy Vereshchagin**, **Viktor Lyagin**, **Viktor Vasnetsov**, **Volchansk**, **Zolotoy Rog**

423 **Typ B 437**

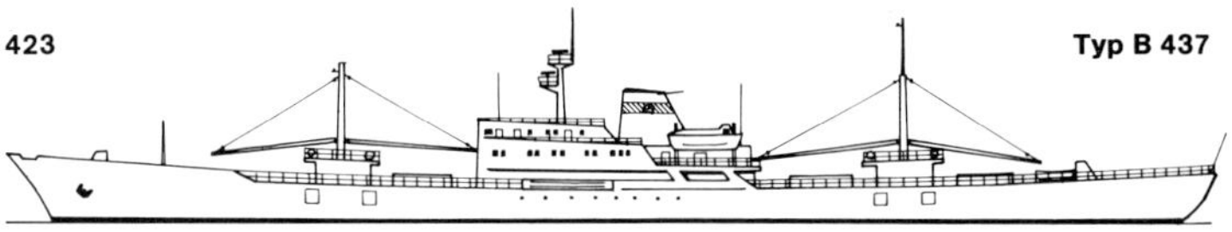

ms **Nikolay Kopernik**, **Aristarkh Belopolskij**, **Fedor Bredikhin**, **Ivan Kulibin**, **Ivan Polzunov**, **Mikhail Lomonosow**, **Pavel Parenago**, **Pavel Shternberg**, **Professor Popov**, **Vasiliy Fesenkov**, **Vasiliy Struve**

1974 Stocznia Gdanska, Gdansk
6400 139,6 21,8 kn
3250 18 13200 hp
5880 7,8 7430 cbm R.
8–5 t

424

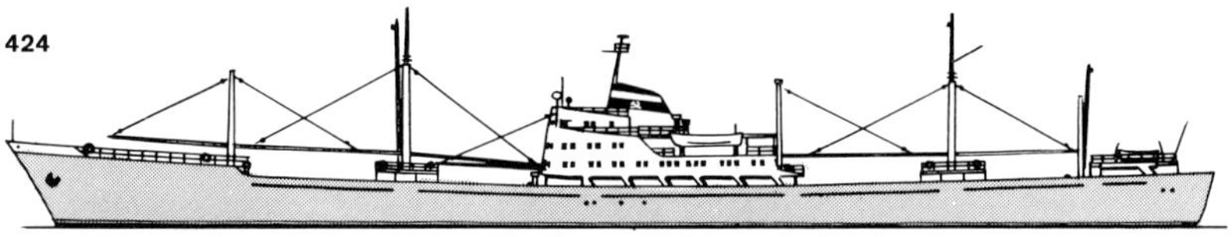

ms **Divnogorsk**
Mednogorsk

1961 Stocznia Szczecinska, Szczecin
6443 153,9 16 kn
3210 19,4 8000 bhp
10250 8,8

425

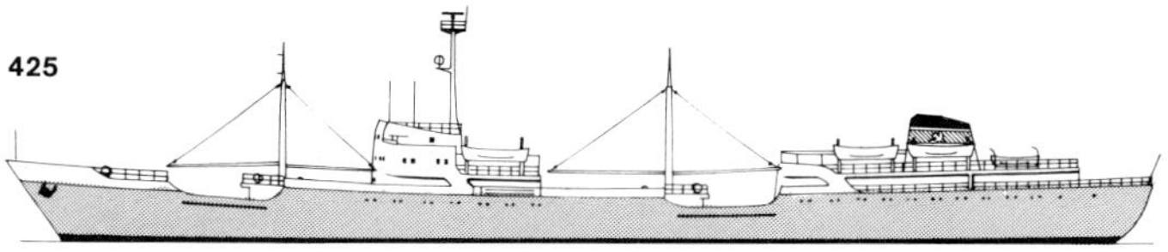

ms **August Jakobson**, **Bashkir**, **Grigorij Kovalchuk**, **Komissar Polukhin**, **Kosmonaut Komarov**, **Kramatorsk**, **Volchansk**, **Vologda**, **Zabaykalye**

1966 »61 Kommunar«, Nikolaev
6455 130,9 16,5 kn
2698 16,9 6300 shp
4269 6,7 50 Eleven

UDSSR

426

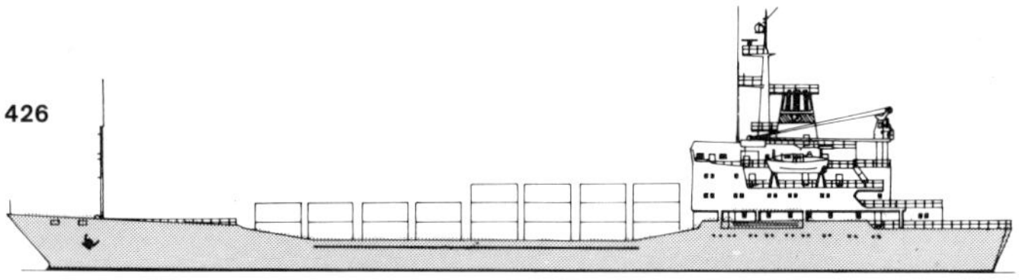

ms **Aleksandr Fadejev**
Aleksandr Prokofyev
Aleksandr Tvardovsky
Mikhail Prishvin
Mikhail Svetlov

1973 Kherson-Werft, Kherson

6478	129,4	16,3 kn
2941	19,3	6100 hp
6458	7,5	358 Container 20'

427 Typ B 46

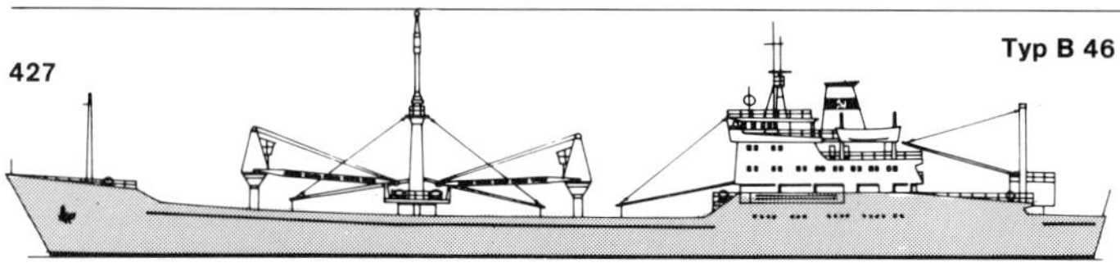

1972 Stocznia Szczecinska, Szczecin

6555	133,3	15,6 kn
3330	18	6100 hp
7500	7,5	12406/11216 cbm
		120 Container 20'

ms **Leninskaja Gwardija**
Aleksandr Vinokurov
Aleksandra Artyukhina
Andrej Andrejew
Elena Stavosa
Fedor Petrov
Gleb Krzhizhanovskij
Iokhannes Lauristin
Iosif Dubrovinsky
Ivan Belostotkij
Ivan Pokrovskij
Ivan Rusakov
Ludmilla Stal
Leon Popov
Matvey Muranow
Maksim Litwinow
Mikhail Kedrov
Mikhail Olminskiy
Mikhail Vladimirskiy
Nikolay Semashko
Nikolaj Shvernik
Olga Varentsova
Osip Pyatnitskiy
Pantelejmon Lepleshinskij
Pavel Dauge
Petr Krasikov
Sergeў Gusew
Skortsov-Stepanov
Suren Spandaryan
Vasily Shelgunov
Vera Lebedeva
Viktor Kurnatovskij
Yaan Anvelt
Yemelyan Yarovslavskiy
Yurij Steklov
Zinoviy Solovyev

428

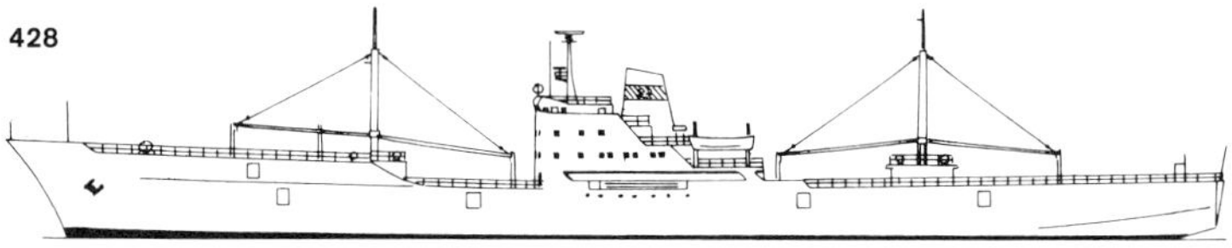

ms **Brestskaya Krepost**
ex *Golar Nel*

1968 Drammen Slip & Verksted, Drammen

6699	139,3	22,5 kn
3586	18	
7090	7,9	

429

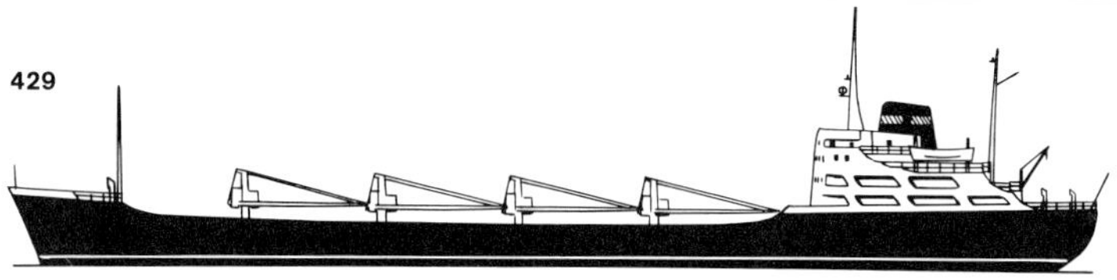

ms **Debalzewo**
Dagestan
Dashava
Dedovsk
Dimitrovo
Dneprodsershinsk
Dobropolje
Dobrush
Dolmatowo
Donskoi
Dorogobush
Dshankoi
Dubno
Dubossary
Dudinka

1960 Warnowwerft, Warnemünde

6753	139,5	14,3 kn
3366	18	5400 bhp
9500	8	Ore/coal transport

430 Typ „Hamlet"-Multiflex

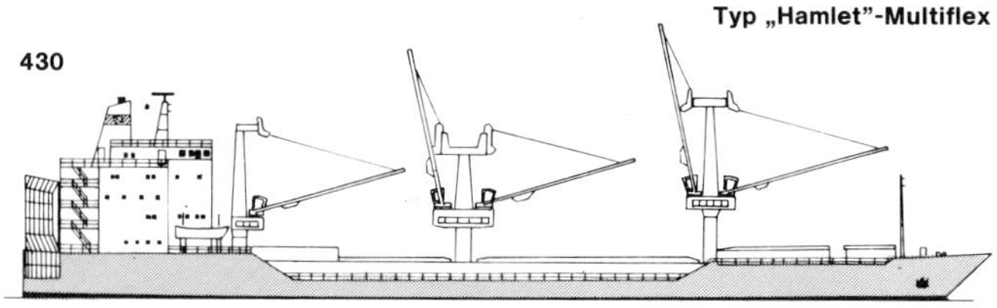

ms
+ 1

1978 Burmeister & Wain, København

	132,9	16,5 kn
	20,5	2 x 6000 bhp
12800	9,4	21500/19650 cbm
		380 container
		40 trailer

Nur Entwurfskizze 3–12,5 t, 2–35 t

431 Typ „Liberty"

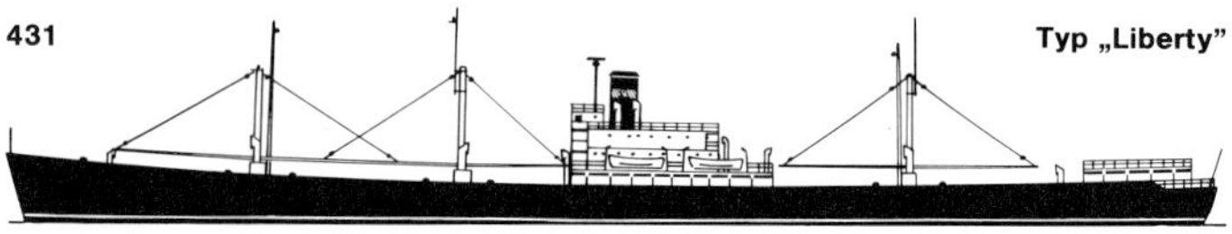

sso **Aleksandr Suvorov**
Askold
General Panfilov
Kaments-Podolsk
Odessa
Partizansk
Volgograd

1943 Oregon Shipb. Corp., Portland

7176	134,6	10 kn
4235	17,4	
10874	8,4	

432

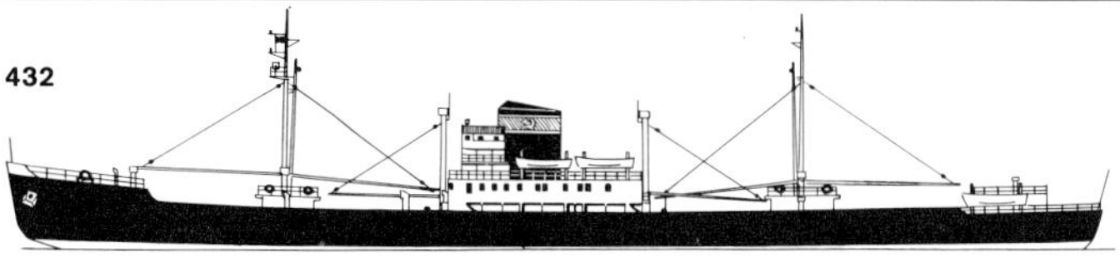

ms **Lena**
Ob
Yenisey

1954 »De Schelde«, Vlissingen

7325	129,5	14,5 kn
3755	18,8	7000 shp
7560	8,5	

Ice-breaking cargo vessel
10–5 t, 4–10 t, 2–50 t

433

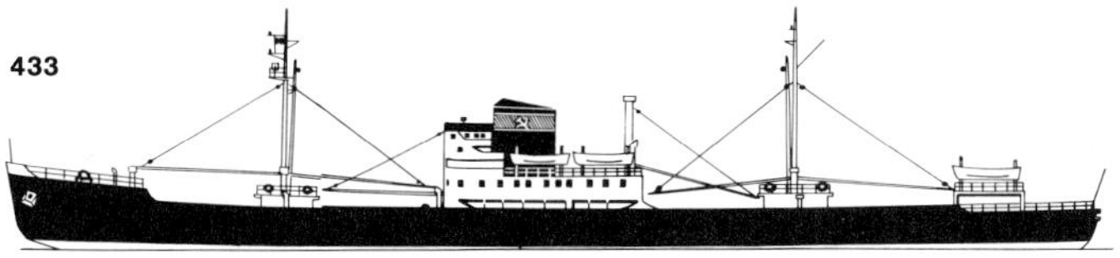

des **Angara**, **Baikal**, **Indigirka**

1957 »De Schelde«, Vlissingen

7481	130,2	15 kn
3777	18,8	8000 shp
7430	8,2	

Ice-breaking cargo vessel
382800/358020 cft

434

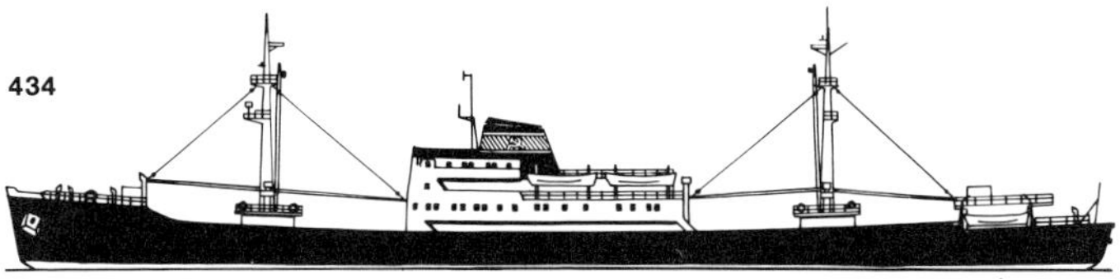

ms **Amguema**, **Gizhiga**, **Kapitan Bondarenko**, **Kapitan Gotskiy**, **Kapitan Kondratjev**, **Kapitan Markov**, **Kapitan Myshjevskij**, **Navarin**, **Olenek**, **Pavel Ponomaryev**, **Penzhina**, **Vankarem**, **Vasiliy Fedoseyev**

1962 »Leninskogo Komsomola«, Komsomolsk

8181	133,1	15 kn
3477	18,9	4400 bhp
8700	8,9	12 P.

Ice-breaking cargo vessel

435

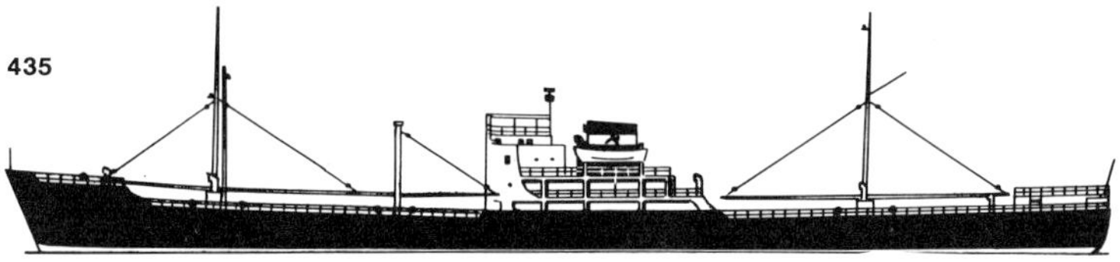

ms **Zapolyarye**
ex *Stanburn*

1951 Burntisland Shipb. Co. Ltd., Burntisland

8211	140,8	12 kn
4099	18,1	
10350	7,9	

436

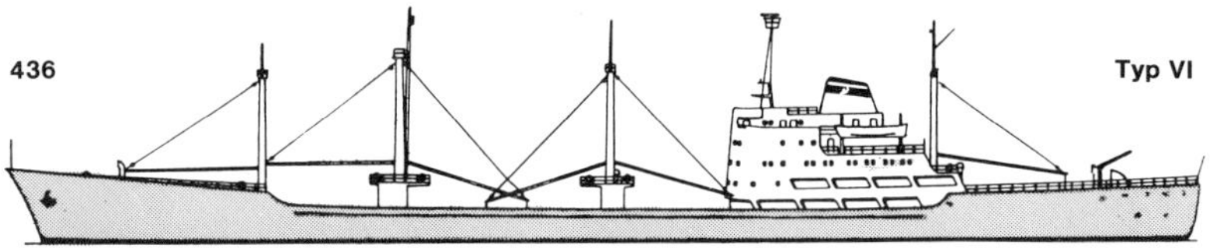

Typ VI

ms **Vyborg**, **Varnow**, **Vatutino**, **Velikiye Luki**, **Velizh**, **Vereia**, **Vitim**, **Volchansk**, **Volkhov**, **Volodarsk**, **Volsk**, **Volzhsk**, **Vostochny**, **Votkinsk**, **Vyatka**, **Vyazma**, **Vysokogorsk**, **Vysotsk**

1963 Warnowwerft, Warnemünde

8461	150,7	16,5 kn
4469	20	8150 hp
12295	8,9	18269/16621 cbm

11 x 19 m   5 P.
12–3/5 t, 1–60 t

437

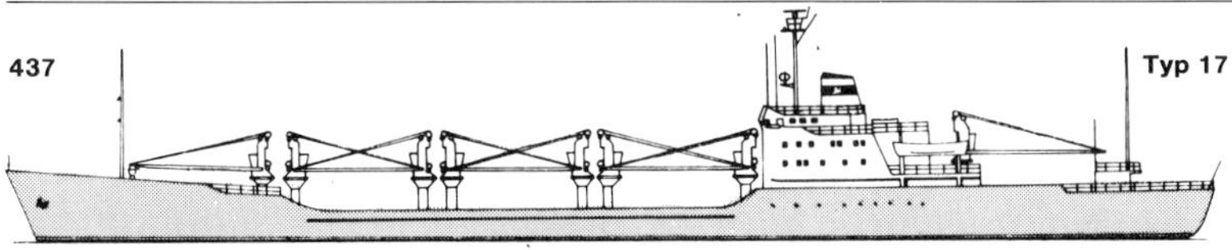

Typ 17

ms **Irkutsk**, **Akademik Filatov**, **Akademik Iosif Orbeli**, **Akademik Rykachyev**, **Akademik Shukhov**, **Akademik Yuryev**, **Ilovajsk**, **Izhora**, **Izmail**, **Karaganda**, **Professor Nikolay Baransky**, **Tula**

1968 Warnowwerft, Warnemünde

8521	151,5	18,2 kn
4583	20,3	9600 hp
12530	8,8	19130 cbm

8–3,2/5-t-cranes

438

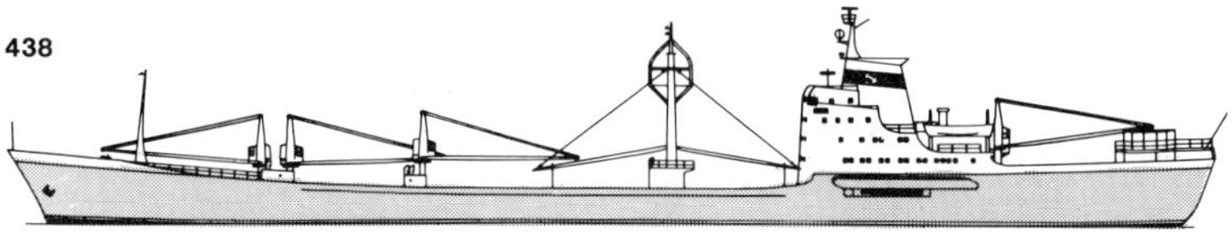

ms **Krasnograd**, **Kalininabad**, **Kanev**, **Karachaevo-Cherkessija**, **Kasimov**, **Kaspijsk**, **Kimovsk**, **Kovrov**, **Krasnoufimsk**

1961 Crichton-Vulcan, Abo

8540	147,0	15,3 kn
4695	19,7	12000 hp
12300	9,1	18350/17000 cbm

x 30 m
4–5/3-t-cranes, 1–40 t, 1–60 t

439

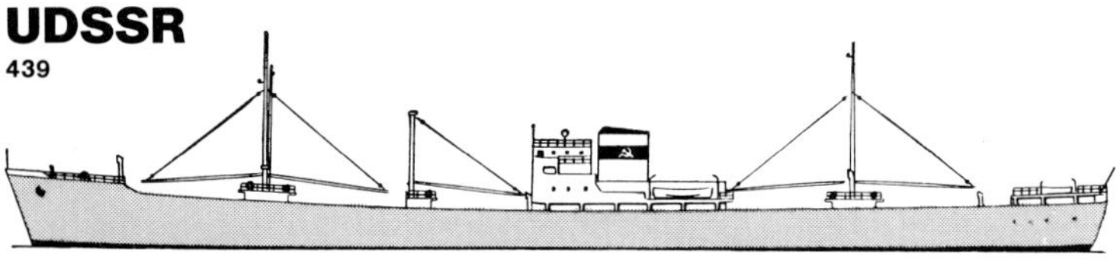

ms **Atlantika**

1954 Oskarshamns Varv, Oskarshamn

8590	143,6	13,5 kn
4864	18,8	4750 ihp
9400	7,6	

440

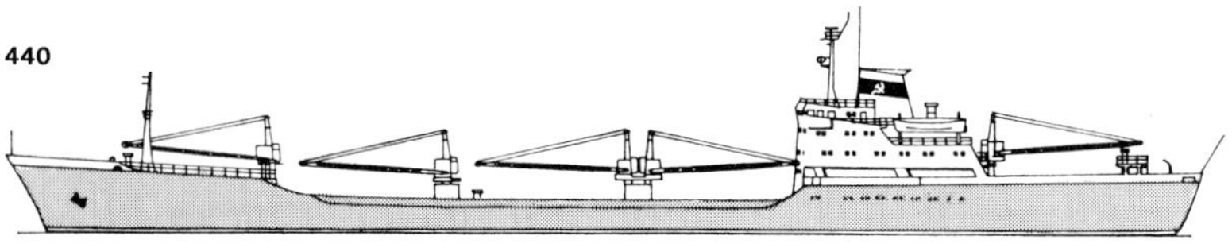

ms **Novgorod**, **Novoaltaisk**, **Novodruzhesk**, **Novokuibyshevsk**, **Novokuznetsk**, **Novomoskovsk**, **Novosibirsk**

1967 Wärtsilä AB., Abo

8802	151,7	18 kn
4665	20,6	9600 hp
12500	9	623000 cft bale
	13,7 x 10,6 m	
	5-5-t-cranes	

441

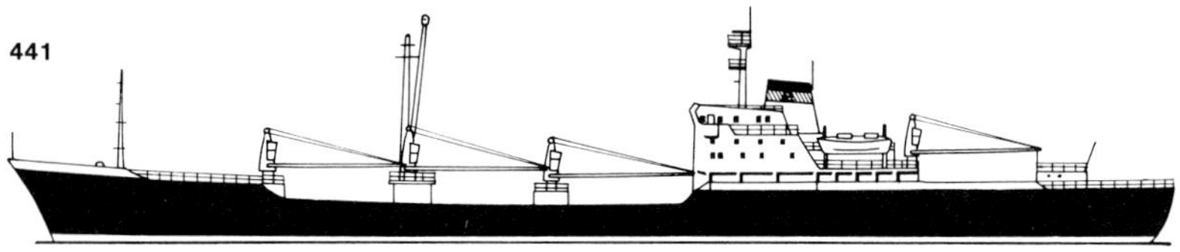

1970 Kherson-Werft, Kherson

8874	152,8	17 kn
4576	20,6	
13740	9	

ms **Aleksandr Tsyurupa**, **Akademik Evgeniy Paton**, **Akademik Yangel**, **Andrey Lavrov**, **General Vladimir Zaimov**, **Ilya Kulik**, **Ivan Korobtsov**, **Kapitan Lukhmanov**, **Kapitan Plaushevskiy**, **Kapitan Shantsberg**, **Klim Voroshilov**, **Komandarm Matveyev**, **Komsomolskaya Slava**, **Sarny**, **Serebryansk**, **Serov**, **Sevan**, **Severodonetsk**, **Sokol**, **Sosnogorsk**, **Stoletiye Parizhskoy Kommunil**, **Suzdal**, **Svanetiya**

ähnlich: **Ismaillya**, **Port Said**, **Suez**

442

ms **Sovetskaya Artica**
ex *Stanhope*
sim **Bogdan Hmelnitsky**
ex *Stanpool*

1951 Short Bros. Ltd., Sunderland

9023	140,6	12 kn
4337	17,9	
10150	7,1	

443

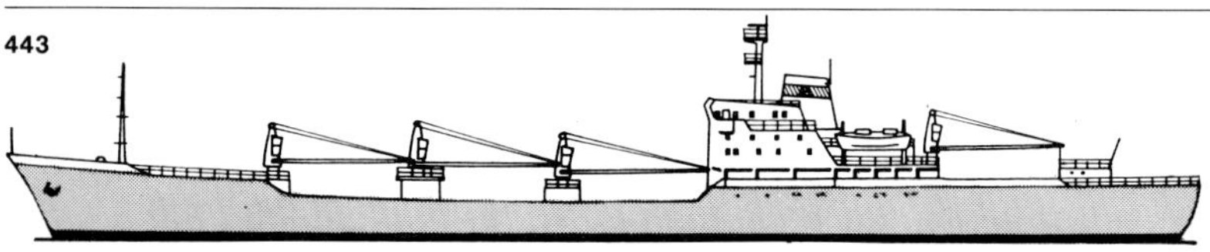

ms **Slavyansk**, **Professor Buznik**, **Sidor Kovpak**, **Sochi**, **Svetlogorsk**, **Syzran**, **Valentin Khutorskoy**, **Valeriy Meshlauk**

1967 Kherson-Werft, Kherson

9071	152,8	17,7 kn
4661	20,6	9000 hp
13737	9	19170/17420 cbm
	x 11 m	
	10–2,5/5-t-cranes	

444

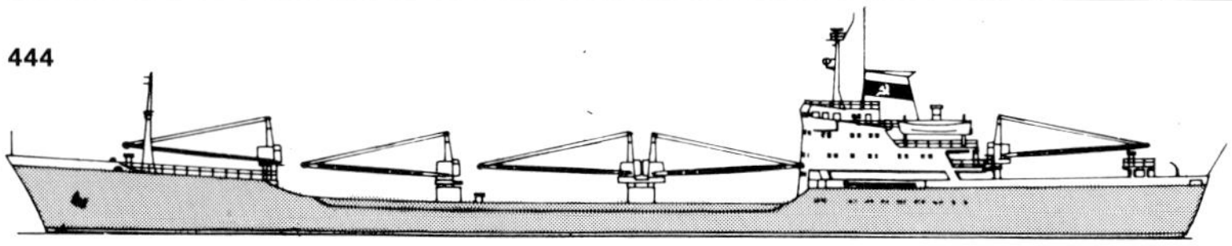

ms **Novomirgorod**, **Novoevovsk**, **Novogrudok**, **Novopolotsk**, **Novotroitsk**, **Novovijatsk**, **Novovolynsk**, **Novozybkov**

1969 Wärtsilä AB., Abo

9132	150,9	18 kn
4754	20,6	9600 hp
13650	9,5	623000 cft
	5-5-t-cranes	

445 **Typ B 43**

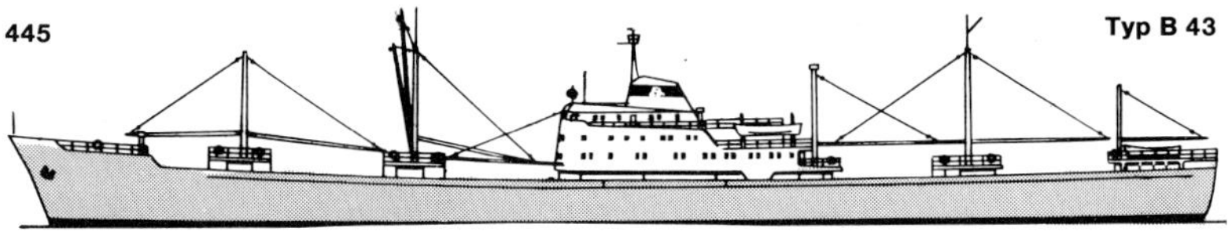

ms	**Salavat**	**Slutsk**	1963 Stocznia Gdanska, Gdansk		
	Semipalatinsk	**Sovetsk**	9151	154,9	16 kn
	Simferopol	**Sudzha**	4987	20,2	7800 hp
	Slavsk		12300	8,9	665880/629400 cft
				12–5 t, 4–10 t, 1–60 t	

446 **Typ B 40 (verbesserter Typ B 44)**

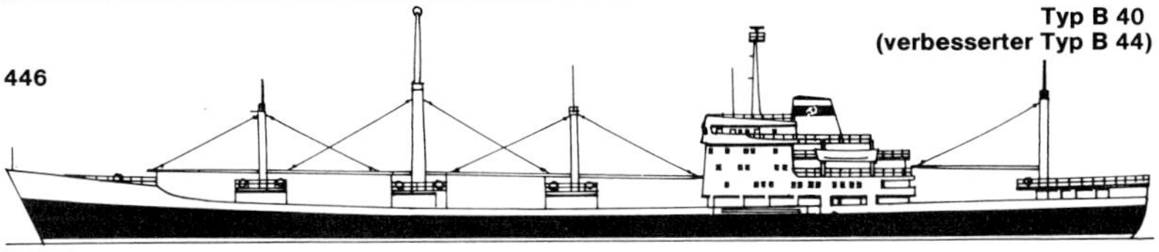

1966 Stocznia Gdanska, Gdansk

9174	155	17,2 kn
5270	20,2	9600 hp
12500	9	19519/17865 cbm
		12 P.
	1–60 t	

ms	**Aleksey Tolstoy**	**Dmitri Polujan**	**Georgij Tshitsherin**	**Ivan Goncharov**	**Rosa Luxemburg**
	Anton Makarenko	**Ernst Thälmann**	**Guiseppe di Vittorio**	**Jeannie Labourbe**	**Toivo Antikajnen**
	Bela Khun	**Fedor Gladkov**	**Ho Chi Minh**	**Karl Liebknecht**	**50 Let Sovietskoy Ukrainij**
	Boris Gorbatov	**Frans Bogush**	**Ignatiy Sergeyev**	**Kommunist**	
	Boris Lavrenev	**Friedrich Engels**	**Inessa Armand**	**Kommunisticheskoe Znamya**	
	Dmitri Furmanov	**Georgij Dimitrov**	**Iona Yakir**	**Nikolay Kremiyanskiy**	

447

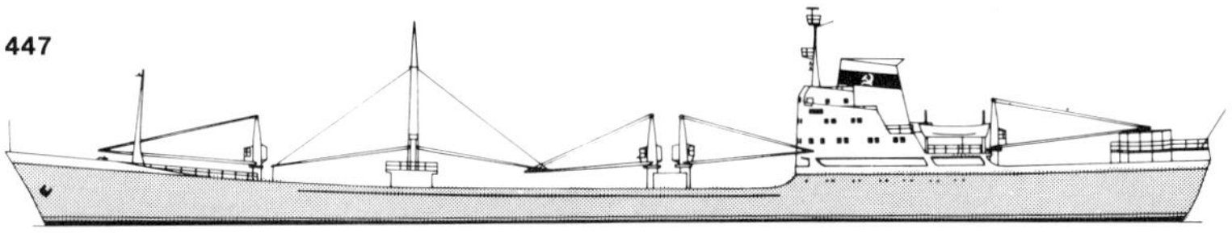

1964 Crichton-Vulcan AB., Abo

9364	147,4	15,5 kn
4968	19,7	9000 hp
12200	7,9	594000 cft bale
	4–10 t, 1–40 t, 1–60 t, 4–5/3-t-cranes	

ms	**Krasnokamsk**	**Komsomolets Estonii**	**Komsomolets Litvy**	**Krasnodon**	**Krasnouralsk**
	Klin	**Komsomolets Kirgiizii**	**Komsomolets Tadzhikistana**	**Krasnoe Selo**	**Krasnozavodsk**
	Kommunarsk	**Komsomolets Latvy**	**Komsomolets Uzbekistana**	**Krasnogvardeysk**	

448

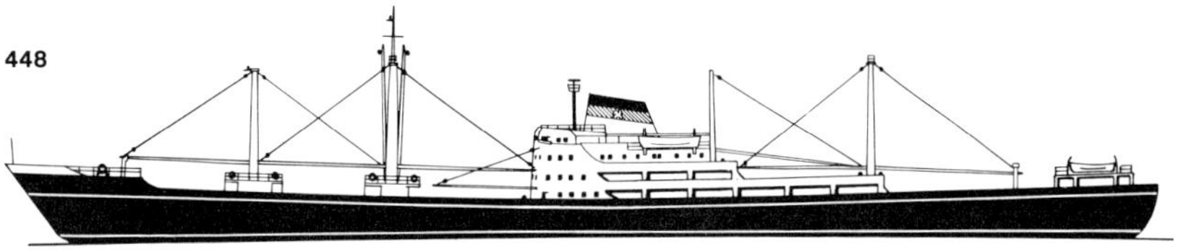

ms	**Ussurijsk**	1960 Burmeister & Wain, København		
		9500	157,5	17,5 kn
		5536	19,5	10000 bhp
		13050	8,8	12 P.
			16–5 t, 2–60 t	
				16000 kbm

449 **Typ B 54**

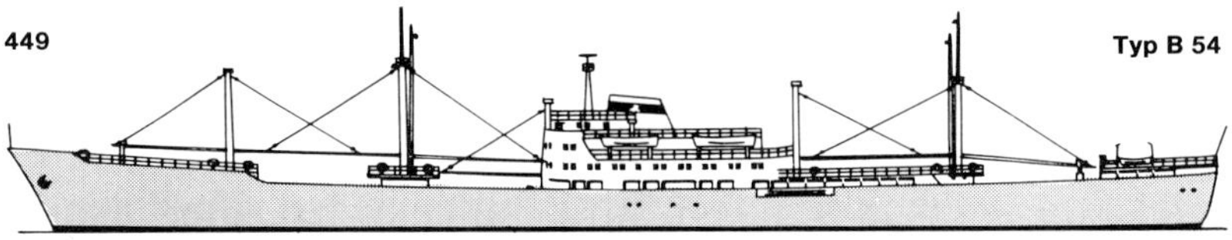

ms	**Leninogorsk**	**Lesozawodsk**	1958 Stocznia Gdanska, Gdansk		
	Bolshevik Sukhanov	**Partizan Bonivur**	9518	153,9	17 kn
	Deputat Lutskiy	**Soinechnogorsk**	5261	19,4	8000 bhp
	Labinsk		10250	8,8	9 P.
				3 t, 5 t, 10 t, 25 t, 60 t	

450 **Typ B 44**

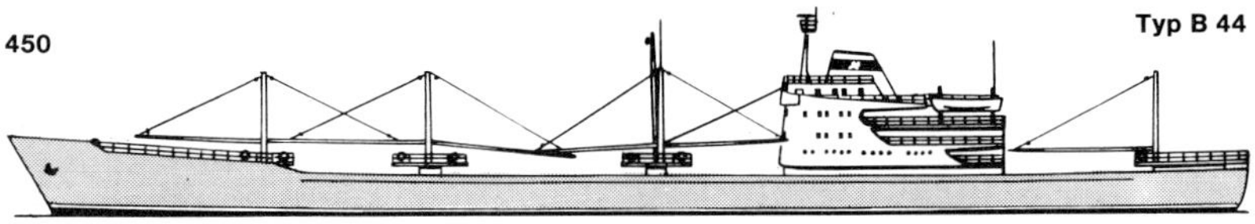

ms	**Margelan**	**Mezhgorie**	**Molechanek**	**Mukachyevo**
	Mariinsk	**Mezhdurechensk**	**Molodogvardeysk**	**Murom**
	Marneuli	**Michurin**	**Morshansk**	**Mytishy**
	Matsesta	**Millerove**	**Mozhaysk**	**Romain Rolland**
	Medyn	**Minsk**	**Mtsensk**	**Samuil Marshak**

1965 Stocznia Gdanska, Gdansk

9695	154,8	17,2 kn
5230	20,2	7800 hp
12500	9	
	8–5 t, 4–10 t, 1–60 t	

UDSSR

451

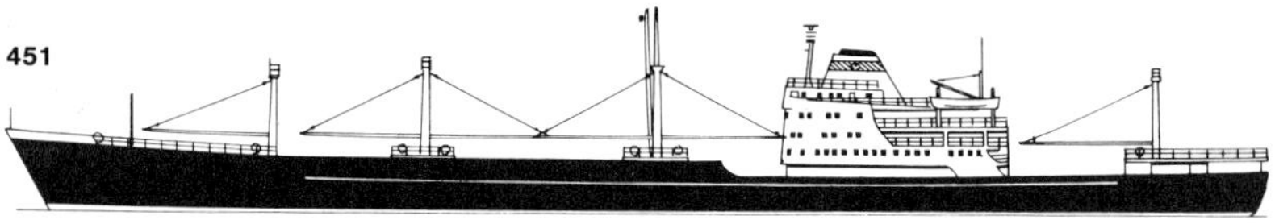

ms **Nikolay Nekresov**

1966 Stocznia Gdanska, Gdansk
9714 155,1 17,3 kn
5270 20,3
12585 9 Viehtransporter

452

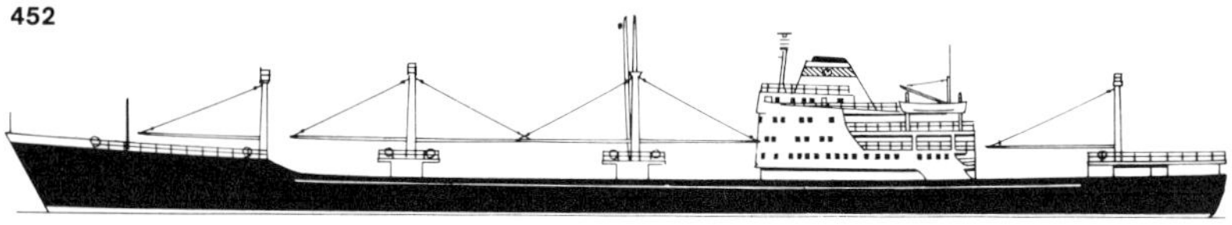

ms **Mozyr**

1966 Stocznia Szczecinska, Szczecin
9726 155,1 17,3 kn
5256 20,3 7800 hp
12369 9

453

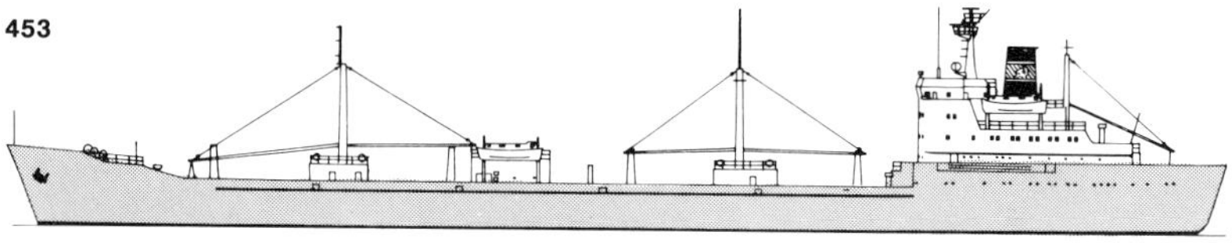

ms **Ostrov Atlasova**
Ostrov Beringa
Ostrov Karaginskiy
Ostrov Kotlin
Ostrov Lisyanskogo
Ostrov Litke
Ostrov Mednyy
Ostrov Russkij
Ostrov Shmidta
Ostrov Shokalskogo
Ostrov Sibiryakova
Ostrov Ushakova

1971 Lindholmens Varv, Göteborg
9795 153,5 18,3 kn
5381 20,5 12000 ehp
10200 7,5 440000 cft
Refrigerated fish carrier

Typ B 436
weiterentwickelt zu Typ B 540

454

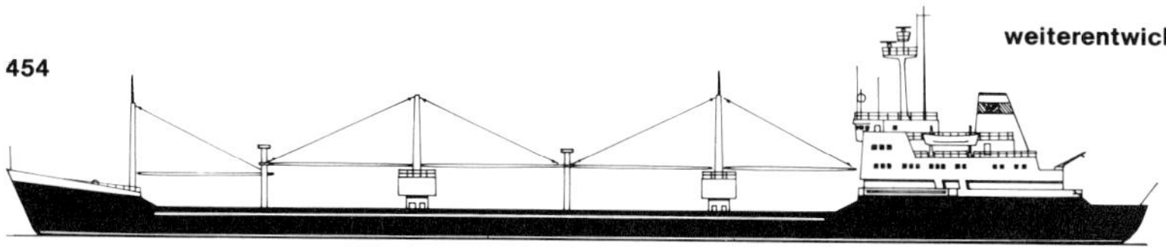

ms **Nikolay Novikov**
Ivan Syrykh
Kapitan Bakanov
Kapitan Burmakin
Kapitan Dublitskij
Kapitan Glazachev
Kapitan Kiriy
Kapitan Milovzorov
Kapitan Mochalov
Kapitan Samoylenko
Kapitan Voolens
Kapitan Zamjatin
Konstantin Petrovskiy
Mekhanik Gordiyenko
Petr Smidovikh
Vasiliy Musinskiy
Vladimir Mordvinov
Vladimir Timofeyev
Vlas Nichkov

1973 Stocznia Gdanska, Gdansk
10185 150,3 15,8 kn
5758 21 9600 hp
14000 8,7 17200/16450 cft
15,33 x 7,7 m 298 Container 20'
9–10 t

455 **Typ 17 B**

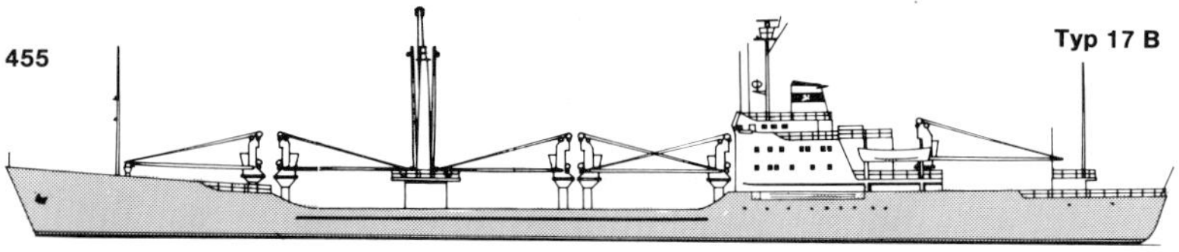

ms **Vladimir Ilich**
Aleksandr Ulyanov
Anatoli Lunasharskiy
Anna Ulyanova
Boris Zhemchuzhin
Dmitry Ulyanov
Harry Pollitt
Ilva Ulyanov
Nikolay Krylenko
Nikolay Pogodin
Nikolay Tulpin
Olga Ulyanova
Valerian Kuybyshev
William Forster

1970 Warnowwerft, Warnemünde
9812 151,5 17,7 kn
5524 20,3 9600 hp
13150 9 18713/17168 cbm
8 P.
6–5/3,2-t-cranes, 4–5/8 t, 1–60 t

456

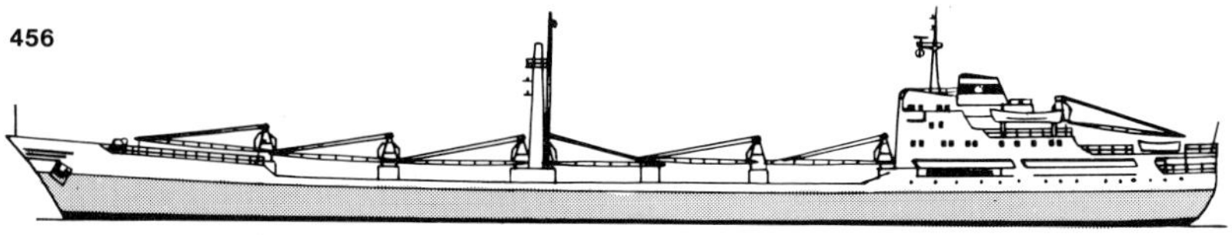

ms **Poltava**
Babushkin
Baimak
Bakuriani
Balashikha
Belgorod-Dnestrovskiy
Berezovka
Berislav
Bezhitsa
Bratslav
Bryanskiy Rabochiy
Kapitan Vislobokov
Nikolaev
Oktyabrskaya Revolyutsiya
Partizanskaya Iskra
Partizanskaya Slava
Pavlovsk
Perekop
Polotsk
Pridneprovsk

1961 Nosenko, Nikolaev
9813 155,5 15 kn
4868 20,6 8750 hp
13040 10,0 9 P.
24 x 6,2 m 596500 cft grain
12-5-t-cranes, 1–60 t

457

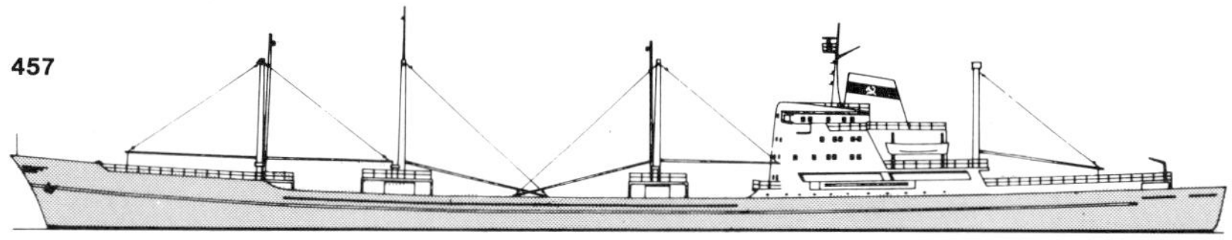

1964 Brodogradiliste Uljanik, Pula

10109	159,9	18 kn
5132	21,3	12000 bhp
14170	9,7	

ms **Aleksandr Blok**, **Aleksandr Gertsen**, **Aleksandr Grin**, **Aleksandr Serafimovich**, **Aleksandr Vermishev**, **Alisher Navoj**, **Anton Chekhov**, **Arkadij Gaidar**, **Demjan Bednj**, **Dmitri Gulia**, **Dubrovnik**, **Gamzat Tsadasa**, **Gavril Derzhavin**, **Ivan Kotliyarevskiy**, **Konstantin Paustovskiy**, **Makhtum Kuli**, **Musa Dzhalil**, **Nazym Khikmet**, **Nikolai Dobrolyubov**, **Nikolai Gogol**, **Nikolai Karamzin**, **Nikolai Ogaryev**, **Novikov Priboy**, **Ovanes Tumanyan**, **Pula**, **Sergey Yesenin**, **Suleyman Stalskiy**, **Vissarion Belinsky**, **Vladimir Korolenko**, **Vladimir Mayakovski**

458

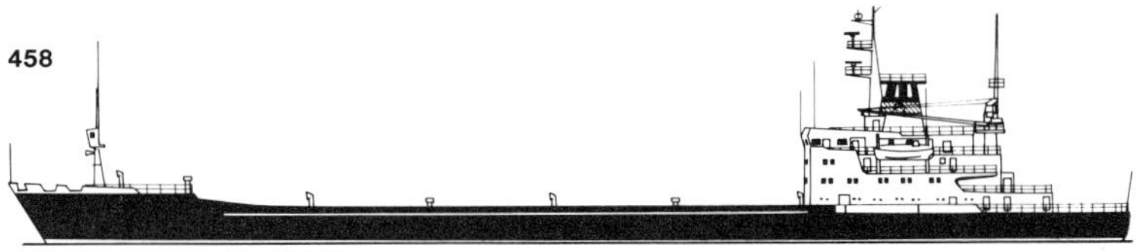

ms **Norilsk**, **Kapitan Reutov**, **Kapitan Panfilov**

1975 Kherson-Werft, Kherson

10145	145,4	14 kn
4151	20,6	
14550	9,4	345 container
		16930 cbm

Eismeerfrachter Murmansk-Arkhangelsk-Dudinka

459

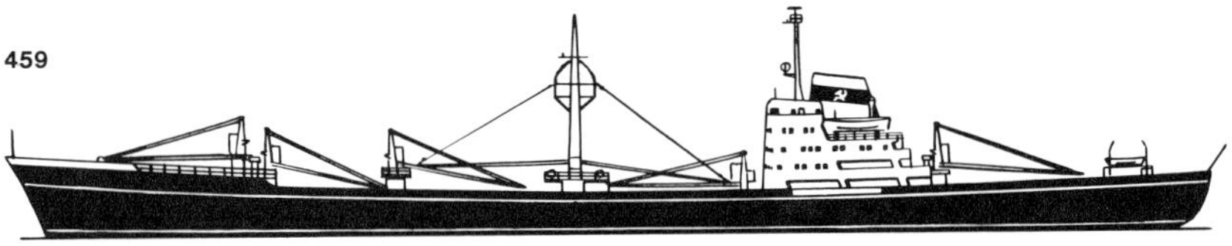

ms **Beloretsk**, **Belitsk**, **Belovodsk**, **Berezniki**, **Bijsk**, **Kosmonaut**

1962 Nakskov Skibsvaerft, Nakskov

10478	160,3	17,5 kn
6068	21,2	12600 hp
14480	9,7	22240 kbm grain

6-5-t-cranes, 2–60 t

460

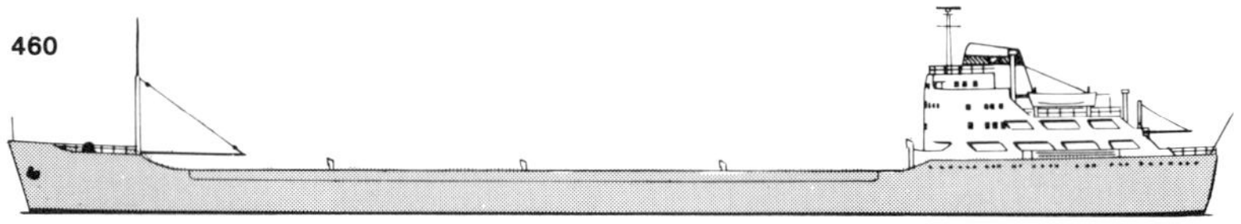

ms
Yartyevo ex *Adak*
Yampol *Avafors*
Yasinovatya *Anaris*
Yasnogorsk *Arvidsjaur*
Yavorov *Aurivaara*

1959 Götaverken, Göteborg

10629	149,4	14,5 kn
4647	19,5	6200 ihp
13000	8,4	602000 cft grain

461

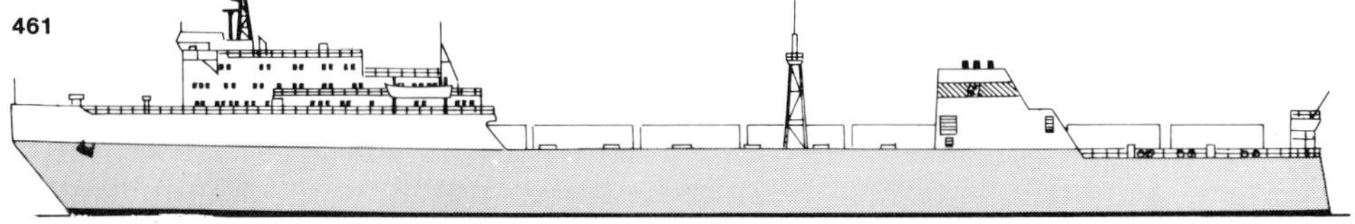

ms
+ 1

1978 »Uljanik«, Pula

	184,5	18,6 kn
	26	2 x 8800 hp
8750/12126	6,5/7,4	Eisenbahnfähre
		Iljitchevsk-Varna

462

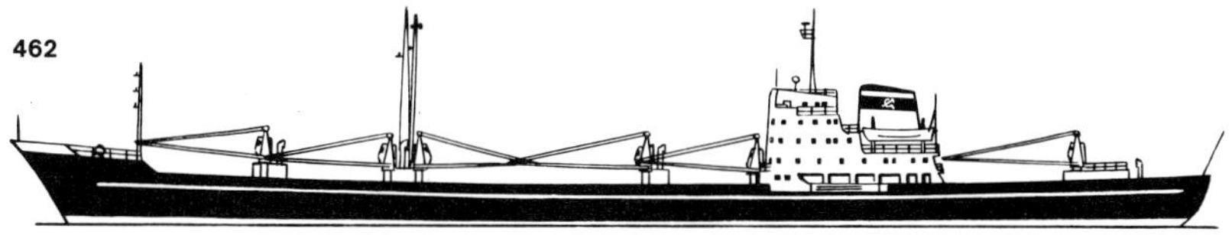

ms **Omsk**, **Okhotsk**, **Ola**, **Orekhov**, **Orenburg**, **Orsha**, **Ostrogozhsk**, **Otradnoe**

1961 Hitachi Shipb. + Eng. Co., Sakurajima

10825	154,8	17,5 kn
6191	21	12000 hp
14930	8,5	
	23,2 x 11 m	19809/21250 cbm

12-5-t-cranes, 1–60 t

(Die 5 letztgenannten Schiffe haben beiderseits des Mastes keine Kräne)

UDSSR

463

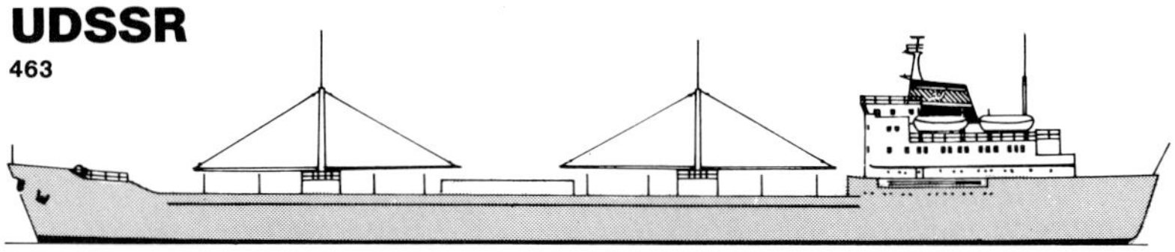

ms **Altaiskie Gory**
Kamchatskie Gory
Sakhalinskie Gory
Sayanskie Gory

1965 Lindholmens Varv, Göteborg
10873 153,5 17,5 kn
5906 20,5 8750 hp
9500 7,5 447000 cft R.

464

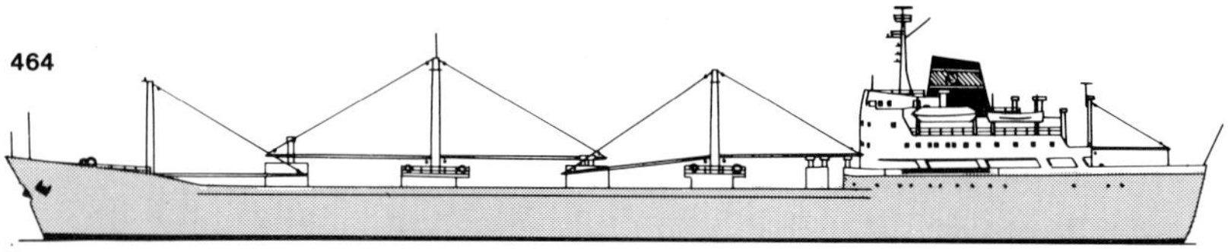

ms **Priboj** **Krymskie Gory**
Carl Linné **Leninskie Gory**
Khibinskie Gory **Uraljskie Goriy**

1964 Götaverken, Göteborg
10873 157 17,5 kn
5906 21,2 8750 shp
8650 7,4 451400 cft R.
16'4 x 13'9
10–5 t

465

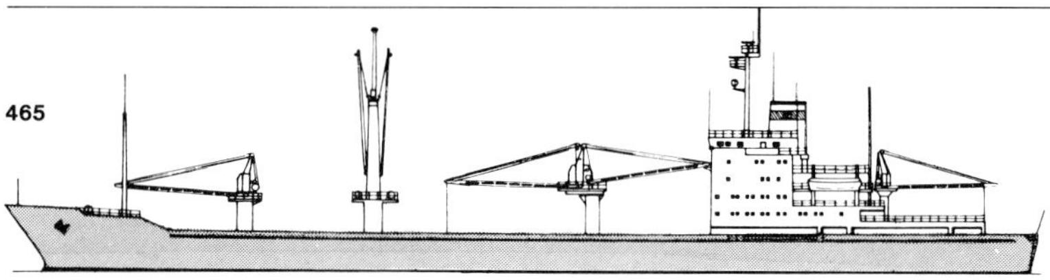

ms **Warnemünde** **Pavlovgrad** **Polessk** **Pskov** **+ 1**
Dekabrist **Pervomaysk** **Pravdinsk** **Putivl**
Palekh **Pestovo** **Primorsk** **Salvador Allende**
Pavlodar **Petrodvorets** **Privolye** **Walter Ulbricht**

1972 Warnowwerft, Warnemünde
10954 150,4 18,5 kn
5963 21,9 11200 hp
12347 9 18233/17037 cbm
25,08 x 8,10 m 587 cbm R.
3–8-t-cranes, 1–3,3-t-crane, 368 Container 20'
4–8 t, 1–60 t

466

Typ UL–ESC

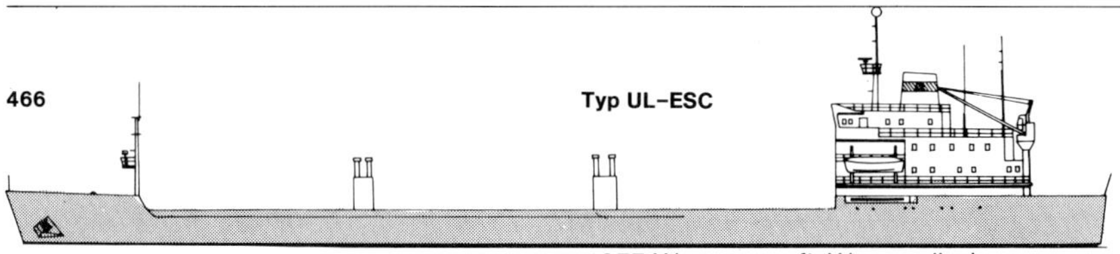

ms

1977 Warnowwerft, Warnemünde
162,1 14,5 kn
22,9 11200 hp
19590 9,9 26395/22422 cbm
442 Container 20'
Bulkcarrier für arktische Gewässer

467

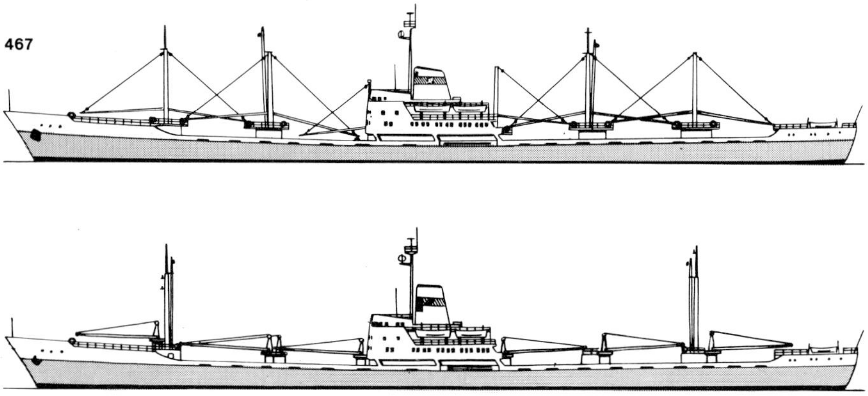

1964 Kherson-Werft, Kherson
11206 169,9 19 kn
6066 21,8 13000 shp
16235 9,7 12 P.
19800/25460 cbm
12–5-t-cranes, 2–60 t / 16–5 t, 4–10 t, 2–60 t
(new type) (old type)

ts **Akademik Shimansky** **Frederik Zholio Kyuri** **Krasny Oktyabr** **Metallurg Baikov**
Bratstvo **Khimik Zelinskij** **Kreml** **Metallurg Bardin**
Fizik Kurchatov **Khirurg Visknevskij** **Leninskiy Komsomol** **Metallurg Kurako**
Fizik Lebedev **Krasnaya Presnya** **Leninsky Pioner**
Fizik Vavilov **Krasnoe Znamya** **Metallurg Anosov**

gts **Parishkaja Kommuna** **Yuni Leninets**
Ravenstvo **Yurij Gagarin**
Svoboda
Transbalt
Valentina Tereshkova

468

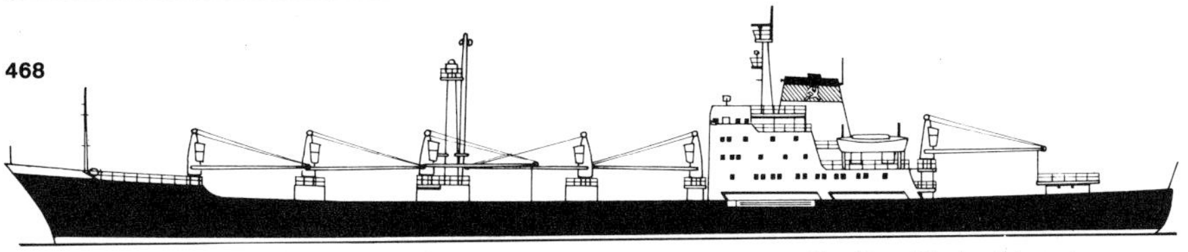

ms **Kapitan Kushnarenko**
Kapitan Alekseyev
Kapitan Anistratyenko
Kapitan Chirkov
Kapitan Dzhurashevich
Kapitan Georgiy Baglay
Kapitan Kadetskiy
Kapitan Kaminskiy
Kapitan Leontiy Borisenko
Kapitan Lev Solovyev
Kapitan Modest Ivanov
Kapitan Slipko
Kapitan Vasiliy Kulik

1967 Nosenko-Werft, Nikolaev
11670 169,6 19,2 kn
5922 21,8 14850 hp
16526 9,6
2–5-t-, 5–8-t-cranes, 1–60 t

469

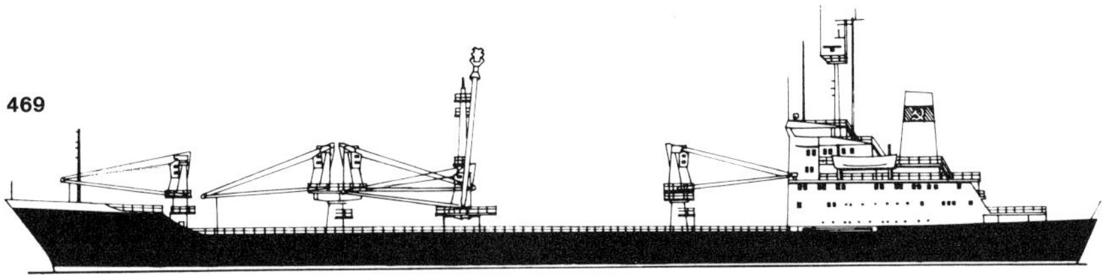

ms **Geroi Panfilovtsij**
Ivan Moskalenko
Nikolay Ananyev
Nikolay Maksimov
Petr Yemtsov
Vasilly Klochkov

1973 Kherson-Werft, Kherson
11762 162,3 18,2 kn
5931 22,2
13500 9,2

470

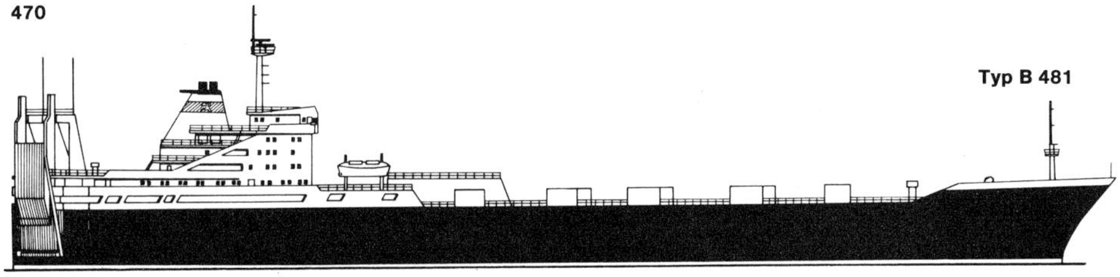

Typ B 481

ms **Skulptor Konenkov**
Skulptor Vuchetich
+ 3

1976 Stocznia Gdanska, Gdansk
12718 181,4 20,5 kn
5618 28,2 2 x 10400 bhp
17499 9,6 Ro-Ro
33150 cbm car room
644 cbm vegetable oil
772 Container 20'
230 Pkw

471

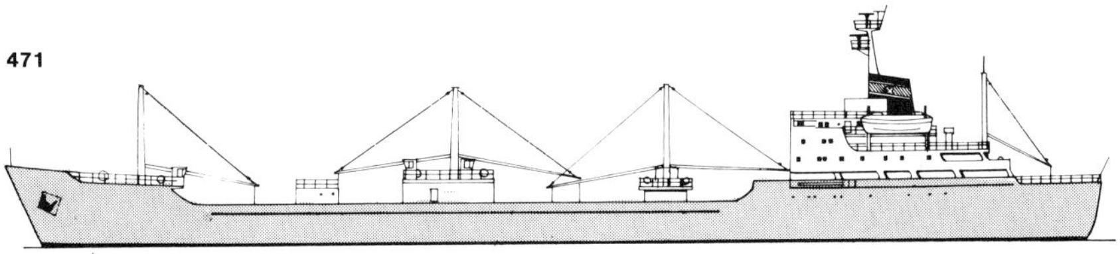

ms **Amursky Zaliv**
Botnicheskiy Zaliv
Dvinskij Zaliv
Finskij Zaliv
Kandalakshskiy Zaliv
Narvskiy Zaliv
Onezhskiy Zaliv
Rizhskiy Zaliv
Taganrogskiy Zaliv
Ussuriyskiy Zaliv

1970 Dubigeon-Normandie, Nantes
12891 164,6 17,5 kn
6872 22,2 11160 bhp
11816 8 Refrigerated fish transport

472

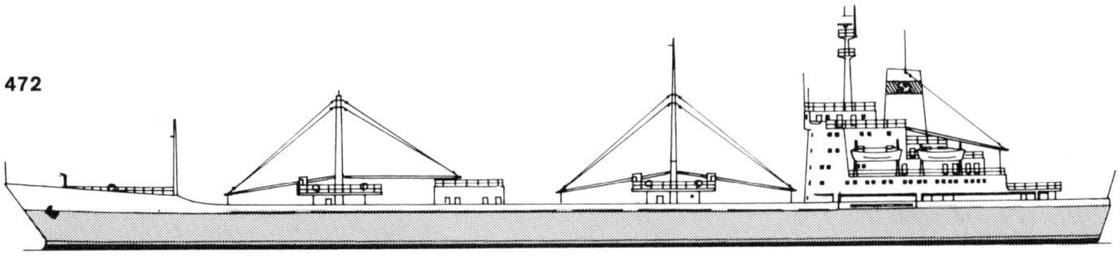

ms **50 Let SSSR**
Beringov Proliv
Proliv Laperuza

1973 »61 Kommunar«, Nikolaev
13083 172,1 19 kn
7044 23 11600 hp
11420 8,1 Fish-reefer
16200 cbm R.

473

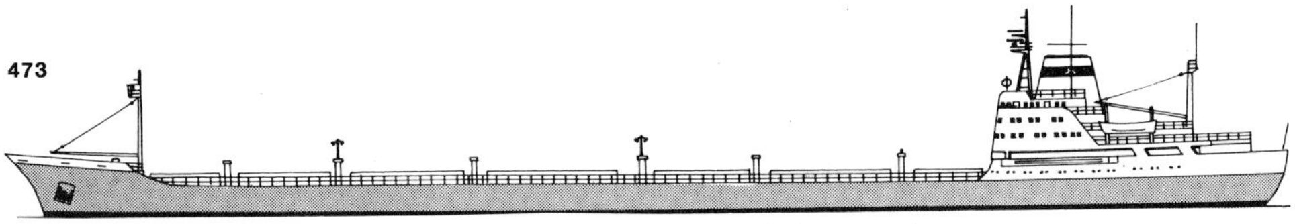

ms **Zvenigorod**
Zadonsk
Zakarpatye
Zaporozhye
Zarechensk
Zlatoust
Zorinsk

1967 Stocznia Gdynia, Gdynia
16043 187,2 15,5 kn
9250 23 9600 hp
22895 9,5 29730 cbm grain

UDSSR

474

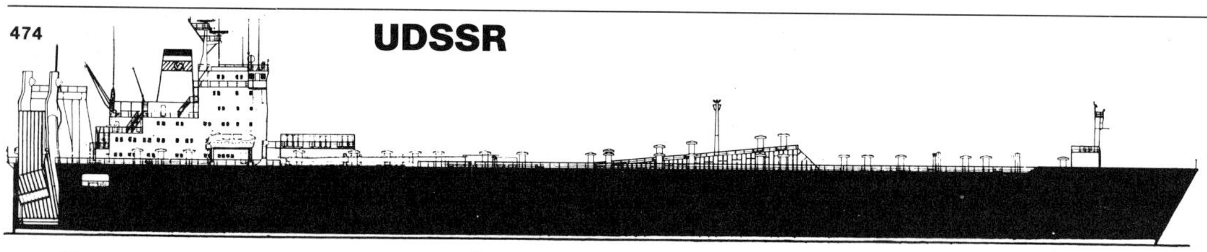

ms **Magnitogorsk**
Komsomolsk

1976 Valmet Oy., Helsinki

15709	206	22 kn	1368 TEU's
7612	31	2 x 13500 hp	oder 660 Container 20'
22690	9,7	54400 cbm	+ 343 Container 40'
			+ 242 cars
			+ 400 cbm deep tank capacity

475

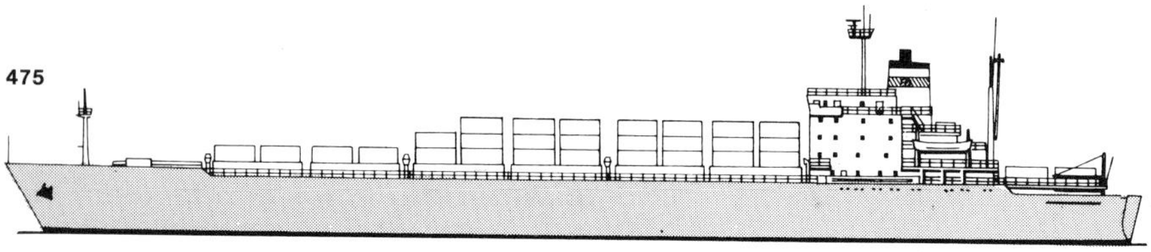

Typ „Merkur"

ms **Khudozhnik Saryan**
Khudozhnik Ioganson
Khudozhnik Zhukov

1975 Warnowwerft, Warnemünde

17834	169,7	20 kn
10017	25,4	17400 bhp
14720	9,2	729 containers 20'
		incl. 81 containers R.
		Nakhodka – Japan – US-NW-Coast

476

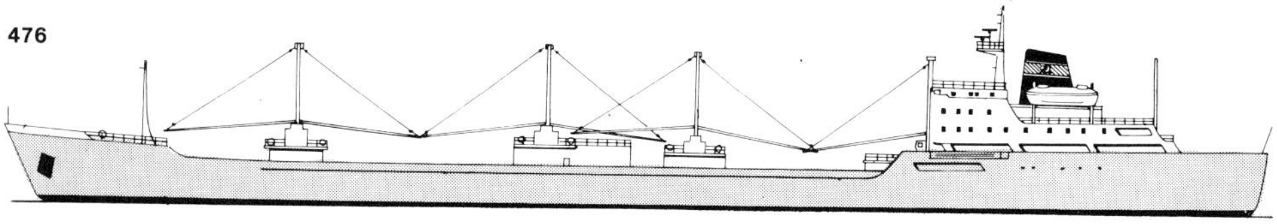

ms **Karskoe More**
Okhotskoye More

1971 Constr. Navales et Ind., La Seyne

18302	186,2	18,9 kn
9802	25	14850 hp
14951	7,7	

477

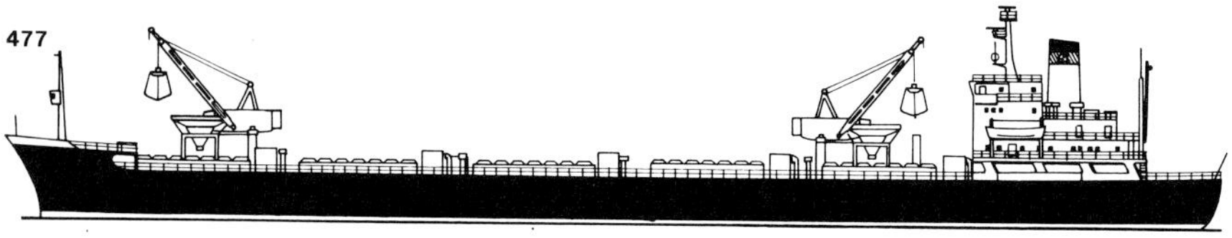

ms **Grigorij Aleksejev**
Pavel Rybin
+ 1

1974 Hitachi Zosen, Mukaishima

18398	169,4	14,4 kn
12679	24,6	8300 hp
23606	9,9	41170 cbm
	15,66 x 12,44 m	
	2–11,5-t-cranes	

478

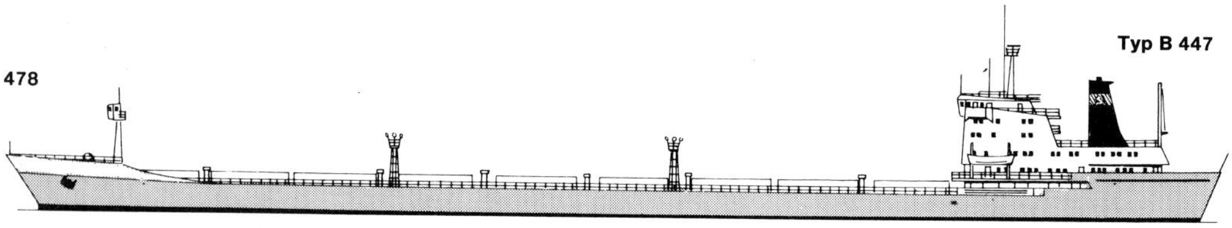

Typ B 447

ms **Mikha Tskhakaya**
Filip Makharadze
General Leselidze
Georgij Leonidze
Mikha Ushakaja
Niko Nokaladze

1972 Stocznia Szczecinska, Szczecin

20317	202,3	15 kn
12826	24,5	10500 hp
32404	10,7	

479

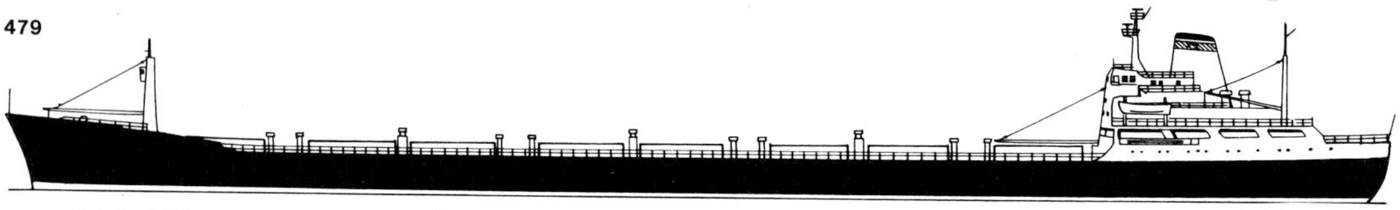

ms **Sovfrakht**
Sovinflot
ex *Saare Aarnio*
Anukka Aarnio

Brodogradiliste 3. Maj, Rijeka

26031	211,4	16 kn
15707	27,6	
44472	11,8	Bulk

480

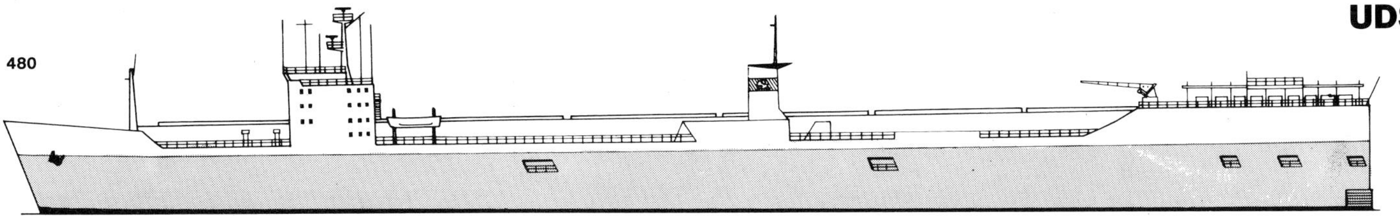

ms	**Juljus Fucik**	1978 Valmet Oy, Helsinki			
	Tibor Samueli		266,5	19 kn	
			35	36000 hp	
		36600	11	Lash-Carrier	**(Entwurfskizze)**

481

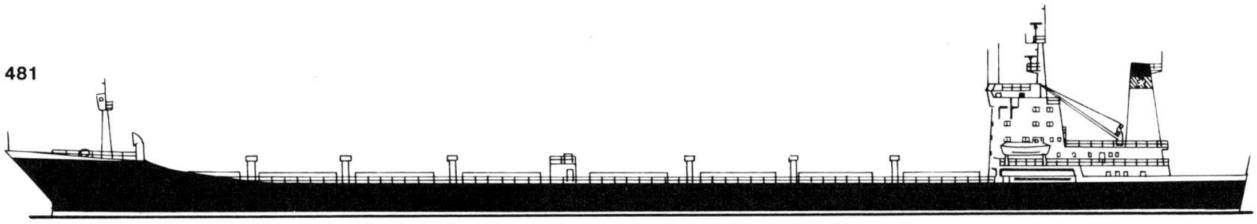

ms	**Zoya Kosmodemyanskaya**	**Izgutty Aytykov**	1972 »Okean«-Werft, Oktjabrskoje		
	Aleksandr Matrosov	**Parfentiy Grechanyy**	30070	214,2	15 kn
	Ion Soltys	**Unan Avetisjan**	18889	31,8	13700 hp
			50000	11,7	62900 cbm

482

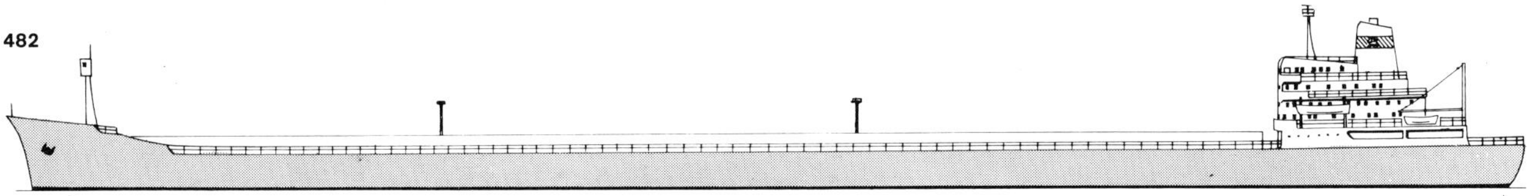

mt	**Yalta**	1966 Camell Laird & Co. Ltd., Birkenhead		
ex	*Berge Siglion*	40787	249,9	15 kn
		28727	31,7	17350 bhp
		72790	12,2	

483

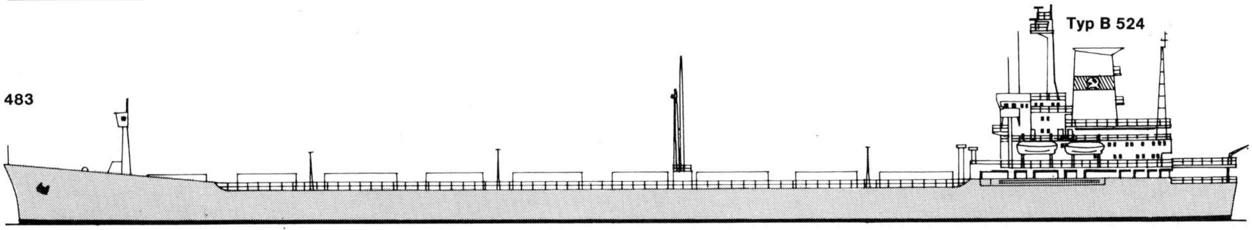

ms	**Marshal Budjonny**	1974 Stocznia Gdynia, Gdynia			
	Marshal Konev	59581	245,5	16 kn	
	Marshal Rokossovskij	40024	38,7	23200 hp	
		105000	16	OBO	14,4 x 18 m

Tankschiffe

484

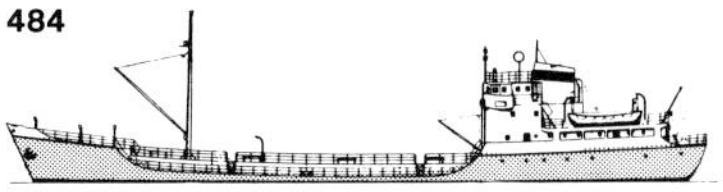

mt	**Irtish**	1951 Norrköpings Varv, Norrköping		
	Ishtim	1113	68,5	11,5 kn
	Kara-Dag	523	10,4	900 hp
	Sungari	1275	3,7	67250 cft
	Ukhta		2–0,5 t, 1–1,5 t	

485

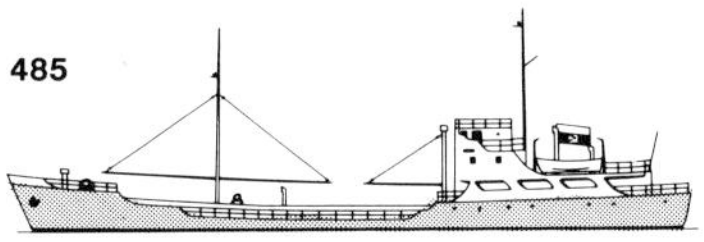

mt	**Orsk**	**Kartaly**	1953 Valmet OY., Abo		
	Asneft	**Kreking**	1117	66,9	10,5 kn
	Elban	**Novinsk**	524	10,0	
	Grozneft	**Urshum**	1060	4,0	

486

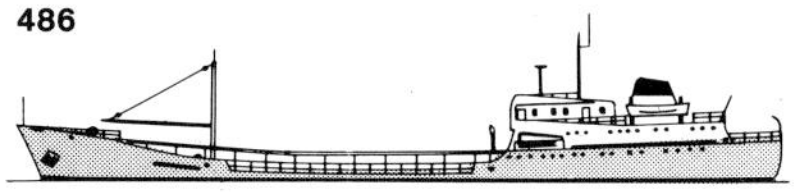

mt	**Ogre**	1962 Stocznia im. Komuny Paryskiej, Gdynia		
	Divnogorsk	1236	76	13 kn
	Jamsk	445	11,5	1500 bhp
	Ozernoje	1344	4,3	57000 cft
			1–1,5 t	

487

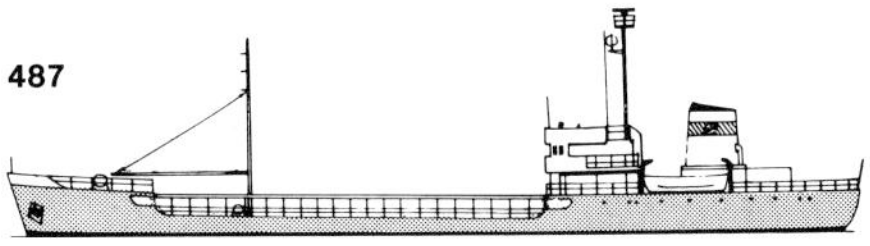

mt	**Abakan**	1966 Kertsh		
		1772	83,6	13,5 kn
		557	12,0	
		1660	4,6	

UDSSR

488

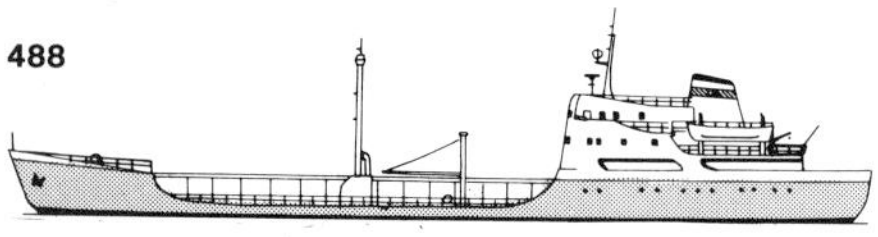

1964 Kertsh
1769 84 13 kn
559 12
1660 4,7

mt **Baskunshak**, **Akademik Mamadallev**, **Baladshary**, **Beloyarsk**, **Berezovneft**, **Borisoglebsk**, **Ekimchan**, **Eltigen**, **Evensk**, **Grozny**, **Icha**, **Imant Sudmalis**, **Karakumneft**, **Kareli**, **Kekur**, **Kerchenskij Kommunist**, **Khanka**, **Khrustalnij**, **Kripton**, **Kumbysh**, **Laspi**, **Nadezhda Kurchyenko**, **Narva**, **Narymneft**, **Neftegorsk**, **Nerchinsk**, **Nikopol**, **Niva**, **Noginsk**, **Noyik**, **Samtredia**, **Sevan**, **Siluet**, **Solnechnij**, **Sovetskij Pogranichnik**, **Stepanokert**, **Temruk**, **Ukhta**

489

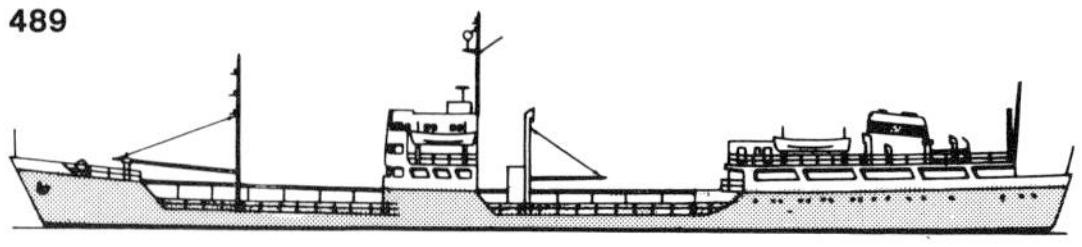

mt **Elgava**, **Tukums**

1961 Gävle Varv, Gefle
2887 104,9 14,2 kn
1406 14,8 2900 hp
4200 6,1 5439 cbm

490

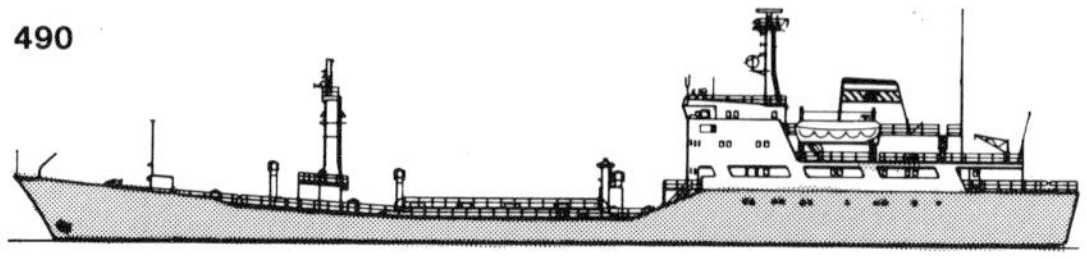

mt **Aliot**, **Polluks**, **Protsion**

1970 Rauma-Repola, Rauma
3115 93,9 14 kn
1123 15,4
3320 6,5 2500 cbm
Chemikalien-Tanker
2) und 3) Wein-Tanker

491

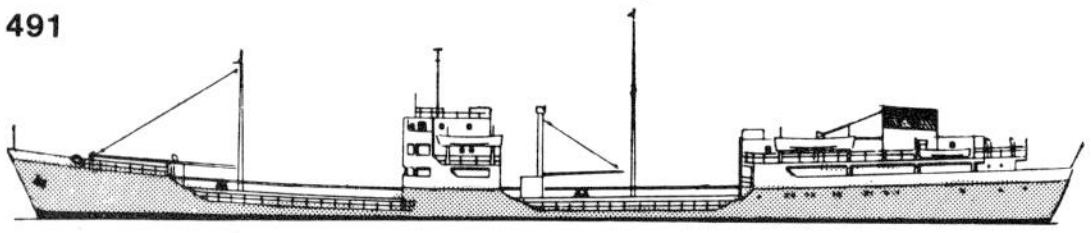

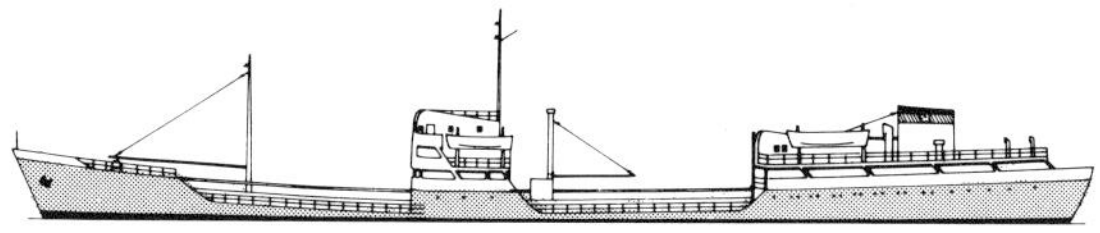

mt **Abagur**, **Abakan**, **Abrene**, **Aksaj**, **Aktash**, **Alagir**, **Alekseyevka**, **Alekseyevsk**, **Aleksin**, **Aleysk**, **Aluksne**, **Ambartshik**, **Amursk**, **Anapa**, **Anapka**, **Aniva**, **Ape**, **Apsheronsk**, **Araks**, **Ardatov**, **Argon**, **Artem**, **Artsyz**, **Balta**, **Darnitsa**, **Erebus**, **Evensk**, **Iman**, **Inkerman**, **Jugla**, **Kokand**, **Komsomolets Primorja**, **Ljubertsy**, **Lokbatan**, **Mozyr**, **Pevek**, **Pirjatin**, **Radij**, **Rion**, **Sinegorsk**, **Ventspils**, **Vilyuysk**

1962 Rauma-Repola, Rauma
3142 105,1 13,5 kn
1544 14,8 2900 bhp
4400 6,2 5400 cbm

492

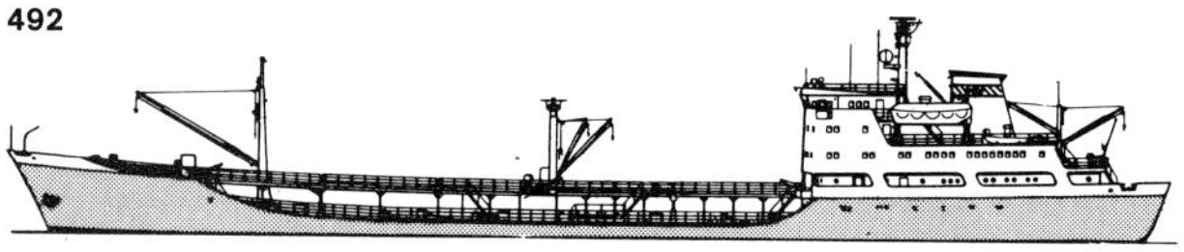

mt **Abava**, **Adigeni**, **Ajan**, **Ajhals**, **Akhaltsikhe**, **Aktau**, **Aktjubinsk**, **Altai**, **Amgun**, **Anakliya**, **Antares**, **Anyuy**, **Ararat**, **Aspindza**, **Auseklis**, **Autse**, **Aykhal**, **Aynazhi**, **Ayon**, **Biryusa**, **Debretsen**, **Einja**, **Ilim**, **Izhora**, **Khersones**, **Kola**, **Neftegorsk**, **Neftekamsk**, **Omsk**, **Prut**, **Rauma**, **Rumbula**, **Sakhalinneft**, **Sibirneft**, **Surgutneft**, **Tarkhankut**, **Tyumenjneft**, **Volfram**, **Yugansk**, **Zhalgiris**, **Zugdidi**

1971 Rauma-Repola Oy, Rauma
3468 106,1 14 kn
1607 15,5
4992 6,7

493

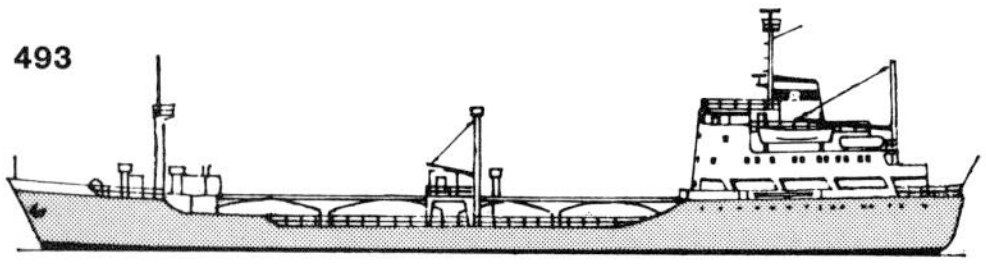

gmt **Kegums**, **Kraslava**

1965 Mitsubishi Shipb. + Eng. Co., Hiroshima
3476 96,5 14,4 kn
1517 15 2400 hp
2415 5 2080 cbm gas
Liquified gas tanker

494

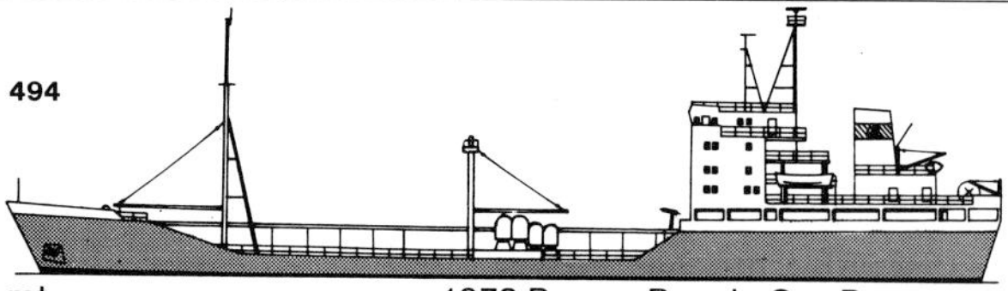

mt + 9

1978 Rauma-Repola Oy., Rauma
112 14 kn
17 3500 hp
5000 5750 cbm
Versorgungstanker für Fischereifahrzeuge

495

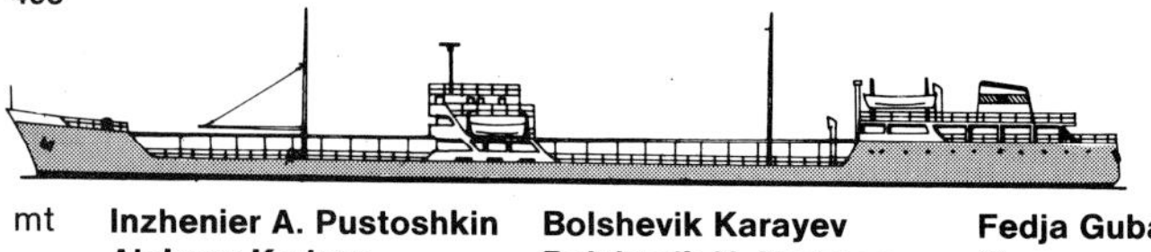

1957 Georgi Dimitrov, Varna
3821 123,5 10,5 kn
2002 16 1600 hp
4000 4 Kaspisches Meer

mt **Inzhenier A. Pustoshkin**, **Aleksey Krylow**, **Alesha Dzhaparidze**, **Alma Ata**, **Amangeldy Imanov**, **Bolshevik B. Sardarov**, **Bolshevik Karayev**, **Bolshevik N. Narimanov**, **Buzovny**, **Dzhebrail**, **Dzhorot**, **Emba**, **Fedja Gubanov**, **Gyurgyan**, **Inzhenier P. Matveyev**, **Ivan Zemnukhov**, **Karakum Kanal**, **Kirovabad**, **Liza Chaykina**, **Ljubov Shevtsova**, **Mangyshiak**, **Mardakyany**, **Mashtagi**, **Nakhichevan**, **Nebit Dag**, **Neftechala**, **Nurek**, **Oleg Soshevov**, **Port-Ilyich**, **Pamyat 26 Komissarov**, **Sabunchi**, **Samed Vurgun**, **Sergey Tyulenin**, **Shaumyan**, **Shirvanneft**, **Surakhanij**, **Turkmenneft**, **Udzhary**, **Uliana Gromova**

496

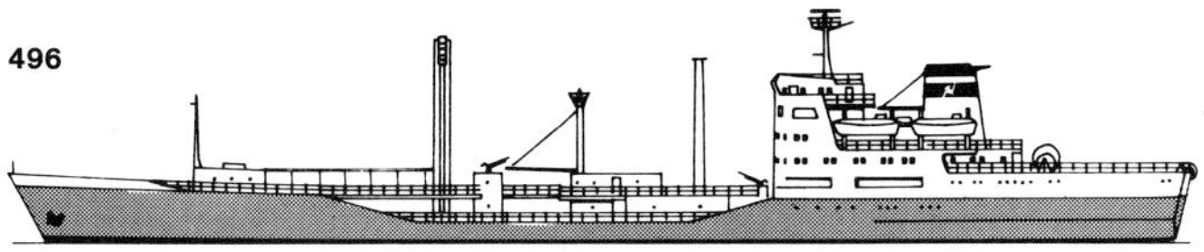

mt **Dubna**
Irkut

1974 Rauma-Repola Oy., Rauma
6022 130 16 kn
2991 6000 bhp
6799 7,2 Refuelling tanker for fishing fleets

497

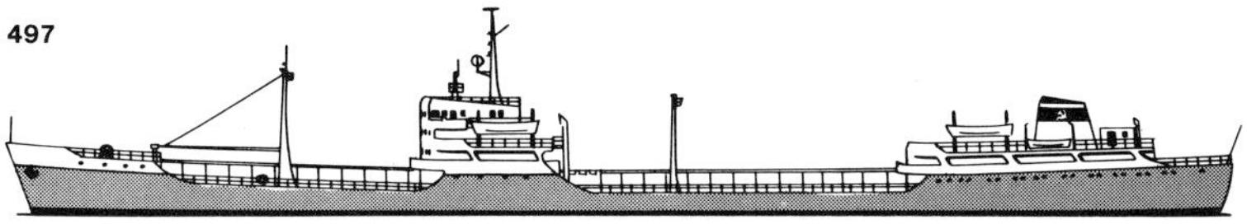

mt **Yegoryevsk**, **Elbrus**, **Izyastav**, **Kakhovka**, **Kremenstchug**, **Liepaja**, **Moskalvo**, **Rava Russkaya**, **Rovno**, **Sumy**, **Tbilisi**, **Veluja**, **Yelna**, **Yelsk**, **Yessentuki**

1959 Kherson-Werft, Kherson
7562 145,5 13,3 kn
3919 19,2
11543 8,4

498

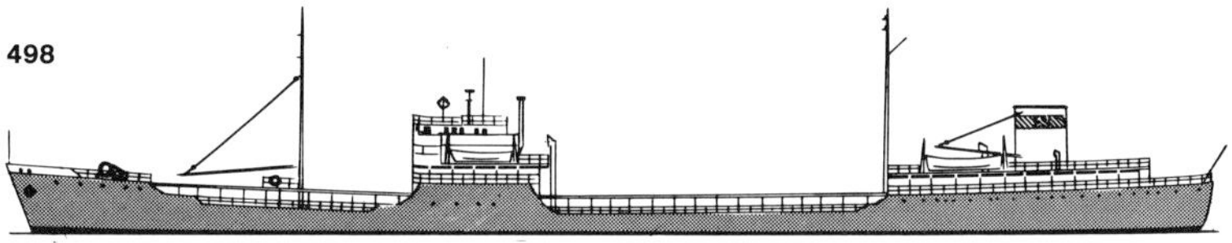

1957 States Shipyard No. 105, Leningrad
8229 145,5 13,3 kn
3942 19,2 4000 hp
11430 8,5 14260 cbm

mt **Angara**, **Ashkhabad**, **Belgorod**, **Bugulma**, **Buguruslan**, **Cheboksary**, **Chernovski**, **Chkalov**, **Dzerzhinsk**, **Friedrich Engels**, **Frunze**, **Gelendzhik**, **Gorki**, **Grigorij Vakulenchuk**, **Grodno**, **Grozny**, **Ivanovo**, **Karl Marx**, **Kaunas**, **Kazbek**, **Kerch**, **Khakhovka**, **Kherson**, **Kirov**, **Klaipeda**, **Komsomol**, **Komsomolets Ukrainy**, **Kostroma**, **Krasnovodsk**, **Kursk**, **Leningrad**, **Leninsk**, **Makhachkala**, **Maykop**, **Molodechno**, **Moskovsky Festival**, **Ochakov**, **Penza**, **Petr Shirshov**, **Poti**, **Rostov**, **Samarkand**, **Shdanov**, **Shitomir**, **Slavgorod**, **Sverdiovsk**, **Tallinn**, **Ushgorod**, **Vinnitsa**, **Vladimir**, **Volgo-Don**

499

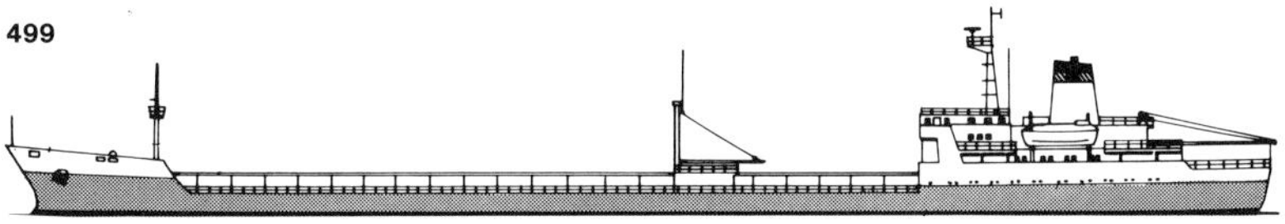

mt **General Aslanov**, **Kafur Mamedov**, **Mangyshlak**, **Nikifor Rogov**, **Rukhulla Akhundov**

1974 Astrakhan-Werft, Astrakhan
8353 150 13,3 kn
3849 17,4
12334 8

500

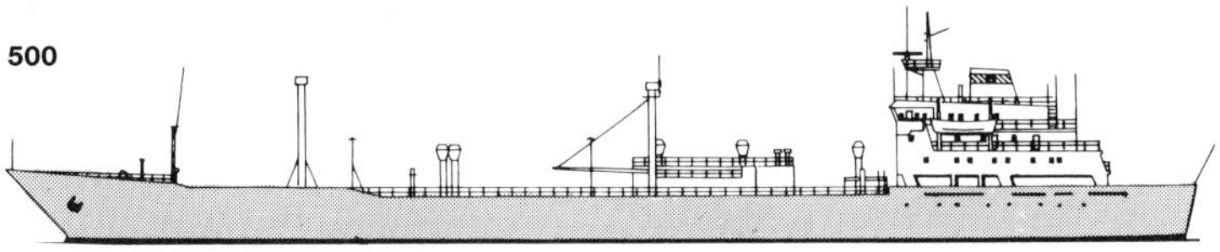

mt **Yurmala**, **Bolduri**, **Dubulty**, **Dzintari**, **Lielupe**, **Mayori**

1976 Jos. L. Meyer, Papenburg
9060 139,7 16,3 kn
5482 20,5 8940 hp
9550 8,2 12000 cbm
LPG-Tanker

501

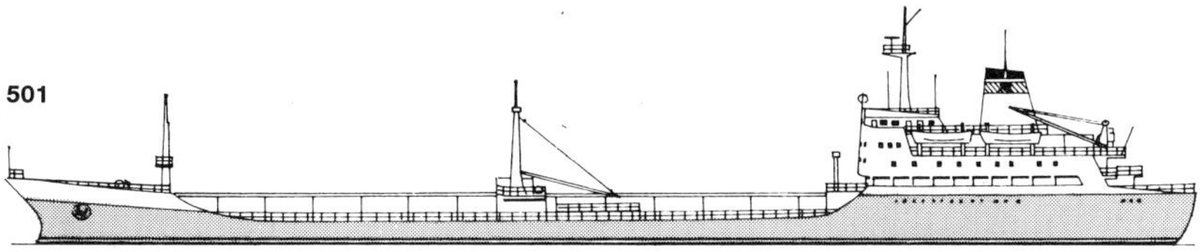

1969 Baltic Shipb. & Eng. Works, Leningrad
10998 162,3 16,5 kn
5644 21,4 9000 hp
16540 8,9 21000 cbm

mt **Velikiy Oktyabr**, **Eyzhen Berg**, **Fridrikh Tsander**, **General Bagratsion**, **Kerch**, **Konstantin Tsiolkovskiy**, **Nadezhda Krupskaja**, **Nadym**, **Nikolay Sipyagin**, **Petr Stuchka**, **Petr Yemtsov**, **Pobeda Oktjabrja**, **Tsezar Kunikov**, **Zakhariy Poliashvili**

(Einige Schiffe dieses Typs fahren als Flottenversorger – bei ihnen ist das Ladegeschirr erheblich umfangreicher)

UDSSR

502

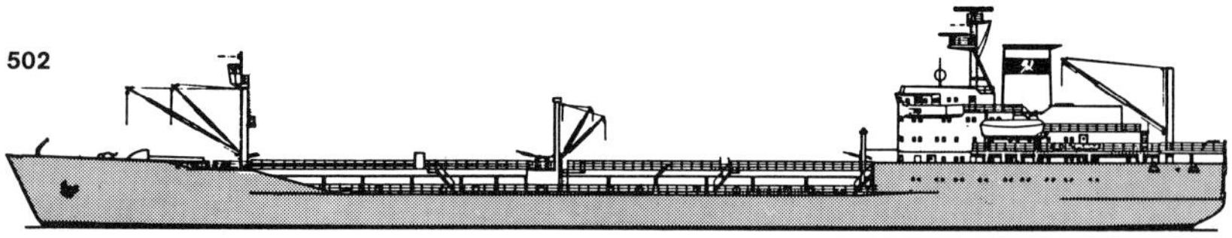

mt	**Samotlor**	1975 Rauma-Repola Oy, Rauma		
	Samburg	12196	160,0	16,3 kn
	Urengoj	6639	23,1	11600 hp
	Usinsk	17200	8,5	(Polar tanker)
	+ 2			

503

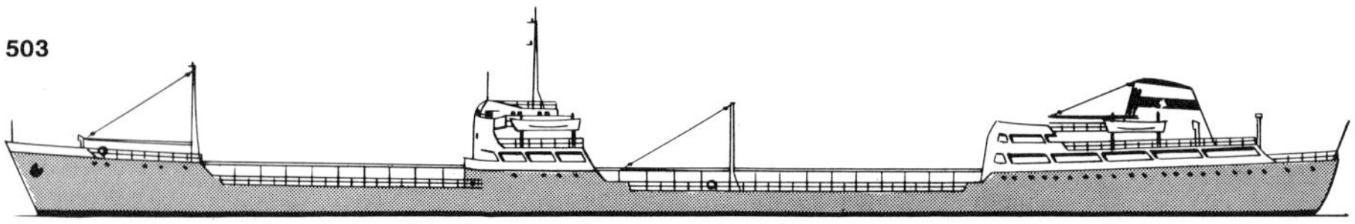

mt	**Balaklava**	**Prejli**	1962 Stocznia Gdanska, Gdansk		
	Baldone	**Riga**	12588	176,9	16 kn
	Balvi	**Talsy**	6642	21,8	9100 bhp
	Bauska	**Tsesis**	19088	8,9	847500 cft
	Limbazhi	**Valmiera**			
	Piyavinyas				

504

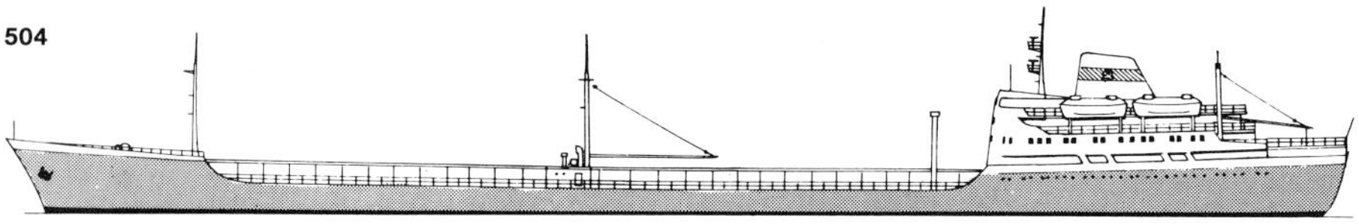

mt	**Internatsional**	**Pamyat Lenina**	1968 Stocznia Gdynia, Gdynia		
	Druzhba Narodov	**Petr Stuchka**	14164	177,3	16,7 kn
	Iskra	**Proletarskaja Pobeda**	8462	22,4	9600 hp
	Leninskoye Znamja	**Zavety Iljicha**	18400	9,4	27776 cbm
	Nakhodka				

505

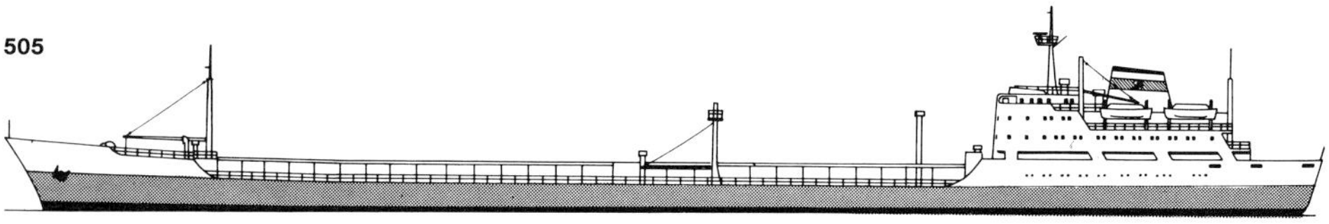

1967 Brodogradiliste, Split		
15090	186	17,5 kn
8154	23,5	12000 hp
22632	9,8	

mt	**Borzhomi**	**General Karbishev**	**Grigori Achkanov**	**Nikoloz Baratashvill**	**Rezekne**
	Daugavpils	**General Kravtsov**	**Marshal Birjuzow**	**Oleko Dundich**	**Rijeka**
	Dmitri Zhloba	**General Shkodunovich**	**Mitrofan Sedin**	**Pavel Dybenko**	**Split**
	Epifan Kovtshuk	**General Zhdanov**	**Mos Shovgenov**	**Petr Alekseev**	**Stepan Vostretsov**
	General Bocharov	**Gori**	**Nikolay Podvoyskiy**	**Pyatidesyatiletiye Sovetskoy Gruzij**	**Vasiliy Porik**

506

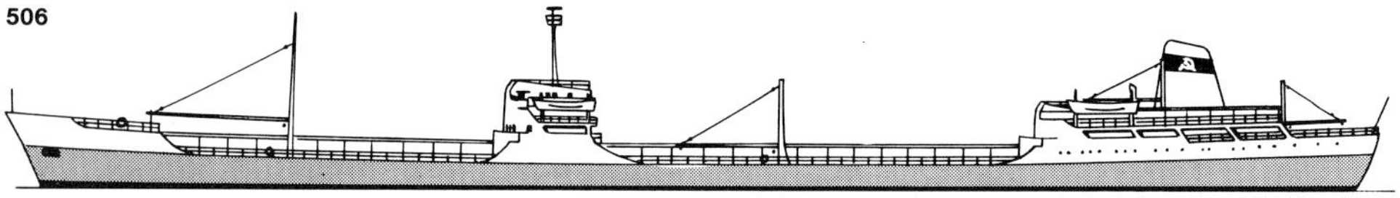

mt	**Gurzuf**	1961 Nederlandsche Dok & Scheepsb. My., Den Haag		
	Adler	15863	188,9	15,8 kn
ex	*Delian Spirit (II)*	8583	23,3	9400 hp
	Delian Spirit (I)	25350	10	1204668 cft

507

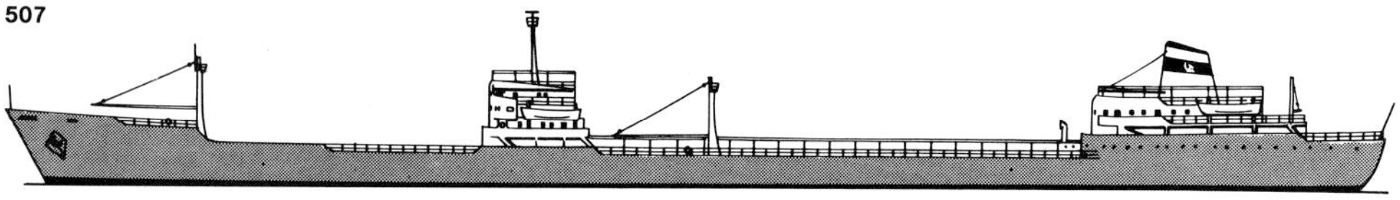

tt	**Trud**	1961 Brodogradiliste 3. Maj, Rijeka		
ex	*Fraternity*	17861	192,1	17 kn
		10467	25	12500 hp
		26869	9,8	35570 cbm

508

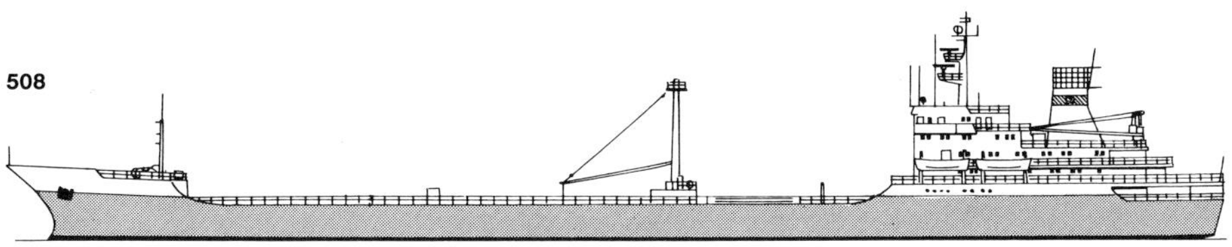

mt	**Nakhodka**	1977 UdSSR-Werft		
			178,5	15 kn
			25,3	10600 hp
		25000/27500	9,7/10,4	

509

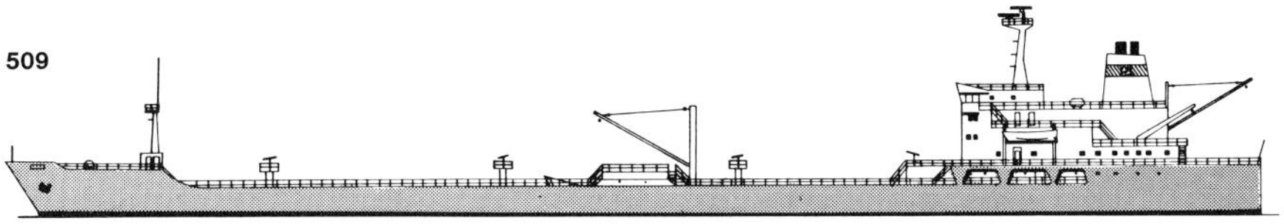

mt	**Apsheron**	1976 Swan Maritime Shipb., Walker o. T.		
	Godermes	19615	170,8	15,5 kn
	Groznij	11036	25,8	12000 bhp
	Maykop	32039	11,3	product carriers
	Makhachkala			

510

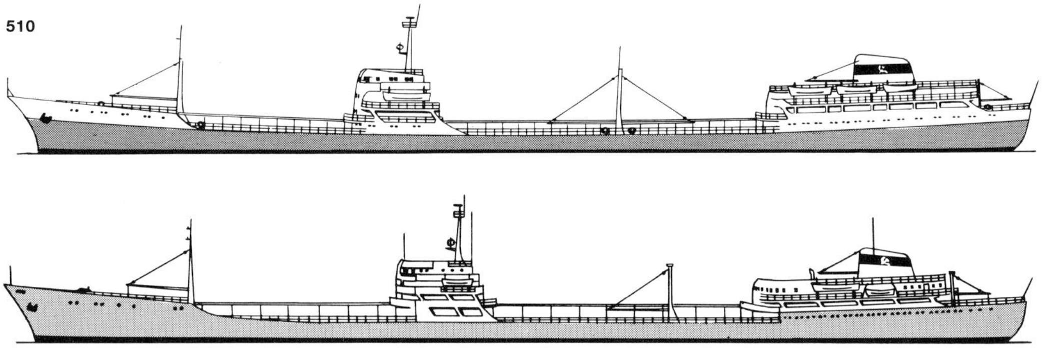

tt	**Pekin**	**Praha**	1959 Baltic Shipb. & Eng. Works, Leningrad		
	Belgorod	**Ulan Bator**	20296	202,8	18 kn
	Bucharest	**Varshava**	11534	25,8	19000 shp
	Budapest		30460	10,7	
	Phenian				

511

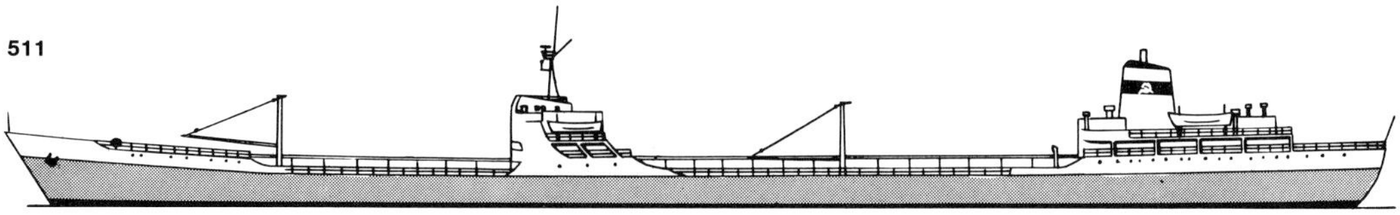

tt	**Giuseppe Garibaldi**	1961 Ansaldo S.A., Genova		
ex	*Maria Adelaide*	20659	203,1	15,5 kn
		12700	26,3	
		31500	10,5	

512

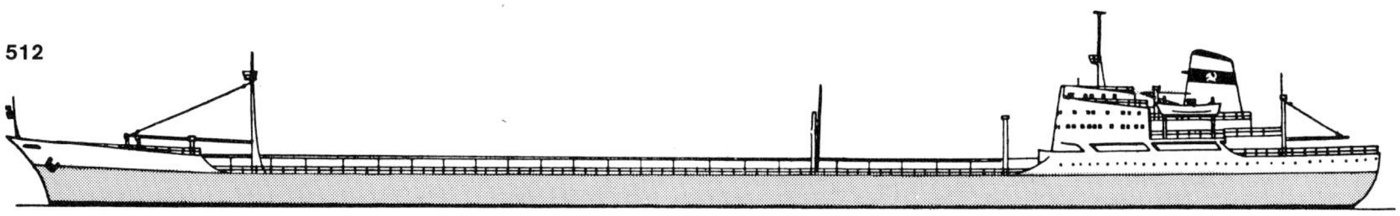

mt	**Lisichansk**	**Livny**	1962 Ishikawajima-Harima, Tokio		
	Lebedin	**Ljubotin**	22463	207	17 kn
	Lenkoran	**Lugansk**	12607	27	18000 bhp
			36650	10,7	47450 cbm

UDSSR

513

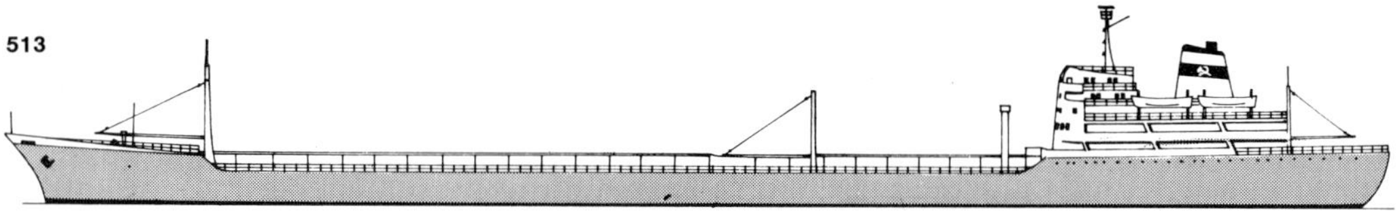

mt	**Likhoslavl**	**Ljublino**	1963 Mitsubishi Shipb. & Eng. Co., Hiroshima		
	Lenino	**Lubny**	22920	207	17 kn
	Ljubertsy	**Lukhovitsy**	13236	27	18000 bhp
			35000	10,7	47588 cbm

514

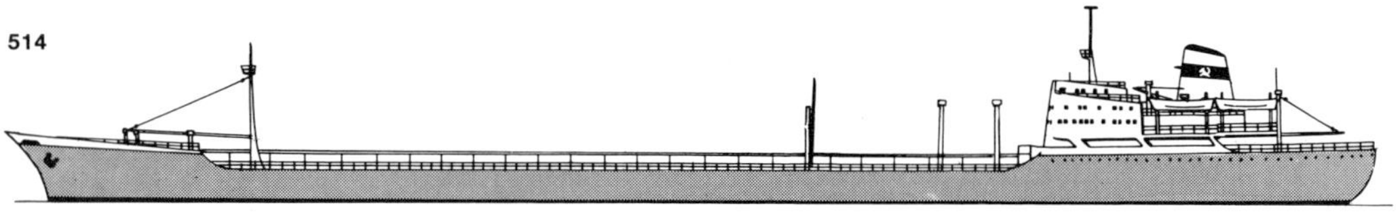

mt	**Lozovaya**	**Novorossiskiy Partizan**	1963 Ishikawajima-Harima, Aioi		
	Leninabad		23138	207	17 kn
	Leninakan		14589	27	18000 hp
	Ljudinovo		35000	10,7	47590 cbm
	Lutsk				

515

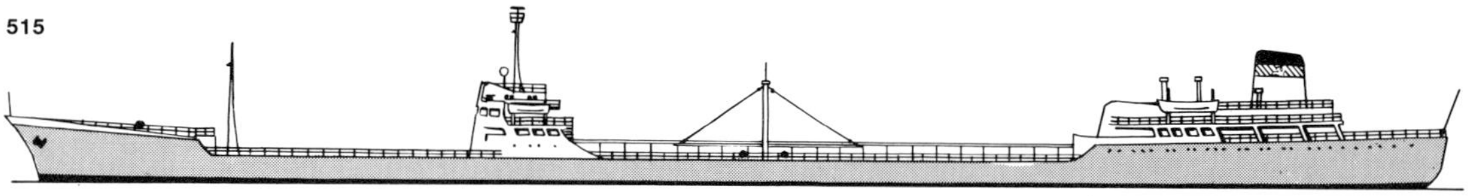

tt	**Mir**	1960 Harima Zosensho KK., Aioi	
ex	*Kate N.L.*	25037	214
		16302	28,3
		39200	10,9

516

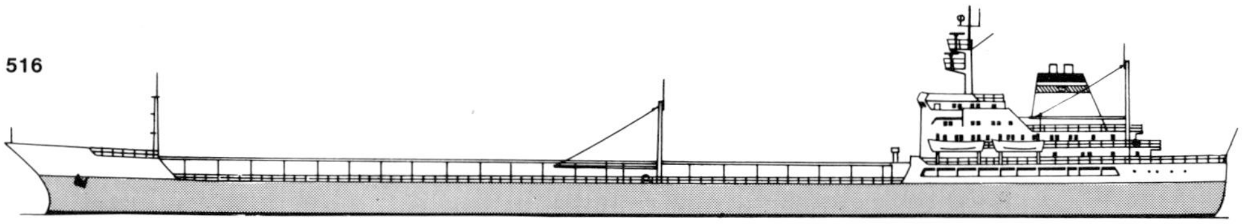

mt	**Pablo Neruda**	1976 »3. Maj«, Rijeka		
	David Sikeiro	27693	195	17 kn
	Jacques Duclos	12453	28	17400 bhp
	Viktorio Codovilla	40030	12,2	
	Zhak Dynklo			

517

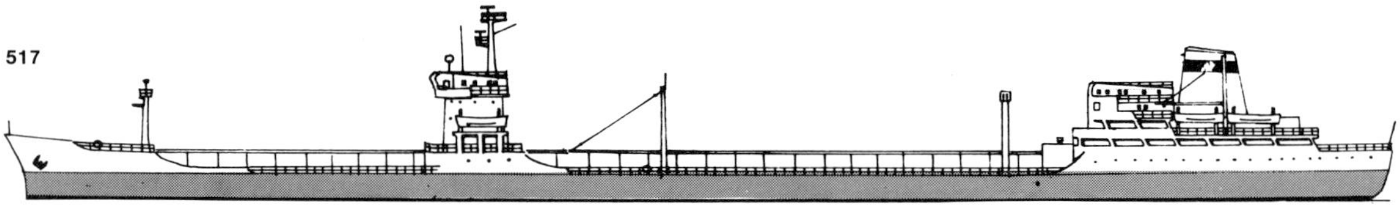

mt	**Leonardo da Vinci**	**Giordano Bruno**	1963 Ansaldo S.A., Genova		
	Fedor Poletaew	**Giuseppe Verdi**	31295	227,9	17,4 kn
		Raphael	18948	31,0	19000 hp
			49000	11,8	2069166 cft

518

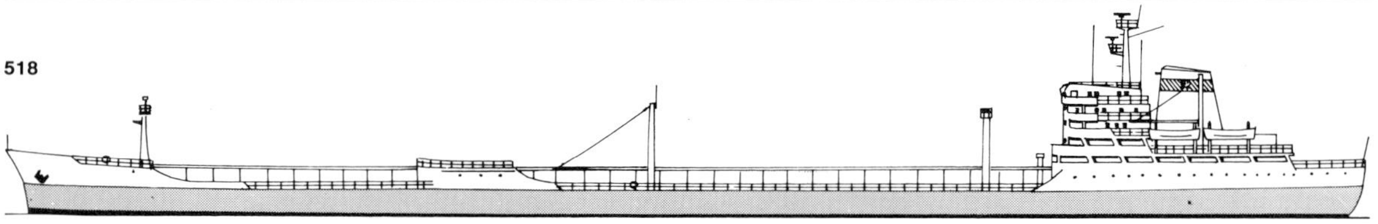

mt	**Galileo Galilei**	1964 Ansaldo S.A., Genova		
		30269	227,9	17,4 kn
		15260	31,0	19000 hp
		49000	11,8	2069166 cft

519

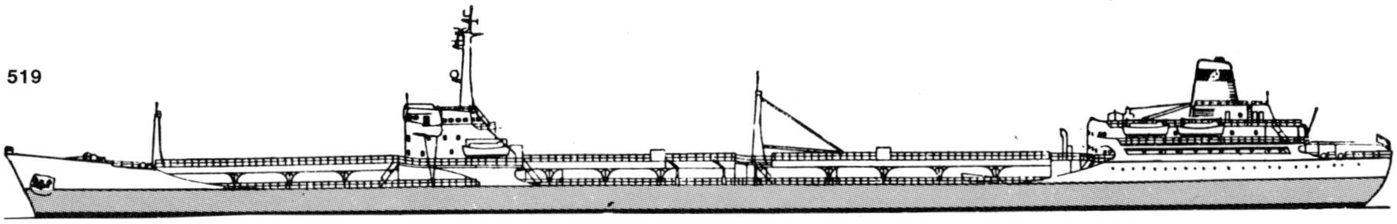

tt	**Sofia**	**Burgas**	**Geroi Bresta**	**Maurice Thorez**	**Richard Sorge**	1963 Admiraltejskij-Werft, Leningrad		
	Akhtuba	**Dresden**	**Habana**	**Mekhanik Afanasyev**	**Varna**	31817	230,5	17 kn
	Belgrad	**Gdansk**	**Khulio Antonio Melya**	**Otto Grotewohl**		15518	31	19000 shp
	Borodino	**Gdynia**	**Komsomolets Kubani**	**Palmiro Togliatti**		50760	11,5	2185000 cft
	Bratislava	**George Gheorghiu-Dej**	**Komsomolets Leningrada**	**Pyatidesyatiletiye Oktyabrya**				

520

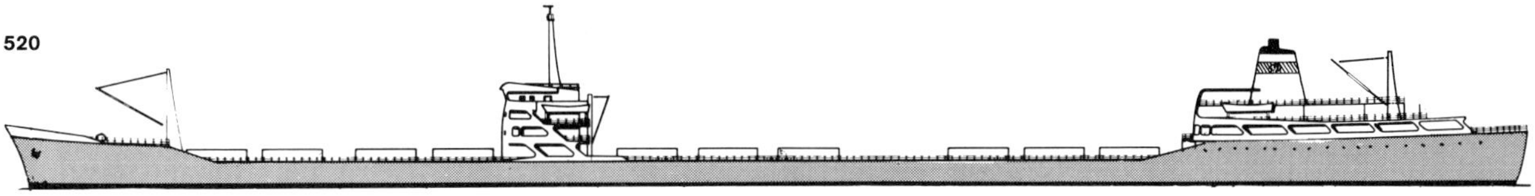

mt	**Azov**	1964 At. & Ch. de Dunkerque, Bordeaux		
ex	*Soya-Baltic*	37792	240,2	16,6 kn
		26267	32,9	18200 hp
		63320	12,5	2400817 cft oil
				or 893041 cft ore

521

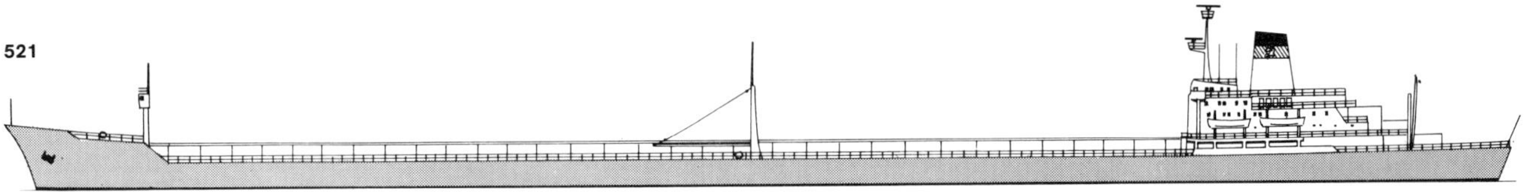

mt	**Adygeya**	1966 Uddevallavarvet, Uddevalla		
ex	*Taurus*	51295	255,9	16 kn
		34786	38,9	23000 hp
		93520	14,0	4177040 cft

tt	**Krym**	1974 Novorossijsk		
	Kavkaz	88692	295	17 kn
	Kuban	67543	44,8	30000 hp
	Kuzbass	150498	17	
	+ 2			

522

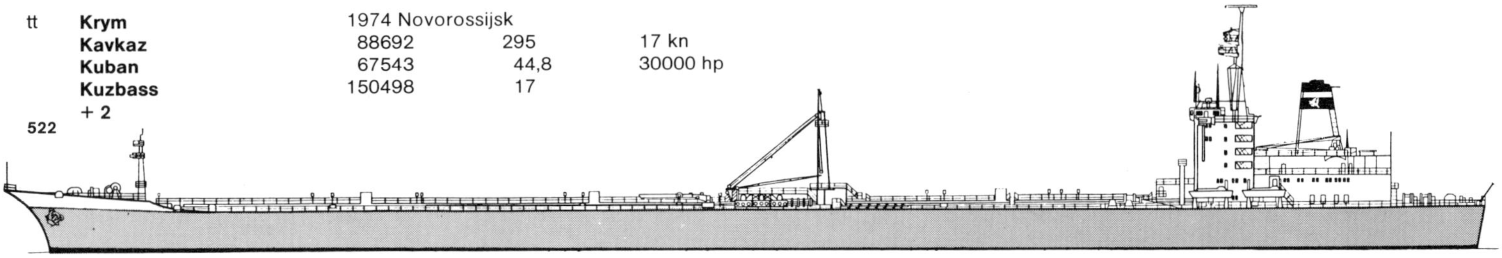

Passagier- und Fährschiffe mit Passagier-Einrichtungen

523

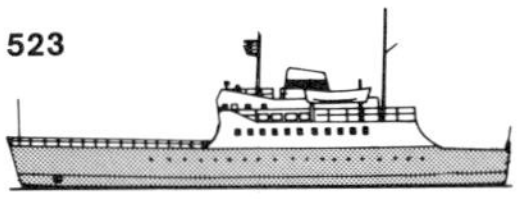

ms	**Bosfor Vostochnij**			
	Cyprus			
	1974 Rigaer Schiffsrep.-Werft, Riga			
	922	54,9	11,5 kn	
	257	10	2 x 300 hp	
	345	2,5	Ostsee	

524

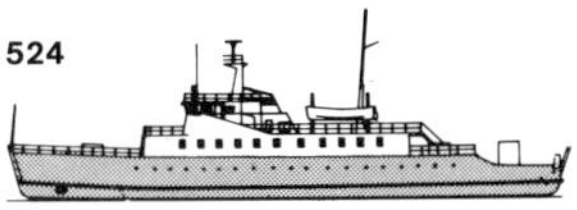

des	**A.I. Korobizyn**	1968 Shdanow-Werft, Leningrad		
	+ 1		55,2	14 kn
			11,3	3000 hp
			4,6	12 Lkw
				300 P.

525

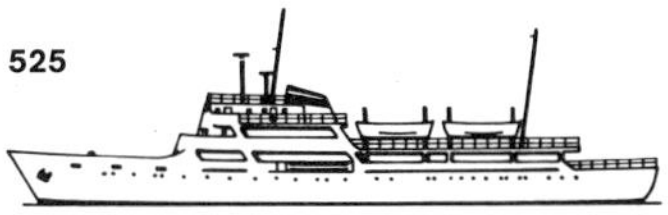

ms	**Ayu-Dag**	**Aytodor**	1961 G. Dimitrov, Varna		
	Abrau-Dyurso	**Guriev**	1002	63	13 kn
	Adzhigol	**Kara-Dag**	392	9,3	
	Alupka	**Pitzunda**	175	3	
	Alushta	**Sarich**			
	Ay-Petri	**Solovki**			

526

ms	**Kamensk**	1970 G. Dimitrov, Varna		
	Kanin	1122	68,1	14 kn
	Yushar	302	10,1	1200 hp
		220	3,4	94 P.

UDSSR

527

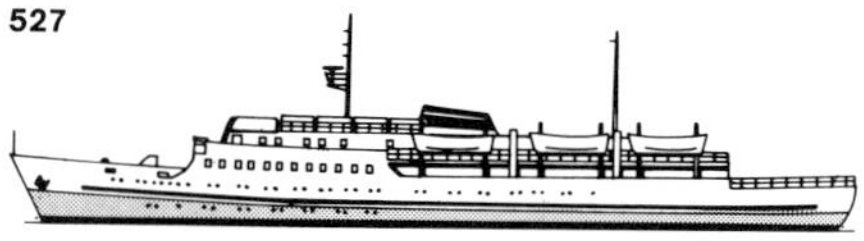

ms	**Baba-Zade**	1963 Volgograd-Werft, Wolgograd		
	Volgograd	2335	82,4	16 kn
		835	13,9	Kaspisches Meer
		275	3,5	P.

528

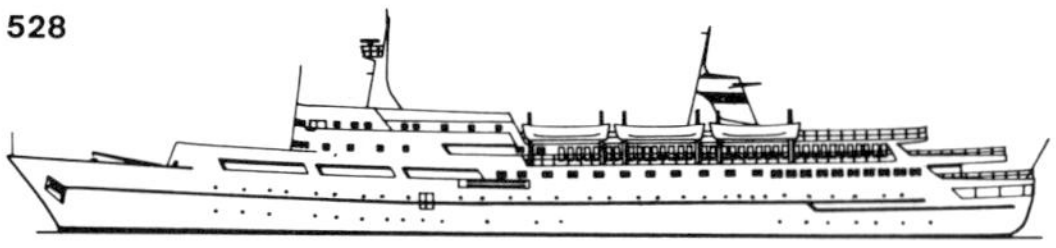

ms	**Osẹtiya**	1963 A. Shdanov, Leningrad		
		3219	101,5	14,5 kn
		1322	14,6	
		680	3,8	237 Pass.

529

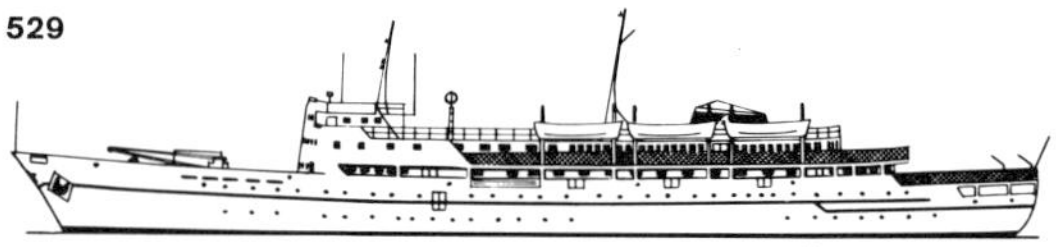

ms	**Tallinn**	**Moldavija**	1960 A. Shdanov, Leningrad		
	Afghanistan	**Tadjikistan**	3290	101,5	14,5 kn
	Bukovina	**Tatariya**	1256	14,6	4000 bhp
	Kirgizstan	**Usbekistan**	682	3,8	250 P.
	Kolkhida				

530

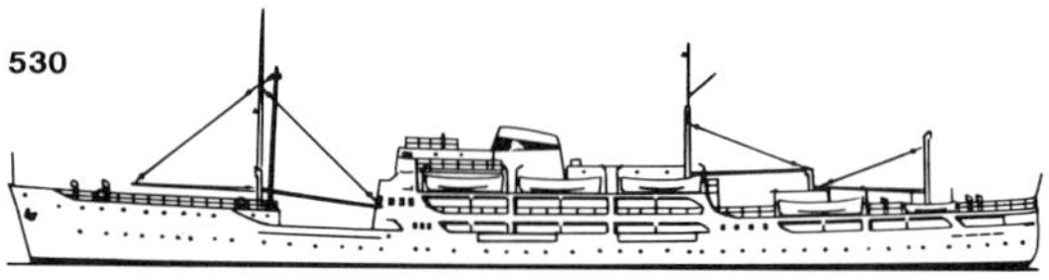

ms	**Norilsk**	1951 Cantieri del Mediterraneo, Pietra Ligure		
	Tobolsk	3498	101,8	15,5 kn
		2523	14,3	3000 bhp
		1885	5,5	346 P
				Far East

531

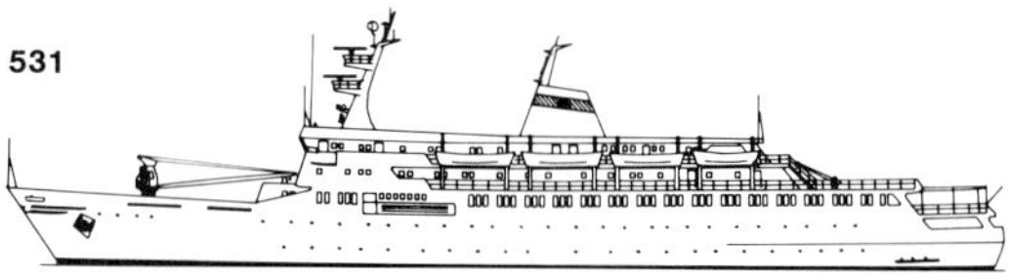

ms	**Alla Tarasova**	1975 Brodogradiliste Titovo, Kraljevica		
	Ljubov Orlova	3941	100	17 kn
	Marija Ermolova	1468	16,2	2 x 2640 bhp
	Marija Savina	1445	4,5	256 P.

532

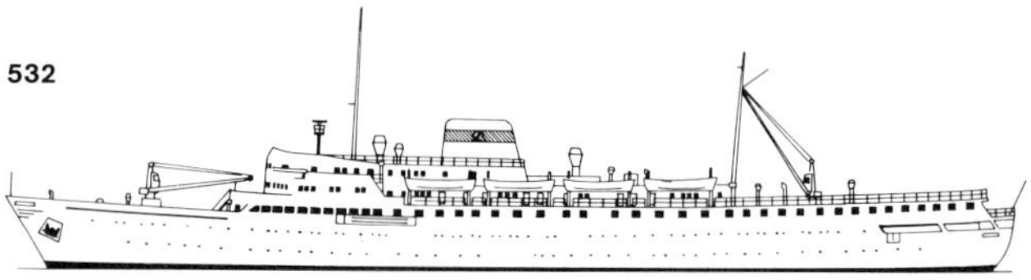

ms	**Vazlav Borovskij**	1959 Mathias-Thesen-Werft, Wismar		
		4871	122,2	18 kn
		1999	16,4	8000 hp
		1370	5,2	P.
				2–1-t-, 1–3-t-crane

533

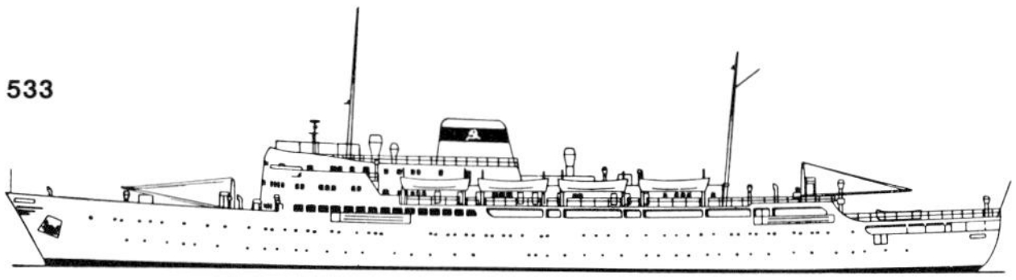

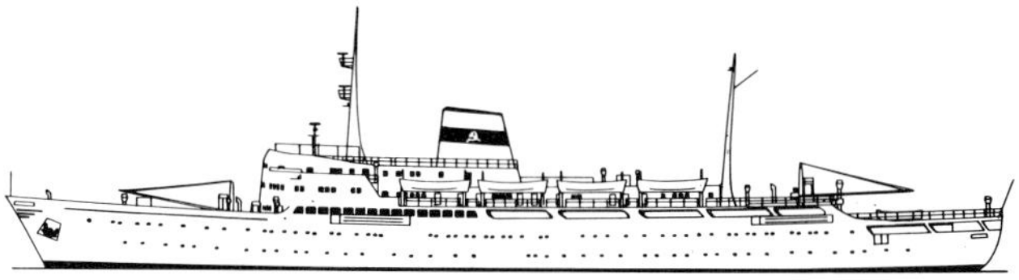

ms	**Adzhariya**	**M. Uritzkij**	**Priamurye**
	Baikal	**Marija Uljanova**	**Turkmenija**
	Bashkirija	**Nadezhda Krupskaja**	
	Grigorij Ordshonikidse	**Nikolayevsk**	
	Khabarovsk	**Petropavlovsk**	

1964 Mathias-Thesen-Werft, Wismar		
5261	122,2	17 kn
2174	16,0	8000 hp
1360	5,3	335 P.
	2–1 t-, 1–3 t-crane	

»Bashkiriya« soll zum Flottenversorger umgebaut woden sein.

534

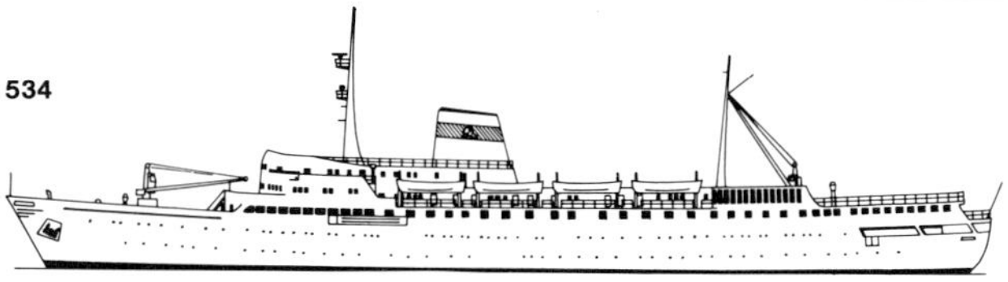

ms	**Armenija**	1963 Mathias-Thesen-Werft, Wismar		
	Estonia	5169	121,9	18,5 kn
	Felix Dzershinski	2323	16,1	8000 hp
	Latvija	1340	5,3	P.
	Litva		2–1-t-, 1–3-t-crane	
	Mikhail Kalinin			

535

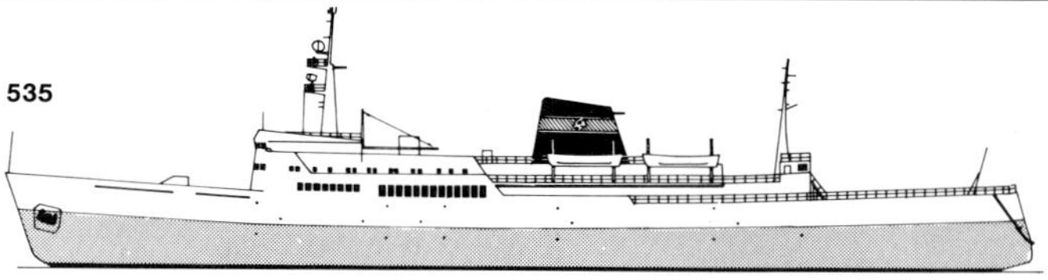

des	**Sakhalin-1**	1973 Kaliningrad		
	Sakhalin-2	5025	127	18 kn
	Sakhalin-3	1646	19,8	15600 hp
	Sakhalin-4	2425	6,2	72 Pass.
	Sakhalin-5			26 Waggons
				Vanino-Materiki- Kholmsk

536

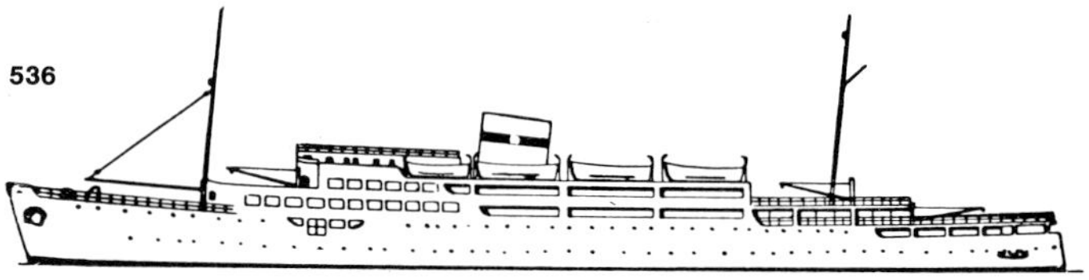

ms	**Ukraina**	1938 Burmeister & Wain, København		
		6406	132	18 kn
		3034	17,6	14400 ihp
		1640	5,7	410 P.
				Schwarzes Meer

536a

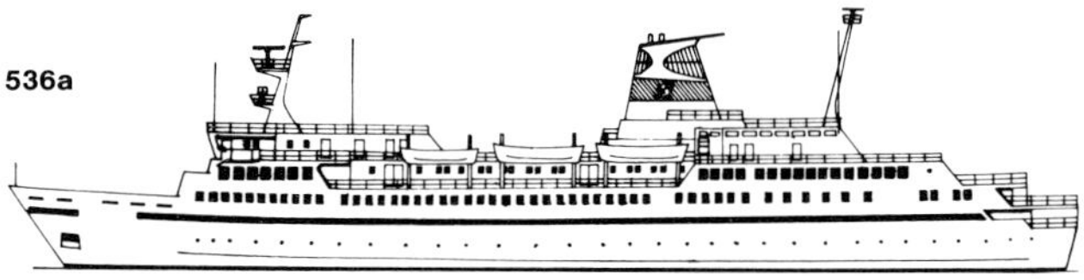

ms	**Ayvazovskiy**	1977 Dubigeon-Normandie, Nantes		
		6717	121,5	18,9 kn
			17,5	2 x 5200 hp
			4,4	328 P.

537

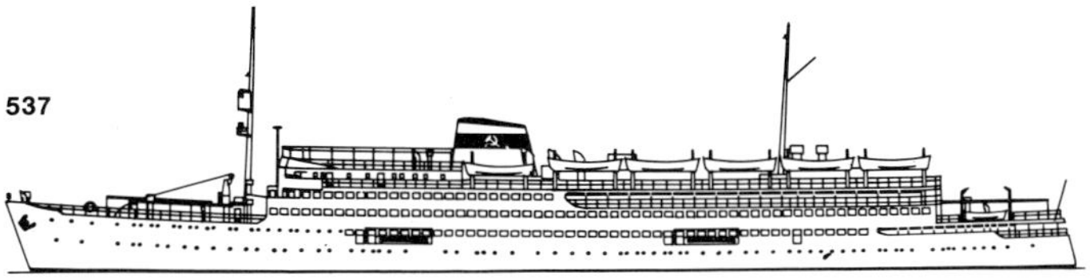

tes **Abkhazya** 1939/57 Mathias-Thesen-Werft, Wismar
ex *Lensoviet* 6807 131,6 17 kn
Marienburg 2617 18,3 8000 shp
965 4,7 548 P.
2–3-t-cranes Schwarzes Meer

537a

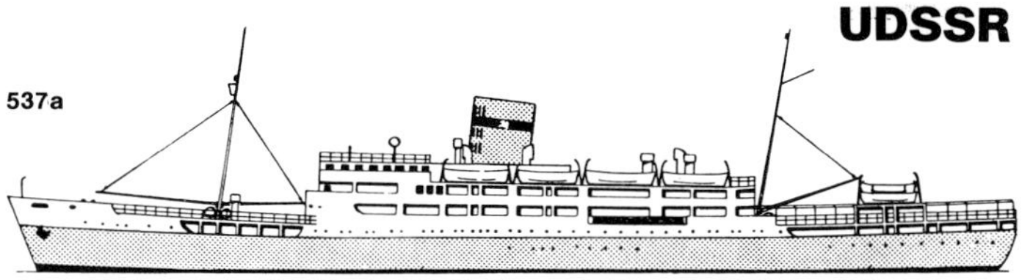

ts **Baltika** 1939 Nederlandsche Scheepsb. My., Amsterdam
ex *Viachislav Molotov* 7494 135,7 20 kn
3452 18,3 14000 hp
3219 6,2 446 P.

538

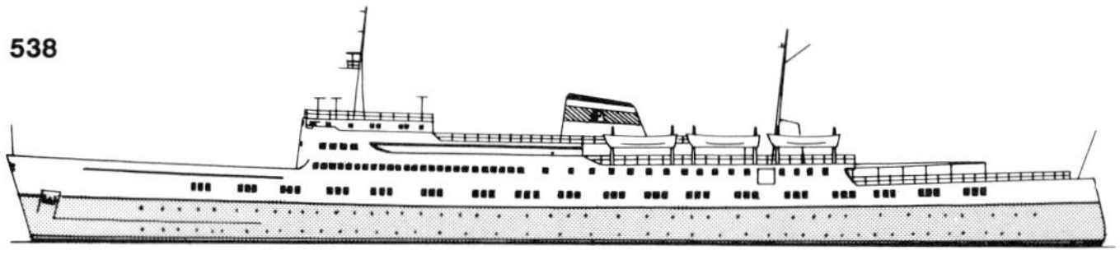

des **Sovetskij Aserbeidshan** 1962 Krasnoje Sormowo, Gorki
Gamid Sultanow 8840 133,6 16 kn
Sovetskij Kazakhstan 4075 17,8 4080 PS/jüngere Schiffe 5800 PS
Sovetskij Turkmenistan 2510 4,4 300 P.
Sovetskij Usbekistan

Fährverbindung Kaspisches Meer:
Baku-Krassnowodsk-Machatsch
30 Waggons von je 12 m Länge auf 4 Gleisen.

539

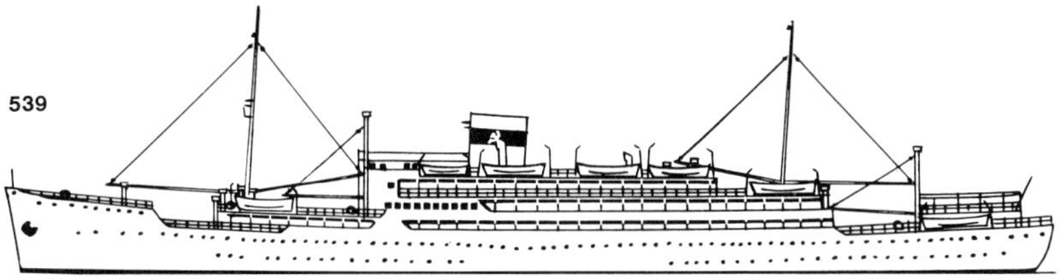

ms **Pobeda** 1928 F. Schichau AG., Danzig
ex *Iberia* 9829 153,9 14 kn
5483 18,5 6800 PS
5110 4,4 320 P.

540

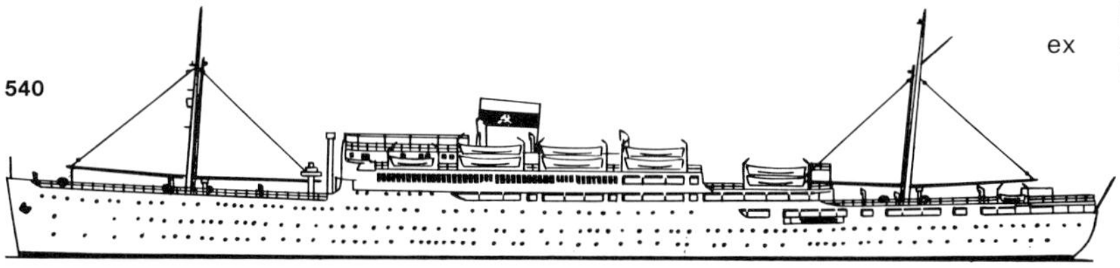

ms **Russ** 1933 Blohm & Voss, Hamburg
Ilyich 12931 159,8 13 kn
ex *Cordillera* 7977 20,1 P.
Carlbia 6100 7,4
(»Ilyich« erhielt eine moderne, konisch zulaufende Schornsteinform)

541

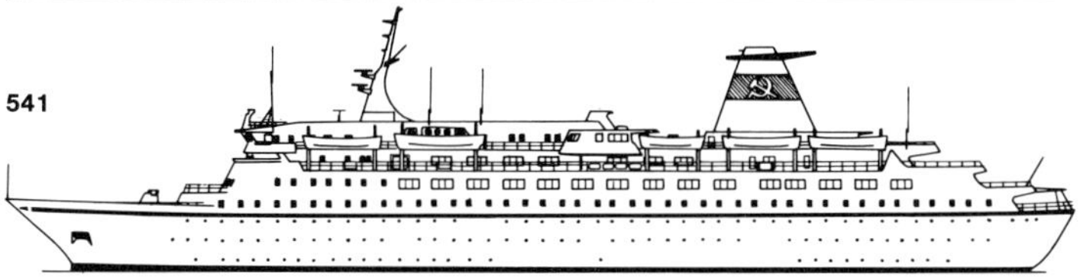

ms **Odessa** 1974 Swan Hunter (Vickers), Barrow-in-Furness
ex *Copenhagen* 13758 136,3 19 kn
9000 21,5 16000 PSe
1930 5,8 555 P.

542

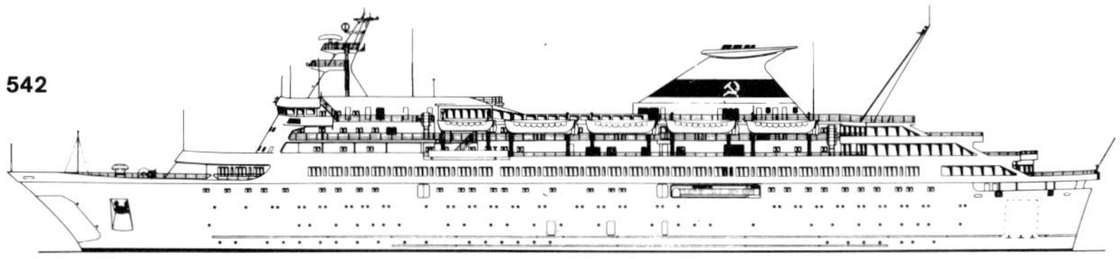

ms **Belorussija** 1975 Wärtsilä Oy., Helsinki
Abzerbaidshia 16631 157 21,3 kn
Gruzija 7812 21,9 2 x 9000 hp
Kareliya 2534 5,5 500/1024 P. 255 cars
Kazakhstan

UDSSR

543

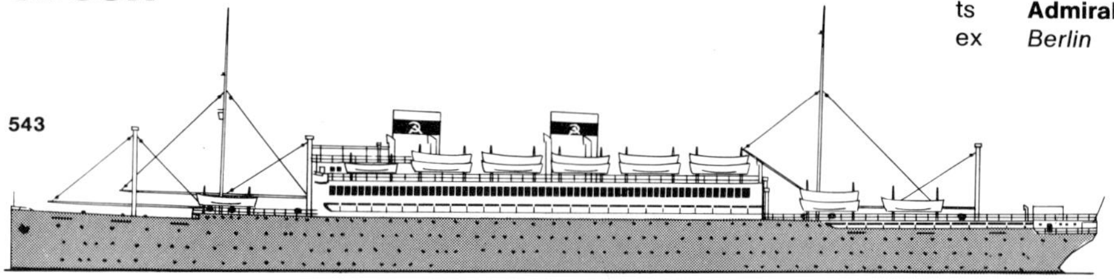

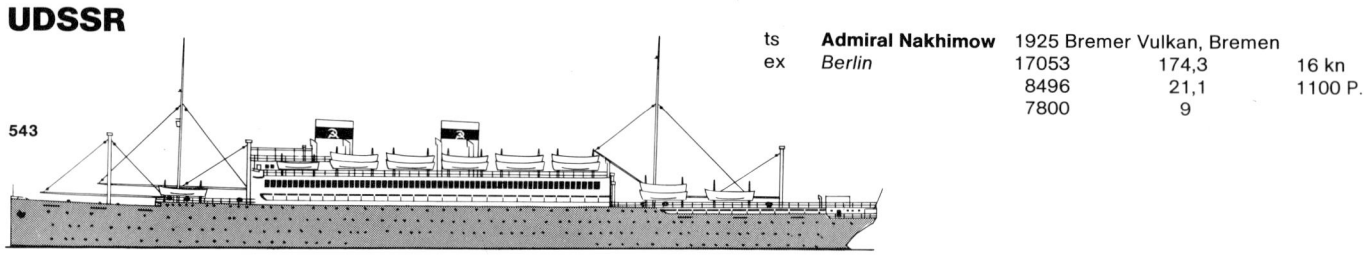

ts	**Admiral Nakhimow**	1925 Bremer Vulkan, Bremen		
ex	*Berlin*	17053	174,3	16 kn
		8496	21,1	1100 P.
		7800	9	

544

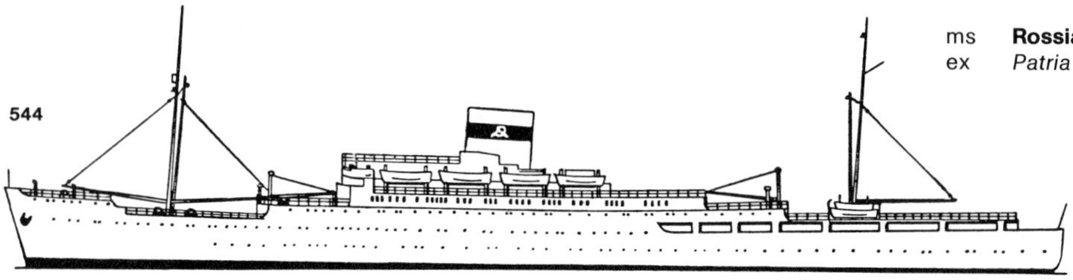

ms	**Rossia**	1938 Deutsche Werft, Hamburg		
ex	*Patria*	17870	182,1	15 kn
		9578	22,6	450 P.
		5670	7,1	

545

ms	**Ivan Franko**	**Shota Rustaveli**	1964 Mathias-Thesen-Werft, Wismar			
	Aleksandr Pushkin	**Taras Shevchenko**	20064	176,1	20,3 kn	
	Mikhail Lermontov		11032	23,6	21000 hp	(Mikhail Lermontov: Brückenfront in Höhe
			6007	8	750 P.	des 2. Kranes weiter vorgezogen, längere Fensterreihe)

546

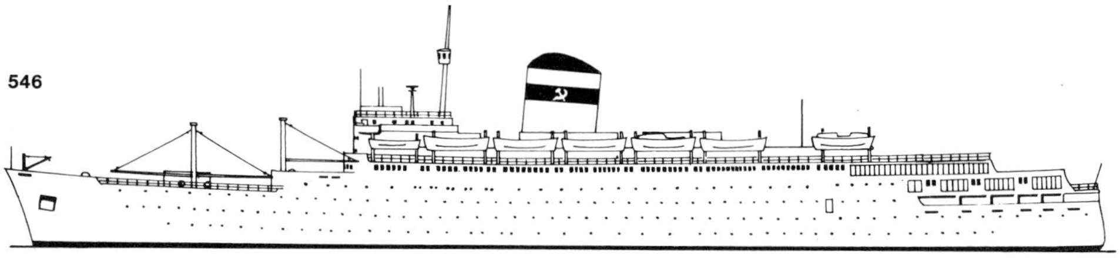

ts	**Leonid Sobinov**	1954 J. Brown & Co., Clydebank		
	Fedor Shaljapin	21370	185,3	19 kn
ex	*Carmania*	10999	24,4	
	Franconia	8834	8,7	870 P. Cruising

547

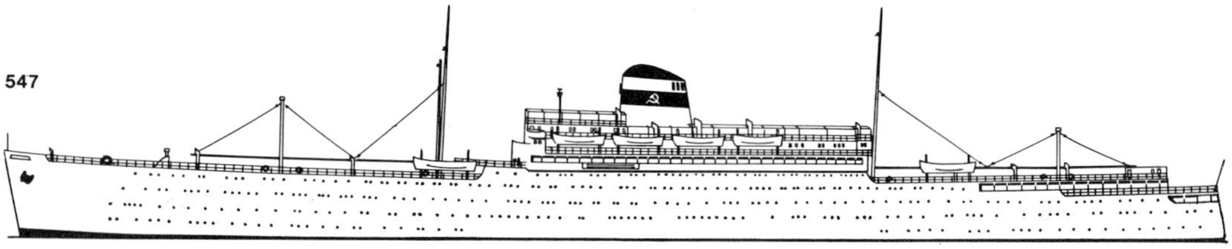

ts	**Sovetski Sojus**	1923/55 Blohm & Voss, Hamburg		
ex	*Hansa*	23009	207,5	19 kn
		11337	24	1669 P.
		11970	10	Ferner Osten

548

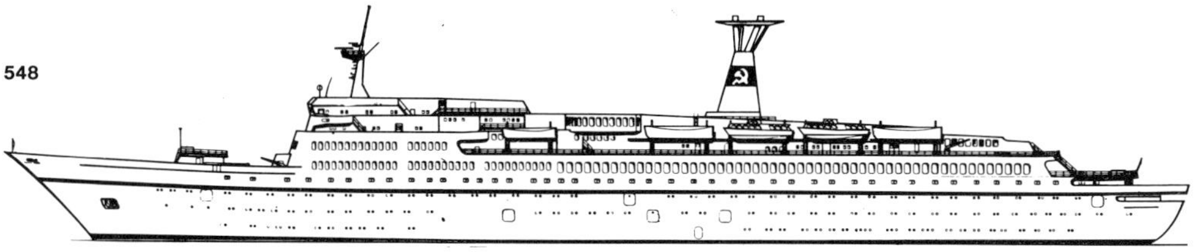

ts	**Maxim Gorkij**	1969 Howaldtswerke – Deutsche Werft AG, Hamburg		
ex	*Hamburg*	24981	194,6	23 kn
		13655	26,6	
		5766	8,3	Cruising

549
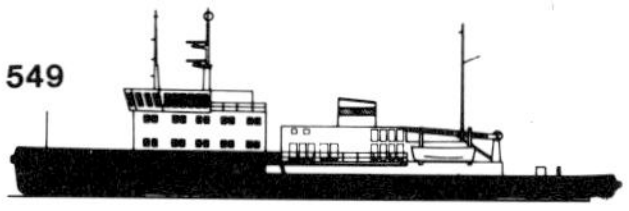

des 1977 Wärtsilä Oy., Helsinki
+ 5 4490 shp
Fluß-Eisbrecher

550
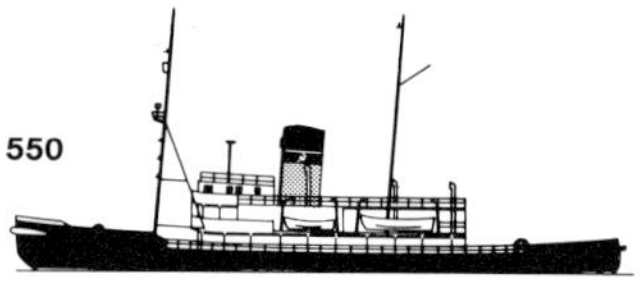

ss	**Ilya Murometz**	1942 Eriksbergs M.V., Göteborg		
ex	*Eisvogel*	1427	61,4	15,5 kn
		521	15	3200 hp
		730	6,3	

551
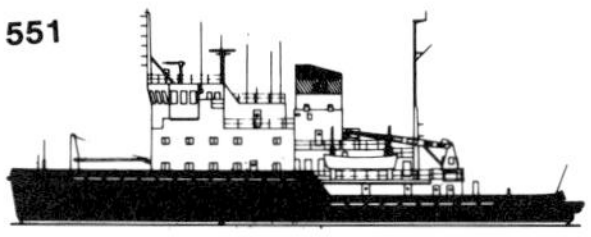

des	**Kapitan M. Izmaylov**	1976 Wärtsilä Oy., Helsinki		
	Kapitan A. Radzhabov		56,5	14 kn
	Kapitan Kosolapov		17,7	3400 hp
			4,2	

552

	Semyon Chelyuskin			
	Semyon Dezhnev			
	Vasiliy Poyarkov			
	Vasiliy Pronchishchev			
	Vladimir Rusanov			
	Yerofey Khabarov			
	Yuri Lisyanski			
ms	**Dobrynya Nikitich**			
	Fedor Litke	1965 Admiralteiskij-Werft, Leningrad		
	Ilya Muromets	2305	67,6	14 kn
	Ivan Kruzenshtern		18,1	5400 hp
	Ivan Moskvitin	1110	5,5	
	Khariton Laptev			

553

des	**Georgij Sedov**	1967 Admiralteiskij-Werft, Leningrad		
		2378	67,7	14 kn
			18,1	5400 hp
		873	5,9	

554
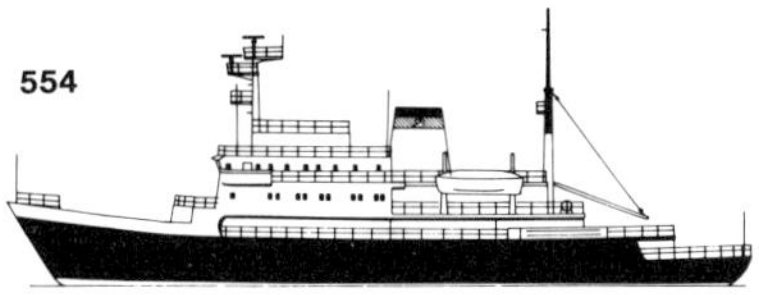

des	**Afanasij Nikitin**	1962 Admiralteiskij-Werft, Leningrad		
			73	14 kn
			18,1	
			6,4	

(nach Umbau 1977 zum »Eisbrecher-Labor«)

555
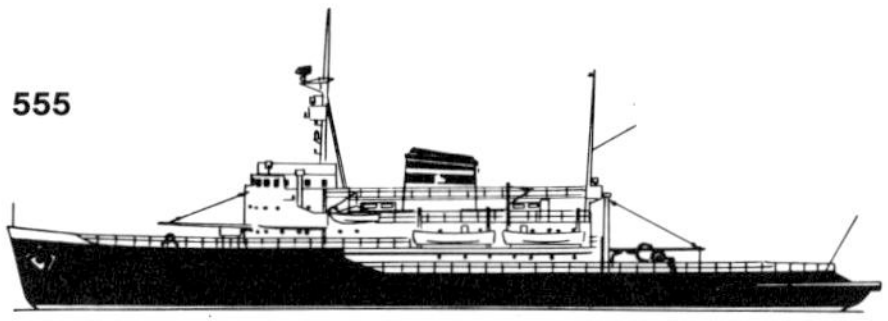

des	**Kapitan Belousov**	1955 Sandvikens AB., Sandviken		
	Kapitan Melekhoff	3710	83,2	16,5 kn
	Kapitan Voronin	1050	19,4	
		1446	6,2	10500 ihp

556
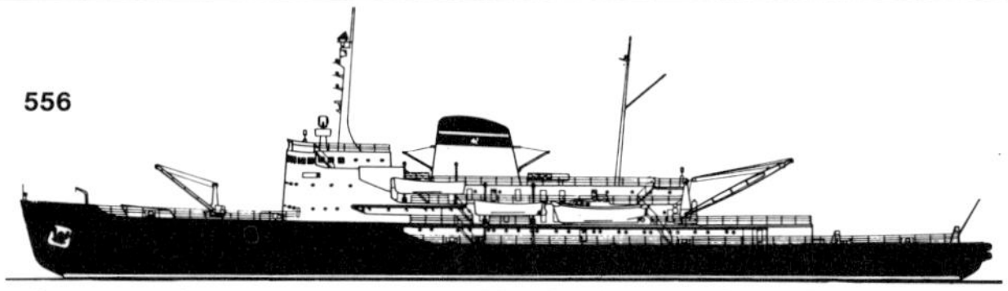

des	**Moskva**	1960 Crichton-Vulkan AB., Abo		
	Kiev	9427	122,1	18,3 kn
	Leningrad	1142	24,5	22000 shp
	Murmansk	4221	10,5	
	Vladivostok			

(Murmansk und Vladivostok: Nach vorn geneigte Ruderhausfenster)

557
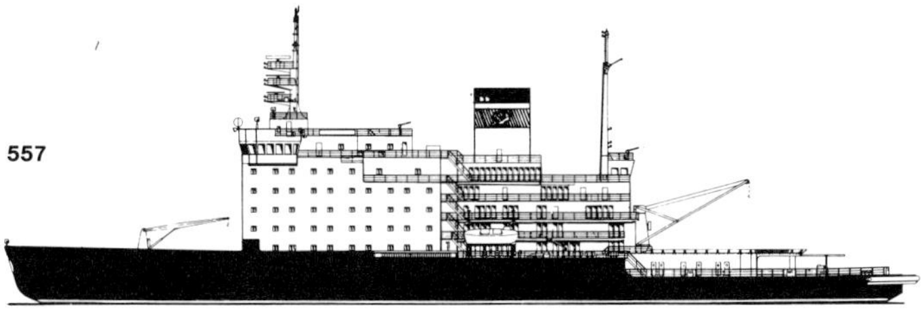

des	**Kapitan Sorokin**	1977 Wärtsilä Oy., Helsinki		
	Kapitan Nikolaev		131,9	19 kn
			26,5	22000 shp
			8,5	

558
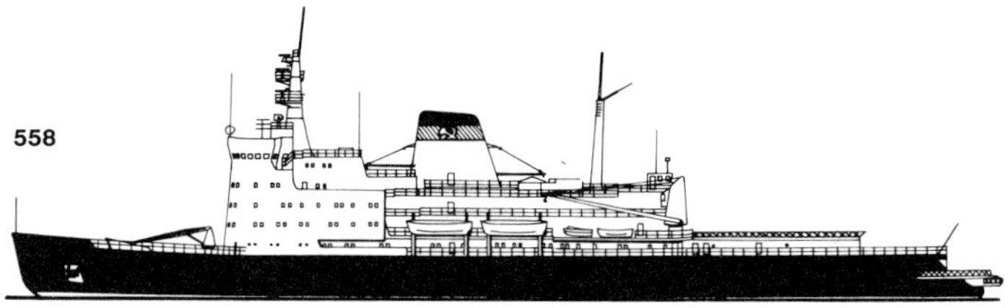

des	**Yermak**	1974 Wärtsilä Oy., Helsinki		
	Admiral Makarov	12231	135,0	19,5 kn
	Krasin		26,1	36000 shp
		7560	11,0	

UDSSR

559

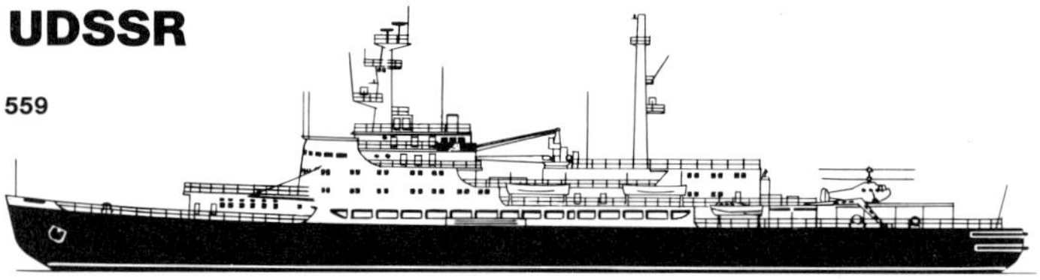

ns **Lenin** 1959 Baltic Shipb. + Eng. Works, Leningrad

14067	134	18 kn
2820	27,6	44000 shp
3850	9,2	Nuklear-Eisbrecher

560

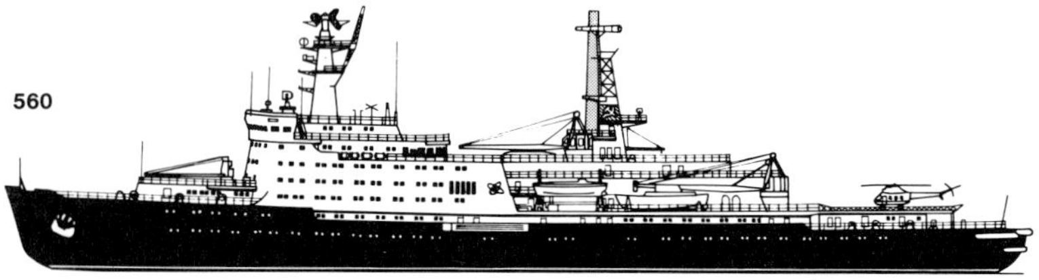

ns **Arktika** 1974 Baltic Shipb. & Eng., Leningrad
Sibir

18172	150	21 kn
3018	29,9	75000 hp
4096		Nuklear-Eisbrecher

561

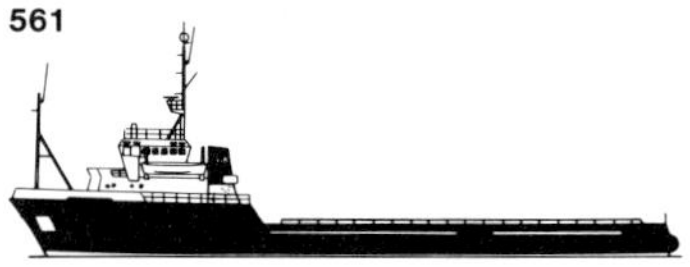

ms **Cura** 1976 Ulstein Hatlö AS., Ulsteinvik
+ 2

499	64,4	16 kn
	13,8	7040 hp
1200	4,7	85 t Pfahlzug
		Offshore supply vessel
		Kaspisches Meer

(Die Hafenschlepper Nr. 562 bis 571 sind wegen ihrer geringen Größe nicht in dem alphabetischen Namensregister aufgeführt).

562

ms **Peredovik** 1974 Leningradskij Petrozavod, Leningrad
u. a.

24,4	10 kn
7,0	2 x 450 hp
2,2	Pfahlzug 10,5 t

563

ms **Komkow** 1972 Leningradskij Petrozavod, Leningrad
Norman Yuboctu
u. a.

29,8	12 kn
8,3	1200 hp
3,2	Hafen-Bugsierschlepper

564

ms **Sadko** **Peredovik** 1967 »Edgar André«, Magdeburg
Admiral Makarov **Talisman**
Burevestnik **Topaz**
Chempion **Voskhod**
Etalon **Vostok**
Muromets **Vyborg**

180	34,8	10,5 kn
	8,2	750 hp
	2,8	

565

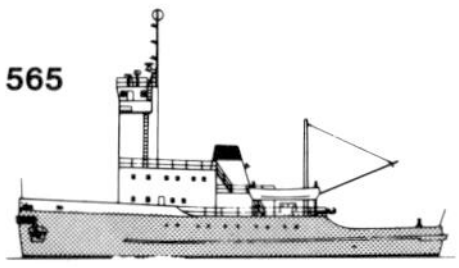

ms 1977 Hakodake Dock Co.
+ 3

43,7	9,8 kn
13,5	2 x 3000 hp
4,3	

(Die vier Schlepper-Neubauten sollen zusammen mit je zwei Bargen Holztransporte zwischen der UdSSR und Japan in Schubverbänden bewältigen)

565a

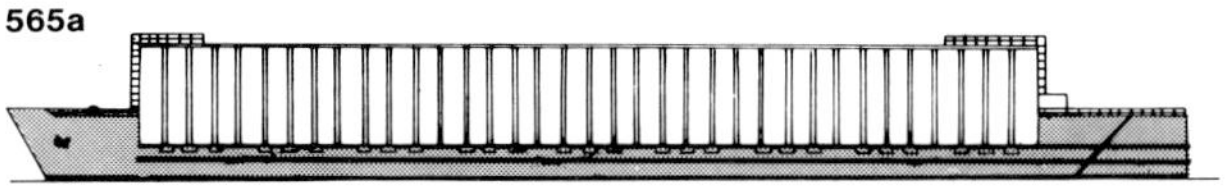

	118	
	23	
9000	5,3	18000 cbm
		Push-Barge

566

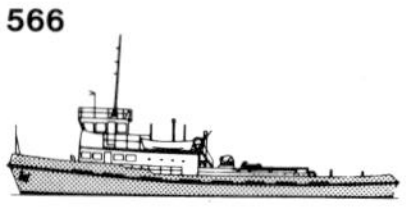

ms

38,8	10 kn
7,8	600 hp
1,3	Fluß-Bugsierschlepper

567

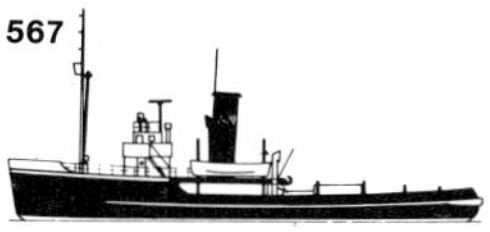

Ca. 1954/56 Crichton-Vulcan AB., Abo
533 47,2 10 kn
10,4
3,7

ss **Abhazets** **Admiral Kornilow** **Amazar** **Apollon** **Bashkir** **Belozersk** **Berezen** **Bogatyr** **Bugrino** **Burjat** **Chador** **Dobrynya** **Dorinia** **Donbass** **Donets** **Druzhinnik** **Dzharylgach** **Energichnij** **Evenk** **Gamov** **Gonets** **Herkules** **Jakov Sannikov** **Johnov** **Kagul** **Kaliningrad** **Kalschida** **Kamenka** **Kandalaksha** **Karel** **Khabarov** **Kobzarj** **Kolguev** **Kolkhida** **Komi** **Kommunar** **Kommunist** **Kronshtadt** **Kuzomen** **Ladoga** **Leningrad** **Mars** **Marxist** **Mendeleyev** **Moguchij** **Mosalsk** **Murmanets** **Murmanryba** **Nadir** **Nevel** **Nevelskoy** **Nikifor Begichev** **Oslyabya** **Otpor** **Priboj** **Sakhalinets** **Solntsedar** **Sudzhuk** **Svetlogorsk** **Svobodny** **Torshok** **Tuvinets** **Udarnij** **Ukrainets**

568

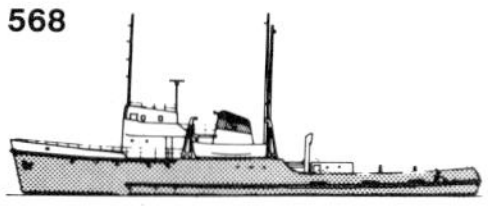

ms **Bayan** **Boets** **Boevoy** **Dedal** **Dunaets** **Geroicheskiy** **Golovnoy** **Gordelivij** **Gordyy** **Gorjachiy** **Gromkij** **Gromovoy** **Gremuchij** **Gryadushchii** **Herkules** **Neptun** **Stremitelnii**

1959 Santirul Naval, Galatz
535 47 11 kn
9,7

569

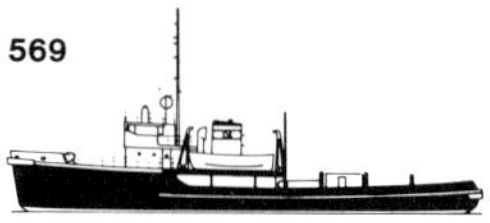

ms **Leninets**
u. a.

1954 Crichton-Vulcan AB., Abo
543 47
9,4

570

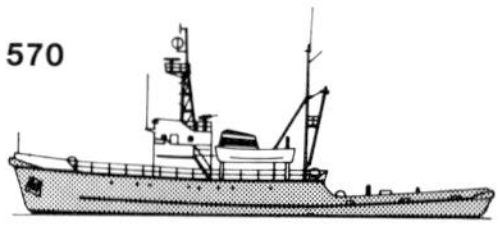

des **Sadko** **Ajanka** **Dktonsky** **Kodor** **Loksa** **Moshchnij** **Orion** **Saturn** **Serdity** **Silnij** **Spastel** **Straikij** **Tyulen**

1959
690 47,3 13 kn
10,3 2000 hp
214 4,2

571

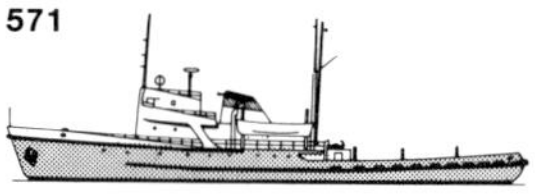

ms **Kapitan V. Fedotov** **Argus** **Atlant** **Atlas** **Gelios** **Germes** **Diomid** **Gilios** **Kapitan Afanosjew** **Poseidon** **Protey**

1962 Staatswerft, Kaliningrad
828 51,5 13,5 kn
11
4,5

572

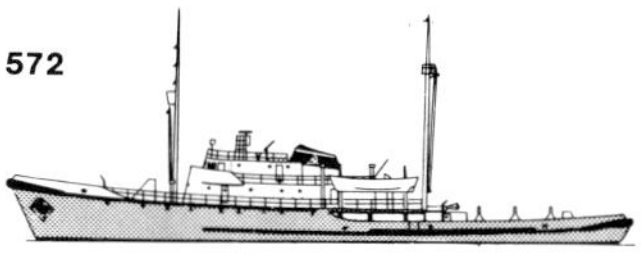

ms **Steregustsij** **Bditelnij** **Dekabrist** **Dozornij** **Isopolnitelnij** **Krim** **Orel** **Rambinas** **Slavnij** **Smelij** **Sputnik** **Stoikij** **Stremitelnij** **Strogij**

1959 Valmet O/Y., Abo
1069 61,5 13,8 kn
240 11,9 1700 hp
4,9 später 2520 hp
1–2 t, 1–10 t

573

des **Naporistij** **Agat** **Dmitrijj Dudshenko** **Moshcknyy** **Purga** **Sakhalin** **Vilnis**

1974 »Okean«-Werft, Oktjabrskoje
1074 58,3 14 kn
232 12,7 3000 hp
440 4,6
(Die Marine hat einige ähnliche Schlepper, die vor dem Deckhaus leichte Fla-Bewaffnung aufweisen)

574

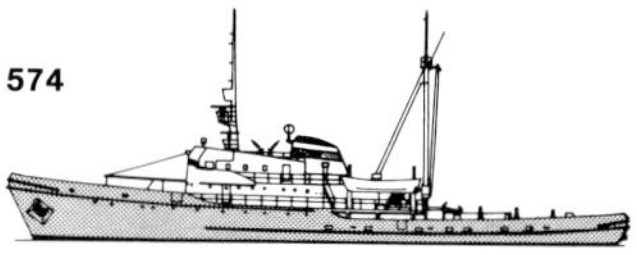

ms **Kapitan Nokhrin** **Besstrashnij** **Gordij** **Reshitelnij** **Uragan**

1962 Valmet Oy., Pansio
1152 61,2 15 kn
240 11,8 2520 bhp
4,7 29,2 t Pfahlzug

UDSSR

575

ms **General Gamidov** 1970
62,6 17 kn
10,2 2 x 2000 bhp
3,1 Fire fighting tug (sea going)

(Die Marine verfügt über ähnliche Schlepper)

576

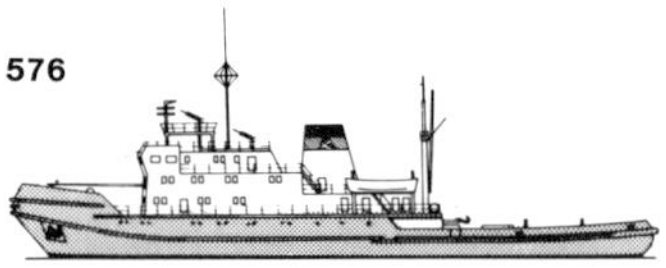

ms **MB 15** 1977 Nystads Varv, Nystad
MB 16 63,5 14 kn
MB 17 13,5 3500 hp
MB 18 5,2 40-t-Pfahlzug
MB 19
MB 20

577

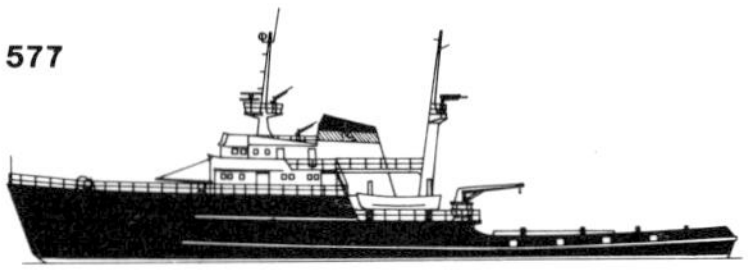

ms **Herakles** 1974 J. & K. Smit, Kinderdijk
Dimant 1654 72,5 17 kn
Diokles 13,2 9000 bhp
Hektor 835 5,9

578

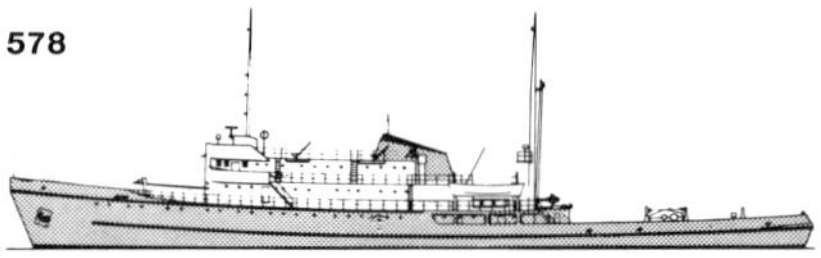

ms **Aldan** 1959 Gävle Varv, Gefle
Agatan 1441 78,2 17 kn
419 12,5 4200 hp
4,0
2–1,5 t, 1–10 t

579

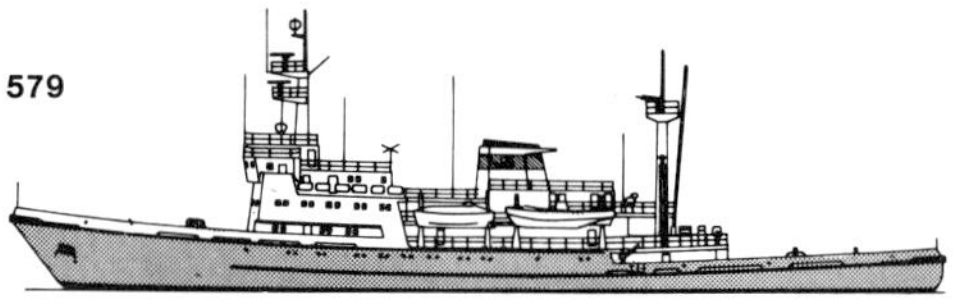

ms **Ingul** 1974 Admiralteiskij-Werft, Leningrad
Jaguar 92 18 kn
Mashuk 15 9000 hp
Pamir 5,9

Forschungs-, Vermessungs-, Satelliten-Ortungsschiffe u. ä.

(Die Schiffe unter 1000 BRT sind im alphabetischen Namensregister nicht aufgeführt).

580

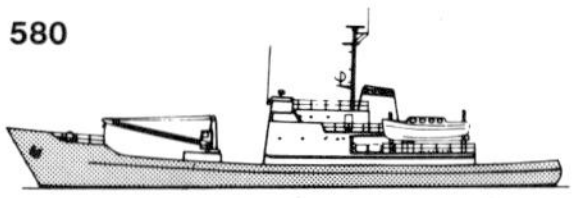

1958 Oy. Laivateollisuus, Abo
420 55 16 kn
88 10
262 3,5

ms **Azimut** **Gradus** **Rumb**
Deviator **Hygrometer** **Samara**
Gidrolog **Joug** **Tropik**
Globus **Kompas** **Vaigator**
Goluvrometer **Merkuria** **Vostok**
Gorizont **Pamyat** **Zenith**

581

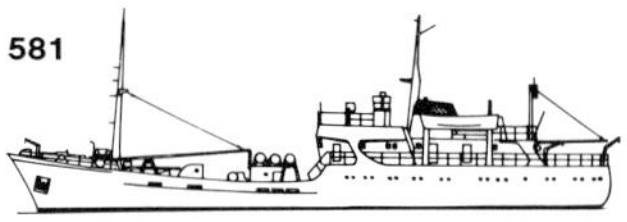

ms **Moskovsky Universitet** 1970 Khabarovsk
625 54 11,2 kn
550 9,3 800 hp
227 3,7 Scientific research vessel

582

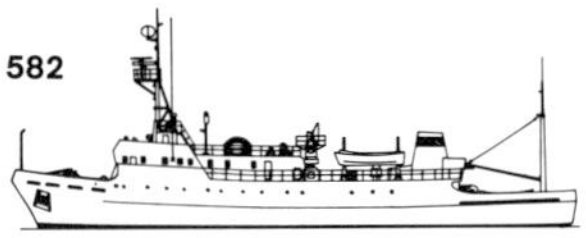

ms **Valerian Uryvayev** 1974
697 54,8 11,7 kn
85 9,5
350 4,2 Hydrometereological exploration (Wetterforschungsschiff)

583

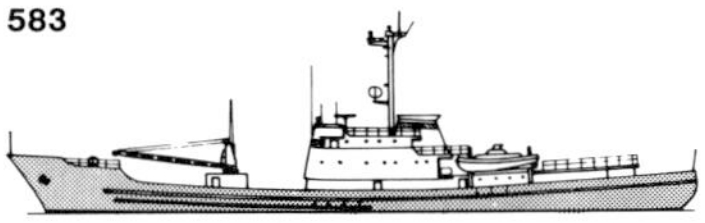

ms **Anadir** **Ekvator** 1967/68
Arkhipelag **Pelorus** 67 16 kn
Arktika **Taimyr** 10
Askold **Zapolyare** 4 Hydrographic vessels

584

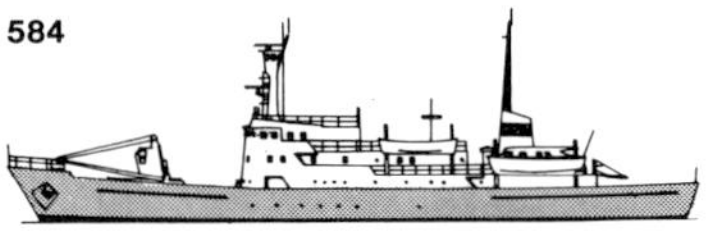

ms **Dmitri Laptev** **Nikolai Kolomeitsev**
Dmitri Ovtsyn **Sergey Kravkov**
Dmitri Sterlegov **Stepan Malygin**
Eduard Tolls **Valerian Albanov**
Nikolai Yevgenov **Vladimir Sukhatskij**

1970 Oy. Laivateollisuus, Abo
1134 66,8 13,5 kn
295 11,9 2000 hp
639 4,1 Hydrographic vessel

585

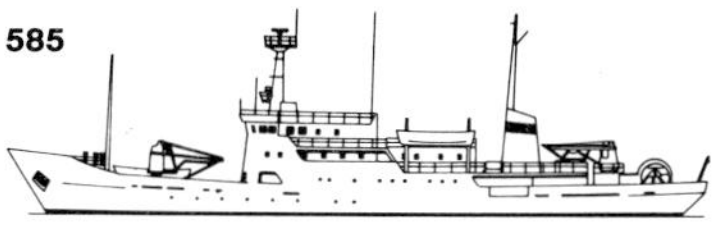

ms	**Professor Bogorov**	1976 Oy. Laivateollisuus, Abo		
	+ 3		68,8	13,5 kn
			12,4	2000 hp
		551	4,2	

586

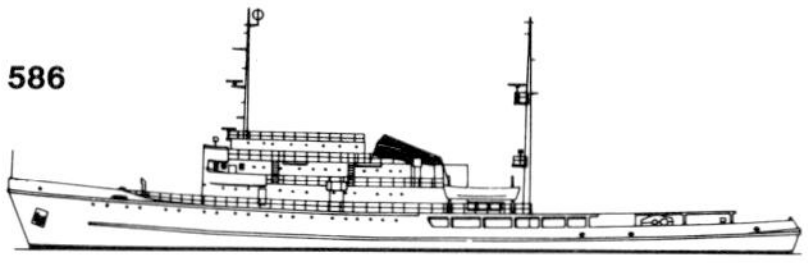

ms	**Gidrograf**	1959 Gävle Varv, Gefle		
	Peleng		78,2	17 kn
ex	*Pamir*		12,5	4200 hp
	Arban		4,0	

587

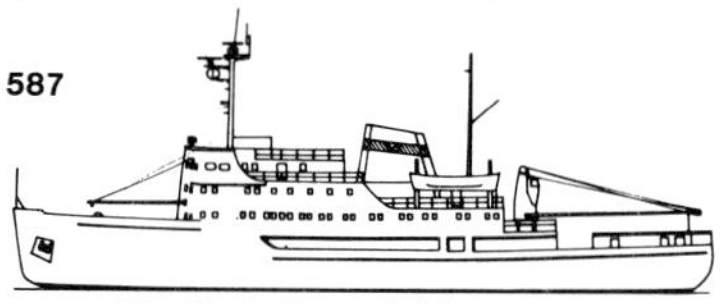

ms	**Vladimir Kavrajskij**	Admiralteiskij-Werft, Leningrad	
		67,7	14 kn
		18,1	
		5,6	

588

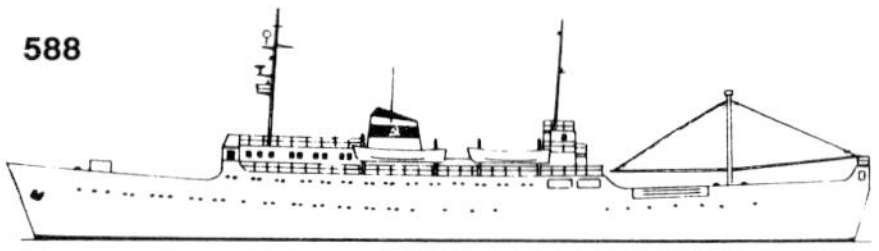

ms	**Akademik Knipovich**	1964 J. S. Nosenko, Nikolaev		
	Alexandr Ivanovich Voeykov	2299	84,7	12 kn
	Yu M. Shokalsky	511	14	2000 hp
		1520	5,5	Fischerei-forschungsschiffe

589

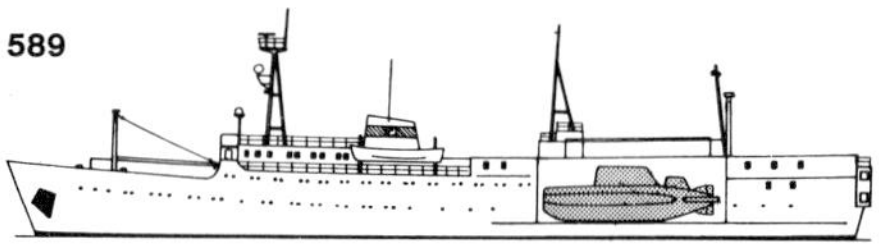

ms	**Odyssej**	1970 Kherson-Werft, Kherson		
		2847	84,7	12,5 kn
		617	14	
		1070	5,8	Mutterschiff für Forschungs-Uboot

590

ms	**Krym**	83,5	
	Kavkaz	13,7	
	Primorye	8,8	Elektronische Meß-Schiffe
	Zabajkale		(ehem. Fabriktrawler)
	Zakarpatye		
	Zaporeshe		

591

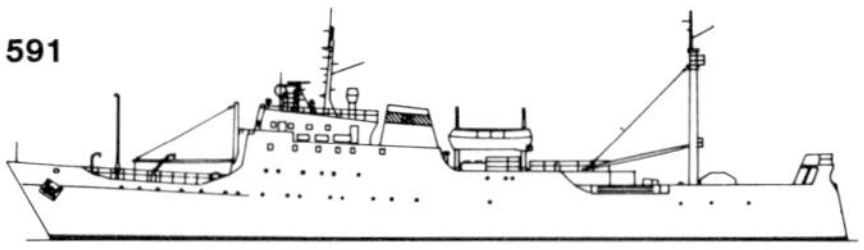

ms	**Zund**	1972 Volkswerft, Stralsund		
	Evrika	2242	82,2	13,5 kn
	Fiolent	728	13,6	
	Professor Mesyatsyev	1025	5,0	88 Pass.
	Shantar			Fischereiforschungsschiffe
	+ 2			

592 **Typ 850**

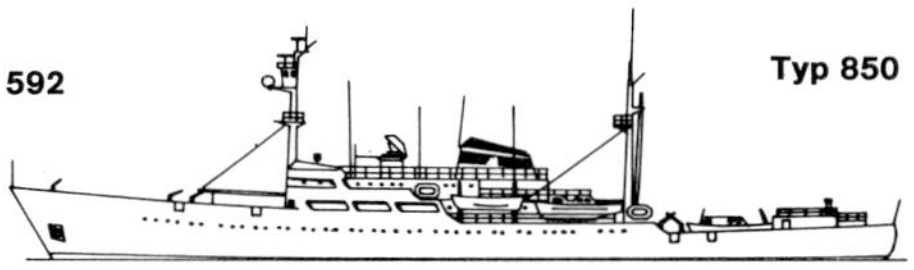

ms	**Nikolay Zubov**	**Gavril Saritshev**	1967 Stocznia Szczecinska, Szczecin		
	Aleksey Chirikov	**Semyon Chelyuskin**		87,1	14 kn
	Andrej Vilkizkij	**Semyon Dezhnev**		13,8	2 x 2400 hp
	Boris Davidov	**Taddey Bellingshausen**	3000	4,8	795 cbm
	Chariton Laptev	**Vasiliy Golovin**			235 cbm R
	Fedor Litke	**Vladimir Obrutcev**	2–5 t, 2–7 t, 1–15 t		Hydrographic vessel

593

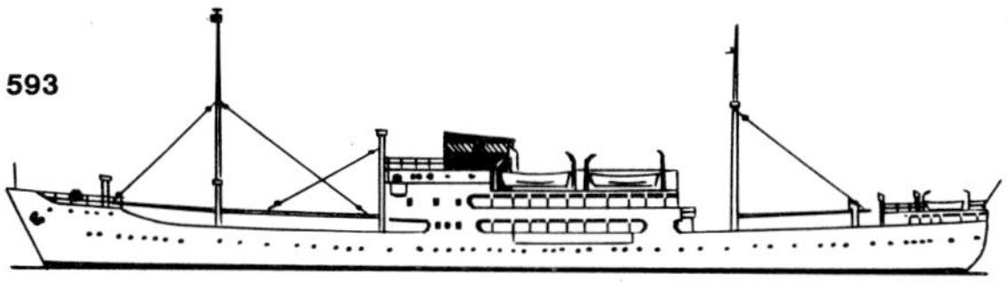

ms	**Vityaz**	1939 Deschimag, Wesermünde		
ex	*Equator*	3248	109,6	12,5 kn
		1392	14,4	
		1695	5,8	Forschungs-Schiff

UDSSR

594

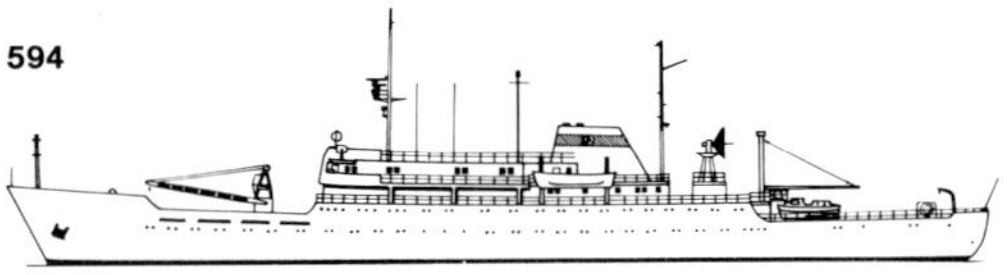

ms	**Musson**	**Poryv**	1968 Stocznia Szczecinska, Szczecin		
	Ernst Krenkel	**Priboj**	3284	97,1	16 kn
	Georgij Ushakov	**Priliv**	917	13,8	2 x 2400 hp
	Okean	**Volna**	1100	4,8	Forschungsschiffe
	Passat	**Wichr**			
	Poljus				

595

ms	**Petr Lebedev**	1957 Wartsilä AB., Abo		
	Sergej Vavilow	3642	94,2	13,5 kn
ex	*Chapaep*	1164	14	2400 hp
	Furmanov	1614	5,8	Forschungsschiffe

596

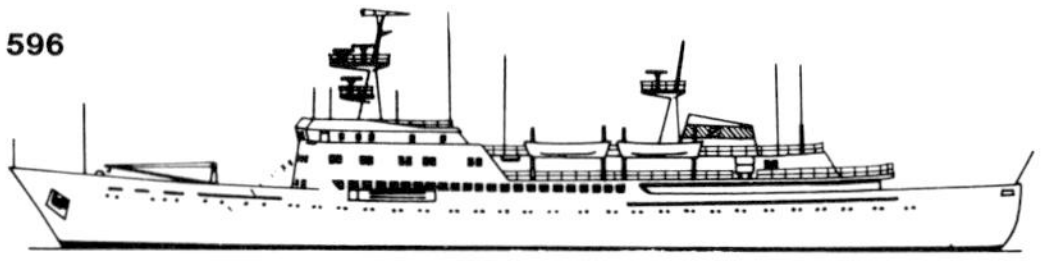

ms	**Izumrud**	1970 Nikolajev		
		3862	99,4	13,8 kn
		465	14	
		2641	5,4	Material-Forschungs-schiff

597

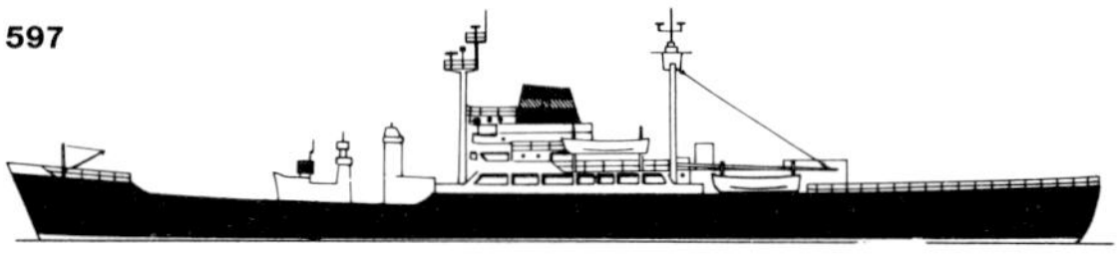

sso	**Sutchan**	Stocznia Gdanska, Gdansk		
	Sakhalin	3860	108,3	11,5 kn
	Sibir	1890	14,6	2500 hp
	Tschukotsch	5000	6,6	

Raketenversuchsschiffe mit wechselnder Geräteausstattung

598

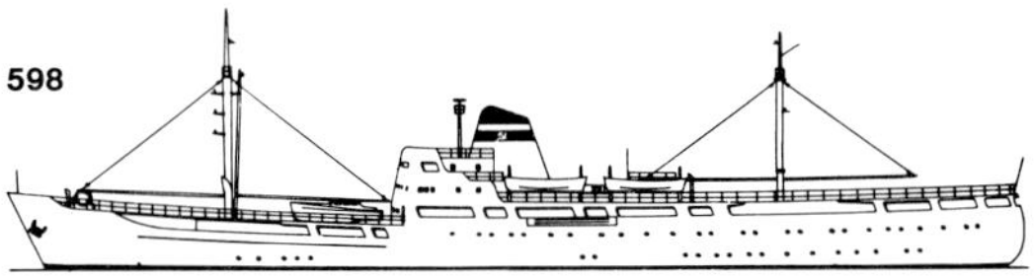

ts	**Mikhail Lomonosov**	1957 Neptunwerft, Rostock		
		3897	102,4	13,5 kn
		1195	14,4	2450 hp
		2255	6	Forschungsschiff
		4–1,5 t, 3–3 t, 1–10 t		

599

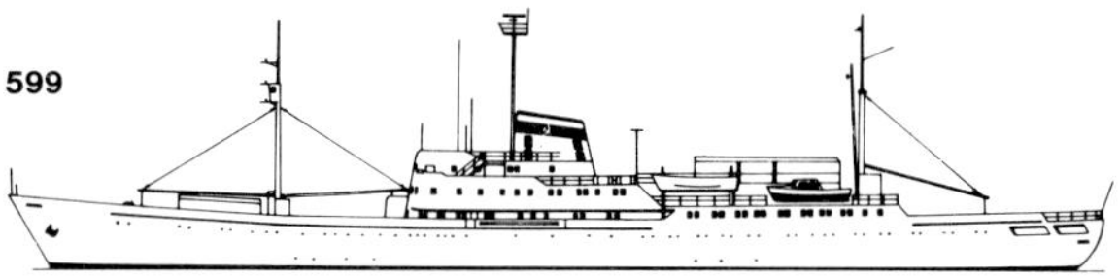

des	**Baikal**	1963 Neptunwerft, Rostock		
	Balkhash	3897	111,5	13,5 kn
	Polyus	1195	14,4	4000 hp
		3043	6	Forschungsschiffe

600

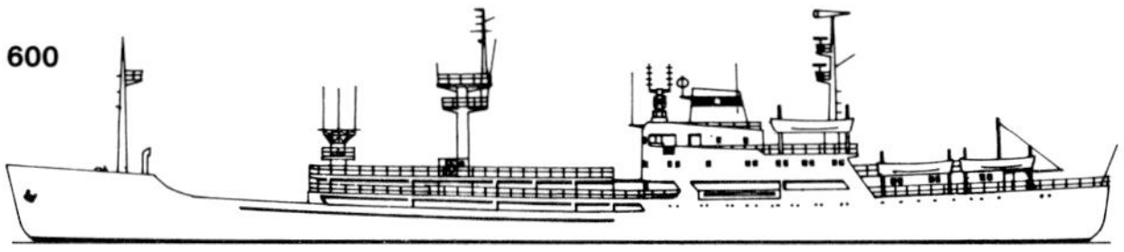

600a

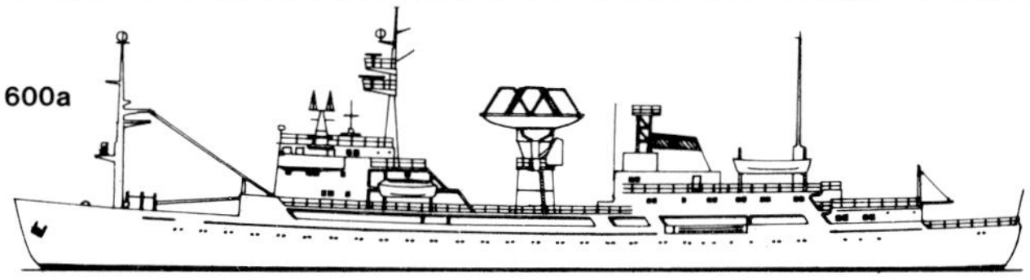

ms	**Morzhovets**	ähnl.:	**Kosmonaut Pavel Belyayev**
	Borovichi		**Kosmonaut Vladislav Volkov**
	Kegostrow	ex	*Vytegrales*
	Nevel		*Jeniseyles*

1966 A. Shdanov, Vyborg		
5277	121,8	15,5 kn
969	16,4	
1835	4,7	Forschungsschiffe

Skizze rechts oben (600a): Kosmonaut Vladislav Volkov nach Umbau im Jahre 1977

601

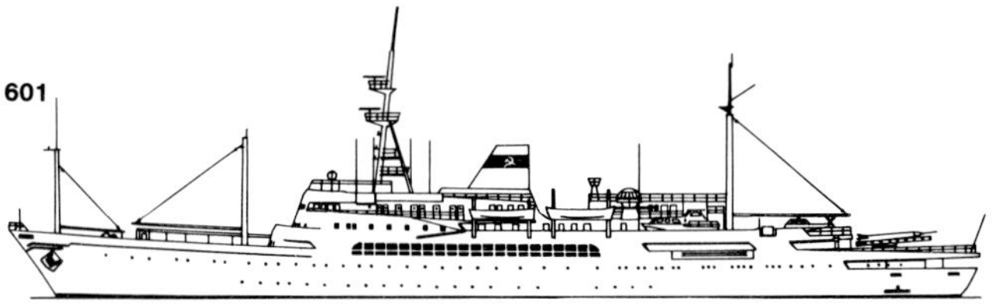

ms	**Akademik Kurtchatov**	1966 Mathias-Thesen-Werft, Wismar		
	Akademik Korolow	5460	124,2	18,2 kn
	Akademik Shirshow	1387	17	8000 hp
	Akademik Vernadskiy	1999	5,9	Forschungsschiffe
	Dmitri Mendeleyev			
	Professor Vize			
	Professor Zubow			

602

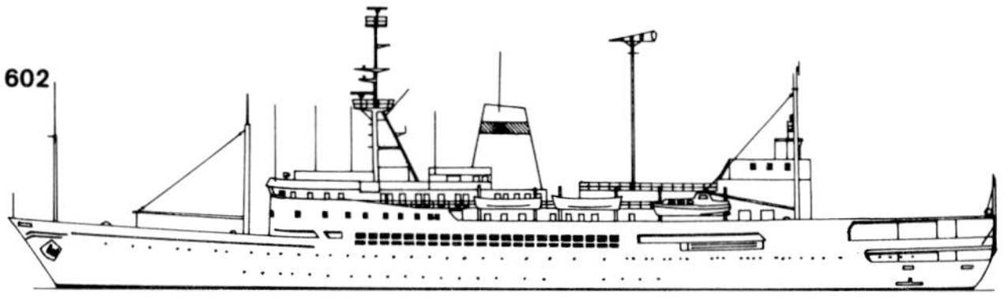

ms	**Abkazija**	1972 Mathias-Thesen-Werft, Wismar		
	Adzhariya	4824	123,9	17,5
	Bashkiriya	937	17	8000 hp
	Moldavija	2140	6,5	Forschungsschiffe

603
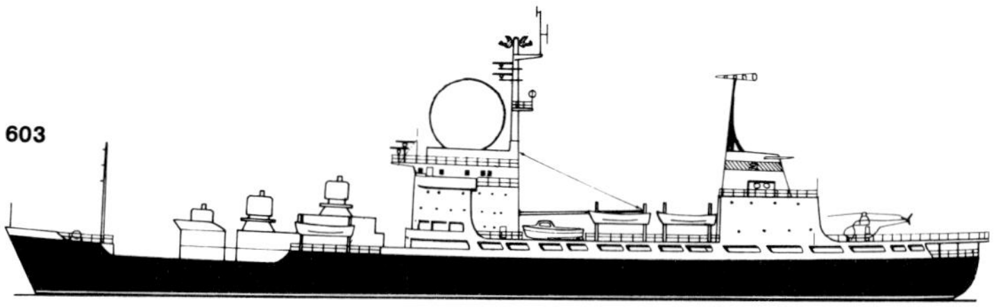

ms **Chazhma** 139,5 18 kn/14,3 kn
Chumikan 18 5400 hp
5000 7,9 Raketenortungsschiffe

604
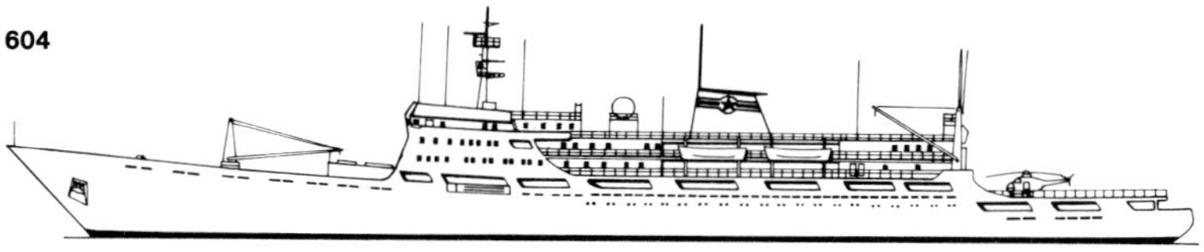

ms **Akademik Krylow** 147 15,3 kn
Admiral Vladimirskij 18,6
Leonid Sobeljev 6,3 Vermessungsschiffe
Ivan Kruzenshtern

605
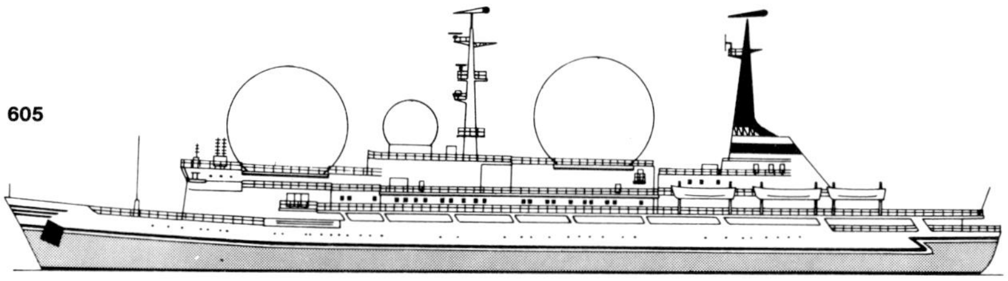

ms **Kosmonaut Vladimir Komarov**

1966 Kherson-Werft, Kherson
13935 155,7 17,5 kn
3304 23,3 24000 bhp
6650 8,5

606
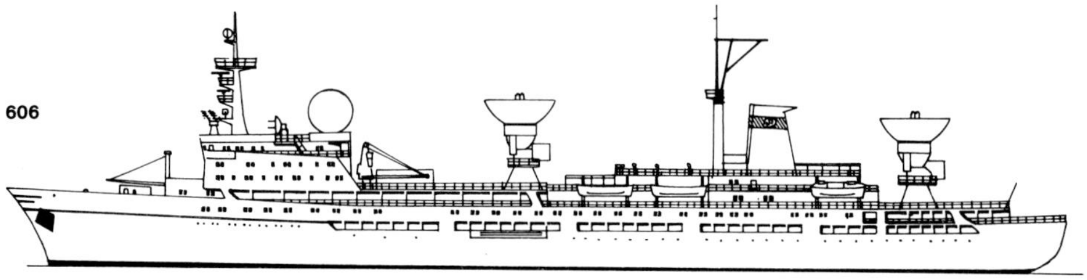

ms **Akademik Sergej Korolew**

1970 Chernomorski-Werft, Nikolajev
17114 181,9 17,5 kn
2158 25 12000 hp
7180 7,9 Ortungsschiff

607
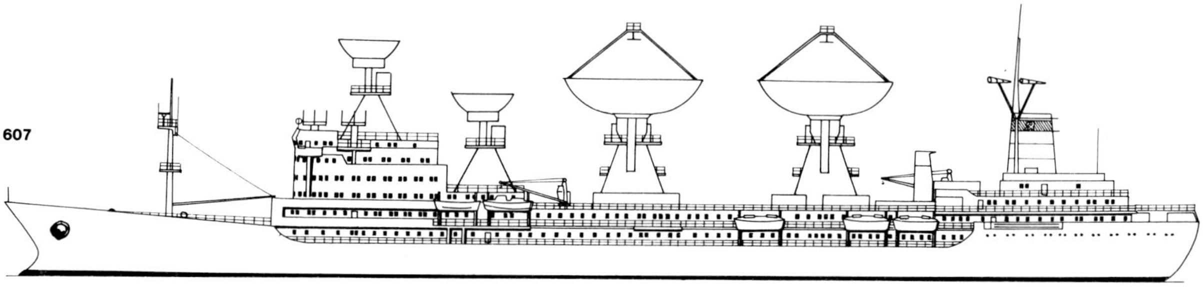

ts **Kosmonaut Yuri Gagarin**

1971 Baltische Werft, Leningrad
32291 231,7 17 kn
5247 31 19000 hp
31299 10 Ortungsschiff

UDSSR

Fischereifahrzeuge

608

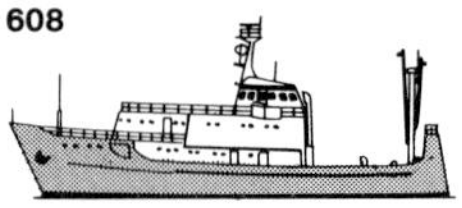

ms	**Eksperyment I**	1968 Svetlovsk Rep.-Werft, Svetlovsk		
		872	44,2	
		254	19,0	2 x 600 hp
		235	3,5	Katamaran trawler

609

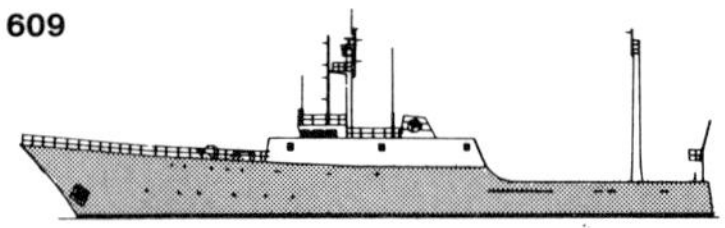

mf	**Rybak**	1968 Peenewerft, Wolgast		
	Rybachka	996	63,1	13,5 kn
		315	10,6	1750 hp
		588	4,7	Zubringertrawler

610

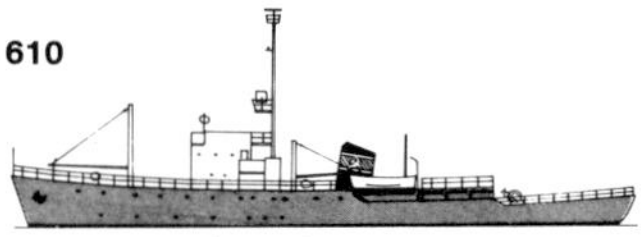

Uragan
ex *Kanadische Korvetten*
u. a.

Wal-Schlepper

611

1957 Nosenko-Werft, Nikolaev		
844	63,6	17 kn
299	9,5	3600 hp
333	4,4	Walfangboote

des
Avangard, Bditelnij, Bedovij, Bespokojnij, Besshumnij, Besstrasshij, Bezuprechnij, Bodrij, Boykij, Bravij, Buynij, Bystrij, Derzkij, Divnij, Dobrij, Druzhnij, Gnevnij, Gordij, Gremuchij, Groznij, Gumannij, Ivan Nosenko, Komsomolets, Komsomolets Primorya, Komsomolets Ukrainy, Mirnij, Pavel Frolov, Rekordnij, Retivij, Rezkij, Rezvij, Robkij, Ryanij, Sekushchij, Slinij, Skolzyaschchij, Skorij, Skromnij, Smelij, Smetlivij, Smirnij, Sokrushitelnij, Solidarnij, Sovershennij, Sovremennij, Spokoynij, Sposobnij, Staratelnij, Steregustsij, Stremitelnij, Surovij, Svirepij, Trudfront, Vazhnij, Vdokhnovennij, Vdumchivij, Vedushchij, Velichavij, Velikodushnij, Vernij, Vidnij, Vkradchivij, Vlastnij, Vliyatelnij, Vnushitelnij, Volevolj, Volnij, Voshkhititelnij, Vostorshennij, Vrazumitelnij, Vstrechnij, Vyderzhannij, Vynoslivij, Vyrazitelnij, Vzyskatelnij, Zadornij, Zakaljonnij, Zametnij, Zashchitnij, Zharkij, Znatnij, Zorkij, Zovushchi, Zvonkij, Zvyozdnij

612

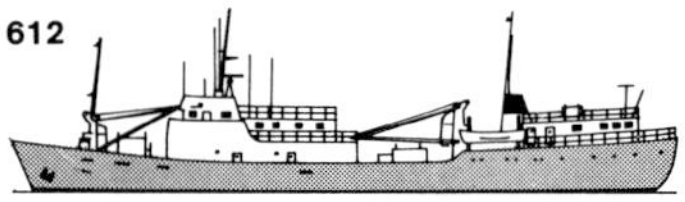

mf
Kaspij, Akhtuba, Amu-Darya, Anadyr, Dvina, Fontanka, Gorki, Indigirka, Jana, Kama, Kapitan Evseyev, Kolyma, Kura, Lena, Leningradets, Nevezhis, Nevka, Ob, Oka, Pechera, Pskovityanka, Radvilikis, Rand-1, Rand-2, Rand-3, Rand-4, Razliw, Rokishkis, Shushenskoe, Sukhona, Svir, Taman, Vychegda, 50 Let VLKSM

1970 Mathias-Thesen-Werft, Wismar		
1110	65,7	10,5 kn
429	11,1	825 hp
670	3,7	

613

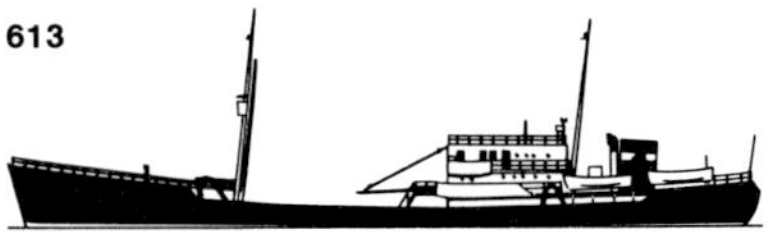

mf	**Rossia**	1950 Jos. Boel & Fils, Tamise		
	Kreml	1492	73,6	
	Novorossisk	829	11,8	
	Odessa	1470	5,2	Trawler
	Pobeda			
	Sevastopol			
	Volgograd			

614

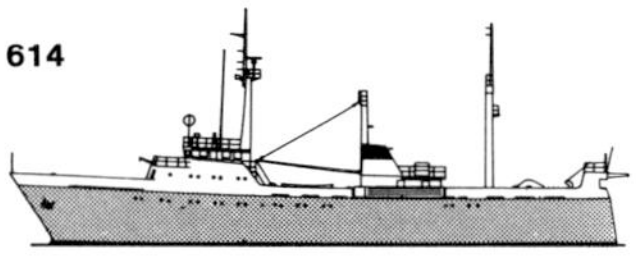

mf	**Barentsjevo More**	1975 Baltische Schiffswerft, Klaipeda		
	Beloje More	1503	59	12,5 kn
	Kineshma	465	13	2000 hp
	Rosta	601	4,9	Frischfisch-Trawler

615

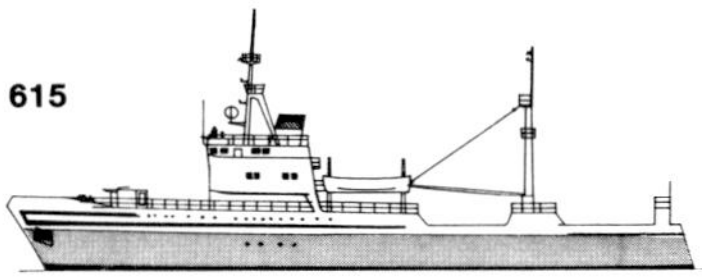

def	**Sever**	1967		
	u. a.	1941	71	13,3 kn
		680	13,1	
		706	4,8	940 cbm R.

616 Typ B 422

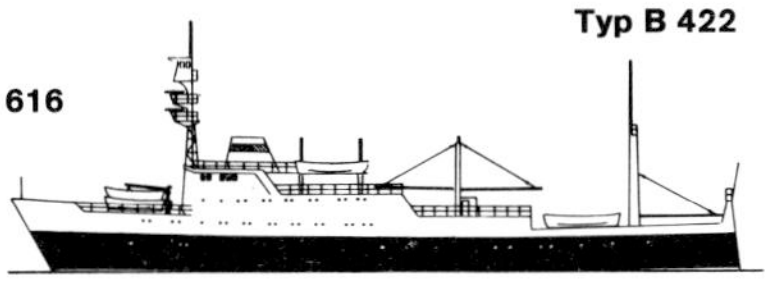

def
Belokamenka
Berezina
Gremikha
Kharlovka
Laplandiya
Limenda
Mezen
Professor Sergej Dorofjejev
Serebryanka
Taybola
Teriberka
Varshuga
Zadorie
Zagorianij
Zagorskij
Zakharovo
Zalesovo
Zarechye
Zaslonovo
Zubaryevo
Zubovo
Zvyagiho
Zvyeroboy
Zvyeryevo
Zykovo

Stocznia Polnozna, Gdansk

1976	72,8	13 kn
596	13	2 x 1150 hp
823	4,9	Fisch-Jagd-Schiffe
		775 cbm R.
		117 cbm Fischöl
		119 cbm Fischmehl

---

617 Typ „Tropik"

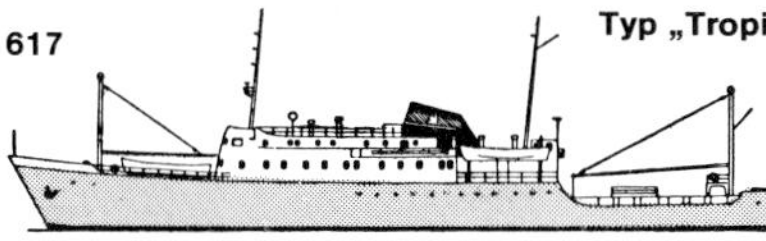

1961 Volkswerft, Stralsund

2435	79,8	11,7 kn
1070	13,2	1660 hp
850	4,9	Universal Trawler

mf
Abramtsevo
Albatros
Alderamin
Alioth
Aljfard
Almak
Aluchta
Alupka
Alushta
Andromeda
Antares
Argo
Balaklawa
Belogorsk
Bolshevo
Burevestnik
Cassiopeia
Cefej
Centaur
Deneb
Dobrovolsk
Eridan
Feniks
Feodosia
Flamingo
Gorechje
Guria
Gurjevsk
Gurzuf
Herkules
Istra
Ivan Gelubets
Juzhnyi-Krest
Kaira
Kallisto
Kaljmar
Kanopus
Kartli
Kassiopela
Kerch
Kerchenskij Komsomolets
Kljazma
Kolkhida
Koreis
Kozerog
Krasnodar
Langust
Leonid Sevryukov
Lesnoj
Lira
Livadija
Miskhor
Mizar
Mtskheta
Nadir
Nauka
Nikolay Filchenkov
Nikolsk
Oreandra
Orion
Pallada
Pegas
Persey
Porechje
Poti
Raduga
Repino
Roslavl
Ruslan
Rustavi
Ruza
Salgir
Saturn
Semjon Emelyanow
Shedar
Shota Rustaveli
Simeiz
Sirius
Slavsk
Strelets
Tbilisi
Tsefey
Tsentavr
Vega
Volopas
Yalta
Zaraysk

618

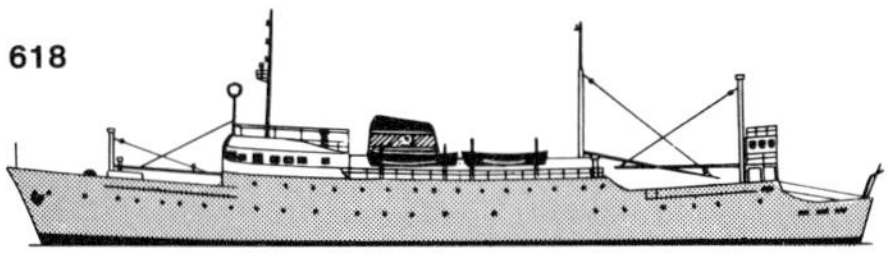

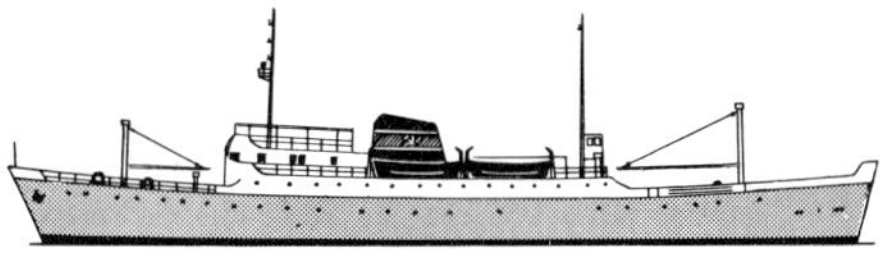

mf
Ashkabad
Chabarovsk
Chekhov
Dobroljubow
Dostoevskij
Dushanbe
Gogol
Izhevsk
Jaroslavl
Kazan
Khabarovsk
Murmansk
Nekrasov
Nikolay Ostrovskiy
Novikov-Priboy
Pushkin
Saltykow-Shchedrin
Serafimovich
Severnoye-Siyonie
Sverdlovsk
Ulianovsk
Vitebsk
Zavoljsk
Zhigulevsk
Zlatoust

1955 Howaldtswerke, Kiel

2471	85,5	12,5 kn
966	13,4	2400 ihp
1650	5,2	47643 cft R.
		Fabriktrawler

---

619 Typ Atlantik

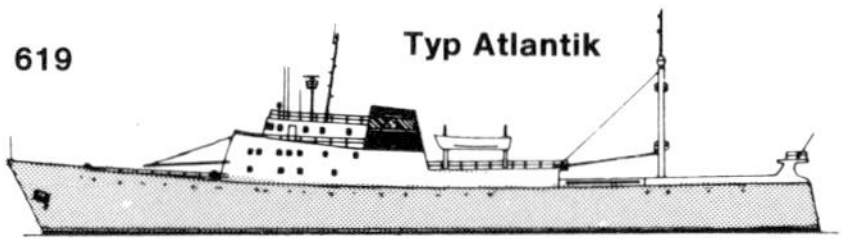

1966 Volkswerft, Stralsund

2657	82,2	13 kn
1139	13,6	2630 hp
1149	5	1055 cbm R.
		163 cbm Fischmehl
		9 cbm Fischöl
		Fabriktrawler

mf
Atlantik
Agatovij
Akhilles
Akhtuba
Akhun
Akmolinsk
Akustik
Alba
Aleksandrovsk
Aleksej Bordunow
Alma
Alsu
Amderma
Amga
Apsheron
Ardatov
Argun
Armeniya
Artemida
Artek
Arzamas
Asterold
Astronom
Asurit
Atoll
Aviator
Ay-Petri
Ayu-Dag
Azurit
Bakhchisaray
Balta
Barograf
Batumi
Bazalt
Bekas
Berezen
Chatyr-Dag
Daryal
Dionis
Diplot
Dneprodsershinsk
Drushba SSSR-DDR
Eisk
Geroi Adzhimushkaja
Hellograf
Herakles
Ilmen
Ilyichyovsk
Imereti
Izmail
Izumrudnij
Juhan Smuul
Julimiste
Jurnieks
Kakheti
Kalinovo
Kamenskoye
Kara-Dag
Karagach
Kazantip
Khronometer
Khrustalnij
Kirovograd
Klimovo
Kobuleti
Kondor
Korund
Kremen
Kursograf
Kvadrant
Leninogorsk
Liman
Lvov
M. Borisov
Makelis Buka
Meganom
Melitopol
Meteorit
Mikhail Kornitskiy
Mikhail Vidov
Mikhaylo Lomonosov
Milogradovo
Mitridat
Mongugal
Mramorniy
Nadezhda
Nikolay Brovtsyev
Nikolayev
Oktant
Oktyabrskoje
Orlinoye
Peredovik
Petr Lizyukov
Pisatel
Pitzunda
Planerist
Pluton
Poet
Polevod
Pravovyed
Priliv
Professor
Proliv
Promyslovik
Propagandist
Publitsist
Pyatigorsk
Rodonit
Rubinovij
Sadko
Sakartvelo
Salkhino
Sapun Gora
Seda
Sergey Kandachik
Shventoy
Sivash
Skalistiy
Sojus III
Sokolinoye
Solnoedar
Sopka Geroyev
Sumy
Taganrog
Tikhoretsk
Timofej Gornov
Tskhaltubo
Ugolnij
Vasiliy Golovkin
Volkhovstroiy
Volnomer
Yuriy Malakhov
Zheleznovodsk
Zhemaytiya
Zolotoy Kolos
Zvezda Krima
Zyemchushnij

---

620 Typ B 15

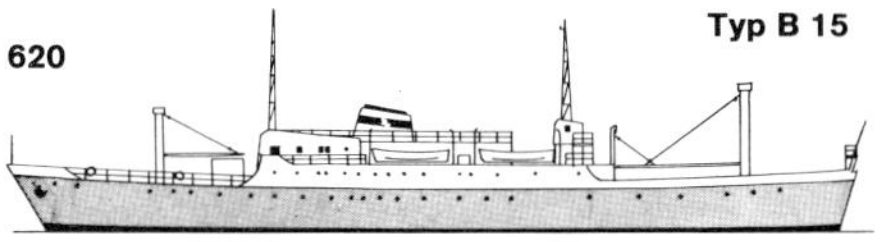

mf
Druzhba
Gonsharov
Leskov
Lunik
Mamin-Sibirjak
Mir
Orbita
Sputnik

1961 Stocznia Gdanska, Gdansk

2803	85,2	12,5 kn
1166	13,8	2400 hp
1405	5,5	1700 cbm
1–1 t, 2–1,5 t, 2–5 t		Fabriktrawler

UDSSR

621

Typ B 26

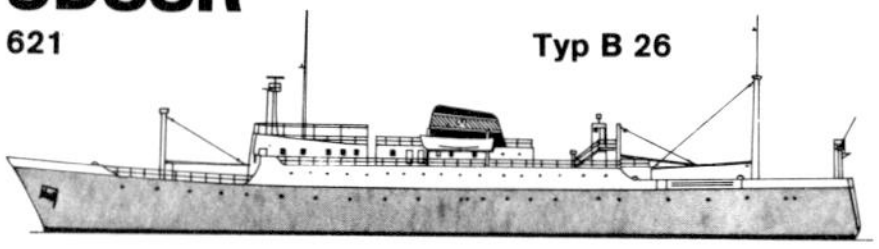

1963 Stocznia Gdanska, Gdansk
2894 83 12,5 kn
1271 13,8 2000 bhp
1250 5,4 Fabriktrawler

mf

Planeta
Anatolij Bredov
Anton Lopatin
Bizon
Bolshevik
Grigorij Polujanow
Ilya Katanin
Kapitan Demidov
Kildin
Kolskij
Kometa
Kosmos
Krasnoputilovets
Lazurnij
Leningrad
Luni
Mikhail Ivchenko
Muromsk
Narvskaya Zastava
Nikolaj Kononov
Nikyel
Novocherkassk
Novokuibyshevsk
Olenegorsk
Olentul
Onekotan
Parallaks
Perlamutr
Pinagorij
Plutonij
Poljarnoye Siyanie
Polotsk
Polyarnyy
Progres
Revolutsia
Rybatchiy
Salyut
Seliger
Severyanin
Siyanie
Slavgorod
Smolnij
Suloj
Timofej Khryukin
Toros
Tralflot
Tur
Vasiliy Kozenkov
Voskhod
Vspolokh
Vyborgskaja Storona
Vympel
Yuriy Kostikow
Zarnitsa
Zelenets
Zodchyj

622

1958 J.S. Nosenko, Nikolajev
3170 84,7 13 kn
1225 14 2000 hp
1300 5,6 2400 cbm
Fabriktrawler
2–1,5 t, 2–3 t, 2–5 t

mf

Lermontov
Adimi
Afanasy Nikitin
Agat
Akademik Berg
Aleksandr Krayev
Aleksandr Maksutov
Aleksandrit
Aleksey Gmyrev
Aleksey Makhalin
Alfonsas Cheponis
Almaz
Ametist
Anchar
Andrus Yokhani
Anton Tammsaare
Ants Laykmaa
Aralsk
Arkovo
Askold Melnik
Astra
Atlant
August Alle
Baikal
Barabash
Barabinsk
Basargin
Belinsky
Berill
Bikin
Birshtonas
Biryuza
Boris Gorinsky
Braslav
Brilliant
Danko
Diomid
Dmitri Furmanov
Druskininkay
Dzintarkrasts
Dzintaryura
Dzukiya
Eduard Syrmus
Eduard Veydenbaums
Ekwator
Elektrenay
Evald Tammlaan
Fedor Kraynov
Galaktika
Galifan Batarshin
Gijiga
Gleb Uspenski
Granat
Gribojedov
Grigory Shelikhov
Gubertas Borisa
Hans Lieberecht
Ikhtiander
Ikhtiolog
Illarlon Ryabikav
Imant Sudmalis
Iokhan Kyoler
Ionas Bilyunas
Iozas Vitas
Itelmen
Ivan Chernopyatko
Ivan Chigrin
Ivan Panov
Ivan Sereda
Izumrud
Jakov Smushkevich
Jan Berzin
Jan Fabritsius
Jan Rudzutak
Jaronimas Uboryavichus
Johannes Rubens
Juhan Liev
Juosas Garialis
Juosas Greifenbergeris
Juosas Vareikis
Juhann Sutiste
Kaarel Liymand
Kamchatskaya Pravda
Kamyshin
Kangaus
Kapitan Andrei Taran
Karolis Pozhela
Kaskad
Katangil
Kazakhstan
Kazalinsk
Kazatin
Kherman Arbon
Khingan
Khrustal
Koltsov
Kolyvan
Kommunist
Kommunist Ukrainy
Komsomol Latvii
Komsomol Ukraini
Korall
Korolenko
Kristall
Krishyans Voldemars
Kristionas Donelaytis
Kristyan Raud
Kuba
Kulunda
Kushka
Laguna
Lazurit
Leninets
Leon Pajegle
Lesogorsk
Lev Tolstoi
Linard Laytsen
Lotos
Luga
Lyudas Gira
Malakhit
Mamin-Sibiryak
Mark Reshetnikov
Mart Saar
Mayakovski
Meskupas Adomas
Mgachi
Mikolayus Chyurlyonis
Mongolia
Mramor
Nadezhdinsk
Nakhodka
Nelson Stepanyan
Neptun
Nikolei Ostrovsky
Novaya Era
Opala
Oskar Luts
Oskar Sepre
Otrog
Pasionariya
Pechenga
Perekat
Persei III
Petrodvorets
Petr Ovchinnikov
Petr Stuchka
Pioner Ukraina
Pioner Zapoljarya
Posjet
Pranas Eydukyavichus
Priamurye
Pulkovo
Putivl
Radishev
Rapolas Charnas
Robert Eydeman
Rubin
Rudolf Blaumanis
Sakhalin
Samarka
Saphir
Semyon Dezhnev
Sergei Yesenin
Seroglaska
Severnaya Palmira
Severomorskiy Komsomoltes
Shevchenko
Sibiryak
Sidimi
Stanjukovich
Sulfun
Tadjikistan
Taman
Tayshet
Teodor Nette
Tikhvin
Topaz
Tretjakovo
Trudovye Reservy
Turgenjev
Turmalin
Usbekistan
Valentin Kotelnikov
Valeriy Bykovskiy
Vasiliy Vinevitin
Vitautas Montvila
Vitautas Putna
Vladas Rekashyus
Vladimir Atlasov
Voskhod
Yakhont
Yantar
Yashma
Yunost
Zhemchug
Zhukovsky
Zigmas Angeretis
50 Let VLKSM

623

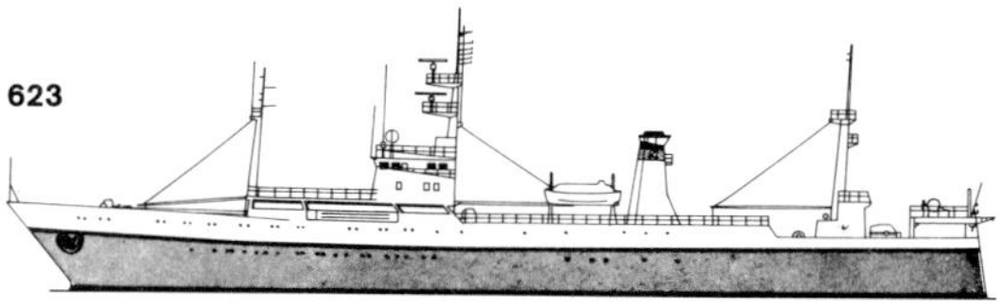

mf **Pulkovsky Meridian**

1974 Chernomorskij-Werft, Nikolajev
3272 103,1 15,5 kn
1396 16 2 x 3000 hp
2043 5,8 1500 t R
Fabriktrawler

624

Typ „Super-Atlantik"

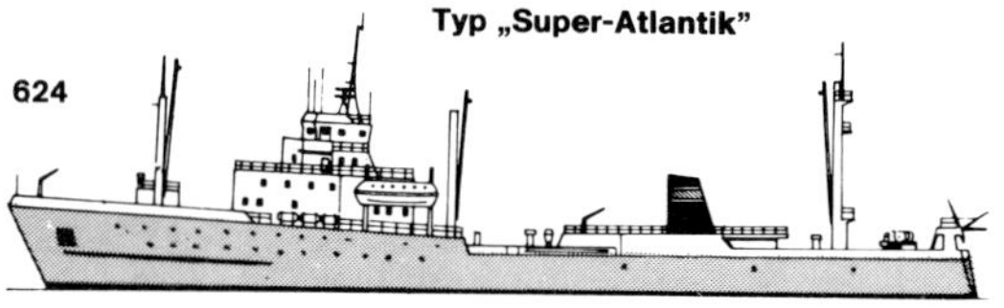

1973 Volkswerft, Stralsund
3977 102 15 kn
1830 15,2 4000 hp
2068 5,2 1800 cbm R.
Fabriktrawler

mf

Promethey
Akhilleon
Arabat
Aukshtaytiya
Azov
Batiliman
Berkut
Foros
General Chernyakovskij
Granit
Grigori Ovodovskij
Jan Raynberg
Joakim Vacietis
Jonava
Jurbarkas
Jurmala
Kommunar
Malaya Zemlya
Mustyarv
Myschako
Nerey
Nikolay Berzarin
Nikolay Tsyganov
Nina Onilova
Orfey
Perigay
Peypsi
Prezident Pieck
Retavas
Saadyarv
Salantai
Schilute
Silvakiya
Tamula
Tsemesskaya Bukhta
Turaida
Valentin Shevchuk
Voroshilovgrad
Zefir
Znamya Truda

625

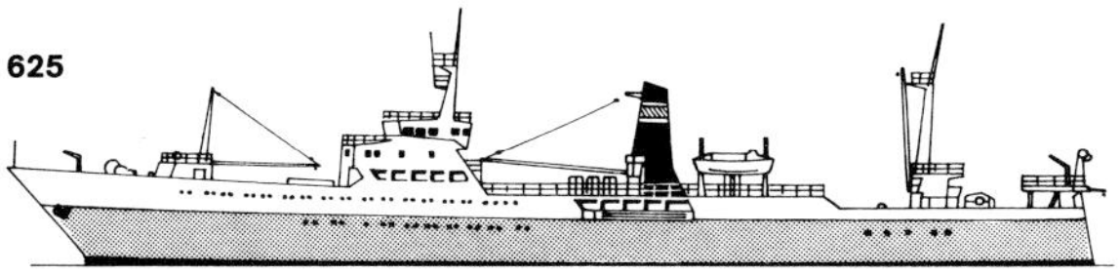

mf	**Gorizont**	1975 »Okean«-Werft, Nikolaev		
		4537	112,8	15 kn
		1942	17,3	7000 hp
		3050/3145	6,5	Fabriktrawler

626

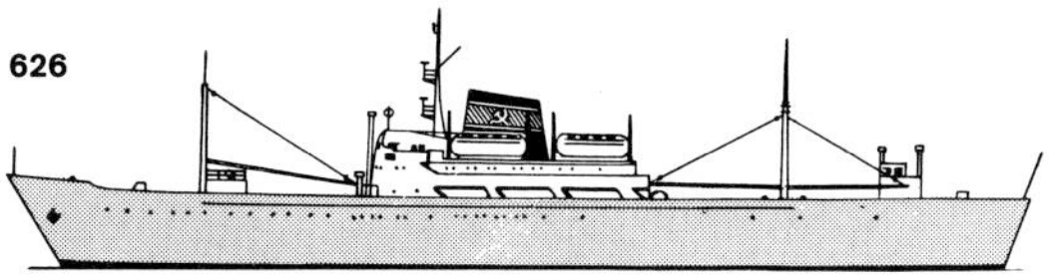

ms	**Skryplev**	1962 Burmeister & Wain, Köbenhavn		
	Davydov	4699	102,7	14 kn
	Sovetsk	2298	16	3530 hp
	Vitus Bering	2600	5,5	Fabriktrawler
			4–3 t, 2–7 t	

627

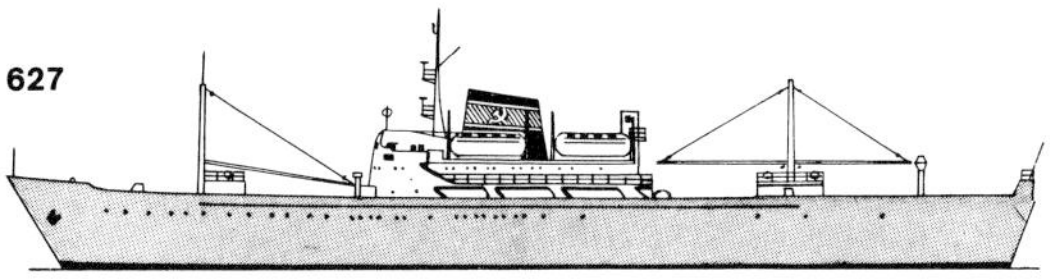

mf	**Grumant**	**Kapitan Skornyakov**	**Navigator**	**Skazochnik Andersen**	1964 Burmeister & Wain, Köbenhavn		
	Apatit	**Kompas**	**Pavlovo**	**Zapoljarnyj**	4699	102,7	14 kn
	Bussol	**Kovdor**	**Pelengator**	**Zelenoborsk**	2160	16	3530 bhp
	Ekholot	**Kurs**	**Peremyshlj**		2570	5,5	Fabriktrawler
	Geizer	**Lokator**	**Priluki**				
	Gletcher	**Magnit**	**Prokopjevsk**				

628

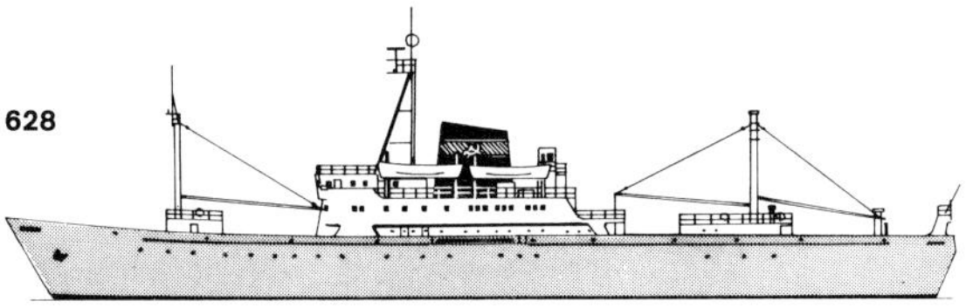

mf	**Rembrandt**	**Tkvarcheli**	1965 »De Schelde«, Vlissingen		
	Frans Hals	**Van Dijck**	5025	121,9	14 kn
	Gantiadi	**Van Gogh**	2162	16,5	3000 hp
	Geroi Eltigena	**Zarechensk**	2600	5,5	Fabriktrawler
	Ritsa	**Zodiak**			

629

Typ B 400

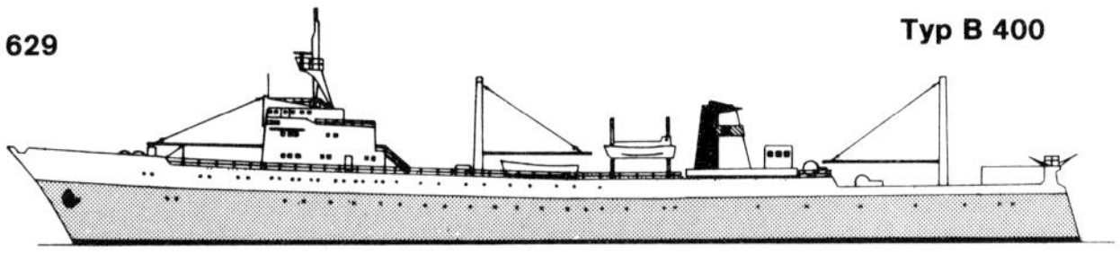

von polnischen Werften		
	119,5	17 kn
		2 x 3600 hp
3600		3800 cbm
		Fabriktrawler
Nur Entwurfskizze		

630

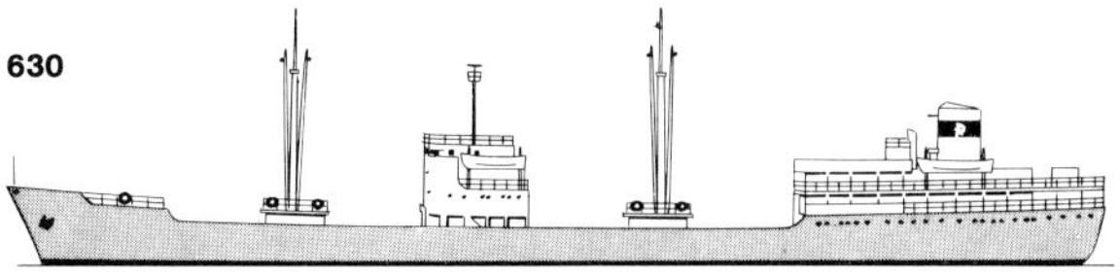

ms	**Lamut**	1959 Hitachi Zosen K. K., Mukaishima		
	Nikolai Isayenko	4982	110,3	12,5 kn
		3388	16,8	3360 hp
		4150	5,9	Frischfischfabrik

631

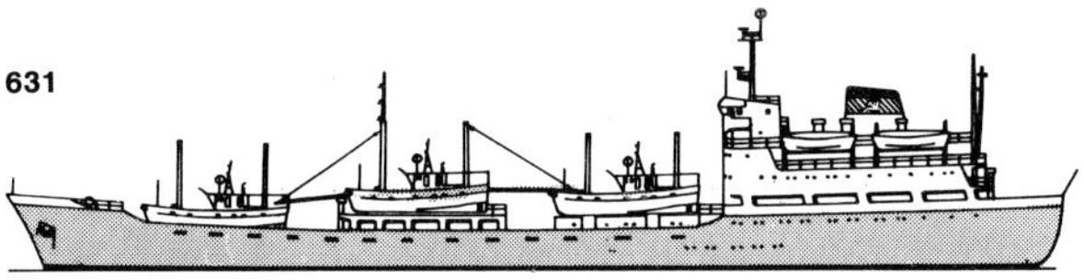

ms	**Leninsky Luch**	1964 Hitachi Zosen K. K., Mukaishima		
	Jarkij Luch	5272	115	14 kn
	Krasnyy Luch	3109	17,4	3450 hp
	Solnechnui Luch	3005	5,6	Thunfischfangfabrik
	Svetlij Luch			

632

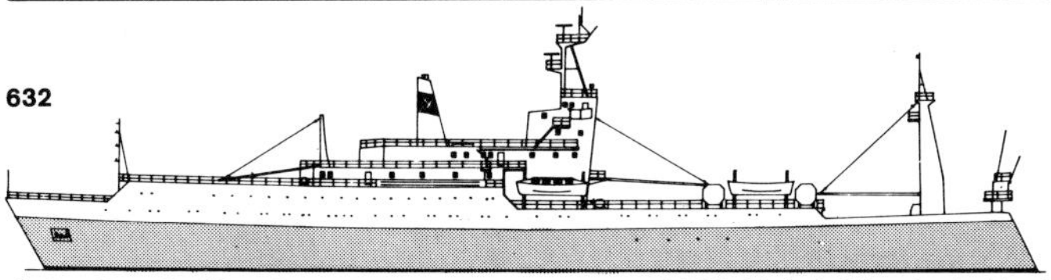

def	**Natalia Kovshova**	1965 Atel. & Chant. de Nantes, Nantes		
	Anatolj Khalin	6260	128,8	14 kn
	Marija Polivanova	2017	19	7560 hp
		4500	7	Fischfabrik

633

Typ B 62

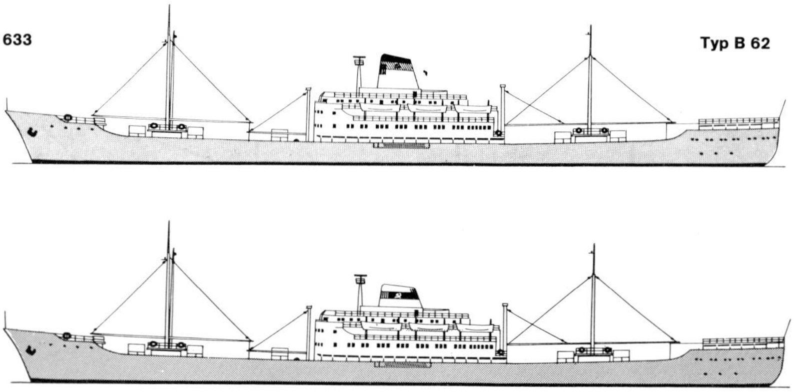

ts

Severodvinsk
Arman
Chukotka
Ivan Federov
Johanes Wares
Pechenga

Riga
Sovetskaÿa Kamchatka
Sovetskaÿa Litva
Sovetskaÿa Sakhalin
Svÿatogor

1958 Stocznia Gdanska, Gdansk

10026	155,0	14,5 kn
4656	20,1	5000 hp
9795	8,2	359000 cft
		Fischfabrik

634

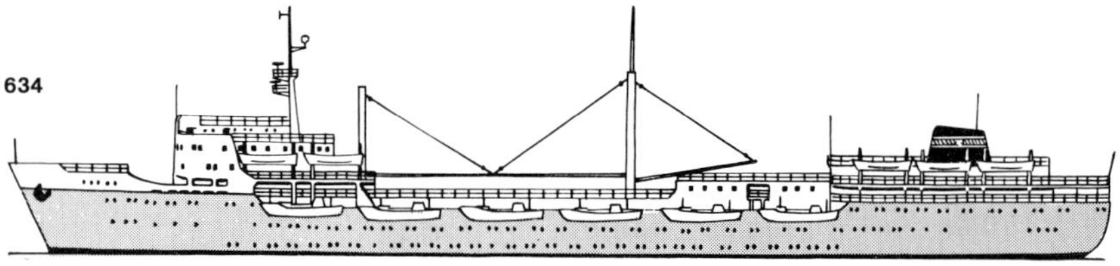

ms

Andrey Sacharow
Aleksandr Kosarev
Aleksandr Obukhov
Aleksandr Sbrodov
Evgenij Nikishin
Konstantin Sukhanov

Mikhail Tukhachevski
Pavel Postyshev
Pavel Tjebotnjagin
Sergey Lazo
Vasiliy Blyukher
Vasiliy Putintsev

1960 Admiralteiskij-Werft, Leningrad

12675	162,2	12,7 kn
6275	20	3800 hp
15300	7	Fischfabrik

635

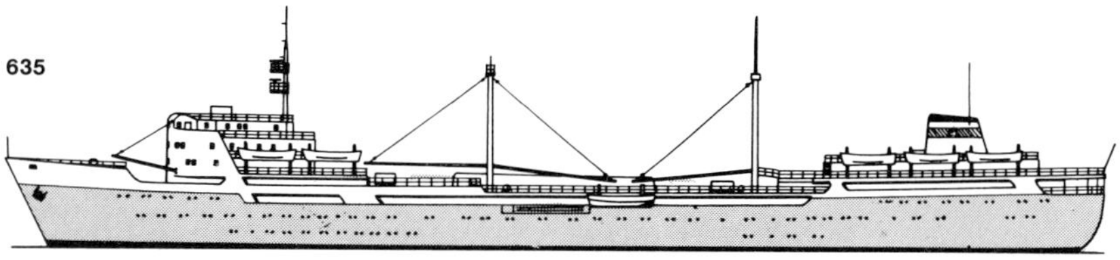

ms

Ieromin Uborevich
Korablestroitjel Klopotov
Kronid Korenov

1967 Admiralteiskij-Werft, Leningrad

13528	162,2	12,7 kn
7644	20	2 x 2000 hp
7433	7	Fischfabrik

636

Typ B 64/I

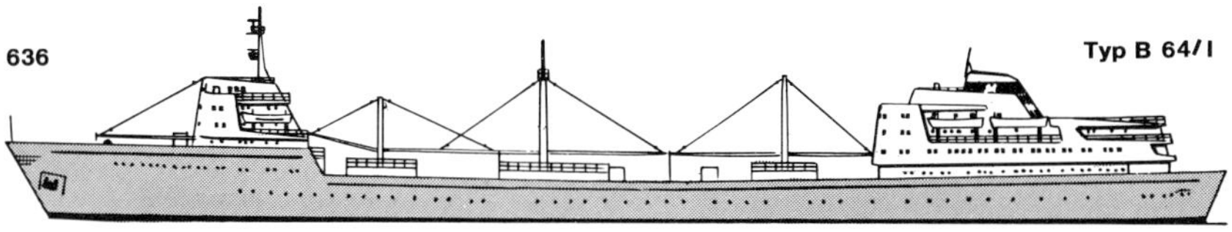

ms

Pionersk
Aleksej Khlobystov
Aleksej Pozdnyakov
Aleksej Vasilisin
Dauria
Fryderik Chopin

Grigorij Lysenko
Matochkin Shar
Nikolai Danilov
Polyarnaya Zvezda
Rybnyy Murman
Sergey Vasilisin

Sevruba
Stanislav Manjushko
Viktor Kigisepp

1964 Stocznia Gdanska, Gdansk

13638	165,5	14 kn
6824	21,3	6250 hp
10000	8,1	10530 cbm R.
		Fischfabrik

637

Typ B 69

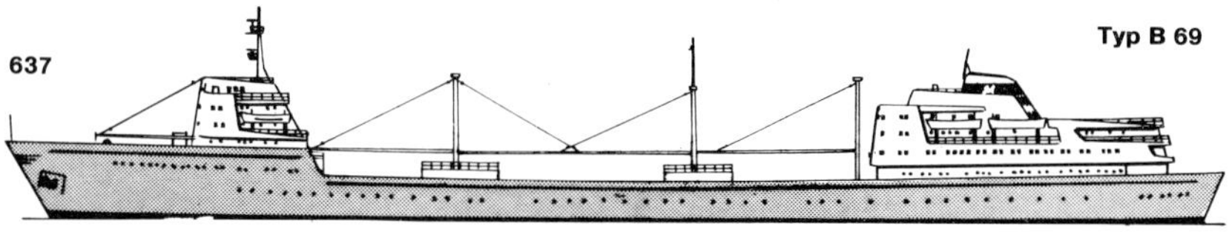

1966 Stocznia Gdanska, Gdansk

13571	164	15,3 kn
6895	21,3	7200 hp
10000	8,1	11742 cbm
		Fischfabrik

ms

Professor Baranow
Aleksandrovsk-Sakhalinskiÿ
Antarktika
Arktika
Avacha
Felix Kon

Julian Marchlevski
Juzhno Sakhalinsk
Kaliningradskij Komsomolets
Komsomolets Magadana
Komsomolsk Na Amure
Leninskaya Iskra

Leninskiy Put
Marshal Maretskov
Marshal Sokolovsky
Nakhichevan
Novaya Kakhovka
Novaya Ladoga

Orochon
Palanga
Pogranichnik Leonov
Pribaltika
Rizhskoye Vzmorye
Robert Eykhe

Rybak Baltyki
Rybak Latvii
Severniy Poljus
Sovetskaya Buryatiya
Sovetskaya Sibir
Sovietskoje Primorje
Sovietskoje Zapolarje
Tomsk
Vintsas Mitskyavichus
Zemla Kolskaya
50 Let Oktjabrja

638

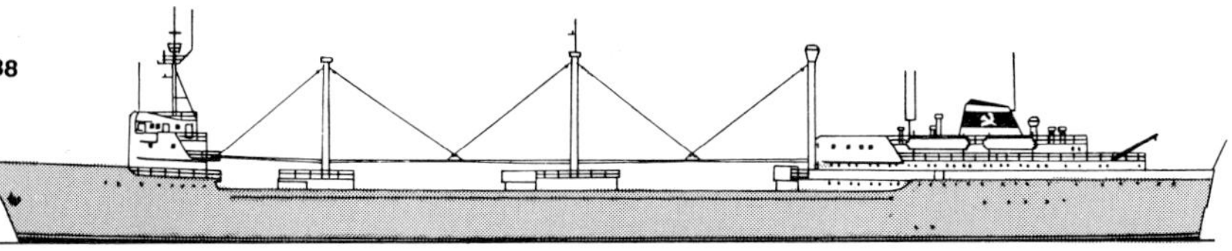

ms	**Rybazkaja Slava**	**Kronstadtskaja Slava**	1965 Kieler Howaldtswerke AG., Kiel		
	Baltijskaja Slava	**Leningradskaja Slava**	16389	166,5	14 kn
	Boevaja Slava	**Trudovaja Slava**	11030	24	5000 hp
	Chernomorskaja Slava	**Vilis Lacis**	10000	7,3	Fischfabrik

8) ex *Morskaja Slava*

639

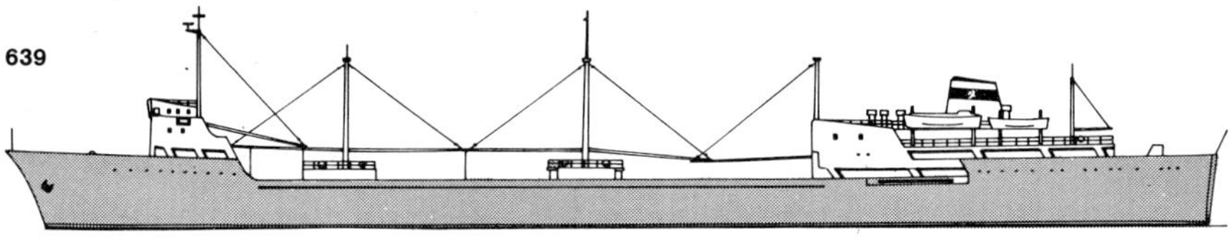

ms	**Spassk**	**Slavjansk**	1965 Mitsubishi H. I., Yokohama		
	Severodonetsk	**Sukhona**	17996	174,3	14 kn
	Severouralsk	**Sulak**	11065	24	5500 bhp
	Shalva Nadibaidze	**Suzdal**	10000	7,3	Fischfabrik

640

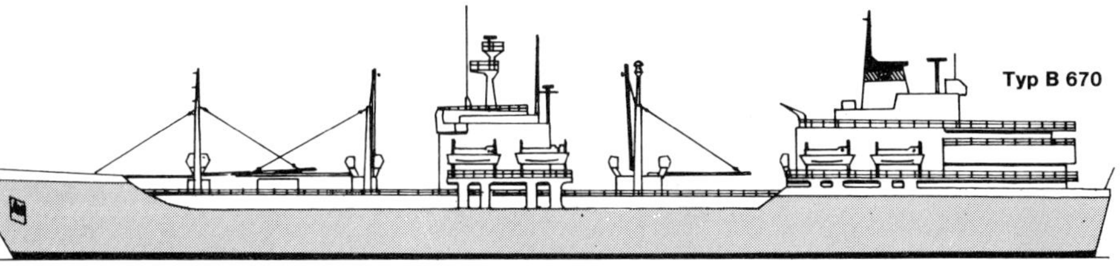

von polnischen Werften

	178,3	15 kn
		8900 hp
11500		Fischfabrik
		13400 cbm

Nur Entwurfskizze!

641

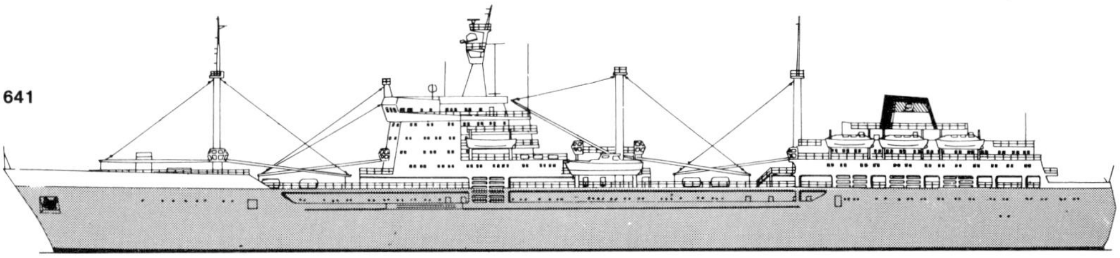

ms **Pyatidesyatiletiye SSSR**
Vasiliy Chernyshyov
+ 3

1973 Admiralteiskij-Werft, Leningrad		
18455	197,3	14,5 kn
5797	26,4	9000 hp
13250	7,8	Fischfabrik

642

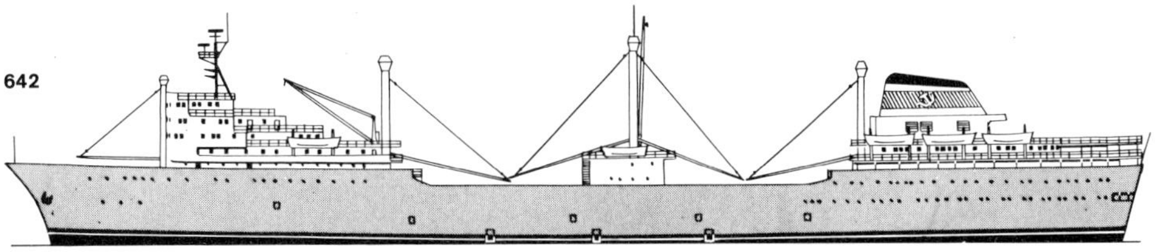

ms **Vladivostok**
Daljnij Vostok

1962 Kieler Howaldtswerke AG., Kiel		
17149	181,9	14 kn
9203	23,8	6250 hp
11500	8,9	Wal-/Fischfabrik
	9-5 t, 1-10 t, 1-30 t, 2-5-t-cranes	

643

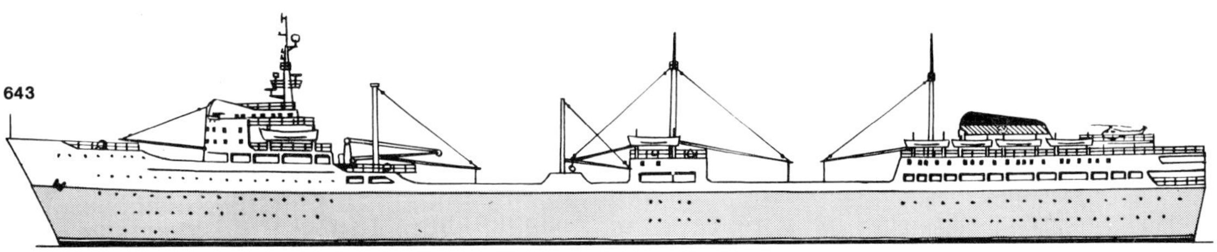

mt **Sovetskaja Ukraina**
Sovetskaja Rossija

1960 I. I. Nosenko, Nikolaev		
32024	217,8	16 kn
17923	27,8	15000 hp
26700	10,6	Walkochereien

UDSSR

644

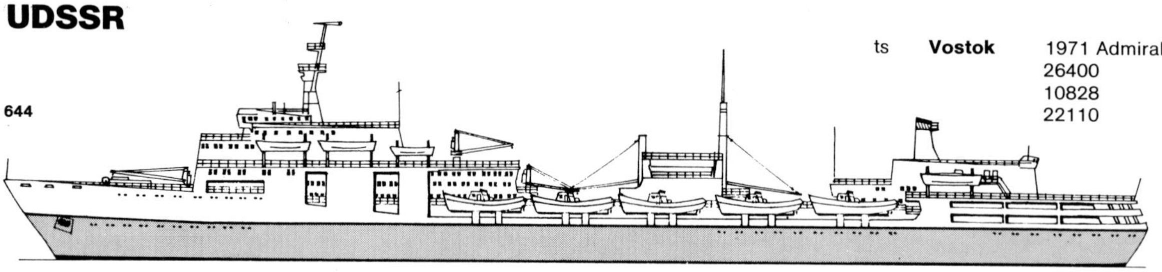

ts **Vostok** 1971 Admiralteiskij-Werft, Leningrad

26400	224,6	19 kn
10828	28	2 x 13000 hp
22110	10	Fischfabrik
		28000 cbm
		./. 20800 cbm R.

Fischtransporter

(die Register der UdSSR nennen auch andere, konventionelle Kühlschiffe als Fischtransporter. Hier sind nur die Spezialbauten mit entsprechenden Sondereinrichtungen aufgeführt, die anderen Kühltransporter finden sich im Frachtschiffsteil)

645

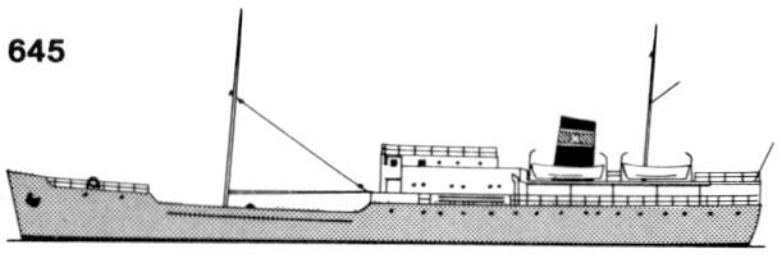

ms **Gelendzhik**, **Gornozavodsk**, **Krasnogorsk**, **Provorni**, **Refrigerator No. 8**, **Refrigerator No. 12**, **Refrigerator No. 13**, **Samarkand**, **Trudolyubivij**, **Uglegorsk**

1955 Burmeister & Wain, København

1570	72,9	10,8 kn
674	11,5	1300 ihp
885	4,3	Fischtransport

646

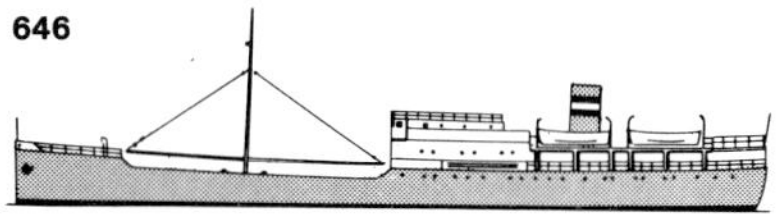

ms **Refrigerator No. 4**, **Refrigerator No. 5**, **Refrigerator No. 6**, **Zvaygzne**

1952 Burmeister & Wain, København

1676	72,7	10,8 kn
800	11,5	
890	4,3	Fischtransport

647

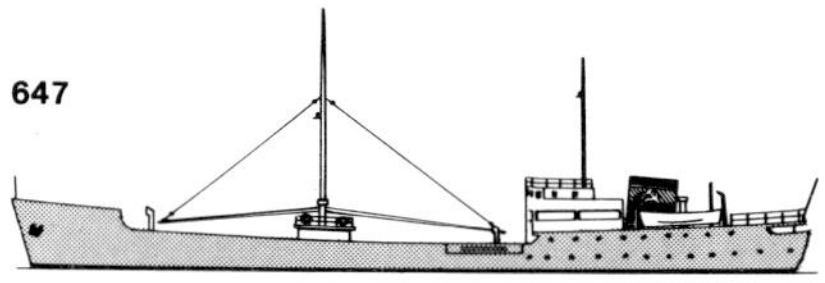

ms **Kustanay**, **Magadan**, **Polessk**, **Saransk**, **Zelenograd**

1955 Oskarshamns Varv, Oskarshamn

1758	79	13 kn
834	12,6	2400 bhp
2000	6,1	1885 cbm R.
	4–3 t	Fischtransport

648

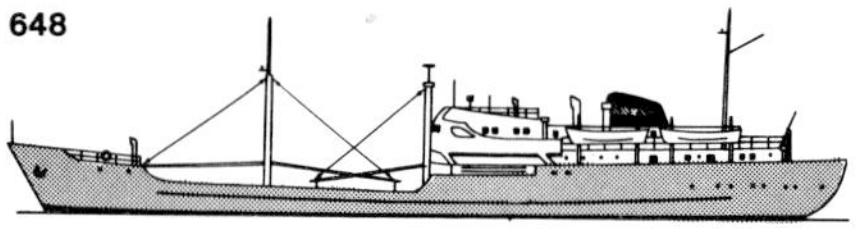

ms **Palekh**, **Baskunchak**, **Bolon**, **Bratsk**, **Elton**, **Evron**, **Khanka**, **Khazan**, **Kizi**, **Lomonossow**, **Orel**

(z. T. ohne Ladebäume, Masten auf Winschenhäusern).

1959 Volkswerft, Stralsund

2295	82,4	11 kn
987	13	1300 bhp
1260	5,2	Fischtransport

649

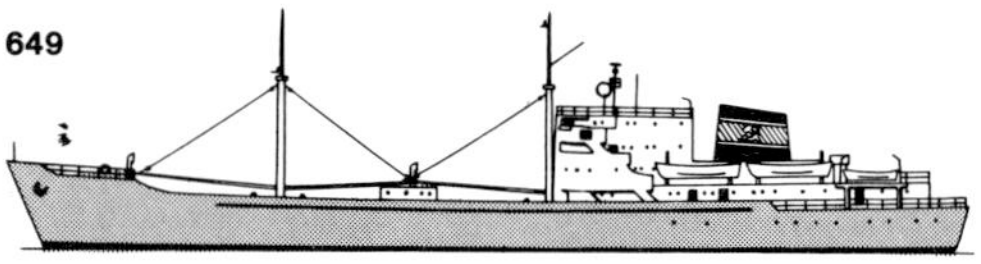

ms **Juljus Janonis**, **Neva**, **Pervomaysk**, **Primorsk**

1958 Burmeister & Wain, København

3321	94,8	12,8 kn
1611	14,4	2160 ihp
1500	4,3	Fischtransport
	4–2 t, 4–3 t	

650

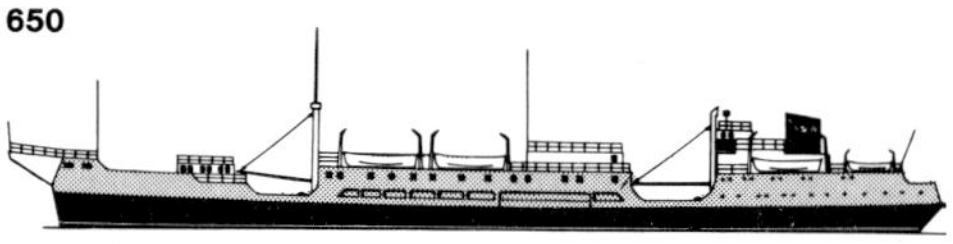

ms **Newa**, **Support**

92	10 kn
13,4	Reparaturschiffe für die Fischereiflotten

651

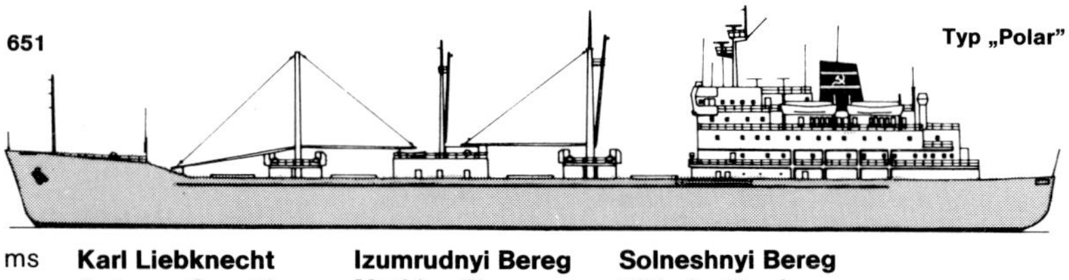

Typ „Polar"

ms **Karl Liebknecht**, **Antanas Snechkus**, **Dimant**, **Ernst Thälmann**, **Fritz Heckert**, **Izumrudnyi Bereg**, **Mathias Thesen**, **Otto Grotewohl**, **Rosa Luxemburg**, **Skalistyi Bereg**, **Solneshnyi Bereg**, **Wilhelm Pieck**, **Yantarnyy Bereg**

1970 Mathias-Thesen-Werft, Wismar

11915	155	17,5 kn
6554	22,2	9000 hp
9288	7,2	13000 cbm R.
		1310 cbm Fischmehl
	7–5 t, 2–10 t	

652

ms **Mars** 1975
41 12,4 kn
8 2 x 300 hp
2,1 Taucherboot

653

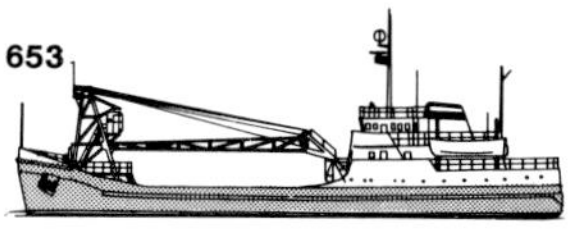

ms **Jakub Kyazimov** 1969
54
14,5
2,1 Kranschiff
25-t-Kran (15 m)

654

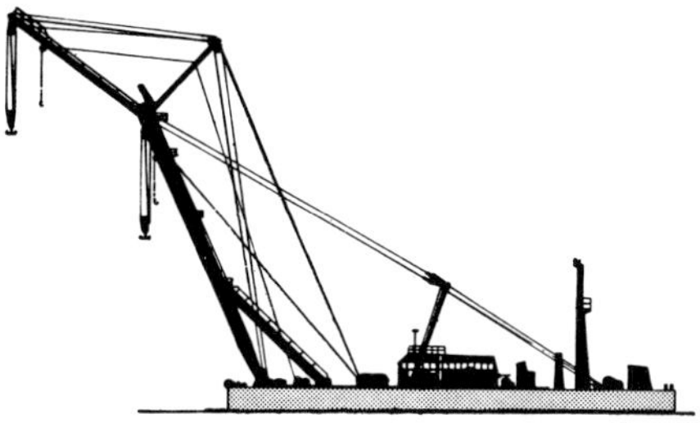

ms **Sudopodjom 1** 1973 HDW, Hamburg
Sudopodjom 2 1631 54
458 24 4 x 250 hp
2,7 Schwimmkran

655

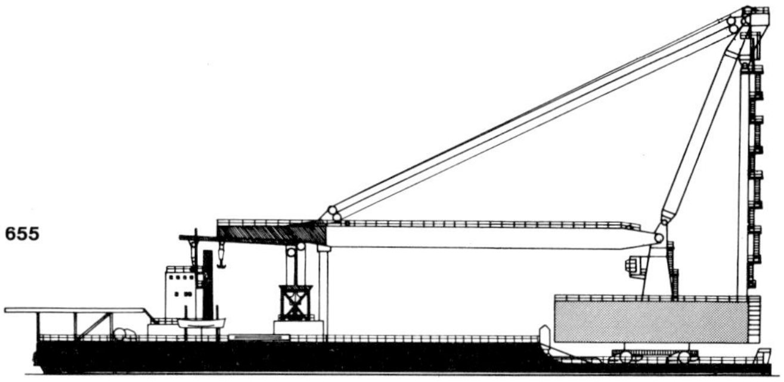

ms **Azerbaidjan** 1977 Blohm + Voss, Hamburg
127 10 kn
34,5
5,6
2000-/2500-t-crane Kranschiff

655a

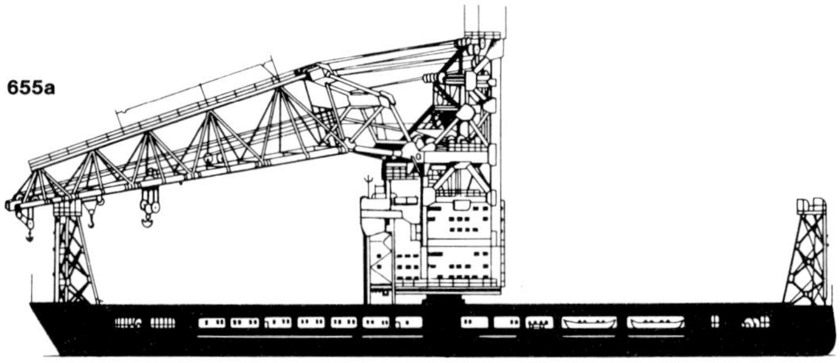

ms **Ker Ogly** 130
50
250-t-Doppelrumpf-Kranschiff
Kaspisches Meer

656

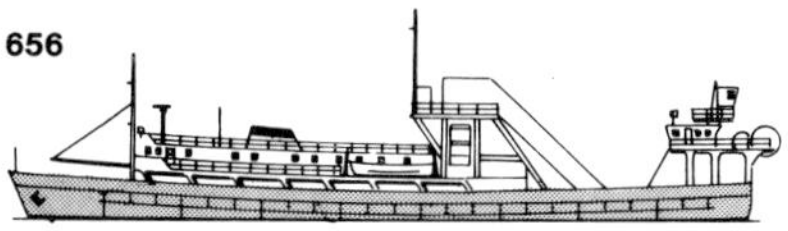

ms Brodogradiliste Tito, Belgrad
Bagger

657

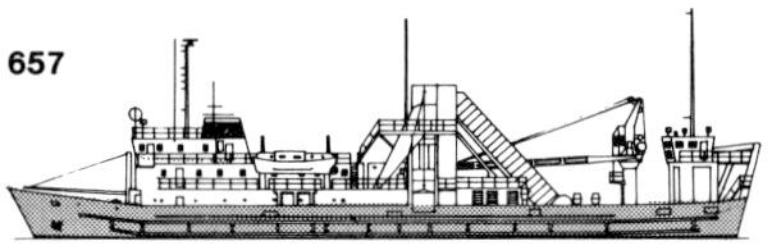

ms **Aleksandr Uvarov** 1975 Peene-Werft, Wolgast
Dunay 1268 72,8 8,7 kn
Georgij Nalivajka 12,8 2 x 1320 hp
Ladogskaya 3,2 Bagger
Rion
Zjurupinsk

658

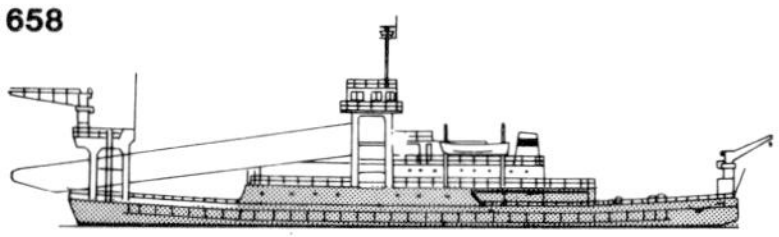

ms **Zeya** 1969 Nippon Kokan K. K., Asano
Baltijskaja 1583 71,5 7,5 kn
Ilyichyovsk 466 14 1700 shp
Ochakov 265 3,1 Bagger
Tikhookeanskaya
Turaida

659

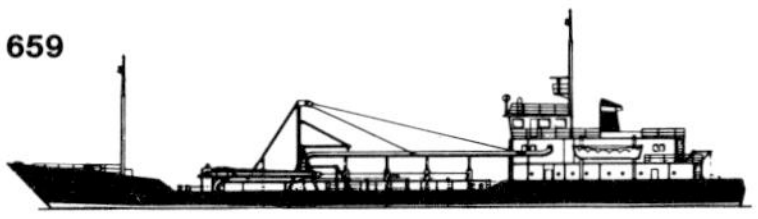

ms **Jana** 1974 IHC Holland
Urengor 72,4
14
2,4
Saugbagger

UDSSR

660

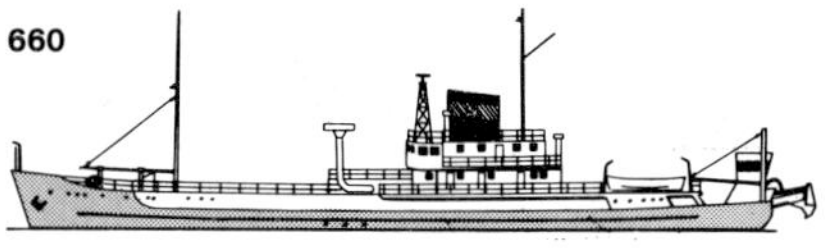

ss	**Z/S No. 8**	1958 LMG., Lübeck		
		1502	78,7	9,5 kn
			12,9	1160 ihp
		1800	4,2	Saugbagger

661

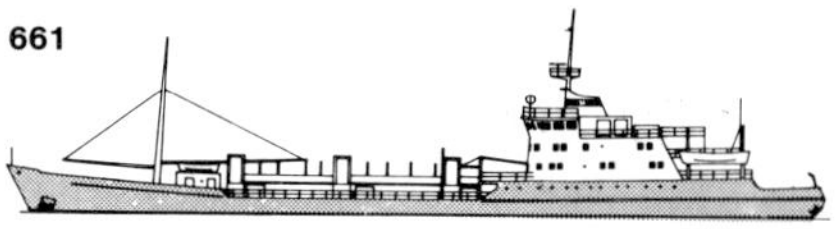

des	**Severodvinski**	1966 A. Stephen + Sons, Glasgow		
	Arabatski	1600	82,2	11,5 kn
	Onegski		13,7	3020 bhp
		1420	4,2	1180 cbm
				Saugbagger

662

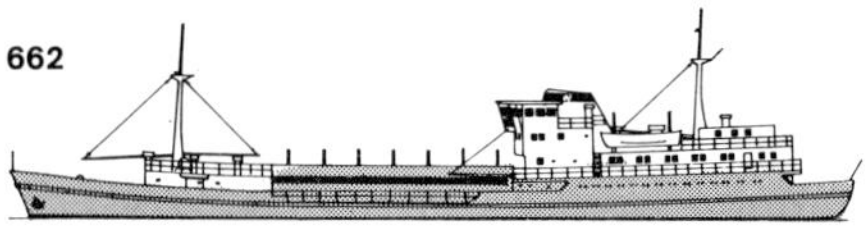

des	**Jasienski**	1966 J. + K. Smit, Kinderdyk		
	Narvski	2044	81,9	11,3 kn
	Vyborgskij	671	13,2	2160 hp
		1690	4,2	1180 cbm
				Saugbagger

663

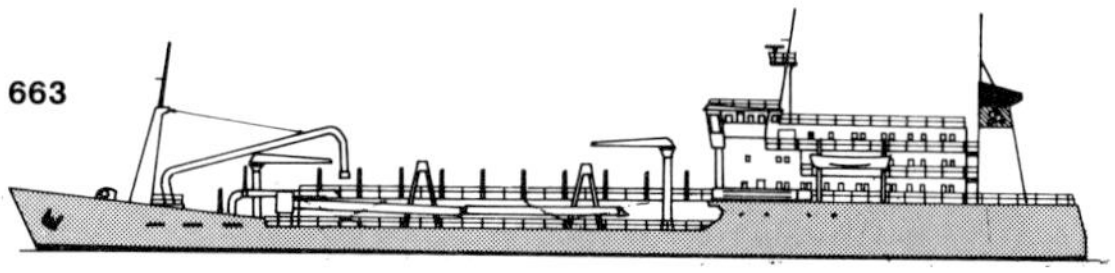

ms	**Khersones**	IHC Smit, Kinderdijk		
			106	
			18,2	2 x 3650 hp
				3500 cbm
				Saugbagger

664

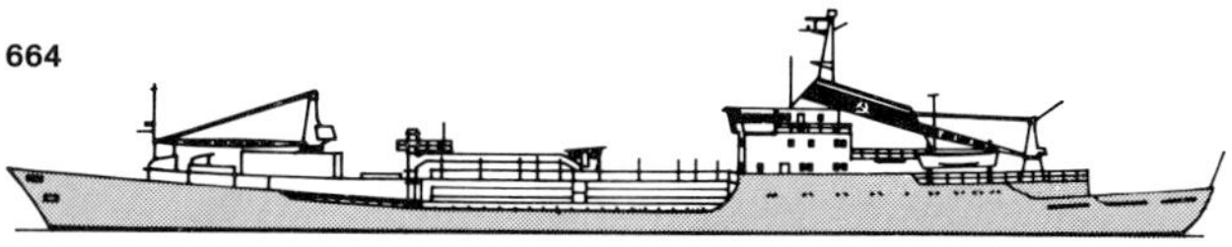

des	**Baltijskoe More**	1965 At. & Chant. de Nantes, Nantes		
	Chernoje More	5468	120,5	14,5 kn
		2356	18	10000 hp
		7000	6	Saugbagger

665

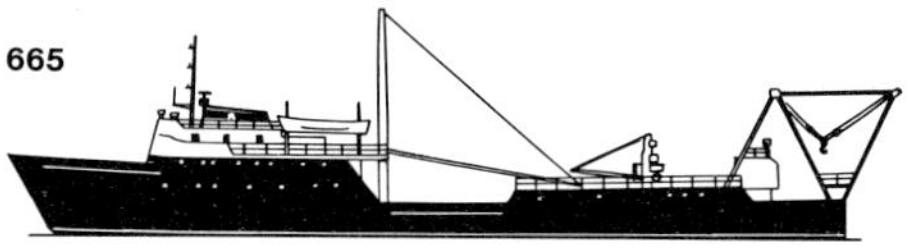

des	**KIL-1**	**KIL-25**	1965 Neptun, Rostock		
	KIL-2	**KIL-27**	2366	86,8	12 kn
	KIL-3	**KIL-29**	724	14,8	2240 hp
	KIL-4	**KIL-31**	4150	5	Anchor lifting vessels

666

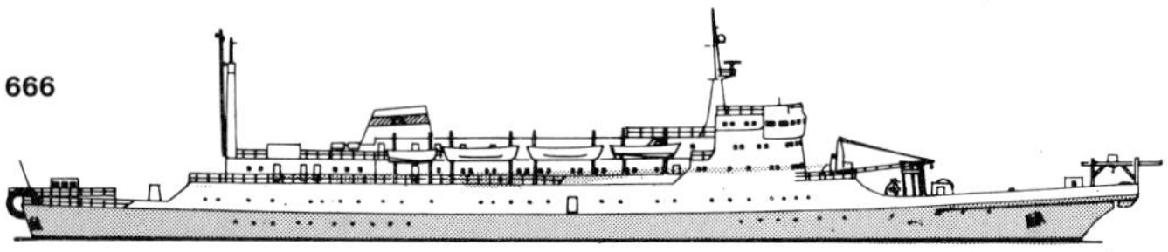

des	**Ingul**	1962 Wärtsilä, Sandviken		
	Jana	5644	130,4	14 kn
		2390	16	4300 bhp
		3280	5,2	Kabelleger

667

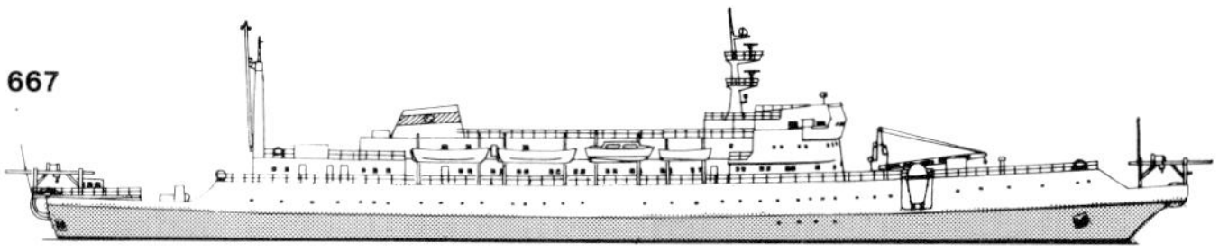

ms	**Zeya**	1970 Wärtsilä, Abo		
	Donets	6020	130,4	14 kn
	Katyn	2652	16,1	
		3297	5,2	Kabelleger

Binnenschiffe (es ist jeweils nur das Typ-Schiff genannt)

668

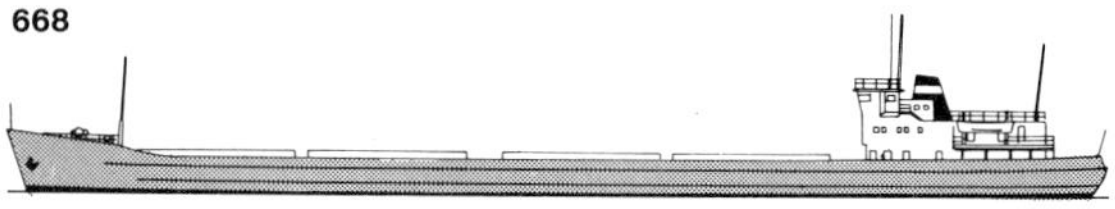

ms	**Jakutsk**		108,4	
			15	2 x 700 hp
		2100	2,5	Sibirische Flüsse

669

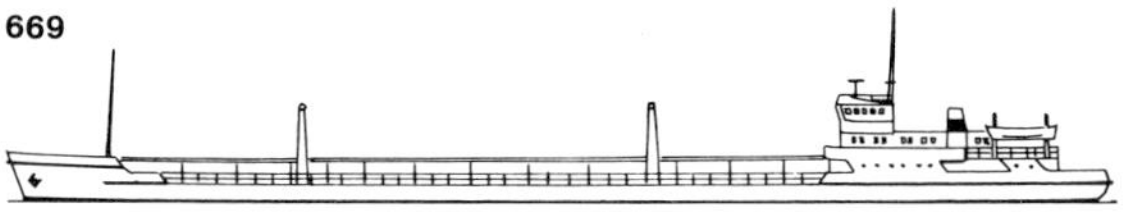

mt	**Lenaneft I**	1973 Osetrovo-Werft, Osetrovo		
		2000	108,5	11 kn
			15,1	2 x 660 hp
		2150	2,5	

670

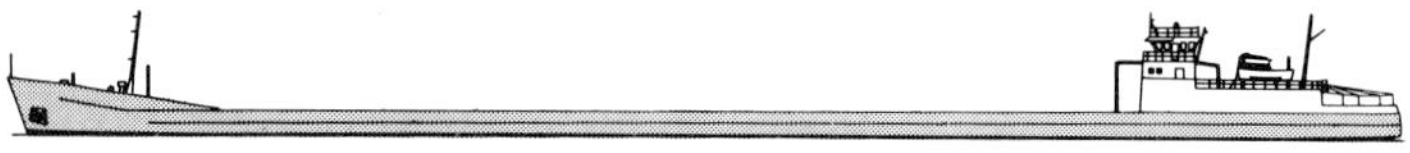

ms	**Volgo-Don**	1960		
			138,2	12,5 kn
			16,5	1200 hp
		5000	3,5	

(sehr ähnlich sieht die Tankerserie »Wolgo-Neft« aus).

671

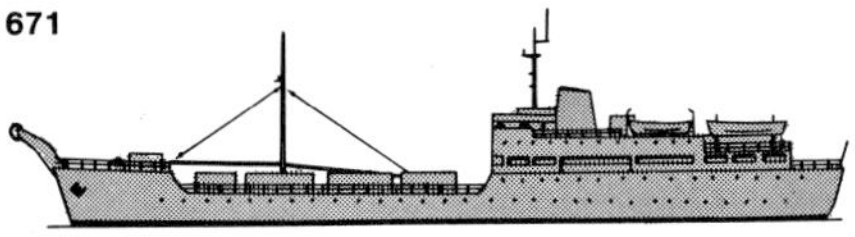

Dnjepr 82 12 kn
3000

672

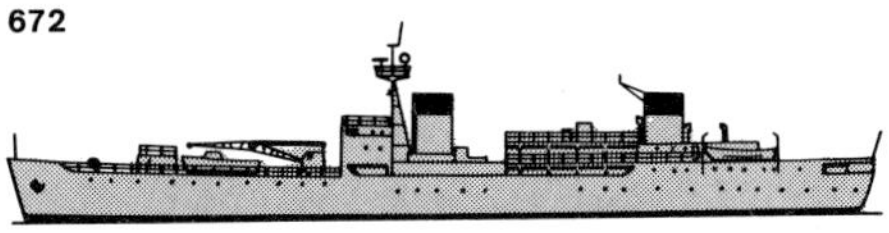

Tovda 86 12 kn
Inza 3000 12
Kala
Vitegra

673

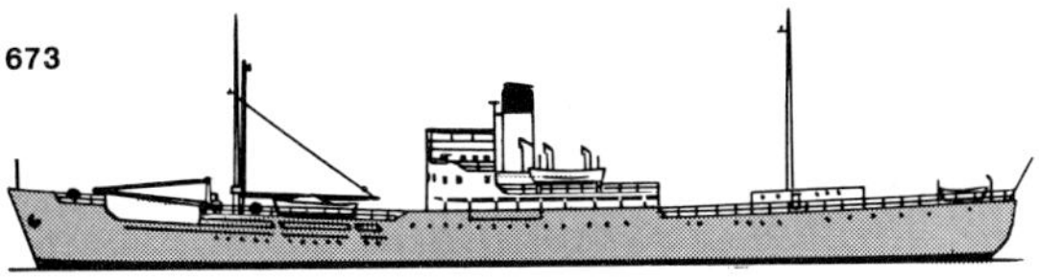

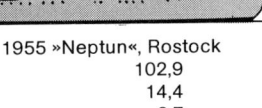

ss **Amburan** 1955 »Neptun«, Rostock
Ararat 102,9 13 kn
Atrek 14,4
Ayat 6,7

674

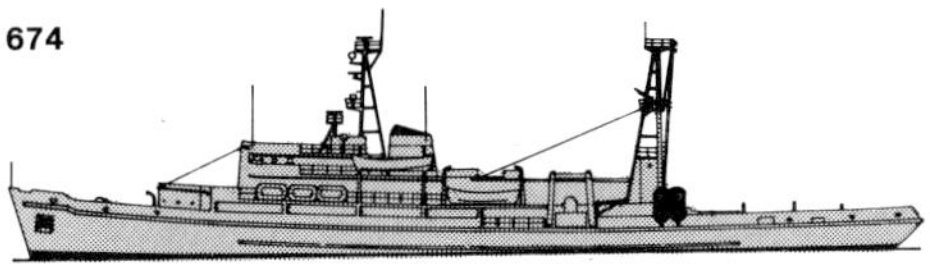

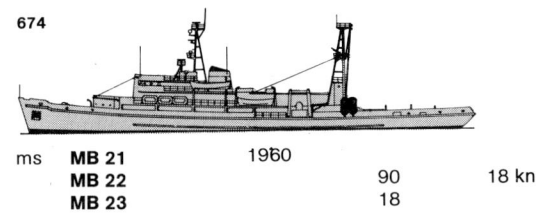

ms **MB 21** 1960
MB 22 90 18 kn
MB 23 18

675

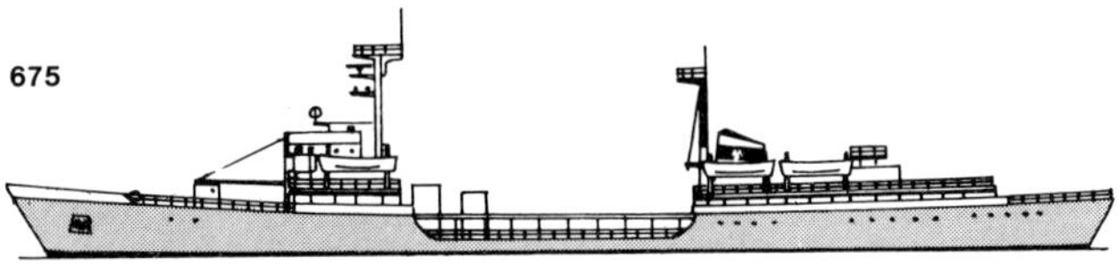

mt **Uda**
Lena
Koida
+ 3

mt **Kutaisi** 1976 Brodogradiliste Split, Split
Khudozhnik Toidze 15662 183,0 17,0 kn
Sovetskij Khudozhnik 7938 23,5 11200 hp
Sukhumi 24000 10,0
(Entwurfsskizze)

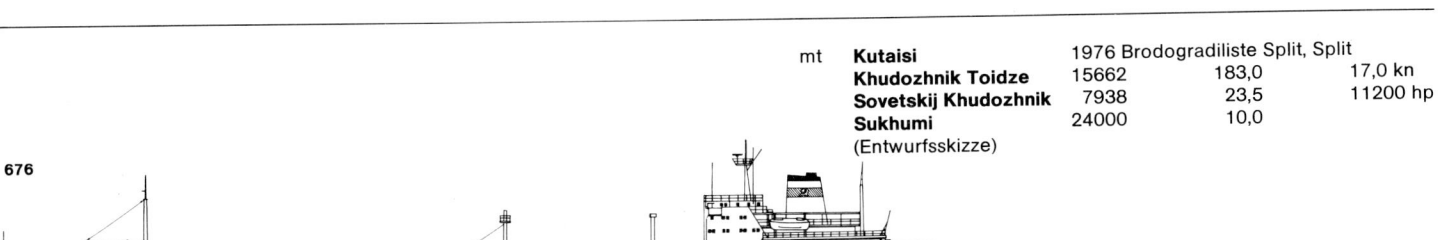

676

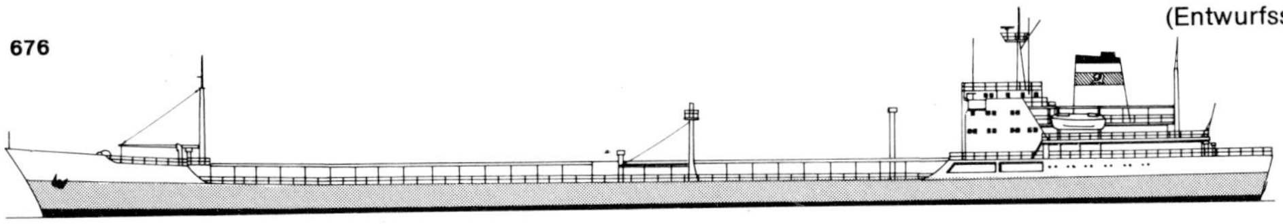

ALPHABETISCHES REGISTER

Zu dem folgenden alphabetischen Namensregister einige kurze Hinweise (die Bedeutung der Abkürzung in der Rubrik »Art« siehe in den Erläuterungen zu den Skizzen auf Seite 77).

Ein * hinter dem Schiffsnamen besagt, das Schiff hatte früher einen anderen Namen.

Für die Reedereinamen wurden aus Platzgründen Kurzfassungen formuliert. Die vollständigen Namen sowie die Adressen der Reedereien finden sich bei den jeweiligen Länderbeschreibungen im 1. Teil des Buches.

Die Werftnamen mußten z. T. gleichfalls aus Platzgründen auf gewisse Abkürzungen reduziert werden – sie dürften alle auch in der vorliegenden Form verständlich sein.

Die in der rechten Spalte unter Skizze Nr. stehenden Ziffern erleichtern das Auffinden der im Skizzenteil durchnumerierten Schiffe – sie sind mit den jeweils links über den Schiffskizzen stehenden Zahlen identisch.

Art	Name	Reederei/Heimathafen	Bauwerft	Baujahr	BRT	NRT	tdw	L	B	Tfg	kn	Skizze-Nr.
mf	**Afala**	Okeansky Ribolov, Burgas	Stocznia Gdynia, Gdynia	74	2468	1034	1685	89,0	15,0	5,2	15,5	6
mf	**Agita**	Okeansky Ribolov, Burgas	Stocznia Gdynia, Gdynia	75	2468	1034	1685	89,0	15,0	5,2	15,5	6
mf	**Aktinja**	Okeansky Ribolov, Burgas	Stocznia Gdynia, Gdynia	74	2467	1033	1685	89,0	15,0	5,2	15,5	6
mf	**Albatros**	Okeansky Ribolov, Burgas	Volkswerft, Stralsund	64	2435	1070	850	79,8	13,2	5,2	12,5	5
des	**Albena**	Okeansky Ribolov, Burgas	»61 Kommunar«, Nikolaev	70	5942	2844	5170	130,0	16,8	7,2	16,5	10
mf	**Alfeus**	Okeansky Ribolov, Burgas	Stocznia Gdynia, Gdynia	74	2467	1033	1685	89,0	15,0	5,2	15,5	6
mf	**Alka**	Okeansky Ribolov, Burgas	Volkswerft, Stralsund	68	2652	1130	1152	82,0	13,6	5,2	13,3	7
mt	**Anton Ivanov***	Bulgarian Tanker Fleet, Burgas	Götaverken, Göteborg	45	8503	4965	12965	147,4	18,1	8,5	13,0	34
mt	**Arda***	Bulgarian Tanker Fleet, Burgas	Harland + Wolff, Belfast	50	8322	4820	12280	149,6	18,1	8,4	12,0	33
mf	**Argonaut**	Okeansky Ribolov, Burgas	Stocznia Gdynia, Gdynia	74	2467	1033	1685	89,0	15,0	5,2	14,5	6
mf	**Aurelia**	Okeansky Ribolov, Burgas	Stocznia Gdynia, Gdynia	74	2468	1034	1685	89,0	15,0	5,2	14,5	6
ms	**Batschko Kiro***	Nav. Mar. Bulgare, Varna	S. des Forg. de la Med., La Seyne	60	9498	5926	13818	140,7	18,6	9,3	13,8	39
mf	**Baklan**	Okeansky Ribolov, Burgas	Nosenko-Werft, Nikolaev	67	3012	1143	1536	84,7	14,0	5,7	14,0	8
ms	**Balkan**	Nav. Mar. Bulgare, Varna	»G. Dimitrov«, Varna	75	16875	8700	25401	185,2	22,9	10,2	16,0	49
ms	**Batak**	Nav. Mar. Bulgare, Varna	»I. Dimitrov«, Russe	66	1812	969	2255	80,7	11,9	5,3		
mf	**Bekas**	Okeansky Ribolov, Burgas	Volkswerft, Stralsund	69	2654	1133	1152	82,0	13,6	5,2	13,5	7
ms	**Belasitza**	Nav. Mar. Bulgare, Varna	Hakodate Dock Co., Hakodate	67	6071	3174	9545	126,0	17,7	7,6	13,0	27
ms	**Belmeken**	Nav. Mar. Bulgare, Varna	»G. Dimitrov«, Varna	73	15600	8700	23877	185,2	22,9	9,8	16,0	49
ms	**Bogdan***	Nav. Mar. Bulgare, Varna	Götaverken, Göteborg	46	8769	3597	12100	149,0	18,1	8,5	12,0	36
ms	**Botevgrad**	Nav. Mar. Bulgare, Varna	Kristiansands M. V., Kristiansand	62	2334	1421	3950	102,8	14,4	6,1	13,0	
ms	**Bracigovo**	Nav. Mar. Bulgare, Varna	»I. Dimitrov«, Russe	68	1812	969	2295	80,5	11,9	5,3		
ss	**Bulgaria***	Nav. Mar. Bulgare, Varna	Pickersgill & Sons Ltd., Sunderl.	46	4191	2262	7335	122,2	16,4	7,0	11,0	20
mf	**Burevestnik**	Okeansky Ribolov, Burgas	Volkswerft, Stralsund	65	2435	1070	850	79,8	13,2	5,2	12,5	5
ms	**Burgas**	Nav. Mar. Bulgare, Varna	»G. Dimitrov«, Varna	58	1935	892	3061	92,4	13,8	4,7	13,0	16
ms	**Buzludja**	Nav. Mar. Bulgare, Varna	Setoda Zosen, Setoda	68	9068	4103	13686	139,8	19,5	9,3	15,0	37
mt	**Chaya***	Bulgarian Tanker Fleet, Burgas	Kertsh	68	1763	599	1651	83,6	12,0	4,6	13,8	14
ss	**Chipka**	Nav. Mar. Bulgare, Varna	»Neptun«, Rostock	38	2197	1209	3035	97,9	13,3	5,8	11,5	
ms	**Christo Botev**	Nav. Mar. Bulgare	Kherson-Werft, Kherson	75	11750	5949	13450	162,3	22,2	9,2	18,0	46
ss	**Christo Smirnenski***	Nav. Mar. Bulgare, Varna	J. Boel & Fils, Tamise	46	1662	828	3205	91,8	13,5	5,6	11,0	15
mt	**Chumerna***	Bulgarian Tanker Fleet, Burgas	Kockums M. V., Malmö	55	10548	6081	15820	162,5	19,3	9,2	14,5	42
ms	**Dimitar Blagoev**	Nav. Mar. Bulgare, Varna	»G. Dimitrov«, Varna	69	1129	311		68,0	10,1	5,5	14,0	11
ms	**Dobri Voinikov***	Nav. Mar. Bulgare, Varna	Hall, Russell & Co., Aberdeen	49	4728	2655	7935	124,0	18,3	7,3	12,5	23
mt	**Dunav***	Bulgarian Tanker Fleet, Burgas	J. Laing & Sons, Sunderland	61	13628	8084	20790	170,6	22,0	9,5	14,5	48
ms	**Elena**	Nav. Mar. Bulgare, Varna	»I. Dimitrov«, Russe	70	1812	969	2275	80,7	11,9	5,3		
mt	**Erma***	Bulgarian Tanker Fleet, Burgas	Eriksberg M. V., Göteborg	54	11749	6879	18390	170,5	21,3	9,3	14,5	45
mf	**Fenix**	Okeansky Ribolov, Burgas	Volkswerft, Stralsund	64	2435	1070	875	79,8	13,2	5,2	12,5	5
mf	**Fizalia**	Okeansky Ribolov, Burgas	Stocznia Gdynia, Gdynia	75	2468	1034	1645	89,0	15,0	5,2	14,5	6
mf	**Flamingo**	Okeansky Ribolov, Burgas	Volkswerft, Stralsund	68	2654	1133	1150	82,2	13,6	5,2	13,5	7
mf	**Fregata**	Okeansky Ribolov, Burgas	Nosenko-Werft, Nikolaev	67	3012	1143	1535	83,3	14,0	5,7	14,0	8
ms	**Gen. Vladimir Saimov**	Nav. Mar. Bulgare, Varna	»G. Dimitrov«, Varna	73	15939	8839	23500	185,2	22,8	9,8	15,3	49
ms	**Georgi Benkovski***	Nav. Mar. Bulgare, Varna	S. des Forg. de la Med., La Seyne	60	9486	5957	13818	140,7	18,6	9,3	13,8	39
ms	**Georgi Kirkov**	Nav. Mar. Bulgare, Varna	»G. Dimitrov«, Varna	69	1128	304		68,0	10,1	3,2	14,0	11
ms	**Georgi Sava Rakovsky***	Nav. Mar. Bulgare, Varna	Barclay, Curle & Co., Glasgow	61	8556	4649	11200	141,8	19,3	8,9	15,0	35
mf	**Glarus**	Okeansky Ribolov, Burgas	Volkswerft, Stralsund	68	2652	1130	1152	82,0	13,6	5,2	13,5	7
ms	**Hemus**	Nav. Mar. Bulgare, Varna	Hakodate Dock Co., Hakodate	66	6071	3168	9646	126,0	17,7	7,6	13,0	27
mt	**Iskar**	Bulgarian Tanker Fleet, Burgas	Osaka Zosensho, Osaka	66	15857	9966	26000	174,7	24,1	10,0		
ms	**Ivan Vazov**	Nav. Mar. Bulgare, Varna	Brodogradiliste »Uljanik«, Pula	68	9069	5883	13260	143,6	19,7	9,0		
ms	**Ivan Zagubanski**	Nav. Mar. Bulgare, Varna	Kherson-Werft, Kherson	75	11750		13450	162,3	22,2	9,2	18,0	46
des	**Jupiter**	Varna Port Authority, Varna	Peene-Werft, Wolgast	64	505	130	tug	44,7	10,7	3,9	12,8	3
ms	**Kapitan Petko Voivoda**	Nav. Mar. Bulgare, Varna	Kherson-Werft, Kherson	74	11750	5949	13500	162,3	22,2	9,2	18,0	46
mf	**Kaprela**	Okeansky Ribolov, Burgas	Stocznia Gdynia, Gdynia	75	2400		1700	89,0	15,0	5,2	14,5	6
ms	**Karlovo***	Nav. Mar. Bulgare, Varna	Trondhjems M. V., Trondhjem	54	1966	1056	3465	96,1	13,8	5,5	13,0	17
mt	**Khan Asparuch**	Bulgarian Tanker Fleet	»G. Dimitrov«, Varna	76			100000	244,5				
des	**Khan Omurtag***	Okeansky Ribolov, Burgas	Nikolaev	67	3288	1301	2560	99,4	14,0	5,6	13,5	9
des	**Kiten**	Okeansky Ribolov, Burgas	»61 Kommunar«, Nikolaev	72	5120	2387	5170	130,0	16,8	7,2		10
ms	**Klisura**	Nav. Mar. Bulgare, Varna	»I. Dimitrov«, Russe	71	1812	969	2127	80,5	11,9	5,3		
mt	**Komsomoletz***	Bulgarian Tanker Fleet, Burgas	Ekensbergs Varv, Stockholm	48	1474	820	2100	80,2	10,8	4,5	9,5	12
mf	**Kondor**	Okeansky Ribolov, Burgas	Volkswerft, Stralsund	69	2654	1115	1150	82,2	13,6	5,0	13,3	7
ms	**Koprivstica**	Nav. Mar. Bulgare, Varna	I. Dimitrov, Russe	70	1812	969	2938	80,7	11,9	5,3		
ms	**Kotel**	Nav. Mar. Bulgare, Varna	»I. Dimitrov«, Russe	69	1812	969	2255	80,5	11,9	5,3		
des	**Lazuren Briag**	Okeansky Ribolov, Burgas	»61 Kommunar«, Nikolaev	69	5942	2844	5170	130,0	16,8	7,2	16,5	10
mf	**Lebed**	Okeansky Ribolov, Burgas		66	3152	1252	1536	83,3	14,0	5,7	14,0	
mf	**Limoza**	Okeansky Ribolov, Burgas	Volkswerft, Stralsund	69	2657	1115	1149	82,2	13,6	5,0	13,0	7
mf	**Lorna**	Okeansky Ribolov, Burgas	Volkswerft, Stralsund	70	2654	1115	1140	82,2	13,6	5,2	13,0	7
ms	**Lovech**	Nav. Mar. Bulgare, Varna	Braila	74	3531	1748						
ms	**Luben Karavelov***	Nav. Mar. Bulgare, Varna	Caledon Shipb. & Eng. Co., Dundee	55	7669	4143	10000	141,8	17,8	8,2	15,0	31
ms	**Ludogoretz**	Nav. Mar. Bulgare, Varna	Setoda Zosen, Setoda	68	9145	4258	13856	139,8	19,5	9,0		37
ms	**Lyulin**	Nav. Mar. Bulgare, Varna	Hakodate Dock Co., Hakodate	65	6119	3226	9308	126,0	17,7	7,6	13,0	27
mt	**Maritza***	Bulgarian Tanker Fleet	J. Laing & Sons, Sunderland	49	10098	5821	15730	153,4	20,5	8,8	12,5	41

Art	Name	Reederei/Heimathafen	Bauwerft	Baujahr	BRT	NRT	tdw	L	B	Tfg	kn	Skizze-Nr.
mf	**Melanita**	Okeansky Ribolov, Burgas	Volkswerft, Stralsund	69	2654	1115	1150	82,1	13,6	5,2	13,5	7
mt	**Mesta**	Bulgarian Tanker Fleet, Burgas	Kasado Dock Co., Kudamatsu	74	46774	27806	75274	237,0	37,3	12,9		
ms	**Midshur***	Nav. Mar. Bulgare, Varna	J. Boel & Fils, Tamise	57	10788	4759	15515	149,4	19,5	8,4	14,5	43
ms	**Murgash**	Nav. Mar. Bulgare, Varna	Hitachi Zosen, Innoshima	67	9068	4103	13343	139,8	19,5	9,0	15,0	37
ms	**Musala**	Nav. Mar. Bulgare, Varna	Hitachi Zosen, Innoshima	67	9068	4103	14030	139,8	19,5	9,3	15,0	37
ms	**Nikola Vaptzarov**	Nav. Mar. Bulgare, Varna	Stocznia Szczecinska, Szczecin	76	5975	2340	5655	122,2	17,0	7,4	16,0	26
ms	**Oborishte**	Sofia	Setoda Zosen, Setoda	68	9068	4103	13470	139,8	19,5	9,0	15,0	37
mf	**Ofelia**	Okeansky Ribolov, Burgas	Stocznia Gdynia, Gdynia	75	2467	1033	1681	89,0	15,0	5,2	14,5	6
mt	**Ogosta**	Bulgarian Tanker Fleet, Burgas	Osaka Zosensho, Osaka	66	15857	9966	25989	174,9	24,1	10,0		
ms	**Ograjden**	Nav. Mar. Bulgare, Varna	Hakodate Dock Co., Hakodate	67	6071	3174	9576	126,0	17,7	7,6	13,0	27
mf	**Olusha**	Okeansky Ribolov, Burgas	Volkswerft, Stralsund	68	2652	1130	1152	82,2	13,6	5,2	13,5	7
ms	**Osogovo**	Nav. Mar. Bulgare, Varna	Hakodate Dock Co., Hakodate	66	6071	3174	9536	126,0	17,7	7,6	13,0	27
ms	**Panagurishte***	Nav. Mar. Bulgare, Burgas	Svendborg Skibsvaerft, Svendborg	51	1565	794	2591	87,1	12,4	5,5	12,5	13
ms	**Panaiot Hitov***	Nav. Mar. Bulgare, Varna	Chant. de l'Atlantique, St. Nazaire	56	9192	5719	12790	138,5	18,6	8,9	13,0	38
mf	**Pelikan**	Okeansky Ribolov, Burgas	Volkswerft, Stralsund	66	2435	1070	850	79,8	13,2	4,9	11,7	5
ms	**Perelik***	Nav. Mar. Bulgare, Varna	»De Hoop«, Lobith	58	8433	4725	13889	145,0	18,5	9,1	14,0	
ms	**Perseng***	Nav. Mar. Bulgare, Varna	Forg. & Chant. de la Med., La Sey.	57	9999	5189	14649	149,4	19,5	9,1	13,0	40
ms	**Perustica**	Nav. Mar. Bulgare, Varna	»I. Dimitrov«, Russe	68	1812	969	2255	80,7	11,9	5,3		
ms	**Peter Beron**	Nav. Mar. Bulgare, Burgas	J. L. Thompson & Sons, Sunderl.	49	7392	4309	9424	139,3	18,1	8,4	15,0	30
ms	**Petko R. Slavejnov**	Nav. Mar. Bulgare, Varna	Brodogradiliste »Uljanik«, Pula	68	9069	5828	13259	143,6	19,7	8,9	15,0	
ms	**Philip Totu***	Nav. Mar. Bulgare, Constantza	J. Crown & Sons, Sunderland	56	7962	4559	11888	137,9	18,2	8,8	13,5	32
mf	**Pingvin**	Okeansky Ribolov, Burgas	Volkswerft, Stralsund	68	2652	1130	1152	82,2	13,6	5,2	13,5	7
mt	**Pionere**	Bulgarian Tanker Fleet, Burgas	Haugesund M. V., Haugesund	54	2722	1706	3290	99,9	13,6	5,1	13,5	
ms	**Pirin**	Nav. Mar. Bulgare, Varna	Hakodate Dock Co., Hakodate	65	6119	3237	9335	126,0	17,7	7,6	13,0	27
ms	**Plana**	Nav. Mar. Bulgare, Varna	Hakodate Dock Co., Hakodate	67	6071	3174	9536	126,0	17,7	7,6	13,0	27
ms	**Pliska***	Nav. Mar. Bulgare, Varna	Norrköpings Varv, Norrköping	59	4504	2565	6450	106,4	15,5	7,5	13,5	22
ms	**Plovdiv***	Nav. Mar. Bulgare, Varna	Norrköpings Varv, Norrköping	60	4856	2906	6299	106,8	15,6	7,5	14,5	22
ms	**Preslav**	Nav. Mar. Bulgare, Varna	»G. Dimitrov«, Varna	66	4569	2775	6264	114,3	15,0	6,3	14,0	21
mf	**Ralida**	Okeansky Ribolov, Burgas	Volkswerft, Stralsund	70	2177	740	1139	81,9	13,6	5,2	13,0	7
mf	**Rotalia**	Okeansky Ribolov, Burgas	Stocznia Gdynia, Gdynia	75	2468	1034	1685	89,0	15,0	5,2	14,5	6
sso	**Rodina***	Nav. Mar. Bulgare, Varna	Burmeister & Wain, København	45	2950	1455	5365	109,6	15,5	6,1	10,5	18
ts	**Rodopi***	Nav. Mar. Bulgare, Varna	J. Readhead & Sons, S-Shields	53	6208	3344	7986	132,4	17,0	7,2	12,0	29
mt	**Rositza**	Bulgarian Tanker Fleet, Burgas	Cant. Nav. Felszegi, Triest	67	2113	1167	3099	82,6	12,8	5,6		
mf	**Rotalia**	Okeansky Ribolov, Burgas	Stocznia Gdynia, Gdynia	75	2468	1034	1645	89,0	15,0	5,2	14,5	6
ms	**Ruen**	Nav. Mar. Bulgare, Varna	Hitachi Zosen, Innoshima	67	9068	4103	13466	139,8	19,4	9,0	14,0	37
ms	**Russe***	Nav. Mar. Bulgare, Varna	Norrköpings Varv, Norrköping	59	4508	2567	6610	106,0	15,5	7,5	13,5	22
mf	**Sagita**	Okeansky Ribolov, Burgas	Stocznia Gdynia, Gdynia	75				89,0	15,0	5,2	14,5	6
ms	**Samokov**	Nav. Mar. Bulgare, Varna	»I. Dimitrov«, Russe	72	1812	969	2127	80,7	11,9	5,3	12,0	
ts	**Silistra***	Nav. Mar. Bulgare, Varna	J. L. Thompson & Sons, Sunderl.	57	3578	1332	4156	113,7	15,5	6,9	12,5	19
ms	**Slanchev Briag**	Okeansky Ribolov, Burgas	»61 Kommunar«, Nikolaev	67	5942	2844	5170	130,0	16,8	7,2	17,0	10
ms	**Sliven**	Nav. Mar. Bulgare, Varna	»G. Dimitrov«, Varna	64	1701	777	3081	92,1	13,5	5,6		
ms	**Sofia**	Nav. Mar. Bulgare, Varna	»G. Dimitrov«, Varna	63	4400	2474	6340	114,2	15,0	7,6	14,0	21
ms	**Sopot**	Nav. Mar. Bulgare, Varna	»I. Dimitrov«, Russe	66	1831	988	2259	80,3	11,9	5,3	12,0	
ms	**Sredna Gora**	Nav. Mar. Bulgare, Varna	Nippon Kokan, Shimizu	64	6107	3655	9610	126,0	17,7	7,6	13,5	27
ms	**Stara Planina**	Nav. Mar. Bulgare, Varna	Nippon Kokan, Shimizu	64	6106	3661	9425	126,0	17,7	7,6	13,5	27
ms	**Stefen Karadja***	Nav.Mar. Bulgare, Varna	J. L. Thompson & Sons, Sunderl.	44	7053	4181	10465	137,2	17,2	7,3	12,0	
ms	**Strandja**	Nav. Mar. Bulgare, Varna	Hakodate Dock Co., Hakodate	65	6119	3237	9260	126,0	17,7	7,6	13,0	27
mt	**Struma***	Bulgarian Tanker Fleet, Burgas	Götaverken, Göteborg	66	41022	26327	75635	239,3	36,9	12,7	16,3	51
mf	**Tchaika**	Okeansky Ribolov, Burgas	Volkswerft, Stralsund	66	2435	1070	849	79,8	13,2	4,9	11,7	5
mt	**Toundja***	Bulgarian Tanker Fleet, Burgas	Stord Vaerft, Stord	63	25759	16615	46600	213,6	29,4	11,8	16,6	
ms	**Trojan**	Nav. Mar. Bulgare, Varna	»I. Dimitrov«, Russe	69	1812	969	2127	80,5	11,9	5,3		
ms	**Tropuind**	Nav. Mar. Bulgare, Varna	»G. Dimitrov«, Varna	72			35800	186,0	27,9	11,2	17,0	50
ms	**Tzanko Tzerkovski***	Nav. Mar. Bulgare, Varna	Kockums M. V., Malmö	39	4825	2806	9450	130,6	17,0	8,0	12,0	24
mt	**Vacha***	Bulgarian Tanker Fleet, Burgas	Kertsh	68	1756	572	1623	83,6	12,0	4,6	13,8	14
ts	**Varna**	Balkantourist, Varna	Vickers Armstrongs, Newcastle	51	13581	7041	4905	157,3	22,0	7,3	18,0	47
ms	**Vasil Aprilov***	Nav. Mar. Bulgare, Burgas	Nordseewerke, Emden	55	5498	3138	10000	144,2	17,6	7,6	13,5	25
ms	**Vasil Drumev***	Nav. Mar. Bulgare, Varna	Flensbg. Schiffsbauges., Flensbg.	52	6205	3299	9720	144,5	18,5	7,7	13,5	28
ms	**Vasil Petleshkov***	Nav. Mar. Bulgare, Varna	Odense Staalskibsvaerft, Odense	46	5340	3305	7722	120,4	16,4	7,3	12,5	
ms	**Vejen**	Nav. Mar. Bulgare, Varna	Hitachi Zosen, Innoshima	67	9068	4103	13470	139,8	19,5	9,0	15,0	37
mt	**Veleka**	Bulgarian Tanker Fleet, Burgas	Baltic Shipb.& Eng. Works, Lening.	75	11000	6000	15240	162,3	21,4	8,5	16,5	44
ms	**Veliko Tirnovo**	Nav. Mar. Bulgare, Varna	»G. Dimitrov«, Varna	64	4400	2474	6165	114,1	15,0	7,6	14,0	21
ms	**Veslets**	Nav. Mar. Bulgare, Varna	»G. Dimitrov«, Varna	70	7760	3475	8780	134,0	18,2	7,5	13,5	
ms	**Viden**	Nav. Mar. Bulgare, Varna	»G. Dimitrov«, Varna	72	7761	3475	9694	134,0	18,2	7,5		
ms	**Vikhren**	Nav. Mar. Bulgare, Varna	»G. Dimitrov«, Varna	71	15939	8839	23500	185,2	22,8	9,8	15,3	49
mt	**Vit***	Bulgarian Tanker Fleet, Burgas	Harland & Wolff, Glasgow	53	12754	7231	19350	174,9	22,4	9,4	14,0	
ms	**Vola***	Nav. Mar. Bulgare, Burgas	Götaverken, Göteborg	57	10859	4762	15560	149,4	19,6	9,4	14,5	43
ms	**Zeravna**	Nav. Mar. Bulgare, Varna	»I. Dimitrov«, Russe	70	1837	985	2239	80,7	11,9	5,3	12,0	
mf	**Zikoniya**	Okeansky Ribolov, Burgas	Volkswerft, Stralsund	70	2654	1115	1150	82,1	13,6	5,2	13,5	7
des	**Zlatni Piasatzki**	Okeansky Ribolov, Burgas	»61 Kommunar«, Nikolaev	68	5942	2844	5170	130,0	16,8	7,2	16,5	10
ms	**Zlatograd**	Nav. Mar. Bulgare	»I. Dimitrov«, Russe	73	1812	969	2300	80,8	11,9	5,3	12,0	

Art	Name	Reederei/Heimathafen	Bauwerft	Baujahr	BRT	NRT	tdw	L	B	Tfg	kn	Skizze-Nr.
ms	**Blanik**	Praha	Stocznia Szczecinska, Szczecin	68	5517	3037	5993	124,1	17,0	6,9	15,6	61
ms	**Bojnice**	Ceskosl. Plavba Dunajska	Angyalfold, Budapest	66	1403	645	1300	81,5	11,4	3,1	11,5	60
ms	**Bratislava**	Praha	Stocznia Szczecinska, Szczecin	74	20589	12717	31881	198,8	24,5	10,6	15,5	65
ms	**Brno**	Praha	Stocznia Szczecinska, Szczecin	64	10842	5997	14070	156,6	20,4	8,4	15,0	63
ms	**Kosice**	Praha	Hitachi Zosen, Innoshima	63	16760	12554	27090	181,2	24,9	9,9	17,7	64
ms	**Krivan**	Praha	Stocznia Szczecinska, Szczecin	70	5313	2942	5923	124,1	17,0	6,9	15,6	61
ms	**Lednice**	Ceskosl. Plavba Dunajska	Angyalfold, Budapest	66	1412	645	1300	81,5	11,4	3,1	11,5	60
ms	**Mir**	Praha	Warnowwerft, Warnemünde	73	9651	5250	13870	151,7	20,4	9,3	19,0	62
tt	**Ostrava**	Praha			20518						14,5	
ms	**Praha***	Praha	Stocznia Szczecinska, Szczecin	72	20318	13029	32357	198,5	24,5	10,7	15,0	65
ms	**Radhost**	Praha	Stocznia Szczecinska, Szczecin	70	5310	2940	5961	124,0	17,0	6,8	15,6	61
ms	**Sitno**	Praha	Stocznia Szczecinska, Szczecin	69	5310	2940	5945	123,9	17,0	6,9	16,5	61
ms	**Trinec**	Praha	Stocznia Szczecinska, Szczecin	75	20596	12726	33263	199,1	24,5	11,0	15,8	65
ms	**Vitkovice**	Praha	Barclay, Curle & Co., Glasgow	66	24326	15320	40835	209,9	27,5	11,6	17,0	66

Art	Name	Reederei/Heimathafen	Bauwerft	Baujahr	BRT	NRT	tdw	L	B	Tfg	kn	Skizze-Nr.
ns	**Abel Santamaria***	Mambisa, Havana	Flensbg. Schiffsbauges., Flensbg.	71	11072	7818	16780	154,8	22,8	9,8	18,5	93
ns	**Bahia de Cochinos**	Mambisa, Havana	Uddevallavarvet, Uddevalla	69	10972	6158	15800	161,9	20,6	9,8	18,0	92
ns	**Bahia de Mariel***	Mambisa, Havana	Consolid. Steel Corp., Wilmingt.	45	3805	2133	5786	98,7	15,3	7,1	10,5	78
ns	**Bahia de Matanzas**	Mambisa, Havana	Globe Shipb. Co., Superior	45	3805	2123	6060	98,7	15,3	7,1	10,5	78
ns	**Bahia de Nipe**	Mambisa, Havana	Consolid. Steel Corp., Wilmingt.	45	3805	2123	6060	98,7	15,3	7,1	10,5	78
s	**Bahia Sant. de Cuba***	Empr. Nac. de Cabotaje, Hav.	Pennsylv. Shipyards, Beaumont	44	1954	1065	2792	78,9	12,9	5,5	10,5	
ns	**Baire**	Mambisa, Havana	Astano S. A., El Ferrol	66	9390	5238		156,9	19,7	9,3	16,5	87
ns	**Belic**	Mambisa, Havana	Austin & Pickersgill, Sunderland		9328	6165	15250	141,0	20,5	8,9	14,8	86
nf	**Bia Jaiba**	Flota Cubano de Pesca, Havana	Ast. Construcciones, Vigo	66	1139	524	2100	64,0	11,5	6,9	12,5	
ns	**Bolivar**	Mambisa, Havana	Helsingör Skibsvaerft, Helsingör	77			14000	154,1	19,8	9,5		94
ns	**Camaguey**	Mambisa, Havana	Niigata Tekkosho, Niigata	59	2333	1205	3232	93,2	13,1	5,8		
nf	**Camaron**	Flota Cubana de Pesca, Havana	Hijos de J. Barreras, Vigo	65	1284	588	2175	69,7	11,8	5,2	13,8	
ns	**Carl. M. de Cespedes**	Mambisa, Havana	Austin & Pickersgill, Sunderland		9328	6165	15250	141,0	20,5	8,9	14,8	86
ns	**Cerro Pelado**	Havana	Astilleros de Cadiz, Cadiz	66	9390	5238	13310	156,9	19,7	9,1	17,0	87
nf	**Cherna**	Havana	E. Lorenzo y Cia., Vigo	66	1284	588	2175	69,7	11,8	5,2	13,0	
ns	**Com. C. Cienfuegos**	Mambisa, Havana	Stocznia Gdanska, Gdansk	62	9735	5689	11888	153,9	19,4	8,3	16,0	89
ns	**Comandante Pinares**	Empr. Nav. Caribe, Havana	Niigata Eng. Co., Niigata	74	2161	1038	430	78,7	12,4	3,1	16,5	
ns	**Conrado Benitez***	Mambisa, Havana	Burrard Drydock Co., Vancouver	47	6746	3936	7450	133,1	18,0	8,6	15,0	80
nt	**Cuba***	Empr. Cons. del Petroleo, Hav.	Rauma-Repola, Rauma	61	3359	1550	4511	105,1	14,8	6,2	13,5	76
ns	**Frimaro***	Mambisa, Havana	Union Nav. de Levante, Valencia	66	1661	930	2378	87,0	13,9	5,8		
ns	**Frank Pias***	Mambisa, Havana	Flensbg. Schiffsbauges., Flensbg.		11075	7818	16780	154,8	22,8	9,8	18,5	93
nf	**Golfo de Mexico**	Flota Cubana de Pesca, Havana	Ast. Construcciones, Meira	70	1276	535	1388	76,0	12,0	4,8	12,5	
nf	**Golfo de Tonkin**	Flota Cubana de Pesca, Havana	Ast. Construcciones, Vigo	69	1276	535	1321	76,0	12,0	4,8	13,0	
ns	**Gonzales Lines**	Mambisa, Caibarien	Stocznia Gdanska, Gdansk	63	9732	5698	11770	153,9	19,4	8,3	16,0	89
nf	**Guasa**	Flota Cubana de Pesca, Havana	Ast. Construcciones, Vigo	65	1139	524	2100	64,0	11,5	4,8	12,8	
ns	**Guisa**	Mambisa, Havana	Soc. Esp. de Constr. Nav., Cadiz	66	9390	5238	13080	156,9	19,7	9,0	16,5	87
ns	**Habana**	Mambisa, Havana	Atlantic Shipb. Co., Newport	60	2945	1608	4215	101,6	13,8	6,2	15,0	74
nt	**Hermanas Giralt***	Empr. Nac. de Cabotaje	J. G. Hitzler, Lauenburg	56	1262	667	1750	77,4	10,7	4,5	11,0	73
ns	**Holger Struckmann**	Empr. Nac. de Cabotaje, Hav.	Aalborg Vaerft, Aalborg	29	1039	539	1118	64,0	10,4	4,1	10,0	
ns	**I Congreso del Partido**	Mambisa, Havana	Austin & Pickersgill, Sunderland	75	9328	6165	15250	141,0	20,5	8,9	14,8	86
ns	**Ignacio Agramonte**	Mambisa, Havana	Austin & Pickersgill, Sunderland		9328	6165	15250	141,0	20,5	8,9	14,8	86
ns	**Imias**	Mambisa, Havana	Euskalduna, Bilbao	66	9390	5238	13210	156,9	19,7	9,3	16,5	87
ns	**Isla de la Juventud**	Empr. Nav. Caribe, Havana	Niigata Eng. Co., Niigata	74	2161	1036	422	78,6	12,4	3,3	16,5	
nf	**Isla de la Juventud**	Flota Cubana de Pesca, Havana	Soc. Esp. de Constr. Nav., Bilbao	67	1556	777		70,3	12,6	5,5	13,0	
ns	**Jibacoa**	Empr. Nac. de Cabotaje, Havana	Empr. Nac. »Bazan«, Cartagena	66	1951	735	737	72,9	15,0	3,2		
ns	**Jiguani**	Mambisa, Havana	Ast. del Noroeste, El Ferrol	66	9390	5238	13000	156,9	19,4	9,3	16,5	87
ns	**Jose Ant. Echevarria***	Mambisa, Havana	At. & Chant. de la Seine, Le Trait	49	9060	5174	10635	142,4	18,9	8,9	17,0	85
ns	**Juarez**	Mambisa, Havana	Helsingör Skibsvaerft, Helsingör	77			14000	154,1	19,8	9,5		94
ns	**La Lima***	Mambisa, Havana	Helsingör Skibsvaerft, Helsingör	59	4762	2233	5980	132,5	17,3	8,0	19,0	79
ns	**La Plata**	Mambisa, Havana	Soc. Esp. de Const. Nav., Sestao	65	9390	5238	13210	156,9	19,7	9,1	16,5	87
ns	**Las Mercedes**	Mambisa, Havana	Astilleros de Palma, Palma	66	1167	540	1200	72,7	11,0	4,5		
ns	**Las Villas**	Mambisa, Havana	Atlantic Shipb. Co., Newport	59	3142	1703	4168	101,9	13,8	6,3	15,0	74
ns	**Lidia Doce***	Mambisa, Havana	Langesunds M. V., Langesund	57	2149	1066	3048	91,3	13,0	5,8		
ns	**Luis Arcos Bergnes***	Mambisa, Havana	Kaldnes M. V., Tönsberg	50	3265	1770	3140	103,7	14,4	6,3	16,5	75
ns	**Maffo**	Mambisa, Havana	Ast. de Cadiz, Cadiz	66	9390	5238	13310	156,9	19,7	9,1	16,5	87
ns	**Maisi**	Mambisa, Havana	Austin & Pickersgill, Sunderland		9328	6165	15250	141,0	20,5	8,9	14,8	86
nf	**Manjuari**	Flota Cubana de Pesca, Havana	Hijos de J. Barreras, Vigo	65	1284	588	2175	69,7	11,8	5,2	13,0	
ns	**Manuel Ascunce***	Mambisa, Havana	Canadian Vickers, Montreal	46	6726	3935	7450	133,0	18,0	8,6	15,0	80
nf	**Mar Caribe**	Havana	Ast. Construcciones, Vigo	69	2396	1235	3449	106,0	14,5	5,5	15,5	71a
nf	**Mar del Plata**	Havana	Ast. Construcciones, Vigo	68	2418	1241	3171	106,0	14,5	5,5	15,5	71a
nf	**Mar Oceano***	Havana	Ast. Construcciones, Vigo	68	2396	1235	3453	106,0	14,5	5,5	15,5	71a
ns	**Matanzas**	Empr. Nac. de Cabotaje, Hav.	Atlantic Shipb. Co., Newport	59	2945	1608	4216	101,6	13,8	6,2	15,0	74
s	**Maximo Gomez***	Mambisa, Havana	Burrard DD. Co., Vancouver	44	7204	4325	10948	134,6	17,4	8,5	10,5	82
ns	**Minas del Frio**	Mambisa, Havana	Soc. Espanola de Constr., Cadiz	66	1167	540	1207	72,7	11,0	4,5		
ns	**Oceano Antartico***	Flota Cubana de Pesca, Havana	Helsing. Skibs- & Mask., Helsing.	49	2678	1292	3383	110,7	14,9	6,3	16,0	72
ns	**Oceano Atlantico**	Flota Cubana de Pesca, Havana	Kanda Zosensko, Kure	73	10273	5999	11018	163,0	22,6	9,0		
ns	**Oceano Indico**	Flota Cubana de Pesca, Havana	Cant. Nav. Apuania, Carrara	69	6795	3651	3943	140,5	17,8	7,6	20,0	
ns	**Oceano Pacifico**	Flota Cubana de Pesca, Havana	Cant. Nav. Apuania, Carrara	69	6652	4023	3943	140,5	17,8	7,6	20,0	
ns	**Palma Soriano**	Empr. Nac. de Cabotaje, Hav.	Empresa Nac. »Bazan«, Cartagena	67	1951	735	737	72,9	15,0	3,2		
ns	**Pepito Tey***	Mambisa, Havana	Oskarshamns Varv, Oskarshamn	61	8796	5359	12701	148,4	18,8	9,1	15,0	84
ns	**Pinar del Rio**	Mambisa, Havana	Atlantic Shipb. Co., Newport	58	3099	1690	4093	101,9	13,8	6,3	15,0	74
nf	**Playa Colorada**	Flota Cubana de Pesca, Havana	Volkswerft, Stralsund	69	2657	1139	1149	82,2	16,3	5,0	13,6	71
nf	**Playa de Varadero**	Flota Cubana de Pesca, Havana	Volkswerft, Stralsund	71	2657	1139	1170	82,2	13,6	5,0	13,0	71
nf	**Playa Duaba**	Havana	Volkswerft, Stralsund	71	2657	1139	1170	82,2	13,6	5,0	13,0	71
nf	**Playa Giron**	Havana	Volkswerft, Stralsund	68	2657	1139	1170	82,2	16,3	5,0	13,0	71
ns	**Playa Larga**	Mambisa, Havana	Uddevallavarvet, Uddevalla	69	10972	6158	15799	161,9	20,6	9,8	18,0	92
nf	**Playa Larga**		Volkswerft, Stralsund	71	2657	1139	1170	82,2	13,6	5,0	13,5	71
ns	**Presidente Allende**	Mambisa, Havana	Mitsui Zosen, Osaka	75	16649	10646	27265	176,8	23,0	10,6	15,3	
ns	**Renato Guitart***	Mambisa, Havana	Deutsche Werft, Hamburg	58	10270	6132	15130	157,0	20,2	9,0	14,0	90
nf	**Rio Agabama**	Havana	Ast. Construcciones, Meira	75	3888	1898	3206	106,9	14,6	5,6	15,0	
nf	**Rio Almendares**	Havana	Ast. Construcciones, Meira	75	3888	1898	3206	106,9	14,6	5,6	15,0	
nf	**Rio Arimao**	Havana	Ast. Construcciones, Meira	75	2400		3250	106,7	14,5	5,5	15,0	

Art	Name	Reederei/Heimathafen	Bauwerft	Baujahr	BRT	NRT	tdw	L	B	Tfg	kn	Skizze-Nr.
mf	**Rio Canimar**	Havana	Ast. Construcciones, Meira	75	2400		3250	106,7	14,6	5,5	15,0	
mf	**Rio Damuji**	Havana	Ast. Construcciones, Meira	75	3888	1898	3206	106,9	14,6	5,5	15,0	
ss	**Rio Jibacoa***	Mambisa, Havana	Lithgows Ltd., Glasgow	46	3654	2155	5944	112,3	15,1	6,6	10,0	77
mf	**Rio Jobabo**	Havana	Ast. Construcciones, Vigo	75	3888	1898	3206	106,9	14,6	5,6	15,0	
mf	**Rio Las Cages**	Havana	Ast. Construcciones, Rios	74	2400		3250	106,7	14,5	5,5	15,0	
ms	**San Martin**	Havana	Helsingör Skibsvaerft, Helsingör	77			14000	154,1	19,8	9,5		94
ms	**Sierra Maestra**	Mambisa, Santiago de Cuba	Warnowwerft, Warnemünde	61	9641	5765	12690	157,4	20,0	9,7	16,0	88
mf	**Tiburon**	Flota Cubana de Pesca, Havana	Lorenzo & Cia., Vigo	65	1284	588	2175	69,7	11,8	5,2	14,0	
ms	**Turquino**	Empr. Nac. de Cabotaje, Hav.	Helsingborg Varf, Hälsingborg	62	1055	338	1240	72,4	11,3	3,9	13,0	
ms	**Uvero***	Mambisa, Havana	S. des Forg. de la Med., La Seyne	60	9480	5949	13878	141,1	18,6	9,3	13,5	
ms	**Victoria de Giron**	Mambisa, Havana	Uddevallavarvet, Uddevalla	69	10972	6158	15363	161,9	20,6	9,8	18,0	92
ms	**Vietnam Heroico***	Mambisa, Havana	P. Smit jr., Rotterdam	57	7552	3955	4911	131,6	17,3	6,9	15,5	83
ms	**XIII Congreso**	Mambisa, Havana	Ishikawajima-Harima, Tokio	75	13692	9294	22623	164,3	22,9	9,9	15,0	
ms	**XX Aniversario***	Mambisa, Havana	Gebr. Pot, Bolnes	57	7537	3944	5020	131,6	17,3	6,9	15,5	83
mt	**5 de Septiembre***	Empr. Nac. de Cabotaje, Hav.	Uraga Dock Co., Yokosuka	57	13157	7838	20705	171,7	21,5	10,0		
mt	**7 de Noviembre**	Mambisa, Havana	Balt. Shipb. & Eng. W., Leningrad	70	10813	5670	16540	162,3	21,4	8,5	16,5	91
mt	**9 de Abril**	Mambisa, Havana	Balt. Shipb. & Eng. W., Leningrad	71	10814	5671	16540	162,3	21,4	8,5	16,5	91
mt	**10 de Octubre**	Mambisa, Havana	Balt. Shipb. & Eng. W., Leningrad	72	10814	5671	16540	162,3	21,4	8,5	16,5	91
ms	**13 de Marzo**	Havana	Soc. Esp. de Constr. Nav., Bilbao	65	9390	5238		156,9	19,7	9,3	16,5	87
ms	**30 de Noviembre**	Mambisa, Havana	Cammell Laird & Co., Birkenhead	45	7096	4012	9398	137,5	17,9	8,6	14,0	81

Art	Name	Reederei/Heimathafen	Bauwerft	Baujahr	BRT	NRT	tdw	L	B	Tfg	kn	Skizze-Nr.
ms	**Albatros**	DSR, Rostock	»Neptun«, Rostock	61	1742	930	2733	82,5	12.6	5,8	11,0	128
ms	**Albin Köbis**	DSR, Rostock	Warnowwerft, Warnemünde	65	7712	4166	10400	142,1	19,3	8,6	14,5	166
ms	**Alex. von Humboldt***	Inst. Geophysik, Leipzig	Peene-Werft, Wolgast	67	1011	343		62,6	10,7	4,7	12,5	103
ms	**Altenburg**	DSR, Rostock	Warnowwerft, Warnemünde	67	8501	5048	10242	150,2	20,2	8,2	19,0	170
ms	**Altmark***	DSR, Rostock	Langesunds M. V., Langesund	59	4632	2607	7732	121,6	16,3	7,7	15,5	154
ms	**Anton Saefkow**	DSR, Rostock	Warnowwerft, Warnemünde	65	7723	4110	10567	142,2	18,6	8,5	14,5	166
ms	**Arcturus**	DSR, Rostock	Peene-Werft, Wolgast	60	617	230	853	59,3	9,8	3,7	10,0	125
ms	**Artern***	DSR, Rostock	Stocznia Gdanska, Gdansk	73	1586	1143	2959	84,1	13,6	5,3	12,4	127
mf	**Arthur Becker**	Fischkombinat, Rostock	Peene-Werft, Wolgast	65	998	321	537	62,6	10,6	4,8	12,5	108
ms	**Aschberg***	DSR, Rostock	Rauma-Repola, Rauma	72	3166	1131	4600	113,5	19,2	6,2	16,2	142
ms	**Atair**	DSR, Rostock	Peene-Werft, Wolgast	60	617	230	853	59,3	9,8	3,7	10,0	125
mf	**Atlantik**	Fischkombinat, Sassnitz	Elbe-Werft, Boizenburg	66	644	260	397	49,0	10,0	3,9	12,0	107
ms	**Aue***	DSR, Rostock	Kockums M. V., Malmö	59	15842	9059	23400	181,7	22,7	9,5	14,5	185
ms	**Bansin**	DSR, Rostock	Elbe-Werft, Boizenburg	72	494	267	1111	71,0	10,4	3,7	12,0	124
mf	**Barentsee**	Fischkombinat, Sassnitz	Elbe-Werft, Boizenburg	66	644	260	397	49,0	10,0	3,9	12,0	107
ms	**Bellatrix**	DSR, Rostock	Peene-Werft, Wolgast	61	617	230	819	59,5	9,8	3,7	10,0	125
ms	**Berlin**	DSR, Rostock	Wanowwerft, Warnemünde	58	9427	5607	13000	157,6	20,0	9,7	14,0	172
ms	**Bernburg**	DSR, Rostock	Warnowwerft, Warnemünde	67	8501	5048	10080	150,2	20,2	8,2	17,0	170
ms	**Bernhard Bästlein**	DSR, Rostock	Warnowwerft, Warnemünde	65	7723	4121	10400	142,3	18,7	8,6	14,5	166
mf	**Bernhard Kellermann**	Fischkombinat, Rostock	Mathias-Thesen-Werft, Wismar	64	2961	1321	1341	85,3	13,5	5,3	12,0	112
mf	**Bertolt Brecht**	Fischkombinat, Rostock	Mathias-Thesen-Werft, Wismar	60	3002	1278	1420	86,9	13,5	5,3	12,0	112
ms	**Bison**	Bagger-, Bugsier- u. Berg.-Reed.	Leningradskij Petrozavod	73	184		tug	29,3	8,5	3,0	11,0	100
mt	**Bitterfeld***	DSR, Rostock	Kockums M. V., Malmö	58	13069	7487	20335	170,0	21,9	9,4	15,3	181
ms	**Blankenburg**	DSR, Rostock	Warnowwerft, Warnemünde	67	8501	5048	10080	150,4	20,3	8,2	17,0	170
ms	**Bode***	DSR, Rostock	Moss Vaerft & Dokk, Moss	59	3826	2114	5857	108,2	14,8	7,4	15,0	147
mf	**Bodo Uhse**	Fischkombinat, Rostock	Mathias-Thesen-Werft, Wismar	65	3165	1432	1955	87,8	14,2	5,5	14,0	113
ms	**Boizenburg**	DSR, Rostock	Warnowwerft, Warnemünde	67	8501	5364	10080	150,2	20,2	8,2	19,0	170
ms	**Boltenhagen**	DSR, Rostock	Peene-Werft, Wolgast	70	299	137	780	57,9	10,2	3,7	12,5	123
ms	**Breitling**	Fischkombinat, Rostock	»Okean«-Werft	68	2876	1228	2500	99,4	14,0	5,7	14,0	111
ms	**Brocken**	DSR, Rostock	Werf & M.-F. »Holland«, Hardinxv.	76	1273	528	1375	81,0	16,4	4,0	12,2	126
mf	**Bruno Tesch**	Fischkombinat, Rostock	Peene-Werft, Wolgast	62	964	312	537	62,6	10,6	4,8	12,5	108
ms	**Büffel**	Bagger-, Bugsier- u. Berg.-Reed.	Leningradskij Petrozavod	73	184		tug	29,3	8,5	3,0	11,0	100
ms	**Bussard**	DSR, Rostock	»Neptun«, Rostock	62	1744	928	2733	82,4	12,6	5,8	12,0	128
ms	**Calbe***	DSR, Rostock	J. Boel & Fils, Tamise	58	11722	6809	19296	172,3	19,2	9,0	14,5	178
ms	**Capella**	DSR, Rostock	Peene-Werft, Wolgast	61	617	230	840	59,5	9,8	3,6	10,0	125
mf	**Carlo Schönhaar**	Fischkombinat, Rostock	Peene-Werft, Wolgast	66	998	312	537	62,6	10,6	4,8	12,5	108
ms	**Condor**	DSR, Rostock	»Neptun«, Rostock	62	1743	928	2733	82,4	12,6	5,8	11,5	128
ms	**Coswig***	DSR, Rostock	Stocznia Gdanska, Gdansk	71	1594	1143	2962	84,1	13,6	5,3	12,4	127
ms	**Cunewalde**	DSR, Rostock	»Neptun«, Rostock	76	5744	3010	7350	120,1	17,6	7,9	17,0	146
ms	**Darss***	DSR, Rostock	AG »Weser«, Seebeck, Bremerh.	53	2806	1466	5185	115,7	15,9	6,3	14,0	136
ms	**Deneb**	DSR, Rostock	Peene-Werft, Wolgast	60	617	230	840	59,5	9,8	3,6	10,0	125
ms	**Denebola**	DSR, Rostock	Peene-Werft, Wolgast	60	617	230	840	59,5	9,8	3,6	10,0	125
ms	**Dessau***	DSR, Rostock	Admiralteiskij-Werft, Leningrad	58	7614	3817	11690	145,5	19,2	8,5	12,0	167
ms	**Dierhagen**	DSR, Rostock	Elbe-Werft, Boizenburg	70	299	137	780	57,9	10,2	3,7	12,5	123
des	**Dornbusch**	Seehydrographischer Dienst	Peenewerft, Wolgast	65	750		150	60,1	9,8	3,4	13,2	104
ms	**Edgar André**	DSR, Rostock	Warnowwerft, Warnemünde	62	7707	4151	10300	142,2	18,7	8,5	14,5	165
ms	**Eichsfeld**	DSR, Rostock	»De Hoop«, Lobith	67	6110	3428	7500	135,7	17,7	7,6	17,5	162
ms	**Eichwalde**	Deutsche Seereederei, Rostock	»Neptun«, Rostock	76	5744	3010	7350	120,1	17,6	7,9	17,0	146
ms	**Eilenburg**	DSR, Rostock	Warnowwerft, Warnemünde	67	8501	5048	10400	150,4	20,3	8,2	19,0	170
mf	**Eisbär**	Fischkombinat, Sassnitz	Elbe-Werft, Boizenburg		644	260	397	49,0	10,0	3,9	12,0	107
ms	**Eisenberg**	DSR, Rostock	»Neptun«, Rostock	67	2547	1422	3640	92,9	14,2	5,9	12,8	134
ms	**Eisenhüttenstadt**	DSR, Rostock	Götaverken, Göteborg	60	23357	15091	38240	199,7	27,1	11,4	15,0	188
ms	**Eisvogel**	Bagger-, Bugsier- u. Berg.-Reed.	Mathias-Thesen-Werft, Wismar	55	388		tug	39,2	9,7	3,6	12,0	101
ms	**Elbe***	DSR, Rostock	AG »Weser«, Seebeck, Bremerh.	53	2815	1398	5185	116,0	15,8	6,3	14,0	137
ms	**Elster***	DSR, Rostock	Helsingsborgs Varv, Hälsingsb.	52	2445	1263	3900	110,2	14,5	6,0	14,5	133
mf	**Elvira Eisenschneider**	Fischkombinat, Rostock	Peene-Werft, Wolgast	66	991	312	537	62,6	10,6	4,8	12,5	108
ms	**Erfurt**	DSR, Rostock	Warnowwerft, Warnemünde	58	9427	5607	13000	157,6	20,0	8,4	15,5	172
ms	**Erich Steinfurth**	Fischkombinat, Rostock	Peene-Werft, Wolgast	67	998	312	537	62,6	10,6	4,8	12,5	108
mf	**Erich Weinert**	Fischkombinat, Rostock	Mathias-Thesen-Werft, Wismar	61	3011	1297	1420	85,9	13,5	5,0	12,0	112
mf	**Ernst Haeckel**	Inst. f. Hochseefischerei, Rostock	Mathias-Thesen-Werft, Wismar	63	1616			68,0	11,8	4,5	11,5	106
ms	**Ernst Schneller**	DSR, Rostock	Warnowwerft, Warnemünde	63	7704	4950	10300	142,0	18,6	8,5	14,5	165
ms	**Espenhain**	DSR, Rostock	Warnowwerft, Warnemünde	62	8136	4466	13150	151,8	19,2	8,3	14,0	168
mf	**Eugen Schönhaar**	Fischkombinat, Rostock	Peene-Werft, Wolgast	67	982	312	537	62,6	10,6	4,8	12,5	108
des	**Evershagen**	Fischkombinat, Rostock	»61 Kommunar«, Nikolaev	71	5229	2541	5170	130,0	16,8	7,2	16,0	116
mf	**F. C. Weisskopf**	Fischkombinat, Rostock	Mathias-Thesen-Werft, Wismar	62	2961	1278	1420	85,9	13,5	5,0	12,0	112
ms	**Falke**	DSR, Rostock	»Neptun«, Rostock	62	1744	928	2755	82,5	12,6	5,7	11,5	128
ms	**Ferdinand Freiligrath***	DSR, Rostock	Scott's Shipb. & Eng. Co., Greenock	67	5587	2857	6500	152,7	19,2	7,7	22,0	157
ms	**Fichtelberg***	DSR, Rostock	Kristiansand M. V., Kristiansand	75	4128	2027	7597	137,6	20,6	7,2	18,5	151
ms	**Flaeming**	DSR, Rostock	»De Biesbosch«, Dordrecht	67	6110	3528	7770	136,0	17,7	7,6	17,5	162
ms	**Flamingo**	DSR, Rostock	»Neptun«, Rostock	63	1744	928	2755	82,5	12,6	5,7	11,5	128

Art	Name	Reederei/Heimathafen	Bauwerft	Baujahr	BRT	NRT	tdw	L	B	Tfg	kn	Skizze-Nr.
ms	**Franz Stenzer***	DSR, Rostock	Mitsui Zosen, Tamano	65	5955	4071	8000	131,0	17,6	7,9	17,0	161
ms	**Frederic Joliot Curie**	DSR, Rostock	Mathias-Thesen-Werft, Wismar	69	5711	3223	6950	129,4	17,3	7,6	16,0	160
ms	**Freundschaft**	DSR, Rostock	Warnowwerft, Warnemünde	57	9427	5614	13000	157,6	20,0	8,4	15,5	172
ms	**Freyburg**	DSR, Rostock	Warnowwerft, Warnemünde	69	8600	4943	10400	150,2	20,2	8,2	19,0	170
ms	**Frieden**	DSR, Rostock	Warnowwerft, Warnemünde	57	9427	5614	13000	157,6	20,0	8,4	15,5	172
ms	**Friedrich Engels**	DSR, Rostock	Warnowwerft, Warnemünde	72	11023	6454	13100	166,4	23,0	9,6	22,6	175
mf	**Friedrich Wolf**	Fischkombinat, Rostock	Mathias-Thesen-Werft, Wismar	62	3000	1278	1420	85,9	13,5	5,0	12,0	112
ms	**Fritz Heckert**	DSR, Rostock	Mathias-Thesen-Werft, Wismar	61	7363	3401	1724	141,2	17,6	5,5	19,0	164
ms	**Fritz Reuter***	DSR, Rostock	Götaverken, Göteborg	64	6310	3555	6250	138,8	18,5	7,9	19,0	163
ms	**Fürstenberg**	DSR, Rostock	Mathias-Thesen-Werft, Wismar	70	5711	3209	6950	129,5	17,3	7,6	16,5	160
ms	**Fürstenwalde**	DSR, Rostock	»Neptun«, Rostock	76	5744	3010	7350	120,1	17,6	7,9	17,0	146
ms	**Gemma**	DSR, Rostock	Peene-Werft, Wolgast	60	617	230	840	59,5	9,8	3,6	10,0	125
ms	**Georg Büchner***	DSR, Rostock	J. Cockerill, Hoboken	51	11060	3831	9274	153,6	19,6	8,4	17,0	177
ms	**Georg Handke***	DSR, Rostock	Deutsche Werft, Hamburg	65	9662	5738	13500	156,1	20,5	12,1	18,0	173
ms	**Georg Schumann**	DSR, Rostock	Warnowwerft, Warnemünde	66	7723	4121	10845	142,0	18,6	8,5	14,5	166
ms	**Georg Weerth***	DSR, Rostock	Scott's Shipb. & Eng. Co., Green.	67	5555	2703	6600	152,7	19,3	7,6	22,0	157
ms	**Gera**	DSR, Rostock	Warnowwerft, Warnemünde	60	9425	5603	13000	157,6	20,0	8,4	15,5	172
ms	**Görlitz**	DSR, Rostock	Balt. Shipb. & Eng. Works, Leningr.	74	22798	14633	38249	201,4	27,9	11,2	16,0	187
ms	**Granitz**	Fischkombinat, Sassnitz	Volkswerft, Stralsund	64	2585	1218	1350	79,8	13,2	4,9	12,0	110
mf	**Grete Walter**	Fischkombinat, Rostock	Peene-Werft, Wolgast	67	964	312	537	62,6	10,6	4,8	12,5	108
mt	**Grimmen***	DSR, Rostock	Eriksberg M. V., Göteborg	66	28671	16127	51200	217,8	29,6	12,2	16,0	192
ms	**Gröditz**	DSR, Rostock	Balt. Shipb. & Eng. Works, Leningr.	72	22798	14633	38250	201,3	27,8	11,2	15,8	187
mf	**Grosser Belt**	Fischkombinat, Sassnitz	Elbe-Werft, Boizenburg	66	644	260	397	49,0	10,0	3,9	12,0	107
ms	**Hagenow**	DSR, Rostock	Elbe-Werft, Boizenburg	71	299	142	718	57,7	10,3	3,7	12,0	123
ms	**Halberstadt**	DSR, Rostock	Warnowwerft, Warnemünde	61	9425	5603	13000	157,4	20,0	9,7	15,5	172
ms	**Halle**	DSR, Rostock	Warnowwerft, Warnemünde	59	9425	5603	13000	157,6	20,0	9,7	15,5	172
ms	**Hanno Günther**	Fischkombinat, Rostock	Peene-Werft, Wolgast	66	997	312	537	62,6	10,6	4,8	12,5	108
ms	**Havel***	DSR, Rostock	Langesunds M. V., Langesund	58	3708	2178	5400	106,5	14,3	7,0	15,0	145
mt	**Heinersdorf***	DSR, Rostock	Mitsubishi H. I., Harima	68	40962	29856	87007	256,0	38,6	13,6		
ms	**Heinrich Heine**	DSR, Rostock	Framnaes M. V., Sandefjord	75	6641	3612	9000	140,7	18,0	6,1	22,8	171
ms	**Heinz Kapelle**	DSR, Rostock	Warnowwerft, Warnemünde	65	7723	4121	10400	142,0	18,6	8,5	14,5	166
ms	**Heinz Kapelle**	Fischkombinat, Rostock	Peene-Werft, Wolgast	66	964	312	537	62,6	10,6	4,8	12,5	108
ms	**Heinz Priess**	Fischkombinat, Rostock	Peene-Werft, Wolgast	67	964	312	537	62,6	10,6	4,8	12,5	108
ms	**Hellerau**	DSR, Rostock	»Neptun«, Rostock	66	2546	1424	3640	92,9	14,2	5,9	12,8	134
ms	**Henningdorf***	DSR, Rostock	Götaverken, Göteborg	66	22466	14206	34250	200,3	27,1	11,0	16,0	186
ms	**Herbert Baum**	Fischkombinat, Rostock	Peene-Werft, Wolgast	66	998	312	537	62,6	10,6	4,8	12,5	108
ms	**Herbert Tschäpe**	Fischkombinat, Rostock	Peene-Werft, Wolgast	66	998	312	537	62,6	10,6	4,8	12,5	108
ms	**Herta Lindner**	Fischkombinat, Rostock	Peene-Werft, Wolgast	66	998	312	537	62,6	10,6	4,8	12,5	108
ms	**Hiddensee***	DSR, Rostock	Stülckenwerft, Hamburg	56	4828	2668	7314	117,5	16,2	7,6	14,8	155
ms	**Insel Riems**	DSR, Rostock	Peene-Werft, Wolgast	61	617	230	840	59,2	9,8	3,7	10,0	125
ms	**Inselberg***	DSR, Rostock	Ekensbergs Varf, Stockholm	67	2274	1256	4540	99,1	15,0	6,0	14,0	130
ms	**J. G. Fichte***	DSR, Rostock	Atel. & Chant. de la Loire, St. Naz.	50	11045	4123	9490	163,6	19,6	8,5	17,0	176
mf	**Johannes R. Becher**	Fischkombinat, Rostock	Mathias-Thesen-Werft, Wismar	62	3000	1278	1420	85,9	13,5	5,0	12,0	112
ms	**John Brinckmann**	DSR, Rostock	Öresundvarvet, Landskrona	64	6313	3360	6150	138,8	18,9	7,9	19,0	163
ms	**John Schehr**	DSR, Rostock	Warnowwerft, Warnemünde	66	7723	4121	10400	142,0	18,6	8,5	14,5	166
def	**Junge Garde**	Fischkombinat, Rostock	Mathias-Thesen-Werft, Wismar	67	10193	5062	7711	141,4	21,2	7,8	14,0	117
def	**Junge Welt**	Fischkombinat, Rostock	Mathias-Thesen-Werft, Wismar	67	10193	5062	7711	141,4	21,2	7,8	14,0	117
ms	**Karl Marx**	DSR, Rostock	Warnowwerft, Warnemünde	71	11023	6454	13100	166,4	23,0	9,6	22,6	175
ms	**Karl-Marx-Stadt**	DSR, Rostock	Warnowwerft, Warnemünde	59	9425	5503	13000	157,6	20,0	8,4	15,5	172
mf	**Karl Wolf**	Fischkombinat, Rostock	Peene-Werft, Wolgast	67	964	312	537	62,6	10,6	4,8	12,5	108
ms	**Karlshorst**	DSR, Rostock	»Neptun«, Rostock	67	2547	1422	3640	92,9	14,2	5,9	12,8	134
mf	**Kattegatt**	Fischkombinat, Sassnitz	Elbe-Werft, Boizenburg	66	644	260	397	49,0	10,0	3,9	12,0	107
ms	**Klosterfelde**	DSR, Rostock	»Neptun«, Rostock	72	3091	1904	5120	105,0	14,6	5,8	14,4	141
ms	**Kormoran**	DSR, Rostock	»Neptun«, Rostock	63	1744	928	2755	82,5	12,6	5,7	11,5	128
ms	**Kröpelin**	DSR, Rostock	Elbe-Werft, Boizenburg	72	494	267	1111	71,0	10,4	3,7	12,0	124
ms	**Lausitz***	DSR, Rostock	Nakskov Skibsvaerft, Nakskov	52	5628	4014	7260	129,2	17,6	7,7	16,0	158
ms	**Leipzig**	DSR, Rostock	Warnowwerft, Warnemünde	58	9427	5607	13000	157,6	20,0	9,7	15,5	172
ms	**Liebenwalde**	DSR, Rostock	»Neptun«, Rostock	77	5744	3015	7350	120,1	17,6	7,9	17,0	146
ms	**Lieselotte Herrmann**	DSR, Rostock	Warnowwerft, Warnemünde	65	7723	4121	10400	142,2	18,6	8,5	14,5	166
mf	**Lofoten**	Fischkombinat, Sassnitz	Elbe-Werft, Boizenburg	67	651	257	372	49,0	10,0	3,9	12,0	107
mf	**Louis Fürnberg**	Fischkombinat, Rostock	Mathias-Thesen-Werft, Wismar	62	2960	1266	1420	85,9	13,5	5,0	12,0	112
ms	**Luckenwalde**	DSR, Rostock	»Neptun«, Rostock	76			7350	120,1	17,6	7,9	17,0	146
mf	**Ludwig Turek**	Fischkombinat, Rostock	Volkswerft, Stralsund	76	3980			102,0	15,2	5,2	14,6	114
ms	**Lübbenau**	DSR, Rostock	Warnowwerft, Warnemünde	62	8229	4457	13150	151,8	19,2	8,3	14,0	169
des	**Lütten-Klein**	Fischkombinat, Rostock	»61 Kommunar«, Nikolaev	71	5227	2541	5170	130,0	16,8	7,2	16,0	116
mt	**Lützkendorf***	DSR, Rostock	Stord Vaerft, Stord	65	46406	29873	85860	248,6	39,0	13,4	16,0	
ms	**Magdeburg**	DSR, Rostock	Warnowwerft, Warnemünde	70	8529	5051	10400	150,2	20,2	8,2	19,0	170
mf	**Magnus Poser**	Fischkombinat, Rostock	Peene-Werft, Wolgast	67	998	312	537	63,2	10,6	4,8	12,5	108
mf	**Malangen**	Fischkombinat, Sassnitz	Elbe-Werft, Boizenburg	67	644	256	372	49,0	10,0	3,9	12,0	107
ms	**Malchin**	DSR, Rostock	Peene-Werft, Wolgast	61	617	230	840	59,5	9,8	3,7	10,0	125
ms	**Mansfeld**	DSR, Rostock	Warnowwerft, Warnemünde	61	8228	4457	13150	151,8	19,2	8,3	14,0	169
ms	**Markab**	DSR, Rostock	Peene-Werft, Wolgast	60	617	230	840	59,3	9,8	3,7	10,0	125

Art	Name	Reederei/Heimathafen	Bauwerft	Baujahr	BRT	NRT	tdw	L	B	Tfg	kn	Skizze-Nr.
ms	**Marlow**	DSR, Rostock	Elbe-Werft, Boizenburg	71	299	142	780	57,9	10,2	3,7	12,5	123
ms	**Martin Andersen-Nexo***	Fischkombinat, Rostock	Howaldtswerke AG., Kiel	51	4827	2038	3237	120,4	15,6	6,1	15,5	115
ms	**Mathias Thesen**	DSR, Rostock	Warnowwerft, Warnemünde	66	7723	4121	10400	142,3	18,6	8,5	14,5	166
ms	**Max Reichpietsch**	DSR, Rostock	Warnowwerft, Warnemünde	65	7712	4166	10400	142,3	18,6	8,5	14,5	166
ms	**Maxhütte***	DSR, Rostock	Götaverken, Göteborg	55	8467	3352	12800	148,9	17,9	8,8	13,0	167a
mt	**Merseburg***	DSR, Rostock	Kockums M. V., Malmö	56	12468	7716	20150	170,0	21,9	9,4	14,5	180
ms	**Meyenburg**	DSR, Rostock	Warnowwerft, Warnemünde	68	8501	5048	10400	150,2	20,2	8,2	19,0	170
ms	**Miltzow**	DSR, Rostock	Elbe-Werft, Boizenburg	71	299	142	718	57,9	10,3	3,7	12,0	123
ms	**Mirow**	DSR, Rostock	Elbe-Werft, Boizenburg	71	299	142	718	57,6	10,4	3,7	12,0	123
ms	**Mühlhausen**	DSR, Rostock	Warnowwerft, Warnemünde	76	11127	6015	12350	150,4	21,8	8,8	20,0	174
ms	**Mulde***	DSR, Rostock	Moss Vaerft & Dokk, Moss	58	3825	2104	5850	108,1	14,8	7,4	14,0	147
ms	**Naumburg**	DSR, Rostock	Warnowwerft, Warnemünde	67	8501	5048	10400	150,2	20,2	8,2	19,0	170
ms	**Neubrandenburg**	DSR, Rostock	Warnowwerft, Warnemünde	70	8529	5051	10400	150,2	20,2	8,2	19,0	170
ms	**Neubukow**	DSR, Rostock	Elbe-Werft, Boizenburg	71	299	142	780	57,9	10,2	3,7	12,5	123
ms	**Neuhausen**	DSR, Rostock	»Neptun«, Rostock	72	3091	1904	4344	105,0	14,6	5,8	14,4	141
ms	**Nienburg**	DSR, Rostock	Warnowwerft, Warnemünde	69	8584	4956	10130	150,2	20,3	8,2	19,0	170
ms	**Nienhagen**	DSR, Rostock	Elbe-Werft, Boizenburg	70	299	137	780	57,8	10,3	3,7	12,5	123
ms	**Nordhausen**	DSR, Rostock	Warnowwerft, Warnemünde	76	11127	6015	12350	150,4	21,8	8,8	20,0	174
mf	**Nordmeer**	Fischkombinat, Sassnitz	Elbe-Werft, Boizenburg	66	644	260	397	49,0	10,0	3,9	12,0	107
mf	**Nordsee**	Fischkombinat, Sassnitz	Elbe-Werft, Boizenburg	66	644	260	397	49,0	10,0	3,5	12,0	107
ms	**Nordstern**	DSR, Rostock	Peene-Werft, Wolgast	59	617	230	840	59,5	9,8	3,6	10,0	125
ms	**Oder***	DSR, Rostock	Norrköpings Varv, Norrköping	58	3090	1615	4600	102,1	14,4	6,6	14,0	140
ms	**Oelsa**	DSR, Rostock	»Neptun«, Rostock	67	2546	1424	4260	100,3	14,2	5,9	12,8	134
ms	**Oranienburg**	DSR, Rostock	Warnowwerft, Warnemünde	67	8501	5048	10400	150,2	20,2	8,2	19,0	170
mf	**Orkney**	Fischkombinat, Sassnitz	Elbe-Werft, Boizenburg	67	651	257	372	49,0	10,0	3,9	12,0	107
ms	**Orla***	DSR, Rostock	Ekensbergs Varv, Stockholm	59	4333	2320	6071	114,3	15,4	7,2	14,0	153
ms	**Ostsee**	Bagger-, Bugsier- u. Berg.-Reed.	Scheveningen	66	1197	549	Bagger	60,9	12,8	4,3		
mf	**Ostsee**	Fischkombinat, Sassnitz	Elbe-Werft, Boizenburg	65	644	260	397	49,0	10,0	3,9	12,0	107
mf	**Peter Göring**	Fischkombinat, Rostock	Peene-Werft, Wolgast	68	998	312	537	63,2	10,6	4,8	12,5	108
mf	**Peter Kast**	Fischkombinat, Rostock	Mathias-Thesen-Werft, Wismar	64	2962	1316	1420	85,9	13,5	5,0	12,0	112
mf	**Peter Nell**	Fischkombinat, Rostock	Mathias-Thesen-Werft, Wismar	63	2962	1319	1420	85,9	13,5	5,0	12,0	112
mf	**Peter Müller**	Fischkombinat, Rostock	Peene-Werft, Wolgast	67	998	312	537	62,6	10,6	4,8	12,5	108
ms	**Pinguin**	DSR, Rostock	»Neptun«, Rostock	64	1744	928	2755	82,5	12,6	5,7	11,5	128
ms	**Poel**	DSR, Rostock	Peene-Werft, Wolgast	61	617	230	840	59,5	9,8	3,6	10,0	125
ms	**Prignitz**	DSR, Rostock	»De Merwede«, Hardinxveld	67	6110	3528	7770	136,0	17,7	7,6	17,5	162
ms	**Puttbus**	DSR, Rostock	Peene-Werft, Wolgast	61	617	230	840	59,5	9,8	3,6	10,0	125
ms	**Quedlinburg**	DSR, Rostock	Warnowwerft, Warnemünde	67	8501	5048	10400	150,2	20,2	8,2	19,0	170
ms	**Radeberg**	DSR, Rostock	»Neptun«, Rostock	72	3089	1904	4273	104,9	14,6	5,8	14,4	141
ms	**Rakow**	DSR, Rostock	Elbe-Werft, Boizenburg	71	299	142	780	57,9	10,2	3,7	12,5	123
ms	**Rechlin**	DSR, Rostock	Elbe-Werft, Boizenburg	72	494	267	1111	71,0	10,4	3,7	12,0	124
ms	**Recknitz***	DSR, Rostock	Oskarshamns Varv, Oskarshamn	53	2025	984	3600	105,5	13,7	5,7	14,5	129
ms	**Rerik**	DSR, Rostock	Peene-Werft, Wolgast	61	617	230	840	59,3	9,8	3,7	10,0	125
ms	**Rhön***	DSR, Rostock	Ekensbergs Varv, Stockholm	60	4322	2510	6070	114,3	15,4	7,2	14,5	152
ms	**Riesa***	DSR, Rostock	Kockums M. V., Malmö	56	13408	6185	19980	163,3	21,5	9,7	14,0	182
ms	**Robert Koch**	Fischkombinat, Rostock	»Neptun«, Rostock	55	1135	320	535	66,1	9,7	4,7	13,5	109
ms	**Ronneburg**	DSR, Rostock	Warnowwerft, Warnemünde	68	8501	5364	10400	150,2	20,2	8,2	19,0	170
ms	**Rosenort***	DSR, Rostock	Moss Vaerft M. V., Bergen	77	3847	2199	5860	108,1	14,8	7,4	15,0	148
ms	**Rostock**	Dt. Reichsbahn, Sassnitz	Bergens M. V., Bergen	77	6111	1680	3210	158,4	21,6	5,6	20,5	120
ms	**Rostock**	DSR, Rostock	Warnowwerft, Warnemünde	67	8501	5048	10400	150,2	20,2	8,2	19,0	170
mf	**Rudi Arnt**	Fischkombinat, Rostock	Peene-Werft, Wolgast	67	964	312	537	62,6	10,6	4,8	12,5	108
ms	**Rudolf Breitscheid**	DSR, Rostock	Warnowwerft, Warnemünde	64	7223	4110	10420	142,0	18,6	8,5	14,5	166
ms	**Rudolf Diesel**	DSR, Rostock	»Neptun«, Rostock	75	5735	2992	7350	120,1	17,6	7,9	17,0	146
mf	**Rudolf Leonhard**	Fischkombinat, Rostock	Mathias-Thesen-Werft, Wismar	65	2962	1316	1420	85,9	13,5	5,0	12,0	112
mf	**Rudolf Schwarz**	Fischkombinat, Rostock	Peene-Werft, Wolgast	67	998	312	537	62,6	10,6	4,8	12,5	108
ms	**Rügen**	Dt. Reichsbahn, Sassnitz	»Neptun«, Rostock	71	6465	2132	9410	152,7	18,8	5,7	21,0	121
ms	**Rügen***	DSR, Rostock	LMG., Lübeck	58	3993	2418	5920	112,8	14,8	7,4	14,0	149
ms	**Saale***	DSR, Rostock	Terneuzen Scheepswerf, Terneu.	58	3428	1815	5374	100,0	14,2	7,2	13,0	143
ms	**Sangershausen**	DSR, Rostock	Warnowwerft, Warnemünde	77	11127	6015	12350	150,4	21,8	8,8	20,0	174
ms	**Sassnitz**	Dt. Reichsbahn, Sassnitz	»Neptun«, Rostock	58	6164	2318	1843	137,5	18,8	5,3	18,0	120
ms	**Satow**	DSR, Rostock	Elbe-Werft, Boizenburg	71	299	142	780	57,9	10,2	3,7	12,5	123
ms	**Schwarza***	DSR, Rostock	Helsingsborgs Varv, Hälsingsborg	62	3498	2133	5040	110,2	14,5	7,0	14,5	144
ms	**Schwarzburg**	DSR, Rostock	Warnowwerft, Warnemünde	67	8501	5048	10400	150,2	20,2	8,2	19,0	170
mt	**Schwarzheide***	DSR, Rostock	Kockums M. V., Malmö	64	42126	27365	78500	243,9	36,6	12,6	16,0	193
mt	**Schwedt***	DSR, Rostock	Öresundsvarvet, Landskrona	61	24827	15911	45210	213,4	29,3	10,9	16,5	190
ms	**Schwerin**	DSR, Rostock	Warnowwerft, Warnemünde	59	9425	5603	13000	157,4	20,0	8,4	15,5	172
ms	**Seeadler**	DSR, Rostock	»Neptun«, Rostock	65	1744	928	2755	82,5	12,6	5,7	11,5	128
ms	**Semlow**	DSR, Rostock	Elbe-Werft, Boizenburg	71	299	142	718	57,7	10,3	3,7	12,0	123
ms	**Senftenberg**	DSR, Rostock	Warnowwerft, Warnemünde	61	8228	4456	11740	151,6	19,2	8,3	15,0	168
mf	**Silver Pit**	Fischkombinat, Sassnitz	Elbe-Werft, Boizenburg	67	651	257	372	49,0	10,0	3,9	12,0	107
ms	**Sirrah**	DSR, Rostock	Peene-Werft, Wolgast	60	617	230	840	59,3	9,8	3,7	10,0	125
mf	**Skagerrak**	Fischkombinat, Sassnitz	Elbe-Werft, Boizenburg	66	644	260	397	49,0	10,0	3,9	12,0	107
ms	**Sonneberg**	DSR, Rostock	Mathias-Thesen-Werft, Wismar	68	5715	3242	6765	129,5	17,3	7,6	16,5	160
ms	**Spree***	DSR, Rostock	Nordseewerke, Emden	52	2736	1355	5100	110,0	15,6	6,4	12,8	135

Art	Name	Reederei/Heimathafen	Bauwerft	Baujahr	BRT	NRT	tdw	L	B	Tfg	kn	Skizze-Nr.
ms	**Stavenhagen**	DSR, Rostock	Peene-Werft, Wolgast	61	617	230	840	59,3	9,8	3,7	10,0	125
des	**Stephan Jantzen**	Bagger-, Bugsier-, Warnemünde	Admiralteiskij-Werft, Leningrad	67	2254	50	1120	67,7	18,1	5,6	14,0	102
ms	**Stollberg**	DSR, Rostock	Mathias-Thesen-Werft, Wismar	69	5711	3223	6950	129,4	17,3	7,6	16,5	160
ms	**Stubbenkammer**	Dt. Reichsbahn, Sassnitz	Trosviks Verksted, Brevik	71	1999	810	3200	124,5	16,8	4,9	17,4	118
ms	**Stubnitz**	Fischkombinat, Sassnitz	Volkswerft, Stralsund	64	2581	1218	1350	79,8	13,2	4,9	12,0	110
mf	**Sund**	Fischkombinat, Sassnitz	Elbe-Werft, Boizenburg	66	644	260	397	49,0	10,0	3,5	12,0	107
mf	**Svinoy**	Fischkombinat, Sassnitz	Elbe-Werft, Boizenburg	67	644	257	372	49,0	10,0	3,9	12,0	107
ms	**Thale***	DSR, Rostock	Kieler Howaldtswerke, Kiel	40	14489	8057	23543	171,8	22,4	10,2	14,2	183
ms	**Themar**	DSR, Rostock	»Neptun«, Rostock	66	2543	1424	3640	92,9	14,2	5,9	12,8	134
ms	**Theodor Fontane**	DSR, Rostock	J. Boel & Fils, Tamise	66	4979	2808	4800	135,0	17,8	6,8	21,0	156
ms	**Theodor Körner**	DSR, Rostock	Framnaes M. V., Sandefjord	75	6641	3612	9000	140,7	18,0	6,1	22,8	171
ms	**Theodor Storm**	DSR, Rostock	J. Boel & Fils, Tamise	66	4976	2824	4800	135,0	17,8	6,8	21,0	156
ms	**Tollense***	DSR, Rostock	Öresundsvarvet, Landskrona	51	2306	1021	3750	107,5	14,4	5,9	14,0	132
ms	**Torgelow**	DSR, Rostock	Elbe-Werft, Boizenburg	72	299	142	718	57,9	10,4	3,7	12,0	123
ms	**Trattendorf**	DSR, Rostock	Warnowwerft, Warnemünde	62	8136	4460	13150	151,8	19,2	8,3	14,0	168
ms	**Trinwillershagen**	DSR, Rostock	Elbe-Werft, Boizeburg	70	299	137	780	57,9	10,2	3,7	12,5	123
ms	**Uckermark***	DSR, Rostock	Burmeister & Wain, København	55	4060	2194	6625	120,1	16,9	7,5	15,0	150
ms	**Ückermünde**	DSR, Rostock	Peene-Werft, Wolgast	62	617	230	840	59,5	9,8	3,6	10,0	125
ms	**Unstrut***	DSR, Rostock	Moss Vaerft & Dokk, Moss	58	3834	2124	5960	108,1	14,8	7,4	15,0	147
mt	**Usedom**	Seehydrographischer Dienst	Kertsh		1770	560	1660	84,0	12,0	4,7	13,0	105
ms	**Vilm**	DSR, Rostock	Peene-Werft, Wolgast	63	617	230	840	59,5	9,8	3,6	10,0	125
ms	**Vitte**	DSR, Rostock	Peene-Werft, Wolgast	63	617	230	840	59,5	9,8	3,6	10,0	125
ms	**Vockerode**	DSR, Rostock	Warnowwerft, Warnemünde	62	8136	4466	13150	151,8	19,2	8,3	14,0	168
ms	**Völkerfreundschaft***	FDGB, Rostock	Götaverken, Göteborg	48	12068	6287	5550	159,9	21,0	7,5	19,0	179
ms	**Vogtland***	DSR, Rostock	Helsingörs Skibsvaerft, Helsingör	53	5722	3317	7625	129,2	17,5	7,8	16,0	159
mf	**Walter Barth**	Fischkombinat, Rostock	Peene-Werft, Boizenburg	67	998	312	537	62,6	10,6	4,8	12,5	108
mf	**Walter Dehmel**	Fischkombinat, Rostock	Mathias-Thesen-Werft, Wismar	63	2957	1250	1420	85,9	13,5	5,0	12,0	112
ms	**Waren**	DSR, Rostock	Peene-Werft, Wolgast	63	617	230	840	59,5	9,8	3,6	10,0	125
ms	**Warin**	DSR, Rostock	Elbe-Werft, Boizenburg	72	494	267	1111	71,0	10,4	3,7	12,0	124
ms	**Warnemünde**	Dt. Reichsbahn, Sassnitz	»Neptun«, Rostock	63	6149	2008	1564	136,4	18,8	4,8	18,0	119
ms	**Warnow***	DSR, Rostock	Rickmers Werft, Bremerhaven	53	2822	1232	4736	118,6	15,8	6,3	14,0	138
ms	**Wega**	DSR, Rostock	Peene-Werft, Wolgast	60	617	230	840	59,3	9,8	3,7	10,0	125
ms	**Weida***	DSR, Rostock	Helsingsborgs Varv, Hälsingborg	60	3814	2147	5039	110,2	14,3	7,0	14,5	144
ms	**Weimar**	DSR, Rostock	Mathias-Thesen-Werft, Wismar	77			23400	176,5	22,9	10,1	15,6	184
ms	**Weisseritz***	DSR, Rostock	Sarpsborg M. V., Greaker	54	2923	1317	4380	113,1	14,7	6,2	14,0	139
ms	**Werner Kube**	Fischkombinat, Rostock	Peene-Werft, Wolgast	66	998	312	537	62,6	10,6	4,8	12,5	108
ms	**Werner Seelenbinder**	DSR, Rostock	Warnowwerft, Warnemünde	64	7704	4150	10300	142,0	18,6	8,5	14,5	165
ms	**Werra***	DSR, Rostock	Amsterd. Droogdok My., Amsterd.	58	2284	1095	3627	105,4	14,6	6,0	15,5	131
ms	**Wilhelm Florin**	DSR, Rostock	Warnowwerft, Warnemünde	64	7704	4150	10300	142,0	18,6	8,5	14,5	165
mf	**Willi Bredel**	Fischkombinat, Rostock	Mathias-Thesen-Werft, Wismar	66	3169	1478	1955	87,8	14,2	5,5	14,0	113
ms	**Wisent**	Bagger-, Bugsier	Leninsgradskij Petrozavod	73	184		tug	29,3	8,5	3,0	11,0	100
ms	**Wismar**	DSR, Rostock	Mathias-Thesen-Werft, Warnow	68	5722	3242	6765	129,5	17,3	7,6	16,5	160
ms	**Wittenberg**	DSR, Rostock	Mathias-Thesen-Werft, Wismar	69	5711	3223	6765	129,5	17,3	7,6	16,5	160
mt	**Wolfen***	DSR, Rostock	Eriksberg M. V., Göteborg	62	24730	16019	45080	214,8	29,0	11,6	15,0	189
mt	**Zeitz***	DSR, Rostock	Burmeister & Wain, København	62	25533	15544	44350	208,6	29,9	11,6	16,0	191
ms	**Zeulenroda**	DSR, Rostock	»Neptun«, Rostock	66	2546	1424	3640	92,9	14,2	5,9	12,8	134
ms	**Zinnowitz**	DSR, Rostock	Peene-Werft, Wolgast	63	617	230	840	59,5	9,8	3,6	10,0	125
ms	**Zschopau***	DSR, Rostock	Öresundsvarvet, Landskrona	52	2316	1033	3750	107,5	14,4	5,9	14,0	132
ms	**Züssow**	DSR, Rostock	Elbe-Werft, Boizenburg	71	299	142	780	57,9	10,2	3,7	12,5	123
ms	**Zurow**	DSR, Rostock	Elbe-Werft, Boizenburg	71	299	142	780	57,9	10,2	3,7	12,5	123
ms	**Zwickau***	DSR, Rostock	Kockums M. V., Malmö	58	15611	9330	23320	181,7	22,7	9,5	14,5	185

Art	Name	Reederei/Heimathafen	Bauwerft	Baujahr	BRT	NRT	tdw	L	B	Tfg	kn	Skizze-Nr.
ms	**Adam Asnyk**	Chinese-Polish, Gdynia	AG »Weser«, Seebeckw., B'hv.	74	9631	6293	15100	144,6	21,0	8,8	16,0	263
ms	**Adolf Warski**	POL, Gdynia	Stocznia Gdanska, Gdansk	59	6718	3670	10350	153,9	19,4	8,3	16,0	245
mf	**Albakora**	»Odra«, Swinoujscie	Stocznia Gdynia, Gdynia	64	1160	480	600	69,2	11,0	4,8	13,5	215
ms	**Aleksander Zawadski**	POL, Gdansk	Stocznia Gdynia, Gdynia	66	8681	4859	11600	152,6	19,4	8,8	16,0	251
mf	**Andromeda**	»Dalmor«, Gdynia	Stocznia Gdanska, Gdansk	65	2800	1164	1489	85,0	13,8	5,4	12,5	207
ms	**Andrzej Borowy**	POL, Szczecin	Stocznia Gdynia, Gdynia	63	1210	585	1260	69,1	11,0	4,5	12,0	223
ms	**Andrzej Strug**	POL, Gdynia	Stocznia Szczecinska, Szczecin	63	6919	3937	10250	145,9	18,5	7,6	17,0	246
mf	**Antlia**	»Dalmor«, Gdynia	Stocznia Gdanska, Gdansk	66	2303	940	1485	83,0	13,8	5,4	12,5	207
ms	**Antoni Garnuszewski**	POL, Gdynia	Stocznia Szczecinska, Szczecin	74	5975	2327	5655	122,2	17,0	7,4	16,0	242
mf	**Apus**	»Dalmor«, Gdynia	Stocznia Gdanska. Gdansk	66	2338	958	1489	83,0	13,8	5,4	12,5	207
mf	**Aries**	»Dalmor«, Gdynia	Stocznia Gdanska, Gdansk	66	2301	937	1489	83,0	13,8	5,4	12,5	207
mf	**Auriga**	»Dalmor«, Gdynia	Stocznia Gdanska, Gdansk	65	2302	939	1484	83,0	13,8	5,4	12,5	207
mf	**Barakuda**	»Odra«, Swinoujscie	Stocznia Gdynia, Gdynia	64	1005	382	600	69,2	11,0	4,8	13,5	215
mf	**Barbata**	»Odra«, Swinoujscie	Stocznia Gdynia, Gdynia	63	1005	382	600	69,2	11,0	4,8	13,5	215
mf	**Barwena**	»Odra«, Swinoujscie	Stocznia Gdynia, Gdynia	64	1005	382	600	69,2	11,0	4,8	13,5	215
ms	**Belchatow**	PZM, Szczecin	Mitsubishi H. I., Kobe	76	39309	25123	71277	232,4	32,3	13,9	14,5	294
mf	**Belona**	»Odra«, Swinoujscie	Stocznia Gdynia, Gdynia	64	1000	375	600	69,2	11,0	4,8	13,5	215
mt	**Beskidy**	PZM, Gdynia	Brodogradiliste Uljanik, Pula	61	13716	7949	20259	170,7	21,9	9,4	15,0	281
ss	**Bielsko**	PZM, Szczecin	Stocznia Szczecinska, Szczecin	57	2555	1409	3074	94,7	13,5	5,6	11,5	269
ms	**Bieszczady**	PZM, Szczecin	Stocznia Szczecinska, Szczecin	68	10847	5790	15688	156,6	20,4	9,2	15,0	280
ms	**Bochnia**	POL,	Stocznia Szczecinska, Szczecin	76	5545	2930	6372	123,9	17,0	7,3	16,0	239
ms	**Boleslaw Chrobry**	POL, Gdynia	Stocznia Szczecinska, Szczecin	67	8426	4767	11630	145,4	18,8	9,1	17,5	250
ms	**Boleslaw Krzywousty**	POL, Gdynia	Stocznia Szczecinska, Szczecin	70	8146	4695	11630	145,4	18,8	9,1	17,5	250
ms	**Boleslaw Prus**	Chinese-Polish, Gdynia	AG »Weser«, Seebeckw., B'hv.	73	9784	6813	16300	149,8	21,0	9,3	16,5	265
ms	**Boleslaw Smialy**	POL, Gdynia	Stocznia Szczecinska, Szczecin	67	8426	4767	10180	145,4	18,8	8,3	17,5	250
mf	**Bonito**	»Odra«	Stocznia Gdynia, Gdynia	76	2400		1400	89,0	15,0	6,8	15,2	216
ms	**Brodnica**	POL, Gdynia	Stocznia Szczecinska, Szczecin	61	3403	1857	5348	124,1	16,5	6,9	15,5	235
ms	**Bronislaw Lachowicz**	POL, Gdynia	Stocznia Gdanska, Gdansk	74	10129	5605	11635	161,0	23,0	9,7	21,0	257
ss	**Brygada Makowskiego**	PZM, Gdynia	Stocznia Gdanska, Gdansk	50	1945	934	2540	87,0	12,3	5,4	9,5	267
ms	**Budowlany**	PZM, Szczecin	Schlichting-Werft, Travemünde	76	9267	5146	13800	145,6	20,7	8,4	15,5	278
ms	**Buran**	»Transocean«, Szczecin	Stocznia Gdanska, Gdansk	72	5126	2492	4539	119,5	17,0	7,3	19,0	213
ms	**Busko Zdroj**	POL., Szczecin	Turnu Severin-W., Turnu Severin	70	1974	995	1904	86,0	12,4	5,1	14,3	224
ms	**Bydgoszcz**	POL, Szczecin	Stocznia Szczecinska, Szczecin	60	3347	1816	5348	124,1	16.5	6,2	15,5	235
mf	**Carina**	»Dalmor«, Gdynia	Stocznia Gdanska, Gdansk	67	2645	1041	1750	88,0	14,5	5,3	13,8	208
ms	**Cedynia**	PZM, Szczecin	Stocznia Szczecinska, Szczecin	73	20613	12752	31910	202,3	24,5	10,7	15,0	288
mf	**Centaurus**	»Dalmor«, Gdynia	Stocznia Gdanska, Gdansk	67	2355	957	1489	85,0	13,8	5,4	12,5	207
mf	**Cetus**	»Dalmor«, Gdynia	Stocznia Gdanska, Gdansk	66	2326	950	1489	83,0	13,8	5,4	12,5	207
ms	**Chelm**	POL	Stocznia Szczecinska, Szczecin	76	5545	2930	6388	123,9	17,0	7,3	16,0	239
ms	**Chemik**	PZM, Szczecin	Stocznia Szczecinska, Szczecin	64	10635	5826	14500	156,6	20,4	8,4	15,3	279
ms	**Chochlik**	POL, Szczecin	Stocznia Gdynia, Gdynia	60	1006	511	1308	65,8	9,9	4,5	12,0	221
ms	**Chopin**	POL, Gdynia	Brodogradiliste »Split«, Split	59	9231	5703	13225	153,1	18,8	9,0	15,0	254
ms	**Chrzanow**	PZM, Szczecin	»G. Dimitrov«, Varna	68	2468	1162	3486	95,9	13,8	5,6	13,0	226
ms	**Ciechanow**	PZM, Szczecin	»G. Dimitrov«, Varna	70	2416	1102	3608	95,9	13,7	5,7	13,7	268
ms	**Ciechocinek**	POL, Szczecin	Turnu Severin-W., Turnu Severin	70	1974	990	1904	86,0	12,4	5,1	14,3	224
ms	**Cieplice Zdroj**	POL, Szczecin	Turnu Severin-W., Turnu Severin	71	1992	996	1909	86,0	12,4	5,1	14,3	224
ss	**Cieszyn**	PZM, Szczecin	Stocznia Szczecinska, Szczecin	58	2557	1379	3075	94,7	13,5	5,6	11,5	269
mf	**Columba**	»Dalmor«, Gdynia	Stocznia Gdanska, Gdansk	67	2324	945	1489	83,0	13,8	5,4	12,5	207
mf	**Crater**	»Dalmor«, Gdynia	Stocznia Gdynia, Gdynia	67	2327	949	1400	83,0	13,8	5,4	12,5	207
mf	**Cygnus**	»Dalmor«, Gdynia	Stocznia Gdanska, Gdansk	67	2322	942	1489	83,0	13,8	5,4	12,5	207
ms	**Czacki**	POL, Gdynia	Stocznia Szczecinska, Szczecin	65	5576	3036	8555	145,8	18,6	7,6	18,0	240
mt	**Czantoria**	PZM	Mitsubishi H. I., Yokohama	75	81197	57447	145640	293,0	48,1	15,3	15,5	296
ms	**Czestochowa**	POL, Szczecin	Stocznia Szczecinska, Sczecin	67	5521	3038	6000	124,0	17,0	6,9	15,5	238
ms	**Czwartacy Al**	PZM, Szczecin	Stocznia Szczecinska, Szczecin	70	19690	12853	32240	202,3	24,5	10,7	15,0	287
mf	**Dalmor**	»Dalmor«, Gdynia	Stoznia Gdanska, Gdansk	60	2325	954	1489	85,0	13,8	5,4	12,5	207
ms	**Deblin**	POL, Szczecin	Stocznia Gdynia, Gdynia	67	1269	567	1700	86,6	12,4	4,6	14,5	266
mf	**Delfin**	»Gryf«, Szczecin	Stocznia Polnocna, Gdansk	75	2448	1564	1300	89,0	15,0	5,2	15,0	212
mf	**Denebola**	»Dalmor«, Gdynia	Stocznia Gdanska, Gdansk	73	2654	1128	1565	88,1	15,0	5,6	15,0	209
ms	**Dolny Slask**	PZM, Szczecin	Stocznia Szczecinska, Szczecin	67	11004	5822	15688	156,6	20,4	9,2	15,0	280
ms	**Domeyko**	POL, Gdynia	Stocznia Szczecinska, Szczecin	62	5697	3080	8600	145,9	1,5	7,6	17,0	241
mf	**Dorada**	»Odra«, Swinoujscie	Stocznia Gdynia, Gdynia	64	1005	379	600	69,2	11,0	4,8	13,5	215
ms	**Duszniki Zdroj**	POL, Szczecin	Turnu Severin-W., Turnu Severin	71	1978	994	1909	86,0	12,4	5,1	14,3	224
ms	**Emilia Plater**	POL, Gdynia	Stocznia Gdanska, Gdansk	59	6718	3672	10350	153,9	19,4	8,3	16,0	245
ms	**Energetyk**	PZM, Szczecin	Stocznia Szczecinska, Szczecin	65	10654	6117	14145	156,3	20,4	8,9	15,5	279
ms	**Eugenie Cotton**	PZM, Szczecin	Stocznia Gdanska, Gdansk	71	3810	1916	5735	108,8	15,1	6,8	14,0	272
ms	**Eugeniusz Kwiatkowski**	POL, Gdynia	Stocznia Gdanska, Gdansk	75	10116		12000	161,0	22,9	9,7	21,0	257
mf	**Feniks**	»Dalmor«, Gdynia	Stocznia Gdanska, Gdansk	64	2303	946	1489	83,0	13,8	5,4	12,5	207
mf	**Finwal**	»Odra«, Swinoujscie	Stocznia Gdynia, Gdynia	65	2496	1041	1300	87,3	14,1	5,3	13,8	217
ms	**Florian Ceynowa**	POL, Gdynia	Stocznia Gdanska, Gdansk	57	6784	3801	10273	153,9	19,4	8,3	16,0	244
mf	**Foka**	»Odra«, Swinoujscie	Stocznia Gdynia, Gdynia	65	2495	1041	1300	87,3	14,1	5,3	13,8	217
ms	**Francesco Nullo**	POL, Gdynia	Stocznia Gdynia, Gdynia	64	8620	4861	11600	152,6	19,4	8,8	16,0	251
ms	**Franciszek Zubrzycki**	POL, Gdynia	Stocznia Gdanska, Gdansk	73	10116	5640	11684	161,0	23,0	9,7	21,0	257
ms	**Frycz Modrzewski***	POL, Gdynia	Rauma-Repola, Rauma	68	9637	5479	14605	150,6	21,0	9,8	18,0	255
mf	**Garnela**	»Odra«, Swinoujscie	Stocznia Gdynia, Gdynia	71	2501	1066	1724	89,0	15,0	5,2	14,5	216

Art	Name	Reederei/Heimathafen	Bauwerft	Baujahr	BRT	NRT	tdw	L	B	Tfg	kn	Skizze-Nr.
ms	**Garwolin**	POL, Gdansk	Stocznia Szczecinska, Szczecin	73	5542	2930	6380	123,9	17,0	7,3	16,0	239
ms	**Gdansk**	POL, Gdansk	Stocznia Gdanska, Gdansk	54	2668	1379	3972	114,1	14,7	6,3	14,0	227
ms	**Gdynia II**	POL, Szczecin	Stocznia Szczecinska, Szczecin	67	5520	3039	6000	124,0	17,0	6,9	15,5	238
mf	**Gemini**	»Dalmor«, Gdynia	Stocznia Gdanska, Gdansk	74	2680	1133	1563	88,1	15,0	5,6	15,0	209
ms	**General Bem**	PZM, Szczecin	»G. Dimitrov«, Varna	74	23307	14922	37844	201,2	27,9	11,2	17,0	289
ms	**General Jasinski**	PZM, Szczecin	»G. Dimitrov«, Varna	74	23294	14913	38000	201,2	27,9	11,2	17,0	289
ms	**General Madalinski**	PZM, Szczecin	»G. Dimitrov«, Varna	75	23329	14941	37845	186,0	27,9	11,2	17,0	289
ms	**General Pradzynski**	PZM	»G. Dimitrov«, Varna	77	23305	14930	38000	201,2	27,9	11,2	17,0	289
mf	**General Rachimov**	»Dalmor«, Gdynia	Stocznia Gdanska, Gdansk	65	2301	939	1489	83,0	13,8	5,4	12,5	207
ms	**General Sikorski**	POL, Gdynia	Stocznia Gdanska, Gdansk	57	6785	3800	10273	153,9	19,4	8,3	16,0	244
ms	**Gen. Stanisl. Poplawski**	POL, Gdynia	Stocznia Gdanska, Gdansk	74	10112	5593	11632	160,9	23,0	9,7	21,0	257
ms	**General Swierczewski**	PZM, Szczecin	»G. Dimitrov«, Varna	73	23329	14941	38000	201,2	27,9	11,2	17,0	289
tt	**Giewont II**	PZM, Szczecin	HDW, Hamburg	75	70671	59060	137160	284,0	43,4	15,7	15,5	295
ms	**Gliwice II**	PZM, Szczecin	Nakskov Skibsvaerft, Nakskov	68	8384	4347	11780	141,8	19,2	8,2	15,0	275
ms	**Glogow**	POL, Gdynia	Stocznia Szczecinska, Szczecin	63	2872	1535	4472	113,6	15,5	6,3	15,6	229
ss	**Gniezno**	PZM, Szczecin	Stocznia Szczecinska, Szczecin	57	2556	1408	3074	94,7	13,5	5,6	11,5	269
ms	**Gorlice**	POL, Gdansk	Stocznia Szczecinska, Szczecin	64	2869	1546	4380	113,6	15,5	6,3	15,5	229
ms	**Gornik**	PZM, Szczecin	Stocznia Szczecinska, Szczecin	66	10647	6112	14500	156,6	20,4	8,9	15,3	279
ms	**Gorny Slask**	PZM, Szczecin	Stocznia Szczecinska, Szczecin	67	11014	5849	15688	156,6	20,4	9,2	15,0	280
mf	**Granik**	»Odra«, Swinoujscie	Stocznia Gdynia, Gdynia	64	1377	561	580	69,4	11,0	5,1	13,5	215
mf	**Grinwal**	»Odra«, Swinoujscie	Stocznia Gdynia, Gdynia	73	2476	1030	1690	88,7	15,0	5,2	14,5	216
ms	**Grodziec***	PZM, Szczecin	Götaverken, Göteborg	45	3379	1770	6040	116,7	15,3	6,9	12,5	270
ms	**Grudziadz**	POL, Gdynia	Stocznia Szczecinska, Szczecin	63	2872	1535	4472	113,6	15,5	6,3	15,6	229
ms	**Grunwald**	POL, Gdansk	Helsingör Skibsvaerft, Helsingör	68	10188	5797	12060	153,8	19,8	8,5	16,5	258
ms	**Gryf***	PZB, Kolobrzeg	Hans. Werft, Hamburg-Harburg	62	2977	1084	788	96,0	15,9	4,5	18,5	299
ms	**Gryf Pomerski**	»Transocean«, Szczecin	Stocznia Gdanska, Gdansk	67	13872	6444	9645	164,0	21,3	7,8	15,5	206
ms	**Gwardia Ludowa**	POL, Gdansk	Stocznia Gdynia, Gdynia	68	8590	5021	11870	152,6	19,4	8,8	15,8	251
ms	**Halniak**	»Transocean«, Szczecin	Stocznia Gdanska, Gdansk	72	5126	2492	4539	119,5	17,0	7,3	19,0	213
ms	**Hanka Sanicka**	POL, Gdynia	Stocznia Szczecinska, Szczecin	62	6944	3873	10350	153,9	19,4	8,3	16,0	245
ms	**Hanoi**	POL, Gdansk	Stocznia Gdanska, Gdansk	60	6914	3785	10300	153,9	19,4	8,3	16,0	245
mt	**Harmattan***	»Transocean«, Szczecin	Schlichtingwerft, Travemünde	67	1686	877	1950	88,7	12,5	5,2	16,0	204
ms	**Hel**	POL, Gdynia	Nakskov Skibsvaerft, Nakskov	70	10970	6408	14170	166,5	23,3	9,7	22,5	261
ms	**Henryk Jendza**	POL, Gdynia	Stocznia Szczecinska, Szczecin	66	5581	3037	8600	145,8	18,6	7,6	18,0	240
ms	**Henryk Lemberg**	POL	Stocznia Szczecinska, Szczecin	75	5366		6200	123,9	17,0	7,3	15,5	239
ms	**Heweliusz**	POL, Gdynia	Stocznia Szczecinska, Szczecin	62	5700	3082	8600	145,9	18,5	7,6	17,0	241
mf	**Homar**	»Odra«, Swinoujscie	Stocznia Gdynia, Gdynia	66	2496	1041	1300	87,3	14,1	5,3	13,8	217
ms	**Hugo Kollataj***	POL, Gdynia	Burmeister & Wain, Köbenhavn	45	3755	2145	6885	117,7	17,0	7,4	13,5	236
mf	**Humbak**	»Odra«, Swinoujscie	Stocznia Gdynia, Gdynia	71	2501	1067	1652	89,0	15,0	5,2	14,5	216
ms	**Huta Katowice***	PZM, Szczecin	Mitsubishi H. I., Kobe	76	36229	24982	64485	224,0	31,9		14,6	293
ms	**Huta Lenina***	PZM, Szczecin	Mitsubishi H. I., Kobe	76	36232	24979	63321	224,0	31,9		14,6	293
ms	**Huta Zgoda**	PZM, Szczecin	Schlichting-Werft, Travemünde	74	9268	5135	14175	145,7	20,7	8,4	15,0	278
ms	**Huta Zygmunt**	PZM, Szczecin	Schlichting-Werft, Travemünde	76	9263	5143	13800	145,6	20,7	8,4	15,5	278
ms	**Hutnik**	PZM, Szczecin	Stocznia Szczecinska, Szczecin	65	10847	5907	14149	156,6	20,6	8,9	15,3	279
mf	**Indus**	»Dalmor«, Gdynia	Stocznia Gdanska, Gdansk	76	2603	1107	1550	89,0	15,0	5,6	15,0	218
des	**Inz. Marian Bukowski**	Gdansk	»De Liesbosch«, Zutphaas	75	2014	1006	Bagger	77,8	12,9	5,5	11,5	
des	**Inz. Stanisl. Legowski**	Gdansk	Verolme, Heusden	75	2015		Bagger	77,8	12,9	5,1	11,5	
ms	**Iwonicz Zdroj**	POL, Szczecin	Turnu Severin-W., Turnu Severin	71	1992	996	1909	85,9	12,4	5,1	13,0	224
ms	**Jan Matejko**	POL, Gdynia	Stocznia Gdanska, Gdansk	59	6748	3690	10350	153,9	19,4	8,3	16,0	245
ms	**Jan Zizka**	POL, Gdynia	Stocznia Szczecinska, Szczecin	62	3381	1817	5436	124,1	16,5	6,9	15,5	235
ms	**Janek Krasicki**	POL, Gdynia	Stocznia Szczecinska, Szczecin	60	6904	3764	10350	153,9	19,4	8,3	16,0	245
ms	**Jantar**	Pol. Ship Salvage Co., Szcecin	Hill & Sons, Bristol	58	1226	383	tug	65,5	11,9	5,5	15,5	203
ms	**Jan Heweliusz**	POL, Kolobrzeg	Trosvik Verksted, Brevik	77	2898	1184	2350	125,6	17,0	4,5	17,0	297
ms	**Jaroslaw Dabrowski**	POL, Gdynia	Blyth Dryd. + Shipb. Co., Belfast	50	3196	1308	3040	109,2	14,8	5,7	13,0	233
ms	**Jaslo**	POL, Gdynia	Aalborg Vaerft, Aalborg	67	2309	1129	3350	101,4	14,7	6,0	14,0	225
ms	**Jastarnia-Bór**	POL, Gdynia	Nakskov Skibsvaerft, Nakskov	71	10960	6400	14170	166,5	23,3	9,7	22,5	261
ss	**Jednosc Robotnicza**	PZM, Szczecin	Stocznia Gdanska, Gdansk	50	2003	950	2600	87,0	12,3	5,5	9,5	267
ms	**Jelcz II**	PZM Szczecin	»G. Dimitrov«, Varna	68	2468	1160	3483	95,9	13,8	5,6	13,0	226
ms	**Jelenia Gora**	POL, Szczecin	»G. Dimitrov«, Varna	66	2554	1188	3382	95,9	13,5	5,6	12,3	226
ms	**Jong Dzin***	PZM, Szczecin	Nipponkai Jukogyo, Toyama	58	7358	4267	11355	137,3	18,2	8,6	13,5	
mf	**Jowisz**	»Dalmor«, Gdynia	Stocznia Gdanska, Gdansk	63	2298	937	1489	83,0	13,8	5,4	12,5	207
ms	**Jozef Wybicki**	POL, Gdansk	Stocznia Szczecinska, Szczecin	66	8644	4850	1160	152,6	19,4	8,8	16,0	251
mf	**Jupiter**	»Dalmor«, Gdynia	Stocznia Gdanska, Gdansk	63	2298	937	1489	83,0	13,8	5,4	12,5	207
ms	**Jurata**	POL, Gdynia	Nakskov Skibsvaerft, Nakskov	70	10950	6393	14170	166,5	23,3	9,7	22,5	261
ms	**K. I. Galczynski**	POL, Gdynia	Stocznia Szczecinska, Szczecin	64	5584	3044	8413	145,8	18,6	7,6	18,0	240
mf	**Kabryl**	»Gryf«, Szczecin	Stocznia Polnocna, Gdansk	72	1435	581	900	75,5	12,7	5,0	14,5	210
mf	**Kalmar**	»Odra«, Swinoujscie	Stocznia Gdynia, Gdynia	70	2488	1066	1718	89,0	15,0	5,2	14,5	216
mf	**Kanaryka**	»Gryf«, Szczecin	Stocznia Gdynia, Gdynia	69	1480	582	900	75,5	12,7	5,0	14,5	211
mf	**Kantar**	»Gryf«, Szczecin	Stocznia Gdynia, Gdynia	69	1480	582	900	75,5	12,7	5,0	14,5	211
ms	**Kapitan Kanski**	POL, Szczecin	Stocznia Gdynia, Gdynia	63	1204	579	1260	69,1	11,0	4,5	12,0	223
ms	**Kapitan Kosko**	POL, Gdansk	Stocznia Gdanska, Gdansk	57	6629	3671	10273	153,9	19,4	8,3	16,0	244
ms	**Kapitan Ledochowski**	PZM, Szczecin	Stocznia Szczecinska, Szczecin	74	5975	2322	5655	122,2	17,0	7,4	16,0	242

Art	Name	Reederei/Heimathafen	Bauwerft	Baujahr	BRT	NRT	tdw	L	B	Tfg	kn	Skizze-Nr.
mf	**Kapitan M. Stankiewicz**	POL, Szczecin	Stocznia Gdynia, Gdynia	63	1205	579	1260	69,1	11,0	4,5	12,0	223
ms	**Kapitan Ziolkowski**	POL, Szczecin	Stocznia Gdynia, Gdynia	63	1204	579	1250	69,1	11,0	4,5	12,0	223
mt	**Karkonosze**	PZM, Szcecin	Oskarshamns Varv, Oskarshamn	75	18251	10399	31016	170,7	25,9	11,0	15,5	286
ms	**Karpacz**	POL, Szczecin	Turnu Severin-W., Turnu Severin	72	1991	993	1990	86,0	12,4	5,1	14,3	224
mt	**Karpaty**	PZM, Gdynia	Brodogradiliste Uljanik, Pula	59	13796	7959	20259	170,7	21,9	9,4	15,0	281
tt	**Kasprowy Wierch**	PZM, Szczecin	HDW, Hamburg	74	70671	59060	137160	283,9	43,5	15,7	15,5	295
mf	**Kastor**	»Dalmor«, Gdynia	Stocznia Gdanska, Gdansk	61	2331	963	1489	83,0	13,8	5,4	12,5	207
mf	**Kaszalot**	»Odra«, Swinoujscie	Stocznia Gdynia, Gdynia	68	2478	1041	1300	87,3	14,1	5,3	13,5	217
ms	**Kaszuby II**	»Gryf«,	Stocznia Gdanska, Gdansk	76			8439	151,3	21,0	12,8	17,8	214
ss	**Katowice**	PZM, Szczecin	Stocznia Szczecinska. Szczecin	57	2555	1406	3205	94,7	13,5	5,5	12,0	269
ms	**Kedzierzyn**	PZM, Szczecin	Stocznia Gdanska, Gdansk	70	3808	1915	5735	108,8	15,1	6,9	14,0	272
mf	**Kniazik**	»Gryf«, Szczecin	Stocznia Gdynia, Gdynia	69	1482	7576	908	75,4	12,7	5,0	14,5	211
ms	**Kochanowski**	POL, Gdynia	Brodogradiliste »3. Maj«, Rijeka	62	8231	4646	10750	148,3	19,1	8,7	15,3	249
ms	**Kolejarz**	PZM, Szczecin	Stocznia Szczecinska, Szczecin	63	10651	6223	14250	156,7	20,5	8,8	14,5	279
mf	**Kolen**	»Gryf«, Szczecin	Stocznia Gdynia, Gdynia	70	1485	570	920	75,5	12,7	5,0	14,5	211
ms	**Kolobrzeg**	POL, Szczecin	»G. Dimitrov«, Varna	66	2532	1172	3420	95.8	13,8	5,6	13,0	226
mf	**Konger**	»Odra«, Swinoujscie	Stocznia Gdynia, Gdynia	65	1005	379	600	69,2	11,0	4,8	13,5	215
ms	**Konin**	POL, Gdansk	Stocznia Gdanska, Gdansk	68	10063	5598	12250	153,9	20,6	9,0	15,8	256
ms	**Konopnika**	POL, Gdynia	Stocznia Gdanska, Gdansk	63	9205	5129	11780	153,9	19,4	9,0	16,0	245
ms	**Kopalnia Grzybow**	PZM, Szczecin	Ast. Espanoles, Sevilla	72	9225	4754	14035	145,0	20,7	8,4	16,0	277
ms	**Kopalnia Jeziorko**	PZM, Szczecin	Ast. Espanoles, Sestao	71	9043	4182	13665	146,7	20,0	8,3	15,5	276
ms	**Kopalnia Kleofas**	PZM, Szczecin	Nakskov Skibsvaerft, Nakskov	69	8406	4322	12480	141,8	19,3	8,6	15,3	275
ms	**Kopalnia Machow**	PZM, Szczecin	Ast. Espanoles, Sevilla	72	9206	4783	14035	145,0	20,7	8,3	16,0	277
ms	**Kopalnia Marcel**	PZM, Szczecin	Nakskov Skibsvaerft, Nakskov	69	8404	4318	11780	141,8	19,2	8,2	15,0	275
ms	**Kopalnia Moszczenica**	PZM, Szczecin	Nakskov Skibsvaerft, Nakskov	68	8391	4233	11780	141,8	19,2	8,2	15,0	275
ms	**Kopalnia Piaseczno**	PZM, Szczecin	Ast. Espanoles, Sestao	71	9050	4184	13444	146,7	20,1	8,3	15,5	276
ms	**Kopalnia Sosnica**	PZM, Szczecin	Nakskov Skibsvaerft, Nakskov	68	8383	4349	11700	141,8	19,2	8,2	15,0	275
ms	**Kopalnia Sosnowiec**	PZM, Szczecin	Schlichting-Werft, Travemünde	74	9268	5132	13800	145,6	20,7	8,4	15,0	278
ms	**Kopalnia Szczyglowice**	PZM, Szczecin	Nakskov Skibsvaerft, Nakskov	69	8407	4327	12480	141,8	19,2	8,2	15,0	275
ms	**Kopalnia Walbrzych**	PZM, Szczecin	Schlichting-Werft, Travemünde	75	9268	5134	13800	145,6	20,7	8,4	15,0	278
ms	**Kopalnia Wirek**	PZM, Szczecin	Nakskov Skibsvaerft, Nakskov	69	8406	4324	11700	141,8	19,2	8,2	15,0	275
ms	**Kopalnia Zofiowka**	PZM, Szczecin	Schlichting-Werft, Travemünde	75	9268	5135	13800	145,6	20,7	8,4	15,0	278
ms	**Kopernik***	POL, Gdynia	Stocznia Gdanska, Gdansk	53	2665	1386	3972	114,1	14,7	6,3	14,0	227
ms	**Koral***	Pol. Ship Salvage Co., Szczecin	Hill & Sons, Bristol	59	1225	382	450	65,5	11,9	5,5	15,5	203
mf	**Korwin**	»Gryf«, Szczecin	Stocznia Gdynia, Gdynia	70	1485	570	920	75,5	12,7	5,0	14,5	211
ms	**Koszalin**	PZM, Szczecin	Stocznia Gdynia, Gdynia	60	1273	566	1590	86,6	12,4	4,6	14,5	266
ms	**Krakow**	POL, Szczecin	Stocznia Szczecinska, Szczecin	65	5534	3049	5993	124,0	17,0	6,9	15,5	238
ms	**Kraszewski**	POL, Gdynia	Odense Staalskibsvaerft, Odense	63	10363	6115	14200	153,3	20,3	9,2	16,0	259
ms	**Kruszwica**	POL, Gdynia	Stocznia Szczecinska, Szczecin	61	3381	1818	5348	124,1	16,5	6,9	15,5	235
ms	**Krynica**	POL, Gdynia	Stocznia Szczecinska, Szczecin	58	3442	1822	5348	124,1	16,5	6,9	15,5	235
ms	**Kudowa Zdroj**	POL, Szczecin	Turnu Severin-W., Turnu Severin	72	1991	1012	1920	86,0	12,4	5,1	14,3	224
ms	**Kujawy**	PZM, Szczecin	Stocznia Szczecinska, Szczecin	67	11006	5837	15688	156,6	20,4	9,2	15,0	280
mf	**Kulbak**	»Gryf«, Szczecin	Stocznia Polnocna, Gdansk	72	1435	581	900	75,5	12,7	5,0	14,5	210
mf	**Kulbin**	»Gryf«, Szczecin	Stocznia Gdynia, Gdynia	70	1478	564	900	75,5	12,7	5,0	14,5	211
mf	**Kunatka**	»Gryf«, Szczecin	Stocznia Polnocna, Gdansk	72	1435	581	900	75,5	12,7	5,0	14,5	210
ms	**Kutno II**	PZM, Szczecin	»G. Dimitrov«, Varna	69	2422	1108	3620	95,9	13,8	5,7	13,0	226
ms	**Kuznica**	POL, Gdynia	Nakskov Skibsvaerft, Nakskov	71	10946	6315	14170	166,5	23,3	9,7	22,5	261
ms	**Kwidzyn**	POL, Szczecin	Stocznia Gdanska, Gdansk	74	2805	1391	3360	106,4	16,0	5,7	14,0	228
	Lacerta	»Dalmor«, Gdynia	Stocznia Gdanska, Gdansk	69	2691	1061	1980	88,0	14,5	5,3	13,8	208
mf	**Langusta**	»Odra«, Swinoujscie	Stocznia Gdynia, Gdynia	68	2495	1041	1300	87,3	14,1	5,3	13,8	217
mf	**Laskara**	»Gryf«, Szczecin	Stocznia Gdynia, Gdynia	68	1479	583	900	75,5	12,7	5,0	14,5	211
mf	**Laterna**	»Gryf«, Szczecin	Stocznia Polnocna, Gdansk	73	1435	531	900	75,5	12,7	5,0	14,5	210
mf	**Lebork**	POL, Szczecin	Stocznia Gdanska, Gdansk	75	2805	1391	3360	106,4	16,0	5,7	14,0	228
ms	**Lechistan II**	POL, Gdansk	Aalborg Vaerft, Aalborg	67	2968	1490	4600	114,4	16,0	6,3	15,5	232
ms	**Legnica**	POL, Gdynia	Stocznia Szczecinska, Szczecin	60	3351	1816	5348	124,1	16,5	6,9	15,5	235
ms	**Lelewel**	POL, Gdynia	Stocznia Gdanska, Gdansk	62	7817	4285	10290	153,9	19,5	8,3	15,5	245
ms	**Leningrad**	POL, Gdansk	Stocznia Gdynia, Gdynia	65	8682	4861	11600	152,6	19,4	8,8	16,0	251
ms	**Lenino**	POL, Gdansk	Stocznia Gdynia, Gdynia	64	8614	4858	11600	152,6	19,4	8,8	16,0	251
ms	**Leonid Teliga***	POL, Gdansk	P. Lindenau, Kiel-Fr'ort	69	4960	3598	7450	125,2	17,2	8,9	16,0	237
ms	**Leopold Staff**	Chinese-Polish, Gdynia	AG »Weser«-W., Seebeck, B'hav.	77			16220	149,8	21,0	9,3	16,5	264
mf	**Lepus**	»Dalmor«, Gdynia	Stocznia Gdanska, Gdansk	70	2691	1069	1980	88,0	14,5	5,3	13,8	208
ms	**Lewant II**	POL, Gdansk	Aalborg Vaerft, Aalborg	67	2972	1488	4600	114,4	16,0	6,3	15,5	232
ms	**Lewanter**	»Transocean«, Szczecin	Stocznia Gdanska, Gdansk	72	5124	2496	4539	119,5	17,0	7,3	19,0	213
mf	**Libra**	»Dalmor«, Gdynia	Stocznia Gdanska, Gdansk	68	2693	1081	1750	88,0	14,5	5,3	13,8	208
mf	**Likodyn**	»Gryf«, Szczecin	Stocznia Gdynia, Gdynia	69	1481	582	930	75,5	12,7	5,0	14,5	211
mf	**Likomur**	»Gryf«, Szczecin	Stocznia Gdynia, Gdynia	70	1485	570	920	75,5	12,7	5,0	14,5	211
mf	**Likosara**	»Gryf«, Szczecin	Stocznia Polnocna, Gdansk	73	1435	531	930	75,5	12,7	5,0	14,5	210
mf	**Likowal**	»Gryf«, Szczecin	Stocznia Polnocna Gdansk	72	1435	531	900	75,0	12,7	5,0	14,5	210
mf	**Lodowik**	»Gryf«, Szczecin	Stocznia Gdynia, Gdynia	69	1480	584	930	75,5	12,7	5,0	14,5	211
ms	**Lodz**	POL, Szczecin	Stocznia Gdanska, Gdansk	65	5525	3046	6040	124,1	17,0	6,9	12,3	238
ms	**Lublin**	POL, Szczecin	Stocznia Szczecinska, Szczecin	66	5536	3053	6000	124,0	17,0	6,9	15,5	238

Art	Name	Reederei/Heimathafen	Bauwerft	Baujahr	BRT	NRT	tdw	L	B	Tfg	kn	Skizze-Nr.
ms	**Lucyan Szenwald**	POL, Gdynia	Stocznia Gdanska, Gdansk	71	10122	5415	12180	153,9	20,6	9,0	18,0	256
ms	**Ludwik Solski**	POL, Gdynia	Stocznia Szczecinska, Szczecin	60	6904	3756	10350	153,9	19,4	8,3	16,0	245
mf	**Lutjan**	»Gryf«, Szczecin	Stocznia Gdynia, Gdynia	70	1482	567	900	75,5	12,7	5,0	14,5	211
mf	**Luytanka**	»Gryf«, Szczecin	Stocznia Polnocna, Gdansk	73	1435	531	900	75,5	12,7	5,0	14,5	210
mf	**Lyra**	»Dalmor«, Gdynia	Stocznia Gdanska, Gdansk	69	2687	1066	1980	88,0	14,5	5,6	13,9	208
ms	**Major Sucharski**	POL	Stocznia Gdynia, Gdynia	74	8756	4916	12120	153,0	19,4	9,0	18,0	253
ms	**Manifest Lipcowy**	PZM	Stocznia Gdynia, Gdynia	70	32758	23727	55596	218,4	32,3	12,4	15,0	291
ms	**Marceli Nowotko**	POL, Gdynia	Stocznia Gdanska, Gdansk	56	6660	3666	10273	153,9	19,4	8,3	16,0	244
ms	**Marian Buczek**	POL, Gdynia	Lisnave, Lisboa	74	8722	4843	12129	153,0	19,5	9,0	16,0	253
ms	**Marynarz Migala**	POL, Szczecin	Stocznia Gdynia, Gdynia	63	1204	579	1262	69,1	11,0	4,5	12,0	223
ms	**Mazowsze**	Zegluga Gdanska, Gdansk	»Georghiu Dej«, Budapest	55	1013	463	212	60,3	10,6	3,2	16,0	303
mf	**Merkury**	»Dalmor«, Gdynia	Stocznia Gdanska, Gdansk	64	2303	941	1489	83,0	13,8	5,4	12,5	207
ms	**Metalowiec**	PZM, Szczecin	Stocznia Szczecinska, Szczecin	66	10659	6146	14180	156,3	20,5	8,9	15,5	279
ms	**Mieczyslaw Kalinowski**	POL, Gdynia	Stocznia Gdanska, Gdansk	73	10112	5638	11683	161,0	22,9	9,7	21,0	257
ms	**Mieszko I**	POL, Gdynia	Stocznia Szczecinska, Szczecin	67	8408	4759	10180	145,4	18,8	8,3	17,5	250
ms	**Mikolaj Kopernik**	POL, Kolobrzeg	Trosvik Verksted, Brevik	74	2898	1184	2350	125,6	17,0	4,5	17,0	297
ms	**Mikolaj Rej***	POL, Gdynia	Rauma-Repola, Rauma	69	9637	5473	14866	150,6	21,0	9,8	18,0	255
ms	**Miroslawiec**	PZM Szczecin	Stocznia Szczecinska, Szczecin	75	20593	12728	32000	198,8	24,5	10,7	15,5	288
ms	**Modlin**	POL, Szczecin	Stocznia Gdynia, Gdynia	61	1271	568	1590	86,6	12,4	4,6	14,5	266
ms	**Moniuszko**	POL, Gdynia	Brodogradiliste »Split«, Split	60	9246	5563	12467	153,1	18,8	8,2	15,0	254
ms	**Monte Cassino**	POL, Gdyia	Stocznia Gdanska, Gdansk	57	3724	1950	5200	108,3	14,7	6,6	12,5	234
mf	**Mors**	»Odra«, Swinoujscie	Stocznia Gdynia, Gdynia	71	2501	1067	1724	89,0	15,0	6,8	14,5	216
mf	**Murena**	»Odra«, Swinoujscie	Stocznia Gdynia, Gdynia	65	1377	561	600	69,2	11,0	4,8	13,5	215
ms	**Naleczow**	POL, Szczecin	Uzima Mecanica, Turnu Severin	70	1971	993	1924	86,0	12,4	5,1	14,3	224
mf	**Narwal**	»Odra«, Swinoujscie	Stocznia Gdynia. Gdynia	68	2480	1046	1300	87,3	14,1	5,3	13,8	217
ms	**Narwik II**	PZM, Szczecin	Stocznia Szczecinska, Szczecin	73	20596	12739	31920	198,8	24,5	10,6	15,5	288
mf	**Neptun**	»Dalmor«, Gdynia	Stocznia Gdanska, Gdansk	62	2318	955	1489	85,0	13,8	5,4	12,5	207
ms	**Norwid**	POL, Gdynia	Charg. Reunis, Gd. Quevilly	62	7829	4432	10794	139,6	19,0	8,7	18,5	248
ms	**Nowowiejski**	POL, Gdynia	Brodogradiliste »Split«, Split	62	8992	5423	12699	153,4	18,9	9,0	15,0	254
ms	**Nowy Sacz**	PZM, Szczecin	Stocznia Gdanska, Gdansk	70	3809	1915	5735	108,8	15,1	6,9	14,0	272
ms	**Obroncy Poczty**	PZM, Szczecin	Stocznia Szczecinska, Szczecin	71	19684	12857	32195	202,3	24,5	10,7	15,0	287
ms	**Ojcow**	POL, Gdynia	Stocznia Szczecinska, Szczecin	60	2981	1526	4514	114,2	14,7	6,4	14,5	230
ms	**Olesnica**	POL, Gdynia	Stocznia Szczecinska, Szczecin	59	5384	3014	6217	124,1	16,5	6,9	15,5	235
ms	**Oliwa**	POL, Gdynia	Stocznia Szczecinska, Szczecin	59	2950	1507	4514	114,2	14,7	6,4	14,5	230
ms	**Olkusz**	POL, Gdynia	Stocznia Szczecinska, Szczecin	60	3031	1539	4514	114,2	14,7	6,4	14,5	230
mf	**Orinwal**	»Odra«, Gdynia	Stocznia Gdynia, Gdynia	73	2410		1300	89,0	15,0	6,8	14,5	216
mf	**Orka**	»Odra«, Swinoujscie	Stocznia Gdynia, Gdynia	65	2495	1041	1300	87,3	14,1	5,3	13,8	217
mf	**Orlen**	»Odra«, Swinoujscie	Stocznia Gdynia, Gdynia	76	2410		1300	89,0	15,0	6,8	14,5	216
ms	**Orlowo**	POL, Gdynia	Stocznia Szczecinska, Szczecin	59	2950	1507	4514	114,2	14,7	6,4	14,5	230
ms	**Orneta**	POL, Gdynia	Stocznia Szczecinska, Szczecin	62	3021	1551	4514	114,2	14,7	6,4	14,5	230
ms	**Ostroleka**	POL, Gdansk	Stocznia Szczecinska, Szczecin	73	5542	2930	6380	123,9	17,0	7,3	16,0	239
ms	**Oswiecim**	POL, Szczecin	»G. Dimitrov«, Varna	66	2547	1185	3420	95,6	17,8	5,6	12,5	226
ms	**Paderewski**	POL, Gdynia	Brodogradiliste, »Split«, Split	60	9267	5728	12467	153,1	18,8	9,0	15,0	254
ms	**Pawel Szwydkoj**	POL, Gdynia	Stocznia Szczecinska, Szczecin	65	5578	3036	8415	145,8	18,6	7,6	18,0	240
mf	**Pegaz**	»Dalmor«, Gdynia	Stocznia Gdanska, Gdansk	62	2334	946	1489	83,0	13,8	5,4	12,5	207
ms	**Pekin**	POL, Gdansk	Stocznia Gdanska, Gdansk	60	6914	3785	10350	153,9	19,4	8,3	16,0	245
des	**Perkun**	Pol. Ship Salvage Co., Szczecin	Harris & Co., Appledore	62	1152	272		56,5	14,0	5,0	10,0	202
mf	**Perseus**	»Dalmor«, Gdynia	Stocznia Gdanska, Gdansk	73	2655	1128	1563	88,1	15,0	5,6	15,0	209
ms	**Phenian**	POL, Gdynia	Stocznia Szczecinska, Szczecin	61	6923	3788	10350	153,9	19,4	8,3	16,0	245
ms	**Piast***	»Transocean«, Szczecin	Burmeister & Wain, Köbenhavn	51	3184	1716	2844	102,9	14,3	6,3	14,5	205
mt	**Pieniny II**	PZM, Szczecin	Oskarshamns Varv, Oskarshamn	75	18249	10411	31016	170,7	25,9	10,9	15,5	286
ms	**Piotr Dunin**	POL, Gdansk	Ast. de Cadiz, Sevilla	66	8650	5217	11417	152,6	19,4	8,8	16,0	251
ms	**Piotrkow Trybunalski**	PZM, Szczecin	»G. Dimitrov«, Varna	69	2423	1112	3530	95,9	13,7	5,7	13,7	268
mf	**Pletwal**	»Odra«, Swinoujscie	Stocznia Gdynia, Gdynia	65	2495	1041	1300	87,3	14,1	5,3	13,8	217
ms	**Plock**	POL, Szczecin	»G. Dimitrov«, Varna	67	2555	1187	3420	95,9	13,8	5,6	12,5	226
ms	**Podhale**	PZM, Szczecin	Stocznia Szczecinska, Szczecin	67	11014	5831	15688	156,6	20,4	9,2	15,0	280
ms	**Polanica**	POL, Gdynia	Stocznia Szczecinska, Szczecin	58	3441	1819	5348	124,1	16,5	6,9	15,5	235
ms	**Polczyn Zdroj**	POL, Szczecin	Uzina Mecanica, Turnu Severin	70	1969	987	1902	85,9	12,4	5,1	14,5	224
ms	**Politechnika Gdanska**	PZM, Szczecin	Stocznia Gdynia, Gdynia				54950	220,0	32,2	12,4	15,0	292
ms	**Politechnika Slaska***	PZM, Szczecin	Stocznia Gdynia, Gdynia	74	34348	23560	54608	221,3	32,3	12,4	15,0	292
ms	**Polit. Szczecinska**	PZM, Szczecin	Stocznia Gdynia, Gdynia	72	34052	23498	54939	220,0	32,2	12,4	15,0	292
mf	**Pollux***	»Dalmor«, Gdynia	Stocznia Gdanska, Gdansk	76	2584	1096	1550	89,0	15,0	5,6	15,0	218
ms	**Pomorze**	»Transocean«, Szczecin	Stocznia Gdanska, Gdansk	68	13875	6444	10000	164,0	21,3	7,8	15,5	206
ms	**Powstaniec Slaski**	PZM, Szczecin	Stocznia Szczecinska, Szczecin	70	19677	11831	32192	202,3	24,5	10,7	15,0	287
ms	**Powstan.Wielkopolski**	PZM, Szczecin	Stocznia Szczecinska, Szczecin	74	20593	12728	32000	202,3	24,5	10,7	15,5	288
mt	**Prof. K. Bohdanowicz**	PZM, Szczecin	Lödöse Varv, Lödöse	74	6932	4939	9796	146,2	16,1	7,6	14,0	274
ms	**Prof. Siedlecki**	Mors. Inst. Ryback., Gdynia	Stocznia Gdanska, Gdansk	72	2798	997	1100	89,4	15,0	5,3	14,0	220
ms	**Przemysl**	PZM, Szczecin	»G. Dimitrov«, Varna	70	2415	1102	3611	95,9	13,8	5,7	13,0	268

Art	Name	Reederei/Heimathafen	Bauwerft	Baujahr	BRT	NRT	tdw	L	B	Tfg	kn	Skizze-Nr.
ss	**Pstrowski**	PZM, Szczecin	Stocznia Gdanska, Gdansk	50	1928	924	2610	87,0	12,2	5,5	9,5	267
ms	**Pulawy***	POL, Gdynia	Eriksberg M. V., Göteborg	66	10718	5870	13412	156,4	21,3	9,4	18,0	260
ms	**Pulkownik Dabek**	POL, Gdansk	Stocznia Gdynia, Gdynia	69	8731	5167	12259	152,6	19,4	7,7	18,0	252
ms	**Rabka Zdroj**	POL, Szczecin	Turnu-Severin-Werft, Turnu-Sev.	72	1990	1012	1920	85,9	12,4	5,1	13,0	224
ms	**Radom**	POL, Szczecin	Stocznia Szczecinska, Szczecin	66	5523	3039	6000	124,0	17,0	6,9	15,5	238
ms	**Radzionkow**	POL, Gdansk	Stocznia Szczecinska, Szczecin	73	5543	2931	6380	123,9	17,0	7,3	16,0	239
mf	**Ramada**	»Odra«, Swincoujscie	Stocznia Gdynia, Gdynia	64	1008	384	577	69,4	11,0	5,1	13,5	215
mf	**Regulus**	»Dalmor«, Gdynia	Stocznia Gdanska, Gdansk	76	2584	1096	1550	89,0	15,0	5,6	15,0	218
mf	**Rekin**	»Gryf«, Szczecin	Stocznia Polnocna, Gdansk	76	2448	1564	1300	88,8	15,0	5,2	15,0	212
ms	**Reymont**	POL, Gdynia	Stocznia Gdanska, Gdansk	58	6606	3713	10273	153,9	19,4	8,3	16,0	244
ms	**Rolnik**	PZM, Szczecin	Schlichting-Werft, Travemünde	75	9268	5132	13800	145,6	20,7	8,4	15,0	278
ms	**Roman Paczinski**	POL, Gdynia	Stocznia Gdanska, Gdansk	75	10130	6960	11630	161,0	22,9	9,7	21,0	257
ms	**Romer**	POL, Gdynia	Stocznia Szczecinska, Szczecin	64	5587	3046	8334	145,8	18,6	7,6	18,0	240
mf	**Rybak Morski**	»Odra«, Swinoujscie	Stocznia Gdynia, Gdynia	77	2599	959	1400	90,7	15,0	7,0	15,7	219
ms	**Rybnik**	POL, Szczecin	»G. Dimitrov«, Varna	66	2566	1199	3417	95,9	13,5	5,6	12,0	226
tt	**Rysy II**	PZM, Szczecin	HDW, Hamburg	75	70670	59060	135700	284,0	43,4	15,7	15,5	295
ms	**Rzeszow**	POL, Szczecin	Stocznia Szczecinska, Szczecin	66	5518	3040	6000	124,0	17,0	6,9	15,5	238
ms	**Sandomierz**	POL, Gdansk	Aalborg Vaerft, Aalborg	66	3021	1590	3650	99,6	14,0	6,3	13,5	231
ms	**Sanok**	POL, Gdansk	Aalborg Vaerft, Aalborg	66	3011	1586	3625	99,6	14,0	6,3	13,5	231
mf	**Saturn**	»Dalmor«, Gdynia	Stocznia Gdanska, Gdansk	71	2677	1094	1970	88,0	14,5	5,3	13,8	208
mf	**Sejwal**	»Odra«, Swinoujscie	Stocznia Gdynia, Gdynia	68	2480	1043	1251	87,1	14,2	5,4	13,5	217
ms	**Siemiatycze**	POL	Stocznia Szczecinska, Szczecin	76	5545	2930	6388	123,9	17,0	7,3	16,0	239
mt	**Siarkopol**	PZM	Lödöse Varf, Lödöse	74	6964	4922	9775	144,0	16,0	7,6	14,0	274
ms	**Siekierki**	PZM, Szczecin	Stocznia Szczecinska, Szczecin	72	19776	13143	32376	202,3	24,5	10,7	16,5	287
ms	**Sienkiewicz**	POL, Gdynia	Helsingör Skibsvaerft, Helsingör	59	7675	4409	10660	138,7	18,1	8,7	16,5	247
mf	**Sirius**	»Dalmor«, Gdynia	Stocznia Gdanska, Gdansk	74	2650	1105	1563	88,1	15,0	5,6	15,0	209
ms	**Skandynawia***	PZB, Kolobrzeg	Gebr. Pot, Bolnes	64	2821	1376	494	88,0	16,2	4,2	17,0	298
ms	**Skierka**	POL, Szczecin	Stocznia Gdynia, Gdynia	60	1006	511	1308	65,8	9,9	3,7	12,0	221
ms	**Skoczow**	POL,	Stocznia Szczecinska, Szczecin	77			6300	123,9	17,0	7,3	16,0	239
ss	**Slawno**	PZM, Szczecin	Stocznia Szczecinska, Szczecin	57	2557	1407	3074	94,7	13,5	5,6	11,5	269
ms	**Slupsk**	POL, Gdansk	Aalborg Vaerft, Aalborg	65	2965	1547	3625	99,6	14,0	6,3	13,5	231
ss	**Smok***	Polish Ship Salvage Co., Gdynia	Werf Gusto, Schiedam	37	1049	487		56,3	12,8		9,0	
ms	**Smolny**	POL, Gdansk	Stocznia Gdynia, Gdynia	68	8718	5017	11950	152,6	19,4	8,8	16,0	251
ms	**Sniadecki**	POL, Gdynia	Stocznia Sczecinska, Szczecin	63	5701	3096	8515	145,9	18,5	7,6	17,5	241
mt	**Sokolnica**	PZM, Szczecin	Mitsubishi H. I., Yokohama	75	81197	57452	145649	293,0	48,1	15,3	15,5	296
ss	**Soldek**	PZM, Gdynia	Stocznia Gdanska, Gdansk	49	2046	1219	2540	87,0	12,3	5,4	11,0	267
ms	**Sopot**	POL, Gdansk	Aalborg Vaerft, Aalborg	66	3008	1576	3645	99,6	14,0	6,3	13,5	231
ms	**Stanislaw Dubois**	POL, Gdynia	Stocznia Gdynia, Gdynia	65	8679	4858	11600	152,6	19,4	8,8	16,0	251
ms	**Starachowice**	PZM, Szczecin	»G. Dimitrov«, Varna	70	2414	1102	3610	95,9	13,8	5,7	13,0	268
ms	**Starogard Gdansk***	POL, Szczecin	Astilleros Constr., Vigo	71	1066	467	1851	79,5	14,3	4,8	14,0	222
ms	**Staszic**	POL, Gdynia	Stocznia Szczecinska, Szczecin	63	5702	3069	8515	145,9	18,5	7,6	17,5	241
ms	**Stefan Batory***	POL, Gdynia	Wilton-Fijenoord, Schiedam	52	15044	8684	7057	161,6	21,1	8,8	16,5	262
ms	**Stefan Czarniecki**	POL, Gdansk	Nakskov Skibsvaerft, Nakskov	67	10208	5700	12045	153,8	19,8	8,5	16,0	258
ms	**Stefan Okrzeja**	POL, Gdynia	Stocznia Gdanska, Gdansk	57	6620	3684	10300	153,9	19,4	8,3	16,0	244
ms	**Stoczniowiec**	PZM, Szczecin	Stocznia Szczecinska, Szczecin	64	10652	6213	14500	156,6	20,4	8,4	15,3	279
ms	**Studzianki**	PZM, Szczecin	Stocznia Szczecinska, Szczecin	75	20597	12730	32000	198,8	24,5	10,7	15,5	288
ms	**Suwalki**	PZM, Szczecin	»G. Dimitrov«, Varna	69	2424	1111	3530	95,9	13,7	5,7	13,0	268
ms	**Swidnica**	POL, Gdynia	Stocznia Szczecinska, Szczecin	60	3365	1825	5348	124,1	16,5	6,9	15,5	235
ms	**Swiecie**	POL, Gdynia	Stocznia Gdanska, Gdansk	71	10073	5610	12333	154,7	20,7	9,0	18,0	256
ms	**Swieradow Zdroj**	PZM, Szczecin	Turnu Severin-Werft, Turnu-Sev.	72	1990	1011	1920	86,0	12,4	5,1	14,3	224
ms	**Swinoujscie**	POL, Szczecin	Turnu Severin-Werft, Turnu-Sev.	69	1982	992	1990	86,0	12,4	5,1	14,3	224
ms	**Syn Pulku**	PZM, Szczecin	Stocznia Szczecinska, Szczecin	74	20593	12728	31910	198,8	24,5	10,6	15,5	288
ms	**Szczawnica**	POL, Gdynia	Stocznia Szczecinska, Szczecin	62	3375	1812	5348	124,1	16,5	6,9	15,5	235
ms	**Szczecin**	PZM, Szczecin	Stocznia Gdanska, Gdansk	54	3818	1940	4675	108,3	14,6	6,6	12,3	273
ms	**Szymanowski**	POL, Gdynia	Brodogradiliste »Split«, Split	61	9203	5603	12467	153,1	18,8	8,2	15,0	254
ms	**Tadeusz Ocioszynski**	POL	Stocznia Gdanska, Gdansk	76	10120	5640	11700	161,0	23,0	9,7	21,0	257
mt	**Tarnobrzeg**	PZM, Szczecin	Lödöse Varf, Lödöse	74	6967	4952	9814	144,0	16,0	7,6	14,0	274
ms	**Tarnow**	PZM, Szczecin	Stocznia Gdanska, Gdansk	70	3812	1917	5735	109,0	15,9	6,9	14,0	272
mf	**Tasergal**	»Odra«, Swinoujscie	Stocznia Gdynia, Gdynia				600	69,2	11,0	4,8	13,5	215
mf	**Taurus**	»Dalmor«, Gdynia	Stocznia Gdanska, Gdansk	72	2690	1068	1950	88,0	14,5	5,3	13,8	208
mf	**Tazar**	»Odra«, Swinoujscie	Stocznia Gdynia, Gdynia	75	2410		1300	89,0	15,0	6,8	14,5	216
ms	**Tobruk**	PZM, Szczecin	Stocznia Szczecinska, Szczecin	72	19775	13120	32375	202,3	24,5	10,7	15,0	287
ms	**Torun**	POL, Szczecin	Stocznia Szczecinska, Szczecin	66	5515	3038	6000	124,0	17,0	6,9	15,5	238
ms	**Transportowiec**	PZM, Szczecin	Stocznia Szczecinska, Szczecin	64	10629	5849	14500	156,6	20,4	8,4	15,3	279
ms	**Traugutt**	POL, Gdansk	Stocznia Gdynia, Gdynia	64	8614	4857	12035	152,6	19,4	8,8	16,0	251
mf	**Tucana**	»Dalmor«, Gdynia	Stocznia Gdanska, Gdansk	72	2961	1069	1950	88,0	14,5	5,3	13,8	208
ms	**Turoszow**	PZM, Szczecin	Mitsubishi H. I., Kobe	77	39319	25132	71277	232,4	32,3	13,9	14,5	294
ms	**Uniwersytet Gdanski**	PZM, Szczecin	Burmeister & Wain, København	74	30242	22291	52020	218,9	30,5	14,0	16,0	290
ms	**Uniw. Jagiellonski**	PZM, Szczecin	Burmeister & Wain, København	71	30380	22196	51300	218,9	30,5	12,1	15,5	290
ms	**Uniwersytet Torunski**	PZM, Szczecin	Burmeister & Wain, København	71	30372	22190	51300	218,9	30,5	12,1	15,5	290
ms	**Uniw. Warszawski**	PZM, Szczecin	Burmeister & Wain, København	74	30248	22299	52020	218,9	30,5	14,0	15,5	290

Art	Name	Reederei/Heimathafen	Bauwerft	Baujahr	BRT	NRT	tdw	L	B	Tfg	kn	Skizze-Nr.
ms	**Uniw. Wroclawski**	PZM, Szczecin	Burmeister & Wain, Köbenhavn	74	30244	22293	52020	218,9	30,5	14,0	15,5	290
mf	**Uran**	»Dalmor«, Gdynia	Stocznia Gdanska, Gdansk	62	2318	955	1489	83,0	13,8	5,4	12,5	207
ms	**Ursus**	POL, Gdynia	Stocznia Gdanska, Gdansk	72	10071	5583	12312	154,7	20,6	9,0	17,8	256
mf	**Vega**	»Dalmor«, Gdynia	Stocznia Gdanska, Gdansk	73	2656	1141	1563	88,1	15,0	5,6	15,0	209
mf	**Virgo**	»Dalmor«, Gdynia	Stocznia Gdanska, Gdansk	64	2303	941	1489	83,0	13,8	5,4	12,5	207
ms	**Wadowice**	PZM, Szczecin	»G. Dimitrow«, Varna	69	2423	1111	3613	95,9	13,8	5,7	13,0	268
mf	**Walen**	»Odra«, Swinoujscie	Stocznia Gdynia, Gdynia	73	2476	1030	1690	89,0	15,0	6,8	14,5	216
ms	**Warna**	PZM, Szczecin	»G. Dimitrov«, Varna	68	2467	1162	3500	95,9	13,7	5,7	13,0	226
ms	**Warszawa**	POL, Szczecin	Stocznia Szczecinska, Szczecin	67	5523	3041	6000	124,0	17,0	6,9	15,5	238
ms	**Wawel***	PZB, Kolobrzeg	Werft Nobiskrug, Rendsburg	65	3801	1482	915	110,7	17,6	4,4	19,5	300
ms	**Wejherowo**	POL, Szczecin	Stocznia Gdanska, Gdansk	75	2805	1391	3410	106,4	16,0	5,7	14,0	228
ms	**Westerplatte**	POL, Gdansk	Helsingör Skibsvaerft, Helsingör	67	10189	5749	11600	153,8	19,8	8,5	16,5	258
ss	**Wieczorek**	PZM, Szczecin	Stocznia Gdanska, Gdansk	53	1971	922	2540	87,0	12,3	5,4	11,0	267
ms	**Wieliczka**	POL, Gdansk	Stocznia Szczecinska, Szczecin	73	5543	2931	6380	123,9	17,0	7,3	16,0	239
ms	**Wieniawski**	POL, Gdynia	Brodogradiliste »Split«, Split	62	9190	5518	12467	153,1	18,8	8,2	15,0	254
ms	**Wilanow***	PZB, Kolobrzeg	Werft Nobiskrug, Rendsburg	66	4020	1666	890	110,2	17,8	4,4	19,0	301
ms	**Wineta**	»Gryf«, Szczecin	Stocznia Gdanska, Gdansk	76			8439	151,3	21,0	12,8	17,8	214
ms	**Wislica**	POL, Gdynia	Stocznia Szczecinska, Szczecin	62	3383	1819	5348	124,1	16,5	6,9	15,5	235
ms	**Wladyslaw Broniewski**	POL, Gdynia	Stocznia Szczecinska, Szczecin	63	6919	3930	10250	153,5	19,5	8,3	15,5	246
ms	**Wladyslaw Jagiello**	POL, Gdynia	Stocznia Szczecinska, Szczecin	71	8148	4704	11570	145,3	18,8	9,1	17,5	250
ms	**Wladyslaw Lokietek**	POL, Gdynia	Stocznia Szczecinska, Szczecin	72	8160	4714	11625	145,3	18,8	9,1	17,5	250
ms	**Wladyslaw Orkan**	POL, Gdynia	Stocznia Gdanska, Gdansk	71	10120	5409	12180	154,7	20,6	9,0	18,0	256
ms	**Wladyslawowo**	POL, Gdynia	Nakskov Skibsvaerft, Nakskov	71	10930	6368	14170	166,5	23,3	10,0	22,5	261
mf	**Wlocznik**	»Odra«, Swinoujscie	Stocznia Gdanska, Gdansk	75	2584	1096	1550	88,6	15,0	5,6	15,0	218
ms	**Wlokniarz**	PZM, Szczecin	Stocznia Szczecinska, Szczecin	66	10658	6136	14180	156,3	20,5	8,9	15,5	279
ms	**Wolin**	POL, Gdynia	Stocznia Gdynia, Gdynia	60	1272	551	1590	86,6	12,4	4,6	14,5	266
ms	**Wyspianski**	POL, Gdynia	Brodogradiliste »3. Maj«, Rijeka	62	8225	4640	10670	148,5	19,0	8,6	17,0	249
ms	**Zabrze**	POL, Gdynia	Stocznia Szczecinska, Szczecin	69	6581	3547	7350	135,0	17,7	7,4	17,2	243
ms	**Zaglebie Dabrowskie**	PZM, Szczecin	Stocznia Szczecinska, Szczecin	67	11010	5919	15180	156,4	20,4	9,5	15,5	280
ms	**Zaglebie Miedziowe**	PZM, Szczecin	Stocznia Gdynia, Gdynia	71	16028	8852	23399	187,2	23,0	9,8	15,8	284
mt	**Zaglebie Siarkowe**	PZM, Szczecin	Lödöse Varv, Lödöse	76	6965	4925	9815	144,0	16,0	7,6	14,0	274
ms	**Zakopane**	POL, Gdynia	Stocznia Szczecinska, Szczecin	68	6576	3714	7350	135,0	17,7	7,7	17,2	243
ms	**Zambrow**	POL, Gdynia	Stocznia Szczecinska, Szczecin	69	6585	3547	7350	135,0	17,7	7,7	17,2	243
ms	**Zamenhof**	POL, Gdynia	Brodogradiliste »Split«, Split	59	9191	5669	12467	153,1	18,8	8,2	15,0	254
ms	**Zamosc**	POL, Gdynia	Stocznia Szczecinska, Szczecin	69	6581	3549	7350	135,0	17,7	7,7	17,2	243
ms	**Zawichost**	POL, Gdynia	Stocznia Szczecinska, Szczecin	70	6588	3549	7350	135,0	17,7	7,7	17,2	243
ms	**Zawiercie**	POL, Gdynia	Stocznia Szczecinska, Szczecin	69	6585	3547	7350	135,0	17,7	7,7	17,2	243
mt	**Zawrat**	PZM, Szczecin	Mitsubishi H. I., Yokohama	75	81196	57451	144892	293,0	48,1	15,3	15,5	296
ms	**Zeromski**	POL, Gdynia	Helsingör Skibsvaerft, Helsingör	60	7687	4420	10300	138,7	18,1	8,7	16,5	247
ms	**Zielona Gora**	PZM, Szczecin	Stocznia Szczecinska, Szczecin	61	3804	1925	4950	108,2	14,6	6,6	11,5	271
ms	**Ziemia Bialostocka**	PZM, Szczecin	»G. Dimitrov«, Varna	72	15643	8501	23736	185,1	22,9	9,8	16,0	282
ms	**Ziemia Bydgoska**	PZM, Szczecin	Smith's Dock Co., Southbank o.T.	67	15732	9002	26300	179,5	22,8	9,9	15,0	283
ms	**Ziemia Gdanska**	PZM, Szczecin	Cant. Riun. Dell'Adriat., San Mar.	66	16439	10839	23725	190,4	22,8	9,9	14,8	285
ms	**Ziemia Kielecka**	PZM, Szczecin	Italcantieri Castellamare di Stabia	69	15744	10265	26500	196,0	22,8	10,6	14,8	285
ms	**Ziemia Koszalinska**	PZM, Szczecin	Cant. Riuniti Dell'Adriatico, Trieste	68	15718	10244	26500	190,4	22,8	10,6	14,8	285
ms	**Ziemia Krakowska**	PZM, Szczecin	Stocznia Gdynia, Gdynia	71	16028	8852	23792	187,2	22,9	9,5	15,5	284
ms	**Ziemia Lubelska**	PZM, Szczecin	Stocznia Gdynia, Gdynia	71	16028	8852	23792	187,2	22,9	9,8	15,5	284
ms	**Ziemia Lubuska**	PZM, Szczecin	Cant. Riuniti Dell'Adriatico, Triest	66	16451	10924	23725	190,4	22,8	9,9	14,8	285
ms	**Ziemia Mazowiecka**	PZM, Szczecin	Smith's Dock Co., Southbank o.T.	67	15371	8999	24487	179,5	22,8	9,9	15,0	283
ms	**Ziemia Olsztynska**	PZM, Szczecin	»G. Dimitrov«, Varna	73	15668	8529	23719	185,1	22,9	9,8	16,0	282
ms	**Ziemia Opolska**	PZM, Szczecin	»G. Dimitrov«, Varna	73	15667	8527	23714	185,1	22,9	9,8	16,0	282
ms	**Ziemia Szczecinska**	PZM, Szczecin	Cant. Riuniti Dell'Adriatico, Monfal.	66	16452	10930	23725	190,4	22,8	9,9	14,8	285
ms	**Ziemia Wielkopolska**	PZM, Szczecin	Cant. Riuniti Dell'Adriatico, Triest	67	16442	10837	23725	190,4	22,8	9,9	14,8	285
ms	**Zulawy**	»Gryf«, Szczecin	Stocznia Gdanska, Gdansk	75	8120	3800	8439	151,3	21,0	7,4	17,8	214
ms	**Zygmunt August**	POL, Gdynia	Stocznia Szczecinska, Szczecin	71	8160	4718	11625	145,4	18,8	9,1	17,5	250
ms	**Zygmunt Stary**	POL, Gdynia	Stocznia Szczecinska, Szczecin	71	8160	4711	11640	145,4	18,8	9,1	17,5	250
ms	**Zygmunt III Waza**	POL, Gdynia	Stocznia Szczecinska, Szczecin	72	8152	4708	11640	145,3	18,8	9,1	17,5	250
ms	**Zywiec**	POL, Szczecin	»G. Dimitrov«, Varna	67	2561	1189	3420	95,9	13,8	5,6	12,5	226
ms	**Cyklon**	Polish Ship Salvage Co.	»Wisla, Gdansk	75	201	57		30,3	8,1	2,7	12,0	201
ms	**Huragan**	Polish Ship Salvage Co.	»Wisla«, Gdansk	75	201	57		30,3	8,1	2,7	12,0	201
ms	**Sztorm II**	Polish Ship Salvage Co.	»Wisla«, Gdansk	75	201	75		30,3	8,1	2,7	12,0	201
ms	**Tajfun**	Polish Ship Salvage Co.	»Wisla«, Gdansk	75	201	57		30,3	8,1	2,7	12,0	201
ms	**Tornado**	Polish Ship Salvage Co.	»Wisla«, Gdansk	75	201	57		30,3	8,1	2,7	12,0	201

Art	Name	Reederei/Heimathafen	Bauwerft	Baujahr	BRT	NRT	tdw	L	B	Tfg	kn	Skizze-Nr.
ms	**Alba Julia**	Navrom. Constantza	Stocznia Gdynia, Gdynia	76			11700	145,4	18,7	9,0	17,0	310
ms	**Anina**	Navrom, Constantza	Santierul Naval, Galatz	69	9557	5672	12885	151,5	20,4	7,9	14,5	312
ms	**Arad**	Navrom, Constantza	Turnu Severin-Werft, Turnu-Sev.	61	1047	483	1017	70,2	10,0	3,8	9,0	
mt	**Arges**	Navrom, Constantza	Hitachi Zosen, Innoshima	68	22244	14492	36138	190,0	28,0	11,0		
ms	**Azuga**	Navrom, Constantza	Santierul Naval, Galatz	74	3532	1748	4800	106,1	14,8	7,1	13,5	306
ms	**Bacau**	Navrom, Constantza	Santierul Naval, Galatz	64	3090	2086	4500	100,6	13,9	6,6	12,5	305
ms	**Baia Mare**	Navrom, Constantza	Santierul Naval, Galatz	65	3090	2086	4500	100,6	13,9	6,6	12,5	305
mt	**Banat**	Navrom, Constantza	Ishikawajima-Harima H. I., Aio	75	46889	30844	86107	242,1	40,1	13,5	15,8	317
ms	**Bega**	Navrom, Constantza	Turnu Severin-Werft, Turnu-Sev.	72	1907	770		86,0	12,4	5,1	14,5	
ms	**Bihor**	Navrom, Constantza	Santierul Naval, Galatz	73	6249	4042	8750	131,0	18,0	8,1	15,5	
ms	**Brad**	Navrom, Constantza	Santierul Naval, Galatz	71	3532	1748	4795	106,1	14,8	7,1	13,5	306
ms	**Braila**	Navrom, Constantza	Santierul Naval, Galatz	61	3090	2086	4500	100,6	13,9	6,6	12,5	305
ms	**Brasov**	Navrom, Constantza	Santierul Naval, Galatz	64	3090	2086	4500	100,6	13,9	6,6	12,5	305
ms	**Bucegi**	Navrom, Constantza	Hitachi Zosen, Innoshima	66	16606	5387	25818	181,1	24,9	9,5	16,3	315
ms	**Bucuresti**	Navrom, Constantza	Brodogradiliste »3. Maj«, Rijeka	62	9224	5257	12850	152,3	18,8	9,0	14,5	311
ms	**Bumbesti**	Navrom, Constantza	»G. Dimitrov«, Varna	74	16865	8700	25400	185,2	22,8	9,8	15,3	316
ms	**Busteni**	Navrom, Constantza	Santierul Naval, Galatz	75	6253		8748	131,0	18,0	8,1	15,5	
ms	**Buzau**	Navrom, Constantza	Turnu Severin-Werft, Turnu-Sev.	60	1047	483		70,2	10,0	3,8	9,0	
ms	**Calarasi**	Navrom, Constantza	Santierul Naval, Galatz	74	3532	1748	4795	106,2	14,8	7,1	13,5	306
ms	**Calimanesti**	Navrom, Constantza	Santierul Naval, Galatz	74	6247	3995	8740	131,0	18,0	8,1	15,5	
mf	**Caraiman**	Pecuits Oceanic, Constantza	Stocznia Gdanska, Gdansk	71	2681	1074	1976	88,0	14,5	5,3	13,8	320
ms	**Caransebes**	Navrom, Constantza	Turnu Severin-Werft, Turnu-Sev.	64	1276	613	1495	70,5	10,8	4,9	12,0	
ms	**Carpati**	Navrom, Constantza	Hitachi Zosen, Innoshima	67	16604	5366	25818	181,1	24,9	9,6	16,3	315
mf	**Ceahlau**	Pescuit Oceanic, Constantza	Stocznia Gdanska, Gdansk	70	2681	1067	1986	88,0	14,5	5,3	13,8	320
ms	**Cluj**	Navrom, Constantza	Santierul Naval, Galatz	62	3090	2086	4500	100,6	13,9	6,6	12,5	305
ms	**Codlea**	Navrom, Constantza	Santierul Naval, Galatz	74	3532	1743	4795	106,1	14,8	7,1	13,5	306
mf	**Constanta**	Pescuit Oceanic	Hitachi Zosen K. K., Sakurajima	64	3631	2061	2070	93,1	15,6	5,0	13,8	321
ms	**Craiova**	Navrom, Constantza	Santierul Naval, Galatz	62	3090	2086	4500	100,6	13,9	6,3	12,5	305
mt	**Crisana**	Navrom, Constantza	Ishikawajima-Harima H. I., Aio	74	46889	30844	86097	242,1	40,1	13,5	15,8	317
ms	**Cugir**	Navrom, Constantza	Santierul Naval, Galatz	71	9557	5672	12885	151,5	19,8	7,9	14,5	312
ms	**Curtea de Arges**	Navrom, Constantza	Stocznia Gdynia, Gdynia	76			11700	145,4	18,7	9,0	17,0	310
mt	**Dacia**	Navrom, Constantza	Ishikawajima-Harima H. I., Aio	74	46900	30848	86093	242,1	40,0	13,5	15,8	317
mf	**Delta Dunarii**	Pescuit Oceanic, Galatz	Stocznia Gdanska, Gdansk	68	2715	1129	1990	88,0	14,5	5,3	13,8	320
ms	**Deva**	Navrom, Galatz	Santierul Naval, Galatz	65	3090	2086	4500	100,6	13,9	6,6	12,5	305
ms	**Dobrogea**	Navrom, Constantza	Brodogradiliste »3. Maj«, Rijeka	60	9105	5100	12850	152,3	18,8	9,0	14,5	311
ms	**Dolj**	Navrom, Constantza	Santierul Naval, Galatz	72	6247	3995	8659	131,0	17,7	8,1	15,5	
ms	**Drobeta**	Navrom, Constantza	Turnu Severin-Werft, Turnu-Sev.	72	1907	770		86,0	12,4	5,1	14,5	
ms	**Dunarea**	Navrom, Constantza	Hitachi Zosen, Innoshima	67	16591	5374	25858	181,1	24,9	9,6	16,3	315
ms	**Dragasani**	Navrom, Constantza	Warnowwerft, Warnemünde	76			14000	152,8	20,3		19,0	313
ms	**Foscani**	Navrom, Constantza	Warnowwerft, Warnemünde	76			14000	152,8	20,3		19,0	313
mf	**Galati**	Pescuit Oceanic, Galatz	Hitachi Zosen, Sakurajima	64	3631	2056	2070	93,1	15,6	5,0	13,8	305
ms	**Galati**	Navrom, Constantza	Santierul Naval, Galatz	60	3090	2086	4400	100,6	13,9	6,6	12,5	321
ms	**Gorj**	Navrom, Constantza	Santierul Naval, Galatz	73	6253		8650	131,0	17,7	8,1	16,3	
mf	**Harghita**	Pescuit Oceanic, Tulcea	Stocznia Gdanska, Gdansk	74	2632	1116	1617	88,1	15,0	5,6	15,1	318
ms	**Hunedoara**	Navrom, Constantza	Hitachi Zosen, Innoshima	66	16605	5387	25818	181,1	24,9	9,6	16,3	315
mf	**Ialomita**	Pescuit Oceanic, Constantza	Volkswerft, Stralsund	71	2657	1139	1170	82,2	13,6	5,0	13,5	319
ms	**Iasi**	Navrom, Constantza	Santierul Naval, Galatz	67	3090	2086	4500	100,6	13,9	6,6	12,5	305
mf	**Iezer**	Pescuit Oceanic, Tulcea	Stocznia Gdanska, Gdansk	74	2634	1117	1610	88,3	15,0	5,6	15,0	318
mf	**Inau**	Pescuit Oceanic, Tulcea	Stocznia Gdanska, Gdansk	73	2633	1116	1623	88,2	15,0	5,6	15,5	318
mf	**Jiul**	Pescuit Oceanic, Tulcea	Volkswerft, Stralsund	72	2154	762	1135	82,2	13,6	5,0	13,5	319
ms	**Livezeni**	Navrom, Constantza	»G. Dimitrov«, Varna	74	16865		25000	185,2	22,9	9,8	15,3	316
ms	**Lupeni**	Navrom, Constantza	Hitachi Zosen, Innoshima	66	16608	5376	25818	181,1	24,9	9,5	16,3	315
ms	**Maramures**	Navrom, Constantza	Hitachi Zosen, Innoshima	67	16607	5377	25858	181,1	24,9	9,5	16,3	315
mf	**Marea Neagra**	Pescuit Oceanic	Stocznia Gdanska, Gdansk	68	2714	1121	1990	88,0	14,5	5,6	13,8	320
ms	**Medias**	Navrom, Constantza	Turnu Severin-Werft, Turnu-Sev.	73	1907	770		86,0	12,4	5,1	14,3	
mf	**Milcov**	Pescuit Oceanic, Tulcea	Volkswerft, Stralsund	72	2154	762	1134	82,2	13,6	5,0	13,5	319
mf	**Mindra**	Pescuit Oceanic, Tulcea	Stocznia Gdanska, Gdansk	74	2629	1114	1610	88,2	15,0	5,6	15,5	318
mf	**Moldoveanu**	Pescuit Oceanic, Constantza	Stocznia Gdanska, Gdansk	71	2681	1061	1976	88,0	14,5	5,3	13,8	320
mt	**Muntenia**	Navrom, Constantza	Ishikawajima-Harima H. I., Aio	74	46889	30844	86117	242,1	40,1	13,5	15,8	317
mf	**Mures**	Pescuit Oceanic, Constantza	Volkswerft, Stralsund	70	2657	1139	1170	82,2	13,6	5,0	13,5	319
ms	**Nasaud**	Navrom, Constantza	A. Shdanov, Leningrad	73	5893	2802	8290	130,0	17,8	7,8	16,0	307
ms	**Nazarcea**	Navrom, Constantza	Rumänien	74	1544	639	1930	79,3	11,9	4,9	12,0	
mf	**Neajlov**	Pescuit Oceanic, Tulcea	Volkswerft, Stralsund	72	2154	762	1134	82,2	13,6	5,0	13,5	319
mf	**Negoiu**	Pescuit Oceanic, Constantza	Stocznia Gdanska, Gdansk	70	2682	1067	1986	88,0	14,5	5,6	13,0	320
ms	**Neptun**	Navrom, Constantza	Stocznia Szczecinska, Szczecin	76	5975	2340	5655	122,2	17,0	7,4	16,0	308
ms	**Novaci**	Navrom, Constantza	Rumänien	75	1544	639	1930	79,3	11,9	4,9	12,0	
ms	**Odorhei**	Narvom, Constantza	Santierul Naval, Galatz	74	6250	4000	8636	131,0	18,0	8,1	15,5	
ms	**Olanesti**	Navrom, Constantza	Santierul Naval, Galatz	75	6250	4000	8748	131,0	18,0	8,1	15,5	
mt	**Oltenia**	Navrom, Constantza	Hitachi Zosen, Innoshima	67	22243	14498	36138	190,0	28,0	11,0	16,3	
ms	**Oltul**	Navrom, Constantza	Hitachi Zosen, Innoshima	67	16601	5380	25828	181,1	24,9	9,5	16,3	315
ms	**Palas**	Navrom, Constantza	Rumänien	74	1544	639	1930	79,3	11,9	4,9	12,0	

RUMÄNIEN

Art	Name	Reederei/Heimathafen	Bauwerft	Baujahr	BRT	NRT	tdw	L	B	Tfg	kn	Skizze-Nr.
ms	**Petrila**	Navrom, Constantza	Turnu Severin-Werft, Turnu-Sev.	64	1283	633	1725	70,5	10,8	4,9	12,0	
ms	**Petrosani**	Navrom, Constantza	Santierul Naval, Galatz	68	9557	5672	12883	151,5	19,8	7,9	14,5	312
ms	**Piatra Neamt**	Navrom, Constantza	Turnu-Severin-Werft, Turnu-Sev.	65	1283	633	1757	70,5	10,8	4,9	12,0	
	Pitesti	Navrom, Constantza	Turnu-Severin-Werft, Turnu-Sev.	63	1047	483		68,7	10,1	3,8		
ms	**Plopeni**	Navrom, Constantza	Santierul Naval, Galatz	75	3532	1748	4794	106,1	14,8	7,1	13,5	306
ms	**Poiana**	Navrom, Constantza	Rum	74	1544	639	1930	79,3	11,9	4,9	12,0	
des	**Polar I**	Pescuit Oceanic, Tulcea	»61 Kommunar«, Nikolaev	72	5120	2387	5172	130,0	16,8	7,2	16,5	322
des	**Polar II**	Pescuit Oceanic, Tulcea	»61 Kommunar«, Nikolaev	72	5120	2387	5172	130,0	16,8	7,2	16,5	322
ms	**Polar III**	Pescuit Oceanic, Tulcea	Mathias-Thesen-Werft, Wismar	72	11899	7158	9473	155,0	22,2	7,8	17,5	323
ms	**Polar IV**	Pescuit Oceanic, Tulcea	Mathias-Thesen-Werft, Wismar	72	11899	7158	9473	155,0	22,2	7,8	17,5	323
mt	**Prahova***	Navrom, Constantza	Uddavallavarvet, Uddevalla	57	12377	7244	19019	170,7	21,3	9,3	14,0	314
ms	**Predeal**	Navrom, Constantza	Doxford & Sons, Sunderland	66	10838	6934	14611	162,5	20,8	9,4		
ms	**Radauti**	Navrom, Constantza	Santierul Naval, Galatz	74	6247	3995	8738	131,0	18,0	8,1	15,5	
mf	**Rarau**	Pescuit Oceanic, Constantza	Stocznia Gdanska, Gdansk	72	2861	1075	1962	88,0	14,5	5,3	13,8	320
mf	**Razelm**	Pescuit Oceanic, Constantza	Stocznia Gdanska, Gdansk	69	2691	1071	2000	88,0	14,5	5,6	13,0	320
ms	**Resita**	Navrom, Constantza	Hitachi Zosen, Innoshima	65	16634	5429	25818	181,1	24,9	9,5	16,3	315
mf	**Retezatul**	Pescuit Oceanic, Tulcea	Stocznia Gdanska, Gdansk	72	2680	1068	1962	88,0	14,5	5,3	13,8	320
ms	**Rimnicu Vilcea**	Navrom, Constantza	Santierul Naval, Galatz	73	3532	1748	4795	106,1	14,8	7,1	13,5	306
ms	**Roman**	Navrom, Constantza	Turnu Severin-Werft, Turnu-Sev.	63	1047	483	1049	68,7	10,1	3,8	12,0	
ms	**Rovinari**	Navrom, Constantza	Santierul Naval, Galatz	71	9557	5672	12883	151,5	19,8	7,9	14,5	312
ms	**Sacele**	Navrom, Constantza	Santierul Naval, Galatz	75	3532	1743	4795	106,1	14,8	7,1	13,5	306
ms	**Salaj**	Navrom, Constantza	A. Shdanov, Leningrad	72	5923	2948	8230	130,0	17,8	7,8	16,0	307
ms	**Satu Mare**	Navrom, Constantza	Santierul Naval, Galatz	74	4399			131,1	17,7	8,1		
mf	**Semenic**	Pescuit Oceanic, Tulcea	Stocznia Gdanska, Gdansk	73	2631	1115	1623	88,1	15,0	5,6	15,1	318
ms	**Sibiu**	Navrom, Constantza	Santierul Naval, Galatz	66	3090	2086	4500	100,6	13,9	6,6	12,5	305
ms	**Sinaia**	Navrom, Constantza	Sir J. Laing + Sons, Sunderland	66	10838	6934	15337	162,5	20,8	9,4	18,0	
mf	**Sinoe**	Pescuit Oceanic, Constantza	Stocznia Gdanska, Gdansk	69	2691	1075	1990	88,0	14,5	5,6	13,8	320
mf	**Siret**	Pescuit Oceanic, Constantza	Volkswerft, Stralsund	71	2657	1140	1170	82,2	13,6	5,0	13,5	319
ms	**Slatina**	Navrom, Constantza	Santierul Naval, Galatz	73	3532	1743	4795	106,1	14,8	7,1	13,5	306
ms	**Slobozia**	Navrom, Constantza	Santierul Naval, Galatz	73	3532	1743	4795	106,1	14,8	7,1	13,5	306
mf	**Somes**	Pescuit Oceanic, Constantza	Volkswerft, Stralsund	71	2657	1139	1170	82,2	13,6	5,0	13,5	319
ms	**Suceava**	Navrom, Constantza	Santierul Naval, Galatz	61	3090	2086	4500	100,6	13,9	6,6	12,5	305
ms	**Teleorman**	Navrom, Constantza	Santierul Naval, Galatz	74	6247	3995	8738	131,0	18,0	8,1	15,5	
ms	**Timis**	Navrom, Constantza	Turnu Severin-Werft, Turnu-Sev.	73	1907	770		86,0	12,4	5,1	14,3	
ms	**Timisoara**	Navrom, Constantza	Santierul Naval, Galatz	61	3090	2086	4500	100,6	13,9	6,6	12,5	305
ms	**Tirgoviste**	Navrom, Constantza	Santierul Naval, Galatz	66	3090	2086	4500	100,6	13,9	6,6	12,3	305
ms	**Tirgu Jiu**	Navrom, Constantza	Santierul Naval, Galatz	72	3532	1748	4795	106,1	14,8	7,1	13,5	306
ms	**Tirgu Mures**	Navrom, Constantza	Santierul Naval, Galatz	66	3090	2086	4500	100,6	13,9	6,6	12,5	305
ms	**Tirnaveni**	Navrom, Constantza	Santierul Naval, Galatz	75	3532	1748	4794	106,1	14,8	7,1	13,5	306
ms	**Tomis**	Navrom, Constantza	Reparaturwerft, Constantza	75	30000		55000	213,0			16,5	
ms	**Transilvania**	Navrom, Constantza	Burmeister & Wain, København	38	6672	3918	2300	132,0	17,6	4,8	22,5	309
mf	**Trotus**	Pescuit Oceanic, Constantza	Volkswerft, Stralsund	71	2657	1139	1170	82,2	13,6	5,0	13,5	319
ms	**Turnu Severin**	Navrom, Constantza	Turnu Severin-Werft, Turnu-Sev.	66	1283	613	1757	70,5	10,8	4,9	12,0	
ms	**Uricani**	Navrom, Constantza	Santierul Naval, Galatz	71	9557	5672	12885	151,5	19,8	7,9	14,5	312
ms	**Vaslui**	Navrom, Constantza	Santierul Naval, Galatz	68	3090	2086	4500	100,6	13,9	6,6	12,5	305
ms	**Vatra Dornei**	Navrom, Constantza	Turnu Severin-Werft, Turnu-Sev.	65	1283	632	1725	70,5	10,8	4,9	12,0	
ms	**Victoria**	Navrom, Constantza	Santierul Naval, Galatz	61	3090	2086	4500	100,6	13,9	6,6	12,5	305
ms	**Vrancea***	Navrom, Constantza	Hindustan Shipy., Visakhapatnam	62	9100	6543	12640	153,8	19,5	9,1		
ms	**Vulcan**	Navrom, Constantza	Santierul Naval, Galatz	71	9557	5672	12885	151,5	20,4	7,9	14,3	312

UNGARN

Art	Name	Reederei/Heimathafen	Bauwerft	Baujahr	BRT	NRT	tdw	L	B	Tfg	kn	Skizze-Nr.
ms	**Ady**	Budapest	Kherson-Werft, Kherson	72	9859	4957	13635	155,7	20,7	9,5	17,0	329
ms	**Budapest**	Budapest	»G. Dimitrov«, Varna	67	4452	2366	6325	114,0	15,1	7,5	15,0	
ms	**Cegled**	Budapest	Angyalfold, Budapest	66	1409	629	1483	81,9	10,6	3,1	11,0	326
ms	**Csokonai**	Budapest	Stocznia Szczecinska, Szczecin	77			11700	145,4	18,7	9,0	17,0	330
ms	**Debrecen**	Budapest	Angyalfold, Budapest	65	1199	561	1720	74,5	11,3	4,0	10,8	325
ms	**Duna***	Budapest	Howaldtswerke, Kiel	51	2352	1196	4600	103,8	14,3	6,3	13,5	327
ms	**Herend**	Budapest	Angyalfold, Budapest	65	1199	567	1720	74,5	11,3	4,6	10,8	325
ms	**Heviz**	Budapest	Angyalfold, Budapest	65	1199	568	1483	74,5	11,3	4,6	10,8	325
ms	**Hungaria**	Budapest	»G. Dimitrov«, Varna	68	4452	2366	6325	114,0	15,1	7,5	15,0	
ms	**Petöfi**	Budapest	Kherson-Werft, Kherson	73	9858	4957	13572	155,7	20,7	9,5	16,0	329
ms	**Raba***	Budapest	LMG, Lübeck	51	2696	1476	4825	110,4	14,8	6,4	13,5	328
ms	**Somogy**	Budapest	Angyalfold, Budapest	67	1259	571	1761	74,5	11,3	4,6	10,8	325
ms	**Szekesfehervar**	Budapest	Angyalfold, Budapest	64	1403	645	1321	81,9	11,0	3,1	11,0	326
ms	**Tata**	Budapest	Angyalfold, Budapest	65	1199	561	1721	74,5	11,3	4,0	10,8	325
ms	**Tisza***	Budapest	LMG, Lübeck	52	2741	1507	4825	110,4	14,8	6,4	13,5	328
ms	**Ujpest**	Budapest	Angyalfold, Budapest	65	1405	645	1321	81,5	11,4	3,1	11,0	326
ms	**Amal Express***	A.M.A.L., Budapest	AG »Weser«, Bremen	56	3716		4587	119,7	16,4	6,4	12,5	331
ms	**Amal Glory***	A.M.A.L., Budapest	AG »Weser«, Bremen	57	3712		4587	119,7	16,4	6,4	15,0	331

Art	Name	Heimathafen	Bauwerft	Baujahr	BRT	NRT	tdw	L	B	Tfg	kn	Skizze-Nr.
des	**A. I. Korobizyn**		A. A. Shdanov-Werft, Leningrad	68				55,2	11,3	4,6	14,0	524
mt	**Abagur**		Rauma-Repola, Rauma	62	3359	1550	4445	105,1	14,8	6,2	13,5	491
ms	**Abagurles**		Stocznia Gdanska, Gdansk	62	4653	2361	6205	123,9	16,7	7,0	14,5	404
mt	**Abakan**		Rauma-Repola, Rauma	66	3142	1544	4445	105,1	14,8	6,1	13,5	491
mt	**Abakan**		Kertsh	66	1772	557	1660	83,6	12,0	4,6	13,5	487
ms	**Abakanles**		Stocznia Gdanska, Gdansk	61	4638	2349	6205	123,9	16,7	7,0	14,5	404
mt	**Abava**		Rauma-Repola, Rauma	71	3468	1607	4992	106,1	15,5	6,7	14,0	492
ms	**Abay Kunanbayev***		»Georghiu Dej«, Budapest	55	1211	448	1010	70,0	10,0	3,8	9,5	348
ss	**Abhazets**	Leningrad	Crichton-Vulcan AB., Abo	56	533			47,2	10,1	3,7	10,0	567
tes	**Abkhazya***		Mathias-Thesen-Werft, Wismar	57	6807	2617	965	131,6	18,3	5,4	17,0	537
ms	**Abkhazija**	Vladivostok	Mathias-Thesen-Werft, Wismar	72	4824	937	2140	123,9	17,0	6,5	17,5	602
ms	**Abram Arkhipov**	Klaipeda	Nystads Varv, Nystad	73	3184	1653	4480	97,3	16,3	6,7	14,0	378
mt	**Abramtsevo**	Kaliningrad	Volkswerft, Stralsund	65	2435	1070	850	79,8	13,2	4,9	11,7	617
ms	**Abrau-Dyurso**	Odessa	G. Dimitrov, Varna	64	1002	392	181	63,8	9,3	3,0	13,0	525
mt	**Abrene**		Rauma-Repola, Rauma	64	3142	1544	4440	105,1	14,8	6,2	13,5	491
ms	**Abzerbaidshia**	Odessa	Wärtsilä Oy., Helsinki	75	16631	7812	2100	157,0	21,9	5,5	21,3	542
ss	**Adam Mitskevitch**		Stocznia Gdanska, Gdansk	56	3656	1818	5000	108,3	14,6	6,6	11,5	390
mt	**Adigeni**		Rauma-Repola, O/Y., Rauma	68	3468	1607	4600	106,0	15,4	6,5	14,0	492
mf	**Adimi**	Nakhodka	UdSSR, Nakhodka	68	2690	926	1496	84,7	14,0	5,7	13,0	622
ms	**Adimiles**		Stocznia Gdanska, Gdansk	60	4638	2349	6205	123,9	16,7	7,0	14,5	404
mt	**Adler***	Ventspils	Nederl. Dok + Scheepsb., A'dam	60	16349	9451	25349	188,9	23,3	10,3	15,8	506
des	**Admiral Makarov**		Wärtsilä Oy., Helsinki	75	12231		7560	135,0	26,0	11,0	19,5	558
ts	**Admiral Nakhimov***	Vladivostok	Bremer Vulkan, Bremen-V.	25	17053	8496	7800	174,3	21,1	9,0	16,0	543
ss	**Admiral Sarychev**	Kholmsk	Stocznia Gdanska, Gdansk	59	3688	1908	5130	108,3	14,6	6,6	12,5	390
ms	**Admiral Vladimirskij**							147,0	18,6	6,3	15,3	604
mt	**Adygeya***		Uddevallavarvet, Uddevalla	66	51295	34786	93520	255,9	38,9	14,0	16,0	521
ms	**Adzhariya**		Mathias-Thesen-Werft, Wismar	72	5560		2030	124,2	17,1	5,2	18,3	602
ms	**Adzhariya**	Odessa	Mathias-Thesen-Werft, Wismar	64	5261	2174	1360	122,2	16,0	5,3	17,0	533
ms	**Adzhigol**	Odessa	G. Dimitrov, Varna	61	1002	392	180	63,8	9,3	3,0	12,5	525
ms	**Aegna**	Tallinn	Angyalfold, Budapest	70	1350	611	1782	77,9	11,5	5,0	12,5	350
ms	**Afanasy Bogatyriv**		Navashiorsky-Werft, Navashino	73	3590	1804	4000	121,9	15,2			389
mf	**Afanasy Nikitin**		J. S. Nosenko, Nikolaev	64	3170	1225	1260	84,7	14,0	5,5	12,0	622
ms	**Afanasy Nikitin**		Admiralteiskij-Werft, Leningrad	62	2305		1110	73,0	18,1	6,4	14,0	554
ms	**Afghanistan**				3219			101,5	14,6	3,8	16,0	529
mf	**Agat**	Kaliningrad	UdSSR	62	3170	1225	1270	84,7	14,3	5,5	12,0	622
ms	**Agatan**	Leningrad	Gävle Varv, Gefle	59	1441	419	tug	78,2	12,5	4,0	17,0	578
mf	**Agatoviy**	Nakhodka	Mathias-Thesen-Werft, Wismar	74	2100	859	1210	82,0	13,6	5,0	13,5	619
ms	**Agdam**	Baku	Baku	60	3398	1735	4315	120,0	15,0	4,4	11,5	385
mt	**Ajan**		Rauma-Repola O/Y., Rauma	68	3674	1728	4600	106,0	15,4	6,5	14,0	492
mt	**Ajhals**		Rauma-Repola O/Y., Rauma	68	3674	1728	4600	106,0	15,4	6,5	14,0	492
ms	**Akademik Artsimovich**	Zhdanov	Constr. Nav. & Ind. de la Med., La Seyne	74	3321		4464	119,0	19,4	5,8	16,8	381
mf	**Akademik Berg**			63	3170	1225	1420	84,7	14,0	5,5	12,0	622
ms	**Akadem. Evgeniy Paton**	Odessa	Kherson	70	8874	4576	13738	152,8	20,6	9,4	17,0	441
ms	**Akademik Filatov**		Warnowwerft, Warnemünde	69	9759	5500	12882	151,1	20,3	8,8	17,7	437
ms	**Akademik Guber**	Zhdanov	Constr. Nav. & Ind. de la Med., La Seyne	75	3244	1267	4464	119,0	19,4	5,8	16,8	381
ms	**Akademik Iosif Orbeli**	Leningrad	Warnowwerft, Warnemünde	70	9323	5378	12900	151,5	20,3	8,8	17,0	437
ms	**Akademik Knipovich**	Sevastopol	J. S. Nosenko, Nikolaev	64	2299	511	1520	84,7	14,0	5,5	12,0	588
ms	**Akademik Korolow**		Mathias-Thesen-Werft, Wismar	67	5497	1349	1999	124,2	17,0	5,9	18,2	601
ms	**Akademik Kouprevich**	Odessa	Constr. Nav. & Ind. de la Med., La Seyne	74	3243	1267	4464	119,0	19,4	5,8	16,8	381
ms	**Akademik Krilov**	Vladivostok	Flensbg. Schiffsbau-Ges., Flensbg.	37	5337	2637	8000	135,1	18,3	7,3	13,5	414
ms	**Akademik Krylow**							147,0	18,6	6,3	15,3	604
ms	**Akademik Kurtchatov**	Kaliningrad	Mathias-Thesen-Werft, Wismar	66	5460	1387	1999	124,2	17,0	5,9	18,2	601
mt	**Akademik Mamadaliev**	Baku		66	1772	556	1660	83,5	12,0	4,6	13,3	488
ms	**Akademik Millionshikov**	Odessa	Constr. Nav. & Ind. de la Med., La Seyne	74	3324	1457	4464	119,0	19,4	5,8	16,8	381
ms	**Akademik Rykachyev**		Warnowwerft, Warnemünde	69	9759	5500	12882	151,5	20,3	8,8	17,7	437
ms	**Akadem. Serg. Korolew**	Odessa	Chernomorski Werft, Nikolajew	70	17114	2158	7180	181,9	25,0	7,9	17,5	606
ts	**Akademik Shimanskiy**	Odessa	Kherson-Werft, Kherson	64	11206	6066	16235	169,9	21,8	9,7	19,0	467
ms	**Akademik Shirshow**		Mathias-Thesen-Werft, Wismar	67	5497	1349	1999	124,2	17,0	5,9	18,2	601
ms	**Akademik Shukhov**		Warnowwerft, Warnemünde	69	9323	5378	12882	151,5	20,3	8,8	17,7	437
ms	**Akademik Stechkin**	Odessa	Constr. Nav. & Ind. de la Med., La Seyne	75	3323	1457	4464	119,0	19,4	5,8	16,8	381
ms	**Akademik Tupolev**	Odessa	Constr. Nav. & Ind. de la Med., La Seyne	74	3244	1267	4464	119,0	19,4	5,8	16,8	381
ms	**Akademik Vernadskiy**		Mathias-Thesen-Werft, Wismar	68	5561	1401	1999	124,2	17,0	5,9	18,2	601

Art	Name	Heimathafen	Bauwerft	Baujahr	BRT	NRT	tdw	L	B	Tfg	kn	Skizze-Nr.
ms	**Akademik Yangel**	Odessa	Kherson	72	9173	4995	13738	152,8	20,6	9,2	17,0	441
ms	**Akademik Yuryev**		Warnowwerft, Warnemünde	69	9759	5500	12882	151,5	20,3	8,8	17,7	437
mt	**Akhaltsikhe**	Batumi	Rauma-Repola Oy., Rauma	69	3468	1607	5045	106,2	15,5	6,7	14,0	492
mf	**Akhilleon**	Kertsh	Volkswerft, Stralsund	73	3933	1806	2063	102,0	15,2	5,2	15,0	624
mf	**Akhilles**	Nakhodka	Volkswerft, Stralsund	70	2654	1115	1140	82,0	13,6	5,2	13,5	619
ms	**Akhtarskiy Liman***	Kaliningrad	Deutsche Werft, Hamburg	68	4915	2697	6559	139,1	18,0	7,6	22,0	408
tt	**Akhtuba***	Odessa	Admiralteiskij-Werft, Leningrad	63	32692	16213	49730	230,5	31,0	11,6	17,0	519
mf	**Akhtuba**	Kertsh	Volkswerft, Stralsund	67	2650	1123	1150	82,2	13,6	5,2	13,5	619
ms	**Akhtuba**	Baku	Angyalfold, Budapest	59	1211	449	1010	66,0	10,0	3,8	9,3	348a
mf	**Akhtuba**	Krasnovodsk	Mathias-Thesen-Werft, Wismar	70	1115	426	565	65,7	11,1	3,6	10,8	612
mf	**Akhun**	Kertsh	Volkswerft, Stralsund	67	2650	1130	1152	82,2	13,6	5,2	13,5	619
mf	**Akmolinsk**	Nakhodka	Volkswerft, Stralsund	69	2654	1115	1140	82,2	13,6	5,2	13,5	619
ms	**Akop Akopian**		»Georghiu Dej«, Budapest	56	1206	545	720	70,0	10,0	3,6	9,5	348a
mt	**Aksay**	Odessa	Rauma-Repola, Rauma	61	3142	1544	4440	105,1	14,8	6,2	13,0	491
ms	**Akstafa**	Baku		60	3480	1884	4280	120,0	15,0	4,0	12,0	385
mt	**Aktash**	Batumi	Rauma-Repola, Rauma	64	3142	1544	4440	105,1	14,8	6,2	13,5	491
mt	**Aktau**	Batumi	Rauma-Repola Oy., Rauma	67	3468	1607	4440	106,0	15,4	6,5	14,0	492
des	**Aktjubinsk**		Baltic Shipb. + Eng. Works, Leningrad	56	5217	2524	6100	130,5	16,8	7,6	16,0	410
mt	**Aktÿubinsk**	Kaliningrad	Rauma-Repola Oy., Rauma	68	3468	1607	5000	117,1	15,4	6,7	14,0	492
mf	**Akustik**		Volkswerft, Stralsund	67	2650	1123	1149	82,2	13,6	5,0	13,0	619
mf	**Akvamarin**			73	2833	1059	1150	83,3	14,0	5,7	12,0	
mt	**Al Petri**	Baku	G. Dimitrov, Varna	62	3821	2002		131,1	16,0		10,5	
mt	**Alagir**		Rauma-Repola, Rauma	61	3359	1550	5000	117,1	15,4	6,7	13,0	491
ms	**Alapajevsk**	Leningrad	Crichton-Vulcan AB., Abo	60	5411	2912	8235	139,4	17,7	7,9	16,0	418
ms	**Alapajevskles**		Stocznia Gdanska, Gdansk	61	4653	2361	6205	123,9	16,7	7,0	14,5	404
ms	**Alatyrles**		Stocznia Gdanska, Gdansk	62	4653	2361	6205	123,9	16,7	7,0	14,5	404
mf	**Alba**	Vladivostok	Volkswerft, Stralsund	68	2652	1129	1151	82,2	13,6	5,2	13,5	619
ms	**Albatros**	Tallin	Nosenko-Werft, Nikolaev	61	3308	1390	2495	99,4	14,1	5,6	13,5	370
mf	**Albatros**		Volkswerft, Stralsund	64	2435	1070	850	79,8	13,2	4,9	11,7	617
ss	**Alchevsk***	Kholmsk	Crichton-Vulcan, Abo	54	2233	1143	3345	90,5	13,0	5,9	10,0	361
ms	**Aldan**	Kholmsk		67	3179	1430	4140	104,5	14,4	6,4	13,8	377
ms	**Aldan**	Leningrad	Gävle Varv, Gefle	59	1441	419	tug	78,2	12,5	4,0	17,0	578
ms	**Aldanles**		Stocznia Gdanska, Gdansk	61	4499	2349	6205	123,9	16,7	7,0	14,5	404
mf	**Alderamin**	Kaliningrad	Volkswerft, Stralsund	64	2435	1070	850	79,8	13,2	4,9	11,7	617
ss	**Aleksandr Baranov**	Kholmsk	Stocznia Gdanska, Gdansk	59	3688	1908	5130	108,3	14,6	6,6	12,5	390
ms	**Aleksandr Blok**	Odessa	»3. Maj«, Rijeka	67	10152	5202	14340	159,4	21,3	9,7	18,5	457
mf	**Aleksandr Bogolyubov**	Kaliningrad	Kaliningrad	70	2581	888	1268	83,9	14,0	5,7	12,5	
ms	**Aleksandr Dovzhenko**	Shdanov	Santierul Naval, Galatz	65	2718	1277	3242	100,5	14,4	5,8	13,8	
ms	**Aleksandr Fadeyev**	Vladivostok	Kherson-Werft, Kherson	73	6478	2941	6458	129,4	19,3	7,5	16,3	426
ms	**Aleksandr Gertsen**	Odessa	»Uljanik«, Pula	66	10109	5132	14130	159,9	21,3	9,7	18,0	457
ms	**Aleksandr Grin**	Odessa	»Uljanik«, Pula	65	10109	5132	14170	159,9	21,3	9,7	18,0	457
ms	**Aleksandr Ivanov**	Murmansk	»61 Kommunar«, Nikolaev	65	6160	2970	5170	130,0	16,8	7,2	16,5	422
ms	**Aleksandr Ivanovich Voeykov**	Vladivostok	J. S. Nosenko, Nikolaev	59	3220		1287	84,7	14,0	5,5	12,0	588
ms	**Aleksandr Kosarev**	Vladivostok	Admiralteiskij-Werft, Leningrad	66	13479	7433	7735	162,0	20,0	7,0	12,5	634
mf	**Aleksandr Krayev***	Nakhodka		66	3170	1225	1460	84,7	14,0	5,7	13,0	622
mf	**Aleksandr Maksutov**	Petropavlovsk-K.		67	2690	926	1496	84,7	14,0	5,7	13,0	622
ms	**Aleksandr Matrosov**		Okean-Werft, Oktjabrskoye	74	30070	18867	50000	214,2	31,8	11,7	15,0	481
ms	**Aleksandr Miroshnikov**	Arkhangelsk	Okean-Werft, Oktjabrskoye	71	1698	765	2483	82,0	12,5	5,4	13,0	355
ms	**Aleskandr Obukhov***	Vladivostok	Admiralteiskiy-Werft, Leningrad	62	12675	6275	8199	162,2	20,0	7,0	12,5	634
ms	**Aleksandr Obukhov***	Astrakhan	»Georghiu Dej«, Budapest	58	1211	447	1010	70,2	10,0	3,8	10,0	348a
ms	**Aleksandr Pankratov**		Vyborg-Werft, Vyborg	69	1684	754	2360	82,0	12,5	5,4	12,8	355
ms	**Aleksandr Pashkov**			76	2484	1321						
ms	**Aleksandr Pokalchuk**	Shdanov	Navashinskij-Werft, Navashino	69	3587	1740	4150	123,5	15,0	4,5	11,8	389
ss	**Aleksandr Popov**	Kaliningrad	Stocznia Gdanska, Gdansk	59	3812	1888	5000	108,3	14,6	6,6	12,5	390
ms	**Aleksandr Prokofyev**	Leningrad	Kherson-Werft, Kherson	75	6478	2941	6554	130,2	19,2	7,5	17,0	426
ms	**Aleksandr Prokofyev**		»Krasnoye Sarmovo«, Gorki	75	2484	1321	3134	114,0	13,2	3,4	10,8	363
ms	**Aleksandr Pushkin**	Leningrad	Mathias-Thesen-Werft, Wismar	65	19861	10421	6007	176,1	23,6	8,0	20,3	545
ms	**Aleksandr Sbrodov**		Admiralteiski Yard, Leningrad	62	12675	6275	15300	162,2	20,0	7,0	12,7	634
ms	**Aleksandr Serafimovich**	Vladivostok	»Uljanik«, Pula	68	10204	5223	14390	159,4	21,3	9,7	18,0	457
sso	**Aleksandr Suvorov**		Oregon Shipb. Corp., Portland	43	7176	4235	10875	134,6	17,4	8,4	10,0	431
ss	**Aleksandr Terekhin**	Arkhangelsk	Stocznia Gdanska, Gdansk	59	3812	1888	5000	108,3	14,6	6,6	12,5	390
ms	**Aleksandr Tsyurupa**	Odessa	Kherson-Werft, Kherson	70	8874	4576	13740	152,8	20,6	9,0	17,0	441
ms	**Aleksandr Tsyurupa**			70	2291	1419	2925	114,2	13,2	3,4	10,8	363
ms	**Aleksandr Tvardovsky**	Vladivostok	Kherson-Werft, Kherson	74	6478	2941	6458	130,2	19,2	7,5	17,0	426
ms	**Aleksandr Ulyanov**	Leningrad	Warnowwerft, Warnemünde	70	9323	5378	13150	151,5	20,3	9,0	17,7	455
ms	**Aleksandr Uvarov**		Peene-Werft, Wolgast	75	1268		Bagger	72,8	12,8	3,2	8,7	657
ms	**Aleksandr Vermishev**	Vladivostok	»3. Maj«, Rijeka	70	10152	5202	15100	159,4	21,3	9,6	18,5	457
ms	**Aleksandr Vermishev**	Leningrad		69	2484	1321	2925	114,2	13,2	3,4	10,5	363

Art	Name	Heimathafen	Bauwerft	Baujahr	BRT	NRT	tdw	L	B	Tfg	kn	Skizze-Nr.
ms	**Aleksandr Vinokurov**		Stocznia Szczecinska, Szczecin	75	6555	3323	7400	135,4	18,0	7,5	15,5	427
ms	**Aleksandra Artyukhina**	Tallinn	Stocznia Szczecinska, Szczecin	72	6555	3330	7400	135,4	18,0	7,4	15,5	427
ms	**Aleksandra Kollontay**		Stocznia Gdanska, Gdansk	70	5215	2457	4394	119,6	17,0	5,8	19,0	411
mf	**Aleksandrit**	Kaliningrad	Chernomorski-Werft, Nikolaev	73	2581	888	1290	84,7	14,0	5,8	12,5	
ms	**Aleksandrovsk**	Leningrad	Crichton-Vulcan AB., Abo	60	5411	2912	8235	139,4	17,7	7,9	16,0	418
mf	**Aleksandrovsk**	Nakhodka	Volkswerft, Stralsund	70	2654	1115	1140	82,2	13,6	5,2	13,5	619
ms	**Aleksandrovsk-Sakhalinskiy**		Stocznia Gdanska, Gdansk	75	10068	4141	10174	164,0	21,3	8,1	15,3	637
mf	**Aleksej Bordunow**	Kaliningrad	Volkswerft, Stralsund	68	2177	746	1149	82,2	13,6	5,0	13,0	619
ss	**Aleksej Chirikov**		Stocznia Gdanska, Gdansk	56	3816	1888	5000	108,3	14,6	6,6	12,5	390
mf	**Aleksey Gmyrev**	Murmansk		67	2690	926	1496	84,7	14,0	5,7	13,0	
ms	**Aleksey Chirikov**		Stocznia Szczecinska, Szczecin				3000	87,1	13,8	4,8	14,0	592
ms	**Aleksey Khlobystov**	Murmansk	Stocznia Gdanska, Gdansk	66	14340	7344	10000	165,5	21,3	8,1	14,0	636
mt	**Aleksey Krÿlow**	Baku		55	3737	2131	4696	123,5	16,0	4,0	10,5	495
mf	**Aleksey Makhalin**	Petropavlovsk-K.	J. S. Nosenko, Nikolaev	66	3170	1225	1260	84,7	14,0	5,5	12,0	
ms	**Aleksey Pozdnyakov**	Riga	Stocznia Gdanska, Gdansk	66	14340	7344	10000	165,5	21,3	8,1	14,0	636
ms	**Aleksey Tolstoy**	Ilyichyovsk	Stocznia Gdanska, Gdansk	66	9174	5270	12500	155,0	20,2	9,0	17,2	446
ms	**Aleksey Vasilisin**		Stocznia Gdanska, Gdansk	67			10000	165,5	21,3	8,1	14,0	636
des	**Aleksey Venetsianov**	Murmansk	»61. Kommunar«, Nikolaev	64	6133	2947	5000	130,0	16,8	7,2	16,5	422
mt	**Alekseijevka**	Batumi	Rauma-Repola Oy., Rauma	65	3142	1544	4400	105,1	14,8	6,2	14,0	491
mt	**Alekseyevsk**	Nakhodka	Rauma-Repola, Rauma	65	3142	1544	4399	105,1	14,8	6,2	14,0	491
mt	**Aleksin**	Odessa	Rauma-Repola, Rauma	62	3142	1544	4400	105,1	14,8	6,2	13,0	491
mt	**Alesha Dzhaparidze**	Baku		58	3821	2002	4738	123,5	16,0	4,4	11,0	495
mt	**Aleysk**	Nakhodka	Rauma-Repola, Rauma	61	3142	1544	4445	105,1	14,8	6,2	13,5	491
mf	**Alfonsas Cheponis**	Klaipeda	UdSSR	64	3170	1225	1485	84,7	14,0	5,5	12,0	622
mt	**Aliot**	Novorossisk	Rauma-Repola, Rauma	70	3115	1123	3320	93,9	15,4	6,5	14,0	490
mf	**Aliot**	Kaliningrad	Volkswerft, Stralsund	64	2435	1070	850	79,8	13,2	4,9	11,7	617
ms	**Alishan**		Neptun-Werft, Rostock	58	3359		4300	104,2	14,4	6,6	14,0	376
ms	**Alishev Navoi**	Vladivostok	»3. Maj«, Rijeka	69	10152	5202	15100	159,4	21,3	10,0	18,5	457
mf	**Aljfard**		Volkswerft, Stralsund	65	2435	1070	850	79,8	13,2	4,9	11,7	617
ms	**Alla Tarasova**		Titovo Brodogradiliste, Kraljevica	76	3941	1468	1445	100,0	16,2	4,5	17,0	531
mf	**Alma**	Sewastopol	Volkswerft, Stralsund	68	2177	746	1140	82,2	13,6	5,2	13,5	619
mt	**Alma Ata**		G. Dimitrov, Varna	60	3821	2002	5300	123,5	16,0	4,4	10,0	495
mf	**Almak**		Volkswerft, Stralsund	64	1920	602	850	79,8	13,2	4,9	11,7	617
mf	**Almaz**	Kaliningrad	UdSSR	60	3170	1225	1345	84,7	14,0	5,5	12,0	622
ms	**Almazny**		»61. Kommunar«, Nikolaev	72	5120	2387	5170	130,0	16,8	7,2	16,5	422
ms	**Almetijevsk**	Leningrad	Crichton-Vulcan AB., Abo	59	5411	2951	8740	139,4	17,7	7,9	16,0	418
mf	**Alsu**	Sewastopol	Volkswerft, Stralsund	67	2652	1130	1149	82,2	13,6	5,0	13,0	619
mf	**Altai**	Murmansk	»Okean«-Werft, Oktyabrskoye	69	3390	1121	2530	107,5	14,4	6,2	13,0	
mt	**Altai**		Rauma-Repola Oy., Rauma	67	3674	1728	4600	106,0	15,5	6,7	14,0	492
ms	**Altair**	Vladivostok	Nosenko-Werft, Nikolaev	63	3555	1577	5400	99,0	14,0	5,7	15,0	370
mt	**Altair**	Novorossisk	Cant. Nav. Solimano, Savona	70	1188	566	1700	68,9	11,0	4,6	12,0	
ms	**Altailes**	Kholmsk	Stocznia Gdanska, Gdansk	63	4520	2300	6205	123,9	16,7	6,8	14,5	404
sso	**Altaisk**		Stocznia Szczecinska, Szczecin	57	2630	1300	3200	94,7	13,5	5,6	12,5	362
ms	**Altaiskie Gory**	Vladivostok	Lindholmens Varv, Göteborg	65	10873	5906	9500	153,5	20,5	7,5	17,5	463
mf	**Aluchta**		Volkswerft, Stralsund	63	2435	1070	850	79,8	13,2	4,9	11,7	617
mt	**Aluksne**	Riga	Rauma-Repola, Rauma	62	3142	1544	5325	105,1	14,8	6,2	13,3	491
mf	**Alupka**	Kaliningrad	Volkswerft, Stralsund	63	2435	1070	850	79,8	13,2	4,9	11,7	617
ms	**Alupka**	Arkhangelsk	G. Dimitrov, Varna	60	1002	392	175	63,0	9,3	3,0	12,5	525
mf	**Alushta**		Volkswerft, Stralsund	63	2435	1070	850	79,8	13,2	4,9	11,7	617
ms	**Alushta**	Riga	G. Dimitrov, Varna	60	1002	392	175	63,8	9,3	3,0	12,5	525
mt	**Amangeldy Imanov**	Baku		58	3821	2002	4740	123,5	16,0	4,4	11,0	495
mf	**Ambartshik**	Murmansk		71	3273	1145	2555	107,5	14,4	6,2	13,0	
mt	**Ambartshik**	Nakhodka	Rauma-Repola, Rauma	66	3359	1559	4445	105,4	14,8	6,1	14,0	491
ms	**Ambla**	Tallinn	Angyalfold, Budapest	74	1351	611	1725	77,8	11,5	5,0	12,5	350
ss	**Amburan**		Neptunwerft, Rostock	55				102,9	14,4	6,7	13,0	673
ms	**Amderma**	Petropavlovsk-K.	Crichton-Vulcan, Abo	51	2491	1426	3330	90,5	13,0	5,9	10,0	361
mf	**Amderma**		Volkswerft, Stralsund	67	2177	746	1152	81,9	13,6	5,2	13,0	619
mf	**Ametist**	Kaliningrad	UdSSR	62	3170	1225	1288	84,7	14,0	5,5	12,0	622
mf	**Amga**		Volkswerft, Stralsund	69	2657	1115	1149	82,2	16,3	5,0	13,0	619
ms	**Amguema**	Vladivostok	»Leninskogo Komsomola«, Komsomolsk	62	8181	3477	8700	133,1	18,9	8,9	15,0	434
mt	**Amgun**	Nakhodka	Rauma-Repola, Rauma	67	3468	1606	5042	106,2	15,5	6,7	13,5	492
mf	**Amu-Darya**	Astrakhan	Mathias-Thesen-Werft, Wismar	70	1115	426	605	65,7	11,1	3,6	10,8	612
mt	**Amursk**	Nakhodka	Rauma-Repola, Rauma	66	3142	1544	4445	105,4	14,8	6,1	14,0	491
ms	**Amurskles**	Vladivostok	Stocznia Gdanska, Gdansk	63	4673	2370	6205	123,9	16,7	7,0	14,5	404
ms	**Amursky Zaliv**	Sewastopol	Dubigeon-Normandie, Nantes	70	12891	6872	11816	164,6	22,2	8,0	17,5	471
ss	**Anadyr**	Nevelsk	Stocznia Gdanska, Gdansk	55	3815	1888	5000	108,3	14,6	6,6	12,5	390

Art	Name	Heimathafen	Bauwerft	Baujahr	BRT	NRT	tdw	L	B	Tfg	kn	Skizze-Nr.
mf	**Anadyr**	Astrakhan	Mathias-Thesen-Werft, Wismar	70	1115	426	650	65,5	11,1	3,6	11,0	612
ms	**Anadyrles**	Arlchangelsk	Stocznia Gdanska, Gdansk	62	4653	2361	6205	123,9	16,7	7,0	14,5	404
mt	**Anakliya**	Batumi	Rauma-Repola, Rauma	68	3468	1607	5040	106,1	15,5	6,8	14,0	492
ms	**Ananyev**	Ismail	»Georghiu Dej«, Budapest	60	1296	583	1288	74,5	11,4	4,0	10,8	349
mt	**Anapa**	Batumi	Rauma-Repola, Rauma	62	3142	1544	5300	105,1	14,8	6,2	13,3	491
mt	**Anapka**	Nakhodka	Rauma-Repola, Rauma	64	3142	1544	5300	105,1	14,8	6,2	13,3	491
mf	**Anatoliÿ Bredov**	Murmansk	Stocznia Gdanska, Gdansk	69	2944	1299	1400	83,0	13,8	5,4	12,5	621
def	**Anatolj Khalin**	Sewastopol	At. + Chant. de Nantes, Nantes	66	6260	2017	4500	128,8	19,0	7,0	14,0	632
ms	**Anatoli Lunasharskij**	Leningrad	Warnowwerft, Warnemünde	71	9323	5378	13150	151,5	20,3	7,3	17,7	455
ms	**Anatoliy Vaneyev**	Taganrog	»Krasnoye Sormovo«, Gorki	72	2484	1321	3134	114,0	13,2	3,7	10,8	363
mf	**Anchar**	Leningrad	Nosenko-Werft, Nikolaev	66	3170	1225	1480	84,7	14,0	5,7	12,0	622
ms	**Andishan**	Shdanov	Neptun-Werft, Rostock	58	3174	1700	4296	104,2	14,4	6,6	14,0	376
ms	**Andomales**	Arkhangelsk	Stocznia Gdanska, Gdansk	62	4653	2361	6205	123,9	16,7	7,0	14,5	404
ms	**Andrej Andrejew**	Tallinn	Stocznia Szczecinska, Szczecin	73	7036	4565	7500	133,3	18,0	7,5	15,6	427
ms	**Andrej Vilkizkij**		Stocznia Szczecinska, Szczecin				3000	87,1	13,8	4,8	14,0	592
mf	**Andrey Andreyev**			74	3273	1085	2625	107,5	14,4	6,2	13,0	
mf	**Andreÿ Evdanov**	Vladivostok		61	3308	1390	2486	99,4	14,0	5,5	12,0	370
ms	**Andrey Ivanov**	Leningrad	Vyborg-Werft, Vyborg	70	1684	754	2360	82,0	12,5	5,4	12,8	355
ms	**Andrey Kizhevatov**	Izmail	Navashinskiy-Werft, Navashino	73	3587	1740	4100	123,5	15,0	4,5	11,8	389
ms	**Andrey Lavrov**		Kherson-Werft, Kherson	73	9173	4995	13738	152,8	20,6	9,0	17,0	441
ms	**Andreÿ Sacharow**	Vladivostok	Admiralteiski-Werft, Leningrad	60	12675	6275	15300	162,2	20,0	7,0	12,7	634
md	**Andromeda**		Volkswerft, Stralsund	64	1920	602	850	79,8	13,2	4,9	11,7	617
mf	**Andrus Yokhani**	Kaliningrad	UdSSR	67	3170	1225	1485	84,7	14,0	5,7	13,0	622
des	**Angara**	Vladivostok	De Schelde, Vlissingen	57	7481	3777	7430	130,2	18,8	8,2	15,0	433
mt	**Angara**		States Shipyard No. 105, Leningrad	57	8229	3942	11430	145,5	19,2	8,5	13,3	498
mf	**Angara**	Bautino		71	1361	473	527	72,1	11,0	3,6	12,3	
ms	**Angarales**	Vladivostok	Stocznia Gdanska, Gdansk	63	4520	2300	6205	123,9	16,7	7,0	14,5	404
des	**Angarges**	Murmansk	Nosenko-Werft, Nikolaev	57	5079	2619	7250	130,5	16,8	7,6	16,0	410
ss	**Angarsk**	Leningrad	Neptun-Werft, Rostock	56	3258	1564	4450	102,9	14,4	6,7	13,0	382
ms	**Angarskles**	Leningrad	Stocznia Gdanska, Gdansk	62	4653	2361	6205	123,9	16,7	7,0	14,5	404
ms	**Angyalfold**	Tallinn	Angyalfold, Budapest	70	1350	611	1690	77,9	11,5	5,0	12,5	350
mt	**Aniva**	Nakhodka	Rauma-Repola, Rauma	63	3142	1544	5325	105,1	14,8	6,2	13,3	491
ms	**Anna Ulyanowa**	Leningrad	Warnowwerft, Warnemünde	71	9812	5524	13150	151,5	20,3	7,3	17,7	455
ms	**Antanas Snechkus**	Klaipeda	Mathias-Thesen-Werft, Wismar	74	11755	6385	9290	155,0	22,2	7,2	17,3	651
mt	**Antares**	Novorossijsk	Rauma-Repola, Rauma	70	3468	1604	5030	106,2	15,5	6,7	13,3	492
mf	**Antares**		Volkswerft, Stralsund	64	1920	602	850	79,8	13,2	4,9	11,7	617
ms	**Antarktika**	Murmansk	Stocznia Gdanska, Gdansk	73	13087	5997	10095	164,0	21,3	8,0	15,3	637
ms	**Anton Buyuklÿ**	Kholmsk	Santierul Naval, Galatz	69	3019	1412	4230	104,5	14,4	6,4	13,5	
ms	**Anton Chekhov**	Vladivostok	Brodogradiliste Uljanik, Pula	68	10204	5223	14200	159,4	21,0	9,7	18,4	457
ms	**Anton Gubaryev**	Riga	Turnu Severin	74	2079	918	2180	88,8	12,8	5,0	13,0	359
mf	**Anton Lopatin**	Kaliningrad	Stocznia Gdanska, Gdansk	69	2948	1332	1400	83,0	13,8	5,4	12,5	621
ms	**Anton Makarenko**	Iljitshevsk	Stocznia Gdanska, Gdansk	67	9714	5270	12500	154,8	20,2	9,0	17,2	446
mf	**Anton Tammsaare**	Tallinn	UdSSR	62	3170	1225	1290	84,7	14,0	5,5	12,0	622
mf	**Ants Laykmaa**	Tallinn	»Baltiya«, Klaipeda	68	2707	996	1450	84,7	14,0	5,7	12,3	622
mf	**Anyuy**	Nakhodka	Rauma-Repola, Rauma	72	3468	1606	5020	106,2	15,5	6,7	14,0	492
mf	**Apatit**	Murmansk	Burmeister & Wain, København	67	4699	2270	2570	102,7	16,0	5,5	14,0	627
mt	**Ape**	Klaipeda	Rauma-Repola, Rauma	65	3142	1544	4000	103,9	14,8	6,1	13,0	491
mf	**Apsheron**	Odessa	Volkswerft, Stralsund	67	2650	1123	1150	82,2	13,6	5,0	13,0	619
mt	**Aspheron**	Novorossijsk	Swan Marit. Shipb., Walker o.T.	76	19615	11036	32039	170,8	25,8	11,3	15,5	509
mt	**Aspheronsk**	Riga	Rauma-Repola, Rauma	62	3142	1544	4400	105,1	14,8	6,2	13,5	491
mf	**Arabat**	Kertsh	Volkswerft, Stralsund	75	3931	1806	2063	102,0	15,2	5,2	15,0	624
des	**Arabatskiy**	Odessa	A. Stephen & Sons, Glasgow	66	1972	678	1420	79,9	13,7	4,1	11,5	661
ms	**Aragvi**	Riga	Kieler Howaldtswerke, Kiel	60	3560	1775	4500	120,5	16,4	7,1	18,5	388
mz	**Araks**		Rauma-Repola, Rauma	62	3142	1544	4440	105,1	14,8	6,1	13,0	491
mf	**Araks**	Krasnovodsk		70	1361	473	525	72,1	10,8	3,6		
ms	**Araks**	Vladivostok	Angyalfold, Budapest	72	1351	611	1725	77,8	11,5	5,0	12,5	350
ms	**Aralar**			63	3142		1544					
mf	**Aralsk***	Nakhodka	UdSSR	60	3170	1225	1322	84,7	14,3	5,8	13,0	622
ms	**Aralsk**		»Georghiu Dej«, Budapest	53	1200	449	1100	70,1	10,0	3,8	9,5	348
mt	**Ararat**	Novorossijsk	Rauma-Repola, Rauma	69	3468	1728	5045	106,2	15,5	6,7	14,0	492
ss	**Ararat**		Neptunwerft, Rostock					102,9	14,4	6,7	13,0	673
mt	**Ardatov**	Klaipeda	Rauma-Repola, Rauma	66	3142	1544	4445	105,4	14,8	6,1	14,0	491
mf	**Ardatov**	Nakhodka	Volkswerft, Stralsund	70	2654	1115	1140	82,0	13,6	5,2	13,5	619
mf	**Argo**	Sewastopol	Volkswerft, Stralsund	63	1920	603	850	79,8	13,2	4,9	11,7	617
mt	**Argon**	Kaliningrad	Rauma-Repola, Rauma	63	3359	1550	5325	105,1	14,8	6,2	14,3	491

Art	Name	Heimathafen	Bauwerft	Baujahr	BRT	NRT	tdw	L	B	Tfg	kn	Skizze-Nr.
ms	**Argun**	Vladivostok	Stocznia Gdanska, Gdansk	65	4677	2344	6205	123,9	16,7	7,0	14,5	404
mf	**Argun**	Kaliningrad	Volkswerft, Stralsund	70	2177	746	1149	82,2	13,6	5,0	13,0	619
mf	**Argus**	Kaliningrad	Kherson-Werft, Kherson	69	3033	1091	1420	85,2	14,0	5,8	13,0	
ms	**Argus**	Kaliningrad			828	300		51,5	11,0		13,5	571
ms	**Aristarkh Belopolskij**		Stocznia Gdanska, Gdansk	75	6400	3250	5880	139,6	18,0	7,6	21,8	423
ms	**Arkadij Gaidar**	Odessa	Brodogradiliste Uljanik, Pula	65	10109	5132	14000	159,9	21,3	9,7	18,4	457
ms	**Arkadiy Kamanin**	Vladivostok	»Neptun«, Rostock	72	3608	1775	4687	105,7	15,7	6,8	13,8	384
ms	**Arkhangelsk**	Leningrad	Crichton-Vulcan, Abo	52	5660	2788	8250	139,4	17,7	7,9	14,5	418
ts	**Arkhangelsk**	Archangelsk	Stocznia Gdanska, Gdansk	59	3812	1888	5050	108,3	14,6	6,6	12,5	390
ms	**Arkhangelskles**	Leningrad	Stocznia Gdanska, Gdansk	61	4638	2349	6205	123,9	16,7	7,0	14,5	404
des	**Arkhip Kuindzhi**	Vladivostok	»61 Kommunar«, Nikolaev	65	6133	2947	5000	130,0	16,8	7,2	16,5	422
mf	**Arkovo**	Nevelsk	J. S. Nosenko, Nikolaev	63	3170	1225	1260	84,7	14,0	5,5	12,0	622
ns	**Arktika**		Baltic Shipb. Eng., Leningrad	74	18172	3018	4096	150,0	29,9		21,0	560
ms	**Arktika**	Petropavlovsk-K.	Stocznia Gdanska, Gdansk	71	13123	6110	9995	164,0	21,3	8,1	15,3	637
mt	**Arktur**	Novorossijsk	Cant. Nav. Solimano, Savona	71	1218	545	1700	68,6	11,0	4,6	13,5	
ts	**Arman**		Stocznia Gdanska, Gdansk	61	10033	4660	9300	155,1	20,0	8,2	13,0	633
ss	**Armavir**	Kholmsk	Crichton-Vulcan, Abo	54	2491	1344	3200	90,5	13,1	6,5	10,0	361
ms	**Armeniya**	Odessa	Mathias-Thesen-Werft, Wismar	63	5169	2323	1340	121,9	16,1	5,3	18,5	534
mf	**Armeniya**	Nakhodka	Volkswerft, Stralsund	70	2654	1115	1140	82,0	13,6	5,2	13,5	619
des	**Arsenev**		Baltic Shipb. + Eng. Works, Leningrad	60	5524	2448	6100	130,5	16,8	7,6	16,0	415
ms	**Arseniy Moskvin**	Leningrad	Vyborg-Werft, Vyborg	69	1813	785	2358	82,0	12,5	5,3	13,0	355
des	**Arsenyev**	Vladivostok	Baltic Shipb. & Eng., Leningrad	60	5524	2448	4230	130,9	16,8	6,7	16,5	410
ms	**Arshintsevo**	Shdanov	Navashinskiy-Werft, Navashino	71	4078	1806	4300	123,5	15,0	4,8	11,3	397
mf	**Artek**	Odessa	Volkswerft, Stralsund	67	2657	1139	1149	82,2	13,6	5,0	13,0	619
mt	**Artem**	Riga	Rauma-Repola, Rauma	59	3300	1575	4300	105,1	14,8	6,1	14,0	491
mf	**Artemida**	Murmansk	Volkswerft, Stralsund	71	2242	728	1025	82,2	13,6	5,0	13,5	619
mt	**Artsyz**		Rauma-Repola, Rauma				4000	105,1	14,8	6,1	13,0	491
ms	**Artsyz**	Ismail	Angyalfold, Budapest	66	1161	553	1285	74,5	11,3	4,0	11,5	349
mf	**Askania**		Volkswerft, Stralsund	69	2657		1149	82,2	16,3	5,0	13,6	619
ms	**Arzamas**	Riga	»Neptun«, Rostock	55	3258	1522	4458	102,4	14,4	6,6	12,5	382
mf	**Arzamas**	Nakhodka	Volkswerft, Stralsund	70	2654	1115	1140	82,3	13,6	5,2	13,5	619
mt	**Ashkhabad**	Novorossijsk	Nosenko-Werft, Nikolaev	54	7653	3931	11430	145,5	19,2	8,5	12,0	498
mf	**Ashkhabad**	Murmansk	Kieler Howaldtswerke, Kiel	56	2999	1238	1570	85,5	13,4	5,2	12,5	618
def	**Askaniya**	Murmansk	»Okean«-Werft, Oktjabrskoye	69	3444	1183	2490	107,5	14,4	6,2	13,0	
ms	**Askold***		Tohoku Zosen, Shiogama	72	7994	4706	13717	139,0	19,8	9,0		
sso	**Askold***		Oregon Shipb. Corp., Portland	43	7176	4380	10350	134,6	17,4	8,4	10,0	431
mf	**Askold Melnik**	Nakhodka	J. S. Nosenko, Nikolaev	63	3170	1225	1260	84,7	14,0	5,5	12,0	622
mt	**Asneft**	Vladivostok	Valmet OY., Turku	54	1117	524	1870	63,7	10,0	4,5	10,5	485
mt	**Aspindza**	Batumi	Rauma-Repola, Rauma	72	3468	1607	4943	106,0	15,4	6,5	14,0	492
ms	**Astara**			63	3191	1555	4000	120,0	15,0	4,0	12,0	385
mf	**Asteroid**	Kaliningrad	Volkswerft, Stralsund	69	2654	1115	1149	82,2	16,3	5,0	13,6	619
mf	**Astra**	Leningrad	J. S. Nosenko, Nikolaevsk	66	3170	1225	1260	84,7	14,0	5,5	12,0	622
ss	**Astrakhan**	Vladivostok	Stocznia Gdanska, Gdansk	54	3544	1788	5000	108,3	14,6	6,6	12,5	390
mf	**Astronom**	Nakhodka	Volkswerft, Stralsund	67	2650	1123	1149	82,2	13,6	5,0	13,0	619
mf	**Asurit**		Volkswerft, Stralsund	67				82,2	13,6	5,0	13,0	619
ms	**Atkarsk**	Leningrad	Crichton-Vulcan, Abo	60	5411	2916	8610	139,4	17,7	7,9	16,0	418
mf	**Atlant**		Nosenko-Werft, Nikolaev		3170	1225	1485	84,7	14,0	5,5	12,0	622
mf	**Atlantik**		Volkswerft, Stralsund	66	2177	746	1550	82,2	13,6	5,0	13,0	619
ms	**Atlantika**	Murmansk	Oskarshamns Varv, Oskarshamn	54	8590	4864	9400	143,6	18,8	7,6	13,5	439
mf	**Atoll**	Novorossijsk	Volkswerft, Stralsund	67	2657	1139	1048	82,2	13,6	5,0	13,0	619
ss	**Atrek**	UdSSR	Neptun-Werft, Rostock					102,9	14,4	6,7	13,0	673
mf	**August Alle**	Tallinn	UdSSR	64	2707	997	1288	84,7	14,0	5,5	13,0	622
des	**August Jakobson**	Tallinn	»61 Kommunar«, Nikolaev	66	6455	2698	4269	130,9	16,9	6,7	16,5	425
des	**August Kork**	Tallinn		67	3555	1559	2538	99,4	14,0	5,5	13,5	370
ms	**August Kulberg**	Tallinn	Angyalfold, Budapest	69	1350	611	1690	77,8	11,5	4,7	12,5	350
mf	**Aukshtaytiya**	Klaipeda	Volkswerft, Stralsund	74	3932	1806	2063	102,0	15,2	5,2	15,0	624
mt	**Auseklis**	Riga	Rauma-Repola, Rauma	70	3468	1607	4976	106,2	15,5	6,7	13,3	492
mt	**Autse**	Riga	Rauma-Repola, Rauma	69	3468	1607	4995	106,2	15,5	6,7	13,3	492
ms	**Avacha**	Petropavlovsk-K.	Stocznia Gdanska, Gdansk	72	13087	5997	10093	164,0	21,3	8,1	15,3	637
des	**Avangard**	Vladivostok	Nosenko-Werft, Nikolaev	63	844	299	333	63,6	9,5	4,4	17,0	611
mf	**Aviator**	Nakhodka	Volkswerft, Stralsund	67	2657	1139	1149	82,2	13,6	5,0	13,0	619
mf	**Ay-Petri**	Kaliningrad	Volkswerft, Stralsund	67	2177	746	1150	82,2	13,6	5,2	13,0	619
ms	**Ay-Petri**	Odessa	»G. Dimitrov«, Varna	62	1002	392	175	63,0	9,3	3,0	13,0	525

Art	Name	Heimathafen	Bauwerft	Baujahr	BRT	NRT	tdw	L	B	Tfg	kn	Skizze-Nr.
ms	**Ayan**	Kholmsk		66	3179	1431	4139	104,5	14,4	6,1	13,8	377
ss	**Ayat**		Neptun-Werft, Rostock					102,9	14,4	6,7	13,0	673
mt	**Aykhal**	Nakhodka	Rauma-Repola, Rauma	68	3468	1607	5042	106,2	15,5	6,7	13,5	492
mt	**Aynazhi**	Riga	Rauma-Repola, Rauma	69	3468	1607	4995	106,2	15,5	6,8	13,5	492
mt	**Ayon**	Nakhodka	Rauma-Repola, Rauma	69	3468	1607	5045	106,2	15,5	6,7	14,0	492
ms	**Aytodor**	Shdanov	G. Dimitrov, Varna	62	1002	392	175	63,0	9,4	3,0	13,0	525
mf	**Ayu-Dag**	Sewastopol	Volkswerft, Stralsund	67	2650	1123	1152	82,2	13,6	5,2	13,5	619
ms	**Ayu-Dag**	Tallinn	G. Dimitrov, Varna	61	1002	392	175	63,0	9,3	3,0	13,0	525
ms	**Ayvazovskiy**	Odessa	Dubigeon-Normandie, Nantes	77	6717			121,5	17,5	4,4	18,9	536a
ms	**Azerbaidjan**		Blohm + Voss, Hamburg	77	(Kranschiff)			127,0	34,5	5,6	10,0	655
ms	**Azimut**	Murmansk	Laivateollisuus, Abo	58	420	88	262	55,0	10,0	3,5	16,0	580
mt	**Azov**	Odessa	At. & Ch. de Dunkerque, Bordeaux	64	37792	26267	63320	240,2	32,9	12,5	16,0	520
mf	**Azov**	Novorossijsk	Volkswerft, Stralsund	73	3960	1780	2063	102,0	15,2	5,2	15,0	624
des	**Azovskoye More**	Odessa	IHC Verschure, Amsterdam	75	3424	1539	4048	92,7	,	5,0	12,0	
ms	**Azovstal**	Shdanov	Navashinskiy-Werft, Navashino	71	4078	1806	4300	123,5	15,0	4,8	11,3	397
mf	**Azurit**	Kertsh	Volkswerft, Stralsund	67	2650	1123	1152	82,2	13,6	5,2	13,5	619
ms	**Baba-Zade**	Baku	Volgograd-Werft, Volgograd	63	2335	835	275	82,4	13,9	3,5	16,0	527
ms	**Babushkin**	Iljitshevsk	Nosenko-Werft, Nikolaev	65	9869	4930	12840	155,7	20,6	9,1	15,5	456
ms	**Bachtshisarai**	Arkhangelsk	Krasnoyarsk-Werft, Krasnojarsk	71	1110	491	1545	72,1	11,3	4,6	11,0	347
mf	**Baikal**	Nakhodka	J. S. Nosenko, Nikolaev	61	3170	1225	1260	84,7	14,0	5,5	12,0	622
des	**Baikal**		Neptun-Werft, Rostock	64	3897	1195	3043	111,5	14,4	6,0	13,5	599
ms	**Baikal**		Mathias-Thesen-Werft, Wismar	62	5230	2160	1357	122,2	16,0	5,2	17,0	533
des	**Baikal**	Murmansk	»De Schelde«, Vlissingen	57	7661	4285	7430	130,2	18,8	8,2	15,0	433
ms	**Baikalles**		Nystads Varv, Nystad	62	2924	1361	3400	102,0	14,0	6,0	13,8	369
ms	**Baikonur**		Stocznia Gdanska, Gdansk	67	4531	2383	6205	123,9	16,7	7,0	16,0	404
ms	**Baimak**	Iljitshevsk	Nosenko-Werft, Nikolaev	65	9896	4930	12715	155,5	20,7	9,1	15,5	456
ms	**Bakaritsa**	Arkhangelsk	Vyborg-Werft, Vyborg	68	4507	2078	6459	122,0	16,7	6,8	14,5	402
mf	**Bakhchisaray**	Kaliningrad	Volkswerft, Stralsund	68	2652	1130	1137	82,0	13,6	5,2	13,5	619
ms	**Baku**	Baku		59	3398	1795	4316	120,0	15,0	4,4	11,5	385
ms	**Bakuriani**	Iljitshevsk	Nosenko-Werft, Nikolaev	65	9869	4930	12714	155,7	20,6	9,1	15,5	
mt	**Baladshary**	Baku	Kertsh	70	1722	573	1660	83,6	12,0	4,6	12,5	488
ms	**Balakhnales**	Kholmsk	Stocznia Gdanska, Gdansk	63	4520	2300	6205	123,9	16,7	7,0	14,5	404
mt	**Balaklava**	Riga	Stocznia Gdanska, Gdansk	62	12588	6642	19088	176,9	21,8	8,9	16,0	503
mf	**Balaklawa**		Volkswerft, Stralsund	64	2435	1070	850	79,8	13,2	4,9	11,7	617
ms	**Balashikha**	Iljitshevsk	Kherson-Werft, Kherson	65	9869	4930	12778	155,7	20,6	9,1	15,5	456
ss	**Balashov**	Riga	Neptun-Werft, Rostock	55	3258	1564	4450	102,9	14,4	6,7	13,0	382
mt	**Baldone**	Riga	Stocznia Gdanska, Gdansk	63	12588	6642	19180	176,9	21,8	9,5	16,0	503
des	**Balkhash**		Neptun-Werft, Rostock	64	3897	1195	3043	111,5	14,4	6,0	13,5	599
ms	**Balkhash**	Arkhangelsk	Krasnoyarsk-Werft, Krasnoyarsk	69	1161	553	1545	72,1	11,3	4,6	11,0	347
mt	**Balta**	Riga	Rauma-Repola, Rauma	59	3300	1575	4000	105,1	14,8	6,1	13,5	491
mf	**Balta**	Kertsh	Volkswerft, Stralsund	68	2652	1129	1137	82,0	13,6	5,2	13,5	619
ms	**Baltijsk**	Leningrad	Crichton-Vulcan, Abo	55	5585	2851	8235	139,4	17,7	7,9	16,0	418
ms	**Baltijsk**	Vladivostok	Verschure & Co., Amsterdam	55	3350	1727	3829	114,7	14,1	5,6	13,0	387
ms	**Baltijskaja**	Leningrad	Nippon Kokan, Asano	69	1584	490	265	77,2	14,0	3,1		658
ms	**Baltijskaja Slava**	Kaliningrad	Kieler Howaldtswerke, Kiel	66	16537	11035	11085	166,5	24,0	7,3	14,0	638
ms	**Baltijskij-1**	Leningrad	Krasnoye Sormovo, Gorki	62	1865	927	2121	96,0	13,2	3,3	10,0	357
ms	**Baltijskij-2**	Leningrad	Krasnoye Sormovo, Gorki	64	1865	927	2121	96,0	13,2	3,3	10,0	357
ms	**Baltijskij-3**	Leningrad	Krasnoye Sormovo, Gorki	64	1865	927	2121	96,0	13,2	3,3	10,0	357
ms	**Baltijskij-4**	Kaliningrad	Krasnoye Sormovo, Gorki	62	1865	927	2121	96,0	13,2	3,3	10,0	357
ms	**Baltijskij-5**	Leningrad	Krasnoye Sormovo, Gorki	62	1865	927	2121	96,0	13,2	3,3	10,0	357
ms	**Baltijskij-6**	Leningrad	Krasnoye Sormovo, Gorki	63	1865	927	2121	96,0	13,2	3,3	10,0	357
ms	**Baltijskij-7**	Leningrad	Krasnoye Sormovo, Gorki	64	1865	927	2121	96,0	13,2	3,3	10,0	357
ms	**Baltijskij-8**	Leningrad	Krasnoye Sormovo, Gorki	64	1865	927	2121	96,0	13,3	3,3	10,0	357
ms	**Baltijskij-9**	Leningrad	Krasnoye Sormovo, Gorki	64	1865	927	2121	96,0	13,2	3,3	10,0	357
ms	**Baltijskij-10**	Leningrad	Krasnoye Sormovo, Gorki	63	1865	927	2121	96,0	13,2	3,3	10,0	357
ms	**Baltijskij-11**	Kaliningrad	Krasnoye Sormovo, Gorki	63	1865	927	2121	96,0	13,2	3,3	10,0	357
ms	**Baltijskij-12**	Kaliningrad	Krasnoye Sormovo, Gorki	63	1865	927	2121	96,0	13,2	3,3	10,0	357
ms	**Baltijskij-13**	Kaliningrad	Krasnoye Sormovo, Gorki	63	1865	927	2121	96,0	13,2	3,3	10,0	357
ms	**Baltijskij-14**	Leningrad	Krasnoye Sormovo, Gorki	63	1865	927	2121	96,0	13,2	3,3	10,0	357
ms	**Baltijskij-15**	Leningrad	Krasnoye Sormovo, Gorki	63	1865	927	2121	96,0	13,2	3,3	10,0	357
ms	**Baltijskij-16**	Kaliningrad	Krasnoye Sormovo, Gorki	63	1865	927	2121	96,0	13,2	3,3	10,0	357
ms	**Baltijskij-17**	Leningrad	Krasnoye Sormovo, Gorki	64	1865	927	2121	96,0	13,2	3,3	10,0	357
ms	**Baltijskij-18**	Leningrad	Krasnoye Sormovo, Gorki	64	1865	927	2121	96,0	13,2	3,3	10,0	357
ms	**Baltijskij-19**	Leningrad	Krasnoye Sormovo, Gorki	64	1865	927	2121	96,0	13,2	3,3	10,0	357
ms	**Baltijskij-20**	Leningrad	Krasnoye Sormovo, Gorki	64	1865	927	2121	96,0	13,2	3,3	10,0	357
ms	**Baltijskij-21**	Leningrad	Krasnoye Sormovo, Gorki	64	1865	927	2121	96,0	13,2	3,3	10,0	357

Art	Name	Heimathafen	Bauwerft	Baujahr	BRT	NRT	tdw	L	B	Tfg	kn	Skizze-Nr.
ms	**Baltijskij-22**	Leningrad	Krasnoye Sormovo, Gorki	64	1865	927	2121	96,0	13,2	3,3	10,0	357
ms	**Baltijskij-23**	Leningrad	Krasnoye Sormovo, Gorki	64	1865	927	2121	96,0	13,2	3,3	10,0	357
ms	**Baltijskij-24**	Leningrad	Krasnoye Sormovo, Gorki	64	1865	927	2121	96,0	13,2	3,3	10,0	357
ms	**Baltijskij-25**	Leningrad	Krasnoye Sormovo, Gorki	64	1865	927	2121	96,0	13,2	3,3	10,0	357
ms	**Baltijskij-26**	Leningrad	Krasnoye Sormovo, Gorki	65	1865	927	2121	96,0	13,2	3,3	10,0	357
ms	**Baltijskij-27**	Leningrad	Krasnoye Sormovo, Gorki	65	1865	927	2121	96,0	13,2	3,3	10,0	357
ms	**Baltijskij-28**	Leningrad	Krasnoye Sormovo, Gorki	65	1865	927	2121	96,0	13,2	3,3	10,0	357
ms	**Baltijskij-29**	Leningrad	Krasnoye Sormovo, Gorki	65	1865	927	2121	96,0	13,2	3,3	10,0	357
ms	**Baltijskij-30**	Leningrad	Krasnoye Sormovo, Gorki	65	1865	927	2121	96,0	13,2	3,3	10,0	357
ms	**Baltijskij-31**	Leningrad	Krasnoye Sormovo, Gorki	66	1865	927	2121	96,0	13,2	3,3	10,0	357
ms	**Baltijskij-32**	Leningrad	Krasnoye Sormovo, Gorki	66	1865	927	2121	96,0	13,2	3,3	10,0	357
ms	**Baltijskij-33**	Leningrad	Krasnoye Sormovo, Gorki	65	1865	927	2121	96,0	13,2	3,3	10,0	357
ms	**Baltijskij-34**	Leningrad	Krasnoye Sormovo, Gorki	65	1865	927	2121	96,0	13,2	3,3	10,0	357
ms	**Baltijskij-35**	Leningrad	Krasnoye Sormovo, Gorki	65	1865	927	2121	96,0	13,2	3,3	10,0	357
ms	**Baltijskij-36**	Leningrad	Krasnoye Sormovo, Gorki	65	1865	927	2121	96,0	13,2	3,3	10,0	357
ms	**Baltijskij-37**	Leningrad	Krasnoye Sormovo, Gorki	65	1865	927	2121	96,0	13,2	3,3	10,0	357
ms	**Baltijskij-38**	Leningrad	Krasnoye Sormovo, Gorki	66	1865	927	2121	96,0	13,2	3,3	10,0	357
ms	**Baltijskij-39**	Leningrad	Krasnoye Sormovo, Gorki	65	1865	927	2121	96,0	13,2	3,3	10,0	357
ms	**Baltijskij-40**	Leningrad	Krasnoye Sormovo, Gorki	65	1865	927	2121	96,0	13,2	3,3	10,0	357
ms	**Baltijskij-41**	Leningrad	Krasnoye Sormovo, Gorki	65	1865	927	2121	96,0	13,2	3,3	10,0	357
ms	**Baltijskij-42**	Leningrad	Krasnoye Sormovo, Gorki	65	1865	927	2121	96,0	13,2	3,3	10,0	357
ms	**Baltijskij-43**	Leningrad	Krasnoye Sormovo, Gorki	65	1865	927	2121	96,0	13,2	3,3	10,0	357
ms	**Baltijskij-44**	Leningrad	Krasnoye Sormovo, Gorki	65	1865	927	2121	96,0	13,2	3,3	10,0	357
ms	**Baltijskij-45**	Leningrad	Krasnoye Sormovo, Gorki	66	1865	927	2121	96,0	13,2	3,3	10,0	357
ms	**Baltijskij-46**	Leningrad	Krasnoye Sormovo, Gorki	66	1865	927	2121	96,0	13,2	3,3	10,0	357
ms	**Baltijskij-47**	Leningrad	Krasnoye Sormovo, Gorki	66	1865	927	2121	96,0	13,2	3,3	10,0	357
ms	**Baltijskij-48**	Leningrad	Krasnoye Sormovo, Gorki	66	1865	927	2121	96,0	13,2	3,3	10,0	357
ms	**Baltijskij-49**	Leningrad	Krasnoye Sormovo, Gorki	67	1865	927	2121	96,0	13,2	3,3	10,0	357
ms	**Baltijskij-50**	Leningrad	Krasnoye Sormovo, Gorki	67	1865	927	2121	96,0	13,2	3,3	10,0	357
ms	**Baltijskij-51**	Leningrad	Krasnoye Sormovo, Gorki	66	1865	927	2121	96,0	13,2	3,3	10,0	357
ms	**Baltijskij-52**	Leningrad	Krasnoye Sormovo, Gorki	66	1865	927	2121	96,0	13,2	3,3	10,0	357
ms	**Baltijskij-53**	Leningrad	Krasnoye Sormovo, Gorki	66	1865	927	2121	96,0	13,2	3,3	10,0	357
ms	**Baltijskij-54**	Leningrad	Krasnoye Sormovo, Gorki	66	1865	927	2121	96,0	13,2	3,3	10,0	357
ms	**Baltijskij-55**	Leningrad	Krasnoye Sormovo, Gorki	66	1865	927	2121	96,0	13,2	3,3	10,0	357
ms	**Baltijskij-56**	Leningrad	Krasnoye Sormovo, Gorki	66	1865	927	2121	96,0	13,2	3,3	10,0	357
ms	**Baltijskij-57**	Leningrad	Krasnoye Sormovo, Gorki	66	1865	927	2121	96,0	13,2	3,3	10,0	357
ms	**Baltijskij-58**	Leningrad	Krasnoye Sormovo, Gorki	66	1865	927	2121	96,0	13,2	3,3	10,0	357
ms	**Baltijskij-59**	Leningrad	Krasnoye Sormovo, Gorki	66	1865	927	2121	96,0	13,2	3,3	10,0	357
ms	**Baltijskij-60**	Leningrad	Krasnoye Sormovo, Gorki	66	1865	927	2121	96,0	13,2	3,3	10,0	357
ms	**Baltijskij-61**	Leningrad	Krasnoye Sarmovo, Gorki	66	1865	927	2121	96,0	13,2	3,3	10,0	357
ms	**Baltijskij-62**	Leningrad	Krasnoye Sormovo, Gorki	67	1865	927	2121	96,0	13,2	3,3	10,0	357
ms	**Baltijskij-63**	Leningrad	Krasnoye Sormovo, Gorki	67	1865	938	2121	90,0	13,2	3,3	10,0	357
ms	**Baltijskij-64**	Leningrad	Krasnoye Sormovo, Gorki	67	1865	938	2121	96,0	13,2	3,3	10,0	357
ms	**Baltijskij-65**	Leningrad	Krasnoye Sormovo, Gorki	67	1865	938	2121	96,0	13,2	3,3	10,0	357
ms	**Baltijskij-66**	Leningrad	Krasnoye Sormovo, Gorki	67	1865	927	2121	96,0	13,2	3,3	10,0	357
ms	**Baltijskij-67**	Leningrad	Krasnoye Sormovo, Gorki	67	1865	927	2121	96,0	13,2	3,3	10,0	357
ms	**Baltijskij-68**	Leningrad	Krasnoye Sormovo, Gorki	67	1865	927	2121	96,0	13,2	3,3	10,0	357
ms	**Baltijskij-69**	Leningrad	Krasnoye Sormovo, Gorki	67	1865	927	2121	96,0	13,2	3,3	10,0	357
ms	**Baltijskij-70**	Leningrad	Krasnoye Sormovo, Gorki	62	1865	927	2121	96,0	13,2	3,3	10,0	357
ms	**Baltijskij-71**	Leningrad	Krasnoye Sormovo, Gorki	67	1865	938	2121	96,0	13,2	3,3	10,0	357
ms	**Baltijskij-72**	Leningrad	Krasnoye Sormovo, Gorki	62	1865	927	2121	96,0	13,2	3,3	10,0	357
ms	**Baltijskij-73**	Leningrad	Krasnoye Sormovo, Gorki	62	1865	927	2121	96,0	13,2	3,3	10,0	357
des	**Baltijskoe More**		Atel + Chant. de Nantes, Nantes	65	5468	2356	7000	120,5	18,0	6,0	14,5	664
ts	**Baltika***	Leningrad	Nederl. Scheepsb. My., Amsterdam	39	7494	3452	3219	135,7	18,3	6,2	20,0	537a
mt	**Balvy**	Ventspils	Stocznia Gdanska, Gdansk	63	12588	6642	19270	176,9	21,9	9,5	15,3	503
mf	**Barabash**	Nevelsk	J. S. Nosenko, Nikolaev	62	3170	1225	1260	84,7	14,0	5,5	12,0	622
ms	**Barabinsk**		Neptun-Werft, Rostock	59	3174	1700	4300	104,2	14,4	6,6	14,0	376
mf	**Barabinsk**	Nakhodka	J. S. Nosenko, Nikolaev	61	3170	1225	1260	84,7	14,0	5,5	12,0	622
mf	**Barentsjevo More**		Baltische Schiffswerft, Klaipeda	75	1503	465	601	59,0	13,0	4,9	12,5	614
ms	**Barguzin**		Neptun, Rostock	65	3224	1560	4234	105,9	14,6	6,6	13,5	391
ms	**Barnaul**		Stocznia Gdanska, Gdansk	67	4531	2383	6205	123,9	16,7	7,0	16,0	404
mf	**Barograf**	Sewastopol	Volkswerft, Stralsund	73	2211	639	1090	82,0	13,6	5,3	14,3	619
mf	**Basargin**	Nakhodka	J. S. Nosenko, Nikolaev	61	3170	1225	1260	84,7	14,0	5,5	12,0	622
des	**Bashkir**	Murmansk		66	6455	2698	4269	130,8	16,9	7,7	15,8	425
ms	**Bashkiriya**	Odessa	Mathias-Thesen-Werft, Wismar	64	5261	2174	1355	122,2	16,0	5,3	17,0	533
ms	**Bashkiriya**		Mathias-Thesen-Werft, Wismar	73	4824	937	2049	124,2	17,0	5,9	18,3	602
ms	**Baskunchak**		Volkswerft, Stralsund	62	2288	965	1005	82,4	13,0	4,4	11,0	648
mt	**Baskunshak**	Nakhodka	Kertsh	64	1769	559	1660	84,0	12,0	4,7	13,0	488

Art	Name	Heimathafen	Bauwerft	Baujahr	BRT	NRT	tdw	L	B	Tfg	kn	Skizze-Nr.
ss	**Bataijsk**	Murmansk	Stocznia Gdanska, Gdansk	55	4933	771	2780	108,3	14,6	6,6	12,5	409
ms	**Batiliman**	Novorossijsk	Volkswerft, Stralsund	74	3932	1806	2063	102,0	15,2	5,2	15,0	624
mf	**Batumi**	Poti	Volkswerft, Stralsund	68	2653	1132	1137	82,2	13,6	5,2	13,5	619
mt	**Bauska**	Riga	Stocznia Gdanska, Gdansk	61	12588	6642	19088	176,9	21,8	8,9	16,0	503
mf	**Bazalt**	Liepaja	Volkswerft, Stralsund	70	2654	1115	1139	82,2	13,6	5,2	13,5	619
ms	**Bazhkirija**											
ms	**Bditelnij**	Vladivostok	Valmet Oy., Abo	59	1069		tug	61,5	11,5	4,9	13,5	572
ms	**Bditelnij**	Odessa		57	718	190	332	63,6	9,5	4,4	17,3	611
ms	**Bedovij**	Odessa		58	718	190	332	63,6	9,5	4,4	17,5	611
ms	**Bejesk**		»Georghiu Dej«, Budapest	54	1200	449	1100	70,1	10,0	3,8	9,5	348
mf	**Bekas**		Volkswerft, Stralsund	69	2657		1149	82,2	16,3	5,0	13,6	619
ms	**Bela Khun**	Odessa	Stocznia Gdanska, Gdansk	68	10028	5436	12640	154,7	20,6	9,0	16,5	446
ms	**Belbeck**		»Georghiu Dej«, Budapest	61	1211	448	1100	70,0	10,0	3,8	9,5	348a
tt	**Belgorod**		Baltic Shipb. + Eng. Works, Leningrad				30460	202,8	25,8	10,7	18,0	510
mt	**Belgorod**	Novorossijsk		57	7653	3901	12277	145,5	19,2	8,7	12,0	498
ms	**Belgorod-Dnestrovskiy**	Iljitshevsk		65	10052	4949	12818	155,6	20,7	9,1	15,5	456
tt	**Belgrad**	Novorossijsk	Admiralteiskiy-Werft, Leningrad	64	31817	15518	49370	230,5	31,0	11,6	17,0	519
mf	**Belinsky**		UdSSR	58	3170	1225	1322	84,7	14,0	5,5	12,0	622
ms	**Belitsk**		Nakskov Skibsvaerft, Nakskov	63	10658	6236	14480	160,3	21,2	9,7	17,5	459
mf	**Belogorsk**		Volkswerft, Stralsund	65	2435	1070	850	79,8	13,2	4,9	11,7	617
ms	**Belogorsk**	Baku	»Georghiu Dej«, Budapest	56	1211	448	1050	70,2	10,0	3,8	9,5	348a
def	**Belokamenka**		Stocznia Polnocna, Gdansk	74	1976	596	823	72,8	13,0	4,9	13,0	616
ms	**Belomorje**	Arkhangelsk	Krasnoyarsk-Werft, Krasnoyarsk	70	1110	491	1545	72,2	11,3	4,6	11,0	
def	**Belomorje**	Murmansk		71	3273	1085	2624	107,5	14,4	6,2	13,0	
ms	**Belomorskles**	Arkhangelsk	Stocznia Gdanska, Gdansk	62	4520	2300	6035	123,9	16,7	7,0	16,0	404
ms	**Belomorskoi-2**		Rauma-Repola, Rauma	60			1000	79,7	11,3	2,4	10,0	343
ms	**Belomorskoi-11**		Laivateollisuus, Abo				1000	79,7	11,3	2,4	10,0	343
ms	**Belomorskoi-13**		Räfsö Verkstad, Räfsö	61			1082	80,9	11,0	2,4	10,0	343
ms	**Belomorskoi-17**		Laivateollisuus, Abo		1088		1000	79,7	11,3	2,4	10,0	343
ms	**Belomorskoi-24**		Laivateollisuus, Abo				1000	79,7	11,3	2,4	10,0	343
ms	**Belomorskoi-25**		Räfsö Verkstad, Räfsö	64			1082	80,9	11,0	2,4	10,0	343
ms	**Belomorskoi-26**		Räfsö Verkstad, Räfsö	65			1082	80,9	11,0	2,4	10,0	343
ms	**Belomorskoi-28**		Laivateollisuus, Abo				1000	79,7	11,3	2,4	10,0	343
ms	**Beloretsk**		Nakskov Skibsvaerft, Nakskov	62	10478	6068	14480	160,3	21,2	9,7	17,5	459
ss	**Belorussija**	Liepaje	Stocznia Gdanska, Gdansk	57	3841	1951	5000	108,3	14,6	6,6	12,5	390
ms	**Belorussija**	Odessa	Wärtsilä, Abo	75	16631	7812	2534	157,0	21,9	5,5	21,3	542
ms	**Belovodsk**	Odessa	Nakskov Skibsvaerft, Nakskov	62	10478	6068	14480	160,3	21,2	9,7	17,5	459
mt	**Beloyarsk**	Petropavlovsk-K.	Kertsh	70	1722	573	1660	83,6	12,0	4,6	12,5	488
mf	**Beloje More**		Baltische Werft, Klaipeda	74	1503	465	611	59,0	13,0	4,9	12,5	614
ms	**Belozerskles**		Stocznia Gdanska, Gdansk	62	4520	2300	6205	123,9	16,7	7,0	14,5	404
ms	**Beltsi**		»Georghiu Dej«, Budapest	61	1179	547	1325	74,5	11,4	4,0	10,8	349
ms	**Berdjansk**	Leningrad	Crichton-Vulcan, Abo	59	5436	2953	8235	139,4	17,7	7,9	16,0	418
mf	**Berezen**	Sewastopol	Volkswerft, Stralsund	69	2017	653	1149	82,2	16,3	5,0	13,6	619
ms	**Berezina**	Odessa	Angyalfold, Budapest	68	1248	552	1285	74,5	11,3	4,0	10,8	349
def	**Berezina**		Stocznia Polnocna, Gdansk	74	1976	597	823	72,8	13,0	4,9	13,0	616
ms	**Berezinales**	Vladivostok	Stocznia Gdanska, Gdansk	63	4673	2369	6205	123,9	16,7	7,0	14,5	404
ms	**Bereznik**	Klaipeda	Valmet Oy., Pansio	68	2723	1302	3930	102,3	14,0	6,0	13,5	368
ms	**Berezniki**		Nakskov Skibsvaerft, Nakskov	64	10472	5884	14480	159,7	21,2	9,7	17,5	459
def	**Berezniki**	Murmansk	»Okean«-Werft, Oktabrskoje	64	3273	1085	2624	107,5	14,4	6,2	13,0	
ms	**Berezovka**	Iljitshevsk	Kherson-Werft, Kherson	67	10052	4949	12856	155,7	20,7	9,1	15,5	456
mt	**Berezovneft**	Nakhodka	Kertsh	71	1611	600	1660	83,6	12,0	4,7	13,8	488
mf	**Berill**	Leningrad	UdSSR	64	10472	1225	1460	84,7	14,0	5,5	12,0	622
ms	**Beringov Proliv**		»61 Kommunar«, Nikolaev	74	13083	7044	11613	172,1	23,0	8,1	19,0	472
ms	**Berislav**	Iljitshevsk	Nosenko-Werft, Nikolaev	66	10052	4949	12858	155,5	20,7	9,1	15,5	456
ms	**Berislav**		»Georghiu Dej«, Budapest	56	1211	507	1100	70,0	10,0	3,8	9,5	348a
mf	**Berkut**	Klaipeda	Volkswerft, Stralsund	74	3931	1810	2063	102,0	15,2	5,2	15,0	624
des	**Bespokojnij**	Odessa		58	718	190	331	63,6	9,5	4,4	17,5	611
des	**Besshumnij**			57	718	190	339	63,6	9,5	4,4	17,5	611
ms	**Bestrassnij**	Murmansk	Valmet OY., Abo	63	1151		tug	61,2	11,8	4,7	15,0	574
des	**Besstrassnij**	Odessa		57	718	190		63,6	9,5	4,4	17,5	611
ms	**Bezhetsk**	Arkhangelsk	»Georghiu Dej«, Budapest	54	1199	448	1088	70,0	10,0	3,8	9,5	348
ms	**Bezhitsa**	Odessa	Kherson-Werft, Kherson	63	9901	4948	12727	155,6	20,7	9,1	15,5	456
des	**Bezuprechnij**	Odessa		58	718	190		63,6	9,5	4,4	17,3	611
ss	**Bielsk**		Stocznia Gdanska, Gdansk				5000	108,3	14,6	6,6	12,5	390
ms	**Bijsk**		Nakskov Skibsvaerft, Nakskov	64	10472	5884	14480	159,7	21,2	9,7	17,5	459
ms	**Bikin**	Vladivostok	Neptun-Werft, Rostock	60	3174	1700	4300	104,2	14,4	6,6	14,0	376
mf	**Bikin**	Nakhodka	J. S. Nosenko, Nikolaev	61	3170	1225	1260	84,7	14,0	5,5	12,0	622

Art	Name	Heimathafen	Bauwerft	Baujahr	BRT	NRT	tdw	L	B	Tfg	kn	Skizze-Nr.
mf	**Birshtonas**	Klaipeda	UdSSR	69	2692	848	1451	84,7	14,0	5,7	12,3	622
mt	**Biryusa**	Nakhodka	Rauma-Repola, Rauma	69	3674	1728	5045	106,1	15,5	6,7	14,0	492
ms	**Birÿusa**	Iljitshevsk	»Neptun«, Rostock	65	3212	1559	4235	105,9	14,6	6,6	13,5	391
mf	**Biryusinsk**			74	2327	842	1182					
mf	**Biryuza**	Kaliningrad	J. S. Nosenko, Nikolaev	64	3170	1225	1260	84,7	14,0	5,5	12,0	622
mf	**Bizon**	Murmansk	Stocznia Gdynia, Gdynia	67	2976	1345	1400	83,0	13,8	5,4	12,5	621
ms	**Blagovechensk**	Kholmsk	Nystads Varv, Nystad	69	2973	1302	3900	102,3	14,0	6,2	13,8	368
ms	**Blagovechensk**	Vladivostok	»Georghiu Dej«, Budapest	53	1200	449	1100	70,0	10,0	3,8	9,5	348
ss	**Bobruisk**	Kholmsk	Crichton-Vulcan, Abo	52	2233	1143	3200	90,5	13,1	6,5	10,0	361
ms	**Bobrujskles**	Leningrad	Stocznia Gdanska, Gdansk	62	4520	2300	6205	123,9	16,7	7,0	14,5	404
ms	**Bodaybo**	Vladivostok	Stocznia Gdanska, Gdansk	67	4531	2383	6205	123,9	16,7	7,0	16,0	404
des	**Bodrij**	Odessa		57	718	190	331	63,6	9,5	4,4	17,5	611
ms	**Boevaja Slava**		Kieler Howaldtswerke, Kiel	65	16387	11033	11086	172,0	24,0	7,3	14,0	638
ms	**Bogatyrles**		Stocznia Gdanska, Gdansk				6205	123,9	16,7	7,0	14,5	404
des	**Boevoy**	Vladivostok		67	3558	1550	2583	99,4	14,0	5,5	13,5	370
ms	**Bogdan Hmelnitzki***		Wm. Gray & Co., W-Hartlepool	54	7348	4245	10060	136,0	17,5	8,2	11,8	442
mt	**Bolduri**		Jos. L. Meyer, Papenburg	76	9060	5482	9550	139,7	20,5	8,2	16,3	500
ms	**Bolon**	Petropavlovsk-K.	Volkswerft, Stralsund	61	2288	966	1005	82,4	14,0	4,9	11,0	648
mf	**Bolshevik**	Murmansk	Gdynia Shipyard, Gdynia	68	2934	1316	1400	83,0	13,8	5,4	12,5	621
mt	**Bolshevik B. Sardarov**	Baku	»G. Dimitrov«, Varna	57	3821	2002	4683	123,5	19,1	4,4	11,0	495
mt	**Bolshevik Karayev**	Baku	»G. Dimitrov«, Varna	59	3821	2002	4717	123,5	19,1	4,4	10,5	495
mt	**Bolshevik N. Narimanov**	Baku	»G. Dimitrov«, Varna	57	3821	2002	4683	123,5	19,1	4,4	11,0	495
ms	**Bolshevik Sukhanov**	Iljitshevsk	Stocznia Gdanska, Gdansk	59	9518	5261	10250	153,9	19,4	8,8	17,0	449
mf	**Bolshevo**		Volkswerft, Stralsund	65	1920	602	850	79,8	13,2	4,9	11,7	617
ms	**Bora***	Tallinn	Kieler Howaldtswerke, Kiel	60	3076	1166	3555	128,5	15,8	5,8	18,0	374
ms	**Boris Butoma**		»Okean«-Werft, Oktabrskoje	78			100000	258,2	39,8	14,5	15,2	
ms	**Boris Davidov**		Stocznia Szczecinska, Szczecin				3000	87,1	13,8	4,8	14,0	592
ms	**Boris Gorbatov**		Stocznia Gdanska, Gdansk	67	9714	5270	12500	154,8	20,2	9,0	17,2	446
mf	**Boris Gorinsky**	Petropavlovsk	J. S. Nosenko, Nikolaev	66	3170	1225	1260	84,7	14,0	5,5	12,0	622
ms	**Boris Lavrenev**	Iljitshevsk	Stocznia Gdanska, Gdansk	67	9714	5270	12500	154,8	20,2	9,0	17,2	446
ms	**Boris Nikolaychuk**	Kholmsk	Santierul Naval, Galatz	69	3019	1412	4230	104,4	14,4	6,4	13,5	
ms	**Boris Zhemchuzhin**		Warnowwerft, Warnemünde	72	9323	5378	13150	151,5	20,3	9,0	17,7	455
mt	**Borisoglebsk**	Nakhodka		70	1611	600	1660	83,6	12,0	4,6	12,5	488
mf	**Borispol**			74	2327	842	1182					
ms	**Borodin**	Petropavlovsk-K.	»Georghiu Dej«, Budapest	51	1194	446	1100	70,0	10,1	3,8	9,5	348
tt	**Borodino**	Novorossijsk	Leningrad	69	31524	16217	50569	230,5	31,0	11,9	17,0	519
ms	**Borovichi**	Leningrad		65	5227	969	1834	121,8	16,4	4,7	15,0	600
ms	**Borya Tsarikov**	Vladivostok	»Neptun«, Rostock	71	3608	1776	4687	105,7	15,7	6,8	13,8	384
mt	**Borzhomi**	Novorossijsk	Brodogradiliste »Split«, Split	67	15090	8154	22632	186,0	23,5	9,8	17,5	505
des	**Bosfor Vostochnij**		Rigaer Schiffsrep.-Werft, Riga	74	922	257	345	54,9	10,0	2,5	11,5	523
ss	**Boshnÿjakovo**	Kholmsk	Stocznia Gdanska, Gdansk	60	3688	1908	5000	108,3	14,6	6,6	12,5	390
ms	**Botnicheskiy Zaliv**	Tallinn	Constr. Nav. & Ind. de la Med., La Seyne	70	12891	6872	11816	164,6	22,0	8,0	17,5	471
ms	**Botsman Zotov***	Vladivostok	»Neptun«, Rostock	60	3174	1700	4388	104,0	14,4	6,6	12,5	376
des	**Boykij**	Vladivostok		58	844	240	339	63,6	9,5	4,6	17,3	611
mf	**Braslav**	Petropavlovsk-K.	J. S. Nosenko, Nikolaev	61	3170	1225	1260	84,7	14,0	5,5	12,0	622
ms	**Braslavles**		Stocznia Gdanska, Gdansk	63	4520	2300	6205	123,9	16,7	7,0	14,5	404
tt	**Bratislava**	Novorossijsk	Baltic Shipb. & Eng. Works, Leningrad	64	31817	15518	50757	230,5	31,0	11,5	17,0	519
ms	**Bratsk**	Leningrad	Crichton-Vulcan, Abo	57	5518	2952	8235	139,4	17,7	7,9	16,0	418
ms	**Bratsk**		Volkswerft, Stralsund	61	2295	987	650	82,4	13,0	4,4	14,0	648
ms	**Bratskles**	Vladivostok	Stocznia Gdanska, Gdansk	64	4531	2380	6205	123,9	16,7	7,0	16,0	404
ms	**Bratslav**	Iljitshevsk	Kherson-Werft, Kherson	65	10052	4949	12813	155,7	20,7	9,1	15,5	456
ts	**Bratstvo**	Odessa	Kherson-Werft, Kherson	63	11521	6346	16040	169,9	21,8	9,7	17,0	467
des	**Bravij**	Odessa		57	718	190	331	63,6	9,5	4,6	17,3	611
ss	**Brest***	Vladivostok	Deutsche Werft, Hamburg	25	2319	1343	3180	83,0	12,7	6,6	10,5	
ss	**Brest**		Crichton-Vulcan, Abo	53	2221	1159	3200	90,5	13,1	6,5	10,0	361
ms	**Brestskaya Krepost***	Kaliningrad	Drammen Slip & Verksted, Drammen	68	6699	3586	7090	139,3	18,0	7,9	22,5	428
ms	**Brianksles**	Leningrad	Stocznia Gdanska, Gdansk	62	4653	2349	6205	123,9	16,7	7,0	14,5	404
mf	**Brilliant**	Leningrad	UdSSR	64	3170	1225	1483	84,7	14,0	5,5	12,0	622
ms	**Bris**	Tallinn	Rheinstahl, Emden	64	4728	2667	5200	136,0	16,8	6,6	21,0	405
ms	**Bryanskij Mashinostroitel**	Odessa	A. Shdanov, Leningrad	73	5893	2803	8290	130,0	17,8	7,8	15,5	416
ms	**Brÿanskiy Rabochiy**	Iljitshevsk	Komintern, Kherson	64	9813	4872	12734	152,6	20,7	9,1	15,5	456
tt	**Bucharest**	Novorossijsk	Baltic Shipb. + Eng. Works, Leningrad	62	20296	11534	30460	202,8	25,8	10,7	18,0	510
tt	**Budapest**	Novorossijsk	Baltic Shipb. + Eng. Works, Leningrad	60	20296	11534	30460	202,8	25,8	10,7	18,0	510
mf	**Bug**	Makhachkala		70	1361	473	527	72,1	11,0	3,6	12,3	
mt	**Bugulma**	Novorossijsk	Kherson-Werft, Kherson	57	7653	3931	11430	145,5	19,2	8,5	13,3	498
mt	**Buguruslan**	Novorossijsk	Kherson-Werft, Kherson	58	7653	3931	11430	145,5	19,2	8,5	13,3	498

Art	Name	Heimathafen	Bauwerft	Baujahr	BRT	NRT	tdw	L	B	Tfg	kn	Skizze-Nr.
ms	**Bukhara**	Vladivostok	Stocznia Gdanska, Gdansk	66	4846	2458	6637	123,9	16,7	7,4	16,5	404
ms	**Bukhtarma**	Murmansk	»Neptun«, Rostock	66	3234	1501	4225	105,9	14,6	6,6	13,5	391
ms	**Bukovina**	Arkhangelsk	A. Shdanov, Leningrad	62	3219	1322	682	101,5	14,6	3,8	16,0	529
ms	**Bulunkan**		Navashino-Werft, Navashino	72	3587	1740	4150	123,5	15,0	4,5	11,8	389
ms	**Buor-Khaya**	Tiksi	Navashinskij-Werft, Navashino	69	3777	2015	4150	123,5	15,0	4,5	11,8	389
mf	**Buran**	Murmansk	Baltische Werft, Klaipeda	72	2833	1059	1150	83,3	14,0	5,7	12,0	
des	**Burevestnik**	Tallinn		62	3308	1390	2495	99,4	14,0	5,6	13,5	370
mf	**Burevestnik**	Odessa	Volkswerft, Stralsund	65	2650	1123	1195	79,8	13,2	4,9	11,7	617
ms	**Burevestnik Revolyutsil**	Leningrad	Krasnoye Sormovo, Gorki	68	2484	1321	2925	114,2	13,2	3,4	10,8	363
ms	**Bureyales**	Vladivostok	Stocznia Gdanska, Gdansk	63	4520	2300	6457	123,9	16,7	7,4	16,0	404
mt	**Burgas**	Novorossijsk	Admiralteiskij-Werft, Leningrad	66	31524	15237	50599	235,5	31,0	11,9	17,0	519
ms	**Burja**	Riga	Rheinstahl Nordseewerke, Emden	64	4728	2667	5200	136,0	16,8	6,6	21,0	405
mf	**Bussol**	Murmansk	Burmeister + Wain, Köbenhavn	71	3831	1545	2750	102,7	16,0	5,5	14,0	627
des	**Buynij**	Odessa		57	844	240	331	63,6	9,5	4,4	17,5	611
mf	**Buzan**	Astrakhan		70	1361	473	526	72,1	10,8	3,6	12,5	
mt	**Buzovny**	Novorossijsk	G. Dimitrov, Varna	64	3821	2002	4160	131,1	16,0	4,0	10,5	495
mf	**Bykovo**			74	2327	842	1163					
des	**Bystrij**		Nosenko-Werft, Nikolaev	56	844	240	339	63,9	9,5	4,4	17,0	611
ms	**Carl Linne**		Götaverken, Göteborg	64	10873	5906	8650	157,0	21,2	7,4	17,5	464
mf	**Cassiopeia**		Volkswerft, Stralsund	65	2435	1070	850	79,8	13,2	4,9	11,7	617
mf	**Cefej**		Volkswerft, Stralsund	62	2435	1070	850	79,8	13,2	4,9	11,7	617
mf	**Centaur**		Volkswerft, Stralsund	62	2435	1070	850	79,8	13,2	4,9	11,7	617
ms	**Chapaev**	Odessa	Cant. Nav. Breda, Venedig	68	4059	1385	4572	121,7	17,1	7,5	19,0	396
ss	**Chapaevsk**	Odessa	Stocznia Szczecinska, Szczecin	57	2483	1330	3200	94,7	13,5	5,6	12,5	362
ms	**Chariton Laptev**		Stocznia Szczecinka, Szczecina				3000	87,1	13,8	4,8	14,0	592
ms	**Chatanga**	Vladivostok	Stocznia Gdanska, Gdansk	68			6205	123,9	16,7	7,0	16,0	404
mf	**Chatyr-Dag**	Kertsh	Volkswerft, Stralsund	71	2164	731	1134	82,0	13,6	5,2	13,0	619
ms	**Chazhma**						5000					603
ms	**Chazhma**	Petropavlovsk-K.	Nystads Varv, Nystad	68	2920	1337	3900	102,3	14,0	6,2	13,8	368
mt	**Cheboksarỳ***	Novorossijsk		57	7653	3931	12277	145,5	19,2	8,5	13,3	498
mf	**Chekhov**	Murmansk	Kieler Howaldtswerke, Kiel	56	3018	1279	1650	85,5	13,4	5,2	12,5	618
ms	**Cheliabinsk**	Vladivostok	»Neptun«, Rostock	60	3174	1700	4296	104,2	14,4	6,6	14,0	376
ss	**Cheremkhovo**	Vladivostok	Stocznia Gdanska, Gdansk	53	3546	1877	5000	108,3	14,6	6,6	12,9	390
ms	**Cherepovets**	Arkhangelsk	Constantza-Schiffswerft, Constantza	70	1531	637	1857	80,3	12,0	4,9	12,0	
ss	**Cherkassy**	Shdanov	Stocznia Szczecinska, Szczecin	55	2483	1330	3200	94,7	13,5	5,6	12,5	362
ms	**Chernigov**	Shdanov	Santierul Naval, Galatz	70	3019	1412	4230	104,5	14,4	6,4	13,5	
ms	**Chernjakhovsk**	Leningrad	Crichton-Vulcan, Abo	61	5382	2889	8769	139,4	17,7	7,8	14,5	418
ms	**Chernjakhovsk**		Verschure + Co., Amsterdam	55	3550	1727	3829	114,8	14,0	5,6	12,0	387
des	**Chernoje More**	Odessa	Atel. + Chant. de Nantes, Nantes	64	5468	2356	7000	120,5	18,0	6,0	14,5	664
ss	**Chernogorsk**	Shdanov	Stocznia Szczecinska, Szczecin	56	2483	1330	3200	94,7	13,5	5,6	12,5	362
ms	**Chernomorskaja Slava**	Kaliningrad	Kieler Howaldtswerke, Kiel	66	16537	11035	11000	167,3	24,0	7,6	14,0	638
mt	**Chernovski**	Nakhodka		55	7653	3931	11430	145,5	19,2	8,5	13,3	498
ss	**Chervonograd**	Odessa	Stocznia Szczecinska, Szczecin	57	2483	1330	3200	94,7	13,5	5,6	12,5	362
ss	**Chigirin**	Shdanov	Stocznia Szczecinska, Szczecin	56	2483	1330	3200	94,7	13,5	5,6	12,5	362
mt	**Chkalov**	Batumi		56	7653	3931	11430	145,5	19,2	8,5	13,3	498
ss	**Chkalovsk**	Shdanov	Stocznia Szczecinska, Szczecin	55	2483	1330	3200	94,7	13,5	5,6	12,5	362
ss	**Chuguev**		Stocznia Szczecinska, Szczecin	56	2483	1330	3200	94,7	13,5	5,6	12,5	362
ts	**Chukotka**	Petropavlovsk-K.	Stocznia Gdanska, Gdansk	62	10035	4663	9300	155,1	20,0	8,2	13,0	633
ss	**Chulym**	Shdanov	Stocznia Szczecinska, Szczecin	53	2483	1330	3200	94,7	13,5	5,6	12,5	362
ms	**Chulymles**	Arkhangelsk	A. Shdanov, Leningrad	64	4482	2010	5910	121,8	16,4	6,8	14,5	400
des	**Churkin**	Vladivostok	Baltic Shipb. & Eng. Works, Leningrad	62	5524	2448	4298	130,9	16,8	6,7	16,5	415
ms	**Chumikan**						5000					603
ss	**Chusovoy**	Shdanov	Stocznia Szczecinska, Szczecin	56	2483	1330	3150	94,7	13,5	5,6	11,5	362
ms	**Cura**		Ulstein Hatlö, Ulsteinvik	76	499		1200	64,4	13,8	4,7	16,0	561
ms	**Cyprus**							54,9	10,0	2,5	11,5	523
ms	**D. Manuilskij**	Kherson	»Krasnoye Sermovo«, Gorki	70	2291	1419	2925	114,2	13,2	3,4	10,8	363
ms	**Dagestan**	Murmansk	Warnowwerft, Warnemünde	62	6753	3366	9500	139,5	18,0	8,0	14,3	429
ms	**Dalmatovo**	Shdanov	Warnowwerft, Warnemünde	60	6753	3366	9753	139,5	18,0	8,0	14,3	429
ms	**Dalnegorsk**	Vladivostok	»Neptun«, Rostock	65	3224	1560	4235	105,9	14,6	6,6	13,5	391
ms	**Dalnerechensk**	Vladivostok	»Neptun«, Rostock	62	3247	1627	4375	104,2	14,4	6,6	14,0	376
des	**Dalnevostochnij***	Vladivostok		60	3230	1130	2637	99,4	14,0	5,7	13,5	370
ms	**Dalnij**	Vladivostok	»Neptun«, Rostock	60	3174	1700	4296	104,2	14,4	6,6	14,0	376
ms	**Daljnij Vostok**	Vladivostok	Kieler Howaldtswerke, Kiel	63	16974	9141	11500	181,9	23,8	8,9	14,0	642
mf	**Danko**	Nakhodka	UdSSR	67	3170	1225	1460	84,7	14,0	5,7	13,0	622

Art	Name	Heimathafen	Bauwerft	Baujahr	BRT	NRT	tdw	L	B	Tfg	kn	Skizze-Nr.
ms	**Darasun**	Kholmsk	Stocznia Gdanska, Gdansk	67	4531	2383	6205	123,9	16,7	7,0	16,0	404
mt	**Darnitsa**	Murmansk	Rauma-Repola, Rauma	64	3359	1550	4000	105,1	14,8	6,2	13,5	491
mt	**Daryal**	Iljitshevsk	Volkswerft, Stralsund	69	2653	1132	1137	82,2	13,6	5,2	13,5	619
ms	**Dashava**	Murmansk	Warnowwerft, Warnemünde	63	6753	3366	9500	139,5	18,0	8,0	14,3	429
ss	**Daugava**	Petropavlovsk-K.	Stocznia Gdanska, Gdansk	58	3761	1902	5020	108,3	14,6	6,6	12,5	390
ms	**Daugava**	Tallinn	»Neptun«, Rostock	58	3145	1628	4300	104,2	14,4	6,6	14,0	376
ms	**Daugavpils**	Novorossijsk	Brodogradiliste »Split«, Split	65	15090	8154	21000	186,2	23,5	9,7	17,1	505
ms	**Dauria**	Murmansk	Stocznia Gdanska, Gdansk	64	13639	6824	10000	165,5	21,3	8,1	14,0	636
mf	**Davydov**	Vladivostok	Burmeister + Wain, København	63	4698	2297	2600	102,7	16,0	5,5	14,0	626
mt	**David Sikeiro**		»3. Maj«, Rijeka	76	27693	12453	40030	195,0	28,0	12,2	17,0	516
mf	**Daynava**	Klaipeda	Chernomorskij-Werft, Nikolaev	70	2581	888	1268	83,9	14,0	5,7	12,5	
ms	**De Kastri**		Flenderwerke, Lübeck	52	2989	1386	3455	124,4	15,2	6,0	16,0	371
ms	**Debalzevo**	Shdanov	Warnowwerft, Warnemünde	60	6753	3366	9500	139,5	18,8	8,0	14,3	429
ms	**Debrail**		Stocznia Gdanska, Gdansk	61	3821		5000	108,3	14,6	6,6	12,5	390
mt	**Debretsen**		Rauma-Repola, Rauma	73	3468	1607	4932	106,0	15,5	6,5	14,0	492
ms	**Dedovsk**	Murmansk	Warnowwerft, Warnemünde	63	6753	3366	9500	139,5	18,0	8,0	14,3	427
ms	**Dekabrist**	Vladivostok	Valmet OY., Abo	58	1069	586	tug	61,5	11,5	4,5	13,8	572
ms	**Dekabrist**		Warnowwerft, Warnemünde	76	10977	5671	12347	150,4	21,8	9,0	18,5	465
ms	**Demjan Bednij**	Odessa	Brodogradiliste Uljanik, Pula	66	10729	5571	14162	159,0	21,0	9,7	18,4	457
des	**Demjan Korotchenko**	Murmansk	»61 Kommunar«, Nikolaev	70	5942	2844	5170	130,0	16,8	7,2	16,5	422
mf	**Deneb**	Sewastopol	Volkswerft, Stralsund	64	1920	603	850	79,8	13,2	4,9	11,7	617
ms	**Deputat Lutskiy**	Iljitshevsk	Stocznia Gdanska, Gdansk	59	9518	5261	11250	153,9	19,4	8,8	17,0	449
des	**Derzkij**	Odessa		59	844	240	338	63,6	9,5	4,4	17,5	611
ms	**Devÿataiÿa Pÿatiletka**	Taganrog	»Krasnoye Sormovo«, Gorki	71	2484	1321	3134	114,2	13,2	3,7	10,8	363
ms	**Deviator**							55,0	10,0	3,5	16,0	580
def	**Dikson**	Murmansk		72	3273	1084	2624	107,5	14,4	6,2	13,0	
ms	**Dikson**	Petropavlovsk-K.	Hollmings Varv, Rauma	65	2921	1345	4009	102,0	14,0	6,0	13,8	369
ms	**Dimant**		IHC Verschure, Amsterdam	74	1700		tug	72,5	12,8	5,7	17,0	577
ms	**Dimant**		Mathias-Thesen-Werft, Wismar	74	11755	6885	9288	155,0	22,2	7,2	17,3	651
ms	**Dimitrovo**	Murmansk	Warnowwerft, Warnemünde	62	6753	3366	9500	139,5	18,0	8,0	14,3	427
ms	**Diokles**	Murmansk	IHC Smit, Kinderdijk	74	1655		tug	72,5	13,6	5,7	17,0	577
ms	**Diomid**	Vladivostok	Kaliningrad	59	828		tug	51,5	11,5	4,6	13,5	571
mf	**Diomid**	Nevelsk	J. S. Nosenko, Nikolaev	63	3170	1225	1260	84,7	14,0	5,5	12,0	622
mf	**Dionis**		Mathias-Thesen-Werft, Wismar	75	2100	859	1212	82,0	13,6	5,0	13,5	619
mf	**Diplot**	Riga	Volkswerft, Stralsund	73	2211	639	1091	82,0	13,6	5,3	14,3	619
ms	**Divnogorsk**	Iljitshevsk	Stocznia Szczecinska, Szczecin	61	6443	3210	10250	153,9	19,4	8,8	16,0	424
mt	**Divnogorsk**	Vladivostok	Stocznia Gdynia, Gdynia	62	1333	468	1344	75,4	11,6	4,9	12,5	486
des	**Divnij**	Odessa		59	718	190	338	63,6	9,5	4,6	17,5	611
des	**Dmitri Chasovitin**	Vladivostok	Nosenko-Werft, Nikolaev	62	3308	1390	2495	99,4	14,1	5,6	13,5	370
des	**Dmitri Dudshenko**		Okean-Werft, Oktabrskoje	75	1074	232	tug	58,3	12,7	4,6	14,0	573
ms	**Dmitri Furmanov**	Iljitshevsk	Stocznia Gdanska, Gdansk	66	9714	5270	12585	155,1	20,3	11,0	17,3	446
mf	**Dmitri Furmanov**	Kaliningrad	UdSSR	60	3170	1225	1321	84,7	14,0	5,5	12,0	622
ms	**Dmitriy Glukkov**						12140					
ms	**Dmitri Gulia**	Odessa	»Uljanik«, Pula	65	10109	5132	14200	159,4	21,3	9,7	18,0	457
ms	**Dmitri Kantemir**	Ismail	Navashinskiy-Werft, Navashino	73	3587	1740	4100	123,5	15,0	4,5	11,8	389
ms	**Dmitri Laptev**	Arkhangelsk	Laivateollosuus, Abo	70	1134	295	639	66,8	11,9	4,1	13,5	584
ms	**Dmitri Mendeleyev**	Vladivostok	Mathias-Thesen-Werft, Wismar	68	5560	1401	2020	124,2	17,0	6,1	17,5	601
ms	**Dmitri Ovtsyn**	Arkhangelsk	Oy., Laivateollisuus, Abo	70	1134	295	639	66,8	11,9	4,1	13,5	584
ms	**Dmitrij Polujan**	Odessa	Stocznia Gdanska, Gdansk	69	10028	5436	12640	154,7	20,6	9,0	17,4	446
ms	**Dmitri Sterlegov**	Arkhangelsk	Laivateollisuus, Abo	71	1137	288	639	68,3	11,9	4,1	13,5	584
ms	**Dmitri Ulyanov**	Leningrad	Warnowwerft, Warnemünde	70	9376	5408	12530	151,5	20,3	8,8	18,2	455
mt	**Dmitriy Zhloba**	Novorossijsk	Brodogradiliste »Split«, Split	70	15034	8205	22610	186,3	23,5	9,7	17,0	505
mf	**Dnepr**	Astrakhan	Gorokhovets	69	1361	471	527	70,1	10,8	3,6	12,3	
	Dnepr						3000	82,0			12,0	671
mf	**Dneprodsershinsk**		Volkswerft, Stralsund	69	2654	1115	1149	82,2	16,3	5,0	13,6	619
ms	**Dneprodsershinsk**	Murmansk	Warnowwerft, Warnemünde	63	6753	3366	9500	139,5	18,0	8,0	14,3	427
me	**Dneproges**	Murmansk	Nosenko-Werft, Nikolaev	56	5080	2619	7250	130,5	16,8	7,6	16,0	410
ms	**Dneprovskiy Liman***	Kaliningrad	Rheinstahl Nordseewerke, Emden	66	4639	2606	5049	136,0	16,8	7,2	21,0	405
ss	**Dnjestr**	Arkhangelsk	Crichton-Vulcan, Abo	56	2586	1387	3200	90,5	13,1	6,5	9,8	361
mf	**Dnestr**	Bautino	Gorokhovets	70	1361	473	527	72,1	10,8	3,6	12,3	
ms	**Dnestrovskiy Liman**	Kaliningrad	Rheinstahl Nordseewerke, Emden	66	4639	2606	5049	135,2	16,8	7,2	21,0	405
des	**Dobrij**	Odessa		59	718	190	338	63,6	9,5	4,4	17,5	611
mf	**Dobroljubow**		Kieler Howaldtswerke, Kiel	55	3046	1294	1650	85,5	13,4	5,2	12,5	618
ms	**Dobropolje**	Murmansk	Warnowwerft, Warnemünde	61	7179	3229	9300	139,5	18,0	8,0	14,3	427
mf	**Dobrovolsk**	Kaliningrad	Volkswerft, Stralsund	65	2435	1070	850	79,8	13,2	4,9	11,7	617
ms	**Dobrush**	Shdanov	Warnowwerft, Warnemünde	60	6753	3366	9500	139,5	18,8	8,0	14,3	427
tes	**Dobrynya Nikitich**		Admiralteiskij-Werft, Leningrad	65	2305		1110	67,7	18,1	6,1	14,0	552

Art	Name	Heimathafen	Bauwerft	Baujahr	BRT	NRT	tdw	L	B	Tfg	kn	Skizze-Nr.
ms	**Dolinsk**	Leningrad	Crichton-Vulcan, Abo	59	5419	2946	8762	139,4	17,7	7,9	14,5	418
ms	**Dolmatovo**		Warnowwerft, Warnemünde	60	6753	3366	9500	139,5	18,0	8,0	14,3	429
mf	**Domodyedovo**			74	2327	842	1182					
des	**Don**	Sewastopol		68	3014	1121	2809	99,4	14,0	5,7	13,5	370
mf	**Don**	Astrakhan		69	1346	461	527	72,1	10,8	3,6	12,3	
ss	**Donbass**	Vladivostok	Stocznia Gdanska, Gdansk	52	3561	1930	4800	108,3	14,6	6,6	12,5	390
des	**Donets**		Wärtsilä, Abo	68	5600	2390	3297	130,4	16,1	5,2	14,0	667
ss	**Donets**	Arkhangelsk	Crichton-Vulcan, Abo	56	2528	1441	3085	90,5	13,0	5,6	10,0	361
mf	**Donets**	Baku		69	1346	641	527	72,1	10,8	3,5	12,3	
ss	**Donetsk**	Kholmsk	Crichton-Vulcan, Abo	54	2233	1143	3242	90,5	13,0	5,9	10,0	361
ms	**Donetskiy Khimik**	Iljitshevsk	A. Shdanov, Leningrad	70	5550	2822	8290	130,0	17,8	7,8	16,0	416
ms	**Donetskiy Komsomolets**	Iljitshevsk	A. Shdanov, Leningrad	69	5550	2822	8290	130,0	17,8	7,8	16,0	416
ms	**Donetskiy Metallurg**	Iljitshevsk	A. Shdanov, Leningrad	69	5550	2822	8290	130,0	17,8	7,8	16,0	416
ms	**Donetskiy Shakhter**	Iljitshevsk	A. Shdanov, Leningrad	69	5550	2822	8290	130,0	17,8	7,8	16,0	416
ms	**Donskoj**	Murmansk	Warnowwerft, Warnemünde	63	6753	3366	9500	139,5	18,0	8,0	14,3	429
ms	**Dorogobush**	Murmansk	Warnowwerft, Warnemünde	61	6753	3366	9500	139,5	18,0	8,0	14,3	429
mf	**Dostoevskij**		Kieler Howaldtswerke, Kiel	55	3048	1299	1650	85,5	13,4	5,2	12,5	618
ms	**Dozornij**		Valmet Oy., Pansio	60	1077		tug	61,1	11,5	4,5	14,0	572
tt	**Dresden**	Novorossijsk	Admiralteiskij-Werft, Leningrad	65	31817	15518	49000	230,5	31,0	11,5	17,0	519
mt	**Drogobych**	Batumi	G. Dimitrov, Varna	72	4198	1886	5650	116,1	16,0	6,7	13,0	
mf	**Druskininkay**	Klaipeda	UdSSR	69	2693	848	1451	84,7	14,0	5,7	12,3	622
tt	**Druzhba***	Novorossijsk	Iino Shipb. + Eng. Co., Maizuru	60	25719	16568	40000	214,9	29,4	11,4	16,0	
mf	**Druzhba**		Stocznia Gdanska, Gdansk	61	2803	1166	1405	85,2	13,8	5,5	12,5	620
mt	**Druzhba Narodov**	Novorossijsk	Stocznia Gdynia, Gdynia	69	13604	7437	20000	177,3	22,4	9,4	16,7	504
mf	**Druzhba SSSR-DDR**	Nakhodka	Volkswerft, Stralsund		2154	762	1134	82,2	13,6	5,2	13,5	619
ms	**Druzhba SSSR-DDR**		Elbe-Werft, Boizenburg	77			1636	82,0	11,6	3,3	11,0	346
des	**Druzhnij**	Vladivostok		59	844	240	365	63,6	9,5	4,4	17,5	611
ms	**Dshankoi**		Warnowwerft, Warnemünde	60	6753	3366	9500	139,5	18,0	8,0	14,3	429
mt	**Dubna**		Rauma-Repola, Rauma	74	6022	2991	6799	130,0		7,2	16,0	496
ms	**Dubno**	Shdanov	Warnowwerft, Warnemünde	60	6753	3366	9300	139,5	18,0	8,0	14,3	429
ms	**Dubossary**	Shdanov	Warnowwerft, Warnemünde	60	6753	3366	9500	139,5	18,0	8,0	14,3	429
ms	**Dubrovnik**	Odessa	»3. Maj«, Rijeka	67	10152	5202	14339	159,5	21,3	9,7	18,5	457
mt	**Dubulty**		Jos. L. Meyer, Papenburg	77	9060	5482	9550	139,7	20,5	8,2	16,3	500
ms	**Dudinka**	Murmansk	Warnowwerft, Warnemünde	62	6753	3366	9500	139,5	18,0	8,0	14,3	429
mf	**Dunay**	Astrakhan		69	1346	641	527	70,1	10,8	3,5	12,5	
des	**Dunay**		Peenewerft, Wolgast	75	1268		Bagger	72,8	12,8	3,2	8,5	657
ss	**Durresi**		Stocznia Gdanska, Gdansk	61			5000	108,3	14,6	6,6	12,5	390
mf	**Dushanbe***	Murmansk	Kieler Howaldtswerke, Kiel	56	2998	1238	1547	84,5	13,4	5,5	12,5	618
mf	**Dvina**	Makhachkala	Mathias-Thesen-Werft, Wismar	69	1115	426	670	65,7	11,1	3,7	10,8	612
ms	**Dvinoles**	Leningrad	Stocznia Gdanska, Gdansk	60	4638	2348	6205	123,9	16,7	7,0	14,5	404
ms	**Dvinskij Zaliv**	Sewastopol	At. & Chant. de Dunkerque, Dunkerque	71	12891	6872	11816	164,6	22,1	8,0	17,5	471
mt	**Dzerzhinsk**	Novorossijsk		56	7653	3931	11312	145,5	19,2	8,5	12,5	498
mt	**Dzhebrail**	Astrakhan	G. Dimitrov, Varna	61	3821	2002	4683	131,1	16,0	4,4	10,5	495
mt	**Dzhorat**	Baku	G. Dimitrov, Varna	64	3821	2002	4717	131,1	16,0	4,4	10,5	495
ms	**Dzhurma**	Vladivostock	Stocznia Gdanska, Gdansk	68	4531	2383	6205	123,9	16,7	7,0	16,0	404
mf	**Dzintarkrasts**	Ventspils	UdSSR	72	2581	888	1290	84,7	14,0	5,8	12,5	622
mf	**Dzintaryura**	Ventspils		67	3170	1225	1460	84,7	14,0	5,7	12,0	
mf	**Dzintarzeme**	Liepaja	Chernomorskij-Werft, Nikolaev	73	2581	888	1289	83,9	14,0	5,7	12,5	
mt	**Dzintari**		Jos. L. Meyer, Papenburg	76	9060	5482	9550	139,7	20,5	8,2	16,3	500
mf	**Dzukiya**	Klaipeda	Chernomorskij-Werft, Nikolaev	72	2581	888	1268	84,7	14,0	5,8	12,5	622
mf	**Eduard Syrmus**	Tallinn	Nosenko-Werft, Nikolaev	66	3170	1225	1260	84,7	14,0	5,5	12,0	622
ms	**Eduard Tolls**		Laivateollisuus, Abo	72	1137	288	639	67,0	11,8	4,1	13,5	584
mf	**Eduard Veydenbaums**	Riga	Nosenko-Werft, Nikolaev	60	3170	1225	1260	84,7	14,0	5,5	12,0	
ms	**Eduard Wilde**	Tallinn	»Georghiu Dej«, Budapest	58	1063	432	1090	70,1	10,0	3,8	9,5	348a
des	**Egersheld**		Baltic Shipb. & Eng. Works, Leningrad	61	5524	2448	4230	130,9	16,8	6,7	16,5	410
ms	**Evgenkinot**	Kholmsk		65	3179	1431	3770	104,5	14,4	6,4		
ms	**Eisk**		»Neptun«, Rostock	62	3251	1630	4300	104,2	14,4	6,6	14,0	376
mf	**Eisk**		Volkswerft, Stralsund	67	2650	1130	1048	82,2	13,6	5,0	13,0	619
mf	**Ekholot**	Riga	Burmeister & Wain, København	69	3708	1159	2570	102,7	16,0	5,5	14,0	627
mt	**Ekimchan**	Nakhodka	Kertsh	66	1630	594	1687	83,6	12,0	4,7	13,0	488
mf	**Eksperyment I**	Kaliningrad	Svetlovsk Rep.-Werft, Svetlovsk	68	872	254	235	44,2	19,0	3,5		608
ms	**Ekvator**							67,0	10,0	4,0	16,0	
mf	**Ekwator**	Vladivostok	UdSSR	68	2690	926	1496	84,7	14,0	5,7	13,0	622
mt	**Elban**	Nakhodka	Valmet O/Y., Abo	55	1117	524	1290	63,7	10,0	4,5	10,5	485
mt	**Elbrus**	Novorossijsk		59	7653	3931	11430	145,5	19,2	8,5	13,3	497
des	**Elbrus**	Murmansk	»Okean«-Werft, Oktabrskoje	70	3273	1145	2555	107,5	14,4	6,2	13,0	
mf	**Elektrenay**	Klaipeda	UdSSR	69	2693	848	1451	84,7	14,0	5,7	13,0	622

Art	Name	Heimathafen	Bauwerft	Baujahr	BRT	NRT	tdw	L	B	Tfg	kn	Skizze-Nr.
ms	**Elektrostal**	Vladivostok	Stocznia Gdanska, Gdansk	66	4531	2383	6205	123,9	16,7	7,0	16,0	404
ms	**Elena Stavosa**		Stocznia Gdanska, Gdansk				7500	133,3	18,0	7,5	15,6	427
ss	**Elets**	Klaipeda	Stocznia Gdanska, Gdansk	60	3812	1888	5000	108,3	14,6	6,6	12,5	390
mt	**Elgava**	Riga	Gävle Varv, Gefle	61	2887	1406	4200	104,9	14,8	6,1	14,2	489
mt	**Eltigen**	Kertsh	Kertsh	71	1611	600	1660	83,6	12,0	4,7	13,0	488
mt	**Elnja**		Rauma-Repola, Rauma	68	3674	1728	4600	106,0	15,4	6,5	14,0	492
ms	**Elton**	Petropavlovsk-K.	Volkswerft, Stralsund	62	2288	965	1021	82,4	13,0	4,4	11,0	648
ms	**Elton**			69	9291		6665					
ms	**Elva**	Tallinn	»Georghiu Dej«, Budapest	59	1157	534	1288	78,5	11,4	4,0	10,8	349
mt	**Emba**	Baku	G. Dimitrov, Varna	67	3821	2002	4160	123,5	16,0	4,4	10,5	495
ms	**Emesk**	Arkhangelsk	»Neptun«, Rostock	62	3455	1817	3500	104,2	14,4	6,6	14,0	376
ms	**Engure**	Riga	»Georghiu Dej«, Budapest	64	1179	547	1299	74,5	11,4	4,0	10,8	349
mt	**Eniseysk**				12196	6639						
des	**Entuziast**	Vladivostok		63	844	239	336	63,6	9,5	4,4	17,5	
mt	**Epifan Kovtshukh**	Novorossijsk	Brodogradiliste »Split«, Split	70	15034	8205	22609	186,3	23,5	9,7	17,5	505
mt	**Erebus**	Vladivostok	Rauma-Repola, Rauma	65	3359	1550	4000	105,1	14,8	6,2	13,3	491
mf	**Eridan**	Kaliningrad	Volkswerft, Stralsund	63	2435	1070	850	79,8	13,2	4,9	11,7	617
ms	**Ernst Krenkel**	Odessa	Stocznia Szczecinska, Szczecin	71	3311	837	1504	100,1	14,8	5,1	11,0	594
ms	**Ernst Thälmann**	Murmansk	Mathias-Thesen-Werft, Wismar	71	11900	6555	9288	155,0	22,2	7,8	17,5	651
ms	**Ernst Thälmann**	Odessa	Stocznia Gdanska, Gdansk	70	10028	5436	12652	154,7	20,6	9,0	17,4	446
ms	**Estonia**	Leningrad	Mathias-Thesen-Werft, Wismar	60	4871	2060	1371	122,2	16,0	5,2	17,0	534
mf	**Evald Tammlaan**	Tallinn	UdSSR	62	2715	913	1288	84,7	14,0	5,5	12,0	622
mt	**Evensk**	Vladivostok	Rauma-Repola, Rauma	63	3359	1550	4000	105,4	14,8	6,2	13,0	491
mt	**Evensk**	Novorossijsk	Kertsh	66	1772	557	1660	83,6	12,0	4,7	13,3	488
ms	**Evgenij Chalanov**	Kholmsk	Santierul Naval, Galatz	70	3019	1412	4230	104,5	14,4	6,4	13,5	
ms	**Evgenij Nikishin**	Vladivostok	Admiralteiskij-Werft, Leningrad	62	12675	6275	8199	162,2	20,0	7,0	12,7	634
ms	**Evgenij Nikonov**	Leningrad	Vyborg-Werft, Vyborg	69	1684	754	2360	82,0	12,5	5,4	12,8	355
ms	**Evgenij Onufriev**	Leningrad	Vyborg-Werft, Vyborg	70	1684	754	2360	82,0	12,5	5,4	12,8	355
ms	**Evrika**	Kaliningrad	Volkswerft, Stralsund	71	2242	728	1025	82,2	13,6	5,0	11,0	591
ms	**Evron**	Vladivostok	Volkswerft, Stralsund	61	2289	966	650	82,4	13,0	4,4	11,0	648
ms	**Eyskiy Liman***	Kaliningrad	Deutsche Werft, Hamburg	68	4915	2697	6559	139,0	18,0	7,6	23,0	408
mt	**Eyzhen Berg**	Ventspils	Kertsh	71	10814	5671	16540	162,4	21,4	8,9	16,0	501
ms	**Faisabad**		Crichton-Vulcan, Abo	59	1722	768	3100	94,2	14,0	5,7	13,5	358
ms	**Faleshty**	Shdanov	Crichton-Vulcan, Abo	59	1722	768	3100	94,2	14,0	5,7	13,0	358
ms	**Farab**	Shdanov	Crichton-Vulcan, Abo	59	1722	768	3100	94,2	14,0	5,7	13,0	358
ms	**Fastov**	Shdanov	Crichton-Vulcan, Abo	58	1678	779	3100	94,2	14,0	5,7	13,0	358
ms	**Fatezh**	Shdanov	Crichton-Vulcan, Abo	58	1678	779	3100	94,2	14,0	5,7	13,0	358
ms	**Fedor Bredikhin**	Riga	Stocznia Gdanska, Gdansk	75	6400	3250	5880	139,6	18,5	7,7	21,8	423
ms	**Fedor Gladkov**	Novorossijsk	Stocznia Gdanska, Gdansk	67	9714	5270	12500	154,8	20,2	9,0	17,2	446
mf	**Fedor Kraynov**	Nakhodka	Nosenko-Werft, Nikolaev	66	3170	1225	1460	84,7	14,0	5,7	13,0	622
des	**Fedor Litke**	Odessa	Admiralteiskij-Werft, Leningrad	68	2374		1141	67,7	18,1	6,0	14,0	552
ms	**Fedor Litke**		Stocznia Szczecinska, Szczecin				3000	87,1	13,8	4,8	14,0	592
ms	**Fedor Okhlopkov**		Navashinskij-Werft, Navashino	74	3590	1804	4000	121,9	15,2			389
ms	**Fedor Petrov**	Vladivostok	Stocznia Gdanska, Gdansk	74	6551	3311	7347	135,4	18,0	7,5	15,5	427
mt	**Fedor Poletaev**	Novorossijsk	Ansaldo SA., Genova	64	31294	18948	49000	227,9	31,0	11,8	17,4	517
ms	**Fedor Popov**	Tiksi	Navashinskij-Werft, Navashino		3590	1804	4000	121,9	15,2			389
ts	**Fedor Shaljapin**	Vladivostok	J. Browne & Co., Clydersbank	55	21406	11042	8472	185,3	24,4	8,7	19,0	546
mt	**Fedja Gubanov**	Baku	G. Dimitrov, Varna	59	3821	2002	4717	123,5	16,0	4,4	10,5	495
ms	**Felix Dzershinsky**	Vladivostok	Mathias-Thesen-Werft, Wismar	58	5240	2304	1357	122,2	16,0	5,2	17,0	534
ms	**Felix Kon**	Murmansk	Stocznia Gdanska, Gdansk	68	13571	6895	10118	169,0	21,3	8,1	14,0	637
mf	**Feniks**		Volkswerft, Stralsund	64	2435	1070	850	79,8	13,2	4,9	11,7	617
mf	**Feodor Okk**	Tallinn		70	2581	888	1268	83,9	14,0	5,7	12,5	
mf	**Feodosia**	Sewastopol	Volkswerft, Stralsund	62	1920	602	850	79,8	13,2	4,9	11,7	617
ms	**Filip Makharadze**	Batumi	Stocznia Szczecinska, Szczecin	72	20317	12826	32404	202,3	24,4	10,7	15,0	478
ms	**Finskij Zaliv**	Kaliningrad	Constr. Nav. & Ind. de la Med., La Seyne	70	12891	6872	11781	164,6	22,1	8,0	17,5	471
ms	**Fiolent**		Volkswerft, Stralsund	71	2242	728	1025	82,2	13,6	5,0	13,5	591
mt	**Fiord**	Murmansk	Kertsh	69	1722	572	1679	83,6	12,0	4,6	12,5	
ms	**Firioza**	Shdanov	Crichton-Vulcan, Abo	60	1722	768	3100	94,2	14,0	5,7	13,0	358
ts	**Fizik Kurchatov**	Odessa	Kherson-Werft, Kherson	62	11206	6097	16212	169,9	21,8	9,7	19,0	467
ts	**Fizik Lebedev**	Odessa	Kherson-Werft, Kherson	60	11094	6236	16040	169,9	21,8	9,7	17,0	467
ts	**Fizik Vavilov**	Odessa	Kherson-Werft, Kherson	60	11094	6236	16040	169,9	21,8	9,7	17,0	467

Art	Name	Heimathafen	Bauwerft	Baujahr	BRT	NRT	tdw	L	B	Tfg	kn	Skizze-Nr.
mf	**Flamingo**	Kaliningrad	Volkswerft, Stralsund	65	2435	1070	850	79,8	13,2	4,9	11,7	617
ms	**Floreshty**	Shdanov	Crichton-Vulcan, Abo	58	1678	779	3100	94,2	14,0	5,7	13,0	358
mf	**Fontanka**	Leningrad	Mathias-Thesen-Werft, Wismar	70	1058	401	603	65,7	11,1	3,6	10,8	612
mt	**Fore Mosulishvili**		G. Dimitrov, Varna	75	4193	1886	5780	116,1	16,0	6,7	13,0	
mf	**Foros**	Odessa	Volkswerft, Stralsund	73	3933	1806	2063	102,0	15,2	5,2	15,0	624
mf	**Frans Hals**	Murmansk	»De Schelde«, Vlissingen	65	5025	2162	2600	105,5	16,5	5,5	14,0	628
ms	**Frans Bogush**	Odessa	Stocznia Gdanska, Gdansk	70	10028	5436	12661	154,7	20,6	9,0	17,4	446
ts	**Frederik Zholio-Kyuri**	Odessa	Kherson-Werft, Kherson	61	11206	6097	16040	169,9	21,8	9,7	17,0	467
ms	**Fricis Gaylis***	Riga	Elbe-Werft, Boizenburg	71	795	422	772	57,9	10,2	3,7	11,8	341
mt	**Fridrikh Tsander**		Kertsh	74	10847	5708	16484	162,4	21,4	8,9	16,5	501
mt	**Friedrich Engels**			57	7653	3931	11430	145,5	19,2	8,5	13,3	498
ms	**Friedrich Engels**	Odessa	Stocznia Gdanska, Gdansk	70	10028	5436	12652	154,7	20,6	9,0	17,4	446
mf	**Fritz Heckert**	Kaliningrad	Mathias-Thesen-Werft, Wismar	71	11767	6331	9288	155,0	22,2	7,2	17,3	651
ms	**Frolovo**	Shdanov	Crichton-Vulcan, Abo	57	1678	779	3100	94,2	14,0	5,7	13,0	358
mt	**Frunze**	Nakhodka		55	7653	3931	9080	145,5	19,2	8,5	13,3	498
ms	**Fryanovo**	Ismail	Crichton-Vulcan, Abo	60	1722	768	3100	94,2	14,0	5,7	13,0	358
ms	**Fryazino**		Crichton-Vulcan, Abo	57	1678	779	3100	94,2	14,0	5,7	13,0	358
ms	**Fryderik Chopin**	Tallinn	Stocznia Gdanska, Gdansk	65	14368	7480	10000	165,5	21,3	8,1	14,0	636
mf	**Galaktika**		UdSSR	67	2827	1019	1946	84,7	14,0	5,7	13,0	622
ms	**Galich**		»Georghiu Dej«, Budapest	63	1248	551	1324	74,5	11,4	4,0	10,8	349
mf	**Galifan Batarshin**	Nakhodka	Nosenko-Werft, Nikolaev	66	3170	1225	1260	84,7	14,0	5,5	12,0	622
mt	**Galileo Galilei**	Novorossijsk	Ansaldo SA., Genova	64	30269	15260	49000	227,9	31,0	11,8	17,4	518
ms	**Galya Komleva**	Murmansk	»Neptun«, Rostock	69	3389	1615	4600	105,7	15,6	6,8	14,3	384
des	**Gamid Sultanow**		Krasnoje Sormovo, Gorki	65	8840	4075	2250	133,8	19,0	4,4	18,0	538
ms	**Gamzat Tsadasa**	Vladivostok	Brodogradiliste »Uljanik«, Pula	71	10204	5223	15145	159,4	21,3	10,0	18,0	457
mf	**Gantiadi**		»De Schelde«, Vlissingen	69	5025	2162	2600	105,5	16,5	5,5	14,0	628
ms	**Gauya**	Riga	»Georghiu Dej«, Budapest	60	1211	448	1100	70,1	10,0	3,8	9,5	348a
ms	**Gavriil Derzhavin**	Vladivostok	Brodogradiliste »Uljanik«, Pula	69	10204	5222	14390	159,4	21,3	9,7	18,5	457
ms	**Gavril Saritshew**		Stocznia Szczecinska, Szczecin				3000	87,1	13,8	4,8	14,0	592
tt	**Gdansk**	Novorossijsk	Baltic Shipb. & Eng. Works, Leningrad	65	31817	15518	49000	230,5	31,0	11,5	17,0	519
mf	**Gdov**	Kaliningrad	Chernomorskij-Werft, Nikolaev	72	2581	888	1268	83,9	14,0	5,7	12,5	
ms	**Gdov**	Petropavlovsk-K.	»Georghiu Dej«, Budapest	54	1199	448	1088	70,0	10,0	3,8	9,5	348
tt	**Gdynia**	Novorossijsk	Leningrad	64	31817	15518	49000	230,5	31,0	11,5	17,0	519
mf	**Geizer**	Murmansk	Burmeister & Wain, København	65	4699	2298	2570	102,7	16,0	5,5	14,0	627
ms	**Gelendzhik**	Vladivostok	Burmeister & Wain, København	55	1570	674	885	72,9	11,5	4,3	10,8	645
mt	**Gelendzhik***	Novorossijsk		57	7653	3931	11679	145,5	19,2	8,5	12,3	498
mt	**General Aslanov**	Baku	Astrakhan-Werft, Astrakhan	74	8353	3849	12334	150,0	17,4	8,0	13,3	499
mt	**General Bagratsion**	Baku	Kertsh	73	10847	5708	16484	162,3	21,4	8,5	16,5	501
mt	**General Bocharov**		»3. Maj«, Rijeka	66	15090	8154	21000	186,3	23,5	9,7	17,1	505
mf	**General Chernyakovskij**	Kertsh	Volkswerft, Stralsund	72	3960	1830	2063	102,0	15,2	5,2	15,0	624
ms	**General Gamidov**			70			tug	62,6	10,2	3,1	17,0	575
mt	**General Karbishev**	Novorossijsk	Brodogradiliste »Split«, Split	67	15090	8154	21000	186,3	23,5	9,7	17,1	505
mt	**General Kravtsov**	Novorossijsk	»3. Maj«, Rijeka	66	15090	8154	22632	186,0	23,5	9,8	17,0	505
ms	**General Leselidze**		Stocznia Szczecinska, Szczecin	73	20512	12652	31923	202,3	24,4	10,7	15,0	478
ss	**General Panfilov***	Vladivostok	Permanente Steel Corp., Richmond	44	7216	4382	10655	134,6	17,4	8,4	10,3	431
mt	**General Shkodunovich**	Novorossijsk	»3. Maj«, Rijeka	66	15090	8154	21000	186,3	23,5	9,7	17,1	505
ms	**General Vladimir Zaimov**		Kherson-Werft, Kherson	73	9173	4995	13738	152,8	20,6	9,0	17,0	441
mt	**General Zhdanov**	Novorossijsk	Brodogradiliste »Split«, Split	66	15090	8154	21000	186,0	23,5	9,7	17,1	505
ms	**Geokchay**	Baku		60	3398	1735	4315	120,0	16,0	4,4	11,5	385
tt	**George Gheorghiu-Dej**	Novorossijsk	Admiralteiskij-Werft, Leningrad	66	31817	15518	49000	230,5	31,0	11,5	17,0	519
ms	**Georgij Tshitsherin**	Odessa	Stocznia Gdanska, Gdansk	69	10028	5436	12652	154,7	20,6	9,0	17,4	446
ms	**Georgij Dimitrov**	Odessa	Stocznia Gdanska, Gdansk	70	10028	5436	12652	154,7	20,6	9,0	17,4	446
ms	**Georgij Leonidze**		Stocznia Szczecinska, Szczecin	73	20513	12559	31923	202,3	24,5	10,7	15,0	478
des	**Georgij Nalivajka**		Peene-Werft, Wolgast	74	1268		Bagger	72,8	12,8	3,2	8,7	657
des	**Georgij Sedov**		Admiralteiskij-Werft, Leningrad	67	2378		873	67,7	18,1	5,9	14,0	553
ms	**Georgij Ushakov***	Odessa	Stocznia Szczecinska, Szczecin	71	3311	837	1457	97,1	13,8	4,8	16,0	594
ms	**Georgij Vasiliev**	Ismail	Santierul Naval, Galatz	66	2717	1276	3516	100,7	14,4	5,8	14,8	
mf	**Geroi Adzhimushkaja**	Kertsh	Volkswerft, Stralsund	71	2154	762	1134	82,0	13,6	5,2	13,5	619
tt	**Geroi Bresta**	Novorossijsk	Admiralteiskij-Werft, Leningrad	66	31524	15237	50669	231,7	31,0	11,6	17,0	519
mf	**Geroi Eltigena**	Kertsh	»De Schelde«, Vlissingen	69	4199	1645	2560	103,7	16,6	5,5	14,0	628
ms	**Geroi Panfilovtsij**	Odessa	Kherson-Werft, Kherson	73	11762	5931	13500	162,3	22,2	9,2	18,2	469
mt	**Geroi Sevastopolja**			76	66259	46245						
ms	**Geroj Mekhti**	Baku		71	2484	1321	3125	114,0	13,2	3,7	10,8	363
ms	**Geroj Zapolyarya**			75	2327	842	1163	83,8	14,0	5,8	12,0	
ms	**Gidrograf***		Gävle Varv, Gefle	59				78,2	12,5	4,0	17,0	586
mf	**Gijiga**		Nosenko-Werft, Nikolaev	65	3170	1225	1260	84,7	14,0	5,5	12,0	622
mt	**Giordano Bruno**	Novorossijsk	Ansaldo SA., Genova	64	31294	18948	49000	227,9	31,0	11,8	17,4	517

Art	Name	Heimathafen	Bauwerft	Baujahr	BRT	NRT	tdw	L	B	Tfg	kn	Skizze-Nr.
ms	**Gizhiga**	Murmansk	»Leninskogo Komsomola«, Komsomolsk	67	7684	3384	9165	133,1	8,9	9,1	15,0	434
mf	**Gizhiga**	Kaliningrad		65	3170	1225	1460	85,0	14,0	5,7	13,0	
ms	**Gleb Krzhizhanovskij**		Stocznia Gdanska, Gdansk	72	6551	3311	7428	135,4	18,0	7,5	15,5	427
ms	**Gleb Sedin**	Iljitshevsk	Elbe-Werft, Boizenburg	72	495	267	1120	71,1	10,4	3,7	11,5	340
mf	**Gleb Uspenski**	Sewastopol	UdSSR	59	3170	1225	1301	84,7	14,0	5,5	12,0	622
ms	**Gleb Uspenski**	Petropavlovsk	J. Boel + Fils, Tamise	51	1712	1008	3000	92,0	13,5	5,7	14,0	353
mf	**Gletcher**	Murmansk	Burmeister + Wain, Köbenhavn	65	4700	2270	2570	102,7	16,0	5,5	14,0	627
ms	**Glinka**	Kholmsk	»Georghiu Dej«, Budapest	51	1237	481	795	70,0	10,0	3,7	9,5	348
ms	**Glukhov**	Vladivostok	Angyalfold, Budapest	63	1161	553	1324	74,5	11,3	4,0	10,5	349
des	**Gnevnij**	Vladivostok		58	844	240	339	63,6	9,5	4,4	17,3	611
mt	**Godermes**	Novorossijsk	Swan Marit. Shipb., Walker o.T.	76	19615	11036	32039	170,8	25,8	11,3	15,5	509
mf	**Gogol**	Murmansk	Kieler Howaldtswerke, Kiel	55	3050	1289	1650	85,5	13,4	5,2	12,5	618
ms	**Gomel**	Petropavlovsk-K.	»Georghiu Dej«, Budapest	53	1200	449	1030	70,0	10,0	3,8	9,3	348
mf	**Gonsharov**	Murmansk	Stocznia Gdanska, Gdansk	60	2805	1192	1300	84,7	13,8	5,4	12,5	620
ms	**Gordij**	Riga	Valmet Oy., Abo	60	1152		tug	61,2	11,8	4,7	14,5	574
des	**Gordij**	Odessa		59	718	190	338	63,6	9,5	4,6	17,3	611
mf	**Gorechje**		Volkswerft, Stralsund	66	2435	1070	850	79,8	13,2	4,9	12,5	617
des	**Gorets**	Vladivostok	»61 Kommunar«, Nikolaev	71	5120	2387	5170	130,0	16,8	7,2	16,5	422
mt	**Gori**		Brodogradiliste »Split«, Split	68	15090	8154	21000	186,3	23,5	9,7	17,1	505
mf	**Gorisont**		»Okean«-Werft, Nikolaev	75	4537	1942	3145	112,8	17,3	6,5	15,0	625
ms	**Gorisont**	Odessa	»Neptun«, Rostock	61	4404	811	3083	105,0	14,4	6,2	13,7	399
ms	**Gorkovskaja Komsomolija**	Ismail	Navashinskij-Werft, Navashino	69	3587	1739	4150	123,5	15,0	4,5	11,8	389
mt	**Gorki**			55	8229	3942	11430	145,5	19,2	8,5	13,3	498
mf	**Gorki**	Astrakhan	Mathias-Thesen-Werft, Wismar	69	1115	426	670	65,7	11,1	3,7	10,8	612
ms	**Gorki Leninskije**	Ismail	»Krasnoye Sormovo«, Gorki	70	2483	1320	2925	114,2	13,2	3,4	10,8	363
ms	**Gorno-Altaisk**	Vladivostok	»Neptun«, Rostock	63	3224	1560	4225	105,9	14,6	6,6	13,5	391
mt	**Gornopravdinsk**			76	12212	6144						
ms	**Gornozavodsk**	Vladivostok	Burmeister + Wain, Köbenhavn	56	1571	674	885	72,9	11,5	4,3	10,8	645
ms	**Gornjak**	Shdanov	Navashinskij-Werft, Navashino	70	3587	1740	4150	123,5	15,0	4,5	11,8	389
ss	**Gorodeskij**	Vladivostok	Stocznia Gdanska, Gdansk	59	3812	1888	5000	108,3	14,6	6,6	12,5	390
ms	**Gorokhovets**	Ismail		68	1865	938	2128	96,0	13,2	3,3	11,3	357
mf	**Grad**	Murmansk		71	2832	1059	1150	83,3	14,0	5,7	12,0	
mf	**Granat**	Kaliningrad	UdSSR	60	3170	1225	1268	84,7	14,0	5,5	12,0	622
mf	**Granit**		Volkswerft, Stralsund	75	3931	1810	2063	102,0	15,2	5,2	15,0	624
des	**Granitnij**	Vladivostok	»61 Kommunar«, Nikolaev	72	5120	2387	5170	130,0	16,8	7,2	16,5	422
def	**Gremikha**		Stocznia Polnocna, Gdansk	75	1976	597	823	72,8	13,0	4,9	13,0	616
des	**Gremuchij**	Odessa		59	718	190	339	63,6	9,5	4,4	17,3	611
mf	**Gribojedov**	Kaliningrad	UdSSR	58	3170	1225	1301	84,7	14,0	5,5	12,0	622
mt	**Grigori Achkanov**	Novorossijsk	Brodogradiliste »Split«, Split	65	15090	8154	22632	186,2	23,4	9,8	17,1	505
ms	**Grigorij Aleksejev**	Vladivostok	Hitachi Zosen, Mukaishima	74	18398	12679	23606	169,0	24,6	9,9	14,4	477
ms	**Grigorij Kovalchuk**		Vyborg-Werft, Vyborg	74	6459	3082	7700	136,8	17,8	7,5	16,5	
ms	**Grigorij Lysenko**	Murmansk	Stocznia Gdanska, Gdansk	66	14340	7344	10000	165,5	21,3	8,1	14,0	636
ms	**Grigorij Ordshonikidse**	Vladivostok	Mathias-Thesen-Werft, Wismar	59	4871	2061	1372	122,2	16,0	5,2	17,0	533
mf	**Grigorij Ovodovskij**	Leningrad	Volkswerft, Stralsund	75	3931	1806	2063	102,0	16,2	5,2	14,6	624
ms	**Grigorij Petrovskij**	Kherson	»Krasnoye Sormovo«, Gorki	68	2484	1321	2925	114,2	13,2	3,4	10,8	363
mf	**Grigorij Polujanow**	Kaliningrad	Stocznia Gdanska, Gdansk	68	2944	1299	1250	83,0	13,8	5,4	12,5	621
mf	**Grigori Shelikhov**	Klaipeda	UdSSR	63	3170	1225	1460	84,7	14,0	5,5	12,0	622
mt	**Grigorij Vakulenchuk**	Novorossijsk		55	7653	3931	11770	145,5	19,2	8,5	12,5	498
ms	**Grisha Akopyan***	Vladivostok	»Neptun«, Rostock	65	3324	1560	4600	105,7	15,6	6,8	14,3	376
ms	**Grisha Podobedov**			76	2079	918	2180	88,8	12,8	5,0	12,0	359
ms	**Grodekovo**	Vladivostok	Stocznia Gdanska, Gdansk	65	4531	2383	6178	123,9	16,7	7,0	16,5	404
mt	**Grodno**	Novorossijsk		56	7653	3931	11430	145,5	19,2	8,5	13,3	498
mt	**Grozneft**	Murmansk	Valmet OY., Abo	54	1117	524	1290	69,0	10,0	4,5		485
mt	**Grozny**	Novorossijsk	Swan Hunter, Walker o.T.	75	19615	11036	32038	171,0	25,8	11,3	15,0	509
mt	**Grozny**	Novorossijsk	States Shipyard 102, Leningrad	54	7653	3931	11430	145,5	19,2	8,5	13,3	498
mt	**Grozny**	Murmansk		65	1772	557	1620	83,5	12,0	4,6	12,5	488
des	**Groznij**	Odessa		59	718	190	338	64,6	9,5	4,4	17,3	611
mf	**Grumant**	Murmansk	Burmeister + Wain, Köbenhavn	64	4700	2160	2570	102,7	16,0	5,5	14,0	627
ms	**Grumant**	Tallinn	»Neptun«, Rostock	67	3234	1501	4200	105,9	14,6	6,6	13,5	391
ms	**Gruzija**	Odessa	Wärtsilä, Helsinki	75	16631	7812	3003	157,0	21,9	5,7	21,3	542
mf	**Gubertas Borisa**	Klaipeda	UdSSR	65	3162	1307	1400	84,7	14,0	5,5	12,0	622
ms	**Guiseppe di Vittorio**	Odessa	Stocznia Szczecinska, Szczecin	69	10028	5436	12640	154,7	20,6	9,0	19,0	446
tt	**Guiseppe Garibaldi***	Novorossijsk	SA., Ansaldo, Genova	61	20659	12700	31500	203,1	26,3	10,5	15,5	511
mt	**Guiseppe Verdi**	Novorossijsk	Ansalso SA., Genova	64	30269	15260	49000	227,9	31,0	11,8	17,4	517
ms	**Gulbene**	Tallinn	»Neptun«, Rostock	64	3236	1539	4375	105,9	14,6	6,6	13,5	391
des	**Gumannij**	Vladivostok		59	844	240	339	63,6	9,5	4,4	17,3	611
mf	**Guria**	Poti	Volkswerft, Stralsund	66	1920	603	850	79,8	13,2	4,9	11,7	617
ms	**Guriev**	Baku	G. Dimitrov, Varna	63	1002	392	176	63,0	9,3	3,1	12,5	525
mf	**Gurjevsk**	Kaliningrad	Volkswerft, Stralsund	65	2435	1070	850	79,8	13,2	4,9	11,7	617
mt	**Gurzuf**	Ventspils	Nederl. Dok + Scheepsb., Amsterdam	61	15863	8583	25350	188,9	23,3	10,0	15,8	506

Art	Name	Heimathafen	Bauwerft	Baujahr	BRT	NRT	tdw	L	B	Tfg	kn	Skizze-Nr.
mf	**Gurzuf**	Kaliningrad	Volkswerft, Stralsund	63	2435	1070	850	79,8	13,2	4,9	11,7	617
ms	**Gus-Khrustalnyy**			70	10549	6855						
ms	**Gus-Khrustalnyy**	Arkhangelsk	Hollming Oy., Rauma	70	2873	1305	3950	102,3	14,0	6,2	13,5	368
des	**Gutsul**	Vladivostok		66	3556	1559	2538	99,4	14,0	5,5	13,5	370
ms	**Gwardejsk**	Vladivostok	»De Klop«, Sliedrecht	56	3550	1727	3830	114,8	14,0	5,6	12	387
mt	**Gyurgyan**	Baku	G. Dimitrov, Varna	60	3821	2002	4683	131,1	16,0	4,4	10,5	495
ms	**Haapsalu**		Gheorghiu Dej, Budapest	60	1179	547	1320	74,5	11,4	4,0	10,3	349
tt	**Habana**	Novorossijsk	Admiralteiskij-Werft, Leningrad	64	31817	15518	49000	230,5	31	11,5	17,0	519
ms	**Habana***	Kaliningrad	Kieler Howaldtswerke, Kiel	55	3129	1619	3400	128,5	15,8	5,8	18,0	374
ms	**Hainlaid***	Tallinn	H. Sürken, Papenburg	71	964	567	1599	80,2	12,8	4,2	12,5	342
mf	**Hans Lieberecht**	Tallinn	UdSSR	64	2707	997	1400	84,7	14,0	5,7	12,5	622
des	**Hans Pogelmann**	Tallinn	»61 Kommunar«, Nikolaev	69	5942	2844	5170	130,0	16,8	7,2	16,5	422
ms	**Harry Pollit**	Leningrad	Warnowwerft, Warnemünde	71	9323	5378	13150	151,5	20,3	9,0	17,0	455
ms	**Hatangales**		Nystad Varv, Nystad	65	2921	1345	3480	102,0	14,0	6,0	13,8	367
ms	**Hektor**	Kaliningrad	IHC Verschure, Amsterdam	74	1655	tug	72,5	13,6	5,7		17,0	577
mf	**Heliograf**	Vladivostok	Volkswerft, Stralsund	72	2211	639	1091	82,0	13,6	5,3	14,3	619
ms	**Heltermaa**	Tallinn	»Neptun«, Rostock	64	3236	1539	4494	105,8	14,6	6,8	13,5	391
ms	**Henry Barbusse**	Vladivostok	Stocznia Gdanska, Gdansk	71	5194	2432	4413	119,6	17,0	7,3	19,0	411
mf	**Herakles**	Vladivostok	Volkswerft, Stralsund	72	2242	728	1025	82,2	13,6	5,0	13,5	619
ms	**Herakles**	Leningrad	IHC Smit, Kinderdijk	74	1654		tug	72,5	13,2	5,9	18,0	577
mf	**Herkules**		Volkswerft, Stralsund	64	1920	602	850	79,8	13,2	4,9	11,7	617
ms	**Higumaa**	Tallinn	»Georghiu Dej«, Budapest	60	1179	547	1324	74,5	11,4	4,0	10,5	349
ms	**Himki**	Ismail		63	3271	1602	4000	120,0	15,0	4,0	12,0	385
ms	**Ho Chi Minh**	Vladivostok	Stocznia Gdanska, Gdansk	70	9941	5245	12652	154,6	20,6	9,0	16,5	446
ms	**Horol**	Ismail	Navashinskij-Werft, Navashino	63	3271	1602	4306	120,0	15,0	4,4	11,5	385
ms	**Horol**	Vladivostok	»Neptun«, Rostock	60	3174	1700	4388	104,2	14,4	6,6	14,0	376
ms	**Icha***	Vladivostok	Götaverken, Göteborg	53	6085	3364	4600	132,0	16,5	7,0	18,0	421
mt	**Icha**	Petropavlovsk-K.	Kertsh	71	1611	600	1660	83,6	12,0	4,7	13,5	488
ms	**Ieronim Uborevich**	Vladivostok	Admiralteiskij-Werft, Leningrad	68	13528	7644	7433	162,0	20,0	7,0	12,8	635
ms	**Igarkales**	Arkhangelsk	Valmet, Abo	62	2730	1295	3400	102,3	14,0	5,9	13,7	366
ms	**Ignatiy Sergeyev**	Odessa	Stocznia Gdanska, Gdansk	68	10028	5436	12640	154,4	20,6	9,0	16,5	446
ms	**Igor Grabar**	Arkhangelsk	Hollming, Rauma	73	3184	1653	4488	97,3	16,2	6,7	14,0	378
mf	**Ikhtiander**	Kertsh	UdSSR	73	2847	617	1070	84,7	14,0	5,8	12,5	622
mf	**Ikhtiolog**	Petropavlovsk-K.	UdSSR	68	2690	926	1496	84,7	14,0	5,7	13,0	622
mt	**Ilim**		Rauma-Repola, Rauma	72	3670		5126	106,8	15,5	6,5	14,0	492
mf	**Illarion Ryabikav**	Petropavlovsk-K.	UdSSR	67	2869	925	1496	84,7	14,0	5,7	13,0	622
mf	**Ilmen**	Kaliningrad	Volkswerft, Stralsund	68	2177	746	1149	82,2	16,3	5,0	13,6	619
ms	**Ilmenles**	Arkhangelsk	Valmet, Abo	63	2730	1295	3400	102,3	14,0	5,9	13,7	366
ms	**Ilovajsk**	Leningrad	Warnowerft, Warnemünde	69	9323	5378	12882	151,5	20,3	8,8	17,7	437
ms	**Ilya Katunin**		Stocznia Gdanska, Gdansk	66	2987	1329	1250	83,0	13,8	5,4	12,5	621
ms	**Ilya Kulik**	Odessa	Kherson-Werft, Kherason	68	8874	4576	12884	152,8	20,6	9,0	17,0	441
ts	**Ilya Mechnikov**	Shdanov	At. & Chant. de la Loire, St. Nazaire	56	5623	2953	7560	129,7	16,8	6,9	13,0	417
des	**Ilya Muromets**		Admiralteiskij-Werft, Leningrad	66	2305		1110	67,7	18,1	6,1	14,0	552
ss	**Ilya Muromets**		Eriksbergs M.V. Göteborg	42	1427	521	730	61,4	15,0	6,3	15,5	550
des	**Ilya Repin**	Sewastopol	»61 Kommunar«, Nikolaev	66	5418	2301	1570	130,0	16,8	7,2	16,5	422
ms	**Ilya Ulyanov**	Leningrad	Warnowwerft, Warnemünde	70	9812	5524	13150	151,6	20,3	9,0	17,7	455
ms	**Ilyich**	Vladivostok	Blohm & Voss, Hamburg	33	13101	6517	5480	159,8	20,1	7,4	16,0	540
ms	**Ilyichyovo**	Klaipeda	Valmet, Helsinki	70	2723	1302	3949	102,3	14,0	6,2	13,5	368
mf	**Ilyichyovsk**	Ilyichyovsk	Volkswerft, Stralsund	69	2654	1132	1137	82,0	13,6	5,2	13,5	619
ms	**Ilyichyovsk**	Nakhodka	Nippon Kokan, Asano	72	1600		(Bagger)	74,0	14,0	3,0		658
ms	**Ilyinsk**	Kholmsk	Nystads Varv, Nystad	67	2723	1302	3400	102,3	146,2	6,2	13,8	368
mt	**Iman**		Rauma-Repola, Rauma	66	3359	1559	4443	105,4	14,8	6,1	14,0	491
ss	**Imandra**	Riga	Crichton-Vulcan, Abo	51	2506	1323	3200	89,9	13,1	6,5	10,3	361
mf	**Imant Sudmalis**	Riga	UdSSR	67	3162	1307	1451	84,7	14,0	5,7	12,3	622
mt	**Imant Sudmalis***	Klaipeda	Kertsh	68	1754	545	1660	83,6	12,0	4,7	13,8	488
des	**Imeni 61 Kommunara**	Sevastopol	»61 Kommunar«, Nikolaev	68	5418	2301	5170	130,0	16,8	7,9	16,5	422
mf	**Imereti**	Poti	Volkswerft, Stralsund	67	2652	1130	1149	82,2	13,6	5,0	13,0	619
ms	**Indiga**	Arkhangelsk	Valmet, Helsinki	65	2915	1318	3272	102,2	14,0	6,0	13,8	368
des	**Indigirka**	Murmansk	»De Schelde«, Vlissingen	57	7481	3777	7430	130,2	18,8	8,2	15,0	433
ms	**Indigirka**	Vladivostok	LMG., Lübeck	56	3782	1800	3240	111,4	14,5	6,3	13,5	392
ms	**Indigirka**	Bautino	Mathias-Thesen-Werft, Wismar	70	1115	426	605	65,5	11,1	3,6	11,0	612

Art	Name	Heimathafen	Bauwerft	Baujahr	BRT	NRT	tdw	L	B	Tfg	kn	Skizze-Nr.
ns	**Inej**	Tallinn	Udevallavarvet, Uddevalla	57	3442	1195	3480	123,8	16,3	6,4	18,9	386
ns	**Inessa Armand**	Odessa	Stocznia Gdanska, Gdansk	68	10028	5436	12540	154,5	20,6	9,0	16,5	446
es	**Ingul**		Wärtsila, Sandviken	62	5644	2390	3280	130,4	16,0	5,2	14,0	666
s	**Ingul**	Shdanov	Stocznia Szczecinska, Szczecin	54	2483	1330	3200	94,7	13,5	5,6	12,5	362
ns	**Ingul**		Admiralteiskij-Werft, Leningrad	74			tug	92,0	15,0	5,9	18,0	579
nf	**Ingul**	Kaliningrad		58	1570	714	1207	73,2	10,7	4,5	9,5	
ns	**Ingul**	Baku		70	1361	473	527	72,0	11,0	3,6	12,3	
nf	**Ingulets**	Makhachkala		71	1361	473	527	72,0	11,0	3,6	12,3	
ns	**Ingur**	Riga	Kieler Howaldtswerke, Kiel	61	3560	1775	4500	120,5	16,4	7,1	18,5	388
nt	**Inkerman**	Sewastopol	Rauma-Repola, Rauma	65	3071	1513	4400	105,4	14,8	6,2	13,3	491
ns	**Inkurles**		Valmet, Abo	62	2730	1295	3400	102,3	14,0	5,9	13,7	366
nt	**Internatsional**	Nakhodka	Stocznia Gdynia, Gdynia	68	14164	8462	18400	177,3	22,4	9,4	16,7	504
nt	**Inzhenier A. Pustoshkin**	Baku		57	3821	2002	4000	123,5	16,0	4,0	10,5	495
nt	**Inzhenier Ageyev**	Nakhodka	G. Dimitrov, Varna	73	4198	1886	5780	116,1	16,0	6,7	13,0	
ns	**Inzhenier Bashkirov**		Hollming, Rauma	75	4009	1594	6128	124,2	19,2	7,3	16,9	395
ns	**Inzhenier Belov**	Baku		59	3398	1735	4286	120,0	15,0	4,4	11,5	385
ns	**Inzhenier Kreylis**		Hollming, Rauma	75	4009	1594	6128	124,2	19,2	6,6	16,8	395
ns	**Inzhenier Machulskiy**		Hollming, Rauma	74	4009	1594	6128	124,2	19,2	6,6	16,8	395
nt	**Inzhenier P. Matveyev**	Baku		58	3821	2002	4683	123,5	16,0	4,4	10,8	495
ns	**Inzhenier Nechiporenko**		Hollming, Rauma	76	4262		1767	124,2	19,2	6,6	16,8	395
ns	**Inzhenier Sukhorukov**		Hollming, Rauma	74	4009	1594	6128	124,2	19,2	7,3	16,9	395
nf	**Iokhan Kyoler**	Tallinn	Baltische Werft, Klaipeda	68	2707	990	1451	84,7	14,0	5,7	12,3	622
ns	**Iokhannes Lauristin**	Tallinn	Stocznia Szczecinska, Szczecin	74	6555	3323	7400	135,4	18,0	7,5	15,5	427
nf	**Iokhannes Semper**	Tallinn		71	2581	888	1268	78,0	14,0	10,0	12,5	
ns	**Ion Soltis**		»Okean«-Werft, Oktjabrskoje	77	30070		50000	214,2	31,8	11,7	15,0	481
ns	**Iona Yakir**	Odessa	Stocznia Gdanska, Gdansk	69	10028	5436	12640	143,2	20,6	9,0	16,5	446
nf	**Ionas Bilyunas**	Klaipeda	UdSSR	68	2690	926	1496	84,7	14,0	5,7	13,0	622
ns	**Iosif Dubrovinsky**		Stocznia Szczecinska, Szczecin	73	6555	3323	7400	133,3	18,0	7,5	15,6	427
nf	**Iozas Vitas**	Klaipeda	Nosenko-Werft, Nikolaev	65	3170	1225	1260	84,7	14,0	5,5	12,0	622
ns	**Irbit**	Vladivostok	Nosenko-Werft, Nikolaev	64	3556	1577	5400	90,0	14,0	5,7	15,0	370
ns	**Irbitles**	Riga	Valmet, Abo	62	2731	1297	3400	102,3	14,0	5,9	13,7	366
nt	**Irkut**		Rauma-Repola Oy., Rauma	75	6022	2991	6799	130,0		7,2	16,0	496
ns	**Irkutsk**	Odessa	Warnowwerft, Warnemünde	68	8521	4583	12530	151,5	20,3	8,8	18,2	437
es	**Irkutsk**	Murmansk	Baltic Shipb. + Eng. Works, Leningr.	62	5217	2524	6100	130,5	16,8	7,6	16,0	410
ns	**Irkutskles**	Arkhangelsk	Valmet, Abo	61	2730	1295	3600	102,3	14,0	5,9	13,7	366
ns	**Irshales**	Arkhangelsk	Valmet, Abo	62	2730	1295	3600	102,3	14,0	5,9	13,7	366
nt	**Irtish**	Vladivostok	Norrköpings Varv, Norrköping	51	1113	523	1275	68,5	10,4	3,7	11,5	484
ns	**Irtishles**	Leningrad	Valmet, Abo	63	2872	1346	3600	102,3	14,0	5,9	13,7	366
ns	**Isakogorka**	Arkhangelsk	Shdanov, Leningrad	68	4506	2078	6459	122,0	16,7	7,1	14,5	402
ns	**Ishim**	Vladivostok	Nosenko-Werft, Nicolaev	64	3556	1577	2485	92,3	14,0	5,7	15,0	370
nf	**Ishim**	Makhachkala		71	1361	473	527	72,1	11,0	3,6	12,3	
nt	**Ishtim**		Norrköpings Varv, Norrköping				1275	68,5	10,4		11,5	484
ns	**Isidor Barakhov**		Navalashinskij-Werft, Navashino	74	3590	1804	4000	121,9	15,2			389
es	**Iskona**	Vladivostok	Nosenko-Werft, Nikolaev	64	3556	1577	2525	92,3	14,0	5,5	14,5	370
nt	**Iskra**	Novorossijsk	Stocznia Gdynia, Gdynia	69	13604	7437	20000	177,3	22,4	9,4	16,7	504
ns	**Ismailiya**	Odessa	Alexandria Shipyard, Alexandria	74	9056	4667	13740	152,8	20,5	9,0	17,0	441
ns	**Isopolnitelnij**	Vladivostok	Valmet, Abo	59	1077		tug	61,5	11,5	4,9	13,8	572
ns	**Istra**	Arkhangelsk	Valmet, Abo	64	2730	1296	3600	102,3	14,0	5,9	13,7	366
nf	**Istra**		Volkswerft, Stralsund	65	2435	1070	850	79,8	13,2	4,9	11,7	617
nf	**Itelmen**	Petropavlovsk-K.	Nosenko-Werft, Nikolaev	65	3170	1225	1260	84,7	14,0	5,5	12,0	622
es	**Ivan Ayvazovsky**	Murmansk	»61 Kommunar«, Nikolaev	63	6133	2947	5000	130,0	16,8	7,2	16,5	422
ns	**Ivan Babushkin**	Vladivostok	J. Boel + Fils, Tamise	56	1849	883	3300	101,2	14,3	5,7	13,3	356
ns	**Ivan Belostotskij**		Stocznia Gdanska, Gdansk	75	6551	3311	7425	135,4	18,0	7,5	15,5	427
ns	**Ivan Bogun**	Shdanov	»Georghiu Dej«, Budapest	55	1209	447	1090	70,0	10,0	3,8	9,5	348
ns	**Ivan Bolotnikov**	Arkhangelsk	Angyalfold, Budapest	69	1350	611	1691	77,8	11,5	4,7	12,5	350
nf	**Ivan Chernopyatko**	Nakhodka	Nosenko-Werft, Nikolaev	66	3170	1225	1260	84,7	14,0	5,5	12,0	622
ns	**Ivan Chernykh**	Leningrad	A. Shdanov, Leningrad	68	4676	2065	6459	122,0	16,7	7,1	14,5	402
nf	**Ivan Chigrin**	Murmansk	UdSSR	67	2690	926	1495	84,7	14,0	5,7	13,0	622
nf	**Ivan Dvorskij**	Kaliningrad	Baltische Werft, Klaipeda	67	3162	1307	1451	78,1	14,0	5,7	12,5	
s	**Ivan Fjederov**	Kaliningrad	Stocznia Gdanska, Gdansk	60	10026	4663	9300	155,1	20,0	8,2	13,0	633
ns	**Ivan Franko**	Odessa	Mathias-Thesen-Werft, Wismar	64	20064	11032	6007	176,1	23,6	8,0	20,3	545
nf	**Ivan Golubets**	Sevastopol	Volkswerft, Stralsund	65	1920	602	864	79,8	13,2	5,2	12,5	617
ns	**Ivan Goncharov**	Iljitshevsk	Stocznia Gdanska, Gdansk	66	9714	5270	12500	154,8	20,2	9,0	17,2	446
nf	**Ivan Gren**			75	2833	1059	1150	83,3	14,0	5,7	12,0	
ns	**Ivan Korobtsov**	Odessa	Kherson-Werft, Kherson	72	9173	4995	13738	152,8	20,7	9,4	17,0	441
ns	**Ivan Koroteyev**	Shdanov		75	6459	3082	7700	136,8	17,8	7,5	16,4	
ns	**Ivan Kotliyarevskiy**	Vladivostok	»Uljanik«, Pula	70	10204	5223	15145	159,4	21,3	10,0	18,6	457
es	**Ivan Kramskoy**	Vladivostok	»61 Kommunar«, Nikolaev	65	5942	2844	5170	130,0	16,8	7,2	16,5	422
ns	**Ivan Kruzenshtern**							147,0	18,6	6,3	15,3	604

Art	Name	Heimathafen	Bauwerft	Baujahr	BRT	NRT	tdw	L	B	Tfg	kn	Skizze Nr.
des	**Ivan Kruzenshtern**		Admiralteiskij-Werft, Leningrad	64	2305		1092	67,6	18,1	6,1	14,0	552
ms	**Ivan Kulibin**		Stocznia Gdanska, Gdansk	76	6340	3244	5880	139,6	18,0	6,5	21,8	423
ms	**Ivan Moskalenko**		Kherson-Werft, Kherson	75	11750	5949	13515	162,3	22,2	9,2	18,0	469
ms	**Ivan Moskvin**	Murmansk	J. Boel + Fils, Tamise	58	3106	1464	5700	120,4	16,7	6,7	12,0	373
des	**Ivan Moskvitin**	Odessa	Admiralteiskij-Werft, Leningrad	71	2141	1141	1141	67,7	18,1	6,1	14,0	552
des	**Ivan Nosenko**	Vladivostok		58	844	240	339	63,6	9,5	4,4	17,5	611
mf	**Ivan Panov**	Nevelsk	Nosenko-Werft, Nikolaev	65	3170	1225	1260	84,7	14,0	5,5	12,0	622
ts	**Ivan Pavlov**	Shdanov	Ch. Nav. de La Ciotat, La Ciotat	56	5626	2953	7650	129,7	16,8	7,5	13,0	417
ms	**Ivan Pokrovskij**	Tallinn	Stocznia Szczecinska, Szczecin	75	6555	3323	7500	135,3	18,0	7,5	15,6	427
ms	**Ivan Polzunov**			76	6400	3250	5880	139,6	18,0	6,5	21,8	423
ms	**Ivan Rusakov**	Tallinn	Stocznia Gdanska, Gdansk	74	6551	3311	7425	135,4	18,0	7,5	15,5	427
ss	**Ivan Ryabov**	Klaipeda	Stocznia Gdanska, Gdansk	59	3812	1888	5046	108,3	14,6	6,6	12,5	390
ss	**Ivan Sechenov**	Shdanov	Forg & Ch. de la Gironde, Bordeaux	56	5626	2953	7560	151,0	16,8	7,5	13,0	417
ms	**Ivan Sereda**	Petropavlovsk-K.	Chernomorskij-Werft, Nikolaev	67	2690	926	1496	84,7	14,0	5,7	13,0	622
ms	**Ivan Shadr**	Arkhangelsk	Hollming, Rauma	73	3184	1653	4471	97,3	16,2	6,5	14,0	378
ms	**Ivan Shepetkov**			75	11750	5949						
des	**Ivan Shishkin**	Murmansk	»61 Kommunar«, Nikolaev	66	5942	2844	5170	130,0	16,8	7,2	16,5	422
ms	**Ivan Skuridin**		Shdanow, Leningrad	75	3954	1527	6100	139,6	19,2	6,0	16,4	394
des	**Ivan Stepanov**	Vladivostok	Baltic Shipb. & Eng. Works, Leningrad	57	5216	2524	5840	130,9	16,8	7,4	16,5	415
ms	**Ivan Strod**		Navashinskij-Werft, Navashino	75	3590	1804	4000	123,5	15,0	4,5	11,8	389
ms	**Ivan Syrykh**		Stocznia Gdanska, Gdansk	73	10185	5758	14000	150,3	21,0	8,7	15,8	454
ms	**Ivan Turgenev**	Petropavlovsk-K.	J. Boel + Fils, Tamise	51	1711	1007	3000	92,0	13,5	5,7	14,0	353
mt	**Ivan Zemnukhov**	Baku		56	3737	2130	4696	123,5	16,0	4,3	11,0	495
ms	**Ivan Zemnukhov**	Kholmsk	Ganz + Co., Budapest	50	1194	446	1100	70,0	10,1	3,8	9,5	348
mt	**Ivanovo**	Novorossijsk	Admiralteiskij-Werft, Leningrad	56	7653	3931	12277	145,5	19,2	8,5	13,3	498
ms	**Izgutty Aytykov**		»Okean«-Werft, Oktjabrskoje	75	30072	18866	50000	214,2	31,8	11,7	15,0	481
ms	**Izhevsk**	Leningrad	Crichton-Vulcan, Abo	58	5513	2951	8235	139,4	17,7	7,9	16,0	418
mf	**Izhevsk**	Murmansk	Kieler Howaldtswerke, Kiel	56	3019	1275	1539	84,5	13,4	5,5	12,5	618
ms	**Izhevzkles**	Arkhangelsk	Valmet, Abo	62	2730	1295	3600	102,3	14,0	5,9	13,7	366
ms	**Izhma**	Vladivostock	»Neptun«, Rostock	59	3359	1738	4300	104,2	14,4	6,6	14,0	376
ms	**Izhmales**	Leningrad	Valmet, Helsinki	62	2872	1346	3400	102,3	14,0	5,9	13,7	366
ms	**Izhora**	Odessa	Warnowwerft, Warnemünde	68	8521	4583	12530	151,5	20,3	8,8	17,7	437
mt	**Izhora**	Nakhodka	Rauma-Repola, Rauma	70	3674	1728	5045	106,0	15,5	6,7	13,0	492
ms	**Izhorales**	Leningrad	Valmet, Abo	63	2872	1346	3600	102,3	14,0	5,9	13,7	366
ms	**Izmail**	Odessa	Warnowwerft, Warnemünde	68	8521	4583	12530	151,5	20,3	8,8	18,2	437
mf	**Izmail**	Iljitshevsk	Volkswerft, Stralsund	69	2653	1132	1137	82,3	13,6	5,2	13,5	619
ms	**Izumrud**	Sevastopol	Nikolajew	70	3862	465	2641	99,4	14,0	5,4	13,8	596
mf	**Izumrud**	Kaliningrad	UdSSR	63	3170	1225	1300	84,7	14,0	5,5	12,0	622
mf	**Izumrudnij**		Mathias-Thesen-Werft, Wismar	74	2100	859	1212	82,2	13,6	5,0	13,5	619
ms	**Izumrudnij Bereg**		Mathias-Thesen-Werft, Wismar	76	12237		8200	152,3	22,2	7,5	17,2	651
mt	**Izyastav**	Novorossijsk	Admiralteiskij-Werft, Leningrad	59	7653	3931	11770	145,5	19,2	8,5	12,5	497
mt	**Jacques Duclos**		»3. Maj«, Rijeka	76			40030	195,0	28,0	12,2	17,0	516
ms	**Jaguar**		Admiralteiskij-Werft, Leningrad	74			tug	92,0	15,0	5,9	18,0	579
ms	**Jakov Kunder**	Leningrad	Vyborg-Werft, Vyborg	70	1684	754	2360	82,0	12,5	5,4	12,8	355
ms	**Jakov Alksnis**	Riga	Stocznia Gdanska, Gdansk	72	5194	2432	4251	119,6	17,0	7,3	19,0	411
ms	**Jakov Reznichenko**	Arkhangelsk	»Okean«-Werft, Oktjabrskoje	71	1698	765	2483	82,0	12,5	5,3	12,8	355
mf	**Jakov Smushkevich**	Klaipeda	UdSSR	66	3162	1307	1400	84,7	14,0	5,5	12,0	622
ms	**Jakov Sverdlov**	Vladivostock	J. Boel + Fils, Tamie	56	1849	833	3200	101,2	14,3	5,7	13,0	356
ms	**Jakub Kolas**	Ismail	Navashinskij-Werft, Navashino	72	3587	1740	4130	123,5	15,0	4,5	11,8	389
ss	**Jan Anvelt**	Vladivostock	Stocznia Gdanska, Gdansk	58	3728	1884	5000	108,3	14,6	6,6	12,5	390
mf	**Jan Berzin**	Riga	UdSSR	68	2690	926	1496	84,7	14,0	5,7	13,0	622
mf	**Jan Fabritsius**	Riga	UdSSR	66	3162	1307	1400	84,7	14,0	5,7	12,3	622
ms	**Jan Kreuks**	Tallinn	»Georghiu Dej«, Budapest	59	1063	432	1100	70,1	10,0	3,8	9,5	348a
mf	**Jan Raynberg**	Riga	Volkswerft, Stralsund	74	3932	1806	2063	102,5	10,2	5,2	15,0	624
mf	**Jan Rudzutak**		UdSSR	66	3162	1307	1400	84,7	14,0	5,7	12,5	622
des	**Jana**		Wärtsila, Sandviken	62	5645	2390	3280	130,4	16,0	5,2	14,0	666
ms	**Jana**	Vladivostok	LMG., Lübeck	55	3782	1800	3240	111,4	14,5	6,3	13,5	392
ms	**Jana**	Kholmsk		66	3179	1431	3770	104,5	14,4	6,4	13,8	377
mf	**Jana**	Baku	Mathias-Thesen-Werft, Wismar	70	1115	426	605	65,5	11,1	3,6	10,8	612
ms	**Jana**	IHC Holland	Tobolsk	74				72,4	14,0	2,4		659
ms	**Janales**	Arkhangelsk	Hollmings Varv, Rauma	65	2731	1318	3400	102,0	14,0	6,0	13,8	369
ms	**Jangi-Jul**	Baku		61	3380	1625	4000	120,0	15,0	4,0	12,0	385
ms	**Janis Lentsmanis**	Riga	Stocznia Gdanska, Gdansk	71	5194	2432	4413	119,8	17,0	7,3	19,0	411
ms	**Janis Rainis**		Stocznia Gdanska, Gdansk	71	5215	2457	4428	119,6	17,0	7,3	19,0	411
ms	**Jarensk**	Tallinn	»Georghiu Dej«, Budapest	55	1063	432	1100	70,1	10,0	3,8	9,5	348
ms	**Jarkij Luch**		Hitachi Zosen, Mukaishima	65	5219	3248	3056	115,0	17,4	5,6	14,5	631
mf	**Jaronimas Uboryavichus**	Klaipeda	UdSSR	64	3170	1225	1460	84,7	14,0	5,5	12,0	622
des	**Jaroslavl**	Vladivostok	Baltic Shipb. & Eng. Works, Leningrad	58	5217	2524	5840	130,8	16,8	7,5	17,5	415
mf	**Jaroslavl**	Vladivostock	Kieler Howaldtswerke, Kiel	56	3021	1273	1650	85,5	13,4	5,2	12,5	618
des	**Jasienskij**	Odessa	J. & K. Smit, Kinderdyk	66	2044	671	1690	81,9	13,2	4,2	11,3	662

Art	Name	Heimathafen	Bauwerft	Baujahr	BRT	NRT	tdw	L	B	Tfg	kn	Skizze-Nr.
ms	**Jeannie Labourbe**	Odessa	Stocznia Gdanska, Gdansk	68	10028	5436	12707	154,7	20,6	9,0	17,4	446
mf	**Joakim Vacietis**	Riga	Volkswerft, Stralsund	75	3931	1806	2063	102,0	15,2	5,2	15,0	624
gts	**Johann Mahmastal**		Baltic Shipb. & Eng. Works, Leningrad	65	4624	2213	6016	121,8	16,2	7,1	14,3	403
mf	**Johannes Rubens**	Tallinn	UdSSR	64	2715	913	1460	84,7	14,0	5,5	12,0	622
ts	**Johanes Wares**	Tallinn	Stocznia Gdanska, Gdansk	60	10036	4663	9300	155,1	20,0	8,2	13,0	633
mf	**Jonava**	Klaipeda	Volkswerft, Stralsund	75	3931	1806	2063	102,0	15,2	5,2	15,0	624
ms	**Jose Diaz**	Arkhangelsk	Valmet, Pansio	67	2723	1302	3900	102,3	14,0	6,0	13,5	368
mt	**Jugla**	Riga	Rauma-Repola,Rauma	66	3359	1559	4445	104,4	14,8	6,1	14,0	491
mf	**Juhan Liev**	Tallinn	Nosenko-Werft, Nikolaev	68	2690	926	1496	84,7	14,0	5,7	13,0	622
mf	**Juhan Smuul**	Tallinn	Volkswerft, Stralsund	72	2154	762	1134	81,9	13,6	5,2	13,5	619
mf	**Juhan Sutiste**	Tallinn	UdSSR	61	2715	913	1260	84,7	14,0	5,5	12,0	622
ms	**Julian Marchlevskij**		Stocznia Gdanska, Gdansk	68	13571	6895	10120	164,0	21,3	8,1	15,3	637
mf	**Julimiste**	Tallinn	Volkswerft, Stralsund	70	2654	1115	1140	82,1	13,6	5,2	13,0	619
ss	**Julia Zhemajte**	Korsakov	Stocznia Gdanska, Gdansk	58	3728	1879	4940	108,3	14,6	6,6	11,5	390
ms	**Juljus Fucik**	Odessa	Valmet Oy., Helsinki	78			36600	266,5	35,0	11,0	19,0	480
ms	**Juljus Janonis**	Klaipeda	Burmeister & Wain, Köbenhavn	59	3321	1611	1500	94,8	14,4	4,3	12,8	649
ms	**Junga**	Tallinn		63	1160	496	301	68,7	9,6	2,6	11,5	
mf	**Juosas Aleksonis**	Klaipeda		63	3170	1225	1460	84,7	14,0	5,5	12,0	
mf	**Juosas Garialis**	Klaipeda	Baltische Werft, Klaipeda	69	3012	1087	1451	84,7	14,0	5,7	13,5	622
mf	**Juosas Greifenbergeris**	Klaipeda	UdSSR	66	3162	1307	1399	84,7	14,0	5,5	12,0	622
mf	**Juosas Vareikis**	Klaipeda	UdSSR	67	3162	1307	1518	84,7	14,0	5,5	13,0	622
mf	**Jurbarkas**		Volkswerft, Stralsund	74	3931	1806	2063	101,8	15,2	5,2	15,0	624
mf	**Jurmala**	Riga	Volkswerft, Stralsund	74	3932	1806	2063	102,0	15,0	5,2	15,0	624
mf	**Jurnieks**	Liepaja	Volkswerft, Stralsund	72	2154	762	1134	82,0	13,6	5,2	13,5	619
ms	**Juzhno Sakhalinsk**		Stocznia Gdanska, Gdansk	73	13087	5997	10000	164,0	21,3	8,1	15,3	637
ms	**Juzhno-Sakhalinsk**	Kholmsk	»Georghiu Dej«, Budapest	53	1200	449	1040	70,0	10,9	3,8	9,5	348
ss	**Jushnij Bug**	Arkhangelsk	Crichton-Vulcan, Abo	55	2433	1395	3200	84,9	13,1	6,5	10,0	361
mf	**Juzhnyi-Krest**	Kertsh	Volkswerft, Stralsund	66	2435	1070	850	79,8	13,2	4,9	11,7	617
mf	**Kaarel Liymand**	Tallinn	UdSSR	66	2715	913	1460	84,7	14,0	5,7	13,0	622
ms	**Kabona**	Tallinn	Angyalfold, Budapest	72	1350	611	1725	77,8	11,5	5,0	12,5	350
ss	**Kadievka**		Stocznia Gdanska, Gdansk	53	3816	1888	5000	108,3	14,6	6,6	12,5	390
mt	**Kafur Mamedov**	Baku	Astrakhan-Werft, Astrakhan	72	8353	3849	12334	147,0	17,4	8,0	13,3	499
ms	**Kagul**		»Georghiu Dej«, Budapest	58	1211	448	1100	70,1	10,0	3,8	9,5	348a
mf	**Kaira**		Volkswerft, Stralsund	66	2435	1070	850	79,8	13,2	4,9	11,7	617
mf	**Kakheti**	Poti	Volkswerft, Stralsund	67	2652	1130	1152	82,2	13,6	5,2	13,5	619
mt	**Kakhovka**	Novorossijsk		64	7653	3931	11395	145,5	19,2	8,5	12,5	497
mf	**Kalar**	Petropavlovsk-K.	Baltische Werft, Klaipeda	71	2833	1059	1150	83,3	14,0	5,7	12,0	
ms	**Kalev**	Tallinn	»Georghiu Dej«, Budapest	57	1063	432	1100	70,1	10,0	3,8	9,5	348a
ms	**Kalininabad**	Leningrad	Crichton-Vulcan, Abo	63	8540	4695	12200	147,4	19,7	7,9	17,0	438
des	**Kaliningrad**	Kaliningrad	Baltic Shipb. + Eng. Works, Leningrad	60	5524	2448	6100	130,5	16,8	7,6	16,0	410
ms	**Kaliningrad**	Leningrad	Valmet, Pansio	69	2723	1302	3930	102,3	14,0	6,0	13,5	368
ms	**Kaliningradskij Komsom.**	Nakhodka	Stocznia Gdanska, Gdansk	69	13571	6895	10000	164	21,3	8,1	15,3	637
mf	**Kalinovo**		Mathias-Thesen-Werft, Wismar	75	2154		1139	82,0	13,6	5,0	13,5	619
mf	**Kalitva**	Petropavlovsk-K.-		71	2833	1059	1150	83,3	14,0	5,7	12,0	
mf	**Kaljmar**	Kertsh	Volkswerft, Stralsund	66	1920	603	850	79,8	13,2	4,9	11,7	617
mf	**Kallisto**	Nakhodka	Volkwerft, Stralsund	64	2435	1070	856	79,8	13,2	5,0	12,5	617
ms	**Kalmius**	Ismail	Angyalfold, Budapest	67	1161	553	1694	74,5	11,3	4,7	11,5	349
ss	**Kaluga**	Riga	Neptun, Rostock	54	3258	1564	4450	102,9	14,4	6,7	13,0	382
mf	**Kama**	Makhachkala	Mathias-Thesen-Werft, Wismar	69	1115	426	670	65,7	11,1	3,7	10,8	612
ms	**Kamales**	Arkhangales	Hollmings Varv, Rauma	64	2731	1318	3400	102,0	14,0	6,0	13,8	369
ms	**Kamchadal**	Petropavlovsk-K.	Nystads Varv, Nystad	68	2920	1337	3400	102,3	14,0	6,2	13,8	368
ms	**Kamchatka**	Vladivostok	»Neptun«, Rostock	64	3224	1560	4226	105,8	14,6	6,6	13,0	391
mf	**Kamchatskaya Pravda**	Petropavlovsk-K.	UdSSR	68	2690	926	1496	84,7	14,0	5,7	13,0	622
ms	**Kamchatskie Gory**	Vladivostok	Lindholmens Varv, Göteborg	64	9660	5219	9500	153,5	20,5	7,5	17,5	463
ms	**Kamchatskiy Komsom.**	Petropavlovsk-K.	Nystads Varv, Nystad	68	2920	1337	3900	102,3	14,0	6,0	13,8	368
ms	**Kamchatskles**	Petropavlovsk-K.	Nystads Varv, Nystad	62	2925	1361	3400	102,1	14,0	5,7	12,5	369
ss	**Kamenets-Podolsk**	Vladivostok	Permanente Steel Cotp., Richmond	44	7216	4382	10664	134,6	17,4	8,4	10,0	431
des	**Kamenogorsk**	Vladivostok	Baltic Shipb. & Eng. Works, Leningrad	57	5217	2524	5840	130,9	16,8	7,5	17,5	415
ss	**Kamensk**	Leningrad	»Neptun«, Rostock	55	3258	1565	4450	102,9	14,4	6,7	13,0	382
ms	**Kamensk**		»G. Dimitrov«, Varna	70	1122	302	220	68,1	10,1	3,4	14,0	526
mf	**Kamenskoye**	Vladivostok	Volkswerft, Stralsund	70	2177	746	1139	82,2	13,6	5,2	13,0	619
mf	**Kamyshin**	Petropavlovsk-K.	UdSSR	69	2690	926	1496	84,7	14,0	5,7	13,0	622
mf	**Kandalaksha**	Murmansk	Chernomorskij-Werft, Nikolaev	73	2581	888	1289	83,9	14,0	5,7	12,5	
ms	**Kandalakshales**	Arkhangelsk	Stocznia Gdanska. Gdansk	63	4519	2300	6205	123,9	16,7	7,0	14,5	404
ms	**Kandalakshskiy Zaliv**	Sevastopol	Ch. Nav. de La Ciotat, Le Trait	71	12891	6872	11816	164,0	22,2	8,0	17,5	471
ms	**Kanev**	Leningrad	Crichton-Vulcan, Abo	63	8540	4695	12200	147,4	19,7	7,9	17,0	438

Art	Name	Heimathafen	Bauwerft	Baujahr	BRT	NRT	tdw	L	B	Tfg	kn	Skizze-Nr.
mf	**Kangaus**	Nakhodka	Nosenko-Werft, Nikolaev	62	3170	1225	1260	84,7	14,0	5,5	12,0	622
ms	**Kanin**	Arkhangelsk	»Georghiu Dej«, Budapest	59	1211	448	1075	70,0	10,0	3,8	9,5	526
ms	**Kanin**	Murmansk	»G. Dimitrov«, Varna	70	1086	298	220	68,0	10,0	3,2	13,3	348a
mf	**Kanopus**	Nakhodka	Volkswerft, Stralsund	64	1920	602	904	79,8	13,2	4,9	11,7	617
ms	**Kansk**	Vladivostok	Stocznia Gdanska, Gdansk	67	4531	2383	6205	123,9	16,7	7,0	16,0	404
des	**Kapitan A. Radzhabov***		Wärtsilä, Helsinki	76				56,5	17,7	4,2	14,0	551
ms	**Kapitan Abakumov**	Arkhangelsk	Stocznia Gdanska, Gdansk	64	4531	2380	6069	123,9	16,7	6,8	16,0	404
ms	**Kapitan Alekseyev**	Odessa	Chernomorskij-Werft, Nikolaev	71	11278	5870	16617	169,6	21,8	10,0	19,0	468
mf	**Kapitan Andrei Taran**	Leningrad	Nosenko-Werft, Nikolaev	61	3170	1225	1268	84,7	14,0	5,5	12,0	622
ms	**Kapitan Anistratyenko**		Chernomorskij-Werft, Nikolaev	73	11278	5870	16617	169,6	21,8	9,7	19,0	468
ms	**Kapitan Bakanov**		Stocznia Gdanska, Gdansk	74	10179	5780	14000	150,3	21,0	8,7	15,8	454
ms	**Kapitan Beloshapkin***	Vladivostok	Stocznia Gdanska, Gdansk	61	4499	2349	6525	123,9	16,7	7,4	16,5	404
des	**Kapitan Belousov**	Leningrad	Sandvikens AB., Sandviken	55	3710	1050	1446	83,2	19,4	6,2	16,5	555
des	**Kapitan Bondarenko**	Vladivostok	Leninskogo Komsomola, Komsomolsk	66	7684	3384	8680	133,2	18,8	9,1	15,0	434
ms	**Kapitan Burmakin**		Stocznia Gdanska, Gdansk	76	10179	5373	14000	150,3	21,0	8,7	15,8	454
ms	**Kapitan Chirkov**	Odessa	Chernomorski-Werft, Nikolaev	72	11278	5870	16617	169,6	21,8	10,0	18,0	468
mf	**Kapitan Demidov**	Arkhangelsk	Stocznia Gdanska, Gdansk	69	2948	1330	1400	83,0	13,8	5,4	12,5	621
mt	**Kapitan Dotsyenko**		»G. Dimitrov«, Varna	75	4198	1886	5780	116,0	16,0	6,6	14,0	
ms	**Kapitan Dublitskij**	Vladivostok	Stocznia Gdanska, Gdansk	75	10179	5780	14000	150,3	21,0	8,7	15,8	454
mt	**Kapitan Dyachuk**	Nakhodka	»G. Dimitrov«, Varna	75	4198	1886	5780	116,0	16,0	6,6	14,0	
ms	**Kapitan Dzhurashevich**	Odessa	Chernomorskij-Werft, Nikolaev	73	11278	5870	16617	169,6	21,8	10,0	18,0	468
mf	**Kapitan Evseyev**	Astrakhan	Mathias-Thesen-Werft, Wismar	70	1115	426	650	65,5	11,1	3,6	10,8	612
ms	**Kapitan Gastello**	Arkhangelsk	Hollming Varv, Rauma	67	2723	1302	3580	102,3	14,0	6,0	13,0	368
ms	**Kapitan Georgij Baglay**	Odessa	Chernomorskij-Werft, Nikolaev	74	11262	5921	16617	170,7	22,0	9,8	18,5	468
ms	**Kapitan Glazachev**		Stocznia Gdanska, Gdansk	76	10179	5373	14000	150,3	21,0	8,7	15,8	454
me	**Kapitan Gotskiy**	Vladivostok	»Leninskogo Komsomola«, Komsomolsk	65	7684	3384	8659	133,2	18,8	8,9	15,0	434
mt	**Kapitan Gribin**	Nakhodka	»G. Dimitrov«, Varna	73	4198	1886	5780	116,0	16,0	6,7	13,0	
ts	**Kapitan Gritsuk**	Kholmsk	Stocznia Gdanska, Gdansk	60	3688	1908	5137	108,3	14,6	6,6	12,0	390
mt	**Kapitan Izotov**	Nakhodka	»G. Dimitrov«, Varna	72	4198	1886	5780	116,1	16,0	6,7	13,0	
ms	**Kapitan Kadetskiy**	Odessa	Chernomorskij-Werft, Nikolaev	72	11278	5870	16617	169,6	21,8	10,0	18,0	468
ms	**Kapitan Kaminskiy**	Odessa	Chernomorskij-Werft, Nikolaev	72	11278	5870	16617	169,6	21,8	10,0	18,0	468
ms	**Kapitan Kiriy**	Vladivostok	Stocznia Gdanska, Gdansk	74	10179	5780	14207	151,8	21,1	8,7	15,8	454
mt	**Kapitan Kobets**		»G. Dimitrov«, Varna	76	4198	1886	5780	116,0	16,0	6,6	14,0	
des	**Kapitan Kondratyev**	Vladivostok	Kherson-Werft, Kherson	72	7461	3109	9190	133,1	18,9	9,0	15,0	434
ms	**Kapitan Kushnarenko**	Odessa	Nosenko-Werft, Nikolaev	67	11670	5922	16526	169,6	21,8	9,6	19,2	468
ms	**Kapitan Leontiy Borisenko**	Odessa	Chernomorskij-Werft, Nikolaev	75	11262	5921	16617	170,7	22,0	9,7	18,5	468
ms	**Kapitan Lev Solovyev**	Odessa	Chernomorskij-Werft, Nikolaev	74	11262	5921	16617	170,7	22,0	9,7	18,5	468
ms	**Kapitan Lukhmanov**	Odessa	Kherson-Werft, Kherson	70	8874	4576	13738	152,8	20,6	9,4	17,0	441
ms	**Kapitan Lyutikov**	Vladivostok	»A. Shdanov«, Leningrad	71	5923	2948	8230	130,0	17,8	7,8	16,2	416
des	**Kapitan Kosolapov**		Wärtsila, Helsinki	76				56,5	17,7	4,2	14,0	551
des	**Kapitan M. Izmaylov**		Wärtsilä, Helsinki	76				56,5	17,7	4,2	14,0	551
mt	**Kapitan Makatsariya**		»G. Dimitrov«, Varna	74	4198	1886	5780	116,0	16,0	6,7	14,0	
me	**Kapitan Markov**	Vladivostok	»Leninskogo Komsomola«, Komsomolsk	68	7684	3384	9573	133,0	18,8	9,1	15,0	434
des	**Kapitan Melekhoff**		Sandvikens AB., Sandviken	56	3377	1329	1329	83,2	19,4	6,2	16,5	555
ms	**Kapitan Milovzorov**		Stocznia Gdanska, Gdansk	75	10179	5780	14000	151,8	21,1	8,7	15,8	454
ms	**Kapitan Mochalov**	Arkhangelsk	Stocznia Gdanska, Gdansk	73	10185	5758	13954	151,8	21,1	8,7	15,8	454
ms	**Kapitan Modest Ivanov**	Odessa	Chernomorskij-Werft, Nikolaev	74	11262	5921	15618	170,7	22,0	9,8	19,2	468
des	**Kapitan Myshevskiy**	Vladivostock	Kherson-Werft, Kherson	70	7457	3104	9160	133,1	18,9	9,0	15,0	434
mt	**Kapitan Nevezhkin**			76	4198	1886	5780	116,0	16,0	6,6	14,0	
des	**Kapitan Nikolaev**		Wärtsilä Oy., Helsinki	78				128,4	26,5	8,5	18,0	557
ms	**Kapitan Nokhrin**	Murmansk	Valmet, Abo	61	1151	240	tug	61,2	11,8	4,7	15,0	574
ms	**Kapitan Panfilov**			75	10145	4151	14550	145,4	20,6	9,4	14,0	458
ms	**Kapitan Plaushevskiy**	Odessa	Kherson-Werft, Kherson	70	8874	4576	13738	152,8	20,6	9,4	17,0	441
ms	**Kapitan Reutov**			76	10145	4151	14550	145,4	20,6	9,4	14,0	458
ms	**Kapitan Samoylenko**	Vladivostock	Stocznia Gdanska, Gdansk	75	10179	5780	14000	150,3	21,0	8,7	15,8	454
ms	**Kapitan Shantsberg**	Odessa	Kherson-Werft, Kherson	71	9173	4859	13738	152,8	20,6	9,3	17,0	441
mt	**Kapitan Shvetsov**	Nakhodka	»G. Dimitrov«, Varna	73	4198	1886	5780	116,0	16,0	6,7	13,0	
mf	**Kapitan Skornyakov**	Murmansk	Burmeister & Wain, Köbenhavn	64	4699	2270	2570	102,7	16,0	5,5	14,0	627
ms	**Kapitan Slipko**		Chernomorskij-Werft, Nikolaev	75	11262	5921	15620	170,7	22,0	9,8	19,2	468
des	**Kapitan Sorokin**		Wärtsilä Oy., Helsinki	77				128,4	26,5	8,5	18,0	557
ms	**Kapitan V. Fedotov**	Leningrad	Kaliningrad	62	828		tug	51,5	11,0	4,5	13,5	571
ms	**Kapitan Vasiliy Kulik**	Odessa	Chernomorskij-Werft, Nikolaev	74	11262	5921	16617	170,7	22,0	9,8	19,2	468
ms	**Kapitan Vislobokov**	Iljitshevsk	Nosenko-Werft, Nikolaev	67	9912	4960	12715	155,6	20,7	9,1	15,5	456
ms	**Kapitan Voolens**		Stocznia Gdanska, Gdansk	75	10179	5780	14000	150,3	21,0	8,7	15,8	454
ms	**Kapitan Voolens***	Tallinn	»Neptun«, Rostock	60	3145	1628	4388	104,0	14,4	6,6	12,5	376
des	**Kapitan Voronin**	Leningrad	Sandvikens AB., Sandviken	55	3416	883	1446	83,2	19,4	6,2	16,5	555
ms	**Kapitan Zamjatin**		Stocznia Gdanska, Gdansk	75	10179	5780	14000	150,3	21,0	8,7	15,8	454
ms	**Kapsukas**	Klaipeda	Hollming, Rauma	71	2723	1302	3950	102,3	14,0	6,0	13,8	368
ms	**Kara**	Klaipeda	Valmet, Helsinki	69	2723	1302	3928	102,1	14,0	6,2	13,5	368
mf	**Kara-Dag**	Kertsh	Volkswerft, Stralsund	71	2164	731	1134	82,2	13,6	5,2	13,0	619
mt	**Kara-Dag**	Baku	Norrköpings Varv, Norrköping	52	1145	503	1233	68,5	10,4	4,2	10,0	484

Art	Name	Heimathafen	Bauwerft	Baujahr	BRT	NRT	tdw	L	B	Tfg	kn	Skizze-Nr.
ms	**Kara-Dag**	Shdanov	»G. Dimitrov«, Varna	65	1002	392	167	63,8	9,3	3,0	13,3	525
ms	**Karachaevo-Cherkessiya**	Leningrad	Crichton-Vulcan, Abo	62	8540	4695	12200	147,0	19,8	9,1	15,0	438
ms	**Karaga**	Vladivostok	Santierul Naval, Galatz	70	3023	1417	4230	104,5	14,4	6,4	13,5	
mf	**Karagach**	Nakhodka	Mathias-Thesen-Werft, Wismar	75	2097	881	1212	82,2	13,6	5,0	13,5	619
ms	**Karaganda**	Leningrad	Warnowwerft, Warnemünde	69	9748	5500	12882	151,5	20,3	8,8	17,7	437
mf	**Karagat**			71	2581	888	1268	83,9	14,0	5,8	12,0	
mt	**Karakum Kanal**	Baku	»G. Dimitrov«, Varna	65	3821	2002	4717	123,5	16,0	4,4	10,8	495
mt	**Karakumneft**	Nakhodka	Kertsh	70	1611	600	1660	83,6	12,0	4,6	13,8	488
def	**Karakumy**	Murmansk	»Okean«-Werft, Oktjabrskoje	73	3273	1085	2624	107,5	14,4	6,2	13,0	
mt	**Kareli**	Batumi	Kertsh	70	1611	600	1660	83,0	12,0	4,7	13,8	488
ms	**Kareliya**		Wärtsilä, Helsinki	76	16631	7812	2100	153,0	21,8	5,8	21,0	542
ms	**Kareliyales**	Petropavlovsk-K.	Nystads Varv, Nystad	63	2925	1361	3400	102,0	14,0	6,0	13,8	369
ms	**Kargopol**	Arkhangelsk	Vyborg-Werft, Vyborg	66	4482	2010	6459	121,8	16,7	6,8	14,5	400
mf	**Kargopol**	Petropavlovsk-K.		70	2666	912	1268	83,9	14,0	5,7		
ms	**Karl Krushteyn**	Tallinn	Angyalfold, Budapest	69	1153	521	1285	74,5	11,3	4,0	11,5	349
ms	**Karl Liebknecht**	Murmansk	Mathias-Thesen-Werft, Wismar	70	11915	6554	9288	155,0	22,2	7,2	17,5	651
ms	**Karl Liebknecht**	Odessa	Stocznia Gdanska, Gdansk	69	10028	5436	12750	154,7	20,6	9,0	17,4	446
mt	**Karl Marx**	Novorossijsk		57	7653	3931	12277	145,5	19,2	8,5	13,3	498
ms	**Karlis Ziedinsk**	Riga	Stocznia Gdanska, Gdansk	71	5194	2432	4251	119,6	17,0	6,3	19,0	411
mf	**Karolis Pozhela**		UdSSR	62	3170	1225	1250	84,7	14,0	5,5	12,0	622
def	**Karpaty**	Murmansk		69	3390	1121	2550	107,5	14,4	6,2	13,0	
def	**Karpogory**	Murmansk	»Okean«, Oktjabrskoje	72	3273	1085	2624	107,5	14,4	6,2	13,0	
ms	**Karskoe More**	Vladivostok	Constr. Nav. & Ind. de la Med., La Seyne	72	18302	9802	14951	186,2	25,0	7,7	18,9	476
mt	**Kartaly**	Murmansk	Valmet, Abo	53	1117	524	1290	69,0	10,0	4,5	10,5	485
mf	**Kartli**	Kertsh	Volkswerft, Stralsund	66	2435	1070	850	79,8	13,2	4,9	11,7	617
ms	**Kashino**	Klaipeda	Valmet, Abo	70	2873	1305	3950	102,3	14,0	6,2	13,5	368
ss	**Kashira**	Riga	»Neptun« Rostock	54	3258	1522	4450	102,9	14,4	6,7	13,0	382
ms	**Kasimov**	Leningrad	Crichton-Vulcan, Abo	62	8540	4695	12200	147,4	19,7	7,9	17,0	438
mf	**Kaskad**	Tallinn	Nosenko-Werft, Nikolaev	65	2715	913	1460	84,7	14,0	5,5	12,0	622
ms	**Kaspij**	Shdanov		62	3398	1803	4000	120,0	15,0	4,0	12,0	385
mf	**Kaspij**	Astrakhan	Mathias-Thesen-Werft, Wismar	68	1110	429	670	65,7	11,1	3,7	10,5	612
ms	**Kaspijsk**	Leningrad	Crichton-Vulcan, Abo	63	8540	4695	12200	147,4	19,7	7,9	17,0	438
mf	**Kassiopeia**	Kaliningrad	Volkswerft, Stralsund	65	2435	1070	850	79,8	13,2	4,9	11,7	617
ms	**Katangli**	Kholmsk	Santierul Naval, Galatz	68	3019	1412	4230	104,4	14,4	6,4	13,5	
mf	**Katangli**	Korsakov	UdSSR	68	2690	926	1496	84,7	14,0	5,7	13,0	622
des	**Katyn**	Nakhodka	Wärtsilä, Abo	73	6020	2653	3810	130,4	16,1	5,8	14,0	667
mt	**Kaunas**	Riga		56	7653	3931	11430	145,5	19,2	8,5	13,3	498
ms	**Kavalerovo**	Vladivostok	Santierul Naval, Galatz	70	3016	1414	4230	104,5	14,4	6,4	13,5	
ms	**Kavkaz**							83,5	13,7	8,8		590
tt	**Kavkaz**		Novorossijsk	76			150498	295,0	44,8	17,0	17,0	522
ms	**Kazakhstan**		Wärtsilä, Helsinki	76	16631	7812	2100	153,0	21,8	5,8	21,0	542
mf	**Kazakhstan**	Nakhodka	UdSSR	64	3170	1225	1485	84,7	14,0	5,5	12,0	622
mf	**Kazalinsk**	Petropavlovsk-K.	UdSSR	69	2690	926	1496	84,7	14,0	5,7	13,0	622
mf	**Kazan**	Kaliningrad	Kieler Howaldtswerke, Kiel	57	2452	965	1650	85,5	13,4	5,2	12,5	618
mf	**Kazantip**	Kertsh	Volkswerft, Stralsund	70	2654	1115	1139	82,0	13,6	5,2	13,0	619
ms	**Kazatin**	Shdanov	Santierul Naval, Galatz	69	3019	1412	4230	104,5	14,4	6,4	13,5	
mf	**Kazatin**	Petropavlovsk-K.	UdSSR	69	2690	926	1496	84,7	14,0	5,7	12,0	622
mt	**Kazbek**	Ventspils	UdSSR	54	8229	3942	11430	145,5	19,2	8,5	13,3	498
def	**Kazis Gedris**	Klaipeda	Nosenko-Werft, Nikolaev	62	3308	1390	2510	99,3	14,1	5,5	13,5	370
des	**Kazis Preykshas**	Klaipeda	»61 Kommunar«, Nikolaev	69	5942	2844	5170	130,0	16,8	7,2	16,5	422
ms	**Kedaynyay**	Klaipeda	Hollming, Rauma	71	2723	1302	3950	102,3	14,0	6,2	13,5	368
ms	**Kegostrov**	Sevastopol	Vyborg-Werft, Vyborg	69	5277	969	1834	121,8	16,4	7,1	15,0	600
gmt	**Kegums**	Riga	Mitsubishi Shipb. + Eng. Co., Hiroshima	65	3476	1517	2415	96,5	15,0	5,0	14,4	493
ms	**Keila**	Tallinn	»Georghiu Dej«, Budapest	60	1157	534	1286	74,5	11,5	4,0	10,5	349
ms	**Kekhra**	Tallinn	Angyalfold, Budapest	66	1153	521	1285	74,6	11,3	4,0	11,5	349
mt	**Kekur**	Murmansk		67	1754	545	1679	83,6	12,0	4,7	13,7	488
ms	**Kelme**	Klaipeda	Navashinskij-Werft, Navashino	70	3587	1740	4150	123,5	15,0	4,5	11,8	389
ms	**Kem**	Arkhangelsk	Navashinskij-Werft, Navashino	67	3031	1377	3797	104,5	14,4	6,0	13,5	377
ms	**Kemeri**	Riga	»Georghiu Dej«, Budapest	57	1211	448	1100	70,1	10,0	3,8	9,5	348a
ss	**Kemerovo**	Vladivostok	Stocznia Gdanska, Gdansk	53	3546	1927	5000	108,3	14,6	6,6	12,5	390
ms	**Kemine**	Baku	»Krasnoje Sormovo«, Gorki	72	2484	1321	3134	114,0	13,2	3,7	10,8	363
mt	**Kerch**	Batumi	Kertsh	70	10813	5670	16540	162,4	21,4	8,9	16,0	501
mt	**Kerch**	Batumi	Admiralteiskij-Werft, Leningrad	54	8229	3942	11430	145,5	19,2	8,5	13,3	498
mf	**Kerch**	Sevastopol	Volkswerft, Stralsund	62	1920	602	850	79,8	13,2	4,9	11,7	617
mt	**Kerchenskij Kommunist**	Baku	Kertsh	72	1611	600	1660	83,6	12,0	4,6	12,5	488
mf	**Kerchenskij Komsomolets**	Kertsh	Volkswerft, Stralsund	66	1920	602	864	79,8	13,2	5,2	12,5	617
ms	**Kessulaid***		Denizcilik Sirketi, Beykoz	72	965	575	1531	80,2	12,8	4,1	12,5	342
ms	**Keyla**			59	1157	534	1570	78,8	10,5	4,6	12,0	
ms	**Khabarovsk**	Vladivostok	Mathias-Thesen-Werft, Wismar	62	5235	2165	1357	122,2	16,0	5,2	17,0	533

Art	Name	Heimathafen	Bauwerft	Baujahr	BRT	NRT	tdw	L	B	Tfg	kn	Skizze-Nr.
mf	**Khabarovsk**	Murmansk	Kieler Howaldtswerke, Kiel	56	3000	1238	1547	84,5	13,4	5,5	12,5	618
mf	**Khanka**	Vladivostok	Volkswerft, Stralsund		2289	966	1005	82,4	13,0	4,9	11,0	648
mt	**Khanka**	Vladivostok	Kertsh	69	1630	594	1660	83,6	12,0	4,6	13,8	488
des	**Khariton Laptev***		Admiralteiskij-Werft, Leningrad		2305		1092	67,6	18,1	5,5	14,0	552
ms	**Kharlov**	Arkhangelsk	Hollming, Rauma	.68	2723	1302	3930	102,3	14,0	6,2	13,5	368
def	**Kharlovka**		Stocznia Gdanska, Gdansk	77	1976	596	823	72,8	13,0	4,9	13,0	616
ms	**Khasan**	Kholmsk	»Neptun«, Rostock	73	4497	2264	5657	117,9	16,6	6,9	16,5	401
ms	**Khazan**	Petropavlovsk-K.	Volkswerft, Stralsund	61	2288	965	1050	82,4	13,0	4,4	11,0	648
ms	**Khatanga**	Vladivostok	Stocznia Gdanska, Gdansk	68	4531	2383	5915	123,9	16,7	6,8	16,0	404
ms	**Khatangales**	Petropavlovsk-K.	Nystads Varv, Nystad	65	2921	1345	4009	102,3	14,0	6,2	13,5	368
mf	**Khayryuzovo**	Petropavlovsk-K.		71	2833	1059	1150	83,3	14,0	5,7	12,0	
ms	**Khendrik Kujvas**	Ismail	»Turnu Severin«, Turnu Severin	75	2079	918	2150	88,8	12,8	5,2	12,9	359
mf	**Kherman Arbon**	Tallinn	Nikolaev	69	2690	926	1496	84,7	14,0	5,7	13,0	622
mt	**Kherson**		UdSSR	53	7653	3931	11430	145,5	19,2	8,5	13,3	498
mt	**Khersones**	Sevastopol	Rauma-Repola, Rauma	68	3468	1607	4600	106,0	15,4	6,5	14,0	492
ms	**Khersones**		IHC Smit, Kinderdijk					106,0	18,2			663
ms	**Khibinskie Gory**	Murmansk	Götaverken, Göteborg	64	10873	5906	8650	157,0	21,2	7,4	17,5	464
def	**Khibinij**	Murmansk		69	3390	1121	2550	107,5	14,4	6,2	13,0	
ts	**Khimik Zelinskij**	Odessa	Kherson-Werft, Kherson	62	11206	6123	16225	169,9	21,8	9,7	17,0	467
mf	**Khingan**	Petropavlovsk	Nosenko-Werft, Nikolaev	62	3170	1225	1260	84,7	14,0	5,5	12,0	622
ms	**Khirurg Vishnevskij**	Odessa	Kherson-Werft, Kherson	61	11206	6097	16040	169,9	21,8	9,7	17,0	467
def	**Kholmogorij**	Murmansk	»Okean«-Werft, Oktjabrskoje	71	3273	1085	2624	107,5	14,4	6,2	13,0	
ms	**Kholmogory**		»Neptun«, Rostock	62	3251	1630	4300	104,2	14,4	6,6	14,0	376
ms	**Kholmsk**	Kholmsk	Stocznia Gdanska, Gdansk	65	4531	2383	6178	123,9	16,7	7,0	15,8	404
mf	**Khronometer**	Sevastopol	Volkswerft, Stralsund	73	2211	639	1091	82,0	13,6	5,3	14,3	619
mf	**Khrustal**	Kaliningrad	UdSSR	63	3170	1225	1448	84,7	14,0	5,5	12,0	622
mf	**Khrustalnij**		Mathias-Thesen-Werft, Wismar	74	2097	881	196	82,2	13,6	5,5	13,5	619
mt	**Khrustalnij**	Nakhodka	Kertsh	69	1722	571	1660	83,6	12,0	4,6	13,8	488
ms	**Khudat**	Shdanov		65	1160	496	301	68,7	9,7	2,5	11,3	
des	**Khudozhnik Deyneka**	Vladivostok	»61 Kommunar«, Nikolaev	70	5120	2387	5170	130,0	16,8	7,2	16,5	422
ms	**Khudozhnik Ioganson**	Vladivostok	Warnowwerft, Warnemünde	76	17834	10017	14720	169,7	25,4	9,2	20,0	475
ms	**Khudozhnik Plastov**	Ismail	Navashinskij-Werft, Navashino	73	3587	1740	4100	123,5	15,0	4,5	11,8	389
des	**Khudozhnik S. Gerasimov**	Vladivostok	»61 Kommunar«, Nikolaev	68	5942	2844	5170	130,0	16,8	7,2	16,6	422
ms	**Khudozhnik Saryan**	Vladivostok	Warnowwerft, Warnemünde	75	17834	10017	14720	169,7	25,4	9,2	20,0	475
mt	**Khudozhnik Toidze**		Brodogradiliste Split, Split	76	15662	9721	24000	183,0	23,5	10,0	17,0	676
ss	**Khudozhnik V. Kraynev**	Shdanov	Stocznia Gdanska, Gdansk	56	3628	1877	5000	108,3	14,6	6,6	12,5	390
des	**Khudozhnik Vrubel**	Vladivostok	»61 Kommunar«, Nikolaev	71	5120	2387	5170	130,0	16,8	7,2	16,5	422
ms	**Khudozhnik Zhukov**	Vladivostok	Warnowwerft, Warnemünde	76	17834	10017	14720	169,7	25,4	9,2	20,0	475
tt	**Khulio Antonio Melya**	Novorossijsk	Baltic Shipb. & Eng. Works, Leningrad	66	31524	15237	50669	231,7	31,0	11,9	17,0	519
des	**Kiev**	Murmansk	Crichton-Vulcan, Abo	65	9424	1141	5683	122,1	24,5	10,5	18,3	556
ms	**Kigilyakh**			72	3587	1739	4150	123,5	15,0	4,5	11,8	389
ms	**Kihelkona**	Tallinn	»Georghiu Dej«, Budapest	63	1153	521	1320	74,5	11,4	4,0	10,5	349
ms	**Kikhchik**	Petropavlovsk-K.	Valmet, Abo	71	2723	1032	3950	102,3	14,0	6,2	13,5	368
ms	**KIL-1**		»Neptun«, Rostock	65	2366	724	4150	86,8	14,8	5,0	12,0	665
ms	**KIL-2**		»Neptun«, Rostock	65	2402	733	4150	86,8	14,8	5,0	12,0	665
ms	**KIL-3**		»Neptun«, Rostock	67	2366	724	4150	86,8	14,8	5,0	12,0	665
des	**KIL-4**		»Neptun«, Rostock	68	2366	727	4150	86,8	14,8	5,0	12,0	665
des	**KIL-25**		»Neptun«, Rostock	69	2369	727	4150	86,8	14,8	5,0	13,2	665
des	**KIL-27**	Vladivostok	»Neptun«, Rostock	69	2369	727	4150	86,8	14,8	5,0	12,0	665
des	**KIL-29**		»Neptun«, Rostock	74	2369	727	4150	86,8	14,8	5,0	12,0	665
des	**KIL-31**		»Neptun«, Rostock	75	2369	727	4150	86,8	14,8	5,0	12,0	665
ms	**Kildin**	Arkhangelsk	»A. Shdanov«, Leningrad	66	4506	2078	6459	121,9	16,7	6,8	14,5	400
mf	**Kildin**		Socznia Gdanska, Gdansk	65	2970	1344	1250	83,0	13,8	5,4	12,5	621
ms	**Kiliya**	Shdanov	Santierul Naval, Galatz	67	3019	1412	4230	104,5	14,4	6,4	13,5	
ms	**Kiliya**	Ismail		66	1865	938	2128	96,0	13,0	3,3	10,0	357
ms	**Kimovsk**	Leningrad	Crichton-Vulcan, Abo	62	9397	4969	12200	147,4	19,7	7,9	17,0	438
ms	**Kimry**	Arkhangelsk	Hollming, Rauma	69	2723	1302	3930	102,3	14,0	6,2	13,5	368
mf	**Kineshma**		Baltische Werft, Klaipeda	75	1503	465	611	59,0	13,0	4,9	13,8	614
ms	**Kingisepp**	Leningrad	Valmet, Pansio	69	2873	1305	3930	102,3	14,0	6,2	13,5	368
ms	**Kirensk**	Kholmsk	Santierul Naval, Galatz	68	3019	1412	4230	104,5	14,4	6,4	13,5	
ms	**Kirgizstan**	Baku	»A. Shdanov«, Leningrad	59	3219	1322	594	101,5	14,6	3,8	14,5	529
mt	**Kirov**	Batumi		55	8229	3942	11430	145,5	19,2	8,5	13,3	498
mt	**Kirovabad**	Baku	»G. Dimitrov«, Varna	66	3821	2002	4683	123,0	16,0	4,4	10,8	495
mf	**Kirovograd**	Odessa	Volkswerft, Stralsund	69	2657	1115	1149	82,2	16,3	5,0	13,0	619
ms	**Kirovsk**	Leningrad	Crichton-Vulcan, Abo	57	5518	2952	8235	139,4	17,7	7,9	16,0	418
ms	**Kirovskles**	Petropavlovsk-K.	Nystads Varv, Nystad	62	2924	1361	3400	102,0	14,0	6,0	13,8	369
ms	**Kishinev**	Ismail	Navashinskij-Werft, Navashino	68	3587	1739	4150	123,5	15,0	4,5	11,8	389
ms	**Kislovodsk**	Leningrad	Crichton-Vulcan, Abo	59	5419	2946	8235	139,4	17,7	7,9	16,0	418
def	**Kirach**	Murmansk		71	3273	1145	2555	107,5	14,4	6,2	13,0	
ms	**Kizi**	Vladivostok	Volkswerft, Stralsund	61	2295	987	650	82,4	13,0	4,4	11,0	648

Art	Name	Heimathafen	Bauwerft	Baujahr	BRT	NRT	tdw	L	B	Tfg	kn	Skizze-Nr.
mf	**Kizir**	Petropavlovsk-K.		71	2581	888	1268	83,9	14,0	5,8	12,5	
mt	**Klaipeda**	Batumi		54	8229	3942	11430	145,5	19,2	8,5	13,3	498
ms	**Klara Zetkin**	Riga	Stocznia Gdanska, Gdansk	71	5194	2432	4413	119,6	17,0	6,3	19,0	411
ms	**Klim Voroshilov**	Odessa	Kherson-Werft, Kherson	71	9173	4859	13738	152,8	20,6	9,4	17,0	441
mf	**Klimovo**	Nakhodka	Mathias-Thesen-Werft, Wismar	75	2100	859	1212	82,0	13,6	5,0	13,5	619
ms	**Klin**	Leningrad	Crichton-Vulcan, Abo	64	9363	4969	12400	147,4	19,7	7,9	17,0	447
mf	**Kljazma**	Sevastopol	Volkswerft, Stralsund	65	1920	602	850	79,8	13,2	4,9	11,7	617
mt	**Kljasma**	Vladivostok	Crichton-Vulcan, Abo	52	1081	336	1730	63,5	10,0	4,5	10,0	
mf	**Klyuchevskoy**	Petropavlovsk-K.	Chernomorskij-Werft, Nikolaev	70	2581	888	1268	83,9	14,3	5,7	12,5	
mf	**Kobuleti***	Batumi	Volkswerft, Stralsund	70	2177	746	1140	82,0	13,6	5,2	13,5	619
ms	**Kodino**	Petropavlovsk-K.	Hollming, Rauma	66	2921	1337	3370	102,3	14,0	6,0	13,0	368
mt	**Kokand**	Riga	Rauma-Repola, Rauma	59	3300	1573	4000	105,1	14,8	6,0	13,5	491
ms	**Kokhtla**		»Neptun«, Rostock	65	3236	1539	4225	105,9	14,6	6,6	13,5	384
mt	**Kola**		Rauma-Repola, Rauma	67	3674	1728	4600	106,0	15,4	6,5	14,0	492
ms	**Kola**	Murmansk	»Georghiu Dej«, Budapest	55	1289	498	1100	70,0	10,0	3,8	9,5	348a
ms	**Kolgujev**	Kholmsk	Valmet, Pansio	65	2725	1331	3456	102,3	14,0	6,0	13,5	368
ms	**Kolkhida**	Odessa	»A. Shdanov«, Leningrad	61	3219	1322	690	101,5	14,6	3,8	14,5	529
mf	**Kolkhida**	Poti	Volkswerft, Stralsund	66	1920	607	850	79,8	13,2	4,9	11,7	617
ss	**Kolomna**	Leningrad	»Neptun«, Rostock	53	3258	1564	4450	102,9	14,4	6,7	13,0	382
ss	**Kolpino**	Leningrad	»Neptun«, Rostock	58	2997	1462	4450	102,9	14,4	6,7	13,0	382
mf	**Kolkiy**	Murmansk	Stocznia Gdanska, Gdansk	64	2894	1271	1250	83,0	13,8	5,4	12,5	621
mf	**Koltsov**	Kaliningrad	UdSSR	59	3170	1225	1300	84,7	14,0	5,5	12,0	622
ms	**Kolya Myagotim**	Vladivostok	»Neptun«, Rostock	69	3601	1760	4600	105,7	15,6	6,8	14,3	384
ms	**Kolyma***	Baku	Rheinwerft Walsum, Walsum	36	1146	509	1083	69,9	10,2	4,0	10,0	344
mf	**Kolyma**	Makhachkala	Mathias-Thesen-Werft, Wismar	70	1115	426	605	65,5	11,1	3,6	10,8	612
ms	**Kolymales**	Arkhangelsk	Hollming, Rauma	63	2725	1331	3400	102,0	14,0	6,0	13,8	369
mf	**Kolyvan**	Petropavlovsk-K.	UdSSR	69	2690	926	1496	84,7	14,0	5,7	13,0	622
ms	**Komandarm Matveyev**	Odessa	Kherson-Werft, Kherson	69	8874	4576	13738	152,8	20,6	9,4	17,0	441
mf	**Kometa**	Murmansk	Stocznia Gdanska, Gdansk	62	2894	1271	1250	83,0	13,8	5,4	12,5	621
ms	**Komiles**	Leningrad	Stocznia Gdanska, Gdansk	60	4533	2348	6205	123,9	16,7	7,0	14,5	404
des	**Komissar Polukhin***	Murmansk	»61 Kommunar«, Nikolaev	68	6009	2196	4360	130,9	16,9	7,1	16,5	425
mf	**Kommunar**	Leningrad	Volkswerft, Stralsund	74	3931	1810	2063	102,0	15,2	5,2	15,0	624
ms	**Kommunarsk**	Leningrad	Crichton-Vulcan, Abo	65	9364	4968	12200	147,4	19,7	7,9	17,0	447
ms	**Kommunist**	Odessa	Stocznia Gdanska, Gdansk	68	10028	5436	12707	154,7	20,6	9,0	16,5	446
mf	**Kommunist**	Nakhodka	UdSSR	67	2690	1225	1496	84,7	14,0	5,7	13,0	622
mf	**Kommunist Ukrainy**	Vladivostok	Nosenko-Werft, Nikolaev	68	2690	926	1496	84,7	14,0	5,7	13,0	622
ms	**Kommunst. Znamya**	Odessa	Stocznia Gdanska, Gdansk	68	10028	5436	12707	154,6	20,6	9,0	16,5	446
ms	**Kompas**	Murmansk	Burmeister & Wain, København	68	4734	2064	2520	102,7	16,0	5,6	14,0	627
mt	**Komsomol**	Novorossijsk	UdSSR	57	7653	3931	11430	145,5	19,2	8,5	13,3	498
mf	**Komsomol Latvij**	Liepaja	Baltische Schiffswerft, Klaipeda	69	2692	848	1451	84,7	14,0	5,7	12,0	622
mf	**Komsomol Ukraini**	Riga	J. S. Nosenko, Nikolaev	65	3170	1225	1260	84,7	14,0	5,5	12,0	622
mt	**Komsomol Volgograda**	Leningrad	Volgograd-Werft, Volgograd	70	3627	1775	4582	135,0	16,5	3,5		
ms	**Komsomolets**	Shdanov	A. Shdanov, Leningrad	70	5923	2948	8230	130,0	17,8	7,8	16,0	416
des	**Komsomolets**	Vladivostok	Nosenko, Nikolaev	56	844	239	339	63,6	9,5	4,4	17,0	611
ms	**Komsomolets Adzharii**	Shdanov	A. Shdanov, Leningrad	74	5893	2803	8264	130,0	17,8	7,8	16,0	416
ms	**Komsomolets Armenii**	Shdanov	A. Shdanov, Leningrad	73	5893	2803	8290	130,0	17,8	7,8	15,5	416
ms	**Komsomolets Artema**		A. Shdanov, Leningrad	74	5893	2803	8260	130,0	17,8	7,8	15,5	416
ms	**Koms. Azerbaydzhana**	Shdanov	A. Shdanov, Leningrad	73	5893	2803	8290	130,0	17,8	7,8	15,5	416
ms	**Komsomolets Belorussii**	Shdanov	A. Shdanov, Leningrad	74	5893	2803	8264	130,0	17,8	7,8	15,5	416
ms	**Komsomolets Estonii**	Leningrad	Wärtsilä, Abo	66	8540	4695	12400	147,0	19,8	9,1	15,8	447
ms	**Komsomolets Gruzii**	Shdanov	A. Shdanov, Leningrad	73	5893	2803	8290	130,0	17,8	7,8	15,5	416
ms	**Koms. Kazakhstana**		A. Shdanov, Leningrad	75	5893	2803	8264	130,0	17,8	7,8	16,0	416
ms	**Komsomolets Kirgizii**	Leningrad	Wärtsilä, Abo	66	9014	4699	12400	147,0	19,8	9,1	15,8	447
tt	**Komsomolets Kubani**	Novorossijsk	Admiralteiskij-Werft, Leningrad	66	31817	15518	50669	230,5	31,0	11,8	17,0	519
ms	**Komsomolets Latvii**	Leningrad	Wärtsilä, Abo	66	8540	4695	12400	147,0	19,8	9,1	15,8	447
tt	**Komsomolets Leningrada**	Novorossijsk	Leningrad	68	31524	16217	50569	231,7	31,0	11,9	17,0	519
ms	**Komsomolets Litvy**	Leningrad	Wärtsilä, Abo	66	9014	4699	12400	147,0	19,8	9,1	15,8	447
ms	**Komsomolets Magadana**		Stocznia Gdanska, Gdansk	75	10068	4141	10174	164,0	21,3	8,1	15,3	637
ms	**Komsomolets Moldavii**	Shdanov	A. Shdanov, Leningrad	70	5923	2948	8230	130,0	17,8	7,8	16,0	416
ms	**Komsomolets Nakhodki**	Vladivostok	A. Shdanov, Leningrad	71	5923	2948	8230	130,0	17,8	7,8	16,0	416
mt	**Komsomolets Primorya**	Nakhodka	Rauma-Repola, Rauma	60	3087	1573	4300	105,1	14,8	6,1	13,5	491
des	**Komsomolets Primorya**	Vladivostok		61	844	239	239	63,6	9,5	4,4	17,3	611
ms	**Komsomolets Rossii**	Shdanov	A. Shdanov, Leningrad	74	5893	2803	8290	130,0	17,8	7,8	15,5	416
ms	**Komsomolets Sakhalina**	Kholmsk	Vyborg-Werft, Vyborg	71	4540	2171	6090	122,0	16,7	7,1	14,5	402
ms	**Komsomolets Spasska**	Vladivostok	A. Shdanov, Leningrad	72	5923	2948	8230	130,0	17,8	7,8	15,5	416
ms	**Komsomolets Tadzhikistana**		Wärtsilä, Abo	66	9015	4699	12400	147,0	19,8	9,1	15,8	447
ms	**Komsomolets Turkmenii**		A. Shdanov, Leningrad	75	5893	2803	8264	130,0	17,8	7,8	16,0	416
mt	**Komsomolets Ukrainij**	Vladivostok	UdSSR	59	7653	3931	11430	145,5	19,2	8,5	12,5	498

Art	Name	Heimathafen	Bauwerft	Baujahr	BRT	NRT	tdw	L	B	Tfg	kn	Skizze-Nr.
des	**Komsomolets Ukrainy**	Vladivostok		58	844	239	339	63,6	9,5	4,4	17,3	611
ms	**Komsomolej Ussuriyska**	Vladivostok	A. Shdanov, Leningrad	72	5923	2948	8230	130,0	17,8	7,8	16,0	416
ms	**Komsomolets Uzbekistana**		Crichton-Vulcan, Abo	65	8540	4695	12200	147,4	19,7	7,9	17,0	447
ms	**Koms. Vladivostoka**		A. Shdanov, Leningrad	73	5893	2803	8290	130,0	17,8	7,8	15,5	416
ms	**Komsomolsk**		Valmet Oy., Helsinki	76			22600	206,0	31,0	9,7	22,0	474
mf	**Komsomolsk Na Amure**		Stocznia Gdanska, Gdansk	75	10068	4141	10174	164,0	21,3	8,1	15,3	637
ms	**Komsomolskaya Pravda**	Shdanov	A. Shdanov, Leningrad	70	5922	2947	8230	130,0	17,8	7,8	16,0	416
ms	**Komsomolskaya Slava**	Odessa	Kherson-Werft, Kherson	68	8874	4576	12884	152,8	20,6	9,0	16,8	441
ms	**Konda**	Riga	LMG., Lübeck	58	3776	1801	3240	111,4	14,5	6,3	13,5	392
ms	**Kondopoga**	Arkhangelsk	Navashinskij-Werft, Navashino	67	3031	1377	3770	104,5	14,4	6,4	13,7	377
mf	**Kondor**		Volkswerft, Stralsund	69	2657	1139	1149	82,2	16,3	5,0	13,0	619
mf	**Kondor**	Liepaja	Volkswerft, Stralsund	72	2154	762	1134	82,0	13,6	5,2	13,5	619
ms	**Kondratiy Bulavin**	Arkhangelsk	Angyalfold-Werft, Budapest	69	1440	623	1726	77,8	11,5	4,7	12,5	350
ms	**Konosha**	Arkhangelsk	»Georghiu Dej«, Budapest	61	1161	553	1814	74,5	11,4	4,0	10,5	349
ms	**Konstantin Korshunov**	Leningrad	Vyborg-Werft, Vyborg	70	1684	754	2360	82,0	12,5	5,4	12,8	355
des	**Konstantin Olshansky**	Murmansk	»61 Kommunar«, Nikolaev	64	6133	2947	5000	130,0	16,8	7,2	16,5	422
ms	**Konstantin Paustovskiy**	Vladivostok	Brodogradiliste »Uljanik«, Pula	70	10204	5223	15143	159,4	21,2	10,0	18,0	457
ms	**Konstantin Petrovskiy**	Vladivostok	Stocznia Gdanska, Gdansk	74	10179	5779	14204	151,8	21,1	8,7	15,8	454
ms	**Konstantin Savelyev**	Leningrad	Vyborg-Werft, Vyborg	69	1684	754	2360	82,0	12,5	5,4	12,8	355
ms	**Konstantin Shestakov**	Leningrad	Vyborg-Werft, Vyborg	68	1684	754	2360	82,0	12,5	5,4	12,8	355
ms	**Konstantin Sukhanow**	Vladivostok	Admiralteiskij-Werft, Leningrad	63	12675	6275	8199	162,2	20,0	7,0	12,7	634
mt	**Konstantin Tsiolkovskiy**	Vientspils	Kertsh	72	10813	5671	16540	162,3	21,4	8,9	16,5	501
ms	**Konstantin Yuon**		Valmet, Abo	74	3184	1653	4464	97,3	16,2	6,5	14,0	378
ms	**Konstantin Zankov**		Vyborg-Werft, Vyborg	74	6459	3082	7700	136,8	17,8	7,5	16,5	
ms	**Konstantin Zaslonov**	Ismail	Navashinskiy-Werft, Navashino	73	3587	1740	4100	123,5	15,0	4,5	11,8	389
ss	**Konstantinovka***	Shdanov	Stocznia Szczecinska, Szczecin	56	2483	1330	3134	94,7	13,5	5,6	11,5	362
mf	**Kontayka**			71	2581	888	1268	83,9	14,0	5,7	12,5	
ms	**Kooperatsiya**	Odessa	Severney Schiffswerft, Leningrad	29	3082	1640	2361	104,0	14,6	5,7	11,0	372
def	**Kopet-Dag**	Murmansk		70	3273	1145	2555	107,5	14,4	6,2	13,0	
ms	**Koporye**		Valmet, Abo	68	2723	1302	3930	102,2	14,0	6,2	13,5	368
ms	**Korablestroityel Klopotov**	Vladivostok	Admiralteiskij-Werft, Leningrad	67	13528	7644	7433	162,0	20,0	7,0	12,0	635
mf	**Korall**	Tallinn	Nosenko-Werft, Nikolaev	64	2715	913	1460	84,7	14,0	5,5	13,0	622
ms	**Koreiz**	Shdanov	Santierul Naval, Galatz	68	3019	1412	4230	104,5	14,4	6,4	13,5	
mf	**Koreiz**	Sevastopol	Volkswerft, Stralsund	63	1920	602	900	79,8	13,2	4,9	11,7	617
mf	**Korenga**	Korsakov		71	2581	888	1268	83,9	14,0	5,7	12,3	
mf	**Korolenko**	Kaliningrad	UdSSR	59	3170	1225	1260	84,7	14,0	5,5	13,0	622
ms	**Korsakov**	Kholmsk		65	3179	1431	4140	104,4	14,4	6,4	13,8	377
ms	**Korsakov**	Petropavlovsk-K.	»Georghiu Dej«, Budapest	49	1311	565	1100	70,0	10,1	3,8	9,5	348
mf	**Korund**	Liepaja	Volkswerft, Stralsund	71	2177	740	1134	82,2	13,6	5,2	13,0	619
ms	**Kosmonaut**	Odessa	Burmeister & Wain, Köbenhavn	63	10478	6068	14510	160,4	21,3	9,7	18,8	459
des	**Kosmonaut**	Vladivostok		67	3285	1290	2538	99,4	14,0	5,5	13,5	370
des	**Kosmonaut Gagarin**	Murmansk	»61 Kommunar«, Nikolaev	68	5942	2844	5170	130,0	16,8	7,2	16,5	422
des	**Kosmonaut Komarov**	Vladivostok	»61 Kommunar«, Nikolaev	68	6455	2698	4269	130,9	16,9	6,7	16,5	425
ms	**Kosm. Pavel Belyayev***	Leningrad	A. Shdanov, Leningrad	63	4896	2215	5970	121,8	16,7	6,8	14,5	600
ms	**Kosm. Vladimir Komarov***	Odessa	Kherson-Werft, Kherson	66	13935	3304	6650	155,7	23,3	8,5	17,5	605
ms	**Kosm. Vladislav Volkov***	Leningrad	A. Shdanov, Leningrad	64	4482	2010	6459	121,9	16,7	7,1	14,5	600a
ts	**Kosm. Yuri Gagarin**	Odessa	Baltische Werft, Leningrad	71	32291	5247	31299	231,7	31,0	10,0	17,0	607
mf	**Kosmos**	Murmansk	Stocznia Gdanska, Gdansk	62	2894	1271	1250	83,0	13,8	5,4	12,5	621
ms	**Kostino**	Klaipeda	Valmet, Abo	70	2723	1302	3950	102,3	14,1	6,2	13,5	368
mt	**Kostroma**			55	7653	3931	11430	145,5	19,2	8,5	13,3	498
ms	**Kostromales**	Leningrad	Valmet, Abo	64	2866	1286	3400	102,0	14,0	6,1	13,5	367
def	**Kotelnich**			74	3273	1085	2624	107,5	14,4	6,2	13,0	
ss	**Kotlas**	Riga	»Neptun«, Rostock	55	3258	1522	4450	102,9	14,4	6,7	13,0	382
ms	**Kotlasles**	Arkhangelsk	Hellmings Varv, Rauma	62	2725	1331	3400	102,0	14,0	6,0	13,8	369
ms	**Kotovsk**	Shdanov	»Georghiu Dej«, Budapest	60	1157	534	1325	74,5	11,4	4,0	10,5	349
ms	**Kotovskij**	Odessa	Cant. Navale Breda, Venezia	68	4079	1398	4400	121,9	17,0	7,5	19,5	396
ms	**Kovda**	Arkhangelsk	Stocznia Gdanska, Gdansk	66	4531	2383	6205	123,9	16,7	7,0	16,0	404
ms	**Kovdales**	Petropavlovsk-K.	Nystads Varv, Nystad	63	2925	1361	3400	102,0	14,0	6,0	12,3	369
mf	**Kovdor**		Burmeister & Wain, Köbenhavn	67	4699	2270	2570	102,7	16,0	5,5	14,0	627
ms	**Kovdor**	Vladivostok	»Neptun«, Rostock	67	3234	1562	4225	105,9	14,6	6,6	13,5	391
ms	**Kovel**	Tallinn	»Neptun«, Rostock	58	3145	1628	4324	104,0	14,4	6,6	12,5	376
ms	**Kovrov**	Leningrad	Crichton-Vulcan, Abo	62	8540	4695	12200	147,4	19,7	9,1	15,5	438
ms	**Kozelsk**	Ismail		72	3587	1740	4130	123,5	15,0	4,5	11,8	389
mf	**Kozerog**	Kaliningrad	Volkswerft, Stralsund	62	2435	1070	850	79,8	13,2	4,9	11,7	617
ms	**Kozyrevsk**	Leningrad	Valmet, Pansio	70	2723	1302	3950	102,3	14,0	6,2	13,8	368
des	**Kramatorsk**	Vladivostok	Baltic Shipb. & Eng. Co., Leningrad	58	5217	2524	5840	130,9	16,8	7,5	17,5	425
des	**Krasin**		Wärtsilä, Helsinki	76	12700			135,0	26,0	11,0	19,5	558
ms	**Kraskino**	Vladivostok	Stocznia Gdanska, Gdansk	65	4531	2382	6170	123,9	16,7	7,0	16,0	404
gmt	**Kraslava**	Riga	Mitsubishi Heavy Ind., Hiroshima	65	3492	1519	2515	96,5	15,0	5,0	14,4	493
ms	**Krasnaija Gorka**	Leningrad	A. Shdanov, Leningrad	68	4482	2010	6460	122,0	16,7	7,1	13,0	402
ts	**Krasnaya Presnya**	Odessa	Kherson-Werft, Kherson	62	11206	6123	16255	169,9	21,8	9,7	19,0	467

Art	Name	Heimathafen	Bauwerft	Baujahr	BRT	NRT	tdw	L	B	Tfg	kn	Skizze-Nr.
ms	**Krasnoarmeysk**	Shdanow	Santierul Naval, Galatz	68	3019	1412	4230	104,5	14,4	6,7	13,5	
ms	**Krasnoborsk**	Arkhangelsk	Hollming, Rauma	70	2723	1302	3905	102,1	14,1	6,2	13,8	368
mf	**Krasnodar**	Novorossijsk	Volkswerft, Stralsund	66	1920	603	865	79,8	13,2	5,2	12,5	617
ms	**Krasnodon**	Leningrad	Crichton-Vulcan, Abo	64	8540	4695	12200	147,4	19,7	9,1	15,8	447
ms	**Krasnoe Selo**	Leningrad	Crichton-Vulcan AB., Abo	65	8540	4695	12200	147,4	19,7	7,9	15,5	447
ts	**Krasnoe Znamya**	Odessa	Kherson-Werft, Kherson	63	11206	6097	16220	169,9	21,8	10,0	19,0	467
ms	**Krasnogorsk**	Vladivostok	Burmeister + Wain, København	56	1571	674	885	72,5	11,5	5,3	10,8	645
ms	**Krasnogorskles**	Kholmsk	Hollming, Rauma	62	2725	1331	3400	102,1	14,0	5,7	13,8	369
ms	**Krasnograd**	Leningrad	Crichton-Vulcan, Abo	61	8540	4695	12300	147,0	19,7	9,1	15,3	438
mf	**Krasnogvardeyets**	Leningrad	Chernomorskiy-Werft, Nikolaev	73	2581	888	1290	83,9	14,0	5,7	12,5	
ms	**Krasnogvardeijsk**	Leningrad	Crichton-Vulcan, Abo	65	9364	4968	12940	147,4	19,7	9,2	15,5	447
ms	**Krasnokamsk**	Leningrad	Crichton-Vulcan, Abo	63	9364	4968	12200	147,4	19,7	9,2	15,5	447
ms	**Krasnopolye**	Kholmsk	Santierul Naval, Galatz	68	3019	1412	4230	104,5	14,4	6,4	13,5	
mf	**Krasnoputilovets**	Leningrad	Stocznia Gdynia, Gdynia	68	2944	1299	1338	83,1	13,9	5,5	12,5	621
ms	**Krasnoturinsk**	Kholmsk	Santierul Naval, Galatz	68	3019	1412	4230	104,5	14,4	6,4	13,5	
ms	**Krasnoufimsk**	Leningrad	Crichton-Vulcan, Abo	63	8540	4695	12200	147,0	19,7	9,1	17,0	438
ms	**Krasnouralsk**	Leningrad	Crichton-Vulcan, Abo	64	8540	4695	12200	147,4	19,7	9,1	17,0	447
mt	**Krasnovodsk**			56	7653	3931	12200	145,5	19,2	8,5	12,5	498
ms	**Krasnoyarsk**	Petropavlovsk-K.	Nystads Varv, Nystad	68	2920	1337	3930	102,3	14,0	6,2	13,8	368
ms	**Krasnoyarskiy Koms.**	Vladivostok	A. Shdanov, Leningrad	72	5923	2948	8230	130,0	17,8	7,8	16,0	416
ms	**Krasnozavodsk**	Leningrad	Crichton-Vulcan, Abo	65	9236	5158	12200	147,4	19,7	9,1	15,5	447
ms	**Krasnyy Luch**	Kertsh	Hitachi Zosen, Mukaishima	64	4950	1948	3062	115,0	17,5	5,6	14,0	631
ts	**Krasny Oktyabr**	Odessa	Kherson-Werft, Kherson	63	11206	6076	16250	169,9	21,8	9,7	19,0	467
mt	**Krechet**	Petropavlovsk-K.		70	2666	912	1268	83,9	14,0	5,7	12,3	
mt	**Kreking**	Klaipeda	Valmet, Abo	56	1117	524	1290	66,9	10,0	4,5	10,5	485
mf	**Kremen**		Volkswerft, Stralsund	76	2154			82,2	13,6	5,0	13,6	619
ms	**Kremenets**	Ismail	»Georghiu Dej«, Budapest	58	1211	448	1100	70,0	10,0	3,8	9,5	348a
ts	**Kreml**		Kherson-Werft, Kherson	64	11206	6066	16240	169,9	21,8	9,7	17,0	467
mf	**Kreml**	Murmansk	J. Boel + Fils, Tamise	49	1492	716	1470	73,6	11,8	5,2	12,0	613
ms	**Kretinga**	Klaipeda	Nystads Varv, Nystad	71	2723	1302	3950	102,3	14,0	6,2	14,0	368
des	**Kreutzwald**	Tallinn		68	3285	1290	2540	99,4	14,0	5,7	13,5	370
ms	**Kripton**	Tallinn	Kertsh	65	1769	559	1660	83,7	12,0	4,6	12,5	488
mf	**Krishyans Voldemars**	Riga	UdSSR	59	3170	1225	1300	84,7	14,0	5,6	10,5	622
mf	**Kristall**	Kaliningrad	UdSSR	60	3170	1225	1260	84,7	14,0	5,5	12,0	622
mf	**Kristionas Donelaytis**	Klaipeda	UdSSR	66	3162	1307	1518	84,7	14,0	5,5	12,0	622
mf	**Kristyan Raud**	Tallinn	UdSSR	65	2715	913	1460	84,7	14,0	5,5	12,0	622
ms	**Kronid Korenov**	Nevelsk	Admiralteiskij-Werft, Leningrad	69	12554	6550	7433	162,0	20,0	7,0	12,8	635
mf	**Kronstadt**			74	2327	842	1182					
ms	**Kronstadtskaja Slava**	Kaliningrad	Kieler Howaldtswerke, Kiel	66	16537	11035	11000	166,5	24,0	7,3	14,0	638
SS	**Kruzenshtern***	Riga	J. C. Tecklenborg, Wesermünde	26	3545	1162	1976	114,5	14,5	7,2		
tt	**Krym**	Novorossijsk		75	88692	67543	150498	295,0	44,8	17,0	17,0	522
ms	**Krym**							83,5	13,7	8,8		590
ms	**Krymsk**	Shdanov	Santierul Naval, Galatz	67	3019	1412	4230	104,5	14,4	6,4	13,5	
ms	**Krymskie Gory**	Kaliningrad	Uddevallavarvet, Uddevalla	64	10872	5904	8650	157,0	21,2	7,4	17,5	464
ms	**Kuba***	Riga	Flenderwerke, Lübeck	55	3198	1597	3500	131,5	16,1	6,1	17,0	379
mf	**Kuba**	Petropavlovsk-K.	UdSSR	64	3170	1225	1460	84,7	14,0	5,5	12,0	622
tt	**Kuban**			76	88692	58932	150500	295,0	44,8	17,0	17,0	522
ms	**Kubatly**	Baku		63	3479	1884	4000	120,0	15,0	4,0	12,0	385
ms	**Kuivastu**	Tallinn	Angyalfold-Werft, Budapest	66	1153	521	1285	74,6	11,3	4,0	10,8	349
ms	**Kuloy**	Arkhangelsk	Vyborg-Werft, Vyborg	67	4482	2010	6459	122,0	16,7	6,8	14,5	402
ms	**Kuloy**	Vladivostok	LMG, Lübeck	56	3782	1800	3240	111,4	14,5	6,3	13,5	392
ms	**Kulunda**	Vladivostok	Santierul Naval, Galatz	70	3016	1414	4230	104,5	14,4	6,4	13,5	
mf	**Kulunda**	Petropavlovsk-K.	UdSSR	69	2690	926	1496	84,7	14,0	5,7	13,0	622
mt	**Kumbysh**	Arkhangelsk	Kertsh	71	1611	600	1660	83,5	12,0	4,7	13,8	488
ms	**Kunda**	Tallinn	Angyalfold-Werft, Budapest	65	1153	521	1285	74,5	11,3	4,0	10,8	349
ms	**Kungur**	Vladivostok	Stocznia Gdanska, Gdansk	66	4531	2383	6637	123,9	16,7	7,4	16,0	404
ms	**Kungurles**		Hollmings Varv, Rauma	63	2725	1331	3400	102,0	14,0	6,0	13,8	369
ms	**Kuntsevo**	Leningrad	Nystads Varv, Nystad	70	2723	1302	3925	102,3	14,0	6,0	13,8	368
ms	**Kupishkis**	Klaipeda	Nystads Varv, Nystad	71	2723	1302	3950	102,3	14,0	6,0	13,8	368
ms	**Kura**	Riga	Kieler Howaldtswerke, Kiel	60	3560	1775	4500	120,5	16,4	7,1	18,5	388
mf	**Kura**	Baku	Mathias-Thesen-Werft, Wismar	70	1115	426	605	65,5	11,1	3,6	10,5	612
des	**Kurgan**	Vladivostok	Baltic Shipb. & Eng. Works, Leningrad	56	5217	2521	6100	130,5	16,8	7,6	16,0	410
ms	**Kurilsk**	Kholmsk	»Georghiu Dej«, Budapest	50	1237	481	800	70,0	10,1	3,8	9,5	348
mf	**Kurs**	Sevastopol	Burmeister & Wain, København	69	3813	1395	2555	102,7	16,1	5,6	13,0	627
mt	**Kursk**	Riga		57	7653	3931	11430	145,5	19,2	8,5	12,3	498
mf	**Kursograf**	Riga	Volkswerft. Stralsund	72	2211	639	1091	82,0	13,6	5,3	14,3	619
mf	**Kushka**	Petropavlovsk-K.	UdSSR	69	2690	926	1500	84,7	14,0	5,7	13,0	622

Art	Name	Heimathafen	Bauwerft	Baujahr	BRT	NRT	tdw	L	B	Tfg	kn	Skizze-Nr.
ms	**Kustanay**	Shdanov	Santierul Naval, Galatz	69	3019	1412	4230	104,5	14,4	6,4	13,5	
ms	**Kustanaij**	Vladivostok	Oskarshamns Varv, Oskarshamn	55	1758	834	2000	79,0	12,6	6,1	13,0	647
mt	**Kutaisi**		Brodogradiliste Split	76	15662	7938	24000	183,0	23,5	10,0	17,0	676
des	**Kuybyshevges**	Murmansk	Nosenko, Nikolaev	57	5102	2634	7250	130,5	16,8	7,6	16,0	410
tt	**Kuzbass**		Novorossijsk	77			150498	295,0	44,8	17,0	17,0	522
ss	**Kuzbass**	Vladivostok	Stocznia Gdanska, Gdansk	52	3606	1924	5000	108,3	14,6	6,6	12,5	390
ms	**Kuzminki**	Leningrad	Nystads Varv, Nystad	70	2723	1302	3949	102,3	14,1	6,2	13,5	368
ms	**Kuznetsk**	Kholmsk	Santierul Naval, Galatz	69	3019	1412	4230	104,5	14,4	6,4	13,5	
mf	**Kvadrant**	Vladivostok	Volkswerft, Stralsund	73	2211	639	1090	82,0	13,6	5,3	14,3	619
mf	**Kvarts**			74	2833	1059	1150	83,3	14,0	5,7	12,0	
ms	**Kyardla**	Tallinn	»Neptun«, Rostock	62	3251	1630	4375	104,2	14,4	6,6	13,8	376
ms	**Kypu**	Tallinn	»Neptun«, Rostock	63	3236	1539	4225	105,9	14,6	6,6	12,5	391
ms	**Labinsk**		Stocznia Gdanska, Gdansk	60	8527	4534	11250	153,9	19,4	8,8	17,0	449
ms	**Ladoga-1**	Leningrad	Laivateollisuus, Abo	72	1568	835	1965	81,0	12,0	4,0	12,0	351
ms	**Ladoga-2**	Leningrad	Laivateollisuus, Abo	73	1568	835	1965	81,0	12,0	4,0	12,0	351
ms	**Ladoga-3**	Leningrad	Laivateollisuus, Abo	73	1568	835	1965	81,0	12,0	4,0	12,0	351
ms	**Ladoga-4**	Leningrad	Laivateollisuus, Abo	73	1568	835	1965	81,0	12,0	4,0	12,0	351
ms	**Ladoga-5**	Leningrad	Laivateollisuus, Abo	73	1568	835	1965	81,0	12,0	4,0	12,0	351
ms	**Ladoga-6**	Leningrad	Reposaaren Konepaja, Reposaari	73	1568	835	1965	81,0	12,0	4,0	12,0	351
ms	**Ladoga-7**	Leningrad	Reposaaren Konepaja, Reposaari	73	1568	835	1965	81,0	12,0	4,0	12,0	351
ms	**Ladoga-9**	Leningrad	Reposaaren Konepaja, Reposaari	74	1568	835	1965	81,0	12,0	4,0	12,0	351
ms	**Ladogales**	Leningrad	Valmet OY., Abo	64	2864	1285	3400	102,0	14,0	5,9	13,0	368
des	**Ladogskaya**		Peenewerft, Wolgast	74	1268		Bagger	72,8	12,8	3,2	8,8	657
mf	**Laguna**	Riga	J. S. Nosenko, Nikolaev	65	3170	1225	1460	84,7	14,0	5,5	12,0	622
ms	**Lakhta**	Arkhangelsk	Navashinskij-Werft, Navashino	67	3031	1377	3739	104,5	14,4	6,0	13,5	377
mf	**Lambador**			73	2833	1059	1150	83,3	14,0	5,7	12,0	
ms	**Lamut**	Petropavlovsk-K.	Hitachi Zosen, Mukaishima	59	4982	3388	4150	110,3	16,8	5,9	12,5	630
mf	**Langust**	Sevastopol	Volkswerft, Stralsund	66	1920	602	850	79,8	13,2	5,2	12,0	617
def	**Laplandiya**		Stocznia Polnocna, Gdansk	74	1976	596	812	72,8	13,0	4,9	13,0	616
ms	**Lara Mikheyenko**	Vladivostok	»Neptun«, Rostock	68	3601	1760	4650	105,7	15,6	6,8	13,5	384
ms	**Larisa Reysner**	Riga	Stocznia Gdanska, Gdansk	70	5215	2457	4394	119,7	17,0	7,3	19,0	411
mt	**Laspi**	Sevastopol	Kertsh	66	1772	558	1660	83,6	12,0	4,6	13,5	488
ms	**Latvija**	Leningrad	Mathias-Thesen-Werft, Wismar	60	5035	2232	1372	122,2	16,0	5,2	17,0	534
ms	**Lazarev**	Vladivostok	»Neptun«, Rostock	60	3446	1812	4296	104,0	14,4	6,6	12,5	376
mf	**Lazurit**	Kaliningrad	J. S. Nosenko, Nikolaev	66	3170	1225	1460	84,7	14,0	5,5	12,0	622
mf	**Lazurnij**	Murmansk	Gdansk Shipyard, Gdansk	69	2944	1300	1400	83,0	13,8	5,4	12,0	621
mt	**Lebedin**	Novorossijsk	Mitsubishi Zosen, Hiroshima	62	22078	12775	34976	207,0	27,1	10,7	16,5	512
des	**Ledus**	Riga		67	3556	1559	2470	99,4	14,0	5,4	13,5	370
des	**Lena**	Murmansk	»De Schelde«, Vlissingen	54	7325	3755	7560	129,5	18,8	8,5	14,5	432
mf	**Lena**	Makhachkala	Mathias-Thesen-Werft, Wismar	69	1115	426	670	65,7	11,1	3,7	10,8	612
ms	**Lenales**	Petropavlovsk-K.	Nystads Varv, Nystad	64	2921	1345	3480	102,0	14,0	6,0	13,8	367
mt	**Lenaneft I**		Osetrovo-Werft, Osetrovo	73	2000		2150	108,5	15,1	2,5	11,0	669
ns	**Lenin**		Baltic Shipb. + Eng. Works, Leningrad	59	14067	2820	3850	134,0	27,6	9,2	18,0	559
ms	**Leninabad**	Novorossijsk	Ishikawajima-Harima, Aioi	64	23110	13073	37009	207,0	27,0	11,1	17,0	514
mt	**Leninakan**	Novorossijsk	Ishikawajima Harima, Aioi	64	23110	13073	36910	207,0	27,1	11,1	17,0	514
mf	**Leninets**	Petropapavlovsk-K.	UdSSR	68	2690	926	1500	84,7	14,0	5,7	13,0	622
des	**Leningrad**	Murmansk	Crichton-Vulcan, Abo	61	9425	1139	4220	122,1	24,5	10,5	18,3	556
mt	**Leningrad**	Novorossijsk	Admiralteiskij-Werft, Leningrad	53	7653	3931	11430	145,5	19,2	8,5	12,5	498
mf	**Leningrad**	Leningrad	Stocznia Gdanska, Gdansk	69	2947	1330	1400	83,0	13,8	5,4	11,8	621
mf	**Leningradets**	Leningrad	Mathias-Thesen-Werft, Wismar	70	1058	401	603	65,7	11,1	3,6	10,8	612
ms	**Leningradskaja Slava**	Kaliningrad	Kieler Howaldtswerke, Kiel	66	16537	11035	11000	166,5	24,0	7,3	14,0	638
ms	**Leningradskiy Opolchenets**	Leningrad	»Okean«-Werft, Oktjabrskoje	69	1684	754	2483	82,0	12,5	5,4	12,8	355
ms	**Leningradskiy Partizan**	Leningrad	»Okean«-Werft, Oktjabrskoje	69	1684	754	2483	82,0	12,5	5,4	12,8	355
mt	**Lenino**	Novorossijsk	Mitsubishi Zosen, Harishima	65	22075	12483	35000	207,0	27,0	10,7	17,0	513
ms	**Leninogorsk**	Iljitshevsk	Stocznia Gdanska, Gdansk	58	9518	5261	10250	153,9	19,4	8,8	17,0	449
mf	**Leninogorsk**	Kertsh	Volkswerft, Stralsund	67	2652	1129	1149	82,2	13,6	5,0	13,5	619
mt	**Leninsk**			56	7653	3931	11430	145,5	19,2	8,5	12,3	498
ms	**Leninskaja Gwardija**		Stocznia Szczecinska, Szczecin	72	6555	3330	7500	133,3	18,0	7,5	15,6	427
ms	**Leninskaya Iskra**	Kaliningrad	Stocznia Gdanska, Gdansk	70	13123	6121	10000	164,0	21,3	8,1	15,3	637
ms	**Leninskaya Smena**	Taganrog	Krasnoye Sormovo, Gorki	69	2292	1420	2925	114,2	13,2	3,4	10,5	363
ms	**Leninskie Gory**	Kaliningrad	Götaverken, Göteborg	65	10873	5906	8650	157,0	21,2	7,4	17,5	464
ts	**Leninskiy Komsomol**	Odessa	Kherson-Werft, Kherson	59	11094	6236	15979	169,9	21,8	9,7	19,0	467
ms	**Leninskiy Luch**	Nakhodka	Hitachi Zosen, Mukaishima	64	5272	3109	3005	115,0	17,4	5,6	14,0	631
ts	**Leninsky Pioner**		Kherson-Werft, Kherson	62	11206	6123	16040	169,9	21,8	9,7	17,0	467
ms	**Leninskiy Put**	Kaliningrad	Stocznia Gdanska, Gdansk	73	13087	5997	10000	164,0	21,3	8,1	15,3	637
ms	**Leninskiye Iskry**	Shdanov	A. Shdanov, Leningrad	74	5893	2803	8264	130,0	17,8	7,8	15,5	416
mt	**Leninskoye Znamya**	Nakhodka	Stocznia Gdynia, Gdynia	69	13733	7550	20000	177,3	22,4	9,4	16,7	504
mt	**Lenkoran**	Novorossijsk	Ishikawajima-Harima, Aioi	62	22463	12607	35000	207,0	27,0	10,7	17,0	512
mf	**Leon Pajegle**	Riga	Nosenko-Werft, Nikolaev	61	3170	1225	1300	84,7	14,0	5,5	12,0	622
ms	**Leon Popov**		Stocznia Szczecinska, Szczecin	73	6555	3323	7500	133,3	18,0	7,5	15,6	427

Art	Name	Heimathafen	Bauwerft	Baujahr	BRT	NRT	tdw	L	B	Tfg	kn	Skizze-Nr.
mt	**Leonardo da Vinci**	Novorossijsk	Ansaldo, Genova	63	31295	18948	49000	227,9	31,0	11,8	17,4	517
ms	**Leonid Leonidov**	Murmansk	J. Boel + Fils, Tamise	57	3106	1464	5700	120,4	16,7	6,7	12,0	373
mf	**Leonid Sevryukov**	Novorossijsk	Volkswerft, Stralsund	65	1920	603	864	79,8	13,2	5,2	12,5	617
ms	**Leonid Smirnykh**	Kholmsk	Santierul Naval, Galatz	69	3019	1412	4230	104,5	14,4	6,0	13,5	
ms	**Leonid Sobeljew**							147,0	18,6	6,3	15,3	604
ts	**Leonid Sobinov***	Vladivostok	J. Brown & Co., Clydebank	54	21370	10999	8834	185,3	24,4	8,7	19,0	546
mf	**Lermontov**	Kaliningrad	J. S. Nosenko, Nikolaev	58	3170	1225	1300	84,7	14,0	5,6	13,0	622
mf	**Leskov**	Murmansk	Stocznia Gdanska, Gdansk	60	2805	1192	1300	84,7	13,8	5,4	12,5	620
mf	**Lesnoj**	Kertsh	Volkswerft, Stralsund	65	1920	602	850	79,8	13,2	4,9	11,7	617
mf	**Lesogorsk**	Korsakhov	UdSSR	68	2690	926	1496	84,7	14,0	5,7	13,0	622
ms	**Lesozavodsk**	Iljitshevsk	Stocznia Gdanska, Gdansk	60	8527	4534	11250	153,9	19,4	8,8	17,0	449
mf	**Lev Tolstoi**	Kaliningrad	J. S. Nosenko, Nikolaev	58	3170	1225	1260	84,7	14,0	5,5	12,0	622
ms	**Lev Tolstoi**	Petropavlovsk-K.	J. Boel + Fils, Tamise	51	1711	1007	3000	92,0	13,5	5,7	14,0	353
ms	**Lgov**	Leningrad	**Crichton-Vulcan, Abo**	**61**	**5382**	**2889**	**8235**	**139,4**	**17,7**	**7,9**	**16,0**	418
mt	**Lielupe**		Jos. L. Meyer, Papenburg	77	9060	5482	9550	139,7	20,5	8,2	16,3	500
mt	**Liepaja**	Ventspils	Admiralteijskij-Werft, Leningrad	60	7949	3928	11430	145,5	19,2	8,5	13,3	497
ms	**Ligovo**	Leningrad	Valmet Oy., Pansio	67	2723	1302	3500	102,3	14,0	6,0	13,5	368
mt	**Likhoslavl**	Novorossijsk	Mitsubishi Zosen, Hiroshima	63	22920	13236	35000	207,0	27,0	10,7	17,0	513
mf	**Liman**	Iljitshevsk	Volkswerft, Stralsund	68	2652	1130	1149	82,2	13,6	5,0	13,5	619
mt	**Limbazhi**		Stocznia Gdanska, Gdansk	65	12588	6642	19000	176,9	21,8	9,2	16,0	503
def	**Limenda**		Stocznia Polnocna, Gdansk	74	1976	597	806	72,8	13,0	4,9	13,0	616
mf	**Linard Laytsen**	Riga	UdSSR	61	3170	1225	1301	84,7	14,0	5,5	12,0	622
ss	**Lipetsk**	Shdanov	Stocznia Szczecinska, Szczecin	54	2483	1330	3200	94,7	13,5	5,6	12,5	362
mf	**Lira**	Vladivostok	Volkswerft, Stralsund	64	2435	1070	850	79,8	13,2	4,9	11,7	617
mt	**Lisichansk**	Novorossijsk	Ishikawajima-Harima, Aio	62	22463	12607	36650	207,0	27,0	10,7	17,0	512
ms	**Litva**	Odessa	Mathias-Thesen-Werft, Wismar	60	5035	2232	1367	122,2	16,0	5,2	17,0	534
mf	**Livadija**	Sevastopol	Volkswerft, Stralsund	63	1920	602	850	79,8	13,2	4,9	11,7	617
ms	**Livadija**	Ismail	Angyalfold, Budapest	66	1161	553	1700	74,5	11,3	4,0	11,5	349
mt	**Livny**	Novorossijsk	Ishikawajima-Harima, Aio	63	22463	12607	35000	207,0	27,0	10,7	17,0	512
mt	**Liza Chaykina**	Baku		57	3737	2130	4696	123,5	16,0	4,3	10,7	495
ms	**Ljuban**	Leningrad	Valmet, Abo	67	2873	1305	3930	102,3	14,0	6,2	13,5	368
mt	**Ljubertsy**	Novorossijsk	Mitsubishi Zosen, Hiroshima	64	22053	12519	35200	207,0	27,0	10,7	17,0	513
mt	**Ljubertsy**	Kaliningrad	Rauma-Repola, Rauma	62	3359	1550	4000	105,1	14,8	6,2	13,5	491
mt	**Ljublino**	Novorossijsk	Mitsubishi Zosen, Hiroshima	64	22075	12483	35000	207,0	27,0	10,7	17,0	513
mt	**Ljubotin**	Novorossijsk	Ishikawajima-Harima, Aioi	62	22463	12607	35000	207,0	27,0	10,7	17,0	512
mf	**Ljubov Orlova**		Brodogradiliste »Titovo«, Kraljevica	76	3941	1468	1445	100,0	16,2	4,5	17,0	531
mt	**Ljubov Shevtsova**	Baku		56	3737	2130	4696	123,5	16,0	4,3	10,8	495
ms	**Ljubov Shevtsova**	Vladivostok	»Georghiu Dej«, Budapest	48	1194	446	1100	70,0	10,1	3,8	9,5	348
mt	**Ljudas Gira**		UdSSR	60	3170	1225	1460	84,7	14,0	5,5	12,0	622
mt	**Ljudinovo**	Novorossijsk	Ishikawajima-Harima, Aioi	64	23110	13073	36000	207,0	27,0	10,7	17,0	514
ms	**Ljudmila Stal**	Vladivostok	Stocznia Gdanska, Gdansk	73	6551	3312	7405	135,4	18,0	7,5	15,5	427
mf	**Lokator**	Vladivostok	Burmeister & Wain, Köbenhavn	70	3780	1120	2750	102,7	16,0	5,5	14,0	627
mt	**Lokbatan**		Rauma-Repola, Rauma	56	3259	1568	4000	103,9	14,8	6,1	13,0	491
ms	**Loksa**	Tallinn	»Neptun«, Rostock	59	3145	1628	4300	104,2	14,4	6,6	14,0	376
ms	**Lomonosovo**	Arkhangelsk	Hollming, Rauma	68	2723	1302	3930	102,3	14,0	6,2	13,5	368
ms	**Lomonossov**		Volkswerft, Stralsund	59	2295	987	1260	82,4	13,0	5,2	11,0	648
mf	**Lotos**	Nakhodka	Chernomorskij-Werft, Nikolaev	68	2690	926	1496	84,7	14,0	5,7	13,0	622
mf	**Lovozyero**			75	2327	842	1160				12,5	
mt	**Lozovaya**	Novorossijsk	Ishikawajima-Harima, Aioi	63	22463	12607	35000	207,0	27,0	10,7	17,0	514
mt	**Lubny**		Mitsubishi Zosen, Hiroshima	64	22053	12519	36000	207,0	27,0	10,7	17,0	513
mf	**Luchegorsk**	Petropavlovsk-K.		69	3014	1010	1225	83,9	14,0	5,7	12,0	
ms	**Ludza**	Tallinn	»Neptun«, Rostock	59	3145	1628	4300	104,0	14,4	6,6	14,0	376
mf	**Luga**	Liepaja	UdSSR	69	2690	926	1496	84,7	14,0	5,7	13,0	622
ms	**Luga**	Petropavlovsk-K.	»Georghiu Dej«, Budapest	51	1194	446	1088	70,0	10,0	3,8	9,5	348
mt	**Lugansk**	Novorossijsk	Mitsubishi H. I., Hiroshima	62	22078	12775	35000	207,0	27,0	10,7	17,0	512
mt	**Lukhovitsy**	Novorossijsk	Mitsubishi H. I., Hiroshima	65	22053	12519	35220	207,0	27,0	10,7	16,5	513
mf	**Luni**	Murmansk	Stocznia Gdynia, Gdynia	67	2934	1316	1250	83,0	13,8	5,4	12,5	621
mf	**Lunik**	Murmansk	Stocznia Gdanska, Gdansk	61	2803	1166	1300	84,7	13,8	5,4	12,5	620
mf	**Lunokhod-1**	Liepaja	Chernomorskij-Werft, Nikolaev	71	2581	888	1268	83,9	14,0	5,7	12,5	
mt	**Lutsk**	Novorossijsk	Ishikawajima-Harima, Aioi	64	23110	13073	36690	207,0	27,0	10,7	17,0	514
mf	**Lvov**		Volkswerft, Stralsund	69	2854	1115	1149	82,2	16,3	5,0	13,0	619
ms	**Lyonia Golikow**	Vladivostok	»Neptun«, Rostock	68	3601	1760	4638	105,7	15,6	6,8	13,5	384
mf	**M. Borisov**	Novorossijsk	Volkswerft, Stralsund	68	2652	1129	1137	82,2	13,6	5,2	13,5	619
ms	**M. Uritzkij**	Vladivostok	Mathias-Thesen-Werft, Wismar	59	4871	2061	1372	122,2	16,0	5,2	17,0	533
ss	**Magadan**	Vladivostok	Stocznia Gdanska, Gdansk	55	3564	1806	5000	108,3	14,6	6,6	12,5	390
ms	**Magadan**	Vladivostok	Oskarshamns Varv, Oskarshamn	56	1758	835	2000	79,0	12,6	6,1	13,0	647
mf	**Magnit**	Murmansk	Burmeister & Wain, Köbenhavn	70	3831	1545	2750	102,7	16,0	5,5	14,0	627
ms	**Magnitogorsk**	Leningrad	Valmet, Helsinki	76	15709	7612	22600	206,0	31,0	9,7	22,0	474
ms	**Mago**	Kholmsk	»Neptun«, Rostock	73	4497	2264	5657	117,8	16,6	6,9	16,5	401

Art	Name	Heimathafen	Bauwerft	Baujahr	BRT	NRT	tdw	L	B	Tfg	kn	Skizze-Nr.
ms	**Mahtra**	Tallinn	»Neptun«, Rostock	60	3145	1628	4300	104,2	14,4	6,6	14,0	376
ms	**Makar Mazay**	Shdanov	Navashinskiy-Werft, Navashino	71	4078	1806	4300	123,5	15,0	4,8	11,3	397
mf	**Makelis Buka**		Mathias-Thesen-Werft, Wismar	75	2097	881	1212	82,2	13,6	5,0	13,5	619
mt	**Makhachkala**	Nakhodka	Admiralteiskij-Werft, Leningrad	54	7653	3931	11430	145,5	19,2	8,5	13,3	498
mt	**Makhachkala***		Swan Hunter, Hebburn o.T.	76	19614	11035	32040	170,8	25,8	11,3	15,5	509
ms	**Makhtum Kuli**	Vladivostok	»3. Maj«, Rijeka	69	10152	5202	15100	159,4	21,3	10,0	18,5	457
ms	**Maksim Ammosov**	Tiksi	Navashinskij-Werft, Navashino	75	3590	1804	4000	121,9	15,2			
ts	**Maksim Gorki***	Odessa	Howaldtswerke - Deutsche Werft, Hbg.	69	24981	13655	5766	194,6	26,6	8,3	23,0	548
mt	**Maksim Gorki***		Mitsubishi, Yokohama	37	1120	403	1166	63,7	10,9	4,8	10,5	
ms	**Maksim Litvinov**		Stocznia Szczecinska, Szczecin	73	6555	3323	7400	135,4	18,0	7,5	15,5	427
mf	**Malakhit**		UdSSR	63	3170	1225	1268	84,7	14,0	5,5	12,0	622
ms	**Malakhov Kurgan***	Sevastopol	Aalborg Vaerft, Aalborg	53	5549	2641	4160	124,6	16,5	7,0	18,0	412
ms	**Malaya Vishera**	Vladivostok		64	2860	1366	3340	104,5	14,4	5,8	12,5	377
mf	**Malaya Zemlya**	Novorossijsk	Volkswerft, Stralsund	75	3933	1806	2063	102,0	15,2	5,2	15,0	624
mf	**Malki**	Petropavlovsk-K.		71	2832	1059	1150	83,3	14,0	5,7	12,0	
ms	**Maloyaroslavyets**	Vladivostok		63	3114	1682	3340	104,5	14,4	5,8	12,3	377
mf	**Mamin-Sibiryak**	Kaliningrad	UdSSR	60	3170	1225	1260	84,7	14,0	5,5	12,0	622
mf	**Mamin-Sybiriak**	Murmansk	Stocznia Gdanska, Gdansk	61	2805	1192	1300	85,2	13,8	5,4	12,5	620
mt	**Mangyshlak**		Astrakhan-Werft, Astrakhan	69	9000		12193	150,0	17,4	8,0	13,3	499
mt	**Mangyshlak**	Baku	»G. Dimitrov«, Varna	65	3821	2002	4717	123,5	16,0	4,4	10,5	495
ms	**Manilaid**		Sirketi Beykoz Tersanesi, Beykoz	73	965	573	1531	80,2	12,8	4,2	13,0	342
ms	**Manych**	Vladivostok	»Neptun«, Rostock	65	3224	1560	4150	105,9	14,6	6,6	13,5	391
ms	**Manych**	Baku	»Georghiu Dej«, Budapest	49	1083	663	1032	76,3	10,0	3,1	9,3	
ms	**Marat Kazey**		»Neptun«, Rostock	68	3601	1760	4638	105,7	15,6	6,8	13,5	384
ms	**Marat Kozlov**			76	2079	918	2180	88,8	12,8	5,0	12,0	359
mt	**Mardakyany**	Baku	»Georgi Dimitrov«, Varna	64	3821	2002	4000	131,1	16,0	4,4	10,5	495
ms	**Margelan**	Iljitshevsk	Stocznia Gdanska, Gdansk	65	9695	5230	12500	154,8	20,2	9,0	17,2	450
ms	**Mariinsk**	Iljitshevsk	Stocznia Szczecinska, Szczecin	65	9757	5346	12500	154,8	20,2	9,0	17,2	450
ms	**Marija Ermolova**	Murmansk	Brodogradiliste »Titovo«, Kraljevica	75	3941	1468	1465	100,0	16,2	4,5	17,0	531
def	**Marija Polivanova**	Sevastopol	At. + Chant. de Nantes, Nantes	66	6260	2017	4500	128,8	19,0	7,0	14,0	632
ms	**Marija Savina**	Murmansk	Brodogradiliste »Titovo«, Kraljevica	75	3941	1468	1445	100,0	16,2	4,5	17,0	531
ms	**Marija Uljanova**	Vladivostok	Mathias-Thesen-Werft, Wismar	59	4871	2061	1371	122,2	16,3	5,1	17,0	533
ms	**Marina Raskova**	Vladivostok	Stocznia Gdanska, Gdansk	71	5215	2457	4428	119,6	17,0	6,3	19,0	411
ss	**Marite Melnikaite**	Vladivostok	Stocznia Gdanska, Gdansk	57	3816	1888	5000	108,3	14,6	6,6	12,5	390
mf	**Mark Reshetnikov**	Nakhodka	Nosenko-Werft, Nikolaev	66	3170	1225	1260	84,7	14,0	5,5	12,0	622
ms	**Marneuli**	Iljitshevsk	Stocznia Szczecinska, Szczecin	67	9726	5256	12500	154,8	20,2	9,0	17,2	450
ms	**Mars**			75				41,0	8,0	2,1	12,4	652
mf	**Mars-2**	Liepaja		73	2581	888	1290	83,9	14,0	5,7	12,5	
mt	**Marshal Birjuzov**		Brodogradiliste »Split«, Split	66	15090	8154	21000	186,3	23,5	9,7	17,1	505
ms	**Marshal Budjonny**	Novorossijsk	Stocznia Gdynia, Gdynia	74	59581	40024	105000	245,5	38,7	16,0	16,0	483
ms	**Marshal Konev**	Novorossijsk	Stocznia Gdynia, Gdynia	75	59581	40024	105000	245,5	38,7	16,0	16,0	483
def	**Marshal Malinovskiy**	Vladivostok	»61 Kommunar„, Nikolaev	70	5120	2387	5170	130,0	16,8	7,2	16,5	422
ms	**Marshal Maretskov**	Nevelsk	Stocznia Gdanska, Gdansk	70	13123	6121	10000	164,0	21,3	8,1	15,3	637
ms	**Marshal Rokossovskiy**	Novorossijsk	Stocznia Gdynia, Gdynia	75	59581	40024	105000	245,5	38,7	16,0	16,0	483
def	**Marshal Rokossovskiy**	Vladivostok	»61 Kommunar«, Nikolaev	70	5942	2844	5170	130,0	16,8	7,2	16,5	422
ms	**Marshal Sokolovsky**	Nakhodka	Stocznia Gdanska, Gdansk	70	13123	6121	10000	164,0	21,3	8,1	15,3	637
mf	**Mart Saar**	Tallinn	UdSSR	69	2691	847	1451	84,7	14,0	5,7	12,3	622
mt	**Mashtagi**	Novorossijsk	»G. Dimitrov«, Varna	64	3821	2002	4160	131,1	16,0	4,0	10,8	495
ms	**Mashuk**		Admiralteiskij-Werft, Leningrad	75			tug	92,0	15,0	5,9	18,0	579
ms	**Massandra**	Ismail	Angyalfold-Werft, Budapest	66	1161	553	1700	74,5	11,3	4,0	11,5	349
mt	**Mate Zalka**			76	51472	12453						
mf	**Matematik**	Petropavlovsk-K.	Baltische Werft, Klaipeda	70	3049	1936	1195	83,3	14,0	5,7	12,0	
ms	**Mathias Thesen**	Murmansk	Mathias-Thesen-Werft, Wismar	73	11766	6331	9288	155,0	22,2	7,2	17,3	651
mf	**Matis Pludon**	Riga		64	3162	1378	1422	85,0	14,0	5,7	10,5	
ms	**Matochkin Shar**	Murmansk	Stocznia Gdanska, Gdansk	64	13639	6824	10000	165,5	21,3	8,1	14,0	636
ms	**Matros Koshka***	Sevastopol	Helsingörs Skibsvaerft, Helsingör	53	5186	2400	3860	124,6	16,5	7,0	18,0	412
ms	**Matsesta**	Iljitshevsk	Stocznia Gdanska, Gdansk	64	9695	5230	12500	154,8	20,2	9,0	17,2	450
ms	**Matvey Muranow**		Stocznia Gdanska, Gdansk	73	6551	3311	7500	133,3	18,0	7,5	15,6	427
tt	**Maurice Thorez**	Novorossijsk	Baltic Shipb. & Eng. Works, Leningrad	65	31817	15518	49000	230,5	31,0	11,5	17,0	519
mf	**Mayakovsky**	Murmansk	UdSSR	58	3170	1225	1321	84,7	14,3	5,6	13,8	622
mt	**Maykop***	Novorossijsk	Swan Hunter, Hebburn o.T.	75	19615	11036	32038	171,0	25,8	11,3	15,0	509
mt	**Maÿkop**	Batumi	Admiralteiskij-Werft, Leningrad	53	7653	3931	11430	145,5	19,2	8,5	13,3	498
ms	**Maymaksa**	Arkhangelsk	Vyborg-Werft, Vyborg	68	4507	2078	6459	122,0	16,7	6,8	14,5	402
mt	**Mayori**		Jos. L. Meyer, Papenburg	77	9060	5482	9550	139,7	20,5	8,2	16,3	500
mf	**Medik**			70	2832	1059	1229	83,3	14,0	5,7	12,0	
ms	**Mednogorsk**	Iljitshevsk	Stocznia Szczecinska, Szczecin	62	6443	3210	10250	153,9	19,6	8,8	17,0	424
ms	**Medyn**	Iljitshevsk	Stocznia Gdanska, Gdansk	65	9695	5230	12500	154,8	20,2	9,0	17,2	450
mf	**Meganom**		Volkswerft, Stralsund	70	2654	1115	1140	82,2	13,6	5,2	13,0	619
tt	**Mekhanik Afanasyev**	Novorossijsk	Admiralteiskij-Werft, Leningrad	68	31524	15237	50669	231,7	31,0	11,9	17,0	519

Art	Name	Heimathafen	Bauwerft	Baujahr	BRT	NRT	tdw	L	B	Tfg	kn	Skizze-Nr.
ss	**Mekhanik Bondik***	Kholmsk	Stocznia Gdanska, Gdansk	55	3516	1837	4636	108,3	14,6	6,6	11,5	390
ms	**Mekhanik Fedorov**		Hollming Oy., Rauma	76	4009	1594	6128	124,2	19,2	7,3	16,9	395
ms	**Mekhanik Gordiyenko**	Vladivostok	Stocznia Gdanska, Gdansk	74	10179	5780	14204	150,3	21,0	8,7	16,0	454
ms	**Mekhanik Konovalov**		Hollming Oy., Rauma	75	4009	1593	6128	124,2	19,2	7,3	16,9	395
ms	**Mekhanik Rybachuk**	Vladivostok	Stocznia Gdanska, Gdansk	68	4531	2383	6205	123,9	16,7	7,0	16,0	404
ms	**Mekhanik Tarasov**		Hollming Oy., Rauma	76	4262	1767	6130	124,2	19,2	7,3	16,9	395
mf	**Melitopol**	Odessa	Volkswerft, Stralsund	70	2177	746	1139	82,0	13,6	5,2	13,5	619
ms	**Meridian**	Vladivostok	»Neptun«, Rostock	62	4374	986	3083	105,0	14,4	6,2	13,7	399
mf	**Meskupas Adomas**	Klaipeda	Baltische Werft, Klaipeda	68	3012	1087	1451	84,7	14,0	5,7	12,3	622
ts	**Metallurg Anosov**	Odessa	Kherson-Werft, Kherson	62	11206	6097	16250	169,9	21,8	9,7	17,0	467
ts	**Metallurg Baikov**	Odessa	Kherson-Werft, Kherson	60	11094	6236	16040	169,9	21,8	9,7	17,0	467
ts	**Metallurg Bardin**	Odessa	Kherson-Werft, Kherson	61	11521	6355	16250	169,9	21,8	9,7	17,0	467
ts	**Metallurg Kurako**	Odessa	Kherson-Werft, Kherson	61	11243	6261	16040	169,9	21,8	9,7	17,0	467
mf	**Meteorit**	Nakhodka	Volkswerft, Stralsund	69	2657	1130	1149	82,2	16,3	5,0	13,0	619
mf	**Meteorolog**			70	2832	1059	1229	83,3	14,0	5,7	12,0	
def	**Mezen**		Stocznia Polnocna, Gdansk	75	1976	597	837	72,8	13,0	4,9	13,0	616
gt	**Mezenles**	Arkhangelsk	Baltic Shipb. + Eng. Works, Leningrad	61	4623	2212	7000	121,8	16,1	7,0	14,0	403
ms	**Mezhdurechensk**	Iljitshevsk	Stocznia Gdanska, Gdansk	65	9695	5230	12433	155,1	20,2	9,0	17,3	450
ms	**Mezhgorie**	Iljitshevsk	Stocznia Gdanska, Gdansk	65	9695	5230	12433	155,1	20,2	9,0	17,3	450
ms	**Mga**	Tallinn	»Neptun«, Rostock	60	3145	1628	4296	104,2	14,4	6,6	14,0	376
mf	**Mgachi**	Nevelsk	UdSSR	63	3170	1225	1260	84,7	14,0	5,5	12,0	622
ms	**Michurin**	Iljitshevsk	Stocznia Szczecinska, Szczecin	67	9726	5256	12500	154,8	20,2	9,0	17,2	450
ms	**Michurinsk**	Leningrad	Crichton-Vulcan, Abo	56	5518	2952	8430	139,4	17,7	7,8	14,5	418
mf	**Mikaloyus Chyurlyonis**	Klaipeda	UdSSR	66	3162	1307	1461	84,7	14,0	5,7	12,0	622
ms	**Mikha Tskhakaya**	Batumi	Stocznia Szczecinska, Szczecin	72	20317	12826	32404	202,3	24,5	10,7	15,0	478
ms	**Mikha Ushakaja**		Stocznia Szczecinska, Szczecin	75			32400	202,3	24,5	10,7	15,0	478
mf	**Maikhail Barsukov**	Kaliningrad	Kaliningrad	71	2581	888	1268	83,9	14,0	5,7	12,5	
ms	**Mikhail Cheremnykh**	Arkhangelsk	Hollming, Rauma	73	3184	1653	4471	97,3	16,2	6,7	14,0	378
mf	**Mikhail Ivchenko**	Murmansk	Stocznia Gdanska, Gdansk	66	2986	1328	1334	83,1	13,9	5,5	12,5	621
ms	**Mikhail Kalinin**	Leningrad	Mathias-Thesen-Werft, Wismar	58	4871	2061	1357	122,2	16,0	5,2	17,0	534
ms	**Mikhail Kedrov**		Stocznia Szczecinska, Szczecin	75	6555	3323	7500	133,3	18,0	7,5	15,6	427
mf	**Mikhail Kornitskiy**	Novorossijsk	Volkswerft, Stralsund	68	2652	1129	1137	82,0	13,6	5,2	13,5	619
ss	**Mikhail Lazarev**	Shdanov	Stocznia Gdanska, Gdansk	56	3546	1880	5000	108,3	14,6	6,6	12,5	390
ms	**Mikhail Lermontov**	Leningrad	Mathias-Thesen-Werft, Wismar	72	19872	10740	4956	175,8	24,0	8,2	20,0	545
ms	**Mikhail Lomonosow**	Riga	Stocznia Gdanska, Gdansk	74	6399	3249	5880	139,6	18,0	6,5	21,8	423
ts	**Mikhail Lomonosov**	Sevastopol	»Neptun«, Rostock	57	3897	1195	2255	102,4	14,4	6,0	13,5	598
ms	**Mikhail Olminskiy**		Stocznia Szczecinska, Szczecin	76	6555	3323	7500	133,3	18,0	7,5	15,6	427
ms	**Mikhail Prishvin**	Vladivostok	Kherson-Werft, Kherson	74	6478	2941	6494	130,2	19,2	7,5	17,0	426
des	**Mikhail Somov**		Kherson-Werft, Kherson	75	7714	3113	8445	133,8	20,0			
ms	**Mikhail Stenko**	Shdanov	Vyborg-Werft, Vyborg	75	6459	3082	7700	136,8	17,8	7,5	16,5	
ms	**Mikhail Svetlov**	Odessa	Kherson-Werft, Kherson	73	6478	2941	6554	130,2	19,2	7,5	17,0	426
ms	**Mikhail Tukhachevski**	Vladivostok	Admiralteiskij-Werft, Leningrad	64	12675	6275	7499	162,2	20,0	7,0	12,7	634
mf	**Mikhail Vidov***	Novorossijsk	Volkswerft, Stralsund	68	2652	1129	1137	82,0	13,6	5,2	13,5	619
ms	**Mikhail Vladimirskiy**		Stocznia Gdanska, Gdansk	74	6551	3311	7347	135,1	18,0	7,3	15,5	427
des	**Mikhail Yanko**	Vladivostok	Nosenko-Werft, Nikolaev	63	3556	1577	2485	99,4	14,0	5,5	13,5	370
ms	**Mikhaylo Lomonosov**	Murmansk	Volkswerft, Stralsund	62	2288	966	1005	82,4	13,0	5,1	11,0	619
ms	**Millerovo**	Iljitshevsk	Stocznia Szczecinska, Szczecin	66	9757	5346	12500	154,8	20,2	9,0	17,2	450
mf	**Milogradovo**	Nakhodka	Volkswerft, Stralsund	69	2657	1115	1149	82,2	16,3	5,0	13,0	619
ms	**Minsk**	Iljitshevsk	Stocznia Gdanska, Gdansk	64	9695	5330	12500	154,8	20,2	9,0	17,2	450
ms	**Minusinsk***	Vladivostok	Harima Zosensho, Aio	52	15600	10302	18654	173,9	21,5	9,2	13,5	
tt	**Mir***		Harima Zosensho, Aioi	60	25037	16302	39200	214,0	28,3	10,9		515
mf	**Mir**	Murmansk	Stocznia Gdanska, Gdansk	61	2803	1166	1300	84,7	13,8	5,4	12,5	620
ss	**Mirgorod**	Petropavlovsk-K.	Crichton-Vulcan, Abo	53	2491	1384	3200	84,9	13,1	6,5	10,0	361
ms	**Mirnyi**	Petropavlovsk-K.	Nystads Varv, Nystad	66	2920	1337	3384	102,0	14,0	6,0	13,8	367
des	**Mirnij**		Nosenko-Werft, Nosenko	56	844	240	365	63,6	9,5	4,4	17,0	611
ms	**Mironych**	Arkhangelsk	Stocznia Gdanska, Gdansk	64	4531	2383	6205	123,9	16,7	7,0	14,5	404
mf	**Miskhor**	Sevastopol	Volkswerft, Stralsund	63	1920	603	850	79,8	13,2	4,9	11,7	617
mf	**Mitridat**	Kertsh	Volkswerft, Stralsund	69	2016	653	1149	82,2	16,3	5,0	13,6	619
ms	**Mitrofan Grekov**	Klaipeda	Nystads Varv, Nystad	73	3184	1653	4488	97,3	16,2	6,7	14,0	378
mt	**Mitrofan Sedin**	Novorossijsk	Brodogradiliste »Split«, Split	70	15034	8205	22610	186,3	23,5	9,7	17,5	505
mf	**Mizar**	Sevastopol	Volkswerft, Stralsund	64	1920	603	900	79,8	13,2	4,9	11,7	617
ss	**Mogilev**	Arkhangelsk	Crichton-Vulcan, Abo	52	2586	1387	3200	84,9	13,1	6,5	9,8	361
ms	**Mokhni**	Tallinn	Angyalfold, Budapest	71	1350	611	1725	77,8	11,5	5,0	12,5	350
ms	**Moldavija**	Leningrad	Mathias-Thesen-Werft, Wismar	73	5560	900	2032	124,2	17,1	,	18,3	602
ms	**Moldavija**	Shdanov	A. Shdanov, Leningrad	60	3219	1322	680	101,5	14,6	3,8	16,0	529
ms	**Molochansk**	Iljitshevsk	Stocznia Gdanska, Gdansk	65	9695	5230	12500	154,8	20,2	9,0	17,2	450

Art	Name	Heimathafen	Bauwerft	Baujahr	BRT	NRT	tdw	L	B	Tfg	kn	Skizze-Nr.
des	**Molodaya Gwardija**	Sevastopol	»61 Kommunar«, Nikolaev	67	5431	2501	5170	130,0	16,8	7,9	16,5	
mt	**Molodechno**	Nakhodka		56	8229	3942	11430	145,5	19,2	8,5	13,3	498
ms	**Molodogvardeysk**		Stocznia Szczecinska, Szczecin	67	9726	5256	12587	155,1	20,3	9,0	17,3	450
des	**Molodyozhniy**	Vladivostok		67	3285	1290	2538	99,4	14,0	5,5	13,5	370
des	**Mongol**	Vladivostok		66	3556	1559	2538	99,4	14,0	5,5	13,5	370
mf	**Mongolija**	Murmansk	J. S. Nosenko, Nikolaev	64	3170	1225	1260	84,7	14,0	5,5	12,0	622
mf	**Mongugai**	Nakhodka	Volkswerft, Stralsund	69	2657	1133	1149	82,2	16,3	5,0	13,6	619
ss	**Morekhod Kuskov**	Kholmsk	Stocznia Gdanska, Gdansk	60	3688	1908	5000	108,3	14,6	6,6	12,5	390
ms	**Morshansk**	Iljitshevsk	Stocznia Gdanska, Gdansk	64	9695	5230	12500	154,8	20,2	9,0	17,2	450
ms	**Morskoy-1**	Nikolaevsk-na-Amure		65	1862	1021	2162	96,0	13,0	3,3	11,3	354
ms	**Morskoy-2**	Arkhangelsk	Laivateollisuus, Abo	66	1724	895	1810	88,0	12,4	3,3		354
ms	**Morskoy-3**	Leningrad	Reposaaren Konepaja, Reposaari	66	1774	913	1864	90,3	12,4	3,3	11,0	354
ms	**Morskoy-4**		Laivateollisuus, Abo	67	1500	1020	1840	88,0	12,4	3,3		354
ms	**Morskoy-5**		Laivateollisuus, Abo	67	1500	1020	1840	88,0	12,4	3,3		354
ms	**Morksoy-6**	Leningrad	Reposaaren Konepaja, Reposaari	67	1774	913	1865	90,3	12,4	3,3	11,0	354
ms	**Morskoy-7**	Leningrad	Laivateollisuus, Abo	67	1724	895	1810	88,0	12,4	3,3	11,8	354
ms	**Morskoy-8**	Leningrad	Reposaaren Konepaja, Reposaari	67	1774	913	1864	90,3	12,4	3,3	11,0	354
ms	**Morskoy-9**	Leningrad	Laivateollisuus, Abo	68	1724	850	1810	88,0	12,4	3,3	11,8	354
ms	**Morskoy-10**	Leningrad	Laivateollisuus, Abo	68	1724	850	1810	88,0	12,4	3,3	11,8	354
ms	**Morskoy-11**	Leningrad	Reposaaren Konepaja, Reposaari	68	1774	913	1865	90,3	12,4	3,3	11,0	354
ms	**Morskoy-12**	Leningrad	Reposaaren Konepaja, Reposaari	68	1774	913	1865	90,3	12,4	3,3	11,0	354
ms	**Morskoy-13**		Laivateollisuus, Abo	68	1500	1020	1840	88,0	12,4	3,3		354
ms	**Morskoy-14**	Leningrad	Laivateollisuus, Abo	68	1724	850	1810	88,0	12,4	3,3	11,8	354
ms	**Morskoy-15**	Arkhangelsk	Reposaaren Konepaja, Reposaari	68	1774	913	1865	88,0	12,4	3,3	11,0	354
ms	**Morskoy-16**	Leningrad	Reposaaren Konepaja, Reposaari	69	1774	913	1865	90,3	12,4	3,3	11,0	354
ms	**Morskoy-17**	Leningrad	Laivateollisuus, Abo	69	1724	850	1810	88,0	12,4	3,3	11,8	354
ms	**Morskoy-18**	Arkhangelsk	Laivateollisuus, Abo	69	1724	850	1810	88,0	12,4	3,3	11,0	354
ms	**Morskoy-19**		Reposaaren Konepaja, Reposaari	69	1774		1830	90,3	12,4	3,3		354
ms	**Morskoy-20**	Leningrad	Reposaaren Konepaja, Reposaari	70	1653	812	1865	90,3	12,4	3,3		354
ms	**Morskoy-21**	Krasnoyarsk	Reposaaren Konepaja, Reposaari	71	1653	812	1865	90,3	12,4	3,3		354
ms	**Morskoy-22**	Krasnoyark	Reposaaren Konepaja, Reposaari	71	1653	812	1865	90,3	12,4	3,3		354
ms	**Morzhovets**	Leningrad	A. Shdanov, Leningrad	66	5277	969	1835	121,8	16,7	4,7	15,5	600
mt	**Mos Shovgenov**	Novorossijsk	Brodogradiliste »Split«, Split	70	15034	8205	22610	186,3	23,5	9,7	17,0	505
mt	**Moskalvo**	Nakhodka		61	7653	3931	11430	145,5	19,2	8,5	13,3	497
mt	**Moskovskiy Festival**	Novorossijsk		57	7653	3931	11430	145,5	19,2	8,5	13,3	498
ms	**Moskovskiy Komsomolets**	Shdanov	A. Shdanov, Leningrad	72	5923	2948	8230	130,0	17,8	7,8	15,5	416
ms	**Moskovskiy Universitet**	Vladivostok	Khabarovsk	70	625	550	227	54,0	9,3	3,7	11,2	581
des	**Moskva**	Archangelsk	Crichton-Vulcan, Abo	60	9427	1142	4221	122,1	24,5	10,5	18,3	556
tt	**Mozdok**			66	42164	31254						
ms	**Mozhaysk**	Iljitshevsk	Stocznia Gdanska, Gdansk	64	9697	5238	12440	155,1	20,3	9,0	17,3	450
ms	**Mozyr**	Iljitshevsk	Stocznia Szczecinska, Szczecin	66	9726	5256	12369	155,1	20,3	9,0	17,3	452
mt	**Mozyr**		Rauma-Repola, Rauma	58	3300	1573	4000	105,1	14,8	6,1	13,0	491
mf	**Mramor**	Liepaja	UdSSR	68	2690	926	1495	84,7	14,0	5,7	13,0	622
mf	**Mramorniy**	Nakhodka	Mathias-Thesen-Werft, Wismar	74	2100	859	1212	82,0	13,6	5,0	13,5	619
ms	**Mtsensk**	Iljitshevsk	Stocznia Gdanska, Gdansk	64	9695	5230	12500	154,8	20,2	9,0	17,2	450
mf	**Mtskheta**	Poti	Volkswerft, Stralsund	66	1920	603	850	79,8	13,2	5,2	12,5	617
ms	**Mukachyevo**	Iljitshevsk	Stocznia Gdanska, Gdansk	65	9695	5230	12500	154,8	20,2	9,0	17,2	450
ms	**Muostakh**		Navashinskij-Werft, Navashino	70	3587	1740	4150	123,5	15,0	4,5	11,8	389
ms	**Murgab**	Baku		60	3398	1735	4285	120,0	15,0	4,4	11,5	385
ms	**Murman**	Murmansk	»Neptun«, Rostock	67	3234	1501	4225	105,9	14,6	6,6	13,5	391
des	**Murmansk**	Murmansk	Wärtsilä, Helsinki	68	9420	1136	5609	122,1	24,5	10,5	18,3	556
ss	**Murmansk***	Vladivostok	Hongkong + Whampoa Dock, Hongk.	41	7153	4043	9841	136,8	17,3	7,9	9,5	
mf	**Murmansk***	Murmansk	Kieler Howaldtswerke, Kiel	56	2999	1237	1562	84,5	13,4	5,5	12,5	618
ms	**Murmashi**	Arkhangelsk	»Neptun«, Rostock	60	3174	1700	4296	104,2	14,4	6,6	14,0	376
ms	**Murom**	Iljitshevsk	Stocznia Gdanska, Gdansk	63	9695	5230	12500	154,8	20,2	9,0	17,2	450
mf	**Muromsk**	Murmansk	Stocznia Gdynia, Gdynia	67	2976	1345	1400	83,0	13,8	5,4	12,5	621
ms	**Musa Dzhalil**	Odessa	Brodogradiliste »Uljanik«, Pula	66	10109	5132	14170	159,6	21,3	9,7	18,0	457
ms	**Musson**	Odessa	Stocznia Szczecinska, Szczecin	68	3284	917	1100	97,1	13,8	4,8	16,0	594
ms	**Musson***	Kaliningrad	Kieler Howaldtswerke, Kiel	61	3227	1680	4240	128,8	15,8	6,1	18,0	380
mf	**Mustyarv**		Volkswerft, Stralsund	74	3932	1806	2063	102,0	15,2	5,2	15,0	624
mf	**Mys Baranova**	Nakhodka	Chernomorskij-Werft, Nikolaev	73	2581	888	1290	83,9	14,0	5,7	12,5	
mf	**Mys Belkina**	Vladivostok	Chernomorskij-Werft, Nikolaev	73	2581	888	1290	83,9	14,0	5,7	12,5	
mf	**Mys Bobrova**		Chernomorskij-Werft, Nikolaev	72	2581	888	1268	83,9	14,0	5,7	12,5	
mf	**Mys Gamova**	Korsakov	Chernomorskij-Werft, Nikolaev	73	2581	888	1290	83,9	14,0	5,7	12,5	
mf	**Mys Grina**		Chernomorskij-Werft, Nikolaev	73	2581	888	1290	83,9	14,0	5,6	12,5	
mf	**Mys Krylova**	Korsakov	Chernomorskij-Werft, Nikolaev	72	2581	888	1268	83,9	14,0	5,7	12,5	
ms	**Mys Lazaryeva**	Korsakov	Chernomorskij-Werft, Nikolaev	72	2581	888	1290	83,9	14,0	5,7	12,5	
mf	**Mys Maltsyeva**			74	2327	842	1182					
ms	**Mys Nadezhdy**	Sevastopol	Baltische Werft, Klaipeda	73	2833	1059	1150	83,3	14,0	5,7	12,0	
mf	**Mys Obruchyeva**	Petropavlovsk-K.	Chernomorskij-Werft, Nikolaev	72	2581	888	1268	83,9	14,0	5,7	12,5	

Art	Name	Heimathafen	Bauwerft	Baujahr	BRT	NRT	tdw	L	B	Tfg	kn	Skizze-Nr.
ms	**Mys Orekhova**			73	2327	842	1182					
mf	**Mys Osipova**	Petropavlovsk-K.	Chernomorskij-Werft, Nikolaev	73	2581	888	1290	83,9	14,0	5,7	12,5	
mf	**Mys Prokofyeva**			75	2327	842	1163					
mf	**Mys Ratmanova**			75	2327	842	1160					
mf	**Mys Senyavina**	Korsakov	Chernomorskij-Werft, Nikolaev	72	2581	888	1268	83,9	14,0	5,7	12,5	
ms	**Mys Shelikhova**	Nakhodka	Chernomorskij-Werft, Nikolaev	72	2581	888	1268	83,9	14,0	5,6	12,5	
mf	**Mys Taymyr**			75	2357	842	1163					
mf	**Mys Vaygach**			75	2327	842	1160					
mf	**Mys Voronina**			75	2327	842	1165					
mf	**Mys Yegorova**	Korsakov	Chernomorskij-Werft, Nikolaev	72	2581	888	1265	83,9	14,0	5,7	12,5	
ms	**Mys Yelagina**	Petropavlovsk-K.	Chernomorskij-Werft, Nikolaev	72	2581	888	1290	83,9	14,0	5,7	12,5	
mf	**Mys Yermak**	Nakhodka	Baltische Werft, Klaipeda	72	2833	1059	1150	83,3	14,0	5,7	12,0	
mf	**Mys Yudina**			73	2327	842	1182					
mf	**Myschako**	Sevastopol	Volkswerft, Stralsund	75	3931	1806	2063	102,0	15,2	5,2	15,0	624
ms	**Mytishy**	Iljitshevsk	Stocznia Szczecinska, Szczecin	66	9726	5256	12370	155,0	20,2	9,0	17,3	450
ms	**Nade Ribakovayte**			75	2079	918	2180	88,8	12,8	5,0	12,0	359
mf	**Nadezhda**	Nakhodka	Volkswerft, Stralsund	70	2177	746	1140	82,0	13,6	5,2	13,0	619
ms	**Nadezhda Krupskaja**			76	10953	6093	16540	162,3	21,4	8,9	16,5	501
ms	**Nadezhda Krupskaja**	Leningrad	Mathias-Thesen-Werft, Wismar	63	5261	2174	1354	122,2	16,0	5,2	17,0	533
mt	**Nadezhda Kurchyenko**	Batumi	Kertsh	71	1611	600	1666	83,6	12,0	4,7	13,5	488
mf	**Nadezhdinsk**	Nakhodka	UdSSR	68	2690	926	1495	84,7	14,0	5,7	13,0	622
mf	**Nadir**	Kaliningrad	Volkswerft, Stralsund	63	2435	1070	850	79,8	13,2	4,9	11,7	617
mt	**Nadym**			76	10953	6093	16540	162,3	21,4	8,9	16,5	501
ms	**Nagaevo**	Vladivostok	»Neptun«, Rostock	60	3359	1738	4300	104,2	14,4	6,6	14,0	376
ms	**Nakhichevan**	Klaipeda	Stocznia Gdanska, Gdansk	68	13571	6895	10000	164,0	21,3	8,1	15,5	637
mt	**Nakhichevan**	Baku	G. Dimitrov, Varna	67	3823	1773	4180	123,5	16,0	4,3	10,5	495
mt	**Nakhodka**	Nakhodka	Stocznia Gdynia, Gdynia	70	13733	7550	20000	177,3	22,4	9,4	16,7	504
mf	**Nakhodka**	Nakhodka	UdSSR	64	3170	1225	1260	84,7	14,0	5,5	12,0	622
ms	**Nalchek**		»Georghiu Dej«, Budapest	61	1209	447	1100	70,1	10,0	3,8	9,5	348a
des	**Namangan**	Vladivostok		68	3285	1290	2538	99,4	14,0	5,5	13,5	370
ms	**Namangan**	Shdanov	»Neptun«, Rostock	58	3174	1700	4300	104,2	14,4	6,6	14,0	376
des	**Nanayets**	Vladivostok	Nosenko-Werft, Nikolaev	66	3556	1559	2540	99,4	14,0	5,6	14,5	370
des	**Naporistij**		»Okean«-Werft, Oktabrskoje	74	1074	232	tug	58,3	12,7	4,6	14,0	573
mf	**Naroch**			74	2327	842	1163					
mt	**Narva**	Riga	Kertsh	67	1750	542	1660	83,6	12,0	4,6	12,5	488
mf	**Narvskaja Zastava**		Stocznia Gdanska, Gdansk	68	2944	1299	1250	83,0	13,8	5,4	12,5	621
ms	**Narvskaya Zastava**	Leningrad	Vyborg-Werft, Vyborg	70	1813	785	2360	82,0	12,5	5,4	12,8	355
des	**Narvskiy**	Riga	J. & K. Smit, Kinderdyk	66	2044	671	1690	81,9	13,2	4,2	11,3	662
ms	**Narvskiy Zaliv**	Tallinn	Constr. Nav. & Ind. de la Medit., La Seyne	71	12891	6872	11780	164,6	22,0	7,0	17,5	471
ms	**Naryan Mar**	Arkhangelsk	Stocznia Gdanska, Gdansk	65	4531	2380	5821	123,8	16,7	6,8	16,0	404
mt	**Narymneft**	Nakhodka	Kertsh	70	7122	573	1660	83,5	12,0	4,6	12,5	488
ms	**Naryn**	Shdanov	»Georghiu Dej«, Budapest	58	1211	448	1090	70,0	10,0	3,8	9,5	348a
ms	**Nasimi**		»Krasnoje Sormovo«, Gorki	73	2484	1321	3134	114,2	13,2	3,4	10,8	363
def	**Natalia Kovshova**	Sevastopol	At. + Chant. de Nantes, Nantes	65	6260	2017	4500	128,8	19,0	7,0	14,0	632
mf	**Nauka**	Kertsh	Volkswerft, Stralsund	66	1920	603	850	79,8	13,2	4,9	11,7	617
des	**Navarin**	Murmansk	»Leninskogo Komsomola«, Komsom.	67	7901	3336	6560	133,1	18,9	9,1	15,0	434
ms	**Navashino**	Ismail		63	3271	1602	4000	120,0	15,0	4,0	12,0	385
mf	**Navigator**	Murmansk	Burmeister + Wain, København	70	3831	1545	2570	102,7	16,0	5,5	14,0	627
ms	**Nazar Gubin**	Leningrad	A. Shdanov, Leningrad	68	4482	2010	6459	122,0	16,7	7,0	14,5	402
ms	**Nazym Khikmet**	Odessa	Brodogradiliste »Uljanik«, Pula	65	10109	5132	14220	159,4	21,3	9,8	18,0	457
mt	**Nebit Dag**		»Georgi Dimitrov«, Varna	62	3821	2002	4000	131,0	16,0	4,4	10,5	495
mt	**Neftechala**	Baku	»G. Dimitrov«, Varna	60	3821	2002	4717	131,0	16,0	4,4	10,5	495
mt	**Neftegorsk**	Murmansk	Rauma-Repola, Rauma	72	3468	1607	5015	106,1	15,5	6,7	14,0	492
mt	**Neftegorsk**	Novorossijsk	Kertsh	67	1754	539	1660	83,5	12,0	4,7	13,8	488
mt	**Neftekamsk**	Murmansk	Rauma-Repola, Rauma	73	3468	1607	4932	106,1	15,5	6,7	14,0	492
mt	**Nefterudovoz-8 M**		Kama-Werft, Perm	72	2699	1497	2848	119,0	13,5	3,4	11,0	
mt	**Nefterudovoz-9 M**	Kama-Werft, Perm	Kama-Werft, Perm	72	2699	1497	2848	119,0	13,5	3,4	11,0	
mt	**Nefterudovoz-10 M**		Kama-Werft, Perm	73	2699	1497	2848	119,0	13,5	3,4	11,0	
mt	**Nefterudovoz-11 M**	Kama-Werft, Perm	Kama-Werft, Perm	73	2699	1497	2848	119,0	13,5	3,4	11,0	
mt	**Nefterudovoz-12 M**	Kama-Werft, Perm	Kama-Werft, Perm	73	2699	1497	2848	119,0	13,5	3,4	11,0	
mt	**Nefterudovoz-13 M**		Kama-Werft, Perm	73	2699	1497	2848	119,0	13,5	3,4	11,0	
mt	**Nefterudovoz-14 M**		Kama-Werft, Perm	74	2699	1497	2848	119,0	13,5	3,4	11,0	
mt	**Nefterudovoz-15 M**		Kama-Werft, Perm	74	2699	1497	2848	119,0	13,5	3,4	11,0	
mt	**Nefterudovoz-16 M**		Kama-Werft, Perm	74	2699	1497	2854	119,0	13,5	3,4	11,0	
mt	**Nefterudovoz-17 M**		Kama-Werft, Perm	75	2699	1497	2854	119,0	13,5	3,4	11,0	
mt	**Nefterudovoz-18 M**		Kama-Werft, Perm	75	2699	1497	2853	119,0	13,5	3,4	11,0	
mf	**Nekrasov**	Murmansk	Kieler Howaldtswerke, Kiel	55	3048	1299	1650	85,5	13,4	5,2	12,5	618
mf	**Nelson Stepanyan**	Riga	Baltische Werft, Klaipeda	68	3162	1307	1451	84,7	14,0	5,7	12,3	622
ms	**Neman**		LMG., Lübeck	57	3774	1798	3240	111,4	14,5	6,3	13,5	392

Art	Name	Heimathafen	Bauwerft	Baujahr	BRT	NRT	tdw	L	B	Tfg	kn	Skizze-Nr.
ms	**Nemirovich Danchenko**	Murmansk	J. Boel + Fils, Tamise	57	3106	1465	5516	120,4	16,7	6,7	12,0	373
mf	**Neptun**	Murmansk	UdSSR	64	3170	1225	1460	84,7	14,0	5,5	12,0	622
mt	**Nerchinsk**	Nakhodka	Kertsh	67	1772	557	1660	83,6	12,0	4,6	13,8	488
mf	**Nerey**	Kaliningrad	Volkswerft, Stralsund	74	3931	1810	2063	102,0	15,2	5,2	15,0	624
ms	**Neva**	Klaipeda	Burmeister + Wain, Köbenhavn	59	3321	1611	1500	94,8	14,4	4,3	12,8	649
ms	**Neva**	Vladivostok	»Andre Marti«, Leningrad	31	3138	1772	4014	102,9	14,8	6,5		
ms	**Nevales**	Leningrad	Valmet OY., Abo	65	2915	1318	3400	102,3	14,0	5,9	13,7	368
ms	**Nevel**	Leningrad	A. Shdanov, Leningrad	66	5277	969	1835	121,8	16,4	4,7	15,0	600
ms	**Nevels**	Kholmsk	»Georgiu Dej«, Budapest	48	1237	480	1100	70,0	10,1	3,8	9,5	348
des	**Nevelskiy**	Vladivostok	Nosenko-Werft, Nikolaev	63	3308	1390	2495	99,4	14,0	5,5	13,5	370
ms	**Never**	Vladivostok	»Neptun«, Rostock	67	3234	1501	4200	105,9	14,6	6,6	13,5	391
ms	**Nevezhis**	Klaipeda	Mathias-Thesen-Werft, Wismar	70	1058	401	605	65,7	11,1	3,6	10,8	612
ms	**Nevka**	Leningrad	Mathias-Thesen-Werft, Wismar	71	1058	401	605	65,7	11,1	3,6	10,8	612
mf	**Nevyansk**			74	2327	842	1163					
ss	**Nezhin**	Shdanov	»Neptun«, Rostock	54	3262	1551	4401	102,4	14,4	6,7	13,0	382
mf	**Nida**	Klaipeda	Chernomorskij-Werft, Nikolaev	70	2581	888	1268	83,9	14,0	5,7	12,3	
mt	**Nikifor Rogov**	Baku	Astrakhan-Werft, Astrakhan	71	8353	3849	12334	147,0	17,4	8,0	13,3	499
ms	**Nikitovka**	Shdanov	Navashinskij-Werft, Navashino	71	4078	1806	4300	123,5	15,0	4,8	11,3	389
ms	**Niko Nokaladze**	Batumi	Stocznia Szczecinska, Szczecin	72	20317	12826	32000	202,3	24,4	10,7	15,0	478
ms	**Nikolay Ananyev**	Vladivostok	Kherson-Werft, Kherson	74	11750	5949	13500	162,3	22,2	9,2	18,0	469
ms	**Nikolay Baumann**		»Krasnoje Sormovo«, Gorki	73	2484	1321	3134	114,2	13,2	3,4	10,8	363
ms	**Nikolay Baumann**	Arkhangelsk	Angyalfold, Budapest	68	1501	684	1726	77,8	11,5	4,7	12,0	350
mf	**Nikolay Berzarin**	Riga	Volkswerft, Stralsund	74	3931	1810	2063	102,0	15,2	5,2	15,0	624
ss	**Nikolai Boshniak**	Kholmsk	Stocznia Gdanska, Gdansk	59	3688	1908	5049	108,3	14,6	6,6	12,5	390
mf	**Nikolay Brovtsyev**	Kaliningrad	Volkswerft, Stralsund	67	2177	746	1152	82,0	13,6	5,2	13,5	619
ts	**Nikolai Burdyenko**	Shdanov	Chant. Nav. de la Ciotat, La Ciotat	56	5626	2953	7560	129,7	16,8	7,5	13,0	417
ms	**Nikolai Chernyshevskij**		J. Boel + Fils, Tamise	55	1849	833	3200	101,2	14,3	5,7	13,3	356
ms	**Nikolai Danilov**	Riga	Stocznia Gdanska, Gdansk	67	13604	6706	10000	165,5	21,3	8,1	14,0	636
ms	**Nikolai Dobrolyubov**	Odessa	Brodogradiliste Uljanik, Pula	67	10215	5246	14390	159,4	21,0	9,7	18,4	457
ms	**Nikolay Emelyanov**	Arkhangelsk	»Okean«-Werft, Oktjabrskoje	71	1698	765	2483	82,0	12,5	5,4	12,8	355
mf	**Nikolay Filchenkov**	Sevastopol	Volkswerft, Stralsund	65	1920	602	850	79,8	13,2	5,2	12,5	617
ms	**Nikolai Gogol**	Odessa	Brodogradiliste »Uljanik«, Pula	67	10215	5246	14390	159,4	21,3	9,7	18,5	457
ms	**Nikolai Isayenko**	Nakhodka	Hitachi Zosen, Mukaishima	59	4984	2386	4150	110,3	15,8	5,7	12,5	630
ms	**Nikolay Karamzin**	Vladivostok	»3. Maj«, Rijeka	69	10401	5213	14390	159,4	21,3	9,7	18,5	457
ms	**Nikolay Kasatkin**		Valmet, Abo	73	3184	1653	4464	97,3	16,2	6,5	14,0	378
ms	**Nikolai Kolomeytsev**		Laivateollisuus, Abo	72	1137	284	630	67,0	11,8	4,1	13,5	584
mf	**Nikolaj Kononov**	Murmansk	Stocznia Gdynia, Gdynia	66	2987	1329	1320	83,0	13,8	5,4	12,5	621
ms	**Nikolay Kopernik**	Riga	Stocznia Gdanska, Gdansk	74	6400	3250	5880	139,6	18,0	7,8	21,8	423
ms	**Nikolay Kremlyanskiy**	Odessa	Stocznia Gdanska, Gdansk	68	10028	5436	12707	154,7	20,6	9,0	17,3	446
ms	**Nikolay Krylenko**	Leningrad	Warnowwerft, Warnemünde	72	9323	5378	13150	151,5	20,4	9,0	17,0	455
ms	**Nikolay Lebedev**				2484	1321	3135	114,2	13,2	3,4	10,8	363
ms	**Nikolay Maksimov**		Kherson-Werft, Kherson	75	11750	5949	13511	162,3	22,2	9,2	18,0	469
ms	**Nikolai Mironov**	Vladivostok	Stocznia Gdanska, Gdansk	65	4531	2380	6205	123,9	16,7	7,0	14,5	404
ms	**Nikolay Morozov**	Shdanov	Vyborg-Werft, Vyborg	73	6459	3082	7700	136,8	17,8	7,5	16,5	
ms	**Nikolay Nekrasov**	Iljitshevsk	Stocznia Gdanska, Gdansk	66	9714	5270	12585	155,1	20,3	9,0	17,3	451
ms	**Nikolay Novikov**	Arkhangelsk	Stocznia Gdanska, Gdansk	73	10185	5758	14000	150,3	21,0	8,7	15,8	454
ms	**Nikolai Ogaryev**	Odessa	Brodogradiliste Uljanik, Pula	66	10109	5132	14190	159,0	21,0	9,7	18,4	457
mf	**Nikolay Ostrovskiy***	Petropavlovsk-K.	UdSSR	63	3170	1225	1435	84,7	14,0	5,7	13,0	622
mf	**Nikolay Ostrovskiy**	Murmansk	Kieler Howaldtswerke, Kiel	55	3047	1298	1420	84,8	13,4	5,5	12,5	618
ms	**Nikolay Ostrovskiy**	Vladivostok	J. Boel + Fils, Tamise	55	1835	798	3200	101,2	14,3	5,7	13,3	356
mf	**Nikolay Papivin**			73	2581	888	1290	83,9	14,0	5,8	12,5	
ss	**Nikolay Pirogov**	Shdanov	Forg. et Chant. de la Gironde, Bordeaux	56	5626	2953	7560	129,7	16,8	6,9	13,0	417
mt	**Nikolay Podvoyskiy**	Novorossijsk	»3. Maj«, Rijeka	66	15090	8154	22630	186,2	23,4	9,8	17,0	505
ms	**Nikolay Pogodin**	Leningrad	Warnowwerft, Warnemünde	71	9323	5378	13150	151,5	20,4	9,0	17,0	455
ss	**Nikolay Przhevaljskiy**	Vladivostok	Stocznia Gdanska, Gdansk	56	3816	1888	5000	108,3	14,6	6,6	12,5	390
ms	**Nikolay Semashko**	Vladivostok	Stocznia Gdanska, Gdansk	73	6551	3311	7415	135,4	18,0	7,5	15,5	427
ms	**Nikolay Shchors**	Odessa	Cant. Nav. Breda, Venezia	69	4059	1386	4562	121,7	17,1	7,5	19,5	396
ms	**Nikolaj Shvernik**		Stocznia Szczecinska, Szczecin	73	6555	3323	7400	133,3	18,0	7,5	15,6	427
mt	**Nikolay Sipyagin**	Novorossijsk	Baltic Shipb. & Eng. Works, Leningrad	69	10964	5623	16540	162,3	21,4	8,9	16,5	501
mf	**Nikolay Tsyganov**	Kaliningrad	Volkswerft, Stralsund	73	3960	1780	2063	102,0	15,2	5,2	15,0	624
ms	**Nikolay Tulpin**	Leningrad	Warnowwerft, Warnemünde	72	9323	5378	13150	151,5	20,3	7,3	17,7	455
ms	**Nikolay Yaroshenko**	Klaipeda	Valmet, Abo	73	3184	1653	4048	97,3	16,2	6,4	14,0	378
ms	**Nikolay Yevgenov**		Laivateollisuus, Abo	74	1139	275	643	67,0	11,9	4,2	13,5	584
ms	**Nikolay Zhukov**	Shdanov	Vyborg-Werft, Vyborg	72	6459	3082	7070	136,8	17,8	7,5	16,5	
ms	**Nikolay Zubov**		Stocznia Szczecinska, Szczecin	67			3000	87,1	13,8	4,8	14,0	592
des	**Nikolai Zytsar**	Riga		68	6009	2196	4270	130,5	16,8	7,6	16,0	410
ms	**Nikolaev**	Iljitshevsk	Nosenko-Werft, Nikolaev	64	9901	4948	12840	155,7	20,7	9,1	17,5	456
mf	**Nikolayev**	Odessa	Volkswerft, Stralsund	70	2654	1115	1140	82,2	13,6	5,2	13,5	619
ms	**Nikolayevsk**	Petropavlovsk-K.	Mathias-Thesen-Werft, Wismar	62	5230	2160	1357	122,2	16,0	5,2	17,0	533

Art	Name	Heimathafen	Bauwerft	Baujahr	BRT	NRT	tdw	L	B	Tfg	kn	Skizze-Nr.
mf	**Nikolayevskiy-Komsomol.**	Liepaja	Chernomorskij-Werft, Nikolaev	71	2581	888	1268	83,9	14,0	5,7	12,3	
mt	**Nikoloz Baratashvili**	Batumi	Brodogradiliste »Split«, Split	69	15034	8205	22610	186,0	23,5	9,7	17,0	505
mf	**Nikolsk**		Volkswerft, Stralsund	66	1920	603	850	79,8	13,2	4,9	11,7	617
mt	**Nikopol**	Nakhodka	Kertsh	68	1754	545	1660	83,6	12,0	4,6	13,8	488
mf	**Nikyel**	Murmansk	Stocznia Gdanska, Gdansk	69	2947	1330	1306	83,1	13,9	5,5	11,8	621
ms	**Nina Kukoverova**	Murmansk	»Neptun«, Rostock	70	3373	1605	4608	105,7	15,7	6,8	13,8	384
mf	**Nina Onilova**		Volkswerft, Stralsund	75	3930	1810	2096	102,0	15,2	5,2	15,0	624
ms	**Nina Sagaydak**	Vladivostok	»Neptun«, Rostock	70	3619	1763	4608	105,7	15,7	6,8	13,8	384
mt	**Niva**	Arkhangelsk	Kertsh	68	1754	545	1660	83,6	12,0	4,6	13,0	488
ms	**Nizhegorodskiy Koms.**	Leningrad	»Krasnoje Sormovo«, Gorki	71	2484	1321	3134	114,2	13,2	3,4	10,8	363
ms	**Nizhneudinsk**	Vladivostok	»Neptun«, Rostock	67	3234	1562	4150	105,8	14,6	6,8	13,5	391
mt	**Nizhnevartovsk**			76	12196	6639						
ms	**Nizhniy Tagil**	Klaipeda	A. Shdanov, Leningrad	67	4676	2065	6459	122,0	16,7	7,1	14,5	402
des	**Noginsk**	Kaliningrad	Baltic Shipb. + Eng. Works, Leningrad	58	5217	2524	6100	130,5	16,8	7,6	16,0	410
mt	**Noginsk**	Petropavlovsk-K.	Kertsh	68	1754	545	1660	83,6	12,0	4,6	13,8	488
def	**Nokuyev**	Murmansk	»Okean«-Werft, Oktjabrskoje	72	3273	1085	2624	104,0	14,1	6,0	13,0	
ms	**Nordvik**	Arkhangelsk	Stocznia Gdanska, Gdansk	65	4531	2383	5900	123,9	16,7	7,0	16,0	404
ms	**Norilsk**		Kherson-Werft, Kherson	75	10145	4151	14550	145,4	20,6	9,4	14,0	458
ms	**Norilsk**	Vladivostok	Cant. del Medit., Pietra Ligure	51	3498	2523	1885	101,8	14,3	5,5	13,0	530
mf	**Novaya Era**	Korsakov	UdSSR	67	2827	1019	1495	84,7	14,0	5,7	13,0	622
ms	**Novaja Kakhovka**	Petropavlovsk-K.	Stocznia Gdanska, Gdansk	70	13757	7567	10000	164,0	21,3	8,1	15,7	637
ms	**Novaya Kakhovka**	Ismail	Santierul Naval, Galati	63	3327	1552	4400	100,6	14,0	6,6	12,5	383
ms	**Novaya Ladoga**	Nevelsk	Stocznia Gdanska, Gdansk	70	13758	7568	10000	164,0	21,3	8,1	15,7	637
ms	**Novaya Ladoga**	Leningrad	A. Shdanov, Leningrad	67	4676	2065	6459	122,0	16,7	7,1	14,5	402
ms	**Novaya Zemlya**	Arkhangelsk	A. Shdanov, Leningrad	65	4676	2065	5910	122,0	16,7	6,8	14,5	
ss	**Novaya Zemlya**		Stocznia Gdanska, Gdansk	54	4093	2234	5000	108,3	14,6	6,6	12,5	390
ms	**Novgorod**	Leningrad	Wärtsilä AB., Abo	67	8802	4665	12500	151,7	20,6	9,0	18,0	440
mt	**Novik**	Nakhodka	Kertsh	68	1630	594	1660	83,6	12,0	4,6	13,8	488
ms	**Novikov-Priboy**	Vladivostok	»Uljanik«, Pula	68	10204	5223	14390	159,4	21,3	9,7	18,5	457
mf	**Novikov-Priboij**		Kieler Howaldtswerke, Kiel	56	3018	1275	1650	85,5	13,4	5,2	12,5	618
mt	**Novinsk**	Vladivostok	Valmet, Abo	54	1117	524	1290	63,7	10,0	4,5	10,5	485
ms	**Novoaltaisk**	Leningrad	Wärtsilä, Abo	68	8802	4665	12500	151,7	20,6	9,0	18,0	440
ms	**Novocherkassk**	Shdanov	»Neptun«, Rostock	74	4497	2264	5657	117,9	16,6	6,9	16,5	401
mf	**Novocherkassk**	Leningrad	Stocznia Gdanska, Gdansk	70	2948	1330	1306	83,1	13,9	5,5	12,8	621
ms	**Novodruzhesk**	Leningrad	Wärtsilä, Abo	68	9150	4782	12500	151,7	20,6	9,0	18,0	440
ms	**Novogrudok**	Leningrad	Wärtsilä, Abo	70	8802	4665	13650	150,9	20,7	9,5	18,0	444
ms	**Novokuibyshevsk**	Leningrad	Wärtsilä, Abo	67	8802	4665	12500	151,7	20,6	9,0	18,0	440
mf	**Novokuibyshevsk**	Murmansk	Stocznia Gdanska, Gdansk	70	2948	1330	1322	83,1	13,9	5,5	12,8	621
ms	**Novokuznetsk**	Leningrad	Wärtsilä, Abo	67	8802	4665	12500	151,7	20,6	9,0	18,0	440
ms	**Novoevovsk**		Oy. Wärtsilä AB., Abo	70	8802	4665	13650	150,9	20,6	9,5	18,0	444
ms	**Novomirgorod**	Leningrad	Wärtsilä, Abo	69	9132	4754	13650	150,9	20,6	9,5	18,0	444
ms	**Novomoskovsk**	Leningrad	Wärtsilä, Abo	67	8802	4665	12500	151,7	20,6	9,0	18,0	440
ms	**Novopolotsk**	Leningrad	Wärtsilä, Abo	70	8802	4665	13650	150,9	20,6	9,5	18,0	444
mf	**Novorossisk**	Murmansk	J. Boel + Fils, Tamise	51	1492	716	1470	73,6	11,8	5,2	12,0	613
mt	**Novorossiskiy Partizan***	Novorossijsk	Ishikawajima Harima, Aio	63	23110	13073	35171	205,5	27,1	10,7	16,5	514
ms	**Novorzhev**	Ismail	Santierul Naval, Galatz	64	3327	1552	4220	100,6	13,9	6,6	12,5	383
ms	**Novoshaktinsk**	Ismail	Santierul Naval, Galatz	64	3327	1551	4400	100,6	14,0	6,6	12,5	383
ms	**Novosibirsk**	Leningrad	Wärtsilä, Abo	67	8802	4665	12500	151,7	20,6	9,0	18,0	440
ms	**Novotroitsk**	Leningrad	Wärtsilä, Abo	68	8802	4665	12522	150,8	20,7	9,0	18,0	444
ms	**Novovolynsk**	Leningrad	Wärtsilä, Abo	70	9137	4743	13650	150,9	20,6	9,5	18,0	444
ms	**Novovoronezh**	Iljitshevsk	»Neptun«, Rostock	63	3202	1534	4150	105,8	14,6	6,6	13,5	391
ms	**Novoyijatsk**	Leningrad	Wärtsilä, Abo	70	8802	4665	13650	150,9	20,6	9,5	18,0	444
ms	**Novozybkov**	Leningrad	Wärtsilä, Abo	70	8802	4665	13650	150,9	20,6	9,5	18,0	444
ms	**Novy Bug**	Ismail	Santierul Naval, Galatz	63	3327	1552	4400	100,6	14,0	6,6	12,5	383
ms	**Novy Donbass**	Ismail	Santierul Naval, Galatz	63	3327	1552	4250	100,6	14,0	6,6	13,0	383
mf	**Novyy Mir**			74	2327	842	1182					
mt	**Nurek**	Baku	»Georgi Dimitrov«, Varna	63	3821	2002	4700	131,0	16,0	4,4	10,5	495
ms	**Nyandoma**	Arkhangelsk	»Georghiu Dej«, Budapest	61	1161	553	1814	74,5	11,4	4,7	10,3	349
ms	**Nyura Kizhevatova**		Turnu Severin, Turnu Severin	74	2079	918	2180	88,8	12,8	6,7	13,0	359
des	**Ob**		»De Schelde«, Vlissingen	54	7264	3013	7230	129,5	18,8	8,5	14,5	432
ms	**Ob**	Kholmsk	»Georghiu Dej«, Budapest	51	1237	481	495	70,0	10,0	3,7	9,5	348
mf	**Ob**	Astrakhan	Mathias-Thesen-Werft, Wismar	69	1115	426	650	65,7	11,1	3,7	10,8	612
des	**Obukhovskaya Oborona**	Leningrad	»61 Kommunar«, Nikolaev	69	5942	2844	5170	130,0	16,8	7,2	16,5	
mt	**Ochakov**	Novorossijsk		55	7653	3931	12770	145,5	19,2	8,5	13,3	498
ms	**Ochakov**	Odessa	Nippon Kokan, Asano	70	1583	490	Bagger	71,7	14,0	3,1		658
ms	**Odessa***	Odessa	Swan Hunter (Vickers), Barrow	74	13758	9000	1930	136,3	21,5	5,8	19,0	541
ss	**Odessa**	Vladivostok	Permanente Steel Corp., Richmond	43	7176	4235	10620	134,6	17,4	8,4	10,5	431
mf	**Odessa**	Murmansk	J. Boel + Fils, Tamise	51	1492	716	1470	68,0	11,8	6,3		613
ms	**Odesskiy Komsomolets**	Shdanov	A. Shdanov, Leningrad	70	5923	2948	8230	130,0	17,8	7,8	16,0	416

Art	Name	Heimathafen	Bauwerft	Baujahr	BRT	NRT	tdw	L	B	Tfg	kn	Skizze-Nr.
mf	**Odyssej**	Murmansk	Kherson	70	2847	617	1070	84,7	14,0	5,8	12,5	589
mt	**Ogre**	Riga	Stocznia Kom. Paryskiej, Gdynia	62	1236	445	1344	76,0	11,5	4,3	13,0	486
ms	**Oka**	Arkhangelsk	A. Shdanov, Leningrad	67	4506	2078	6550	122,0	16,7	6,8	14,5	402
mf	**Oka**	Baku	Mathias-Thesen-Werft, Wismar	69	1115	426	670	65,7	11,1	3,7	10,8	612
ms	**Okean**	Vladivostok	Stocznia Szczecinska, Szczecin	69	3284	990	1170	97,1	13,8	4,8	16,0	594
ms	**Okha**	Kholmsk	»Georghiu Dej«, Budapest	50	1718	666	510	70,0	10,1	3,8	9,5	348
ms	**Okhotsk**	Vladivostok	Hitachi Shipb. + Eng. Co., Sakurajima	62	11106	6337	12056	154,8	21,0	8,5	17,5	462
ms	**Okhotskoye More**	Vladivostok	Constr. Navales et Ind., La Seyne	71	18302	9802	14947	186,2	25,0	7,5	18,9	476
mf	**Oktant**	Nakhodka	Volkswerft, Stralsund	70	2177	746	1134	82,1	13,6	5,2	13,0	619
des	**Oktyabrsk**	Kaliningrad	Nosenko-Werft, Nikolaev	63	3301	1379	2506	99,4	14,0	5,6	13,3	370
ms	**Oktyabrskaya Revolyutsiya**	Iljitshevsk	Kherson-Werft, Kherson	67	10052	4949	13600	155,5	20,6	9,0	17,0	456
mf	**Oktyabrskoye**	Poti	Volkswerft, Stralsund	68	2652	1129	1149	82,2	13,6	5,0	13,5	619
ms	**Ola**		Hitachi Zosen, Sakurajima	64	11092	6297	12056	154,8	21,0	8,5	17,5	462
mt	**Oleg Koshevoij**	Baku		54	3737	2130	4690	123,5	16,0	4,0	10,5	495
mt	**Oleko Dundich**	Novorossijsk	Brodogradiliste »Split«, Split	65	15090	8154	22632	186,2	23,4	9,8	17,0	505
ms	**Olenegorsk**	Odessa	»Neptun«, Rostock	65	3228	1526	4234	105,9	14,6	6,6	13,5	391
mf	**Olenegorsk**		Stocznia Gdynia, Gdynia	68	2934	1316	1250	83,0	13,8	5,4	12,5	621
des	**Olenek**	Vladivostok	»Leninskogo Komsomola«, Koms.	64	7684	3384	8720	133,1	18,9	8,9	15,0	434
ms	**Olensk**	Petropavlovsk-K.	»Georghiu Dej«, Budapest	53	1200	449	1088	70,0	10,0	3,8	9,5	348
mf	**Olentui**	Murmansk	Stocznia Gdynia, Gdynia	67	2934	1316	1400	83,0	13,8	5,4	12,5	621
mf	**Olga Sadovskaya**				3941	1468						
ms	**Olga Ulyanova**	Leningrad	Warnowwerft, Warnemünde	70	9323	5378	13150	151,5	20,3	9,0	17,7	455
ms	**Olga Varentsova**	Tallinn	Stocznia Szczecinska, Szczecin	74	6555	3323	7400	135,4	18,0	7,5	15,5	427
ms	**Oliutorka**	Vladivostok	Ekensbergs Varv, Stockholm	55	5885	3271	5625	132,1	16,5	7,6	18,0	419
ms	**Oliutorka**	Petropavlovsk-K.	Nystads Varv, Nystad	64	2921	1345	3480	102,0	14,0	6,0	13,8	367
ms	**Om**	Vladivostok	»Georghiu Dej«, Budapest	51	1194	446	1085	70,0	10,0	3,7	8,0	348
ms	**Omolon**	Kholmsk		66	3179	1431	4140	104,5	14,4	6,1	13,8	377
ms	**Omsk**	Vladivostok	Hitachi Zosen, Sakurajima	61	10825	6191	14930	154,8	21,0	8,5	17,5	462
mt	**Omsk**	Nakhodka	Rauma-Repola, Rauma	69	3675	1729	5045	106,2	15,5	6,7	14,0	492
des	**Onegski**	Arkhangelsk	A. Stephen & Sons, Glasgow	66	1972	678	1420	79,9	13,7	4,1	11,5	661
mf	**Onekotan**	Murmansk	Stocznia Gdynia, Gdynia	67	2934	1316	1400	83,0	13,8	5,4	12,5	621
ms	**Onezhskiy Zaliv**	Sevastopol	Atel. & Chant. de Dunkerque, Dunkerque	70	12891	6872	11780	164,0	22,0	8,0	17,5	471
mf	**Opala**	Petropavlovsk-K.	UdSSR	63	3170	1225	1260	84,7	14,0	5,5	12,0	622
mf	**Orbita**	Murmansk	Stocznia Gdanska, Gdansk	63	2894	1271	1300	84,7	13,8	5,4	12,5	620
mt	**Ordjonikidzeneft**	Baku	»Georgi Dimitrov«, Varna	63	3821	2002	4000	131,1	16,0	4,4	10,0	
mf	**Oreandra**	Sevastopol	Volkswerft, Stralsund	63	1920	603	850	79,8	13,2	4,9	11,7	617
ms	**Orekhov**	Vladivostok	Hitachi Zosen, Sakurajima	63	10843	6197	14940	154,8	21,0	8,5	17,5	462
ms	**Orekhovo-Zuevo**	Kholmsk	Stocznia Gdanska, Gdansk	66	4531	2383	6205	123,9	16,7	7,0	16,0	404
ms	**Orel**	Vladivostok	Volkswerft, Stralsund	61	2289	966	1005	82,4	13,0	4,4	11,0	648
mf	**Orel**	Kaliningrad	Volkswerft, Stralsund	72	2154	762	1135	82,2	13,6	5,2	13,5	
ms	**Orel**	Vladivostok	Valmet, Abo	58	1069		tug	61,5	11,5	4,5	13,5	572
ms	**Orenburg**	Vladivostok	Hitachi Zosen, Sakurajima	62	10825	6191	14805	154,8	21,0	9,6	17,5	462
mf	**Orfey**		Volkswerft, Stralsund	74	3932	1806	2063	102,0	15,2	5,2	14,6	624
mf	**Orion**	Kaliningrad	Volkswerft, Stralsund	63	2435	1070	850	79,8	13,2	4,9	11,7	617
mf	**Orlets**	Liepaja	Volkswerft, Stralsund	72	2154	762	1134	82,2	13,6	5,2	13,5	
mf	**Orlinoye**	Sevastopol	Volkswerft, Stralsund	68	2652	1129	1137	82,0	13,6	5,2	13,5	619
ms	**Orochon**	Murmansk	Stocznia Gdanska, Gdansk	71	13123	6110	9995	164,0	21,3	8,1	15,3	637
ms	**Orsha**	Vladivostok	Hitachi Zosen, Sakurajima	63	10843	6197	15003	154,8	21,0	8,5	17,5	462
mt	**Orsk**	Kaliningrad	Valmet, Abo	53	1117	524	1060	66,9	10,0	4,0	10,5	485
ms	**Osetiya**	Ismail	A. Shdanov, Leningrad	63	3219	1322	680	101,5	14,6	3,8	14,5	528
ms	**Osip Pyatnitskiy**	Vladivostok	Stocznia Gdanska, Gdansk	73	6551	3311	7428	135,4	18,0	7,5	15,5	427
mf	**Oskar Luts**	Tallinn	UdSSR	63	2715	913	1424	84,7	14,0	5,5	12,0	622
mf	**Oskar Sepre**	Tallinn	UdSSR	68	2690	926	1490	84,7	14,0	5,7	13,0	622
ms	**Osmussaar**	Tallinn	Angyalfold, Budapest	68	1153	521	1718	74,5	11,3	4,6	11,5	349
ms	**Ostrogozhsk**	Vladivostok	Hitachi Zosen, Osaka	64	10843	6197	15052	154,8	21,1	9,6	17,5	462
ms	**Ostrov**	Petropavlovsk-K.	»Georghiu Dej«, Budapest	54	1199	448	1088	70,0	10,0	3,8	9,5	348
ms	**Ostrov Atlasova**	Kaliningrad	Lindholmens Varv, Göteborg	71	9795	5381	10200	153,5	20,5	7,5	18,3	453
ms	**Ostrov Beringa**	Riga	Lindholmens Varv, Göteborg	70	9794	5380	10200	153,5	20,0	7,5	18,3	453
ms	**Ostrov Karaginskiy**	Vladivostok	Lindholmens Varv, Göteborg	70	9794	5380	9600	153,5	20,5	7,5	18,3	453
ms	**Ostrov Kotlin**	Riga	Lindholmens Varv, Göteborg	71	9795	5381	10200	153,5	20,0	7,5	18,3	453
ms	**Ostrov Lisyanskogo**	Vladivostok	Lindholmens Varv, Göteborg	70	9795	5381	10200	150,6	20,5	7,5	18,3	453
ms	**Ostrov Litke**	Klaipeda	Lindholmens Varv, Göteborg	70	9795	5381	9600	153,5	20,5	7,5	18,3	453
ms	**Ostrov Mednyy**	Riga	Lindholmens Varv, Göteborg	70	9795	5381	10200	153,5	20,0	7,5	18,3	453
ms	**Ostrov Russkiy**	Klaipeda	Lindholmens Varv, Göteborg	69	9795	5380	10200	153,5	20,0	7,5	18,3	453
ms	**Ostrov Shmidta**	Vladivostok	Lindholmens Varv, Göteborg	69	9795	5381	10200	153,5	20,5	7,5	18,3	453
ms	**Ostrov Shokalskogo**	Vladivostok	Lindholmens Varv, Göteborg	69	9795	5380	10200	153,5	20,0	7,5	18,3	453
ms	**Ostrov Sibiryakova**	Riga	Lindholmens Varv, Göteborg	69	9752	4979	10200	153,5	20,0	7,5	18,3	453
ms	**Ostrov Ushakova**	Vladivostok	Lindholmens Varv, Göteborg	69	9795	5381	10200	150,6	20,5	7,5	18,3	453

Art	Name	Heimathafen	Bauwerft	Baujahr	BRT	NRT	tdw	L	B	Tfg	kn	Skizze-Nr.
ms	**Otepya**	Tallinn	»Georghiu Dej«, Budapest	65	1153	521	1285	74,5	11,4	4,0	10,8	349
ms	**Otomar Oshkaln**	Riga	Stocznia Gdanska, Gdansk	73	5194	2432	4251	119,6	17,0	7,3	19,0	411
ms	**Otradnoe**	Vladivostok	Hitachi Zosen, Osaka	64	10843	6197	14995	154,8	21,1	9,6	17,5	462
mf	**Otrog**	Riga	UdSSR	66	3170	1225	1460	84,7	14,0	5,5	12,0	622
tt	**Otto Grotewohl**	Novorossijsk	Admiralteiskij-Wertt, Leningrad	65	31817	15518	50757	230,5	31,0	11,5	17,0	519
ms	**Otto Grotewohl**	Murmansk	Mathias-Thesen-Werft, Wismar	71	11888	6654	9288	155,0	22,2	7,8	17,3	651
mf	**Otto Ryastas**			75	2833	1059	1150	83,3	14,0	5,7	12,0	
ms	**Ovanes Tumanyan**	Vladivostok	»3. Maj«, Rijeka	70	10152	5202	15100	159,4	21,3	10,0	18,4	457
mt	**Ozernoje**	Petropavlovsk-K.	Stocznia Gdynia, Gdynia	62	1333	468	1344	76,0	11,5	4,3	13,0	486
mf	**Ozersk**	Odessa	Volkswerft, Stralsund	66	1920	603	850	79,8	13,2	5,2	12,5	617
mf	**Ozyornye Klyuchi**	Nakhodka	Chernomorskij-Werft, Nikolaev	68	2690	926	1496	84,7	14,0	5,7	13,0	
mt	**Pablo Neruda**	Riga	»3. Maj«, Rijeka	75	27693	12454	40030	195,0	28,0	12,2	17,0	516
ms	**Pajde**	Tallinn	»Neptun«, Rostock	65	3236	1539	4225	105,9	14,6	6,6	13,5	391
mf	**Pakhacha**	Petropavlovsk-K.		68	2690	926	1496	84,7	14,0	5,7	13,0	
ms	**Palana***		Flenderwerke, Lübeck	52	2988	1401	3455	124,4	15,2	6,0	16,0	371
ms	**Palana**	Klaipeda	Nystads Varv, Nystad	67	2920	1337	3930	102,3	14,0	6,0	13,8	368
ms	**Palanga**	Klaipeda	Stocznia Gdanska, Gdansk	71	13123	6110	9995	164,0	21,3	8,1	15,3	637
ms	**Palanga**	Arkhangelsk	Vyborg-Werft, Vyborg	69	4562	2151	5865	122,0	16,7	7,1	14,5	402
ms	**Paldiski**	Tallinn	Angyalfold, Budapest	62	1153	521	1320	74,5	11,3	4,0	10,8	349
ms	**Palekh**	Leningrad	Warnowwerft, Warnemünde	73	10977	6093	12347	150,4	21,8	9,0	18,5	465
mf	**Palekh***	Leningrad	Volkswerft, Stralsund	59	2295	987	1260	82,4	13,0	5,2	11,0	648
mf	**Pallada**	Kaliningrad	Volkswerft, Stralsund	64	2435	1070	850	79,8	13,2	4,9	11,7	617
tt	**Palmiro Togliatti**	Novorossijsk	Baltic Shipb. & Eng. Works, Leningrad	65	31817	15518	49340	230,5	31,0	11,5	17,0	519
ms	**Pamir**	Arkhangelsk	Vyborg-Werft, Vyborg	70	4540	2171	6090	122,0	16,7	7,1	14,5	402
def	**Pamir**	Murmansk	»Okean«-Werft, Oktjabrskoje	70	3273	1145	2490	107,5	14,4	6,2	13,0	
ms	**Pamir**		Admiralteiskij-Werft, Leningrad	77			tug	92,0	15,0	5,9	18,0	579
mt	**Pamyat Lenina**	Nakhodka	Stocznia Gdynia, Gdynia	70	13733	7550	20000	177,3	22,4	9,4	16,7	504
mt	**Pamyat 26 Komissarov**	Novorossijsk	»G. Dimitrov«, Varna	59	3821	2002	4090	131,1	16,0	3,9	10,8	495
ms	**Pantelejmon Lepleshinskij**		Stocznia Gdanska, Gdansk	76	6555	3223	7500	133,3	18,0	7,5	15,6	427
mf	**Parallaks**	Murmansk	Stocznia Gdanska, Gdansk	67	2944	1300	1250	83,0	13,8	5,4	12,5	621
ms	**Paramushir**	Vladivostok	Vyborg-Werft, Vyborg	71	4540	2171	6200	122,0	16,7	7,1	14,5	402
ms	**Parfentiy Grechanyy**		»Okean«-Werft, Oktjabrskoje	75	30072	18866	52699	214,2	31,8	11,7	15,8	481
ms	**Pargolovo**	Arkhangelsk	Vyborg-Werft, Vyborg	70	4540	2171	6090	122,0	16,7	7,1	14,5	402
gts	**Parishkaja Kommuna**	Odessa	Kherson-Werft, Kherson	68	11237	6264	16040	1699	21,8	9,7	17,0	467
ms	**Parizhskaya Kommuna**	Kaliningrad	Volodarskiy-Werft, Rybinsk	71	2484	1321	2925	114,2	13,2	3,4	10,8	363
ms	**Parkhomenko**	Odessa	Cant. Navale Breda, Venezia	68	4059	1386	4562	121,9	17,0	7,5	19,5	396
ms	**Paromay**	Kholmsk	Vyborg-Werft, Vyborg	71	4540	2171	6200	122,0	16,7	7,1	14,5	402
des	**Parsla**	Riga		65	3556	1550	2485	99,4	14,1	5,4	13,5	370
ms	**Partizan Bonivur**	Iljitshevsk	Stocznia Gdanska, Gdansk	60	9448	5184	10250	153,9	19,4	8,8	17,0	449
ss	**Partizansk***	Vladivostok	Calif. Shipb. Corp., Los Angeles	43	7176	4235	10568	134,6	17,4	8,4	10,0	431
ms	**Partizanskaya Iskra**	Iljitshevsk	Nosenko-Werft, Nikolaev	66	9912	4960	12840	155,7	20,7	9,1	15,5	456
ms	**Partizanskaya Slava**	Iljitshevsk	Nosenko-Werft, Nosenko	67	9912	4960	12600	155,5	20,6	9,0	17,0	456
mf	**Pasionariya**	Korsakov	UdSSR	67	3170	1225	1260	84,7	14,0	5,5	12,0	622
ms	**Passat**	Odessa	Stocznia Szczecinska, Szczecin	68	3284	917	998	97,1	13,8	4,8	16,0	594
ms	**Passat***	Kaliningrad	Kieler Howaldtswerke, Kiel	59	3105	1615	3400	128,5	15,8	5,8	18,0	374
mf	**Passat-2**	Murmansk	Chernomorskij-Werft, Nikolaev	73	2581	888	1290	83,9	14,0	5,7	12,5	
mf	**Paudzha**	Petropavlovsk-K.		70	2666	912	1268	83,9	14,0	5,7	12,5	
ms	**Pavel Dauge**	Tallinn	Stocznia Szczecinska, Szczecin	75	6551	3311	7400	133,3	18,0	7,5	15,6	427
mt	**Pavel Dybenko**	Novorossijsk	»3. Maj«, Rijeka	65	15090	8154	21000	186,3	23,5	9,7	17,0	505
des	**Pavel Frolov**	Vladivostok		59	844	240	344	63,6	9,5	4,4	17,3	611
ms	**Pavel Parenago**	Riga	Stocznia Gdanska, Gdansk	75	6399	3249	5880	139,6	18,5	7,7	21,8	423
des	**Pavel Ponomaryev**	Murmansk	Kherson-Werft, Kherson	71	7457	3104	9190	133,1	18,9	9,0	15,0	434
ms	**Pavel Postyshev**	Vladivostok	Admiralteiskij-Werft, Leingrad	64	12675	6275	15300	162,2	20,0	7,0	12,7	634
ms	**Pavel Rybin**	Vladivostok	Hitachi Zosen, Mukaishima	75	18398	12679	23625	169,4	24,6	7,9	14,4	477
ms	**Pavel Shternberg**	Riga	Stocznia Gdanska, Gdansk	74	6400	3250	5880	139,6	18,0	7,8	21,8	423
ms	**Pavel Tjebotnjagin**	Tallinn	Admiralteiskij-Werft, Leningrad	61	12675	6275	8200	162,2	20,0	7,0	12,7	634
ms	**Pavlik Larishkin**	Murmansk	»Neptun«, Rostock	71	3586	1744	4687	105,7	15,7	6,8	13,8	384
ms	**Pavlik Morozov***	Baku	»Georghiu Dej«, Budapest	54	1072	465	1068	70,2	10,0	3,8	9,5	348
gts	**Pavlin Vinogradov**	Arkhangelsk	Baltic Shipb. + Eng. Works, Leningr.	60	4624	2212	7000	121,8	16,1	7,0	14,0	403
ms	**Pavlodar**	Vladivostok	Warnowwerft, Warnemünde	75	10953	5871	12007	150,3	21,8	8,6	19,5	465
ms	**Pavlograd**	Leningrad	Warnowwerft, Warnemünde	74	10959	6092	12007	150,0	21,8	8,6	19,5	465
mf	**Pavlovo**	Murmansk	Burmeister + Wain, København	65	4699	2270	2570	102,7	16,0	5,5	14,0	627
ms	**Pavlovo**	Vladivostok	Vyborg-Werft, Vyborg	71	4540	2171	6090	122,0	16,7	7,1	14,5	402
ms	**Pavlovsk**	Iljitshevsk	Nosenko-Werft, Nosenko	64	9813	4872	12713	155,7	20,7	9,1	15,5	456
ms	**Pechenga**	Murmansk	Stocznia Gdanska, Gdansk	60	10026	4656	9870	155,1	20,1	8,2	13,0	633
ms	**Pechenga**	Arkhangelsk	Vyborg-Werft, Vyborg	70	4540	2171	6090	122,0	16,7	7,1	14,5	402
mf	**Pechenga**	Nakhodka	UdSSR	63	3170	1225	1300	84,7	14,0	5,5	13,0	622
mf	**Pechera**	Astrakhan	Mathias-Thesen-Werft, Wismar	70	1115	426	670	65,7	11,1	3,7	10,8	612
gts	**Pechorales**	Arkhangelsk	Baltic Shipb. + Eng. Works, Leningrad	63	4623	2212	7000	121,8	16,1	7,0	14,0	403

Art	Name	Heimathafen	Bauwerft	Baujahr	BRT	NRT	tdw	L	B	Tfg	kn	Skizze-Nr.
mf	**Pegas**	Nevelsk	Volkswerft, Stralsund	63	2495	1070	850	79,8	13,2	4,9	11,7	617
tt	**Pekin**	Novorossijsk	Baltic Shipb. + Eng. Works, Leningrad	59	20296	11534	30460	202,8	25,8	10,7	18,0	510
ms	**Peleng***		Gävle Varv, Gefle	59				78,2	12,5	4,0	17,0	586
mf	**Pelengator**	Vladivostok	Burmeister & Wain, Kobenhavn	67	4734	2064	2570	102,7	16,0	5,5	14,0	627
mt	**Penza**	Novorossijsk		55	7653	3931	11430	145,5	19,2	8,5	13,3	498
des	**Penzhina**	Vladivostok	»Leninskogo Komsomola«, Koms.	63	8108	3077	8700	133,1	18,9	8,9	15,0	434
mf	**Peredovik**	Sevastopol	Volkswerft, Stralsund	68	2652	1129	1149	82,2	13,6	5,0	13,0	619
mf	**Perekat**	Leningrad	UdSSR	65	3170	1225	1260	84,7	14,0	5,5	12,0	622
ms	**Perekop**	Iljitshevsk	Nosenko-Werft, Nikolaev	63	9901	4948	13800	155,7	20,7	9,5	17,5	456
ms	**Peremÿshlj**	Murmansk	Burmeister + Wain, København	66	4699	1560	2570	102,7	16,0	5,5	14,0	627
ms	**Pereslavl-Salesskij**	Vladivostok	»Neptun«, Rostock	63	3224	1560	4225	105,9	14,6	6,6	13,5	391
mf	**Perigay**	Sevastopol	Volkswerft, Stralsund	75	3931	1810	2063	102,0	15,2	5,2	15,0	624
mf	**Perlamutr**	Kaliningrad	Stocznia Gdanska, Gdansk	68	2944	1299	1338	83,1	13,9	5,5	12,8	621
ms	**Perm**	Arkhangelsk	Vyborg-Werft, Vyborg	69	4796	2208	6035	122,0	16,7	7,1	14,5	402
mf	**Perm**	Nakhodka	Chernomorskij-Werft, Nikolaev	69	2690	926	1496	84,7	14,0	5,7		
ms	**Permijles**	Leningrad	Valmet, Abo	63	2872	1346	3400	102,3	14,0	5,9	13,7	366
mf	**Persey**	Kaliningrad	Volkswerft, Stralsund	64	2435	1070	850	79,8	13,2	4,9	11,7	617
mf	**Persey III**	Murmansk	Kherson-Werft, Kherson	68	3033	1091	1420	84,7	14,0	5,5	12,0	622
ms	**Pertominsk**	Arkhangelsk	Vyborg-Werft, Vyborg	68	4562	2151	6000	122,0	16,7	7,1	14,5	402
ms	**Pervomaysk**	Leningrad	Warnowwerft, Warnemünde	73	10954	5871	12007	150,0	21,8	8,6	19,5	465
ms	**Pervomaysk**	Vladivostok	Burmeister + Wain, København	59	3321	1611	1500	94,8	14,4	4,3	12,8	649
ms	**Pervouralsk**	Kholmsk	Hollming, Rauma	66	2723	1302	3580	102,3	14,0	6,0	13,8	368
ms	**Pesht**	Tallinn	»Georghiu Dej«, Budapest	59	1063	432	1075	70,0	10,0	3,8	9,5	348a
ms	**Pestovo**	Vladivostok	Warnowwerft, Warnemünde	73	10977	6093	12347	150,4	21,8	9,0	18,5	465
mt	**Petr Alekseev**	Novorossijsk	Brodogradiliste »Split«, Split	66	15090	8154	21000	186,3	23,5	9,7	17,1	505
ms	**Petr Bogdanov**	Leningrad	»Krasnoje Sormovo«, Gorki	72	2484	1321	3134	114,0	13,2	3,7	10,8	363
ms	**Petr Gutshenko**	Shdanov	Navashinskij-Werft, Navashino	69	3587	1740	4150	123,1	15,0	4,5		389
mf	**Petr Iljitshov**	Petropavlovsk-K.		67	2827	1019	1496	84,7	14,0	5,7	13,0	
ms	**Petr Kakhovskiy**	Arkhangelsk	Angyalfold, Budapest	69	1440	623	1726	77,8	11,5	4,7	12,5	350
ms	**Petr Krasikov**		Stocznia Szczecinska, Szczecin	73	6555	3323	7402	135,4	18,0	7,5	15,5	427
ms	**Petr Lebedev***		Crichton-Vulcan, Abo	57	3642	1164	1614	94,2	14,0	5,8	13,5	595
ms	**Petr Lidov**		»Krasnoje Sormovo«, Gorki	73	2484	1321	3134	114,2	13,2	3,4	10,8	363
mf	**Petr Lizyukov**	Kaliningrad	Volkswerft, Stralsund	67	2177	746	1164	82,2	13,6	5,0	13,0	619
mf	**Petr Ovchinnikov**	Petropavlovsk	UdSSR	66	3170	1225	1260	84,7	14,0	5,5	12,0	622
mt	**Petr Shirshov**	Nakhodka		58	7653	3931	11430	145,5	19,2	8,5	13,3	498
ms	**Petr Smidovikh**	Arkhangelsk	Stocznia Gdanska, Gdansk	75	10179	5780	14204	151,8	21,1	8,7	15,8	454
mt	**Petr Stuchka**	Riga	Stocznia Gdynia, Gdynia	70	13733	7550	20000	177,3	22,4	9,4	16,7	504
mf	**Petr Stuchka**	Riga	UdSSR	67	3162	1307	1451	84,7	14,0	5,7	12,3	622
ms	**Petr Yemtsov**	Odessa	Kherson-Werft, Kherson	75	11750	5949	13450	162,3	22,2	9,2	18,0	469
ms	**Petr Zalomov**	Leningrad	»Krasnoje Sormovo«, Gorki	70	2484	1321	2925	114,2	13,2	3,4	10,8	363
ms	**Petr Zaporoshjets**		»Krasnoje Sormovo«, Gorki	73	2484	1321	2925	114,2	13,2	3,4	10,8	363
ms	**Petrodvorets**	Leningrad	Warnowwerft, Warnemünde	75	10953	5871	12347	150,0	21,8	8,6	19,5	465
mf	**Petrodvorets**	Klaipeda	UdSSR	65	3170	1225	1260	84,7	14,0	5,5	12,0	622
ms	**Petrokrepost**	Arkhangelsk	Vyborg-Werft, Vyborg	70	4540	2171	6090	122,0	16,7	7,1	14,5	402
mf	**Petrokrepost**	Leningrad		69	2692	847	1437	84,7	14,0	5,7	13,0	
ms	**Petropavlovsk**	Petropavlovsk-K.	Mathias-Thesen-Werft, Wismar	61	4871	2061	1357	122,2	16,0	5,2	17,0	533
ss	**Petropavl.-Kamchatsky**	Vladivostok	Stocznia Gdanska, Gdansk	55	3812	1888	5000	108,3	14,6	6,6	12,5	390
ss	**Petrovsk**	Klaipeda	Stocznia Gdanska, Gdansk	57	3844	1951	5000	108,3	14,6	6,6	12,5	390
ms	**Petrovskiy**	Arkhangelsk	Vyborg-Werft, Vyborg	70	4540	2171	6090	122,0	16,7	7,1	14,5	402
ms	**Petrozavodsk**	Arkhangelsk	Vyborg-Werft, Vyborg	68	4562	2151	6000	122,0	16,7	7,2	14,5	402
mf	**Petrozavodsk**	Murmansk	Chernomorskij-Werft, Nikolaev	71	2581	888	1270	83,9	14,0	5,7	12,5	
ms	**Petya Kovalenko**			76	2079	918	2180	88,8	12,8	5,0	12,0	359
ms	**Petya Shitikov**			76	2079	918	2180	88,8	12,8	5,0	12,0	359
def	**Pevek**	Murmansk		70	3273	1145	2555	107,5	14,4	6,2	13,0	
mt	**Pevek**	Nakhodka	Rauma-Repola, Rauma	58	3089	1570	4320	105,1	14,8	6,1	13,5	491
mf	**Peypsi**	Tallinn	Volkswerft, Stralsund	73	3933	1806	2063	102,0	15,2	5,2	15,0	624
tt	**Phenian**	Novorossijsk	Baltic Shipb. + Eng. Works, Leningrad	63	20296	11534	30460	202,8	25,8	10,7	18,0	510
ms	**Piltun**	Korsakov	»Georghiu Dej«, Budapest	60	1296	583	1283	74,5	11,4	4,5	10,3	349
mf	**Pinagorij**	Murmansk	Stocznia Gdanska, Gdansk	70	2948	1330	1400	83,0	13,8	5,4	12,5	621
ms	**Pinega**	Arkhangelsk	»Georghiu Dej«, Budapest	62	1161	552	1760	74,5	11,4	4,0	10,3	349
ss	**Pinsk**	Petropavlovsk-K.	Crichton-Vulcan, Abo	53	2550	1384	3200	90,5	13,1	6,5	10,0	361
ms	**Pioner**	Vladivostok	»Neptun«, Rostock	68	3411	1631	4638	105,7	15,7	6,8	13,8	384
ms	**Pioner Arkhangelska**	Arkhangelsk	Vyborg-Werft, Vyborg	74	4814	2065	6109	130,3	17,0	6,9	15,5	406
ms	**Pioner Chukotki**		Vyborg-Werft, Vyborg	75	4814	2065	6109	130,3	17,0	6,9	15,5	406
ms	**Pioner Kamchatki**		Vyborg-Werft, Vyborg	76	4814	2065	6109	130,3	17,0	6,9	15,5	406
ms	**Pioner Kholmska**			76	4814	2065	6109	130,3	17,3	6,9	15,4	407
mf	**Pioner Latvii**	Kaliningrad	Chernomorskij-Werft, Nikolaev	70	2666	912	1268	83,9	14,0	5,7	12,3	
ms	**Pioner Moskvy**		Vyborg-Werft, Vyborg	73	4814	2065	6109	130,3	17,0	6,9	15,5	407
des	**Pioner Murmana**	Murmansk	»61 Kommunar«, Nikolaev	68	5942	2844	5170	130,0	16,8	7,2	16,5	

Art	Name	Heimathafen	Bauwerft	Baujahr	BRT	NRT	tdw	L	B	Tfg	kn	Skizze-Nr.
ms	**Pioner Nakhodky**	Vladivostok	Vyborg-Werft, Vyborg	72	4787	1966	6010	130,3	17,3	6,9	15,2	406
ms	**Pioner Odessy**	Iljitshevsk	Vyborg-Werft, Vyborg	73	4787	1966	6010	130,3	17,3	6,9	15,2	406
ms	**Pioner Onegi**	Iljitshevsk	Vyborg-Werft, Vyborg	75	4814	2065	6109	130,3	17,0	7,3	15,5	406
ms	**Pioner Primorya**		Vyborg-Werft, Vyborg	73	4787	1966	6010	130,3	17,3	6,9	15,2	406
ms	**Pioner Rossii**		Vyborg-Werft, Vyborg	76	4814	2065	6109	130,3	17,0	7,3	15,5	406
ms	**Pioner Sakhalina**	Kholmsk	Vyborg-Werft, Vyborg	74	4814	2065	6109	130,3	17,0	7,3	15,5	406
ms	**Pioner Severodvinska**	Arkhangelsk	Vyborg-Werft, Vyborg	75	4814	2065	6109	130,3	17,0	7,3	15,5	406
ms	**Pioner Slavyanki**		Vyborg-Werft, Vyborg	75	4814	2065	6109	130,3	17,0	7,3	15,5	406
ms	**Pioner Tshukotkij**		Vyborg-Werft, Vyborg	72	4787	1966	6010	130,3	17,3	6,9	15,2	406
mf	**Pioner Ukraina**	Riga	Nosenko-Werft, Nikolaev	64	3170	1225	1460	84,7	14,0	5,7	13,0	622
ms	**Pioner Vladivostoka**	Vladivostok	Vyborg-Werft, Vyborg	72	4787	1966	6270	130,3	17,4	6,9	15,0	406
des	**Pioner Volkov**	Sevastopol	»61 Kommunar«, Nikolaev	68	5431	2501	5170	130,0	16,8	7,2	16,5	
ms	**Pioner Vyborga**	Leningrad	Vyborg-Werft, Vyborg	73	4787	1966	6270	130,3	17,4	6,9	15,0	406
ms	**Pio. Yuzhno-Sakhalinska**	Kholmsk	Vyborg-Werft, Vyborg	74	4814	2065	6109	130,3	17,0	7,3	15,5	406
mf	**Pioner Zapoljarya**		UdSSR	62	3170	1225	1260	84,7	14,0	5,5	12,0	622
ms	**Pionersk**	Kaliningrad	Stocznia Gdanska, Gdansk	63	13638	6824	10000	165,5	21,3	8,1	14,0	636
ms	**Pionerskaja Pravda**	Vladivostok	»Neptun«, Rostock	69	3601	1760	4600	105,7	15,6	6,8	14,3	384
ms	**Pionerskaya Zorka**	Vladivostok	»Neptun«, Rostock	72	3608	1775	4687	105,6	15,7	6,8	13,8	384
mt	**Pirjatin**	Murmansk	Rauma-Repola, Rauma	60	3300	1573	4315	105,1	14,8	6,1	13,5	491
mf	**Pisatel**	Nakhodka	Volkswerft, Stralsund	71	2154	762	1134	82,0	13,6	5,2	13,0	619
mf	**Pitzunda**		Volkswerft, Stralsund	67	2657	1139	1149	82,2	13,6	5,0	13,0	619
ms	**Pitzunda**	Shdanov	»G. Dimitrov«, Varna	63	1002	392	165	63,0	9,3	3,0	12,3	525
ms	**Playa Khiron***		Kieler Howaldtswerke, Kiel	55	3129	1620	3400	128,5	15,8	5,8	18,0	374
mf	**Planerist**	Nakhodka	Volkswerft, Stralsund	71	2154	755	1135	82,0	13,6	5,2	13,0	619
mf	**Planeta**	Murmansk	Stocznia Gdanska, Gdansk	63	2894	1271	1250	83,0	13,8	5,4	12,5	621
ms	**Platon Oyunskiy**		Navashinskij-Werft, Navashino	75	3590	1804	3936	121,9	15,2	4,2	11,5	389
ms	**Plesetsk**	Arkhangelsk	Vyborg-Werft, Vyborg	68	4796	2208	5830	122,0	16,7	7,2	14,5	402
mf	**Pluton**	Kertsh	Volkswerft, Stralsund	67	2650	1123	1152	81,9	13,6	5,2	13,0	619
mf	**Plutonij**	Murmansk	Stocznia Gdanska, Gdansk	67	2987	1329	1400	83,0	13,8	5,4	12,5	621
mt	**Plyavinyas**	Ventspils	Gdynia Shipyard, Gdynia	67	12588	6642	19000	176,9	21,8	9,2	16,0	503
ms	**Pobeda***	Odessa	F. Schichau, Danzig	28	9829	5483	5110	153,9	18,5	4,4	14,0	539
mf	**Pobeda**	Murmansk	J. Boel + Fils, Tamise	50	1492	829	1470	68,0	11,8	6,3	14,5	613
mt	**Pobeda Oktjabrja**	Novorossijsk	Baltic Shipb. & Eng. Works, Leningrad	68	10964	5623	16540	162,3	21,4	8,9	16,5	501
ms	**Pobedino**	Kholmsk	Stocznia Gdanska, Gdansk	67	4531	2383	6205	123,9	16,7	7,0	16,0	404
def	**Podmoskovye**	Murmansk	»Okean«-Werft, Oktjabrskoje	70	3444	1183	2490	107,5	14,4	6,2	13,0	
ss	**Podolsk**	Klaipeda	Stocznia Gdanska, Gdansk	57	3826	1942	5000	108,3	14,6	6,6	12,5	390
mf	**Poet**	Nakhodka	Volkswerft, Stralsund	71	2154	755	1135	82,0	13,6	5,2	13,0	619
ms	**Progranichnik Leonov**	Nevelsk	Stocznia Gdanska, Gdansk	72	13087	5997	10000	164,0	21,3	8,1	15,3	637
ms	**Polessk**	Leningrad	Warnowwerft, Warnemünde	74	10953	6093	12007	150,0	21,8	8,6	19,5	465
ms	**Polessk**	Kaliningrad	Oskarshamns Varv, Oskarshamn	56	1758	834	2000	79,0	12,6	6,1	13,0	647
def	**Polesye**	Murmansk		72	3273	1085	2625	107,5	14,4	6,2	13,0	
mf	**Polevod**	Nakhodka	Volkswerft, Stralsund	71	2154	755	1135	82,2	13,6	5,2	13,0	619
ms	**Polina Osipenko**	Riga	Stocznia Gdanska, Gdansk	70	5215	2457	4428	119,6	17,0	6,3	19,0	411
mt	**Polluks**	Novorossijsk	Rauma-Repola, Rauma	71	3115	1123	3319	93,9	15,4	6,5	14,0	490
ms	**Polotsk**		Nosenko-Werft, Nikolaev	63	9813	4868	12600	155,5	20,6	9,0	17,0	456
mf	**Polotsk**		Stocznia Gdanska, Gdansk	70	2948	1320	1332	83,0	13,8	5,4	12,5	621
ms	**Poltava**	Arkhangelsk	Nosenko-Werft, Nosenko	62	9813	4868	13040	155,5	20,6	10,0	15,0	456
mf	**Poljarnoye Siyanie**	Murmansk	Stocznia Gdanska, Gdansk	66	2976	1345	1320	83,1	13,9	5,5	13,0	621
des	**Poljarnye Zori**	Murmansk	»61 Kommunar«, Nikolaev	70	5120	2387	5170	130,0	16,8	7,2	16,5	
ms	**Poljus**		Stocznia Szczecinska, Szczecin		3284	917	1100	97,1	13,8	4,8	16,0	594
ms	**Polyarnaya Zvezda**		Stocznia Gdanska, Gdansk	65	13628	6824	10000	165,5	21,3	8,1	14,0	636
ms	**Polyarnyy**	Arkhangelsk	»Neptun«, Rostock	62	3251	1630	4375	104,2	14,4	6,6	13,8	376
mf	**Polyarnyy**	Murmansk	Stocznia Gdanska, Gdansk	63	2894	1271	1250	83,0	13,8	5,4	12,5	621
des	**Polyarnyy Krug**	Murmansk	»61 Kommunar«, Nikolaev	70	5120	2387	5170	130,0	16,8	7,2	16,5	
des	**Polyus**		»Neptun«, Rostock	62	3897	1195	3043	111,5	14,4	6,0	13,5	599
ms	**Pomorye**	Arkhangelsk	Vyborg-Werft, Vyborg	69	4562	2151	6035	122,0	16,7	7,1	14,5	402
ms	**Ponoy**	Arkhangelsk	Vyborg-Werft, Vyborg	69	4562	2151	6035	122,0	16,7	7,1	14,5	402
mf	**Porechje**	Kaliningrad	Volkswerft, Stralsund	65	2435	1070	850	79,8	13,2	4,9	11,7	617
ms	**Porkhov**	Klaipeda	A. Shdanov, Leningrad	67	4676	2065	6460	122,0	16,7	6,8	14,5	400
ms	**Poronaysk**	Kholmsk	Vyborg-Werft, Vyborg	72	4540	2171	6200	122,0	16,7	7,1	14,5	402
ms	**Poronin**	Kholmsk	Stocznia Gdanska, Gdansk	67	4531	2383	6205	123,9	16,7	7,0	16,0	404
ms	**Poryv**		Stocznia Szczecinska, Szczecin		3284	917	1100	97,1	13,8	4,8	16,0	594
ms	**Port Said**		Alexandria Schiffswerft, Alexandria	75	9056	4667	13740	152,8	20,5	9,0	17,0	441
mt	**Port-Ilyich**	Astrakhan	G. Dimitrov, Varna	67	3860	2041	4663	123,0	16,0	4,4	10,8	495
mf	**Poseydon**	Vladivostok		71	2851	758	1420	84,7	14,0	5,8	12,5	
mf	**Posjet**	Nakhodka	UdSSR	62	3170	1225	1260	84,7	14,0	5,5	12,0	622
mt	**Poti**	Batumi		54	7653	3931	11770	145,5	19,2	8,5	12,3	498
mf	**Poti***	Poti	Volkswerft, Stralsund	64	1920	603	864	79,8	13,2	5,1	12,3	617
ms	**Povenetz**	Tallinn	»Neptun«, Rostock	63	3236	1539	4225	105,9	14,6	6,6	13,5	391
ss	**Povolje**	Klaipeda	Stocznia Gdanska, Gdansk	57	3841	1951	5000	108,3	14,6	6,6	12,5	390
ss	**Povolzhe**	Murmansk	»Okean«, Oktyabrskoye	57	3440	1183	2490	107,5	14,4	6,2		

Art	Name	Heimathafen	Bauwerft	Baujahr	BRT	NRT	tdw	L	B	Tfg	kn	Skizze-Nr.
tt	**Praha**		Baltic Shipb. + Eng. Works, Leningrad	61	20296	11534	32000	202,8	25,8	10,7	18,0	510
mf	**Pranas Eydukyavichus**	Klaipeda	Baltische Werft, Klaipeda	66	3162	1307	1518	84,7	14,0	5,5	12,0	622
ms	**Pranas Zibertas**		Nosenko, Nikolaev	64	3555	1577	5400	90,0	14,0	5,7	15,0	370
ms	**Pravda**	Klaipeda	Hollming, Rauma	66	2723	1302	3930	102,3	14,0	6,0	13,8	368
ms	**Pravdinsk**	Vladivostok	Warnowwerft, Warnemünde	74	10954	5871	12007	150,0	21,8	8,6	19,5	465
mf	**Pravovyed**	Nakhodka	Volkswerft, Stralsund	71	2154	755	1134	82,0	13,6	5,2	13,0	619
mt	**Prejli**	Ventspils	Gdynia Shipyard, Gdynia	66	12588	6642	19000	176,9	21,8	9,2	16,0	503
mf	**Prezident Pieck**		Volkswerft, Stralsund	76				102,0	15,2	5,2	14,6	624
ms	**Priamurye***	Vladivostok	Mathias-Thesen-Werft, Wismar	60	4871	2061	1372	122,2	16,0	5,2	17,0	533
mf	**Priamurÿe**	Petropavlovsk-K.	Nosenko-Werft, Nikolaev	66	3152	1252	1490	84,7	14,0	5,7	14,0	622
ms	**Pribaltika**	Klaipeda	Stocznia Gdanska, Gdansk	74	13087	5997	10136	164,0	21,3	8,1	15,3	637
ms	**Priboj**	Kaliningrad	Götaverken, Göteborg	64	10873	5906	8650	157,0	21,2	7,4	17,5	464
ms	**Priboj**	Vladivostok	Stocznia Szczecinska, Szczecin	69	3269	980	1140	97,1	13,8	4,8	16,0	594
ms	**Pridneprovsk**	Iljitshevsk	Nosenko-Werft, Nikolaev	64	9813	4872	13800	155,7	20,7	9,5	15,5	456
def	**Prikarpatye**	Murmansk		73	3273	1085	2624	107,5	14,4	6,2	13,0	
ms	**Prikumsk***	Vladivostok	Crichton-Vulcan, Abo	54	2550	1384	3145	92,5	13,1	5,6	9,8	
ms	**Priliv**	Vladivostok	Stocznia Szczecinska, Szczecin	70	3283	969	1050	97,1	13,8	4,8	16,0	594
mf	**Priliv**	Kaliningrad	Volkswerft, Stralsund	69	2177	746	1139	82,1	13,6	5,2	13,5	619
mf	**Priluki**	Murmansk	Burmeister + Wain, København	66	4699	2270	2570	102,7	16,0	5,5	14,0	627
ms	**Primorles**	Vladivostok	Stocznia Gdanska, Gdansk	60	4499	2349	6205	123,9	16,7	7,0	14,5	404
ms	**Primorsk**		Warnowwerft, Warnemünde	75	10953	5871	12345	150,4	21,9	9,0	18,5	465
ss	**Primorsk**	Petropavlovsk-K.	Stocznia Gdanska, Gdansk	57	3841	1951	5000	108,3	14,6	6,6	12,5	390
ms	**Primorsk**	Arkhangelsk	»Neptun«, Rostock	61	3446	1812	4300	104,2	14,4	6,6	14,0	376
ms	**Primorsk**	Vladivostok	Burmeister + Wain, København	60	3321	1611	1500	94,8	14,4	4,3	12,8	649
ms	**Primorye**	Vladivostok	Vyborg-Werft, Vyborg	71	4540	2171	6200	122,0	16,7	7,1	14,5	402
ms	**Primorye**							83,5	13,7	8,8		590
def	**Prionezhye**	Murmansk		72	3273	1085	2624	107,5	14,4	6,2	13,0	
ss	**Priozersk***	Klaipeda	Stocznia Gdanska, Gdansk	57	3841	1951	5000	108,3	14,6	6,6	12,5	390
ms	**Pripyatles**	Arkhangelsk	Stocznia Gdanska, Gdansk	63	4519	2300	6205	123,9	16,7	7,0	14,5	404
ss	**Privodino**	Klaipeda	Stocznia Gdanska, Gdansk	57	3826	1942	5000	108,3	14,6	6,6	12,5	390
des	**Privolisk**	Klaipeda	Baltic Shipb. + Eng. Works, Leningrad	58	5217	2524	6100	130,5	16,8	7,6	16,0	410
ss	**Privoljsk**	Klaipeda	Stocznia Gdanska, Gdansk	57	3827	1943	5000	108,3	14,6	6,6	12,5	390
ms	**Privolye**		Warnowwerft, Warnemünde	74	10954	5871	12347	150,0	21,8	8,6	19,5	465
mf	**Professor**	Vladivostok	Volkswerft, Stralsund	71	2164	731	1134	82,0	13,6	5,2	13,0	619
	Professor Anichkov		Stocznia Szczecinska, Szczecin	71	6031	2007	5511	122,1	17,0	7,4	15,3	420
ms	**Professor Baranow**	Murmansk	Stocznia Gdanska, Gdansk	67	13571	6895	10000	164,0	21,3	8,1	15,3	637
ms	**Professor Bogorov**		Laivateollisuus, Abo	76			551	68,8	12,4	4,2	13,5	585
ms	**Professor Buznik**	Odessa	Kherson-Werft, Kherson	73	9137	4995	13738	152,8	20,7	9,4	17,0	443
mf	**Professor Deryugin**	Vladivostok		68	3033	1091	1520	84,7	14,0	5,8	12,5	
ms	**Professor Khlyustin**	Leningrad	Stocznia Szczecinska, Szczecin	73	5993	1512	5495	122,1	17,0	7,4	15,3	420
ms	**Professor Kudrevich**	Odessa	Stocznia Szczecinska, Szczecin	70	6036	2053	5655	122,2	17,0	7,4	15,3	420
mf	**Professor Mesyatsyev**	Sevastopol	Volkswerft, Stralsund	72	2242	728	1025	82,2	13,6	5,0	13,5	591
ms	**Professor Minyayev**	Odessa	Stocznia Szczecinska, Szczecin	72	5993	1512	5495	122,1	17,0	7,4	15,3	420
ms	**Prof. Nikolay Baranskij**		Warnowwerft, Warnemünde	69	9323	5378	12530	151,5	20,3	8,8	18,2	437
ms	**Professor Pavlenko**	Odessa	Stocznia Szczecinska, Szczecin	73	5993	1512	5495	122,1	17,0	7,4	15,3	420
ms	**Professor Popov**		Stocznia Gdanska, Gdansk	77			5880	139,6	18,0	7,8	21,8	423
m	**Professor Rybaltovskiy**	Leningrad	Stocznia Szczecinska, Szczecin	71	5995	1553	5471	122,1	17,0	7,4	15,3	420
def	**Professor Sergej Dorofjejev**		Stocznia Gdanska, Gdansk	77	1976	596	823	72,8	13,0	4,9	13,0	616
ms	**Professor Shchygolev**	Leningrad	Stocznia Szczecinska, Szczecin	70	6036	2053	5655	122,2	17,0	7,4	15,3	420
ms	**Professor Ukhov**	Leningrad	Stocznia Szczecinska, Szczecin	72	5993	1512	5495	122,1	17,0	7,4	15,3	420
ms	**Professor Vize**	Leningrad	Mathias-Thesen-Werft, Wismar	66	5497	1349	1999	124,2	17,0	5,9	18,2	601
m	**Professor Yushenko**	Vladivostok	Stocznia Szczecinska, Szczecin	71	6038	2006	5545	122,0	17,0	7,4	15,3	420
ms	**Professor Zubov**	Leningrad	Mathias-Thesen-Werft, Wismar	67	5497	1349	2059	124,0	17,1	6,0	18,0	601
mf	**Progres**	Murmansk	Stocznia Gdanska, Gdansk	65	2970	1344	1250	83,0	13,8	5,4	12,5	621
ms	**Prokopiy Galushin**	Arkhangelsk	Navashinskij-Werft, Navashino	66	3031	1377	3797	104,5	14,4	6,1	13,5	377
mf	**Prokopjevsk**	Vladivostok	Burmeister + Wain, København	66	4699	2270	2570	102,7	16,0	5,5	14,0	627
ms	**Prokopjevsk**	Vladivostok	Vyborg-Werft, Vyborg	71	4540	2171	6200	122,0	16,7	7,1	14,5	402
ss	**Proletarsk**	Shdanov	Stocznia Szczecinska, Szczecin	55	2483	1330	3200	94,7	13,5	5,6	12,5	362
mt	**Proletarskaja Pobeda**	Novorossijsk	Stocznia Gdynia, Gdynia	69	13604	7437	20000	177,3	22,4	9,4	16,7	504
mf	**Proliv**	Iljitshevsk	Volkswerft, Stralsund	68	2650	1130	1137	82,0	13,6	5,2	13,5	619
ms	**Proliv Laperuza**		»61 Kommunar«, Nikolaev	75	13083	7044	11615	172,1	23,0	8,1	19,0	472
mf	**Prometey**	Kaliningrad	Volkswerft, Stralsund	73	3977	1830	2068	102,0	15,2	5,2	15,0	624
mf	**Promyslovik**	Nakhodka	Volkswerft, Stralsund	71	2154	762	1134	82,0	13,6	5,2	13,0	619
mf	**Propagandist**	Nakhodka	Volkswerft, Stralsund	71	2154	762	1134	82,0	13,6	5,2	13,0	619
mt	**Protsion**	Novorossijsk	Rauma-Repola, Rauma	71	3115	1123	3319	93,9	15,4	6,5	14,0	490
ms	**Provorni**	Kaliningrad	Burmeister + Wain, København	55	1571	674	885	72,9	11,5	4,3	10,8	645
mt	**Prut**	Murmansk	Rauma-Repola, Rauma	71	3670		5126	106,1	15,5	6,5	14,0	492
mf	**Prut**	Bautino		71	1361	473	527	72,1	11,0	3,6	12,3	
ms	**Przhevalsk**	Vladivostok	Vyborg-Werft, Vyborg	71	4540	2171	6200	122,0	16,7	7,1	14,5	402
ms	**Pskov**	Vladivostok	Warnowwerft, Warnemünde	73	10977	6093	12347	150,4	21,8	9,0	18,5	465
mf	**Pskov**	Leningrad	Chernomorskij-Werft, Nikolaev	72	2581	888	1290	83,9	14,0	5,8	12,5	
mf	**Pskovityanka**	Leningrad	Mathias-Thesen-Werft, Wismar	70	1058	401	603	65,7	11,1	3,6	10,8	612
mf	**Publitsist**	Noakhodka	Volkswerft, Stralsund	71	2154	764	1134	82,2	13,6	5,2	13,5	619
ms	**Pula**	Odessa	Brodogradiliste »Uljanik«, Pula	64	10109	5132	14170	159,9	21,3	9,7	18,0	457

Art	Name	Heimathafen	Bauwerft	Baujahr	BRT	NRT	tdw	L	B	Tfg	kn	Skizze-Nr.
ms	**Pulkovo**	Arkhangelsk	Vyborg-Werft, Vyborg	69	4562	2151	5865	122,0	16,7	7,2	14,5	402
mf	**Pulkovo**	Leningrad	UdSSR	65	3170	1225	1260	84,7	14,0	5,5	12,0	622
mf	**Pulkovsky Meridian**		Chernomorskij-Werft, Nikolaev	74	3272	1396	2043	103,1	16,0	5,8	15,5	623
des	**Purga**		»Okean«-Werft, Oktjabrskoje	74	1074	232	tug	58,3	12,7	4,6	14,0	573
mf	**Pushkin**	Murmansk	Kieler Howaldtswerke, Kiel	55	3048	1287	1650	85,5	13,4	5,2	12,5	618
ms	**Pushlakhta**	Arkhangelsk	Vyborg-Werft, Vyborg	71	4570	2171	5919	122,0	16,7	7,1	14,5	402
ms	**Pustozersk**	Arkhangelsk	Vyborg-Werft, Vyborg	69	4562	2151	5865	122,0	16,7	7,2	14,5	402
ms	**Putivl**	Vladivostok	Warnowwerft, Warnemünde	74	10953	5871	12007	150,0	21,8	8,6	19,5	465
mf	**Putivl**	Leningrad	Nosenko-Werft, Nikolaev	65	3170	1225	1460	84,7	14,0	5,7	14,0	622
ms	**Putjatin**	Vladivostok	Stocznia Gdanska, Gdansk	66	4531	2380	6205	123,9	16,7	7,0	16,0	404
ms	**Pyarnu**	Tallinn	»Neptun«, Rostock	63	3236	1539	4150	105,8	14,6	6,6	13,8	391
ms	**Pyatidyesyatilyetiye Komsomola**	Odessa	A. Shdanov, Leningrad	68	5950	3080	8260	130,0	17,8	7,8	16,2	416
tt	**Pyatid. Oktyabrya**	Novorossijsk	Baltic Shipb. & Eng. Works, Leningrad	67	31524	15237	49239	231,7	31,0	11,6	17,0	519
mz	**Pyatid. Gruzij**	Batumi	Brodogradiliste »Split«, Split	71	15035	8205	22610	186,3	23,5	9,7	17,1	505
ms	**Pyatid. SSSR**	Vladivostok	Admiralteiskij-Werft, Leningrad	73	18455	5797	13250	197,3	26,4	7,8	14,5	641
mf	**Pyatigorsk**	Sevastopol	Volkswerft, Stralsund	68	2652	1129	1152	82,0	13,6	5,2	13,5	619
ss	**Pyatigorsk**	Vladivostok	Crichton-Vulcan, Abo	53	2210	1144	3200	84,9	13,1	6,5	10,0	361
ss	**Pyatras Tsvirka**	Petropavlovsk-K.	Stocznia Gdanska, Gdansk	56	3815	1888	4800	108,3	14,6	6,7	11,5	390
ms	**Rabochaya Smena**	Vladivostok	A. Shdanov, Leningrad	71	5923	2948	8230	130,0	17,8	7,8	16,0	416
mt	**Radij**		Rauma-Repola, Rauma	66	3359	1550	4445	105,4	14,8	6,1	14,0	491
mf	**Radishev**	Kaliningrad	UdSSR	58	3170	1225	1300	84,7	14,0	5,5	12,0	622
ms	**Radomyshl**	Ismail	»Neptun«, Rostock	74	4497	2264	5657	117,9	16,6	6,9	16,5	401
mf	**Raduga**	Vladivostok	Volkswerft, Stralsund	66	2435	1070	850	79,8	13,2	4,9	11,7	617
mf	**Radviliskis**	Klaipeda	Mathias-Thesen-Werft, Wismar	70	1058	401	603	65,7	11,1	3,6	10,8	612
ms	**Rakhov**	Ismail	»Neptun«, Rostock	75	4497	2264	5659	117,9	16,6	6,9	16,5	401
ms	**Rakvere**		»Neptun«, Rostock	62	3251	1630	4300	104,2	14,4	6,6	14,0	376
ms	**Rambinas**	Klaipeda	Valmet, Abo	60	1077	239	tug	61,5	11,6	4,5	13,5	572
mf	**Rand-1**	Tallinn	Mathias-Thesen-Werft, Wismar	70	1058	401	503	65,7	11,1	3,6	10,8	612
mf	**Rand-2**	Tallinn	Mathias-Thesen-Werft, Wismar	70	1058	401	603	65,7	11,1	3,6	10,7	612
mf	**Rand-3**	Tallinn	Mathias-Thesen-Werft, Wismar	70	1058	401	603	65,7	11,1	4,6	10,8	612
mf	**Rand-4**	Tallinn	Mathias-Thesen-Werft, Wismar	70	1058	401	603	65,7	11,1	3,6	10,8	612
mt	**Raphael**	Novorossijsk	Ansaldo SA., Genova	65	30269	15260	49000	227,9	31,0	11,8	17,4	517
ms	**Rapla**	Tallinn	Angyalfold, Budapest	74	1351	611	1725	77,8	11,5	5,0	12,5	350
mf	**Rapolas Charnas**		Baltische Werft, Klaipeda	63	3162	1307	1400	84,7	14,0	5,5	12,0	622
ms	**Ratno**	Shdanov	»Neptun«, Rostock	75	4497	2264	5657	117,9	16,6	6,9	16,5	401
mt	**Rauma**	Nakhodka	Rauma-Repola, Rauma	67	3468	1607	5042	106,0	15,4	6,5	14,0	492
mt	**Rava Russkaya**	Riga	Kherson-Werft, Kherson	60	7653	3931	12000	145,5	19,2	8,5	13,3	497
ts	**Raventsvo**	Odessa	Kherson-Werft, Kherson	63	11206	6066	16040	169,9	21,8	9,7	17,0	467
ms	**Raychikhinsk**	Kholmsk	Stocznia Gdanska, Gdansk	67	4531	2383	6205	123,9	16,7	7,0	16,0	404
ms	**Razdolnoe**		»Neptun«, Rostock	60	3174	1700	4300	104,2	14,4	6,6	14,0	376
ms	**Razliv**	Shdanov	»Neptun«, Rostock	58	3174	1700	4300	104,2	14,4	6,6	14,0	376
mf	**Razliw**		Mathias-Thesen-Werft, Wismar	69	1115	427	670	65,7	11,1	3,7	10,8	612
ms	**Rechitsa**	Ismail	»Neptun«, Rostock	75	4497	2264	5657	117,9	16,6	6,9	16,5	401
ms	**Refrigerator No. 4**	Vladivostok	Burmeister + Wain, København	52	1676	800	890	72,7	11,5	4,3	10,8	646
ms	**Refrigerator No. 5**	Vladivostok	Burmeister + Wain, København	52	1679	791	888	72,7	11,5	4,3	10,8	646
ms	**Refrigerator No. 6**	Vladivostok	Burmeister + Wain, København	52	1681	795	885	72,7	11,5	4,3	10,8	646
ms	**Refrigerator No. 8**	Vladivostok	Burmeister + Wain, København	53	1680	795	889	72,9	11,5	4,3	10,8	645
ms	**Refrigerator No. 12**	Vladivostok	Burmeister + Wain, København	55	1571	674	885	72,9	11,5	4,3	10,8	645
ms	**Refrigerator No. 13**	Vladivostok	Burmeister + Wain, København	55	1571	674	895	72,9	11,5	4,3	10,8	645
des	**Rekordnij**	Vladivostok		62	844	239	336	63,6	9,5	4,4	17,3	611
mf	**Rembrandt**	Murmansk	»De Schelde«, Vlissingen	65	5025	2162	2600	121,9	16,5	5,5	14,0	628
ms	**Reni**	Ismail	»Neptun«, Rostock	62	3251	1630	4300	104,2	14,4	6,6	14,0	376
ms	**Repino**	Tallinn	»Neptun«, Rostock	60	3145	1628	4300	104,2	14,4	6,6	14,0	376
mf	**Repino**	Sevastopol	Volkswerft, Stralsund	66	1920	602	850	79,8	13,2	4,9	11,7	617
mf	**Retavas**	Klaipeda	Volkswerft, Stralsund	74	3931	1810	2063	102,0	15,2	5,2	14,6	624
des	**Retivij**	Vladivostok		62	844	239	336	63,6	9,5	4,4	17,3	611
ms	**Reutov**		»Neptun«, Rostock	75	4497	2264	5657	117,9	16,6	6,9	16,5	401
ms	**Revda**	Vladivostok	»Neptun«, Rostock	59	3174	1700	4300	104,2	14,4	6,6	14,0	376
mf	**Revolutsioner**	Nakhodka		67	2690	1225	1496	84,7	14,0	5,7	13,0	
mf	**Revolutsia**	Murmansk	Stocznia Gdanska, Gdansk	63	2894	1271	1388	83,0	13,8	5,4	12,5	621
mt	**Rezekne**		Brodogradiliste »3. Maj«, Rijeka	65	15090	8154	21000	186,3	23,5	9,7	17,1	505
des	**Rezkij**	Vladivostok		62	844	239	336	63,6	9,5	4,4	17,3	611
des	**Rezvij**	Vladivostok		62	844	239	336	63,6	9,5	4,4	17,3	611
tt	**Richard Sorge**	Novorossijsk	Admiralteiskij-Werft, Leningrad	66	31524	15237	50669	231,7	31,0	11,9	17,8	519
ms	**Richardas Bukauskas**	Riga	Turnu Severin Werft, Turnu Severin	74	2079	918	2180	88,8	12,8	5,0	13,0	359
mt	**Riga**	Ventspils	Stocznia Gdynia, Gdynia	67	12588	6642	19000	176,9	21,8	8,9	16,0	503
ts	**Riga**	Riga	Stocznia Gdanska, Gdansk	59	10026	4656	9300	155,1	20,0	8,2	13,0	633
mt	**Rijeka**	Novorossijsk	Brodogradiliste »3. Maj«, Rijeka	65	15090	8154	22567	186,2	23,4	9,8	17,0	505
mf	**Rikhard Mirring**	Tallinn		73	2581	888	1289	83,9	14,0	5,7	12,5	
mt	**Rion**		Rauma-Repola, Rauma	58	3359	1550		105,0	14,8	6,1	13,5	491

Art	Name	Heimathafen	Bauwerft	Baujahr	BRT	NRT	tdw	L	B	Tfg	kn	Skizze-Nr.
ms	**Rion**	Vladivostok	»A. Marti«, Leningrad	31	3132	1697	3995	100,0	14,8	6,4	12,7	375
des	**Rion**		Peenewerft, Wolgast	75	1268		Bagger	72,8	12,8	3,2	8,8	657
des	**Rionges**	Murmansk	Nosenko-Werft, Nikolaev	57	5080	2619	7250	130,5	16,8	6,9	16,0	410
ms	**Ristna**	Tallinn	»Neptun«, Rostock	63	3236	1539	4225	105,9	14,6	6,6	13,5	391
mf	**Ritsa**	Kertsh	»De Schelde«, Vlissingen	69	4020	1495	2600	105,5	16,5	5,5	14,5	628
ms	**Rizhskiy Zaliv**	Sevastopol	Dubigeon-Normandie, Nantes	69	12891	6872	11781	164,6	22,2	8,0	17,5	471
ms	**Rizhskoye Vzmorye**		Stocznia Gdanska, Gdansk	74	13087	5997	10135	164,0	21,3	8,1	15,3	637
mf	**Robert Eydemann**	Riga	UdSSR	68	3162	1307	1451	84,7	14,0	5,7	12,5	622
ms	**Robert Eykhe**	Riga	Stocznia Gdanska, Gdansk	68	13571	6895	10118	164,0	21,3	8,1	15,3	637
des	**Robkij**	Vladivostok		62	844	239	336	63,6	9,5	4,4	17,3	611
ms	**Rodina**	Astrakhan	»Georghiu Dej«, Budapest	57	1211	448	1010	70,0	10,0	3,8	9,5	348a
mf	**Rodonit**	Liepaja	Mathias-Thesen-Werft, Wismar	75	2100	859	1212	82,0	13,6	5,0	13,5	619
mf	**Rokishkis**	Klaipeda	Mathias-Thesen-Werft, Wismar	71	1058	401	603	65,7	11,1	3,7	10,8	612
ms	**Romain Rolland**		Stocznia Gdanska, Gdansk	67			12500	154,8	20,2	9,0	17,2	450
ms	**Romny**		»Neptun«, Rostock		4500		5764	117,9	16,6	6,9	16,5	401
ms	**Rosa Luxemburg**		Mathias-Thesen-Werft, Wismar	73	11802	6336	8000	155,0	22,2	7,2	17,5	651
ms	**Rosa Luxemburg**	Odessa	Stocznia Gdanska, Gdansk	69	10028	5436	12640	154,7	20,6	9,0	16,5	446
ms	**Roslavl**	Petropavlovsk-K.	»Neptun«, Rostock	74	4497	2264	5657	117,9	16,6	6,9	16,5	401
mf	**Roslavl**	Kaliningrad	Volkswerft, Stralsund	66	2435	1070	850	79,8	13,2	4,9	11,7	617
des	**Rossia**	Odessa	Deutsche Werft, Hamburg	38	17870	9578	5670	182,1	22,6	7,1	15,0	544
mf	**Rossia**	Murmansk	J. Boel + Fils, Tamise	50	1492	829	1470	73,6	11,8	5,2		613
mf	**Rosta**	Murmansk	Baltische Werft, Klaipeda	74	1503	463	611	59,0	13,0	4,9	12,5	614
ms	**Rostock**	Ismail	»Neptun«, Rostock	73	4497	2264	5657	117,8	16,6	6,9	16,5	401
mt	**Rostov**	Novorossijsk		55	7653	3931	11430	145,5	19,2	8,5	13,3	498
mt	**Rovno**	Novorossijsk		60	7653	3931	11430	145,5	19,2	8,5	13,3	497
ms	**Roya**	Riga	»Georghiu Dej«, Budapest	59	1211	448	1100	70,1	10,0	3,8	9,5	348a
ms	**Rubezhnoye**	Shdanov	»Neptun«, Rostock	75	4497	2264	5657	117,9	16,6	6,9	16,5	401
mf	**Rubin**	Kaliningrad	UdSSR	61	3170	1225	1270	84,7	14,0	5,5	12,0	622
mf	**Rubinovij**		Mathias-Thesen-Werft, Wismar	74	2097	881	1212	82,2	13,6	5,0	13,5	619
ms	**Rubtsovsk**	Vladivostok	Stocznia Gdanska, Gdask	67	4531	2383	6205	123,9	16,7	7,0	16,0	404
ms	**Rudniy**	Kholmsk	»Neptun«, Rostock	74	4497	2264	5657	117,9	16,6	6,9	16,5	401
des	**Rudniy**	Kaliningrad	Nosenko-Werft, Nosenko	62	3308	1390	2495	99,4	14,0	5,6	13,5	370
mf	**Rudolf Blaumanis**	Riga	UdSSR	59	3170	1225	1260	84,7	14,0	5,5	12,0	622
mf	**Rudolf Sirge**		Chernomorskij-Werft, Nikolaev	73	2581	888	1290	83,9	14,0	5,8	12,5	
mf	**Rudolf Vakman**			73	2833	1059	1150	83,3	14,0	5,7	12,0	
mt	**Rukhulla Akhundov**	Baku	Astrakhan-Werft, Astrakhan	73	8353	3849	12334	147,0	17,4	8,0	13,5	499
mt	**Rumbula**		Rauma-Repola, Rauma	73	3468	1607	4932	106,1	15,5	6,5	14,0	492
ms	**Rushany**	Ismail	»Neptun«, Rostock	74	4497	2264	5657	117,9	16,6	6,9	16,5	401
mf	**Ruslan**	Poti	Volkswerft, Stralsund	66	1920	603	850	79,8	13,2	4,9	11,7	617
mf	**Rusne**	Klaipeda		71	2581	888	1268	83,9	14,0	5,7	12,5	
ms	**Russ***	Vladivostok	Blohm + Voss, Hamburg	33	12931	7977	6100	159,8	20,1	7,4	13,0	540
mf	**Rustavi**	Poti	Volkswerft, Stralsund	66	1920	603	850	79,8	13,2	4,9	11,7	617
ms	**Ruza**	Arkhangelsk	Stocznia Gdanska, Gdansk	66	4531	2383	6205	123,9	16,7	7,0	16,0	404
mf	**Ruza**	Novorossijsk	Volkswerft, Stralsund	65	1920	603	850	79,8	13,2	4,9	11,7	617
des	**Ryanij**	Vladivostok		62	844	239	336	63,6	9,5	4,4	17,3	611
ms	**Ryazan**	Kholmsk	»Neptun«, Rostock	75	4497	2264	5659	117,9	16,6	6,9	16,5	401
ss	**Ryazhsk**	Kholmsk	Crichton-Vulcan, Abo	53	2233	1143	3200	90,5	13,1	6,5	9,8	361
mf	**Rybachka**	Murmansk	Peenewerft, Wolgast	68	996	315	588	63,1	10,6	4,7	13,5	609
mf	**Rybak**	Murmansk	Peenewerft, Wolgast	68	996	315	588	63,1	10,6	4,7	13,5	609
ms	**Rybak Baltyki**		Stocznia Gdanska, Gdansk	72	13087	6074	10000	164,0	21,3	8,1	15,3	637
ms	**Rybak Latvii**		Stocznia Gdanska, Gdansk	75	10068	4141	10174	164,0	21,3	8,1	15,3	637
mf	**Rybatchiy**	Murmansk	Stocznia Gdanska, Gdansk	64	2894	1271	1388	83,1	13,9	5,5	13,0	621
ms	**Rybazkaja Slava**	Klaipeda	Kieler Howaldtswerke, Kiel	65	16389	11030	10000	166,5	24,0	7,3	14,0	638
ms												
ms	**Rybinsk**		»Neptun«, Rostock	76	4497	2264	5764	117,9	16,6	6,9	16,5	401
ms	**Rybnovsk**	Vladivostok	»Georghiu Dej«, Budapest	50	1194	446	1100	70,0	10,1	3,8	9,5	348
ms	**Rybnÿy Murman**	Murmansk	Stocznia Gdanska, Gdansk	64	13639	6824	10000	165,5	21,3	8,1	14,0	636
ms	**Ryshkany**	Ismail	»Neptun«, Rostock	73	4497	2264	5657	117,9	16,6	6,9	16,5	401
ms	**Rzhev**	Petropavlovsk-K.	»Neptun«, Rostock	74	4497	2264	5657	117,9	16,6	6,9	16,5	401
def	**Rzhev**			75	3273	1085	2624	107,5	14,4	6,2	13,0	
mf	**Saadyarv**		Volkswerft, Stralsund	74	3932	1806	2063	102,0	15,2	5,2	15,0	624
ms	**Saaremaa**	Leningrad	»Georghiu Dej«, Budapest	58	1063	432	1100	70,1	10,0	3,8	9,5	348a
ms	**Saatly**	Baku		63	3479	1884	4000	120,0	15,0	4,3	12,0	385
ms	**Sabirabad**	Baku		62	3398	1787	4000	120,0	15,0	4,3	12,0	385
mt	**Sabunchi**	Astrakhan	»Georgi Dimitrov«, Varna	63	3821	2002	4600	123,5	16,0	4,3	10,5	495
mf	**Sadko**	Kaliningrad	Volkswerft, Stralsund	71	2164	731	1139	82,0	13,6	5,2	13,0	619
mf	**Sakartvelo**	Poti	Volkswerft, Stralsund	72	2154	762	1134	82,0	13,6	5,2	13,5	619
sso	**Sakhalin***		Stocznia Gdanska, Gdansk		3860	1890	5000	108,3	14,6	6,6	11,5	597

Art	Name	Heimathafen	Bauwerft	Baujahr	BRT	NRT	tdw	L	B	Tfg	kn	Skizze-Nr.
mf	**Sakhalin**	Nevelsk	UdSSR	64	3170	1225	1260	84,7	14,0	5,5	12,0	622
des	**Sakhalin-1**	Kholmsk	Kaliningrad	73	5025	1646	2425	127,0	19,8	6,2	18,0	535
des	**Sakhalin-2**	Kholmsk	Kaliningrad	74	5025	1646	2425	127,0	19,8	6,2	18,0	535
des	**Sakhalin-3**	Kholmsk	Kaliningrad	74	5025	1646	2425	127,0	19,8	6,2	18,0	535
des	**Sakhalin-4**	Kholmsk	Kaliningrad	75	5025	1646	2425	127,0	19,8	6,2	18,0	535
des	**Sakhalin-5**	Vanino	Kaliningrad	76	5025	1646	2425	127,0	19,8	6,2	18,0	535
ms	**Sakhalinles**	Kholmsk	Stocznia Gdanska, Gdansk	63	4520	2300	6205	123,9	16,7	7,0	14,5	404
mt	**Sakhalinneft**	Petropavlovsk-K.	Rauma-Repola, Rauma	73	3468	1607	4932	106,1	15,5	6,7	14,0	492
ms	**Sakhalinskie Gory**	Vladivostok	Lindholmens Varv, Göteborg	65	9660	5219	9500	153,5	20,5	7,5	17,5	463
mf	**Salantai**	Klaipeda	Volkswerft, Stralsund	74	3933	1806	2063	102,0	15,2	5,2	15,0	624
ms	**Salavat**	Sevastopol	Stocznia Gdanska, Gdansk	63	9151	4987	12300	154,9	20,2	8,9	16,0	445
ms	**Salavat Yulaev**	Arkhangelsk	Angyalfold, Budapest	69	1350	611	1691	77,8	11,5	4,7	12,5	350
ms	**Saldus**	Leningrad	Valmet, Abo	65	2866	1285	3400	102,3	14,0	5,9	13,7	368
ms	**Salekhard**	Arkhangelsk	Stocznia Gdanska, Gdansk	65	4531	2379	6205	123,9	16,7	7,0	14,5	404
mf	**Salekhard**	Kaliningrad	Chernomorskij-Werft, Nikolaev	70	2666	912	1208	83,9	14,0	5,7	12,5	
mf	**Salgir**		Volkswerft, Stralsund	66	1920	602	850	79,8	13,2	4,9	11,7	617
ms	**Saljany**	Ismail		61	3191	1555	4000	120,0	15,0	4,0	12,0	385
mf	**Salkhino**	Poti	Volkswerft, Stralsund	67	2652	1130	1150	82,2	13,6	5,0	13,0	619
des	**Salna**	Riga	Nosenko-Werft, Nikolaev	64	3556	1577	2495	99,4	14,0	5,4	14,5	370
ss	**Salomeya Neris**	Korsakov	Stocznia Gdanska, Gdansk	58	3760	1902	5000	108,3	14,6	6,6	12,5	390
mf	**Saltÿkow-Shchedrin**	Murmansk	Kieler Howaldtswerke, Kiel	55	3015	1270	1650	85,5	13,4	5,2	12,5	618
ms	**Saltykov-Shchedrin**	Petropavlovsk-K.	J. Boel & Fils, Tamise	51	1711	1007	3050	92,1	13,5	5,6	11,0	353
ms	**Salvador Allende**	Odessa	Warnowwerft, Warnemünde	73	10977	6093	12347	150,4	21,8	9,0	18,5	465
mf	**Salyut**	Murmansk	Stocznia Gdynia, Gdynia	68	2934	1316	1400	83,0	13,8	5,4	12,5	621
mf	**Samara**	Korsakov	Nikolaev	69	2690	926	1495	84,7	14,0	5,7	13,0	
mf	**Samarka**	Nakhodka	Nosenko-Werft, Nikolaev	62	3170	1225	1300	84,7	14,0	5,5	13,0	622
mt	**Samarkand**	Novorossijsk		55	7653	3931	11430	145,5	19,2	8,5	13,3	498
ms	**Samarkand**	Vladivostok	Burmeister + Wain, Köbenhavn	56	1571	674	885	72,9	11,5	4,3	10,8	645
mt	**Samburg**		Rauma-Repola, Rauma	76	12200	6144	17200	160,0	23,1	8,5	16,3	502
mt	**Samed Vurgun**	Baku		59	3821	2002	4683	123,5	16,0	4,4	11,0	495
mt	**Samotlor**	Nakhodka	Rauma-Repola, Rauma	75	12196	6639	17200	160,0	23,1	8,5	16,3	502
mf	**Samshit**	Murmansk		71	2833	1059	1150	83,3	14,0	5,7	12,0	
mt	**Samtredia**	Batumi	Kertsh	69	1725	567	1625	83,6	12,0	4,6	13,8	488
ms	**Samuil Marshak**	Iljitshevsk	Stocznia Gdanska, Gdansk	66	9714	5270	12500	154,8	20,2	9,0	17,2	450
mf	**Samur**	Astrakhan		69	1346	461	527	72,1	10,8	3,6	12,3	
ms	**Sangar***			62	3398	1735	4015	120,00	15,0	4,4	11,5	385
ms	**Sangarles**		A. Shdanov, Leningrad	65	4507	2078	6459	121,8	16,4	6,8	14,0	400
mf	**Saphir**	Kaliningrad	UdSSR	62	3170	1225	1260	84,7	14,0	5,5	12,0	622
mf	**Sapun Gora**	Sevastopol	Volkswerft, Stralsund	72	2154	762	1134	82,0	13,6	5,2	13,5	619
ms	**Saransk**	Vladivostok	»Neptun« Rostock	59	3174	1700	4300	104,2	14,4	6,6	14,0	376
ms	**Saransk**	Vladivostok	Oskarshamns Varv, Oskarshamn	55	1758	834	2000	79,0	12,6	6,1	13,0	647
ms	**Sarata**	Ismail	Reparaturwerft, Constantza	71	1531	637	1857	80,3	11,9	4,9	12,0	
ss	**Saratov**	Vladivostok	Stocznia Gdanska, Gdansk	54	3546	1927	5000	108,3	14,6	6,6	12,5	390
ms	**Sarich**	Odessa	»G. Dimitrov«, Varna	65	1002	392	164	63,8	9,3	3,0	13,3	525
des	**Sarma**	Riga	Nosenko-Werft, Nicolaev	64	3556	1577	2485	99	14,0	5,7	15,0	370
ms	**Sarny**	Odessa	Kherson-Werft, Kherson	67	8874	4576	12920	152,8	20,6	9,0	17,0	441
ms	**Sasha Borodulin**	Murmansk	»Neptun«, Rostock	70	3709	1714	4645	105,6	15,7	6,8	13,8	384
ms	**Sasha Kondratyev**	Vladivostok	»Neptun«, Rostock	69	3601	1760	4600	105,7	15,6	6,8	14,3	384
ms	**Sasha Kotov**	Vladivostok	»Neptun«, Rostock	72	3608	1775	4687	105,7	15,7	6,8	13,8	384
ms	**Sasha Kovalyov**	Murmansk	»Neptun«, Rostock	68	3685	1709	4647	105,7	15,7	6,8	13,8	384
mf	**Saturn**	Kaliningrad	Volkswerft, Stralsund	65	2435	1070	850	79,8	13,2	4,9	11,7	617
ms	**Sayanskie Gory**	Vladivostok	Lindholmens Varv, Göteborg	64	9660	5218	9500	153,5	20,5	7,5	17,5	463
des	**Sayany**	Tallinn		65	3555	1550	2485	99,3	14,0	5,5	14,5	370
ms	**Sayanyles**	Arkhangelsk	Stocznia Gdanska, Gdansk	63	4520	2300	6205	123,9	16,7	7,0	14,5	404
ms	**Sayma***	Leningrad	Baku	64	1198	515	527	68,6	9,6	2,5	10,0	
mf	**Schilute**	Klaipeda	Volkswerft, Stralsund	75	3933	1806	2063	102,0	15,2	5,2	15,0	624
mf	**Seda**	Klaipeda	Mathias-Thesen-Werft, Wismar	75	2097	881	1212	82,2	13,6	5,0	13,5	619
ms	**Segezha**	Murmansk	»Neptun«, Rostock	64	3229	1527	4225	105,9	14,6	6,6	13,5	391
ms	**Segezhales**	Arkhangelsk	Stocznia Gdanska, Gdansk	64	4531	2380	6205	123,9	16,7	7,0	14,5	404
ms	**Seina***	Riga	Crichton-Vulcan, Abo	60	1908	793	3100	94,2	14,0	5,7	13,0	358
des	**Sekushchij**	Vladivostok		60	844	239	365	63,6	9,5	4,4	17,3	611
ms	**Selemdzha**	Vladivostok	»Neptun«, Rostock	66	3234	1501	4300	105,9	14,6	6,6	13,5	391
ms	**Selenga**	Kholmsk		66	3179	1431	3770	104,4	14,2	6,4	13,8	377
ms	**Selengales**	Arkhangelsk	Stocznia Gdanska, Gdansk	63	4673	2370	6205	123,9	16,7	7,0	14,5	404
mf	**Seliger**	Kaliningrad	Stocznia Gdanska, Gdansk	68	2944	1299	1338	83,1	13,9	5,5	12,8	621
ms	**Semipalatinsk**	Iljitshevsk	Stocznia Gdanska, Gdansk	63	9151	4987	12300	154,9	20,2	8,9	16,0	455
ms	**Semyon Chelyuskin**		Admiralteiskij-Werft, Leningrad	65	2305		1933	67,6	18,1	5,5	14,0	552
ms	**Semyon Chelyuskin**		Stocznia Szczecinska, Szczecin				3000	87,1	13,8	4,8	14,0	592
mf	**Semyon Dezhnev**	Riga	UdSSR	64	1370	1225	1460	84,7	14,0	5,7	13,0	622
ms	**Semyon Dezhnev**		Stocznia Szczecinska, Szczecin				3000	87,1	13,8	4,8	14,0	592
des	**Semyon Dezhnev**		Admiralteiskij-Werft, Leningrad	71	2141		1141	68,5	18,1	6,1	14,0	552
mf	**Semyon Emelyanow**	Novorossijsk	Volkswerft, Stralsund	66	1920	603	850	79,8	13,2	4,9	11,7	617

Art	Name	Heimathafen	Bauwerft	Baujahr	BRT	NRT	tdw	L	B	Tfg	kn	Skizze-Nr.
ms	**Semyon Kosinov**	Leningrad	A. Shdanov, Leningrad	68	4482	2010	6459	122,0	16,7	7,1	14,5	400
ms	**Semyon Morozov**			75	2484	1321						
ms	**Semyon Roshal**	Tallinn	Angyalfold, Budapest	73	1351	611	1725	77,9	11,5	5,0	12,5	350
mf	**Serafimovich**	Murmansk	Kieler Howaldtswerke, Kiel	55	3019	1280	1650	85,5	13,4	5,2	12,5	618
def	**Serebryanka**	Murmansk	Stocznia Polnocna, Gdansk	73	1971	597	781	72,8	13,0	4,9	13,0	616
ms	**Serebryansk**	Odessa	Kherson-Werft, Kherson	69	8874	4576	13640	152,8	20,6	9,4	17,0	441
des	**Serebrjansk**	Kaliningrad	Nosenko-Werft, Nikolaev	63	3308	1390	2495	99,4	14,0	5,6	13,5	370
ts	**Sergey Botkin**	Shdanov	Chant. de l'Atlantique, St. Nazaire	56	5626	2953	1670	129,7	16,8	6,9	13,0	417
ms	**Sergey Buryachek**	Ismail	Navashinskij-Werft, Navashino	70	3587	1739	4150	123,5	15,0	4,5	11,8	389
ms	**Sergey Eyzenshteyn**	Shdanov	Santierul Naval, Galatz	65	2718	1277	3242	100,8	14,4	5,8	12,6	383
des	**Sergey Gerasimov**		»61 Kommunar«, Nikolaev	68	5941	2843		130,0	16,8	7,3	16,5	
ms	**Sergey Gritsevets**	Ismail	Navashinskij-Werft, Navashino	73	3587	1740	4100	123,5	15,0	4,5	11,8	389
ms	**Sergey Gusev**		Stocznia Gdanska, Gdansk	73	6551	3311	7428	135,4	18,0	7,5	15,5	427
mf	**Sergey Kandachik***	Novorossijsk	Volkswerft, Stralsund	67	2650	1130	1152	82,2	13,6	5,2	13,5	619
ms	**Sergey Kirov**	Astrakhan	»Georghiu Dej«, Budapest	61	1308	603	1324	74,4	11,4	4,0	10,3	349
ms	**Sergey Kravkov**		Laivateollisuus, Abo	74	1139	275	643	67,0	11,8	4,1	13,5	584
ms	**Sergey Lazo**	Vladivostok	Admiralteiskij-Werft, Leningrad	65	13881	7672	7678	162,2	20,0	7,0	12,7	634
ms	**Sergey Lazo**	Odessa	Cant. Nav. Breda, Venezia	68	4059	1386	4562	121,9	17,1	7,5	19,0	396
mt	**Sergey Tyulenin**	Baku		55	3737	2130	4696	123,5	16,0	4,3	10,8	495
ms	**Sergei Tyulenin**	Petropavlovsk-K.	»Georghiu Dej«, Budapest	50	1193	445	1100	70,0	10,1	3,8	9,5	348
ms	**Sergey Vasiliev**	Ismail	Santierul Naval, Galatz	66	2717	1276	3516	100,8	14,4	5,8	13,8	383
ms	**Sergey Vasilisin**	Murmansk	Stocznia Gdanska, Gdansk	67	14340	7344	10000	165,5	21,3	8,1	14,0	636
ms	**Sergej Vavilov***	Leningrad	Wärtsila, Abo	57	3642	1164	1540	94,2	14,0	5,7	13,0	595
ms	**Sergey Yesenin**	Vladivostok	Brodogradiliste »3. Maj«, Rijeka	68	10152	5202	14300	159,4	21,3	9,7	18,5	457
ms	**Sergey Yesenin**		Cant. Nav. Breda, Venezia	68	4059	1386	4562	121,9	17,0	7,5	19,5	396
mf	**Sergei Yesenin**	Riga	UdSSR	59	3170	1225	1260	84,7	14,0	5,5	12,0	622
ms	**Sernovodsk**	Petropavlovsk-K.	Constantza Rep.-Werft, Constantza	72	1541	653	1857	80,2	11,9	4,9	12,0	
mf	**Seroglaska**	Petropavlovsk-K.	UdSSR	65	3170	1225	1260	84,7	14,0	5,5	12,0	622
ms	**Serov**	Odessa	Kherson-Werft, Kherson	69	8874	4576	13935	152,8	20,6	9,0	17,0	441
ms	**Sestroretsk**	Leningrad	Vyborg-Werft, Vyborg	72	4787	1966	6270	130,3	17,4	6,9	15,0	406
ms	**Sevan**	Odessa	Kherson-Werft, Kherson	69	8874	4576	13640	152,8	20,6	9,4	17,0	441
mt	**Sevan**	Klaipeda	Kertsh	68	1754	545	1660	83,6	12,0	4,7	13,0	488
des	**Sevastopol**	Sevastopol	Baltic Shipb. + Eng. Works, Leningrad	59	5524	2448	4140	129,1	16,8	6,7	17,0	415
mf	**Sevastopol**	Murmansk	J. Boel + Fils, Tamise	51	1492	715	1190	68,0	11,8	5,3	12,0	613
def	**Sever**	Murmansk		67	1941	680	706	71,0	13,1	5,0	13,3	615
ss	**Severnaya Dvina**	Arkhangelsk	Crichton-Vulcan, Abo	55	2586	1387	3200	84,9	13,1	6,5	9,8	361
mf	**Severnaya Palmira**	Leningrad	UdSSR	67	3162	1307	1451	84,7	14,0	5,7	12,5	622
ss	**Severnaya Zemlya**	Murmansk	Stocznia Gdanska, Gdansk	56	3668	1819	5000	108,3	14,6	6,6	12,5	390
mf	**Severnoye-Sryonie**	Murmansk	Kieler Howaldtswerke, Kiel	56	3000	1237	1650	85,5	13,4	5,2	12,5	618
des	**Severniy**	Kertsh		53	2751	1256	1400	90,7	18,3	3,5	10,0	
mt	**Severniy Donets**	Novorossijsk	Angyalfold, Budapest	65	1265	309	1673	74,5	11,3	4,7	11,5	349
ms	**Severny Poljus**	Petropavlovsk-K.	Stocznia Gdanska, Gdansk	69	13571	6895	10000	164,0	21,3	8,1	15,7	637
des	**Severniy Veter**	Murmansk	»61 Kommunar«, Nikolaev	69	5942	2844	5170	130,0	16,8	7,2	16,5	
mf	**Severodonetsk**	Vladivostok	Mitsubishi H.I., Yokohama	66	18029	11081	10111	174,3	24,1	7,3	14,5	639
ms	**Severodonetsk**	Odessa	Kherson-Werft, Kherson	68	8874	4576	13935	152,8	20,6	9,4	17,0	441
ms	**Severodvinsk**	Murmansk	Stocznia Gdanska, Gdansk	58	10026	4656	9795	155,0	20,1	8,2	14,5	633
ms	**Severodvinsk**	Iljitshevsk	»Neptun«, Rostock	66	3210	1519	4303	105,9	14,6	6,6	14,0	391
des	**Severodvinskiy**		A. Stephen + Sons, Glasgow	66	1972	678	1420	82,1	14,3	4,1	11,5	661
ms	**Severoles**	Leningrad	Stocznia Gdanska, Gdansk	60	4615	2332	6205	123,9	16,7	7,0	14,5	404
ss	**Severomorsk**	Murmansk	Stocznia Gdanska, Gdansk	57	3679	1861	5000	108,3	14,6	6,6	12,5	390
mf	**Severomorskiy Koms.**	Murmansk	UdSSR	65	3170	1225	1260	84,7	14,0	5,5	12,0	622
ms	**Severouralsk**	Vladivostok	Mitsubishi H.I., Yokohama	66	18029	11083	10150	174,3	24,1	7,3	14,5	639
ms	**Severyanin**	Murmansk	Stocznia Gdanska, Gdansk	69	2944	1299	1400	83,0	13,8	5,4	12,5	621
ms	**Sevryba**	Murmansk	Stocznia Gdanska, Gdansk	65	13639	6824	10000	165,5	21,3	8,1	14,0	636
ms	**Shadrinsk**	Vladivostok	Stocznia Gdanska, Gdansk	67	4846	2458	6639	123,9	16,7	7,4	16,0	404
ss	**Shaktersk***		Stocznia Szczecinska, Szczecin	54	2483	1330	3200	94,7	13,5	5,6	12,5	362
ss	**Shakhty**	Shdanov	Stocznia Gdanska, Gdansk	54	3546	1927	5000	108,3	14,6	6,6	12,5	390
ms	**Shalva Nadibaidze**	Vladivostok	Mitsubishi H.I., Yokohama	66	18011	11080	10000	174,3	24,0	7,3	14,0	639
ms	**Shamkhor**	Baku	Baku	60	3455	1712	4286	120,0	15,0	4,4	11,5	385
ms	**Shantar**	Vladivostok	Volkswerft, Stralsund	72	2242	728	1025	82,2	13,6	5,0	13,5	591
ms	**Shatura**	Vladivostok	Stocznia Gdanska, Gdansk	66	4531	2383	6205	123,9	16,7	7,0	16,0	404
mt	**Shaumyan**	Baku		58	3821	2002	4683	123,5	16,0	4,4	10,8	495
mt	**Shdanov**	Novorossijsk		54	7653	3931	11395	145,5	19,2	8,5	12,5	498
ms	**Shdanovskij Komsomolets**	Shdanov	A. Shdanov, Leningrad	71	5923	2948	8230	130,0	17,8	7,8	16,0	416
mf	**Shedar**	Kertsh	Volkswerft, Stralsund	65	1920	602	850	79,8	13,2	5,2	12,5	617
ms	**Sheksnales**	Arkhangelsk	Hollmings, Rauma	64	2731	1318	3400	102,0	14,0	6,0	13,8	369
ms	**Shemakha**	Tallinn	»Georghiu Dej«, Budapest	56	1063	432	1100	70,1	10,0	3,8	9,5	348a
ms	**Shenkursk**	Arkhangelsk	»Neptun«, Rostock	61	3251	1630	4300	104,2	14,4	6,6	14,0	376

Art	Name	Heimathafen	Bauwerft	Baujahr	BRT	NRT	tdw	L	B	Tfg	kn	Skizze-Nr.
mf	**Sheremetyevo**			74	2327	842	1182					
mf	**Shevchenko**	Kaliningrad	UdSSR	59	3170	1225	1300	84,7	14,0	5,6	13,0	622
ms	**Shilka**	Vladivostok	»Neptun«, Rostock	66	3234	1501	4303	105,9	14,6	5,9	13,5	391
mt	**Shirvanneft**	Baku	»Georgi Dimitrov«, Varna	63	3821	2002	4700	131,1	16,0	4,4	10,5	495
mt	**Shitomir**	Novorossijsk		57	7653	3931	12187	145,5	19,2	8,7	12,3	498
ss	**Shkiper Gyek**	Kholmsk	Stocznia Gdanska, Gdansk	59	3688	1908	5000	108,3	14,6	6,6	12,5	390
ms	**Shkotovo**	Vladivostok	»Gheorghiu Dej«, Budapest	61	1179	547	1324	74,5	11,4	4,0	10,3	349
ms	**Shkval***	Sevastopol	Öresundsvarvet, Landskrona	63	4195	2086	4755	126,4	17,3	7,3	17,0	398
ms	**Shollar**	Baku	»Georghiu Dej«, Budapest	56	1211	448	1050	70,2	10,0	3,8	9,5	348a
ms	**Shongar**	Baku	»Georghiu Dej«, Budapest	56	1212	448	1050	70,2	10,0	3,8	9,5	348a
ms	**Shota Rustaveli**	Odessa	Mathias-Thesen-Werft, Wismar	68	20146	10553	5696	175,8	23,6	8,2	20,3	545
mf	**Shota Rustaveli**	Poti	Volkswerft, Stralsund	63	1920	603	850	79,8	13,2	4,9	11,7	617
ms	**Shtorm**	Klaipeda	Rheinstahl Nordseewerke, Emden	64	4728	2667	5218	136,0	16,8	6,6	21,0	405
mf	**Shturman Yelagin**	Petropavlovsk-K.		67	2690	926	1496	84,7	14,0	5,7	13,0	
ms	**Shura Burlachenko**	Ismail	Navashinskij-Werft, Navashino	69	3587	1739	4150	123,5	15,0	4,5	11,8	389
ms	**Shura Kober**	Murmansk	»Neptun«, Rostock	71	3611	1762	4687	105,7	15,7	6,8	13,8	384
ms	**Shushenskoye**	Petropavlovsk-K.	Nystads Varv, Nystad	70	2873	1305	3400	102,3	14,0	6,0	13,8	368
ms	**Shushenskoye**	Leningrad	Krasnoje Sormovo, Gorki	70	2484	1321	2925	114,2	13,2	3,4	10,5	363
mf	**Shushenskoe**	Bautino	Mathias-Thesen-Werft, Wismar	69	1115	426	670	65,7	11,1	3,7	10,8	612
mf	**Shventoy**	Klaipeda	Volkswerft, Stralsund	72	2154	762	1134	82,0	13,6	5,2	13,5	619
mf	**Shyaulyay**	Klaipeda		67	2690	926	1496	84,7	14,0	5,7	12,5	
ns	**Sibir**		Baltic Shipb. & Eng., Leningrad	77	18172		4100	150,0	29,9		21,0	560
ms	**Sibir***		Stocznia Gdanska, Gdansk		3860	1890	5000	108,3	14,6	6,6	11,5	597
ms	**Sibir**	Vladivostok	»61 Kommunar«, Nikolaev	63	6133	2947	5300	130,0	16,8	7,2	16,5	422
ms	**Sibirles**	Kholmsk	Nosenko-Werft, Nosenko	64	3179	1430	4140	104,5	14,4	6,4	13,7	377
mt	**Sibirneft**			65	3090	2086						
mt	**Sibirneft**		Rauma-Repola, Rauma	73	3468	1607	4932	106,1	15,5	6,5	14,0	492
ms	**Sibirtsyevo**	Kholmsk		65	3179	1430	4140	104,5	14,4	6,4	13,8	377
mf	**Sibiryak**		UdSSR	67	3170	1225	1460	84,7	14,0	5,7	13,0	622
mf	**Sidimi**	Nakhodka	UdSSR	62	3170	1225	1260	84,7	14,0	5,5	12,0	622
ms	**Sidor Kovpak**	Odessa	Kherson-Werft, Kherson	71	9173	4859	13738	152,8	20,6	9,4	17,0	443
ms	**Sigulda**	Tallinn	»Neptun«, Rostock	62	3251	1630	4300	104,2	14,4	6,6	14,0	376
des	**Silnij**	Vladivostok		60	844	239	365	63,6	9,5	4,4	17,3	611
mt	**Siluet**		Kertsh	69	1722	571	1660	83,6	12,0	4,6	13,8	488
mf	**Silvakiya**	Klaipeda	Volkswerft, Stralsund	73	3960	1800	2068	102,0	15,2	5,2	15,0	624
mf	**Simeiz**	Sevastopol	Volkswerft, Stralsund	63	1920	603	850	79,8	13,2	4,9	11,7	617
ms	**Simferopol**	Iljitshevsk	Stocznia Gdanska, Gdansk	62	9151	4987	12300	154,9	20,2	8,9	16,0	445
des	**Simferopol**	Kertsh	Baltic Shipb. + Eng. Works, Leningrad	60	5524	2448	4140	129,1	16,8	6,7	17,0	415
mt	**Sinegorsk**	Nakhodka	Rauma-Repola O/Y., Rauma	62	3359	1550	4300	105,1	14,8	6,2	13,0	491
ms	**Sinegorsk***	Vladivostok	»Neptun«, Rostock	63	3224	1560	4296	104,2	14,4	6,6	14,0	376
mf	**Sinyavino**	Leningrad		71	2581	888	1268	83,9	14,0	5,7	12,3	
mf	**Sirius**	Sevastopol	Volkswerft, Stralsund	64	1920	603	850	79,8	13,2	4,9	11,7	617
mf	**Sivash**	Kertsh	Volkswerft, Stralsund	69	2653	1115	1149	82,2	16,3	5,0	13,0	619
ss	**Sivash**	Riga	Crichton-Vulcan, Abo	50	2532	1220	3200	89,9	13,1	5,6	9,8	361
mf	**Siÿanie**	Murmansk	Stocznia Gdanska, Gdansk	66	2987	1328	1400	83,0	13,8	5,4	12,5	621
mf	**Skalistiy**	Nakhodka	Volkswerft, Stralsund	72	2154	762	1134	82,2	13,6	5,2	13,5	619
ms	**Skalistyi Bereg**		Mathias-Thesen-Werft, Wismar		12237		8200	152,3	22,2	7,5	17,2	651
mf	**Skazochnik Andersen**	Murmansk	Burmeister + Wain, Köbenhavn	65	4699	2270	2570	102,7	16,0	5,5	14,0	627
mf	**Skif**	Kertsh	Kherson-Werft, Kherson	69	2261	587	1430	84,7	14,0	5,8	13,0	
des	**Skolzyashchij**	Kaliningrad		60	844	239	365	63,6	9,5	4,4	17,3	611
des	**Skorij**	Kaliningrad		60	844	239	365	63,6	9,5	4,4	17,3	611
des	**Skromnij**	Kaliningrad		60	844	239	365	63,6	9,5	4,4	17,3	611
mf	**Skryplev**	Vladivostok	Burmeister + Wain, Köbenhavn	62	4699	2298	2600	102,7	16,0	5,5	14,0	626
ms	**Skulptor Konenkov**	Leningrad	Stocznia Gdanska, Gdansk	76	12718	5618	17499	181,4	28,2	9,6	20,5	470
ms	**Skulptor Vuchetich**	Leningrad	Stocznia Gdanska, Gdansk	76	12718	5618	17499	181,4	28,2	9,6	20,5	470
ms	**Skortsov-Stepanov**	Shdanov	Stocznia Gdanska, Gdansk	74	6551	3311	7405	135,4	18,0	7,5	15,5	427
ms	**Slautnoye**	Petropavlovsk-K.	Constantza-Rep.-Werft, Constantza	73	1541	653	1857	80,2	12,0	4,9	12,0	
ms	**Slava Sevastopolya**		Aalborg Vaerft, Aalborg	54	5233	2560	3860	124,6	16,5	7,0	16,0	412
mt	**Slavgorod**	Nakhodka		56	7653	3931	11430	145,5	19,2	8,5	13,3	498
mf	**Slavgorod**	Murmansk	Stocznia Gdanska, Gdansk	69	2944	1299	1400	83,1	13,8	5,4	12,5	621
ms	**Slavnij**	Kaliningrad	Valmet OY, Abo	59	1077		tug	61,5	12,0	4,5	13,8	572
ms	**Slavsk**	Iljitshevsk	Stocznia Gdanska, Gdansk	62	9151	4987	12300	154,9	20,2	8,9	16,0	445
mf	**Slavsk**	Kaliningrad	Volkswerft, Stralsund	65	2435	1070	850	79,8	13,2	4,9	11,7	617
ss	**Slavyanka***	Vladivostok	Crichton-Vulcan, Abo	54	2210	1144	3200	84,9	13,1	6,5	9,8	361
ms	**Slavyansk**	Vladivostok	Mitsubishi H.I., Yokohama	66	18012	11082	10200	174,3	24,0	7,3	14,0	639
ms	**Slavyansk**	Odessa	Kherson-Werft, Kherson	67	9071	4661	13737	152,8	20,6	9,4	17,7	443
ms	**Slutsk**	Iljitshevsk	Stocznia Gdanska, Gdansk	63	9151	4987	12300	154,9	20,2	8,9	16,0	445
ss	**Smela**	Shdanov	»Neptun«, Rostock	54	3262	1551	4450	102,9	14,4	6,7	13,0	382
ms	**Smelij**	Murmansk	Valmet OY, Abo	58	1013		tug	61,5	11,5	4,5	13,8	572
des	**Smelij**	Kaliningrad		60	844	239	365	63,6	9,5	4,4	17,5	611
ms	**Smena**	Shdanov	A. Shdanov, Leningrad	70	5923	2948	8230	130,0	17,8	7,8	16,0	416
des	**Smetlivij**	Kaliningrad		61	844	239	365	63,6	9,5	4,4	17,3	611
des	**Smirniy**	Kaliningrad		60	844	239	365	63,6	9,5	4,4	17,3	611

Art	Name	Heimathafen	Bauwerft	Baujahr	BRT	NRT	tdw	L	B	Tfg	kn	Skizze-Nr.
mf	**Smolnij**	Leningrad	Stocznia Gdanska, Gdansk	69	2947	1330	1400	83,1	13,8	5,4	12,5	621
ms	**Snezhnogorsk**	Petropavlovsk-K.	Reparatur-Werft, Constantza	72	1541	653	1857	80,2	11,9	4,9	12,0	
ms	**Sobolewo**	Petropavlovsk-K.	»Neptun«, Rostock	62	3455	1817	4296	104,2	14,4	6,6	14,0	376
ms	**Sochi**	Odessa	Kherson-Werft, Kherson	67	9547	5008	12900	152,8	20,6	9,0	17,0	443
tt	**Sofia**	Novorossijsk	Admiralteiskij-Werft, Leningrad	63	31817	15518	50760	230,5	31,0	11,5	17,0	519
ms	**Sofia Perovskaya**	Arkhangelsk	Hollming, Rauma	67	2723	1302	3930	102,3	14,0	6,2	13,9	368
ms	**Sofiysk**	Petropavlovsk-K.	Reparatur-Werft, Constantza	73	1541	653	1860	80,2	11,9	4,9	12,0	
mf	**Sojus III**	Sevastopol	Volkswerft, Stralsund	68	2017	653	1149	82,2	16,3	5,0	13,0	619
mf	**Sojus IV**	Petropavlovsk-K.		69	2690	926	1496	84,7	14,0	5,7	13,0	
mf	**Sojus V**	Korsakov		69	2690	926	1496	84,7	14,0	5,7	13,0	
ms	**Sokol**	Odessa	Kherson-Werft, Kherson	69	8874	4576	13740	152,8	20,6	9,4	17,0	441
mf	**Sokolinoye**	Sevastopol	Volkswerft, Stralsund	69	2177	746	1149	82,2	16,3	5,0	13,0	619
des	**Sokrushitelnij**	Kaliningrad		63	844	239	365	63,6	9,5	4,4	17,3	611
des	**Solidarnij**	Kaliningrad		60	844	239	365	63,6	9,5	4,4	17,3	611
ms	**Solnechnogorsk**	Iljitshevsk	Stocznia Gdanska, Gdansk	58	9518	5261	11050	153,9	19,4	8,8	17,0	449
mt	**Solnechnij**	Nakhodka	Kertsh	69	1630	594	1660	83,6	12,0	4,7	13,3	488
ms	**Solnechnij Bereg**		Mathias-Thesen-Werft, Wismar	74	11755	6385	9200	152,3	22,2	7,5	17,2	651
ms	**Solnechnui Luch**	Kaliningrad	Hitachi Zosen, Mukaishima	64	5520	3248	3060	115,0	17,4	5,6	14,0	631
mf	**Solnoedor**	Novorossijsk	Volkswerft, Stralsund	69	2654	1133	1149	82,2	16,3	5,0	13,6	619
ms	**Solombala**	Arkhangelsk	Angyalfold, Budapest	67	1161	553	1745	74,5	11,3	4,7	11,5	349
mf	**Solovetskij**			74	2327	842	1163					
ms	**Solovki***	Arkhangelsk	»G. Dimitrov«, Varna	64	1002	392	180	63,9	9,4	3,0	12,5	525
mf	**Sopka Geroyev**	Novorossijsk	Volkswerft, Stralsund	70	2654	1115	1140	82,2	13,6	5,0	13,5	619
ms	**Sormovskij-2**	Leningrad	»Krasnoye Sormovo«, Gorki	68	2484	1321	2925	114,0	13,2	3,4	10,8	363
ms	**Sormovskij-3**	Leningrad	»Krasnoye Sormovo«, Gorki	75	2484	1321	3134	114,2	13,2	3,4	10,8	363
ms	**Sormovskij-4**	Leningrad	»Krasnoye Sormovo«, Gorki	68	2484	1321	2925	114,0	13,2	3,4	10,8	363
ms	**Sormovskij-5**	Leningrad	»Krasnoye Sormovo«, Gorki	68	2484	1321	2925	114,0	13,2	3,4	10,8	363
ms	**Sormovskij-6**	Leningrad	»Krasnoye Sormovo«, Gorki	69	2484	1321	2925	114,0	13,2	3,4	10,8	363
ms	**Sormovskij-7**	Leningrad	»Krasnoye Sormovo«, Gorki	69	2484	1321	2925	114,2	13,2	3,4	18,5	363
ms	**Sormovskij-9**	Leningrad	»Krasnoye Sormovo«, Gorki	69	2484	1321	3134	114,2	13,2	3,4	10,8	363
ms	**Sormovskij-11**	Leningrad	»Krasnoye Sormovo«, Gorki	69	2484	1321	2925	114,0	13,2	3,4	10,8	363
ms	**Sormovskij-12**	Leningrad	»Krasnoye Sormovo«, Gorki	69	2484	1321	2925	114,0	13,2	3,4	10,8	363
ms	**Sormovskij-13**	Leningrad	»Krasnoye Sormovo«, Gorki	69	2484	1321	3134	114,2	13,2	3,4	10,8	363
ms	**Sormovskij-14**	Leningrad	»Krasnoye Sormovo«, Gorki	69	2484	1321	3134	114,2	13,2	3,4	10,8	363
ms	**Sormovskij-17**	Leningrad	»Krosnoye Sormovo«, Gorki	70	2484	1321	2925	114,2	13,2	3,4	10,8	363
ms	**Sormovskij-18**	Kaliningrad	»Krasnoye Sormovo«, Gorki	70	2484	1321	2925	114,2	13,2	3,4	10,8	363
ms	**Sormovskij-19**	Kaliningrad	»Krasnoye Sormovo«, Gorki	70	2484	1321	2925	114,2	13,2	3,4	10,8	363
ms	**Sormovskij-22**	Leningrad	»Krasnoye Sormovo«, Gorki	71	2484	1321	3134	114,2	13,2	3,4	10,8	363
ms	**Sormovskij-27**	Astrakhan	»Krasnoye Sormovo«, Gorki	73	2484	1321	3134	114,0	13,2	3,7	10,8	363
ms	**Sormovskij-28**	Astrakhan	»Krasnoye Sormovo«, Gorki	73	2484	1321	3134	114,0	13,2	3,7	10,8	363
ms	**Sormovskij-29**	Astrakhan	»Krasnoye Sormovo«, Gorki	73	2484	1321	3134	114,0	13,2	3,7	10,8	363
ms	**Sormovskij-30**	Leningrad	»Krasnoye Sormovo«, Gorki	73	2484	1321	3134	114,0	13,2	3,7	10,8	363
ms	**Sormovskij-31**	Leningrad	»Krasnoye Sormovo«, Gorki	73	2484	1321	3134	114,0	13,2	3,7	10,8	363
ms	**Sormovskij-34**		»Krasnoye Sormovo«, Gorki	74	2484	1321	3134	114,0	13,2	3,7	10,8	363
ms	**Sormovskij-42**		»Krasnoye Sormovo«, Gorki	73	2484	1321	3134	114,0	13,2	3,7	10,8	363
ms	**Sormovskij-109**		»Krasnoye Sormovo«, Gorki	74	2484	1321	3134	114,0	13,2	3,7	10,8	363
ms	**Sormovskij-110**		»Krasnoye Sormovo«, Gorki	74	2484	1321	3134	114,0	13,2	3,7	10,8	363
ms	**Sormovskij-112**		»Krasnoye Sormovo«, Gorki	75	2484	1321	3134	114,0	13,2	3,7	10,8	363
ms	**Sosnogorsk**	Odessa	Kherson-Werft, Kherson	69	8874	4576	13740	152,8	20,6	9,0	17,0	441
ms	**Sosnovets**	Arkhangelsk	Reparatur-Werft, Constantza	70	1537	637	1857	80,2	11,9	4,9	12,0	
ms	**Sosnovka**	Ismail	Reparatur-Werft, Constantza	71	1540	654	1870	80,3	11,9	4,9	12,0	
des	**Sovershennij**	Kaliningrad		63	844	239	365	63,6	9,5	4,4	17,3	611
ms	**Sovetsk**	Iljitshevsk	Stocznia Gdanska, Gdansk	62	9151	4987	12300	154,9	20,2	8,9	16,0	445
mf	**Sovetsk**	Murmansk	Burmeister + Wain, Köbenhavn	63	4699	2298	2600	91,0	16,0	5,5	14,0	626
ms	**Sovetskaya Artica***	Petropavlovsk-K.	Short Bros., Sunderland	51	9023	4337	10150	140,6	17,9	7,1	12,0	442
ms	**Sovetskaya Buryatiya**		Stocznia Gdanska, Gdansk	74	13087	5997	10096	164,0	21,3	8,1	15,3	637
ts	**Sovetskaya Kamchatka**	Petropavlovsk-K.	Stocznia Gdanska, Gdansk	61	10035	4663	9300	155,1	20,0	8,2	13,0	633
ms	**Sovetskaya Karelya**				2584	1429						
des	**Sovetskaya Latvia**	Riga	Nosenko, Nicolaev	61	3308	1398	2495	99,4	14,0	5,6	13,5	370
ts	**Sovietskaya Litva**	Klaipeda	Stocznia Gdanska, Gdansk	59	10026	4656	9300	155,1	20,0	8,2	13,0	633
mf	**Sovetskaya Profsoyuzij**	Petropavlovsk-K.	Chernomorskij-Werft, Nikolaev	68	2690	926	1496	84,7	14,0	5,7	13,0	
mf	**Sovetskaya Rodina**	Tallinn		61	3230	1130	2590	99,4	14,0	5,7	13,5	370
mt	**Sovetskaya Rossija**	Vladivostok	Nosenko-Werft, Nikolaev	61	33154	20084	26700	217,8	27,8	10,6	16,0	643
ts	**Sovetskaja Sakhalin**	Nevelsk	Stocznia Gdanska, Gdansk	60	10036	4663	9300	155,1	20,0	8,2	13,0	633
ms	**Sovetskaya Sibir**		Stocznia Gdanska, Gdansk	73	13087	5997	10090	164,0	21,3	8,1	15,3	637
mt	**Sovetskaya Ukraina**	Vladivostok	Nosenko-Werft, Nikolaev	59	32024	17923	26700	217,8	27,8	10,6	16,0	643
mt	**Sovetskaya Yakutija**	Klaipeda	Navashinskij-Werft, Navashino	72	3590	1804	4000	123,5	15,0	4,5	11,8	389

Art	Name	Heimathafen	Bauwerft	Baujahr	BRT	NRT	tdw	L	B	Tfg	kn	Skizze-Nr.
des	**Sovetskij Aserbaidshan**	Baku	»Krasnoje Sormovo«, Gorki	61	8840	4075	2510	133,6	17,8	4,4	16,0	538
des	**Sovetskij Kazakhstan**	Baku	»Krasnoje Sormovo«, Gorki	68	8840	4075	2543	133,3	18,4	4,4	17,8	538
ms	**Sovetskij Khudozhnik**		Brodogradiliste Split, Split	76	15663	9493	24000	183,0	23,5	10,0	17,0	676
ms	**Sovetskij Moryak**	Arkhangelsk	»Okean«-Werft, Oktjabrskoje	71	1698	765	2360	82,0	12,5	5,4	12,8	
mt	**Sovetskij Pogranichnik**	Vladivostok	Kertsh	67	1773	584	1687	83,6	12,0	4,6	13,8	488
ms	**Sovetskij Pogranichnik**	Leningrad	»Okean-Werft«, Oktjabrskoje	70	1684	754	2359	82,0	12,5	5,4	12,8	355
ms	**Sovetskij Sever**	Arkhangelsk	Volodarskij-Werft, Rybinsk	72	2484	1321	3134	114,0	13,2	3,7	10,8	363
ts	**Sovetskij Sojus***	Vladivostok	Blohm & Voss, Hamburg	55	23009	11337	11970	207,5	24,0	10,0	19,0	547
des	**Sovetskij Turkmenistan**		»Krasnoje Sormovo«, Gorki	63	8840	4075	2240	133,8	19,0	4,4	16,0	538
des	**Sovetskij Usbekistan**	Baku	Krasnoje Sormovo, Gorki	67	8840	4075	2250	133,8	19,0	4,4	18,0	538
ms	**Sovetskij Voin**		Vyborg-Werft, Vyborg	68	1684	754	2359	82,0	12,5	5,4	12,8	355
mf	**Sovetskoje Primorje**	Nakhodka	Stocznia Gdanska, Gdansk	71	13123	7013	9995	164,0	21,3	8,1	15,3	637
ms	**Sovetskoje Zapolarje**	Nevelsk	Stocznia Gdanska, Gdansk	69	13757	7567	10000	164,0	21,3	8,1	15,3	637
ms	**Sovfrakht***	Odessa	»3. Maj«, Rijeka	67	26031	15707	44472	211,4	27,6	11,8	16,0	479
mf	**Sovgavan**	Nakhodka		68	2690	926	1496	84,7	14,0	5,7	13,0	
ms	**Sovinflot***	Odessa	»3. Maj«, Rijeka	69	25999	15724	44635	211,8	27,6	11,8	16,0	479
des	**Sovremennij**	Kaliningrad		61	844	239	365	63,6	9,5	4,4	17,3	611
ms	**Sozh**	Kholmsk	»Georghiu Dej«, Budapest	51	1194	446	1040	70,0	10,0	3,8	9,5	348
ms	**Spartak**	Arkhangelsk	Angyalfold, Budapest	67	1505	684	1685	77,9	11,5	4,9	12,5	350
ms	**Spassk**	Vladivostok	Mitsubishi H. I., Yokohama	65	17996	11065	10000	174,3	24,0	7,3	14,0	639
ms	**Spassk-Dalnij**	Vladivostok	»Neptun«, Rostock	66	3234	1501	4235	105,9	14,6	6,6	13,5	391
mt	**Split**	Novorossijsk	Brodogradiliste »Split«, Split	65	15090	8154	21000	186,3	23,5	9,7	17,1	505
des	**Spokoynij**	Kaliningrad		60	844	239	365	63,6	9,5	4,4	17,3	611
des	**Sposobnij**	Kaliningrad		61	844	239	365	63,6	9,5	4,4	17,3	611
mf	**Sputnik**		Stocznia Gdanska, Gdansk	61	2803	1166	1300	84,7	13,8	5,4	12,5	620
ms	**Sretensk**	Leningrad	Crichton-Vulcan, Abo	59	5419	2946	8235	139,4	17,7	7,9	14,5	418
ms	**Stakhonez Kotov**		Hollming Oy., Rauma	77			5500	139,5	20,2	6,2	14,3	
ms	**Stanislav Kosior**	Kherson	Krasnoje Sormovo, Gorki	70	2292	1420	2925	114,2	13,2	3,4	10,8	363
ms	**Stanislav Manjushko**		Stocznia Gdanska, Gdansk	65	14368	7480	10000	165,5	21,3	8,1	14,0	636
ms	**Stanislavskij**	Murmansk	J. Boel + Fils, Tamise	56	3106	1464	5700	120,1	16,7	6,7	14,0	373
mf	**Stanjukovich**	Kaliningrad	UdSSR	59	3170	1225	1300	84,7	14,0	5,5	12,0	622
des	**Staratelnij**	Kaliningrad		60	844	239	365	63,6	9,5	4,4	17,3	611
ms	**Starij Bolshevik**	Vladivostok	A. Shdanov, Leningrad	70	5923	2948	8230	130,0	17,8	7,8	16,0	416
ms	**Stavropol***	Shdanov	Stocznia Gdanska, Gdansk	53	2800	1756	4300	114,1	14,7	6,3	15,0	364
ms	**Stepan Khalturin**	Riga	»Neptun«, Rostock	65	3237	1540	4230	105,9	14,6	6,6	13,5	391
ss	**Stepan Krasheninnikov**	Shdanov	Stocznia Gdanska, Gdansk	56	3546	1927	5000	108,3	14,6	6,6	12,5	390
ms	**Stepan Malygin**	Arkhangelsk	Laivateollisuus, Abo	71	1134	295	640	67,0	11,8	4,1	13,5	584
ms	**Stepan Markjelov**	Shdanov	Navashinskij-Werft, Navashino	71	4078	1806	4300	123,5	15,0	4,8	11,3	389
ms	**Stepan Savushkin**	Kholmsk	Santierul Naval, Galatz	69	3019	1412	4230	104,5	14,4	6,4	13,5	
mt	**Stepan Vostretsov**	Nakhodka	Brodogradiliste »Split«, Split	71	15034	8205	22610	186,3	23,5	9,7	17,0	505
mt	**Stepanokert**	Baku	Kertsh	69	1722	571	1660	83,6	12,0	4,7	13,8	488
ms	**Steregustsij**	Murmansk	Valmet, Abo	62	1077	239	tug	61,1	11,5	4,5	14,0	
ms	**Steregustsij**		Valmet, Abo	59	1069	240	tug	61,5	11,9	4,9	13,8	572
des	**Steregustsij**	Kaliningrad		60	844	239	365	63,6	9,5	4,4	17,3	611
ms	**Stoletiye Parizhskoy Kommunij**	Odessa	Kherson-Werft, Kherson	71	8874	4576	13740	152,8	20,6	9,4	17,0	441
ms	**Stoikij**	Kaliningrad	Valmet, Abo	59	1078	239	tug	61,5	11,9	4,5	13,8	572
ms	**Strana Sovetov**	Leningrad		72	2484	1321	3134	114,0	13,2	3,7	10,8	363
mf	**Strelets**	Sevastopol	Volkswerft, Stralsund	63	1920	602	850	79,8	13,2	4,9	11,7	617
ms	**Stremitelnij**	Kaliningrad	Valmet, Abo	57	1070		tug	61,5	11,5	4,5	13,8	572
des	**Stremitelnij**	Kaliningrad		60	844	239	365	63,6	9,5	4,4	17,3	611
ms	**Strogij***	Riga	Valmet, Abo	58	1070		tug	61,1	11,5	4,5	14,0	572
ms	**Sudak**	Ismail	Reparaturwerft, Constantza	72	1540	653	1857	80,2	11,9	4,9	12,0	
ms	**Sudopodjom-1**	Petropavlovsk-K.	HDW, Hamburg	73	1631	458	crane	54,0	24,0	2,7		654
ms	**Sudopodjom-2**	Vladivostok	HDW, Hamburg	73	1631	458	crane	54,0	24,0	2,7		654
mf	**Suduva**	Klaipeda		73	2581	888	1290	83,9	14,0	5,7	12,5	
ms	**Sudzha**	Iljitshevsk	Stocznia Gdanska, Gdansk	65	9151	4987	12470	154,9	20,2	8,9	15,0	445
ms	**Suez**		Alexandria Shipyard, Alexandria	73	9056	4667	13740	152,8	20,6	9,0	17,0	441
mf	**Suifun**	Nakhodka	J. S. Nosenko, Nikolaev	62	3170	1225	1301	84,7	14,0	5,5	12,0	622
des	**Sukhinichi**	Vladivostok		65	3556	1550	2485	99,4	14,1	5,5	14,5	370
ss	**Sukhodol***	Kholmsk		43	2902	1430	2388	91,9	13,5	5,9	9,3	365
ms	**Sukhona**	Vladivostok	Mitsubishi H. I., Yokohama	66	18029	11081	10135	174,3	24,1	7,3	14,5	639
mf	**Sukhona**	Baku	Mathias-Thesen-Werft, Wismar	70	1115	426	605	65,5	11,1	3,6	10,8	612
ms	**Sukhonales**	Arkhangelsk		64	3036	1380	3340	100,8	14,4	5,8	12,0	
mt	**Sukhumi**		Brodogradiliste Split, Split	75	15662	7938	24000	183,0	23,5	10,0	17,0	676
ms	**Sulak**	Vladivostok	Mitsubishi H. I., Yokohama	66	18011	11076	10000	174,3	24,0	6,7	14,0	639
mf	**Sulak**	Astrakhan		69	1346	461	527	72,1	10,8	3,6	12,3	
ms	**Sulev**	Tallinn	»Georghiu Dej«, Budapest	58	1063	432	1100	70,1	10,0	3,8	9,5	348a
ms	**Suleyman Stalsky**	Vladivostok	»3. Maj«, Rijeka	68	10152	5202	14340	159,4	21,3	9,7	18,5	457
mf	**Suloj**	Murmansk	Stocznia Gdanska, Gdansk	70	2948	1330	1250	83,1	13,8	5,4	12,5	621
mt	**Sumy**	Novorossijsk		60	7653	3931	11430	145,5	19,2	8,5	13,3	497

Art	Name	Heimathafen	Bauwerft	Baujahr	BRT	NRT	tdw	L	B	Tfg	kn	Skizze-Nr.
mf	**Sumy**	Kaliningrad	Volkswerft, Stralsund	69	2177	746	1149	82,2	16,3	5,0	13,0	619
ms	**Sungari**	Vladivostok	Stocznia Gdanska, Gdansk	65	4531	2380	6205	123,9	16,7	7,0	14,5	404
mt	**Sungari**	Petropavlovsk-K.	Norrköpings Varv, Norrköping	52	1147	517	1275	68,5	10,4	4,3	11,5	484
ms	**Suntar**	Baku		62	3398	1735	4000	120,0	15,0	4,4	11,5	385
mt	**Surakhanij**	Astrakhan	»G. Dimitrov«, Varna	62	3821	2002	4643	123,5	16,0	4,4	10,5	495
ms	**Suren Spandaryan**		Stocznia Szczecinska, Szczecin	73	6551	3311	7500	133,3	18,0	7,5	15,6	427
ms	**Surgut**	Petropavlovsk-K.	Reparaturwerft, Constantza	73	1541	653	1857	80,2	11,9	4,9	12,0	
mt	**Surgutneft**	Nakhodka	Rauma-Repola, Rauma	71	3468	1607	4920	106,1	15,5	6,5	14,0	492
des	**Surovij**	Vladivostok		59	844	240	365	63,6	9,5	4,4	17,3	611
sso	**Sutchan***		Stocznia Gdanska, Gdansk		3860	1890	5000	108,3	14,6	6,6	11,5	597
ms	**Suurlaid**		Sirketi Beykoz Tersanesi, Beykoz	72	965	574	1496	80,2	12,8	4,2	13,0	342
ms	**Suvorovo**	Ismail	Reparaturwerft, Constantza	71	1531	637	1860	80,3	11,9	4,9	12,0	
ms	**Suzdal**	Vladivostok	Mitsubishi H. I., Yokohama	66	18029	11081	10000	174,3	24,0	7,3	14,0	639
ms	**Suzdal**	Odessa	Kherson-Werft, Kherson	69	8874	4576	13738	152,8	20,6	9,4	17,0	441
ms	**Svanetya**	Odessa	Kherson-Werft, Kherson	68	8874	4576	12884	152,8	20,6	9,0	17,0	441
mt	**Sverdlovsk**	Novorossijsk		54	7653	3931	11430	145,5	19,2	8,5	13,3	498
mf	**Sverdlovsk**	Murmansk	Kieler Howaldtswerke, Kiel	56	2999	1238	1650	85,5	13,4	5,2	12,5	618
mf	**Svetlaya**	Korsakov		68	2690	926	1496	84,7	14,0	5,7	13,0	
des	**Svetlij**	Kaliningrad	Nosenko-Werft, Nikolaev	63	3556	1577	2485	99,4	14,1	5,5	13,5	370
mf	**Svetlij Luch**	Nakhodka	Hitachi Zosen, Mukaishima	65	5220	3249	3005	115,0	17,4	5,6	14,0	631
ms	**Svetlogorsk**	Odessa	Kherson-Werft, Kherson	70	8874	4576	13740	152,8	20,6	9,4	17,0	443
ms	**Svetlogorsk**	Vladivostok	Verschure & Co., Amsterdam	55	3550	1727	2540	114,8	14,0	5,6	12,0	387
mf	**Svir**	Krasnovodsk	Mathias-Thesen-Werft, Wismar	70	1115	426	605	65,5	11,1	3,6	10,8	612
des	**Svirepij**	Vladivostok		60	844	239	365	63,6	9,5	4,4	17,3	611
ms	**Svirsk**	Vladivostok	»Neptun«, Rostock	66	3234	1501	4300	105,9	14,6	6,6	13,5	391
ts	**Svoboda**		Kherson-Werft, Kherson	64	11206	6066	16040	169,9	21,8	9,7	17,0	467
ms	**Svyatogor**	Kaliningrad	Stocznia Gdanska, Gdansk	59	10026	4656	9300	155,1	20,0	8,2	13,0	633
ms	**Syktyvkar**	Iljitshevsk	»Neptun«, Rostock	64	3201	1545	4225	105,9	14,6	6,6	13,5	391
ms	**Syrve**	Tallinn	»Neptun«, Rostock	62	3251	1630	4300	104,2	14,4	6,6	14,0	376
ms	**Syzran**	Odessa	Kherson-Werft, Kherson	68	8874	4576	12885	152,8	20,6	9,0	17,0	443
ms	**Taddej Bellingshausen**		Stocznia Szczecinska, Szczecin				3000	87,1	13,8	4,8	14,0	592
ms	**Tadjikistan**	Odessa	A. Shdanov, Leningrad	61	3219	1322	682	101,5	14,6	3,8	16,0	529
mf	**Tadjikistan**	Nakhodka	Nosenko-Werft, Nikolaev	64	3170	1225	1260	84,7	14.0	5.5	12,0	622
ms	**Taganrog***	Shdanov	Stocznia Gdanska, Gdansk	53	2860	1485	4300	114,1	14,7	6,3	14,3	364
mf	**Taganrog**	Kertsh	Volkswerft, Stralsund	68	2653	1115	1140	82,0	13,6	5,2	13,5	619
ms	**Taganrogskiy Zaliv**	Sevastopol	Chant. Nav. de la Ciotat, Le Trait	72	12891	6872	11817	164,6	22,0	8,0	17,5	471
mf	**Tagil**	Astrakhan		70	1361	473	526	72,1	10,8	3,6	12,3	
ms	**Takeli**		»Georghiu Dej«, Budapest	59	1211	449	1100	70,1	10,0	3,8	9,5	348a
ms	**Takhuna**	Tallinn	Angyalfold, Budapest	68	1153	521	1718	74,6	11,3	4,7	11,5	349
mt	**Tallinn**	Novorossijsk		54	7653	3931	11430	145,5	19,2	8,5	13,3	498
ms	**Tallinn**	Tallinn	A. Shadnov, Leningrad	60	3290	1256	682	101,5	14,6	3,8	14,5	529
mt	**Talsy**	Ventspils	Stocznia Gdynia, Gdynia	68	12588	6642	19000	176,9	21,8	8,9	16,0	503
mf	**Taman**	Nevelsk	Nosenko-Werft, Nikolaev	65	3170	1225	1460	84,7	14,0	5,5	12,0	622
mf	**Taman**	Astrakhan	Mathias-Thesen-Werft, Wismar	70	1115	426	605	65,5	11,1	3,6	10,8	612
ms	**Tampere**	Kholmsk	Valmet, Pansio	66	2723	1302	3500	102,3	14,0	6,1	13,5	368
ms	**Tamsalu**	Tallinn	»Georghiu Dej«, Budapest	61	1179	547	1320	74,5	11,4	4,0	11,0	349
mf	**Tamula**		Volkswerft, Stralsund	75	3933	1806	2020	102,0	15,2	5,2	15,0	624
ns	**Tanja Karpinskaya**	Ismail	Turnu Severin-Werft, Turnu-Severin	75	2079	918	2180	88,8	12,8	5,0	13,0	359
ms	**Taraklija**	Novorossijsk	»Georghiu Dej«, Budapest	62	1322	354	1673	74,5	11,4	4,0	11,0	349
ms	**Taras Shevchenko**	Odessa	Mathias-Thesen-Werft, Wismar	66	20027	10945	6000	176,1	23,6	8,0	20,3	545
mt	**Tarkhankut**	Sevastopol	Rauma-Repola, Rauma	72	3468	1607	5014	106,0	15,4	6,5	14,0	492
ss	**Tartu**		»Georghiu Dej«, Budapest	60	1179	547	1755	74,5	11,4	4,0	11,0	349
mf	**Tarusa**			74	2327	842	1163					
ms	**Tatarija**	Arkhangelsk	A. Shdanov, Leningrad	63	3219	1322	683	101,5	14,6	3,8	14,5	529
ms	**Taulsk***	Vladivostok	Bremer Vulkan, Bremen-V.	56	3814	1993	3675	110,4	14,9	7,3	15,0	393
ms	**Tavrichanka**	Vladivostok	»Neptun«, Rostock	67	3234	1501	4300	105,9	14,6	6,6	13,5	391
mf	**Tavrida**	Sevastopol	Volkswerft, Stralsund	69	2653	1132	1149	82,2	16,3	5,0	13,6	
ms	**Tavrija**	Odessa	Nosenko-Werft, Nikolaev	60	2963	1205	2545	99,4	14,0	5,7	13,5	370
def	**Taybola**		Stocznia Polnozna, Gdansk	76	1976	596	823	72,8	13,0	4,9	13,0	616
ms	**Tayfun**	Sevastopol	Rheinstahl Nordseewerke, Emden	64	4727	2667	5200	136,0	16,8	6,6	21,0	405
ms	**Tayga**	Vladivostok	Stocznia Gdanska, Gdansk	64	4531	2380	6469	123,9	16,7	7,2	16,0	404
ms	**Taygonos**		Stocznia Gdanska, Gdansk	65	4531	2383	6578	123,9	16,7	7,2	16,0	404
ms	**Taymyr**	Arkhangelsk	A. Shdanov, Leningrad	65	4507	2078	6459	122,0	16,7	6,8	14,5	400
mf	**Tayshet**	Nakhodka	UdSSR	65	3170	1225	1260	84,7	14,0	5,5	13,0	622
ms	**Tayshet**	Vladivostok	Stocznia Gdanska, Gdansk	66	4531	2383	6640	123,9	16,7	7,4	16,0	404
mt	**Tbilisi**	Tuapse	Kherson-Werft, Kherson	59	7653	3931	11430	145,5	19,2	8,5	12,3	497
mf	**Tbilisi**	Poti	Volkswerft, Stralsund	65	1920	603	850	79,8	13,2	5,2	12,3	617
mf	**Teknolog**	Petropavlovsk-K.		68	2690	926	1496	84,7	14,0	5,7	13,0	
ms	**Telmansk**	Astrakhan	»Georghiu Dej«, Budapest	57	1090	448	1010	70,2	10,0	3,8	10,5	348a

Art	Name	Heimathafen	Bauwerft	Baujahr	BRT	NRT	tdw	L	B	Tfg	kn	Skizze-Nr.
ms	**Temir**	Astrakhan	»Georghiu Dej«, Budapest	57	1090	448	1010	70,2	10,0	3,8	9,5	348a
mt	**Temruk**	Nakhodka	Kertsh	66	1772	556	1660	83,6	12,0	4,6	13,0	488
gts	**Teodor Nette**	Arkhangelsk	Baltic Shipb. + Eng. Works, Leningrad	63	4624	2212	7000	121,8	16,3	7,0	14,0	403
mf	**Teodor Nette**	Riga	UdSSR	63	3170	1225	1300	84,7	14,0	5,5	12,0	622
mf	**Terek**	Krasnovodsk		70	1361	473	526	72,1	10,8	3,6	12,3	
def	**Teriberka**		Stocznia Polnocna, Gdansk	74	1976	596	806	72,8	13,0	4,9	13,0	616
ms	**Teriberka**	Tallinn	Angyalfold, Budapest	73	1351	611	1725	77,9	11,5	5,0	12,5	350
ms	**Termez**	Petropavlovsk-K.	»Georghiu Dej«, Budapest	60	1295	582	1262	78,8	11,4	4,1	10,3	
ms	**Terney**	Kholmsk		65	3179	1430	4140	104,6	14,4	6,4	13,8	377
mf	**Terney**	Nakhodka		68	2690	926	1496	84,7	14,0	5,7	13,0	
ms	**Ternopol**	Arkhangelsk	»Georghiu Dej«, Budapest	56	1211	448	1039	70,0	10,0	3,8	9,5	348a
ms	**Tibor Samueli**	Odessa	Välmet Oy., Helsinki	78			36600	266,5	35,0	11,0	19,0	480
mf	**Tigil**	Korsakov		70	2581	888	1268	83,9	14,0	5,7	12,5	
ms	**Tikhookeanskaya**	Nakhodka	Nippon Kokan, Asano	71	1583	490	Bagger	74,0	14,0	3,1		658
mf	**Tikhoretsk**	Novorossijsk	Volkswerft, Stralsund	70	2654	1115	1140	82,0	13,6	5,2	13,0	619
ms	**Tikhoretsk**	Tallinn	»Georghiu Dej«, Budapest	56	1063	432	1100	70,1	10,0	3,8	9,5	348a
mf	**Tikhvin**	Nakhodka	UdSSR	65	3170	1225	1260	84,7	14,0	5,5	12,0	622
mf	**Timofej Gornov**	Kaliningrad	Volkswerft, Stralsund	72	2154	762	1134	82,0	13,6	5,2	13,5	619
mf	**Timofej Khryukin**		Stocznia Gdanska, Gdansk	69	2948	1330	1400	83,0	13,8	5,4	12,5	621
mf	**Tiraspol**	Petropavlovsk-K.	Baltische Schiffswerft, Klaipeda	72	2833	1059	1150	83,3	14,0	5,7	12,0	
mf	**Tiraspol**	Ismail	Angyalfold, Budapest	66	1161	553	1304	74,5	11,3	4,0	11,5	349
des	**Titaniya***	Vladivostok	Baltic Shipb. & Eng. Works, Leningrad	56	5217	2524	5840	130,9	16,8	7,4	17,5	410
mf	**Tkvarcheli**	Kertsh	»De Schelde«, Vlissingen	68	4020	1495	2600	105,5	16,5	5,5	14,0	628
ms	**Tobol**	Kholmsk	Nystads Varv, Nystad	69	2723	1302	3950	102,3	14,0	6,0	13,8	368
ms	**Tobolles**	Vladivostok	Stocznia Gdanska, Gdansk	64	4531	2380	6205	123,9	16,7	7,0	14,5	404
ms	**Tobolsk**	Vladivostok	Cant. del Medit., Pietra Ligure	52	3498	2409	1840	101,8	14,3	5,5	15,5	530
ms	**Toivo Antikajnen**	Odessa	Stocznia Gdanska, Gdansk	70	10028	5436	12640	154,7	20,6	9,0	16,5	446
mf	**Tolbachik**	Leningrad		70	2581	888	1268	83,9	14,0	5,7	12,3	
ms	**Tolya Komar**	Murmansk	»Neptun«, Rostock	71	3373	1605	4687	105,7	15,7	6,8	13,8	384
ms	**Tolya Shumov**	Vladivostok	»Neptun«, Rostock	70	3619	1763	4608	105,7	15,7	6,8	13,8	384
ss	**Tom**	Shdanov	Stocznia Szczecinska, Szczecin	54	2483	1330	3200	94,7	13,5	5,6	12,5	362
ms	**Tomsk**	Nakhodka	Stocznia Gdanska, Gdansk	69	13571	6895	10000	164,0	21,3	8,1	15,3	637
ms	**Tonya Bondarchuk**	Murmansk	»Neptun«, Rostock	72	3389	1615	4687	105,6	15,7	6,8	13,8	384
mf	**Topaz**	Kaliningrad	UdSSR	63	3170	1225	1260	84,7	14,0	5,5	12,0	622
mf	**Toros**	Murmansk	Stocznia Gdynia, Gdynia	68	2934	1316	1320	83,0	13,8	5,4	12,5	621
mf	**Torzhok**			74	2327	842	1163					
SS	**Tovarishch**	Kherson	Blohm & Voss, Hamburg	33	1392	230	292	73,8	12,0	5,2		
mf	**Trakau**	Klaipeda	Chernomorskij-Werft, Nikolaev	73	2581	888	1290	83,9	14,0	5,7	12,5	
mf	**Tralflot**	Murmansk	Stocznia Gdanska, Gdansk	63	2895	1271	1250	83,0	13,8	5,4	12,5	621
ts	**Transbalt**	Odessa	Kherson-Werft, Kherson	62	11206	6097	16240	169,9	21,8	9,7	19,0	467
mf	**Tretjakovo**	Nakhodka	UdSSR	65	3170	1225	1260	84,7	14,0	5,5	12,0	622
ms	**Tridtsatiletiye Pobedy**			75	5893	2803						
ms	**Troitsk**	Tallinn	»Georghiu Dej«, Budapest	58	1062	430	1106	70,1	10,0	3,8	9,5	348a
tt	**Trud***	Novorossijsk	Brodogradiliste »3. Maj«, Rijeka	60	17861	10467	26869	192,1	25,0	9,8	17,0	507
des	**Trudfront**			63	844	239	336	63,6	9,5	4,4	17,3	611
ms	**Trudolyubivij***	Kaliningrad	Burmeister & Wain, Köbenhavn	55	1571	674	900	72,7	11,6	4,3	10,8	645
ms	**Trudovaja Slava**	Riga	Kieler Howaldtswerke, Kiel	65	16389	11030	10000	166,5	24,0	7,3	14,0	638
mf	**Trudovye Reservey**	Petropavlovsk-K.	UdSSR	66	3170	1225	1260	84,7	14,0	5,5	12,0	622
mf	**Truskavets**		Chernomorskij-Werft, Nikolaev	71	2581	888	1268	83,9	14,0	5,7	12,5	
ms	**Truskavets**	Shdanov	»Georghiu Dej«, Budapest	56	1211	448	1100	70,1	10,0	3,8	9,5	348a
sso	**Tschukotsch***		Stocznia Gdanska, Gdansk		3860	1890	5000	108,3	14,6	6,6	11,5	597
ms	**Tsefey**	Kaliningrad	Volkswerft, Stralsund	62	2435	1070	890	79,8	13,2	4,9	12,5	617
des	**Tselinograd***	Vladivostok	Baltic Shipb. & Eng. Works, Leningrad	56	5217	2524	5840	130,9	16,9	7,5	17,8	410
ms	**Tselinograd**	Baku	»Georghiu Dej«, Budapest	53	1200	449	1009	70,2	10,0	3,8	10,3	348
mf	**Tsemesskaya Bukhta**	Novorossijsk	Volkswerft, Stralsund	75	3933	1806	2063	102,0	15,2	5,2	15,0	624
mf	**Tsentavr**	Kaliningrad	Volkswerft, Stralsund	62	2435	1070	887	79,8	13,2	4,9	12,5	617
mt	**Tsesis**	Ventspils	Stocznia Gdynia, Gdynia	68	13204	7557	19335	176,9	21,8	9,5	16,3	503
mt	**Tsezar Kunikov**	Novorossijsk	Baltic Shipb. & Eng. Works, Leningrad	68	10964	5623	16540	162,3	21,4	8,9	16,0	501
ms	**Tsiglomen**	Klaipeda	Hollming, Rauma	68	2723	1302	3930	102,3	14,0	6,2	13,5	368
ms	**Tsiklon***	Sevastopol	Blohm & Voss, Hamburg	63	4698	2633	4147	135,2	16,8	7,2	21,0	405
des	**Tsimlyanskges**	Murmansk	Nosenko-Werft, Nikolaev	57	5102	2634	7250	130,5	16,8	7,6	16,0	410
mf	**Tskhaltubo**	Batumi	Volkswerft, Stralsund	72	2154	762	1134	82,0	13,6	5,2	13,5	619
mt	**Tukums**	Riga	Gävle Varv, Gefle	62	2887	1406	4283	105,1	14,8	6,1	14,0	489
ms	**Tula**	Leningrad	Warnowwerft, Warnemünde	69	9323	5378	12530	151,5	20,3	8,8	16,3	437
ms	**Tuloma**	Arkhangelsk	Stocznia Gdanska, Gdansk	66	4684	2346	5889	123,9	16,7	6,8	16,0	404
ms	**Tuloma**	Vladivostok	LMG, Lübeck	56	3783	1803	3240	111,4	14,5	6,3	13,5	392
mf	**Tuman-2**	Murmansk		72	2833	1059	1150	83,3	14,0	5,7	12,0	
ms	**Tunguska**	Vladivostok	»Neptun«, Rostock	66	3224	1560	4300	105,9	14,6	6,6	13,5	391
mf	**Tur**	Murmansk	Stocznia Gdynia, Gdynia	67	2976	1345	1250	83,0	13,8	5,4	12,5	621
ms	**Tura**	Vladivostok	»Georghiu Dej«, Budapest	51	1194	446	1067	70,0	10,0	3,8	9,5	348
mf	**Turaida**		Volkswerft, Stralsund	74	3932	1806	2063	102,0	15,2	5,2	15,0	624

Art	Name	Heimathafen	Bauwerft	Baujahr	BRT	NRT	tdw	L	B	Tfg	kn	Skizze-Nr.
ms	**Turaida**		Nippon Kokan, Asano	72	1701	501	Bagger	71,7	14,0	3,1		658
ms	**Turgay**		Turnu Severin-Werft, Turnu Severin	75	2079	918	3180	88,8	12,8	5,2	12,0	359
mf	**Turgenjev**	Kaliningrad	UdSSR	59	3170	1225	1260	84,7	14,0	5,5	12,0	622
ms	**Turinsk**	Riga	»Georghiu Dej«, Budapest	58	1211	448	1100	70,1	10,0	3,8	9,5	348a
ms	**Turkmenija**	Vladivostok	Mathias-Thesen-Werft, Wismar	61	5230	2142	1357	122,2	16,4	5,2	18,0	533
mt	**Turkmenneft**	Baku	»Georgi Dimitrov«, Varna	64	3821	2002	4000	123,5	16,0	4,4	10,0	495
ms	**Turku**			61	5230	2142						
ms	**Turku**	Leningrad	Valmet, Pansio	67	2723	1302	3380	102,2	14,0	5,7	13,5	368
mf	**Turkul**	Korsakov		71	2581	888	1268	83,9	14,0	5,7	12,5	
mf	**Turmalin**	Kaliningrad	UdSSR	64	3170	1225	1424	84,7	14,0	5,5	12,0	622
ms	**Turukhansk**	Vladivostok	»Neptun«, Rostock	59	3174	1700	4300	104,2	14,4	6,6	12,5	376
ms	**Tushino**	Shdanov	Santierul Naval, Galatz	70	3019	1412	4230	104,5	14,4	6,4	13,5	
mf	**Tymlat**		Baltische Schiffswerft, Klaipeda	71	2833	1059	1150	83,3	14,0	5,7	12,0	
ms	**Tymlat**	Vladivostok	»Georghiu Dej«, Budapest	60	1179	547	1324	74,5	11,4	4,0	10,0	349
ms	**Tymovsk**	Kholmsk	Santierul Naval, Galatz	70	3019	1412	4230	104,5	14,4	6,4	13,5	
mf	**Tymovsk**	Korsakov		68	2690	926	1496	84,7	14,0	5,7	13,0	
ms	**Tyumen**	Arkhangelsk	Stocznia Gdanska, Gdansk	65	4531	2380	5820	123,9	16,7	7,0	14,5	404
mt	**Tyumenneft**	Nakhodka	Rauma-Repola, Rauma	67	3359	1550	4445	105,4	14,8	6,1	14,0	492
mt	**Udzhary**	Baku	»G. Dimitrov«, Varna	61	3821	2002	4717	123,5	16,0	4,4	10,5	495
ms	**Uglegorsk**	Vladivostok	Burmeister & Wain, København	57	1571	674	900	72,7	11,5	4,3	10,8	645
ms	**Ugleuralsk**	Shdanov	Warnowwerft, Warnemünde	58	5238	2536	7184	133,7	17,0	7,4	13,8	413
ss	**Uglich**	Kholmsk	Crichton-Vulcan, Abo	52	2233	1143	3345	90,5	13,1	5,9	9,8	361
mf	**Ugolnij**	Nakhodka	Volkswerft, Stralsund	70	2177	740	1134	82,0	13,6	5,2	13,0	619
mt	**Ukhta**	Nakhodka	Kertsh	64	1769	559	1660	83,6	12,0	4,6	13,3	488
mt	**Ukhta**	Baku	Norrköpings Varv, Norrköping	53	1145	503	1275	68,5	10,4	4,3	11,5	484
ms	**Ukraina**	Odessa	Burmeister & Wain, København	38	6406	3034	1640	132,0	17,6	5,7	18,0	536
ss	**Ukraina**	Korsakov	Stocznia Szczecinska, Szczecin	57	2603	1340	3200	94,7	13,5	5,6	11,5	362
tt	**Ulan Bator**	Novorossijsk	Baltic Shipb. + Eng. Works, Leningrad	62	20296	11534	30460	202,8	25,8	10,7	18,0	510
des	**Ulan-Ude**	Sevastopol	»61 Kommunar«, Nikolaev	69	5418	2301	5170	130,0	16,8	7,2	16,5	
ms	**Ulan-Ude**	Kholmsk	Stocznia Gdanska, Gdansk	68	4531	2383	6205	123,9	16,7	7,0	16,0	404
mt	**Uliana Gromova**	Baku		56	3737	2130	4696	123,5	16,0	4,3	10,5	495
ss	**Ulianovsk**	Vladivostok	Stocznia Gdanska, Gdansk	55	3546	1880	5000	108,3	14,6	6,6	12,5	390
mf	**Ulianovsk**	Murmansk	Kieler Howaldtswerke, Kiel	57	3000	1238	1650	85,5	13,4	5,2	12,5	618
ms	**Umanj**	Vladivostok	LMG., Lübeck	56	3770	1799	3240	111,4	14,5	6,3	13,5	392
gts	**Umbales**	Arkhangelsk	Baltic Shipb. + Eng. Works, Leningrad	62	4624	2212	7000	121,8	16,1	7,0	14,0	403
ms	**Unan Avetisyan**		»Okean«-Werft, Oktjabrskoje	76	30072	18866	50000	214,2	31,8	11,7	15,0	481
ms	**Unzha**	Arkhangelsk	Navashinskij-Werft, Navashino	68	3031	1377	3767	104,5	14,4	6,0	13,5	377
ms	**Uragan***	Sevastopol	Howaldtswerke, Hamburg	63	4703	2662	4100	135,2	16,8	6,6	17,0	405
ms	**Uragan**	Tallinn	Valmet, Abo	61	1151		tug	61,2	11,8	4,7	15,0	574
ms	**Ural**	Korsakov	Stocznia Szczecinska, Szczecin	57	2603	1340	3170	94,7	13,5	4,8	11,5	362
mf	**Ural**	Astrakhan		70	1361	473	526	72,1	10,8	3,6	12,3	
ms	**Uraljskie Gorij**	Kaliningrad	Uddevallavarvet, Uddevalla	64	10873	5906	8650	157,0	21,2	7,4	17,5	467
ms	**Uralles**	Vladivostok	Stocznia Gdanska, Gdansk	64	4531	2380	6205	123,9	16,7	7,0	14,5	404
mt	**Urengoj**		Rauma-Repola, Rauma	76	12196	6639	17200	160,0	23,1	8,5	16,3	502
ms	**Urengor**		IHC Holland				Bagger	72,4	14,0	2,4		659
ms	**Urgench**	Shdanov	Warnowwerft, Warnemünde	59	5238	2536	7184	133,7	17,0	7,4	13,8	413
ms	**Urizk**	Shdanov	Warnowwerft, Warnemünde	58	5238	2536	7172	133,7	17,0	7,4	13,8	413
ms	**Urjupinsk**	Shdanov	Warnowwerft, Warnemünde	59	5238	2536	7172	133,7	17,0	7,4	13,8	413
ms	**Urshum**	Shdanov	Warnowwerft, Warnemünde	59	5238	2536	7172	133,7	17,0	7,4	13,8	413
mt	**Urshum**	Murmansk	Valmet, Abo	53	1117	524	1290	69,1	10,0	4,5	10,5	485
ms	**Usbekistan**	Shdanov	A. Shdanov, Leningrad	62	3219	1322	682	101,5	14,6	5,7	14,5	529
mf	**Usbekistan**	Petropavlovsk-K.	UdSSR	64	3170	1225	1260	84,7	14,0	5,5	12,0	622
mt	**Ushgorod**	Novorossijsk		58	7653	3931	12270	145,5	19,2	8,5	13,3	498
mt	**Usinsk**		Rauma-Repola, Rauma	76	12196	6639	17200	160,0	23,1	8,5	16,3	502
ms	**Usolje**	Shdanov	Warnowwerft, Warnemünde	59	5238	2536	7172	133,7	17,0	7,4	13,8	413
ms	**Ussuri**	Vladivostok	»Neptun«, Rostock	66	3234	1501	4300	105,9	14,6	6,6	13,5	391
ms	**Ussurijsk**	Vladivostok	Burmeister & Wain, Käbenhavn	60	9500	5536	13050	157,5	19,5	9,2	17,5	448
ms	**Ussuriysky Zaliv**	Sevastopol	Dubigeon-Normandie, Nantes	71	12891	6872	11816	164,6	22,2	8,0	17,5	47[illegible]
ms	**Ust-Bolsherets**	Petropavlovsk-K.	Angyalfold, Budapest	62	1308	601	1283	74,5	11,3	4,0	10[illegible]	
ms	**Ust-Tigil**	Petropavlovsk-K.	Angyalfold, Budapest	63	1248	551	1283	74,5	11,3	4,0	[illegible]	
ms	**Ustilug**	Shdanov	Warnowwerft, Warnemünde	60	5238	2536	7172	133,7	17,0	7,4		
ms	**Ustjushna**	Murmansk	Warnowwerft, Warnemünde	59	5238	2536	7172	133,7	17,0	7,4		
ms	**Vaga**	Petropavlovsk-K.	Nystads Varv, Nystad	66	2920	1337	3400	102,3	14,0	5,9		
def	**Valday**			74	3273	1085	2624	107,5	14,4	6,2		
ms	**Valdayles**	Arkhangelsk	Stocznia Gdanska, Gdansk	64	4531	2380	6205	123,9	16,7	7,0		
ms	**Valentin Khutorskoy**	Odessa	Kherson-Werft, Kherson	71	9173	4859	13738	152,8	20,6	9,2		
mf	**Valentin Kotelnikov**	Nevelsk	UdSSR	66	3170	1225	1260	84,7	14,0	5,5	[illegible]	
des	**Valentin Serov**		»61 Kommunar«, Nikolaev	66	5942	2844	5170	130,0	16,8	7,2	1[illegible]	
mf	**Valentin Shevchuk**	Kaliningrad	Volkswerft, Stralsund	74	3932	1806	2063	102,0	15,2	5,2	15,[illegible]	
ts	**Valentina Tereshkova**	Odessa	Kherson-Werft, Kherson	63	11206	6076	16840	169,9	21,8	9,7	19,0	

Art	Name	Heimathafen	Bauwerft	Baujahr	BRT	NRT	tdw	L	B	Tfg	kn	Skizze-Nr.
ms	**Valerian Albanov**	Arkhangelsk	Laivateollisuus, Abo	72	1134	287	630	68,2	11,8	4,1	13,5	584
ms	**Valerian Kuybyshev**	Leningrad	Warnowwerft, Warnemünde	71	9323	5378	13150	151,5	20,4	9,0	17,7	455
mf	**Valeriy Bykovskiy**	Riga	Kherson	63	3162	1307	1288	84,7	14,0	5,5	12,0	622
s	**Valeriy Meshlauk**	Odessa	Kherson-Werft, Kherson	73	9173	4995	13738	152,8	20,7	9,4	17,0	443
	Valeriy Volkov	Vladivostok	»Neptun«, Rostock	70	3601	1760	4646	105,7	15,6	6,8	14,0	384
	lka	Liepaja	Chernomorskij-Werft, Nikolaev	72	2581	888	1290	83,9	14,0	5,7	12,5	
	miera	Ventspils	Stocznia Gdynia, Gdynia	67	12588	6642	19[illegible]00	176,9	21,8	8,9	16,0	503
	lya Kotik	Murmansk	»Neptun«, Rostock	68	3685	1710	4638	105,7	15,6	6,8	13,5	384
	lya Kurakina		Turnu Severin-Werft, Turnu Severin	75	2079	918	2180	88,8	12,8	5,2	12,0	359
	Van Dijck	Murmansk	»De Schelde«, Vlissingen	65	5025	2162	2600	105,5	16,5	5,5	14,0	628
mf	**Van Gogh**	Kertsh	»De Schelde«, Vlissingen	65	5025	2162	2600	105,5	16,5	5,5	14,0	628
ms	**Vanino**	Vladivostok	»Neptun«, Rostock	60	3359	1738	4300	104,2	14,4	6,6	14,0	376
des	**Vankarem**	Vladivostok	»Leninskogo Komsomola«, Koms.	66	7684	3384	8680	133,2	18,9	9,1	15,0	434
ms	**Vanya Kovalev**			76	2079	918	2180	88,8	12,8	5,0	12,0	359
tt	**Varna**	Novorossijsk	Baltic Shipb. & Eng. Works, Leningrad	64	31817	15518	50757	230,5	31,0	11,5	17,0	519
ms	**Varnow**		Warnowwerft, Warnemünde	65	9437		12295	150,7	20,0	8,9	16,5	436
tt	**Varshava**	Novorossijsk	Baltic Shipb. & Eng. Works, Leningrad	60	20296	11534	30700	202,8	25,9	10,7	17,5	510
def	**Varshuga**		Stocznia Polnocna, Gdansk	75	1976	597	823	72,8	13,0	4,9	13,0	616
ms	**Vasiliy Blyukher**	Vladivostok	Admiralteiskij-Werft, Leningrad	63	12675	6275	8200	162,2	20,0	7,0	12,5	634
ms	**Vasiliy Byelokonyenko**	Shdanov	Vyborg-Werft, Vyborg	74	6459	3082	7700	136,8	17,8	7,5	16,5	
ms	**Vasiliy Chernysshyov**		Admiralteiskij-Werft, Leningrad	73	18455	5797	13250	197,3	26,4	7,8	14,5	641
ms	**Vasiliy Dokuchayev**	Vladivostok	J. Boel + Fils, Tamise	56	1849	853	3200	101,2	14,3	5,7	13,3	356
des	**Vasiliy Fedoseyev**	Vladivostok	»Leninskogo Komsomola«, Koms.	69	7684	3384	9140	133,0	18,9	8,9	15,0	434
ms	**Vasiliy Fesenkov**	Riga	Stocznia Gdanska, Gdansk	74	6400	3250	5880	139,6	18,5	7,7	21,8	423
mf	**Vasiliy Golovkin**	Kaliningrad	Volkswerft, Stralsund	68	2177	746	1149	82,2	13,6	5,0	13,0	619
ms	**Vasiliy Golovin**		Stocznia Szczecinska, Szczecin				3000	87,1	13,8	4,8	14,0	592
ss	**Vasiliy Golovnin**	Shdanov	Stocznia Gdanska, Gdansk	56	3546	1927	5000	108,3	14,6	6,6	12,5	390
ms	**Vasiliy Kachalov**	Murmansk	J. Boel + Fils, Tamise	57	3106	1464	5700	120,4	16,7	6,7	12,0	373
mt	**Vasiliy Kikvidze**			76	10847	5708						
ms	**Vasiliy Klochkov**		Kherson-Werft, Kherson	73	11750	5949	13500	162,3	22,2	9,2	18,0	469
mf	**Vasiliy Kozenkov**	Kaliningrad	Stocznia Gdanska, Gdansk	69	2948	1330	1400	83,0	13,8	5,4	12,5	621
ms	**Vasiliy Musinskiy**	Arkhangelsk	Stocznia Gdanska, Gdansk	75	10179	5780	14200	151,8	21,1	8,7	15,8	454
des	**Vasiliy Perov**	Vladivostok	»61 Kommunar«, Nikolaev	65	5942	2844	5000	130,0	16,8	7,2	16,5	
des	**Vasiliy Polenov**	Sevastopol	»61 Kommunar«, Nikolaev	66	5418	2301	5170	130,0	16,8	7,2	16,5	
ms	**Vasiliy Polenov**		Nystads Varv, Nystad	74	3184	1653	4471	97,3	16,2	6,5	14,0	378
mt	**Vasiliy Porik**	Novorossijsk	Brodogradiliste »Split«, Split	65	15090	8154	21000	186,3	23,5	9,2	17,1	505
des	**Vasiliy Poyarkov***		Admiralteiskij-Werft, Leningrad	63	2305		1092	67,6	18,1	5,5	14,0	552
des	**Vasiliy Pronchishchev***		Admiralteiskij-Werft, Leningrad	62	2305		1092	67,6	18,1	5,5	14,0	552
ms	**Vasiliy Putintsev**	Vladivostok	Admiralteiskij-Werft, Leningrad	65	13881	7672	7796	162,2	20,0	7,0	12,5	634
ms	**Vasiliy Shelgunov**	Tallinn	Stocznia Szczecinska, Szczecin	73	6555	3323	7400	135,4	18,0	7,5	15,5	427
ms	**Vasiliy Struve**	Riga	Stocznia Gdanska, Gdansk	75	6400	3250	5880	139,6	18,5	7,7	21,8	423
des	**Vasiliy Surikov**	Murmansk	»61 Kommunar«, Nikolaev	66	5942	2844	5170	130,0	16,8	7,2	16,5	
des	**Vasiliy Vereshchagin**	Vladivostok	»61 Kommunar«, Nikolaev	64	6133	2947	5284	130,0	16,8	7,2	16,5	
mf	**Vasiliy Vinevitin**	Nevelsk	UdSSR	66	3170	1225	1260	84,7	14,0	5,5	12,0	622
ms	**Vasja Shiskovskiy**	Murmansk	»Neptun«, Rostock	69	3689	1615	4600	105,7	15,6	6,8	14,3	384
ms	**Vasya Alekseev**	Leningrad	A. Shdanov, Leningrad	67	4677	2068	6459	122,0	16,7	6,8	14,5	400
ms	**Vasya Korovka**	Murmansk	»Neptun«, Rostock	70	3373	1605	4638	106,0	15,6	6,8	14,2	384
ms	**Vasya Stabrovskiy**		Turnu Severin-Werft, Turnu Severin	74	2079	918	2180	88,8	12,8	5,0	13,0	
ms	**Vatutino**	Leningrad	Warnowwerft, Warnemünde	65	9486	5491	12295	150,7	20,0	8,9	16,5	436
ms	**Vazlav Borovskij**	Murmansk	Mathias-Thesen-Werft, Wismar	59	4871	1999	1370	122,2	16,4	5,2	18,0	532
ms	**Vaygach**	Arkhangelsk	Vyborg-Werft, Vyborg	65	4507	2078	6459	122,0	16,7	6,8	14,5	402
mf	**Vaygach**	Murmansk	Stocznia Gdanska, Gdansk	69	2944	1299	1338	83,1	13,9	5,5	11,8	
des	**Vazhnij**	Vladivostok		61	844	239	336	63,6	9,5	4,4	17,3	611
des	**Vdokhnovennij**	Vladivostok		61	844	239	336	63,6	9,5	4,4	17,3	611
des	**Vdumchivi**	Odessa		58	718	190	336	63,6	9,5	4,4	17,3	611
des	**Vedushchij**	Vladivostok		61	844	239	336	63,6	9,5	4,4	17,3	611
mf	**Vega**	Kaliningrad	Volkswerft, Stralsund	64	2435	1070	850	79,8	13,2	5,0	12,0	617
des	**Velichavij**	Vladivostok		58	844	239	365	63,6	9,5	4,4	17,3	611
mt	**Velikiy Oktyabr**	Novorossijsk	Baltic Shipb. & Eng. Works, Leningrad	67	10998	5644	16540	162,3	21,4	8,9	16,5	501
ms	**Velikiy Pochin**	Taganrog	»Krasnoje Sormovo«, Gorki	69	2291	1419	2925	114,2	13,2	3,4	10,8	363
ms	**Velikiy Ustyug**	Arkhangelsk	Hollming, Rauma	69	2723	1302	3930	102,3	14,0	6,0	13,8	368
ms	**Velikiye Luki**	Leningrad	Warnowwerft, Warnemünde	64	8481	4469	12295	150,7	20,0	8,9	16,5	436
des	**Velikodushnij**	Vladivostok		62	844	239	365	63,6	9,5	4,4	17,3	611
ms	**Velizh**	Leningrad	Warnowwerft, Warnemünde	65	8461	4469	12295	150,7	20,0	8,9	16,5	436
ss	**Velsk**	Klaipeda	Stocznia Gdanska, Gdansk	60	3812	1888	5000	108,3	14,6	6,6	12,5	390
mf	**Venera-IV**	Odessa	Volkswerft, Stralsund	68	2650	1123	1149	82,2	13,6	5,0	13,0	
mt	**Ventspils**	Riga	Rauma-Repola, Rauma	59	3300	1573	4000	105,1	14,8	6,1	13,5	491
ms	**Vera Lebedeva**		Stocznia Szczecinska, Szczecin	75	6555	3323	7400	133,3	18,0	7,5	15,6	427
ms	**Vera Mukhina**	Arkhangelsk	Hollming, Rauma	73	3184	1653	4471	97,6	16,2	6,5	14,0	378
ms	**Vereia**	Leningrad	Warnowwerft, Warnemünde	65	8461	4469	12295	150,7	20,0	8,9	16,5	43
ms	**Verkhoyanskles**	Arkhangelsk	Navashinskij-Werft, Navashino	65	3031	1377	3797	104,5	14,4	6,1	13,3	377

Art	Name	Heimathafen	Bauwerft	Baujahr	BRT	NRT	tdw	L	B	Tfg	kn	Skizze-Nr.
def	**Verkhoyany**			73	3273	1085	2624	107,5	14,4	6,2	13,0	
des	**Vernij**	Vladivostok		58	844	240	339	63,6	9,5	4,4	17,3	611
ms	**Veter**	Sevastopol	Rheinstahl Nordseewerke, Emden	64	4716	2660	5218	135,2	16,8	7,1	21,0	405
des	**Veteran**	Vladivostok	Nikolaev	67	3556	1559	2538	99,4	14,0	5,5	13,5	370
ms	**Vetlugales**	Arkhangelsk	Stocznia Gdanska, Gdansk	64	4677	2344	6205	123,9	16,7	7,0	14,5	404
des	**Vidnij**	Vladivostok		61	844	239	336	63,6	9,5	4,4	17,3	611
ms	**Viirelaid***		H. Sürken, Papenburg	72	964	567	1599	80,2	12,8	4,2	12,5	342
ms	**Viktor Bugayev***	Odessa	Stocznia Szczecinska, Szczecin	71	3311	837	1450	100,1	14,8	5,1	14,0	
mf	**Viktor Khudyakov**	Riga	Chernomorskij-Werft, Nikolaev	72	2581	888	1268	83,9	14,0	5,7	12,5	
ms	**Viktor Kigisepp**	Murmansk	Stocznia Gdanska, Gdansk	66	14340	7344	10000	165,5	21,3	8,1	14,0	636
ms	**Viktor Kurnatovskij**	Shdanov	Stocznia Szczecinska, Szczecin	74	6551	3311	7500	133,3	18,0	7,5	15,6	427
des	**Viktor Lyagin**	Murmansk	»61 Kommunar«, Nikolaev	65	5942	2844	5170	130,0	16,8	7,2	16,8	
des	**Viktor Vasnetsov**	Tallinn	»61 Kommunar«, Nikolaev	64	6133	2947	5000	130,0	16,8	7,2	16,5	
des	**Viktoras Yatsenyavichus**	Klaipeda		68	3014	1121	2809	99,4	14,0	5,7	13,5	370
mt	**Viktorio Codovilla**		»3. Maj«, Rijeka	76	27694	12453	40030	195,0	28,0	12,2	17,0	516
ms	**Vilis Lacis***	Riga	Kieler Howaldtswerke, Kiel	66	16532	11032	11086	166,5	24,0	7,3	14,0	638
ms	**Vilkovo**	Ismail	»Georghiu Dej«, Budapest	60	1309	603	1324	74,5	11,4	4,0	10,3	349
ms	**Vilsandi**	Tallinn	»Georghiu Dej«, Budapest	57	1063	432	1100	70,1	10,0	3,8	9,5	348a
ms	**Vilyandi**	Tallinn	Angyalfold, Budapest	63	1153	521	1320	74,5	11,3	4,0	10,3	349
ms	**Vilyany**	Tallinn	»Neptun«, Rostock	64	3236	1539	4234	105,8	14,6	6,6	14,5	391
ms	**Vilyuyles**	Vladivostok	Stocznia Gdanska, Gdansk	64	4531	2380	6205	123,9	16,7	7,0	14,5	404
mt	**Vilyuysk**	Nakhodka	Rauma-Repola, Rauma	58	3300	1573	4330	105,1	14,8	6,1	13,5	491
mt	**Vinnitsa**	Novorossijsk	Nosenko-Werft, Nikolaev	57	7653	3931	11430	145,5	19,2	8,5	13,3	498
ms	**Vintsas Mitskyavichus***	Klaipeda	Stocznia Gdanska, Gdansk	69	13571	6895	10045	163,8	21,3	8,1	15,3	637
ms	**Virtsu**	Tallinn	Angyalfold, Budapest	67	1153	521	1285	74,5	11,4	4,0	10,8	349
ms	**Vishnevets**		»Krasnoje Sormovo«, Gorki	71	2484	1321	3125	114,2	13,2	3,5	10,8	363
ms	**Vishnevogorsk**	Ismail	»Krasnoje Sormovo«, Gorki	69	2483	1320	2925	114,2	13,2	3,4	10,8	363
ms	**Vissarion Belinsky**	Odessa	Brodogradiliste Uljanik, Pula	66	10109	5132	14200	159,0	21,0	9,7	18,4	457
des	**Vitalij Bonivur**	Vladivostok		61	3180	1192	2495	99,2	14,0	5,6	13,5	370
ms	**Vitalij Kruchina**	Petropavlovsk-K.	Vyborg-Werft, Vyborg	74	6459	3082	7700	136,8	17,8	7,5	16,5	
mf	**Vitautas Montvila**	Klaipeda	UdSSR	61	3170	1225	1460	84,7	14,0	5,5	12,0	622
mf	**Vitautas Putna**	Klaipeda	UdSSR	65	3162	1307	1400	84,7	14,0	5,7	12,3	622
mf	**Vitebsk**	Murmansk	Kieler Howaldtswerke, Kiel	56	3000	1238	1650	85,5	13,4	5,2	12,5	618
ms	**Vitim**	Vladivostok	Warnowwerft, Warnemünde	66	9455	5476	12400	150,7	20,0	8,9	16,5	436
ms	**Vitim**	Sevastopol	Angyalfold, Budapest	72	1351	611	1725	77,9	11,5	5,0	12,5	350
mf	**Vitus Bering**	Murmansk	Burmeister & Wain, Köbenhavn	63	4699	2298	2600	102,7	16,0	5,5	14,0	626
ss	**Vitus Bering**	Vladivostok	Stocznia Gdanska, Gdansk	56	3816	1888	5000	108,3	14,6	6,6	12,5	390
ms	**Vitya Chalenko**	Vladivostok	»Neptun«, Rostock	71	3608	1775	4687	105,7	15,7	6,8	13,8	384
ms	**Vitya Khomenko**	Vladivostok	»Neptun«, Rostock	69	3601	1760	4600	105,7	15,6	6,8	14,3	384
ms	**Vitya Sitnitsa**	Vladivostok	»Neptun«, Rostock	71	3608	1775	4687	105,7	15,7	6,8	13,8	384
ms	**Vityaz***	Vladivostok	Deschimag, Wesermünde	39	3248	1392	1695	109,6	14,4	5,8	12,5	593
des	**Vkradchivij**	Vladivostok		61	844	239	336	63,6	9,5	4,4	17,5	611
mf	**Vladas Rekashyus**	Klaipeda	UdSSR	67	3162	1307	1450	84,7	14,0	5,7	12,3	622
mt	**Vladimir**	Novorossijsk		57	7653	3931	11430	145,5	19,2	8,5	13,3	498
ss	**Vladimir Arsenyev**		Stocznia Gdanska, Gdansk	56	3546	1880	5000	108,3	14,6	6,6	12,5	390
mf	**Vladimir Atlasov**	Leningrad	UdSSR	65	3170	1225	1260	84,7	14,0	5,5	12,0	622
ms	**Vladimir Favorskiy**		Nystads Varv, Nystad	73	3184	1653	4471	97,6	16,2	6,5	14,0	378
ms	**Vladimir Kavrajskij***		Admiralteiskij-Werft, Leningrad					67,7	18,1	5,6	14,0	587
ms	**Vladimir Ilich**	Leningrad	Warnowwerft, Warnemünde	70	9323	5378	13150	151,5	20,3	8,8	17,0	455
ms	**Vladimir Korolenko**	Vladivostok	Brodogradiliste »Uljanik«, Pula	69	10457	5286	14390	159,4	21,3	9,7	18,5	457
ms	**Vladimir Mayakovski**		»3. Maj«, Rijeka	68	10152	5202	14400	159,4	21,3	9,7	18,5	457
ms	**Vladimir Mordvinov**	Vladivostok	Stocznia Gdanska, Gdansk	73	10185	5758	13965	150,3	21,1	8,7	15,0	454
ms	**Vladimir Obrutcev**		Stocznia Szczecinska, Szczecin				3000	87,1	13,8	4,8	14,0	592
ms	**Vladimir Rusanov***	Odessa	Admiralteiskij-Werft, Leningrad	64	2305		1092	67,6	18,1	5,5	14,0	552
ms	**Vladimir Sukhatskij**		Laivateollisuus, Abo	73	1139	275	633	67,0	11,8	4,2	13,5	584
ms	**Vladimir Timofeyev**	Arkhangelsk	Stocznia Gdanska, Gdansk	73	10195	5758	13965	150,3	21,1	8,7	15,0	454
ms	**Vladimir Zatonskij**		»Krasnoje Sormovo«, Gorki	72	2484	1321	3134	114,2	13,2	3,4	10,8	363
ms	**Vladivostok**	Vladivostok	Kieler Howaldtswerke, Kiel	62	17149	9203	11500	181,9	23,8	8,9	14,0	642
des	**Vladivostok**		Crichton-Vulcan AB., Abo	68	9416	1133	5609	122,1	24,5	10,5	18,3	556
des	**Vladivostok**	Kaliningrad	Baltic Shipb. & Eng., Leningrad	57	5217	2524	5840	130,8	16,8	7,5	17,6	410
ms	**Vlas Chubar**	Kherson		67	1865	938	2128	96,0	13,2	3,3	11,0	357
ms	**Vlas Nichkov**	Arkhangelsk	Stocznia Gdanska, Gdansk	74	10179	5780	14204	150,3	21,1	8,7	16,0	454
des	**Vlastnij**	Vladivostok		58	844	239	344	63,6	9,5	4,4	17,3	611
des	**Vliyatelnij**	Vladivostok		62	844	239	365	63,6	9,5	4,4	17,3	611
mf	**Vnukovo**			74	2327	842	1182					
des	**Vnushitelnij**	Vladivostok		61	844	239	335	63,6	9,5	4,4	17,3	611
ms	**Volchansk**	Vladivostok	Warnowwerft, Warnemünde	68	9455	5476	12475	150,7	20,1	8,9	16,5	436
des	**Volchansk**	Vladivostok	»61 Kommunar«, Nikolaev	65	6455	2698	5000	130,9	16,8	6,7	16,5	

Art	Name	Heimathafen	Bauwerft	Bauwerft	BRT	NRT	tdw	L	B	Tfg	kn	Skizze-Nr.
mf	**Voldemar Azin**	Liepaja		70	2581	888	1268	83,9	14,0	5,7	12,5	
des	**Volevoij**	Vladivostok		61	844	239	335	63,6	9,5	4,4	17,3	611
mt	**Volfram**	Nakhodka	Rauma-Repola, Rauma	66	3359	1559	4445	105,4	14,8	6,1	14,0	492
ms	**Volga***	Arkhangelsk	Stocznia Gdanska, Gdansk	65	4531	2380	6184	123,9	16,7	7,0	16,0	404
ms	**Volgo-Balt 4**		»Krasnoje Sormovo«, Gorki	67	2178	1240	2863	110,0	13,0	3,3	10,5	360
ms	**Volgo-Balt 6**		»Krasnoje Sormovo«, Gorki	67	2178	1240	2863	110,0	13,0	3,4	10,5	360
ms	**Volga-Balt 8**		»Krasnoje Sormovo«, Gorki	67	2178	1240	2863	110,0	13,0	3,3	10,5	360
ms	**Volgo-Balt 10**		»Krasnoje Sormovo«, Gorki	67	2178	1240	2863	110,0	13,0	3,3	10,5	360
ms	**Volgo-Balt 11**		»Krasnoje Sormovo«, Gorki	67	2178	1240	2863	110,0	13,0	3,3	10,5	360
ms	**Volgo-Balt 17**		»Krasnoje Sormovo«, Gorki	67	2178	1240	2863	110,0	13,0	3,3	10,5	360
ms	**Volgo-Balt 21**		»Krasnoje Sormovo«, Gorki	68	2178	1240	2863	110,0	13,0	3,3	10,5	360
ms	**Volgo-Balt 22**		»Krasnoje Sormovo«, Gorki	68	2178	1240	2863	110,0	13,0	3,3	10,5	360
ms	**Volgo-Balt 32**		»Krasnoje Sormovo«, Gorki	68	2178	1240	2863	110,0	13,0	3,3	10,5	360
ms	**Volgo-Balt 35**	Leningrad	»Krasnoje Sormovo«, Gorki	69	2178	1240	2863	110,0	13,0	3,3	10,5	360
ms	**Volgo-Balt 36**	Leningrad	»Krasnoje Sormovo«, Gorki	68	2178	1240	2863	110,0	13,0	3,3	10,5	360
ms	**Volgo-Balt 37**	Leningrad	»Krasnoje Sormovo«, Gorki	69	2178	1240	2863	110,0	13,0	3,3	10,5	360
ms	**Volgo-Balt 38**	Leningrad	»Krasnoje Sormovo«, Gorki	69	2178	1240	2863	110,0	13,0	3,3	10,5	360
ms	**Volgo-Balt 39**	Leningrad	»Krasnoje Sormovo«, Gorki	69	2178	1240	2863	110,0	13,0	3,3	10,5	360
ms	**Volgo-Balt 40**	Leningrad	»Krasnoje Sormovo«, Gorki	69	2178	1240	2863	110,0	13,0	3,3	10,5	360
ms	**Volgo-Balt 65**	Leningrad	»Krasnoje Sormovo«, Gorki	69	2178	1240	2863	110,0	13,0	3,3	10,5	360
ms	**Volgo-Balt 114**	Leningrad	»Krasnoje Sormovo«, Gorki	70	2178	1240	2863	110,0	13,0	3,3	10,5	360
ms	**Volgo-Balt 115**	Leningrad	»Krasnoje Sormovo«, Gorki	70	2178	1240	2863	110,0	13,0	3,3	10,5	360
ms	**Volgo-Balt 116**	Leningrad	»Krasnoje Sormovo«, Gorki	70	2178	1240	2863	110,0	13,0	3,3	10,5	360
ms	**Volgo-Balt 120**			70	2620	1668						
ms	**Volgo-Balt 121**			70	2620	1668						
def	**Volgobalt**			73	3273	1085	2624	107,5	14,4	6,2	13,0	
mt	**Volgo-Don**	Novorossijsk		53	7653	3931	11430	145,5	19,2	8,5	13,3	498
ms	**Volgo-Don**			60			5000	138,2	16,5	3,5	12,5	670
ss	**Volgograd***	Vladivostok	Permanente Steel Corp., Richmond	44	7281	4202	10875	134,6	17,4	8,4	10,0	431
des	**Volgograd**	Baku	Volgograd-Schiffswerft, Volgograd	64	2335	853	232	82,4	13,9	3,6	16,0	527
mf	**Volgograd***	Murmansk	J. Boel & Fils, Tamise	52	1492	716	1470	73,6	11,7	5,2	12,0	613
ms	**Volgoles**	Leningrad	Stocznia Gdanska, Gdansk	60	4638	2349	6205	123,9	16,7	7,0	14,5	404
mt	**Volgoneft 16**	Leningrad	Volgograd Schiffswerft, Volgograd	66	3519	1952	5067	132,6	16,5	3,6	10,5	670
mt	**Volgoneft 17**	Leningrad	Volgograd Schiffswerft, Volgograd	66	3519	1952	5067	132,6	16,5	3,6	10,5	670
mt	**Volgoneft 18**	Leningrad	Volgograd Schiffswerft, Volgograd	66	3519	1952	5067	132,6	16,5	3,6	10,5	670
mt	**Volgoneft 19**	Leningrad	Volgograd Schiffswerft, Volgograd	66	3519	1952	5067	132,6	16,5	3,6	10,5	670
mt	**Volgoneft 20**	Leningrad	Volgograd Schiffswerft, Volgograd	66	3519	1952	5067	132,6	16,5	3,6	10,5	670
mt	**Volgoneft 23**	Leningrad	Volgograd Schiffswerft, Volgograd	67	3519	1952	5067	132,6	16,5	3,6	10,5	670
mt	**Volgoneft 29**	Leningrad	Volgograd Schiffswerft, Volgograd	67	3519	1952	5067	132,6	16,5	3,6	10,5	670
mt	**Volgoneft 30**	Leningrad	Volgograd Schiffswerft, Volgograd	68	3519	1952	5067	132,6	16,5	3,6	10,5	670
mt	**Volgoneft 44**	Leningrad	Volgograd Schiffswerft, Volgograd	68	3519	1962	5067	132,6	16,5	3,6	10,5	670
mt	**Volgoneft 45**	Leningrad	Volgograd Schiffswerft, Volgograd	68	3519	1952	5067	132,6	16,5	3,6	10,5	670
mt	**Volgoneft 47**		»G. Dimitrov«, Varna	68	3519	1952	5067	132,6	16,5	3,6	10,5	670
mt	**Volgoneft 48**		»G. Dimitrov«, Varna	68	3519	1952	5067	132,6	16,5	3,6	10,5	670
mt	**Volgoneft 49**		»G. Dimitrov«, Varna	69	3519	1952	5067	132,6	16,5	3,6	10,5	670
mt	**Volgoneft 52**		Volgograd Schiffswerft, Volgograd	69	3519	1952	5067	132,6	16,5	3,6	10,5	670
mt	**Volgoneft 53**		Volgograd Schiffswerft, Volgograd	68	3519	1952	5067	132,6	16,5	3,5	10,5	670
mt	**Volgoneft 54**		Volgograd Schiffswerft, Volgograd	69	3519	1952	5067	132,6	16,5	3,6	10,5	670
mt	**Volgoneft 55**		Volgograd Schiffswerft, Volgograd	69	3519	1952	5067	132,6	16,5	3,6	10,5	670
mt	**Volgoneft 56**		Volgograd Schiffswerft, Volgograd	69	3519	1952	5067	132,6	16,5	3,5	10,5	670
mt	**Volgoneft 57**		Volgograd Schiffswerft, Volgograd	69	3519	1952	5067	132,6	16,5	3,6	10,5	670
mt	**Volgoneft 65**		Volgograd Schiffswerft, Volgograd	69	3519	1952	5067	132,6	16,5	3,6	10,5	670
mt	**Volgoneft 67**		»G. Dimitrov«, Varna	70	3519	1952	5067	132,6	16,5	3,6	10,5	670
mt	**Volgoneft 68**		»G. Dimitrov«, Varna	70	3519	1952	5067	132,6	16,5	3,6	10,5	670
mt	**Volgoneft 69**		»G. Dimitrov«, Varna	70	3519	1952	5067	132,6	16,5	3,6	10,5	670
mt	**Volgoneft 71**		Volgograd Schiffswerft, Volgograd	70	3627	1775	6096	135,0	16,5	3,5	10,5	670
mt	**Volgoneft 74**		»G. Dimitrov«, Varna	70	3627	1775	6096	135,0	16,5	3,5	10,5	670
mt	**Volgoneft 75**		»G. Dimitrov«, Varna	71	3627	1775	6096	135,0	16,5	3,5	10,5	670
mt	**Volgoneft 76**		Volgograd Schiffswerft, Volgograd	70	3627	1775	6096	135,0	16,5	3,5	10,5	670
mt	**Volgoneft 77**		Volgograd Schiffswerft, Volgograd	70	3627	1775	6096	135,0	16,5	3,5	10,5	670
mt	**Volgoneft 78**		Volgograd Schiffswerft, Volgograd	70	3627	1775	6096	135,0	16,5	3,5	10,5	670
mt	**Volgoneft 79**		Volgograd Schiffswerft, Volgograd	70	3627	1775	6096	135,0	16,5	3,5	10,5	670
mt	**Volgoneft 81**		»G. Dimitrov«, Varna	71	3627	1775	6096	135,0	16,5	3,5	10,5	670
mt	**Volgoneft 82**		»G. Dimitrov«, Varna	71	3627	1775	6096	135,0	16,5	3,5	10,5	670
mt	**Volgoneft 85**		»G. Dimitrov«, Varna	72	3627	1775	6096	135,0	16,5	3,5	10,5	670
mt	**Volgoneft 84**		Volgograd Schiffswerft, Volgograd	71	3627	1775	6096	135,0	16,5	3,5	10,5	670
mt	**Volgoneft 89**		Volgograd Schiffswerft, Volgograd	71	3627	1775	6096	135,0	16,5	3,5	10,5	670
mt	**Volgoneft 86**		»G. Dimitrov«, Varna	71	3627	1775	6096	135,0	16,5	3,5	10,5	670
mt	**Volgoneft 97**		Volgograd Schiffswerft, Volgograd	72	3627	1775	6096	135,0	16,5	3,5	10,5	670
mt	**Volgoneft 64 M**		Volgograd Schiffswerft, Volgograd	69	3519	1952	5067	132,6	16,5	3,6	10,5	670
mt	**Volgoneft 66 M**		Volgograd Schiffswerft, Volgograd	69	3519	1962	5067	132,6	16,5	3,6	10,5	670

Art	Name	Heimathafen	Bauwerft	Baujahr	BRT	NRT	tdw	L	B	Tfg	kn	Skizze-Nr.
mt	**Volgoneft 83 M**		»G. Dimitrov«, Varna	71	3627	1775	6096	135,0	16,5	3,5	10,5	670
ms	**Volkhov**	Leningrad	Warnowwerft, Warnemünde	66	8461	4469	12400	150,6	20,0	8,9	16,5	436
des	**Volkhovges**	Murmansk	Nosenko-Werft, Nikolaev	56	5080	2619	7250	130,5	16,8	7,6	16,0	410
mf	**Volkhovstroij**	Kaliningrad	Volkswerft, Stralsund	69	2177	746	1149	82,2	16,3	5,0	13,6	619
ms	**Volna**	Vladivostok	Stocznia Szczecinska, Szczecin	68	3281	962	1178	97,1	13,9	5,2	14,0	594
ms	**Volnogorsk**	Shdanov	Navashinskij-Werft, Navashino	70	4192	1986	4300	123,5	15,0	4,8	11,3	397
mf	**Volnomer**	Vladivostok	Volkswerft, Stralsund	73	2211	639	1051	82,0	13,6	5,3	14,3	619
des	**Volnij**	Vladivostok		61	844	239	335	63,6	9,5	4,4	17,3	611
des	**Volochaevsk**	Vladivostok	Baltic Shipb. & Eng. Works, Leningrad	57	5217	2524	5856	130,9	16,8	7,5	17,5	410
ms	**Volodarsk**	Leningrad	Warnowwerft, Warnemünde	66	8461	4469	12295	150,7	20,0	8,9	16,5	436
ms	**Volodya Dubinin**	Baku	»Georghiu Dej«, Budapest	54	1374	96	294	70,2	10,0	3,8	9,3	348
ms	**Volodya Shcherbatsevich**	Murmansk	»Neptun«, Rostock	72	3608	1776	4687	105,6	15,7	6,8	13,8	384
des	**Vologda**	Vladivostok	»61 Kommunar«, Nikolaev	65	6455	2698	4269	130,9	16,8	6,7	16,5	
ms	**Vologdales**	Arkhangelsk	Hollming, Rauma	62	2725	1331	3400	102,0	14,0	6,0	13,8	369
ss	**Volokolamsk**	Riga	Crichton-Vulcan, Abo	51	2516	1247	3200	90,0	13,1	5,6	10,5	361
mf	**Volopas**	Kaliningrad	Volkswerft, Stralsund	63	2435	1070	857	79,8	13,2	5,1	12,5	617
ms	**Volsk**		Warnowwerft, Warnemünde	67	9455	5476	12400	150,7	20,0	8,9	16,5	436
mf	**Volzhanin**	Riga	Chernomorskij-Werft, Nikolaev	70	2666	912	1208	84,7	14,0	5,7	12,3	
ms	**Volzhsk**		Warnowwerft, Warnemünde	65	8461	4469	12295	150,7	20,0	8,9	16,5	436
des	**Volzhsk**	Kaliningrad		60	3230	1130	2554	99,3	14,0	5,7	13,5	370
ms	**Vorkuta**	Arkhangelsk	Stocznia Gdanska, Gdansk	65	4531	2380	5821	123,9	16,7	6,8	16,0	404
ms	**Vorkuta**	Murmansk	Stocznia Gdanska, Gdansk	53	3859	1979	3500	108,3	14,6	6,6	12,5	390
ms	**Voronezh**	Arkhangelsk	Hollming, Rauma	70	2723	1302	3950	102,3	14,1	6,2	13,5	368
mf	**Vorovshilovgrad**		Volkswerft, Stralsund	77	3977	1830	2068	102,0	15,2	5,2	15,0	624
des	**Voskhititelnij**	Vladivostok		58	844	239	365	63,6	9,5	4,4	17,3	611
ms	**Voskhod**	Arkhangelsk	A. Shdanov, Leningrad	65	4482	2010	5910	122,0	16,7	6,8	14,5	400
mf	**Voskhod**	Petropavlovsk-K.	UdSSR	66	3170	1225	1460	84,7	14,0	5,5	12,0	622
mf	**Voskhod**	Murmansk	Stocznia Gdanska, Gdansk	65	2970	1344	1357	83,1	13,8	5,5	11,8	621
ms	**Voskresensk**	Kholmsk	Stocznia Gdanska, Gdansk	66	4531	2383	6205	123,9	16,7	7,0	16,0	404
ms	**Vostochny**	Vladivostok	Warnowwerft, Warnemünde	68	9455	5476	12295	150,7	20,0	8,9	16,5	436
ms	**Vostok**	Iljitshevsk	Admiralteiskij-Werft, Leningrad	71	26400	10828	22110	224,6	28,0	10,0	19,0	644
ms	**Vostok**		Leningrad					55,0	10,0	3,5	16,0	
ms	**Vostok 2**	Arkhangelsk	A. Shdanov, Leningrad	65	4482	2010	5910	122,0	16,7	6,8	14,5	400
ms	**Vostok 5**	Arkhangelsk	A. Shdanov, Leningrad	65	4482	2010	5910	122,0	16,7	6,8	14,5	400
ms	**Vostok 6**	Arkhangelsk	A. Shdanov, Leningrad	65	4482	2010	5910	122,0	16,7	6,8	14,5	400
des	**Vostorshennij**	Vladivostok		58	844	240	339	63,6	9,5	4,6	17,3	611
ms	**Votkinsk**		Warnowwerft, Warnemünde	67	9455	5476	12300	150,7	20,0	8,9	16,5	436
ms	**Voznesensk**	Ismail	»Krasnoje Sormovo«, Gorki	68	2483	1320	2925	114,2	13,2	3,4	10,8	363
des	**Vrazumitelnij**	Vladivostok		62	844	239	336	63,6	9,5	4,4	17,3	611
ms	**Vsevolod Pudovkin**	Shdanov	Santierul Naval, Galatz	65	2718	1277	3242	100,6	14,4	5,8	13,8	383
mf	**Vspolokh**	Murmansk	Stocznia Gdanska, Gdansk	64	2894	1271	1388	83,1	13,9	5,5	13,0	621
des	**Vstrechnij**	Vladivostok		61	844	239	336	63,6	9,5	4,4	17,3	611
mf	**Vulkan**		Baltische Werft, Klaipeda	73	2891	1122	1104	83,3	14,0	5,7	12,0	
ms	**Vyacheslav Denisov**	Arkhangelsk	»Okean«-Werft, Oktjabrskoje	71	1698	765	2483	82,0	12,5	5,4	12,8	
ss	**Vyacheslav Shishkov**	Shdanov	Stocznia Gdanska, Gdansk	56	3546	1880	5000	108,3	14,6	6,6	12,5	390
ms	**Vyandra**	Tallinn	Angyalfold, Budapest	66	1153	521	1285	74,5	11,3	4,0	10,8	349
ms	**Vyatka**	Leningrad	Warnowwerft, Warnemünde	64	8461	4469	12295	150,7	20,0	8,9	16,5	436
ms	**Vyatkales**	Kholmsk		65	3179	1430	4140	104,5	14,4	6,4	13,8	377
ms	**Vyazma**	Leningrad	Warnowwerft, Warnemünde	64	9435	5486	12295	150,7	20,0	8,9	16,5	436
ms	**Vyborg**	Leningrad	Warnowwerft, Warnemünde	63	8461	4469	12295	150,7	20,0	8,9	16,5	436
mf	**Vyborgskaja Storona**	Leningrad	Stocznia Gdanska, Gdansk	68	2944	1299	1342	83,1	13,9	5,5	13,0	621
ms	**Vyborgskaya Storona**	Leningrad	Vyborg-Werft, Vyborg	70	1684	754	2360	82,0	12,5	5,4	12,8	355
des	**Vyborgskij**	Riga	»De Klop«, Sliedrecht	66	2044	671	1690	81,9	13,2	4,2	11,3	662
mf	**Vychegda**	Baku	Mathias-Thesen-Werft, Wismar	69	1115	426	670	65,7	11,1	3,7	10,8	612
ms	**Vychegdales**	Arkhangelsk	Stocznia Gdanska, Gdansk	64	4531	2380	5874	123,9	16,7	7,0	14,5	404
des	**Vyderzhannij**	Odessa		58	718	190	338	63,6	9,5	4,4	17,3	611
ss	**Vygosero**	Riga	Crichton-Vulcan, Abo	51	2503	1298	3200	89,9	13,1	5,6	10,3	361
mf	**Vympel**	Murmansk	Stocznia Gdanska, Gdansk	70	2948	1330	1250	83,0	13,8	5,4	12,5	621
des	**Vysnoslivij**	Vladivostok		61	844	239	336	63,6	9,5	4,4	17,3	611
des	**Vyrazitelnij**	Vladivostok		61	844	239	336	63,6	9,5	4,4	17,3	611
ms	**Vyru**	Tallinn	»Neptun«, Rostock	64	3236	1539	4226	105,8	14,6	6,6	13,5	391
ms	**Vysokogorsk**	Vladivostok	Warnowwerft, Warnemünde	66	9455	5476	12400	150,6	20,0	8,9	16,5	436
ms	**Vysotsk**	Vladivostok	Warnowwerft, Warnemünde	68	9455	5476	12400	150,7	20,0	8,9	16,5	436
ms	**Vytegra**	Arkhangelsk	A. Shdanov, Leningrad	67	4506	2078	6460	122,0	16,7	6,8	14,5	400
ms	**Vzmorye**	Kholmsk		66	3179	1431	3770	104,5	14,4	6,1	13,8	377
mf	**Vzmorje**	Odessa	Volkswerft, Stralsund	67	2652	1129	1149	81,2	13,6	5,0	13,0	
des	**Vzyskatelnij**	Vladivostok		62	844	239	336	63,6	9,5	4,4	17,3	611

Art	Name	Heimathafen	Bauwerft	Baujahr	BRT	NRT	tdw	L	B	Tfg	kn	Skizze-Nr.
ms	**Walter Ulbricht**	Leningrad	Warnowwerft, Warnemünde	74	10954	5871	12007	150,0	21,8	8,6	19,5	465
ms	**Warnemünde**	Leningrad	Warnowwerft, Warnemünde	72	10954	5963	12347	150,4	21,9	9,0	18,5	465
ms	**Wichr**		Stocznia Szczecinska, Szczecin		3284	917	1100	97,1	13,8	4,8	16,0	594
ms	**Wilhelm Pieck**	Murmansk	Mathias-Thesen-Werft, Wismar	72	11802	6332	9288	151,9	22,2	7,8	17,3	651
ms	**William Forster**	Leningrad	Warnowwerft, Warnemünde	71	9323	5378	13150	151,5	20,3	9,0	17,7	455
ms	**Yaan Anvelt**	Tallinn	Stocznia Szczecinska, Szczecin	74	6555	3330	7400	135,4	18,0	7,5	15,5	427
mf	**Yaan Koort**	Tallinn		68	2693	848	1451	84,7	14,0	5,7	12,3	
mf	**Yakhont**	Riga	UdSSR	66	3162	1307	1400	84,7	14,0	5,7	12,3	622
ms	**Yakhroma***	Odessa	Tangen Vaerft, Kragerö	67	12957	7538	20099	166,5	21,1	10,2	15,5	
ms	**Yakutskles**	Arkhangelsk	Navashinskij-Werft, Navashino	65	3031	1377	3800	104,5	14,4	6,1	13,3	377
ms	**Yalta***	Odessa	Cammell Laird & Co., Birkenhead	66	40787	28727	72790	249,9	31,7	12,2	15,0	482
mf	**Yalta**	Sevastopol	Volkswerft, Stralsund	62	1920	602	850	79,8	13,2	4,9	11,7	617
ms	**Yamal**	Arkhangelsk	A. Shdanov, Leningrad	67	4482	2010	5970	122,0	16,7	6,8	14,5	400
ms	**Yampol***		Götaverken, Göteborg	59	10634	4661	13000	149,4	19,5	8,4	14,5	460
ms	**Yanka Kupala**	Ismail	Navashinskij-Werft, Navashino	72	3587	1740	4130	123,5	15,0	4,5	11,8	389
mf	**Yantar**	Kaliningrad	UdSSR	60	3170	1225	1288	84,7	14,0	5,5	12,0	622
des	**Yantarnyy**	Kaliningrad	Baltic Shipb. & Eng. Works, Leningrad	64	5528	2698	4269	130,9	16,8	6,7	16,3	410
ms	**Yantarnyy**	Leningrad	Valmet, Abo	68	2873	1305	3500	102,3	14,0	6,0	13,5	368
ms	**Yantarnyy Bereg**		Mathias-Thesen-Werft, Wismar	75	12237		9140	155,0	22,2	7,2	17,3	651
ms	**Yargora**		»Georghiu Dej«, Budapest	62	1265	310	1675	74,5	11,4	4,0	10,0	349
ms	**Yartyevo**		Götaverken, Göteborg	59	10629	4647	13000	149,4	19,5	8,4	14,5	460
ms	**Yasha Gordiyenko**	Ismail	Turnu-Severin-Werft, Turnu-Severin	75	2079	918	2180	88,8	12,8	5,0	13,0	359
mf	**Yashma**	Kaliningrad	Nosenko-Werft, Nikolaev	64	3170	1225	1426	84,7	14,0	5,5	12,0	622
ms	**Yasinovataya**		Götaverken, Göteborg	62	10667	4667	13000	149,4	19,5	8,4	14,5	460
ms	**Yasnogorsk**		Götaverken, Göteborg	58	10677	4683	13000	149,4	19,5	8,4	14,5	460
ms	**Yasnomorsk**	Vladivostok	»Neptun«, Rostock	60	3359	1738	4296	104,2	14,4	6,6	14,0	376
ms	**Yavorov**		Götaverken, Göteborg	61	10673	4661	13000	149,4	19,5	8,4	14,5	460
mt	**Yegoryevsk**	Nakhodka	Kherson-Werft, Kherson	59	7562	3919	11543	145,5	19,2	8,4	13,0	497
ms	**Yekaterina Belashova**	Arkhangelsk	Hollming, Rauma	73	3184	1653	4471	97,3	16,2	6,5	14,0	378
ms	**Yelena Stasova**	Vladivostok	Stocznia Gdanska, Gdansk	73	6551	3311	7428	135,4	18,0	7,5	15,5	
mt	**Yelna**		Admiralteiskij-Werft, Leningrad	59	7949	3928	11430	145,5	19,2	8,5	13,3	497
mt	**Yelsk**	Riga	Admiralteiskij-Werft, Leningrad	60	7948	3928	11430	145,5	19,2	8,5	13,3	497
ms	**Yemelyan Yaroslavskiy**	Vladivostok	Stocznia Gdanska, Gdansk	74	6551	3311	7405	135,4	18,0	7,5	15,5	427
ms	**Yenakiyevo**	Shdanov	Navashinskij-Werft, Navashino	71	4078	1806	4300	123,5	15,0	4,8	11,3	389
des	**Yenisey**	Vladivostok	»De Schelde«, Vlissingen	54	7325	3755	7559	130,2	18,9	8,2	13,5	432
mf	**Yenisey**	Astrakhan		70	1361	473	526	72,1	10,8	3,6	12,3	
ss	**Yeniseisk**	Petropavlovsk-K.	Crichton-Vulcan, Abo	51	2491	1426	3331	90,0	13,1	5,9	9,0	361
des	**Yermak**	Vladivostok	Wärtsilä, Helsinki	73	12231		7560	135,0	26,1	11,0	19,0	558
des	**Yerofey Khabarov***		Admiralteiskij-Werft, Leningrad	64	2305		1092	67,6	18,1	6,0	14,0	552
mf	**Yeruslan**	Krasnovodsk		69	1346	461	527	72,1	10,8	3,5	12,3	
mt	**Yessentuki**	Riga	Admiralteiskij-Werft, Leningrad	59	7949	3928	11430	145,5	19,2	8,5	13,3	497
ms	**Yu. M. Shokalski**	Vladivostok	J. S. Nosenko-Werft, Nikolaev	59	3220	144	1287	84,7	14,0	5,5	12,0	588
mf	**Yubiley Oktjabrja**	Nakhodka		67	2827	1019	1496	84,7	14,0	5,7	13,0	
mt	**Yugansk**	Nakhodka	Rauma-Repola, Rauma	68	3674	1728	4600	106,0	15,4	6,5	14,0	
mf	**Yunost**	Petropavlovsk-K.	UdSSR	67	3170	1225	1460	84,7	14,0	5,7	13,0	622
ts	**Yuni Leninets**		Kherson-Werft, Kherson	65	11206	6066	16040	169,9	21,8	9,7	17,0	467
ms	**Yuny Partisan**		Turnu Severin-Werft, Turnu-Severin	74	2079	918	2180	88,8	12,8	5,0	12,0	359
ms	**Yurij Gagarin**	Odessa	Kherson-Werft, Kherson	61	11206	6097	16040	169,9	21,8	9,7	17,0	467
mf	**Yurij Kostikow**	Kaliningrad	Stocznia Gdanska, Gdansk	68	2944	1299	1250	83,1	13,8	5,4	12,5	621
ms	**Yurij Lisyanskij***	Leningrad	Admiralteiskij-Werft, Leningrad	65	2380		1092	67,6	18,1	5,5	14,0	552
mf	**Yurij Malakhov**	Kaliningrad	Volkswerft, Stralsund	67	2177	746	1149	82,2	13,6	5,0	13,0	619
ms	**Yurij Savinov**			76	10179	5373						
ms	**Yurij Smirnov**		A. Shdanov, Leningrad	76	3954	1527	6100	139,6	19,2	6,0	16,4	394
mt	**Yurmala**		Jos. L. Meyer, Papenburg	76	9060	5482	9550	139,7	20,5	8,2	16,3	500
ms	**Yushar**	Arkhangelsk	»G. Dimitrov«, Varna	70	1122	302	220	68,1	10,1	3,4	14,0	526
ms	**Yuta Bondarovskaya**	Murmansk	»Neptun«, Rostock	70	3389	1615	4645	105,7	15,7	6,8	13,8	384
ss	**Z/S No. 8**		LMG., Lübeck	58	1502		1800	78,7	12,9	4,2	9,5	660
ms	**Zabajkale**							83,5	13,7	8,8		590
ms	**Zabajkalsk**	Vladivostok	Stocznia Gdanska, Gdansk	67	4531	2383	6205	123,9	16,7	7,0	16,0	404
des	**Zabaykalye**	Vladivostok	»61 Kommunar«, Nikolaev	69	6009	2196	4360	130,9	16,9	6,7	16,5	
ms	**Zadonsk**	Odessa	Stocznia Gdynia, Gdynia	70	16063	9239	23000	187,2	22,8	9,5	15,5	473
def	**Zadorie**		Stocznia Polnocna, Gdansk	75	1976	597	823	72,8	13,0	4,9	13,0	616
des	**Zadornij**	Vladivostok		63	844	239	336	63,6	9,5	4,4	17,3	611
def	**Zagorianij**		Stocznia Polnocna, Gdansk	75	1976	597	823	72,8	13,0	4,9	13,0	616
ms	**Zagorsk**	Vladivostok	Stocznia Gdanska, Gdansk	66	4531	2383	6205	123,9	16,7	7,0	16,0	404
def	**Zagorskij**		Stocznia Polnocna, Gdansk	75	1976	597	823	72,8	13,0	4,9	13,0	616
des	**Zakaljonnij**	Vladivostok		64	843	239	333	63,6	9,5	4,4	17,3	611
ms	**Zakarpatye**	Shdanov	Stocznia Gdynia, Gdynia	69	16015	9228	22884	187,2	23,0	9,5	15,5	473
ms	**Zakarpatye**							83,5	13,7	8,8		590

Art	Name	Heimathafen	Bauwerft	Baujahr	BRT	NRT	tdw	L	B	Tfg	kn	Skizze-Nr.
mf	**Zakavkazye**	Murmansk	»Okean«-Werft, Oktjabrskoje	73	3273	1085	2624	107,5	14,4	6,2	13,0	
mt	**Zakhariy Poliashvili**	Batumi	Kertsh	73	10847	5708	16484	162,3	21,4	8,5	16,5	501
def	**Zakharovo**		Stocznia Polnocna, Gdansk	75	1976	597	823	72,8	13,0	4,9	13,0	616
def	**Zalesovo**		Stocznia Polnocna, Gdansk	74	1976	596	789	72,8	13,0	4,9	13,0	616
des	**Zametnij**	Vladivostok		64	844	239	335	63,6	9,5	4,4	17,3	611
ms	**Zangelan**	Baku		62	3380	1625	4286	120,0	15,0	4,4	11,5	385
ss	**Zapadnaja Dvina**	Arkhangelsk	Crichton-Vulcan, Abo	55	2586	1387	3200	84,9	13,1	6,5	9,8	361
mf	**Zapoljarnij**	Murmansk	Burmeister + Wain, Köbenhavn	65	4699	2270	2570	102,7	16,0	5,5	14,0	627
ms	**Zapoljarnij**		»Neptun«, Rostock	67	3234	1501	4300	105,9	14,6	6,6	13,5	391
ms	**Zapolyarye***		Burntisland Shipb. Co., Burntisland	51	8211	4099	10350	140,8	18,1	7,9	12,0	435
ms	**Zaporoshe**							83,5	13,7	8,8		590
ms	**Zaporozhye**	Shdanov	Stocznia Gdynia, Gdynia	68	16015	9228	22884	187,2	23,0	9,5	15,5	473
mf	**Zaraysk**	Kaliningrad	Volkswerft, Stralsund	65	2435	1070	850	79,8	13,2	4,9	11,7	617
ms	**Zarechensk**	Murmansk	Stocznia Gdynia, Gdynia	68	16043	9269	23000	187,2	22,8	9,5	15,5	473
mf	**Zarechensk**	Kertsh	»De Schelde«, Vlissingen	67	5025	2162	2600	105,5	16,5	5,5	14,0	628
def	**Zarechye**		Stocznia Polnocna, Gdansk	74	1976	596	806	72,8	13,0	4,9	13,0	616
mf	**Zarnitsa**	Murmansk	Stocznia Gdanska, Gdansk	65	2986	1328	1334	83,1	13,9	5,5	11,8	621
mf	**Zarubino**	Petropavlovsk-K.		68	2690	926	1496	84,7	14,0	5,7	13,0	
des	**Zashchitnij**	Odessa		63	718	190	339	63,6	9,5	4,6	17,3	611
mf	**Zaslonovo**		Stocznia Polnocna, Gdansk	75	1976	597	823	72,8	13,0	4,9	13,0	616
mt	**Zavety Iljicha**		Stocznia Gdynia, Gdynia	70	14203	8481	20000	177,3	22,4	9,4	16,7	504
mf	**Zavoljsk**	Murmansk	Kieler Howaldtswerke, Kiel	56	3019	1274	1650	85,5	13,4	5,2	12,5	618
def	**Zavolzhye**	Murmansk	»Okean«-Werft, Oktjabrskoje	73	3273	1085	2624	107,5	14,4	6,2	13,0	
ms	**Zayarsk**	Ismail	»Georghiu Dej«, Budapest	58	1211	448	1090	70,0	10,0	3,8	9,5	348a
mf	**Zefir**	Kaliningrad	Volkswerft, Stralsund	75	3933	1806	2063	102,0	15,2	5,2	15,0	624
mf	**Zelenets**	Murmansk	Stocznia Gdanska, Gdansk	70	2948	1330	1332	83,1	13,9	5,5	12,8	621
mf	**Zelenoborsk**	Murmansk	Burmeister + Wain, Köbenhavn	65	4700	2270	2570	102,7	16,0	5,5	14,0	627
ms	**Zelenogorsk**		»De Klop», Sliedrecht	55	3550	1727	3830	114,8	14,0	6,5	12,0	387
ms	**Zelenograd**	Vladivostok	Oskarshamns Varv, Oskarshamn	56	1756	828	2000	79,0	12,6	6,1	13,0	647
ms	**Zemla Kolskaya**		Stocznia Gdanska, Gdansk	75	10068	4141	10174	164,0	21,3	8,1	15,3	637
ms	**Zenit**	Leningrad	»Neptun«, Rostock	61	4374	986	3083	105,0	14,4	6,2	13,7	399
ms	**Zenta Osola**	Riga	Stocznia Gdanska, Gdansk	73	5194	2432	4251	119,6	17,0	6,3	19,0	411
des	**Zeya**		Wärtsilä, Helsinki	70	6020	2652	3297	130,4	16,1	5,2	14,0	667
ms	**Zeya**	Nakhodka	Nippon Kokan, Asano	69	1583	466	265	71,7	14,0	3,1		658
ms	**Zeya**	Vladivostok	»Georghiu Dej«, Budapest	62	1161	552	1324	74,5	11,4	4,0	10,0	349
ms	**Zeyales**	Petropavlovsk-K.	Nystads Varv, Nystad	64	2921	1345	4009	102,1	14,1	6,2	13,8	367
mt	**Zhak Dynklo**		»3. Maj«, Rijeka	76	27693	12454	40030	195,0	28,0	12,2	17,0	516
mt	**Zhalgiris**	Klaipeda	Rauma-Repola, Rauma	70	3674	1728	4976	106,1	15,5	6,7	14,0	492
des	**Zharkij**	Vladivostok		59	844	240	365	63,6	9,5	4,4	17,3	611
mf	**Zheleznogorsk**			74	2327	842	1182					
mf	**Zheleznovodsk**	Novorossijsk	Volkswerft, Stralsund	70	2654	1115	1139	82,0	13,6	5,2	13,0	619
mf	**Zhemaytiya**	Klaipeda	Volkswerft, Stralsund	70	2654	1115	1139	82,0	13,6	5,2	13,0	619
mf	**Zhemchug**	Kaliningrad	UdSSR	61	3170	1225	1268	84,7	14,0	5,5	11,0	622
mf	**Zhigulevsk**	Murmansk	Kieler Howaldtswerke, Kiel	56	2999	1238	1557	84,5	13,4	5,5	12,5	618
mf	**Zhukovsky**	Sevastopol	UdSSR	58	2336	760	1300	84,7	14,0	5,5	12,0	622
ms	**Zjurupinsk**		Peenewerft, Wolgast	75	1268		Bagger	72,8	12,8	3,2	8,7	657
mf	**Zigmas Angeretis**	Klaipeda	UdSSR	60	3170	1225	1260	84,7	14,0	5,5	12,0	622
ms	**Zina Portnewa**	Vladivostok	»Neptun«, Rostock	68	3601	1760	4638	105,7	15,6	6,8	13,5	384
ms	**Zinoviy Solovyev**	Vladivostok	Stocznia Gdanska, Gdansk	74	6551	3311	7452	135,4	18,0	7,5	15,5	427
ms	**Zlatoust**	Shdanov	Stocznia Gdynia, Gdynia	69	16015	9228	23000	187,2	22,8	9,5	15,5	473
mf	**Zlatoust**	Murmansk	Kieler Howaldtswerke, Kiel	56	3020	1274	1650	85,5	13,4	5,2	12,5	618
mf	**Znamya Pobedy**			75	2327	842	1163	83,8	14,0	5,8	12,0	
mf	**Znamya Truda**	Kertsh	Volkswerft, Stralsund	75	3933	1806	2063	102,0	15,2	5,2	15,0	624
des	**Znatnij**	Odessa		63	718	190	339	63,6	9,5	4,6	17,3	611
mf	**Zodchyj**		Gdansk Shipyard, Gdansk	69	2944	1299	1400	83,0	13,8	5,4	12,5	
mf	**Zodiak**	Sevastopol	»De Schelde«, Vlissingen	67	5025	2162	2560	121,9	16,6	5,5	14,0	628
ms	**Zolotitsa**	Arkhangelsk	A. Shdanov, Leningrad	67	4507	2078	6459	122,0	16,7	7,1	14,5	400
mf	**Zolotoy Kolos**	Sevastopol	Volkswerft, Stralsund	69	2653	1132	1139	82,2	13,6	5,2	13,6	619
des	**Zolotoy Rog**	Vladivostok	»61 Kommunar«, Nikolaev	67	5942	2844	5170	130,0	16,8	7,2	16,5	
ms	**Zorinsk**	Odessa	Stocznia Gdynia, Gdynia	70	16063	8986	22686	187,2	23,0	9,5	15,5	473
des	**Zorkij**	Vladivostok		64	844	239	365	63,6	9,5	4,4	17,3	611
des	**Zovushchij**	Vladivostok		63	844	239	336	63,6	9,5	4,4	17,3	611
ms	**Zoya Kosmodemyanskaya**	Odessa	»Okean«-Werft, Oktjabrskoje	73	30070	18889	50000	214,2	31,8	11,7	15,0	481
def	**Zubaryevo**		Stocznia Polnocna, Gdansk	75	1976	597	823	72,8	13,0	4,9	13,0	616
def	**Zubovo**		Stocznia Polnocna, Gdansk	74	1976	596	806	72,8	13,0	4,9	13,0	616
mt	**Zugdidi**		Rauma-Repola, Rauma	70	3468	1606	4980	106,0	15,4	6,5	14,0	492
mf	**Zund**	Kaliningrad	Volkswerft, Stralsund	71	2242	728	1025	82,2	13,6	5,0	13,5	591
ms	**Zvaygzne***	Riga	Burmeister & Wain, Köbenhavn	53	1680	795	900	70,0	11,5	4,3	10,8	646
ms	**Zvenigorod**	Murmansk	Stocznia Gdynia, Gdynia	67	16043	9250	22895	187,2	23,0	9,5	15,5	473
mf	**Zvezda Krima**	Kertsh	Volkswerft, Stralsund	72	2154	762	1134	82,0	13,6	5,2	13,5	619

Art	Name	Heimathafen	Bauwerft	Baujahr	BRT	NRT	tdw	L	B	Tfg	kn	Skizze-Nr.
des	**Zvonkij**	Vladivostok		63	844	239	335	63,6	9,5	4,4	17,3	611
def	**Zvyagiho**		Stocznia Polnocna, Gdansk	74	1976	525	823	72,8	13,0	4,9	13,0	616
def	**Zvyeroboy**	Nevelsk	Stocznia Polnocna, Gdansk	73	1971	597	789	72,8	13,0	4,9	13,0	616
def	**Zvyeryevo**		Stocznia Polnocna, Gdansk	74	1976	596	806	72,8	13,0	4,9	13,0	616
des	**Zvyozdnij**	Vladivostok		64	844	239	335	63,6	9,5	4,4	17,3	611
mf	**Zyemchushnij**	Nakhodka	Mathias-Thesen-Werft, Wismar	74	2100	859	1212	82,0	13,6	5,0	13,5	619
def	**Zykovo**		Stocznia Polnocna, Gdansk	75	1976	597	837	72,8	13,0	4,9	13,0	637
ms	**9 Maja 1945 Goda**		»Krasnoje Sormovo«, Gorki	75	2484	1321	3134	114,2	13,2	3,4	10,8	363
mf	**XV Syezd Profsoyuzov**	Petropavlovsk-K.	Chernomorskij-Werft, Nikolaev	72	2581	888	1268	83,9	14,0	5,7	12,5	
ms	**XVI Syezd VLKSM**	Leningrad		70	2484	1321	2925	114,2	13,2	3,4	10,8	363
ms	**XVII Syezd VLKSM**		»Krasnoje Sormovo«, Gorki	74	2484	1321	3134	114,2	13,2	3,4	10,8	363
ms	**XXIV Syezd KPSS**	Taganrog	»Krasnoje Sormovo«, Gorki	71	2292	1420	2925	114,2	13,2	3,4	10,8	363
ms	**30-Letiye Pobedy**		A. Shdanov, Leningrad	75	5893	2803	8264	130,0	17,8	7,8	16,0	416
mf	**30-Letiye Pobedy**			75	2327	842	1163					
	50 Let Komsomola				3922							
ms	**50 Let Oktjabrja**	Petropavlovsk-K.	Stocznia Gdanska, Gdansk	68	13571	6895	10118	164,0	21,3	8,1	15,3	637
ms	**50 Let Pionerii**	Kherson	»Krasnoje Sormovo«, Gorki	72	2484	1321	3134	114,0	13,2	3,7	10,8	363
des	**50 Let S. Azerbaidshani**	Vano Stura Werft, Baku		70	1000		(Bagger)	74,8	13,0	2,9	10,0	
ms	**50 Let Sovietskoy Ukrainij**	Odessa	Stocznia Gdanska, Gdansk	68	10028	5435	12700	154,6	20,6	9,0	16,5	
ms	**50 Let Sovietskoj Vlasti**	Leningrad	»Krasnoje Sormovo«, Gorki	67	2484	1321	2925	114,2	13,2	3,4	10,5	363
ms	**50 Let SSSR**		»61 Kommunar«, Nikolaev	74	13083	7044	11420	172,1	23,0	8,1	19,0	472
ms	**50 Let SSSR**	Astrakhan	»Krasnoje Sormovo«, Gorki	73	2484	1321	3134	114,0	13,2	3,7	10,8	363
mf	**50 Let VLKSM**	Nakhodka	Nosenko-Werft, Nikolaev	68	2690	926	1394	84,7	14,0	5,7	13,0	622
ms	**50 Let VLKSM**	Leningrad	Volodarskij-Werft, Rybinsk	69	2484	1321	2925	114,2	13,2	3,4	10,8	363
mf	**50 Let VLKSM**	Astrakhan	Mathias-Thesen-Werft, Wismar	69	1115	426	670	65,7	11,1	3,6	10,8	612
ms	**750-Letiye Goroda Gorkogo**	Kaliningrad	»Krasnoje Sormovo«, Gorki	71	2484	1321	3134	114,2	13,2	3,4	10,8	363

Quellenverzeichnis
(jeweils in alphabetischer Reihenfolge)

Register (jeweils verschiedene Jahrgänge):

Bock's Weltschiffahrt (Band 1, Nachtrag 1, Kiel 1955)
Lloyd's Register of Shipping
Lloyd's List
Schiffsregister der UdSSR

Bücher:

Schäufelen, O.: Die letzten großen Segelschiffe, Bielefeld 1969
Jahrbuch der Schiffahrt, Berlin (DDR), verschiedene Jahrgänge
Jahrbuch des Schiffahrtswesens, Darmstadt, verschiedene Jahrgänge
Micinski, J./Kolicki, S.: Pod Polska Bandera, Wydawnictwo Morskie, Gdynia 1962
The Soviet Merchant Marine over 50 years, Moskau 1968
Bock, B.: Windjammer '72, Herford 1972

Zeitschriften (jeweils verschiedene Jahrgänge):

Deutsche Verkehrs-Zeitung
Hansa
Marine Digest
Marineforum
Retschnoj Transport
Scandia
Schiff und Hafen
Schiffahrt International (bis 1969 Seekiste)
Schiffbautechnik
Seewirtschaft
Shipping World and Shipbuilder
Svensk Sjöfarts Tidning
Sowjet-Union heute
Vodniy Transport

Pressedienste (jeweils verschiedene Ausgaben):

Informationen des Bundesverbandes der deutschen Binnenschiffahrt
Schiffbau-Informationen (VVB Schiffbau, Rostock)
Ostinformationen der Bundesstelle für Außenhandelsinformation (»Polen-Schiffbauindustrie«)
Polish Maritime News

Aufsätze, Berichte, Erklärungen (jeweils verschiedene Ausgaben):

Bakajew, V., Minister der Hochseeflotte der UdSSR
Bykow, N., Mitglied des Kollegiums des Ministeriums der Seeflotte
Dr. H. Böhme (Institut für Weltwirtschaft an der Universität Kiel): »Die Wirtschaftspolitik der sozialistischen Staaten«
Bast, F. in Hamburg-Kurier: »Häfen und Schiffahrt der Sowjetunion«
Doz. Dr.-Ing. E. Danckwardt/Dr.-Ing. J. Lüsch in Jahrbuch der Schiffahrt 1977: »Polarschiffahrt«
Dressler, K. in Jahrbuch der Schiffahrt 1964: »Über Ströme und Stauseen – Impressionen von Wolga und Don«
Dipl.-Ing. Ökonom A. Dudszus, Gen.-Dir. der VVB Schiffbau
Kapt. L. Foss in Jahrbuch der Schiffahrt 1972: »Der Weg bis heute«; in Jahrbuch der Schiffahrt 1976: »DDR-Flottenstatistik«
Kapt. L. Foss/Dipl.-Ing. F. Schultz in Jahrbuch der Schiffahrt 1973: »DDR-Flottenstatistik«
Gushenko, T.B., Minister der Handelsschiffahrt der UdSSR
Dr. E. Höller (Seewetteramt Hamburg) in Hamburg-Kurier: »Die Eismeer-Route – ein Ersatz für Suez?"
Dr. B. Jenssen in Seewirtschaft: »Struktur und Funktion der Kühlschiffsflotten«
Dr. H.D. Krannhals in Jahrbuch des Schiffahrtswesens 1968: »Die Handelsflotte der Sowjetunion«
Kutchin, S., Minister für Binnenwasserstraßen-Transporte der UdSSR
Prof. Dr. Z. Misztal in Polish Maritime News 12/76: »Polnische Schiffahrtspolitik«
Dipl.-Ing. Ökonom B. Möllner: »Sowjetische Seewirtschaft in zwei Fünfjahrplanperioden«
Neukirchen, H., Präsident der Direktion Seeverkehr und Hafenwirtschaft in Jahrbuch der Schiffahrt 1973: »Die Seeverkehrswirtschaft der DDR«
Dipl.-Ing. E. Priwalow, Direktor des Registers der UdSSR
Dr. H. Rentner (Stellv. Minister für Verkehrswesen) in Jahrbuch der Schiffahrt 1977: »Auf Kurs in die 80er Jahre«
A. Saveljev, Vorsitzender der »Sofrakht«
Dipl.-Ing. R. Schönknecht in Jahrbuch der Schiffahrt 1964: »Katamarane – Einsatzmöglichkeiten von Mehrrumpfschiffen«
Dr. H. Wehner/Dipl.-Hist. J. Schmädicke in Morskoj Flot: »Zur Entwicklung der sowjetischen Handelsschiffahrt«
Kapt. z. S. A. Wiese (Referent im Bundesministerium für Verteidigung) in Marineforum: »Die sowjetische zivile Schiffahrt«
Dr. V. Winkler, Stellv. Minister für das Verkehrswesen der DDR
Commander E.P. Young, R.N. (ret.): »The Soviet Merchant Fleet«
Dipl.-Ing. Ökonom E. Zimmermann (Stellv. Gen.-Dir. des VEB Kombinat See- und Hafenwirtschaft) in Jahrbuch der Schiffahrt 1977: »Menschen und Schiffe unserer Flotte«
Dipl.-Ökonom G. Zierau/Dipl. Methem. S. Falkenthal in Jahrbuch der Schiffahrt: »EDV im Fischfang«
Prof. Dr. C. Wojewódka in Seewirtschaft: »Die Reederei Polska Zegluga Morska, Szczecin«